Gaß · Graf · Hölzlwimmer · Simmel

Handbuch zur Kommunalwahl in Bayern

Handbuch zur Kommunalwahl in Bayern

Vorbereitung – Durchführung – Wahlkalender – Gesetzestexte für die Wahl 2026

Dr. Andreas Gaß
Direktor beim Bayerischen Städtetag

Andreas Graf
Leitender Verwaltungsdirektor a. D.,
ehemals Landratsamt Landsberg am Lech

Jennifer Hölzlwimmer
Verwaltungsdirektorin beim Bayerischen Gemeindetag

Lea Simmel
Regierungsrätin im Bayerischen Staatsministerium
des Innern, für Sport und Integration

4. Auflage, 2025

BOORBERG

Bibliografische Information der Deutschen Nationalbibliothek | Die Deutsche Nationalbibliothek verzeichnet diese Publikation in der Deutschen Nationalbibliografie; detaillierte bibliografische Daten sind im Internet über www.dnb.de abrufbar.

4. Auflage, 2025
ISBN 978-3-415-07710-2

Anfragen gemäß EU-Verordnung über die allgemeine Produktsicherheit (EU) 2023/988 (General Product Safety Regulation – GPSR) richten Sie bitte an: Richard Boorberg Verlag GmbH & Co KG, Produktsicherheit, Scharrstraße 2, 70563 Stuttgart; E-Mail: produktsicherheit@boorberg.de

Quellenhinweis: Die Anlagen der GLKrWO und der GLKrWBek wurden mit freundlicher Genehmigung der Bayerischen Staatskanzlei, www.bayern-recht.de, abgedruckt.

Titelfoto: © fotomarekka – stock.adobe.com | Satz: Olaf Mangold Text & Typo, 70374 Stuttgart | Druck und Bindung: Laupp & Göbel, Robert-Bosch-Straße 42, 72810 Gomaringen

Richard Boorberg Verlag GmbH & Co KG | Scharrstraße 2 | 70563 Stuttgart
Stuttgart | München | Hannover | Berlin | Weimar | Dresden
www.boorberg.de

Vorwort

Am 8. März 2026 finden die nächsten allgemeinen Gemeinde- und Landkreiswahlen in Bayern statt. Dabei werden wieder rund 39000 kommunale Mandatsträger – Erste Bürgermeisterinnen und Bürgermeister, Oberbürgermeisterinnen und Oberbürgermeister, Landrätinnen und Landräte, Gemeinde- bzw. Stadtratsmitglieder, Kreisrätinnen und Kreisräte – aus der Bürgerschaft direkt gewählt. Nicht umsonst wird die kommunale Ebene als Schule der Demokratie bezeichnet, unsere Bayerische Verfassung spricht vom „Aufbau der Demokratie in Bayern von unten nach oben" (Art. 11 Abs. 4 BV).

In den sechs Jahren zwischen den Wahlen interessieren sich nur wenige für das Kommunalwahlrecht, einschlägiges Wissen und Erfahrungswerte rücken im Laufe dieser Zeit in den Hintergrund. Umso wichtiger ist es, dass alle mit den Wahlen befassten Personen – Wahlsachbearbeiterinnen und Wahlsachbearbeiter, Wahlhelferinnen und Wahlhelfer sowie verantwortliche Personen der Parteien und Wählergruppen – rechtzeitig vor dem nächsten Wahltermin über den neuesten Stand der einschlägigen Bestimmungen umfassend informiert sind, um einen reibungslosen Ablauf der Wahlen zu gewährleisten. Denn wie üblich wurden die gesetzlichen Vorgaben überarbeitet und nicht alles, was noch in Erinnerung ist, entspricht dem aktuellen Gesetzesstand.

Einen schnellen, umfassenden Wissensstand über die wichtigsten Verfahrensschritte und Formalitäten zu vermitteln, ist das Ziel dieses nunmehr in vierter Auflage erscheinenden Handbuchs. Zu diesem Zweck gehen die Autorinnen und Autoren nicht den Weg, die einzelnen gesetzlichen Bestimmungen zu kommentieren. Das Handbuch handelt vielmehr die einzelnen Verfahrensschritte zeitlich und thematisch ab und verweist dabei auf die einschlägigen gesetzlichen Fundstellen. Damit ist es im Grundsatz wie eine Handlungsanleitung, ein Ablaufplan oder eine Kontrollliste nutzbar. Ergänzt werden die Erläuterungen durch ein Kapitel FAQs, in dem analog zur Gliederung des Erläuterungsteils die sich im Laufe des Wahlverfahrens typischerweise ergebenden wesentlichen Fragestellungen beantwortet werden. Eine Synopse erleichtert zudem den schnellen Zugriff auf die maßgeblichen Vorschriften.

Das Handbuch wird in bewährter Form von Dr. Andreas Gaß, nunmehr Referent für Umwelt und Recht beim Bayerischen Städtetag, fortgeführt, der bereits bei der Erstauflage zu den allgemeinen Gemeinde- und Landkreiswahlen 2008 – damals noch im Rahmen seiner Tätigkeit im Innenministerium – mitgewirkt hat. Langjährige Erfahrung im Wahlrecht bringt auch Andreas Graf ein, ehemals für Gemeindeangelegenheiten zuständiger Abteilungsleiter am Landratsamt Landsberg am Lech. Verstärkt wird das Autorenteam durch die Kommunalverfassungsrechtsreferentin beim Bayerischen Gemeindetag Jennifer Hölzlwimmer. Und schließlich konnte mit Lea Simmel auch für die vierte Auflage die für den Vollzug der wahlrechtlichen Vorschriften zuständige Referentin aus dem Innenministerium hinzugewonnen werden. Alle zusammen ergeben erneut eine hervorragende Mischung aus Theorie und Praxis.

Mit dem Abdruck der neuesten Fassung des Gemeinde- und Landkreiswahlgesetzes (GLKrWG), der Gemeinde- und Landkreiswahlordnung (GLKrWO) und der Vollzugsbekanntmachung des Innenministeriums (GLKrWBek) erfüllt das Handbuch auch die Anforderungen des § 58 Abs. 1 Nr. 10 GLKrWO, der eine Ausstattung der Wahlvorstände mit den nötigen Gesetzestexten verlangt. Vorschriftentexte, Erläuterungen und FAQs zusammen ermöglichen es, evtl. selbst am Wahltag in den Abstimmungsräumen noch auftretende Zweifelsfragen rasch zu klären.

Bleibt nur der Wunsch, dass alle Bürgerinnen und Bürger den Wert der kommunalen Selbstverwaltung für unser Gemeinwesen erkennen und sich als Wählende und Bewerberinnen oder Bewerber an den allgemeinen Gemeinde- und Landkreiswahlen rege beteiligen!

Juli 2025

Dr. Uwe Brandl
Präsident
des Bayerischen Gemeindetags

Markus Pannermayr
Vorsitzender
des Bayerischen Städtetags

Inhaltsverzeichnis

Hinweis:

Die Artikelbezeichnungen beziehen sich auf das Gemeinde- und Landkreiswahlgesetz, die §§-Angaben auf die Gemeinde- und Landkreiswahlordnung und die Nummern auf die Vollzugsbekanntmachung des Bayerischen Staatsministeriums des Innern, für Sport und Integration. Das Handbuch bildet den aktuellen Rechtsstand zum 16. Juli 2025 ab.

In den Kapiteln B und C wurden die Teile I und II von Jennifer Hölzlwimmer bearbeitet, die Teile III, V und VI von Lea Simmel, Teil IV von Dr. Andreas Gaß und die Teile VII und VIII von Andreas Graf.

Abkürzungsverzeichnis

AbmG	Gesetz über die Abmarkung von Grundstücken
Abs.	Absatz
a. F.	alte Fassung
AKDB	Anstalt für Kommunale Datenverarbeitung in Bayern
AllMBl.	Allgemeines Ministerialamtsblatt
Anl.	Anlage
Anm. d. Verf.	Anmerkung des Verfassers
Art.	Artikel
Az.	Aktenzeichen
BAT	Bundesangestelltentarif
BayAvZ	Bayerische Arbeitszeitverordnung
BayDSG	Bayerisches Datenschutzgesetz
BayFwG	Bayerisches Feuerwehrgesetz
BayHSchG	Bayerisches Hochschulgesetz
BayJG	Bayerisches Jagdgesetz
BayLfD	Bayerischer Landesbeauftragter für den Datenschutz
BayPrG	Bayerisches Pressegesetz
BayPVG	Bayerisches Personalvertretungsgesetz
BayVBl.	Bayerische Verwaltungsblätter (Zeitschrift)
BayVerfGH	Bayerischer Verfassungsgerichtshof
BayVGH	Bayerischer Verwaltungsgerichtshof
BezWG	Gesetz über die Wahl der Bezirkstage (Bezirkswahlgesetz)
BGB	Bürgerliches Gesetzbuch
BMG	Bundesmeldegesetz
BMT-G	Bundesmanteltarif für Arbeiter gemeindlicher Verwaltungen und Betriebe
Büchner	Kommunalwahlrecht in Bayern, Kommentar für die Praxis (Loseblattsammlung, Stand: 39. EL)
BV	Verfassung des Freistaates Bayern
bzgl.	bezüglich
d. h.	das heißt
DÖV	Die Öffentliche Verwaltung (Zeitschrift)
Erl.	Erläuterung
evtl.	eventuell
ff.	fortfolgende
FSt.	Die Fundstelle (Zeitschrift)
ggf.	gegebenenfalls
GK Bay	Die Gemeindekasse (Zeitschrift)
GLKrWBek	Vollzug des Gemeinde- und Landkreiswahlgesetzes und der Gemeinde- und Landkreiswahlordnung – Bekanntmachung des Bayerischen Staatsministeriums des Innern, für Sport und Integration

GLKrWG	Gemeinde- und Landkreiswahlgesetz
GLKrWO	Gemeinde- und Landkreiswahlordnung
GO	Bayerische Gemeindeordnung
grds.	grundsätzlich
GVBl.	Bayerisches Gesetz- und Verordnungsblatt
GVG	Gerichtsverfassungsgesetz
Hs.	Halbsatz
IMBek	Bekanntmachung des Staatsministeriums des Innern, für Sport und Integration
IMS	Schreiben des Bayerischen Staatsministeriums des Innern, für Sport und Integration
i. Ü.	im Übrigen
i. V. m.	in Verbindung mit
jun.	Junior
KommP BY	KommunalPraxis Bayern (Zeitschrift)
KommZG	Gesetz über die kommunale Zusammenarbeit
KWBG	Gesetz über Kommunale Wahlbeamte
LfStat	Landesamt für Statistik
LT-Drs.	Landtags-Drucksache
LWG	Landeswahlgesetz
LWO	Landeswahlordnung
n. F.	neue Fassung
Nr.	Nummer
NVwZ	Neue Zeitschrift für Verwaltungsrecht
o. Ä.	oder Ähnliches
PartG	Parteiengesetz
PostModG	Postrechtsmodernisierungsgesetz
S.	Seite
sen.	Senior
SGG	Sozialgerichtsgesetz
s.	siehe
sog.	sogenannt
StAnz	Bayerischer Staatsanzeiger
str.	strittig
TVöD	Tarifvertrag für den öffentlichen Dienst
usw.	und so weiter
VG	Verwaltungsgericht
VGemO	Verwaltungsgemeinschaftsordnung
vgl.	vergleiche
VwGO	Verwaltungsgerichtsordnung
VwRR Bay	Verwaltungsrechtsreport Bayern (Zeitschrift)
z. B.	zum Beispiel
ZPO	Zivilprozessordnung
zzgl.	zuzüglich

A. Wahlkalender*

Zeitpunkt/Frist: Tag vor dem Wahltag (Datum)	Tätigkeit	Rechtsgrundlagen Art. = GLKrWG §§ = GLKrWO Nr. = GLKrWBek
frühestens 15 Monate vor dem Monat, in dem der Wahltag liegt (1.12.2024), **spätestens 59.** Tag (8.1.2026), Beendigung rechtzeitig vor 18 Uhr (bzw. **52.** Tag [15.1.2026], wenn bis zum 59. Tag, 18 Uhr, kein oder nur ein Wahlvorschlag eingereicht wurde)	Aufstellungsversammlung **durch Wahlvorschlagsträger (Parteien und Wählergruppen)**	Art. 24 Abs. 1, 25, 29 Abs. 2 Satz 2, 31, 45; §§ 39 ff.; Nrn. 38, 40, 43 ff., Anl. 7 zur GLKrWBek
möglichst vor dem **89.** Tag (9.12.2025), rechtzeitig vor dem **73.** Tag (25.12.2025)	**Berufung der Wahlleiterin oder des Wahlleiters** durch Gemeinderat bzw. Kreistag oder Kreisausschuss	Art. 5 Abs. 1; Nr. 6 (vgl. § 34 Abs. 1 Satz 1)
unverzüglich nach Berufung des Wahlleiters	**Anzeige der Berufung der Wahlleiterin oder des Wahlleiters** an Rechtsaufsichtsbehörde	Art. 5 Abs. 1 Satz 5
89. Tag (9.12.2025) **bis** **73.** Tag (25.12.2025)	**Bekanntmachung** durch die Wahlleiterin oder den Wahlleiter, **welche Wahl durchzuführen ist** und wie viele Gemeinderatsmitglieder und Kreisräte zu wählen sind, mit Aufforderung zur Einreichung von Wahlvorschlägen **bis zum 59. Tag, 18 Uhr**	§§ 34 Abs. 1 bis 3, 98, Anl. 10 zur GLKrWO
	Wahlvorschläge können erst nach Bekanntmachung der Aufforderung wirksam eingereicht werden	§ 35 Satz 1
	sowie **Bekanntmachung** der Gemeinde, wer sich wann und wo in die **Unterstützungslisten eintragen kann** und ob die Räume barrierefrei sind	§§ 34 Abs. 4, 98; Nr. 42, Anl. 11 zur GLKrWBek

* Für Wahlen, die vor den allgemeinen Gemeinde- und Landkreiswahlen 2026 stattfinden, sind Art. 60 und § 103 zu beachten.

Zeitpunkt/Frist: Tag vor dem Wahltag (Datum)	**Tätigkeit**	**Rechtsgrundlagen** **Art. = GLKrWG** **§§ = GLKrWO** **Nr. = GLKrWBek**
(möglichst) **frühzeitig**	**Einteilung** der Gemeinde in **Stimmbezirke,** **Bildung der (Brief-)Wahlvorstände**, bei entsprechendem Bedürfnis Sonderstimmbezirke und bewegliche Wahlvorstände	Art. 6, 11 Abs. 2 und 3; §§ 3, 4, 13, 54, 70 Abs. 2; Nrn. 8, 9, 19, 52.2
	für die Landkreiswahlen: **Meldung** der Anzahl und der Bezeichnung der Stimmbezirke und der Briefwahlvorstände **an das Landratsamt**	§ 13 Abs. 3
(möglichst) **frühzeitig**	**Vorbereitungen für die Anlegung der Wählerverzeichnisse** durch die Gemeinde und gegenseitige **Mitteilungen**	Art. 12 Abs. 1; § 14; Nr. 20
unverzüglich nach Eingang der Wahlvorschläge	**Prüfung der eingereichten Wahlvorschläge** durch die Wahlleiterin oder den Wahlleiter	Art. 32 Abs. 1 Satz 1, 45 Abs. 1; Nr. 41 (vgl. auch Anl. 8 und 9 zur GLKrWBek)
	Bei festgestellten Mängeln: **Aufforderung** an die beauftragte Person, die **Mängel**, soweit möglich, bis zum 48. Tag (19.1.2026), 18 Uhr, **zu beseitigen** oder bei Mängeln, die nicht beseitigt werden können und die den ganzen Wahlvorschlag betreffen, bis zu diesem Zeitpunkt einen neuen Wahlvorschlag einzureichen	Art. 32 Abs. 1 Sätze 2 und 3; § 47; Nr. 41
	Bei Zweifeln an der Gültigkeit des Wahlvorschlags **Aufforderung**, Unterlagen oder Erklärungen innerhalb der Frist nachzureichen	Art. 32 Abs. 1 Satz 4

Zeitpunkt/Frist: Tag vor dem Wahltag (Datum)	**Tätigkeit**	**Rechtsgrundlagen** **Art. = GLKrWG** **§§ = GLKrWO** **Nr. = GLKrWBek**
Spätestens am Tag nach der Einreichung des jeweiligen Wahlvorschlags	soweit erforderlich: **Auslegung von Unterstützungslisten** für Wahlvorschläge neuer Wahlvorschlagsträger in der Gemeinde bis zum 48. Tag (19.1.2026), 12 Uhr, durch den Wahlleiter	Art. 27, 28; §§ 36 Abs. 2 bis 4, 37; Nr. 42, Anl. 10 zur GLKrW-Bek
	Anlegung eines Verzeichnisses der Eintragungsberechtigten durch die Gemeinde	vgl. § 37 Abs. 2 Nr. 2, Abs. 4
	bei Landkreiswahlen: Mitteilung des Wahlleiters an die Gemeinden, für welche Wahlvorschläge Unterstützungslisten aufzulegen sind	§ 36 Abs. 2
59. Tag (8.1.2026), **18 Uhr**	**Letzter Termin zur Einreichung und Rücknahme von Wahlvorschlägen**	Art. 31 Satz 1, 45 Abs. 1; Nr. 40
59. Tag (8.1.2026) **nach 18 Uhr oder** spätestens **58.** Tag (9.1.2026)	**Bekanntmachung der eingereichten Wahlvorschläge** durch die Wahlleiterin oder den Wahlleiter und ggf. Hinweis auf die Möglichkeit, weitere Wahlvorschläge bis 18 Uhr des 52. Tags (15.1.2026) einreichen zu können, wenn kein oder nur ein Wahlvorschlag eingereicht wurde;	§§ 45 Abs. 1, 98, Anl. 12 und 13 zur GLKrWO
	Übermittlung der Bekanntmachung an das Landesamt für Statistik durch die Gemeinden mit mehr als 10 000 Einwohnern und durch die Landkreise	§ 45 Abs. 2
spätestens **55.** Tag (12.1.2026)	**Berufung der Mitglieder des Wahlausschusses** sowie **Ladung zur Sitzung** am 47. Tag durch die Wahlleiterin oder den Wahlleiter; **Bekanntmachung** von Ort und Zeit der Sitzungen	Art. 5 Abs. 2 und 3; §§ 5 Abs. 1, 98; Nrn. 7, 11
54. Tag (13.1.2026)	**Fristende** für **Beschwerden** gegen die **Versagung eines Eintragungsscheins**	Art. 28 Abs. 4 Satz 1

Zeitpunkt/Frist: Tag vor dem Wahltag (Datum)	**Tätigkeit**	**Rechtsgrundlagen Art. = GLKrWG §§ = GLKrWO Nr. = GLKrWBek**
52. Tag (15.1.2026)	Spätester Termin für die **Entscheidung der Rechtsaufsichtsbehörde über die Beschwerde gegen die Versagung eines Eintragungsscheins**	Art. 28 Abs. 4 Satz 2
	Letzter Termin (bis 18 Uhr) zur Nachreichung von Wahlvorschlägen, falls bis zum 59. Tag, 18 Uhr, kein oder nur ein Wahlvorschlag eingereicht wurde	Art. 31 Satz 2; § 45 Abs. 1 Satz 3; Nr. 48
	Falls für eine Gemeinderats- oder Kreistagswahl nur ein Wahlvorschlag vorliegt: **Hinweis** an die beauftragte Person, **dass die Zahl der sich bewerbenden Personen** bis zum 48. Tag, 18 Uhr, auf das Doppelte der Zahl der zu wählenden Personen **erhöht werden kann**	Art. 31 Satz 3; § 46; Nr. 48 Sätze 3 bis 5
48. Tag (19.1.2026), **12 Uhr**	**Ende** der **Auslegung der Unterstützungslisten** für Wahlvorschläge neuer Wahlvorschlagsträger	Art. 28 Abs. 1; Nr. 42, Anl. 10 zur GLKrWBek
	Abschluss der Unterstützungslisten und **Weiterleitung** an die Wahlleiterin oder den Wahlleiter	§ 38
18 Uhr	**Fristende** für	
	– die ggf. zulässige **Verdoppelung der Bewerberzahl**	Art. 31 Satz 3; § 46
	– die **Beseitigung** der vom Wahlleiter festgestellten **Mängel bei Wahlvorschlägen**	Art. 32 Abs. 1 Satz 2, 45 Abs. 1
	– **die Einreichung eines neuen Wahlvorschlags,** sofern keine Beseitigung der Mängel möglich und die Mängel den ganzen Wahlvorschlag betreffen	Art. 32 Abs. 1 Satz 3, 45 Abs. 1
47. Tag (20.1.2026)	**Beschluss** des Wahlausschusses über die **Gültigkeit der eingereichten Wahlvorschläge**	Art. 32 Abs. 2 und 3 Satz 1, 45 Abs. 1; Nr. 50, Anl. 13 und 14 zur GLKrWBek

Zeitpunkt/Frist: **Tag vor dem Wahltag** **(Datum)**	**Tätigkeit**	**Rechtsgrundlagen** **Art. = GLKrWG** **§§ = GLKrWO** **Nr. = GLKrWBek**
42. Tag (25.1.2026; Sonntag)	**Stichtag** für die Anlegung der **Wählerverzeichnisse**	Art. 12 Abs. 1, 55 Abs. 2; § 15 Abs. 1; Nrn. 20, 21
41. Tag (26.1.2026)	Frühester Termin für die Versendung von **Wahlbenachrichtigungen**	§ 16 Abs. 1
18 Uhr	**Letzter Termin** für **Einwendungen** eines Wahlvorschlagsträgers an die Wahlleiterin oder den Wahlleiter **gegen (teilweise) Ungültigerklärung seines Wahlvorschlags**	Art. 32 Abs. 3 Satz 2; § 48 Abs. 1
40. Tag (27.1.2026), **24 Uhr**	Gegebenenfalls nochmaliger Beschluss des Wahlausschusses über die **Zulassung von Wahlvorschlägen**	Art. 32 Abs. 3 Satz 3, Abs. 5; Nr. 50
38. Tag (29.1.2026), **18 Uhr**	**Letzter Termin**, bei der Wahlleiterin oder dem Wahlleiter **Entscheidung des Beschwerdeausschusses zu beantragen**, wenn Wahlausschuss Einwendungen nicht abgeholfen oder einen Beschluss, der die Gültigkeit des Wahlvorschlags festgestellt hat, geändert hat; **Wahlleiterin oder Wahlleiter** hat Antrag unverzüglich **an** vorsitzendes Mitglied des **Beschwerdeausschusses weiterzuleiten**	Art. 32 Abs. 4 Satz 2; § 48 Abs. 2
34. Tag (2.2.2026), **24 Uhr**	**Endgültige Entscheidung** des Beschwerdeausschusses über die **Zulassung von Wahlvorschlägen**	Art. 32 Abs. 4 Satz 3, Abs. 5

Zeitpunkt/Frist: Tag vor dem Wahltag (Datum)	**Tätigkeit**	**Rechtsgrundlagen Art. = GLKrWG §§ = GLKrWO Nr. = GLKrWBek**
Spätestens **33.** Tag (3.2.2026)	**Bekanntmachung** der zugelassenen **Wahlvorschläge** durch die Wahlleiterin oder den Wahlleiter, bei Landkreiswahlen auch durch die Gemeinden	Art. 33, 45 Abs. 1; §§ 51, 52, 98, Anl. 14 und 15 zur GLKrWO
	Übermittlung der Bekanntmachung an das Landesamt für Statistik durch die Gemeinden mit mehr als 10000 Einwohnern und durch die Landkreise	§ 51 Abs. 4
	Herstellung der **Stimmzettel und weiterer Wahlunterlagen**	Art. 16; §§ 30 bis 33, Anl. 3 bis 9 zur GLKrWO; Nrn. 34 bis 37, Anl. 4 bis 6 zur GLKrWBek
	Sobald die Stimmzettel vorliegen: Übermittlung eines **Musters** an das **Landesamt für Statistik** (Gemeinde und Landkreise) sowie an Selbsthilfeorganisationen der blinden Menschen in Bayern, die ihre Bereitschaft zur Herstellung von Stimmzettelschablonen erklärt haben	§§ 30 Satz 5, 32 Abs. 1 Satz 2
	Neu: Ausgabe beantragter Wahlscheine und Briefwahlunterlagen erst ab dem 20. Tag vor dem Wahltag möglich	§ 24 Abs. 1 Satz 1; Nr. 30 Satz 1
24. Tag (12.2.2026)	**Bekanntmachung** über die **Einsicht in die Wählerverzeichnisse** und die **Erteilung von Wahlscheinen**	§§ 17, 98, Anl. 1 zur GLKrWO; Nr. 23
Spätestens **21.** Tag (15.2.2026; Sonntag)	**Letzter Tag** für die Stellung eines **Antrags** auf **Eintragung in das Wählerverzeichnis**, **Fertigstellung** des Wählerverzeichnisses	Art. 12 Abs. 2, 55 Abs. 2; § 15 Abs. 1, Abs. 6 Satz 1; Nr. 21.4
	Benachrichtigung der **Wahlberechtigten**	§ 16; Nr. 22, Anl. 1 zur GLKrWBek
20. Tag (16.2.2026)	**Neu:** Ab jetzt können beantragte **Wahlscheine mit Briefwahlunterlagen** ausgegeben werden.	Art. 13; §§ 22 ff., 24 Abs. 1 Satz 1, Abs. 4; Nrn. 30, 32

Zeitpunkt/Frist: Tag vor dem Wahltag (Datum)	Tätigkeit	Rechtsgrundlagen Art. = GLKrWG §§ = GLKrWO Nr. = GLKrWBek
20. Tag (16.2.2026) bis **16.** Tag (20.2.2026)	Möglichkeit der **Einsichtnahme in die Wählerverzeichnisse** bei der Gemeinde	Art. 12 Abs. 2; § 18; Nr. 24
	Möglichkeit der **Beschwerde** gegen die Richtigkeit oder Vollständigkeit der Wählerverzeichnisse bei der Gemeinde	Art. 12 Abs. 3 Satz 1; § 19; Nr. 25
	Entscheidung der Gemeinde über Antrag auf Eintragung in das Wählerverzeichnis (spätestens 16. Tag [20.2.2026])	§ 15 Abs. 6; Nr. 21.5
Spätestens **13.** Tag (23.2.2026)	Fristende für **Beschwerden gegen die Ablehnung** von Anträgen auf **Eintragung in das Wählerverzeichnis**	Art. 12 Abs. 3 Satz 1
	Hinweis an die Leitungen der **Einrichtungen**, welche **Vorkehrungen** für die **Stimmabgabe** zu treffen sind	§ 69 Abs. 4
Etwa **11.** Tag (25.2.2026)	**Berufung** der **(Brief-)Wahlvorsteherinnen und (Brief-)Wahlvorsteher** und der übrigen Mitglieder der **(Brief-)Wahlvorstände**; **Mitteilung** über die Berufung	Art. 6; §§ 3, 4, 5 Abs. 2; Nrn. 8, 9
	Unterrichtung der Mitglieder der (Brief-)Wahlvorstände über ihre Aufgabe	§ 3 Abs. 3; Nr. 8.3
	Einberufung der Mitglieder der (Brief-) Wahlvorstände und Aufforderung zum rechtzeitigen Erscheinen am Wahltag	§ 5 Abs. 2; Nr. 11
Spätestens **10.** Tag (26.2.2026)	**Behandlung** von **Beschwerden gegen** die **Wählerverzeichnisse** durch die **Gemeinde:**	
	Zustellung einer der **Beschwerde** gegen die Wählerverzeichnisse **stattgebenden Entscheidung**	§ 19 Abs. 3 und 4
	Bei **Nichtabhilfe Vorlage** an **Rechtsaufsichtsbehörde** zur Entscheidung	Art. 12 Abs. 3 Satz 2

Zeitpunkt/Frist: **Tag vor dem Wahltag** **(Datum)**	**Tätigkeit**	**Rechtsgrundlagen** **Art. = GLKrWG** **§§ = GLKrWO** **Nr. = GLKrWBek**
Spätestens **8.** Tag (28.2.2026; Samstag)	**Anforderung** eines Verzeichnisses der **Wahlberechtigten**, die **in Einrichtungen abstimmen** wollen, von den Leitungen der Einrichtungen, für die ein Sonderbezirk oder ein beweglicher Wahlvorstand gebildet wurde; **Erteilung und Übersendung eines Wahlscheins an diese Wahlberechtigten**	Art. 55 Abs. 2; §§ 25, 66, 67
Spätestens **6.** Tag (2.3.2026)	**Letzter Termin** für **Beschwerden** an die Rechtsaufsichtsbehörde **gegen** die **Versagung** eines **Wahlscheins**	Art. 13 Abs. 2; § 29
	Erlass der **Wahlbekanntmachung**	§§ 53, 98, Anl. 16 zur GLKrWO
	Ladung der Mitglieder des **Wahlausschusses** zur **Sitzung über die Feststellung des Ergebnisses der Wahl** durch die Wahlleiterin oder den Wahlleiter	§§ 5 Abs. 1, 92 Abs. 2; Nr. 11
	Bekanntmachung durch die Wahlleiterin oder den Wahlleiter, **in welcher Form das vorläufige Wahlergebnis** gegenüber der Öffentlichkeit **verkündet wird** und, falls mehrere Arten genutzt werden sollen, welche Verkündung für den Beginn der Frist nach Art. 47 Abs. 1 Satz 1 entscheidend ist	§§ 90 Abs. 6, 98
Spätestens **4.** Tag (4.3.2026)	**Entscheidung** der **Rechtsaufsichtsbehörde** über **Beschwerden** gegen die Wählerverzeichnisse und gegen die Versagung eines Wahlscheins	Art. 12 Abs. 3 Satz 3, 13 Abs. 2 Satz 2
3. bis 1. Tag (5.3. bis 7.3.2026; Samstag)	**Abschluss** der **Wählerverzeichnisse** und des **Wahlscheinverzeichnisses**	Art. 55 Abs. 2; §§ 21, 26 Abs. 3; Nr. 27, Anl. 3 zur GLKrWBek
2. Tag (6.3.2026), **15 Uhr**	**Ablauf** der allgemeinen **Antragsfrist für Wahlscheine**	§ 23 Abs. 3 Satz 1; Nr. 29
Spätestens **1.** Tag (7.3.2026; Samstag) bis **12 Uhr**	**Ausstattung** der **Abstimmungs- und Auszählungsräume**	§§ 54 bis 57, 70 Abs. 2; Nr. 52
	Letzter Termin für Erteilung von **Wahlscheinen, falls** ein beantragter Wahlschein **nicht zugegangen** ist	§ 28 Abs. 4

Zeitpunkt/Frist: Tag vor dem Wahltag (Datum)	Tätigkeit	Rechtsgrundlagen Art. = GLKrWG §§ = GLKrWO Nr. = GLKrWBek
Wahltag (8.3.2026; Sonntag)	**Kontrolle**, dass alle (Brief-)Wahlvorstände rechtzeitig ihre Arbeit aufnehmen und ausreichend ausgestattet sind	§ 58
8 bis 18 Uhr	**Dauer der Abstimmung**	Art. 15; §§ 59 ff., 65 Abs. 1; Nrn. 53 ff.
15 Uhr	Ende der Möglichkeit, **ausnahmsweise** noch einen **Wahlschein** zu beantragen	§ 23 Abs. 3
15 bis 18 Uhr	Entscheidung der Briefwahlvorstände über die **Zulassung von Wahlbriefen**	Art. 19 Abs. 2; §§ 71 ff.; Nr. 64
18 Uhr	**Ende der Abstimmung**	Art. 15 Abs. 1; § 65 Abs. 1
	Ende der Abgabefrist für Wahlbriefe	Art. 14 Abs. 1 Satz 2
nach 18 Uhr (ggf. darauffolgende Tage)	**Ermittlung der Wahlergebnisse** (am Wahlabend mindestens für Bürgermeisterin oder Bürgermeister/Landrätin oder Landrat, nach Möglichkeit auch für Gemeinderat/Kreistag)	Art. 19; §§ 65a, 79 ff.; Nrn. 68 ff.
	Verkündung des **vorläufigen Wahlergebnisses** durch (Brief-)Wahlvorsteherinnen und (Brief-)Wahlvorsteher, **Schnellmeldungen**	§§ 87, 88; Nr. 76
	Übersendung der Wahlunterlagen an die Wahlleiterin oder den Wahlleiter und die Gemeinde durch die (Brief-)Wahlvorsteherinnen und (Brief-)Wahlvorsteher	§ 89; Nr. 77
	Wahlleiterin oder Wahlleiter bereitet Feststellung des vorläufigen Wahlergebnisses vor	§ 90; Nr. 78
	Wahlleiterin oder Wahlleiter verkündet das vorläufige Wahlergebnis und dokumentiert dies; mit der Verkündung des vorläufigen Wahlergebnisses beginnt die Frist nach Art. 47 Abs. 1 und 2 zu laufen	Art. 19 Abs. 3 Satz 1, 47; §§ 90 Abs. 6, 95 Abs. 1; Nr. 83

Zeitpunkt/Frist: Tag vor dem Wahltag (Datum)	**Tätigkeit**	**Rechtsgrundlagen** **Art. = GLKrWG** **§§ = GLKrWO** **Nr. = GLKrWBek**
	Die nicht auf Grund eines Wahlvorschlags gewählten Personen sind unverzüglich schriftlich zu verständigen und zur Erklärung über die Annahme der Wahl aufzufordern	Art. 47 Abs. 2; Nr. 83.2
	Wahlausschuss stellt das abschließende Wahlergebnis fest, sobald feststeht, bei welchen gewählten Personen die Wahl als angenommen gilt und welche Personen die Wahl wirksam angenommen haben, und ob Amtshindernisse vorliegen	Art. 19 Abs. 3; §§ 90, 92 Abs. 1 und 2; Nrn. 79, 83 und Anl. 21, 22 zur GLKrWBek
	Verkündung des abschließenden Wahlergebnisses durch die Wahlleiterin oder den Wahlleiter und **Bekanntmachung**	§§ 92 Abs. 3, 98, Anl. 17, 18 zur GLKrWO; Nr. 79
	Anzeige an die **Rechtsaufsichtsbehörde,** Vorlage der Wahlunterlagen zur **Prüfung**	§§ 93, 100 Abs. 1
2. Tag nach dem Wahltag (10.3.2026), **24 Uhr**	Fristende für die **Rücktrittserklärung von Stichwahlteilnehmerinnen und -teilnehmern**	Art. 46 Abs. 2 Satz 2; § 78 Abs. 1 Satz 3; Nr. 67
2. Sonntag nach dem Wahltag (22.3.2026)	Tag einer evtl. **Stichwahl**	Art. 46; § 78; Nr. 67
14 Tage nach Verkündung des abschließenden Wahlergebnisses	**Ende der Frist zur Wahlanfechtung**	Art. 51 Satz 1; Nr. 88
Nach Feststellung der abschließenden Wahlergebnisse	Mitteilung der Wahlergebnisse an das Landesamt für Statistik	Art. 56; § 94
Bis 4 Monate nach Verkündung der abschließenden Wahlergebnisse	**Wahlprüfung von Amts wegen** durch die Rechtsaufsichtsbehörden	Art. 50; Nr. 87

B. Erläuterungen

I. Aufstellung von Wahlvorschlägen

1. Wahlvorschlagsträger

Wahlvorschläge können (nur) von **Parteien und Wählergruppen** eingereicht werden; sie werden als **„Wahlvorschlagsträger“** bezeichnet (Art. 24 Abs. 1 Satz 1; Nr. 38; vgl. auch § 34 Abs. 3 Nr. 1). Eine sich bewerbende Person kann sich also nicht selbst zur Wahl stellen, sondern muss von einem Wahlvorschlagsträger „nominiert“ werden. Dabei darf jeder Wahlvorschlagsträger nur **einen** Wahlvorschlag einreichen; ein sog. Mehrfachauftreten ist nicht zulässig (Art. 24 Abs. 3; Nr. 39 – zu den Folgen eines Verstoßes vgl. Ausführungen unter IV. 5.2, 5.5).

Ob es sich bei dem Wahlvorschlagsträger um eine **Partei** handelt, richtet sich nach § 2 Parteiengesetz – PartG (vgl. Nr. 38.1), auch wenn Art. 24 Abs. 1 seit dem Gesetz zur Änderung des Gemeinde- und Landkreiswahlgesetzes und anderer Gesetze vom 22.3.2018 (GVBl. S. 145; vgl. auch LT-Drs. 17/14651, S. 13) keinen ausdrücklichen Verweis mehr auf das Parteiengesetz enthält. Im Regelfall sind die Parteien aus der letzten Landtags- oder Bundestagswahl bekannt, und es gibt kaum Probleme bei der Prüfung, ob ein Wahlvorschlagsträger im Sinne des Art. 24 Abs. 1 Satz 1 vorliegt. Bildet sich (ausnahmsweise) eine neue Partei, sind entsprechende Nachweise (z. B. Gründungsniederschrift, Satzung) vorzulegen. Sofern aufgrund gleicher oder ähnlicher Namensführung Unklarheiten bestehen, sind ebenso Nachweise vorzulegen bzw. ist auf Nachfrage mitzuteilen, ob es sich bei einem Wahlvorschlagsträger um die Untergliederung einer Partei oder um eine in einem Dachverband organisierte selbstständige Wählergruppe handelt (Nr. 38.1). Wegen der in § 6 PartG enthaltenen Anforderungen handelt es sich bei Parteien immer um **organisierte Wahlvorschlagsträger**.

„Wählergruppen“ (Art. 24 Abs. 1 Satz 2; Nr. 38.2) sind demgegenüber etwas schwieriger zu beurteilen, weil sie keiner zwingenden Organisationsform unterliegen. Erforderlich ist nur ein **Zusammenschluss von natürlichen Personen** mit dem Ziel, an Gemeinde- und/oder Landkreiswahlen teilzunehmen. Organisationsformen, in denen neben natürlichen Personen auch juristische Personen oder sonstige Rechtsformen (z. B. nicht rechtsfähige Vereine) Mitglied sein können, können demnach keine Wählergruppe bilden. Schon der Begriff der „Wählergruppe" legt nahe, dass es sich um Vereinigungen von Bürgerinnen und Bürgern handeln muss. Vor allem aber verlangt der Grundsatz der Wahlgleichheit, dass – wie bei Parteien (vgl. § 2 Abs. 1 Satz 2 PartG) – auch bei Wählergruppen nur natürliche Personen Mitglieder sein dürfen. Damit wird an die Formulierungen im Gemeindewahlgesetz vom 29.10.1954 (GVBl. S. 256), vom 11.12.1959 (GVBl. S. 267) und vom 3.8.1965 (GVBl. S. 221) angeknüpft, nach denen neben politischen Parteien auch jede „Gruppe von Wahlberechtigten" einen Wahlvorschlag einreichen kann (vgl. Art. 19 Abs. 1 Gemeindewahlgesetz vom 29.10.1954); „wahlberechtigt" können nur natürliche Personen sein (vgl. Art. 1 Abs. 1 des Gemeindewahlgesetzes vom 29.10.1954; Art. 1 Abs. 1 GLKrWG).Wenn eine Wählergruppe etwa auf Landkreisebene als eine Art Dachverband organisiert ist, dem ausschließlich oder neben natürlichen Personen auch örtliche Wählergruppen als Mitglieder angehören, ist darauf zu achten, dass Mitglieder der Wählergruppe stets nur die jeweiligen natürlichen Personen sind.

Eine Organisation der Wählergruppe wie im Landeswahlrecht wird nicht gefordert. Eine Wählergruppe kann daher auch ein eher loser Zusammenschluss von natürlichen Personen sein. Allerdings erleichtern **schriftlich niedergelegte Organisationsstrukturen** (z. B. Vereinssatzung) insbesondere die Identitätsprüfung durch die Wahlleiterin oder den Wahlleiter und den Wahlausschuss erheblich, da bei Vorlage derartiger Organisationsnachweise dann Art. 24 Abs. 2 Satz 1 Nr. 1 einschlägig ist. Nicht organisierte oder organisierte Wählergruppen, die auf die Vorlage eines Organisationsnachweises verzichten (vgl. Art. 24 Abs. 2 Satz 2), können die Privilegierung des früheren Wahlvorschlagsträgers nur für sich in Anspruch nehmen, wenn die weiteren Voraussetzungen nach Art. 24 Abs. 2 Satz 1 Nr. 2 gegeben sind (Nr. 38.3). Falls sich eine Wählergruppe organisieren will, erfolgt dies regelmäßig in Form eines Vereins nach bürgerlichem Recht (§§ 21 ff. BGB), und zwar als im Vereinsregister eingetragener und somit rechtsfähiger Verein oder als nichtrechtsfähiger Verein. Ist eine Wählergruppe als Verein im Vereinsregister eingetragen (§§ 55 ff. BGB), lässt sich ein organisatorischer Zusammenschluss ohne Weiteres feststellen (Nr. 38.2 Satz 6). Fehlt eine Eintragung, muss anhand aller Umstände geprüft werden, ob ein nichtrechtsfähiger Verein vorliegt (Nr. 38.2 Satz 7). In diesem Fall ist der Wählergruppe dringend zu raten, gewisse Mindestanforderungen an ihre Organisationsform zu erfüllen.

Regelmäßig ist eine **eigene Gründungsversammlung** von mindestens drei Personen erforderlich, in der die Grundsätze der Vereinsorganisation

(Ziele des Vereins, Vorstand, Mitgliederversammlung, Rechte und Pflichten der Vereinsmitglieder) festgelegt werden (Nr. 38.2 Satz 8). Die Wahlbekanntmachung lässt insoweit zwar auch eine „langjährige Übung" genügen (Nr. 38.2 Satz 8); aus Gründen der Rechtssicherheit und -klarheit empfiehlt sich aber eine schriftliche Dokumentation, die bei Bedarf vorgelegt werden kann.

Zu beachten ist, dass in der Gründungsversammlung nicht gleichzeitig auch die sich bewerbenden Personen der Wählergruppe aufgestellt werden können (vgl. Nr. 43.1 Satz 5). Denn die Aufstellungsversammlung muss nach dem Wortlaut des Art. 29 Abs. 1 Satz 1 eine eigens zum Zweck der Aufstellung der Bewerberinnen und Bewerber einberufene Versammlung sein. **Gründungsversammlung und Aufstellungsversammlung** müssen daher **zeitlich** so voneinander **getrennt** sein, dass die Mindestanforderungen an die Einladung zur Aufstellungsversammlung (s. nachstehend unter 3.) eingehalten werden. Ferner ist zu bedenken, dass der Teilnehmerkreis bei einer Aufstellungsversammlung nicht auf die bei der Gründungsversammlung anwesenden Mitglieder einer Wählergruppe beschränkt sein muss, sondern alle Anhänger der Wählergruppe umfassen kann, die im Zeitpunkt des Zusammentritts der Aufstellungsversammlung wahlberechtigt sind (vgl. Art. 29 Abs. 1 Satz 2, Abs. 2 Satz 1; Nr. 43.2.2 Abs. 1). Auf Grund der Vorschriften über die Einberufung der Aufstellungsversammlung (Art. 29 Abs. 1 Satz 1; § 39 Abs. 4, § 42 Abs. 2 Nr. 1; Nr. 43.2.1) sind „Spontanversammlungen" zur Aufstellung von Wahlvorschlägen nicht möglich.

Ob eine Wählergruppe mit einer Wählergruppe der letzten Gemeinde- bzw. Landkreiswahl **übereinstimmt**, ist auf der Grundlage des Art. 24 Abs. 2 und der Nr. 38.3 zu prüfen. Art. 24 Abs. 2 Satz 1 Nr. 1 betrifft nur solche organisierte Wählergruppen, die bereits bei Einreichung des Wahlvorschlags zur vorhergehenden Wahl nach bürgerlichem Recht organisiert waren und entsprechende Organisationsnachweise vorlegen; für diese richtet sich die Identitätsprüfung nach den Grundsätzen des bürgerlichen Rechts. Im Übrigen werden die Wahlvorschläge zur letzten Wahl und zur jetzt anstehenden Wahl verglichen; sind **mindestens sechs unterzeichnende oder sechs sich bewerbende Personen identisch**, wird von einer Übereinstimmung ausgegangen (Art. 24 Abs. 2 Satz 1 Nr. 2). Erfüllen mehrere Wählergruppen diese Voraussetzungen – etwa weil sich eine Wählergruppe aufgespaltet hat und dadurch zwei oder mehrere Wählergruppen sechs identische Unterschriften aufweisen –, wird auf die Wählergruppe abgestellt, die die größte Anzahl an übereinstimmenden unterzeichnenden oder sich bewerbenden Personen hat (Art. 24 Abs. 2 Satz 1 Nr. 2 Satz 2; Nr. 38.3 Abs. 2). Inwieweit sich die Unterscheidung zwischen einer alten Wählergruppe und einer neuen Wählergruppe auf die Anforderungen an einen Wahlvorschlag auswirkt, wird nachfolgend unter IV. 4. dargestellt.

2. Arten von Aufstellungsversammlungen

Um einen Wahlvorschlag aufstellen zu können, ist eine sog. **Aufstellungsversammlung** erforderlich (Art. 29; §§ 39 ff.; Nr. 43 ff.). Diese darf nicht früher als 15 Monate vor dem Monat stattfinden, in dem der Wahltag liegt (Art. 29 Abs. 2 Satz 2, d. h. frühestens ab 1.12.2024). Das Gemeinde- und Landkreiswahlgesetz kennt folgende Arten von Versammlungen zur Aufstellung von sich bewerbenden Personen:

Der Regelfall ist die **Versammlung von Anhängern** (Art. 29 Abs. 1 Satz 2 Nr. 1; Nr. 43.2.2). Wer als Anhänger der Partei oder der organisierten Wählergruppe gelten soll, können die Wahlvorschlagsträger grundsätzlich selbst festlegen (s. nachstehend unter 4.). Eine Wahlberechtigung im Wahlkreis zum Zeitpunkt der Aufstellungsversammlung wird stets vorausgesetzt (Art. 29 Abs. 2 Satz 1; Nr. 43.1). Die sich bewerbenden Personen werden unmittelbar durch die wahlberechtigten Anhänger der Partei oder Wählergruppe in geheimer Wahl gewählt.

Daneben kann die Aufstellung von sich bewerbenden Personen auch durch eine **Delegiertenversammlung** erfolgen. Bei einer Delegiertenversammlung handelt es sich ebenfalls um eine Aufstellungsversammlung im Sinne des Art. 29, für die die hierfür bestehenden Anforderungen (z. B. geheime Abstimmung) gelten (vgl. Art. 29 Abs. 3). Eine Delegiertenversammlung ist auch in Wahlkreisen mit nur einem Stimmbezirk möglich (vgl. Nr. 43.1). Die früher in Art. 29 Abs. 2 enthaltene Beschränkung, dass eine solche nur in Wahlkreisen mit mehreren, d. h. mindestens zwei Stimmbezirken möglich ist, wurde bereits durch das Gesetz zur Änderung des Gemeinde- und Landkreiswahlgesetzes und anderer Vorschriften vom 16.2.2012 (GVBl. S. 30) aufgehoben (s. hierzu auch LT-Drs. 16/9081, S. 14).

In Betracht kommen:

– eine **besondere** Delegiertenversammlung, die von Mitgliedern einer Partei oder Wählergruppe speziell für die bevorstehende Aufstellung sich bewerbender Personen gewählt wurde (Art. 29 Abs. 1 Satz 2 Nr. 2), oder
– eine **allgemeine** Delegiertenversammlung, die nach der Satzung einer Partei oder Wählergruppe allgemein für bevorstehende Wahlen bestellt wurde (Art. 29 Abs. 1 Satz 2 Nr. 3). Hierbei darf die Mehrheit der Mitglie-

der einer allgemeinen Delegiertenversammlung nicht früher als zwei Jahre vor dem Monat, in dem der Wahltag liegt, von den Mitgliedern der Partei oder einer Wählergruppe gewählt worden sein, die im Zeitpunkt der Delegiertenwahl im Wahlkreis wahlberechtigt waren (Art. 29 Abs. 1 Satz 3). Die Mehrheit der Delegierten muss daher am 1.3.2024 oder später gewählt worden sein.

Für die Aufstellung der Delegierten selbst ist das interne Recht des Wahlvorschlagsträgers maßgeblich (vgl. Nr. 43.3). Das Verfahren muss allerdings einem Kernbestand an demokratischen Verfahrensgrundsätzen genügen.

Die Delegierten müssen im Zeitpunkt des Zusammentritts der Aufstellungsversammlung im Wahlkreis wahlberechtigt sein (Art. 29 Abs. 2 Satz 1; vgl. LT-Drs. 16/9081, S. 14).

3. Einladung zur Aufstellungsversammlung

Zur Aufstellungsversammlung sind die Teilnahmeberechtigten **schriftlich** entweder **durch öffentliche Ankündigung** oder **einzeln zu laden** (§ 39 Abs. 4 Satz 2 Hs. 1). Eine **persönliche Ladung** kommt nur in Betracht, wenn nach den Festlegungen der Partei oder Wählergruppe die Teilnahmeberechtigung auf die Mitglieder beschränkt ist (vgl. Nr. 43.2.1 Satz 4). Dies setzt voraus, dass die Mitglieder des Wahlvorschlagsträgers bestimmbar sind. Bei Parteien oder (etwa in Form eines eingetragenen Vereins) organisierten Wählergruppen ist dies auf der Grundlage bestehender Mitgliederlisten ohne Weiteres möglich. Bei einer nicht organisierten Wählergruppe wird dies dagegen nur ausnahmsweise in Betracht kommen, z. B. dann, wenn bei der Gründungsversammlung oder einer Versammlung der Anhänger eine Liste der Mitglieder dieser Wählergruppe angefertigt wurde, die abschließend ist (zur unzulässigen persönlichen Ladung „handverlesener" Anhänger einer nicht organisierten Wählergruppe vgl. VG Augsburg, Urteil vom 11.12.2008, Az. Au 3 K 08.1076, juris). Ist dies nicht der Fall, muss zu einer Aufstellungsversammlung öffentlich geladen werden.

Die Ladung muss **grundsätzlich spätestens am dritten Tag** vor dem Tag der Aufstellungsversammlung **veröffentlicht** oder **zugegangen** sein (§ 39 Abs. 4 Satz 2 Hs. 2; Nr. 43.2.1). Die jeweilige Partei oder Wählergruppe kann allerdings hiervon abweichende Festlegungen treffen (§ 39 Abs. 4 Satz 3 Hs. 2). Dies geschieht üblicherweise durch Satzung, kann aber auch in sonstiger zu dokumentierender Form vom Wahlvorschlagsträger festgelegt werden. Weicht die Festlegung nach unten ab (z. B. Ladungsfrist zwei Tage), so ist diese kürzere Frist abweichend von § 39 Abs. 4 Satz 2 maßgebend

(Nr. 43.2.1 Satz 1). Weicht die Festlegung des Wahlvorschlagsträgers nach oben ab (z. B. Ladungsfrist eine Woche), so ist ein Verstoß gegen diese Festlegung dagegen wahlrechtlich ohne Bedeutung, wenn die in § 39 Abs. 4 Satz 2 genannten Mindestanforderungen (drei Tage) eingehalten sind (vgl. § 39 Abs. 4 Satz 4, Nr. 43.2.1 Satz 2).

4. Teilnahmeberechtigung an der Aufstellungsversammlung

Der teilnahmeberechtigte **Personenkreis** ist nach Art. 29 Abs. 1 Satz 2 Nr. 1 **nicht auf die Mitglieder** der Parteien und Wählergruppen **beschränkt**. Vielmehr können alle im Wahlkreis wahlberechtigten (Art. 29 Abs. 2 Satz 1) Personen, die nach ihrer Haltung dafür bekannt sind, dass sie die Ziele des Wahlvorschlagsträgers unterstützen (**Anhänger**), an der Aufstellungsversammlung teilnehmen.

Die Wahlvorschlagsträger **können** jedoch allgemein oder im Einzelfall selbst entscheiden, wen sie als Anhänger betrachten (§ 39 Abs. 4 Satz 3; Nr. 43.2.2). Zum Beispiel kann die **Teilnahme auf förmliche Mitglieder beschränkt** werden oder der Anhängerbegriff und damit die Teilnahmeberechtigung an bestimmte Kriterien (z. B. Parteifreiheit) geknüpft werden. Eine solche Beschränkung muss vor der Ladung vom Wahlvorschlagsträger durch Satzung oder Beschluss festgelegt werden (Nr. 43.2.2 Satz 6). Ist dies nicht geschehen, sind alle Anhänger teilnahmeberechtigt und dementsprechend auch zu laden (vgl. die vorstehenden Ausführungen unter 3.). **Personen, die sich als Anhänger ausgeben**, nach Auffassung des Wahlvorschlagsträgers **aber andere Ziele unterstützen, kann** vor Beginn der eigentlichen Versammlung die Stimmberechtigung entzogen **werden**, um ein „Unterwandern“ zu verhindern (Nr. 43.2.2 Satz 4). Die Entscheidung wird von den Mitgliedern der Partei oder der organisierten Wählergruppe durch Beschluss getroffen. Der Beschluss ist als Einzelfallentscheidung vor dem Beginn der eigentlichen Versammlung zu fassen, da bereits beim Tagesordnungspunkt „Ladung und Beschlussfähigkeit“ die Zahl der wahlberechtigten Teilnehmerinnen und Teilnehmer festzustellen ist (vgl. I. 2. in Anlage 7 zu Nr. 46 GLKrWBek). In Bezug auf **nicht organisierte Wählergruppen** vgl. Teil C Frage 17. **Während der Aufstellungsversammlung darf** der Kreis der Teilnahmeberechtigten **nicht mehr geändert werden** (Nr. 43.2.2 Satz 7); insbesondere ist das Verhalten einer Anhängerin oder eines Anhängers, das den Vorstellungen der übrigen Teilnehmerinnen und Teilnehmer nicht entspricht, kein Grund, die Teilnahmeberechtigung zu entziehen. Eine Ausnahme mag allerdings gelten, wenn eine teilnehmende Person die Ordnung so nachhaltig stört (z. B. randaliert), dass ein Ausschluss von der Versammlung gerechtfertigt ist.

An einer Aufstellungsversammlung müssen **mindestens drei abstimmungsberechtigte Personen** teilnehmen. Dies ergibt sich aus der infolge des Änderungsgesetzes vom 22.3.2018 (GVBl. S. 145) eingefügten Ergänzung in Art. 29 Abs. 3 Satz 1, wonach zur Wahrung des Abstimmungsgeheimnisses die Teilnahme von mindestens drei abstimmungsberechtigten Personen erforderlich ist (LT-Drs. 17/14651, S. 13). Ist die Versammlungsleitung selbst nicht wahlberechtigt, so wird die die Versammlung leitende Person auf die Mindestzahl nicht angerechnet (Nr. 43.2.2 Satz 13).

Die **Wahlberechtigung** ergibt sich aus Art. 1 Abs. 1, d. h., die Personen müssen Unionsbürgerinnen oder Unionsbürger (Art. 1 Abs. 1 Nr. 1, Abs. 2) sein, mindestens 18 Jahre alt sein (Art. 1 Abs. 1 Nr. 2), seit mindestens zwei Monaten ihren Schwerpunkt der Lebensbeziehungen im Wahlkreis haben (Art. 1 Abs. 1 Nr. 3, Abs. 3 und 4) und dürfen nicht nach Art. 2 vom Wahlrecht ausgeschlossen sein (Art. 1 Abs. 1 Nr. 4). Zu prüfen ist die Wahlberechtigung **für die jeweilige Wahl**, für die der Wahlvorschlag aufgestellt wird; dies kann für Gemeinde- und Landkreiswahlen unterschiedlich sein. Die Wahlberechtigung der teilnehmenden Personen muss dabei **im Zeitpunkt der Aufstellungsversammlung** vorliegen (Art. 29 Abs. 2 Satz 1). Es genügt daher – anders als bei sich bewerbenden Personen (Art. 21, 39; Nr. 43.2.2) – nicht, wenn eine teilnehmende Person bis zum Wahltag z. B. die erforderliche Mindestaufenthaltszeit (vgl. Art. 1 Abs. 1 Nr. 3) erfüllt. Sofern die die Versammlung leitende Person selbst nicht wahlberechtigt ist, kann sie an den Abstimmungen nicht teilnehmen.

Ob Gäste oder die Presse zu den Aufstellungsversammlungen zugelassen werden, bleibt der Entscheidung der Parteien oder Wählergruppen überlassen. Diese können selbst darüber befinden, ob die Aufstellungsversammlungen **öffentlich oder nicht-öffentlich** abgehalten werden. Sind in einer Aufstellungsversammlung auch Gäste, Zuhörerinnen und Zuhörer, Pressevertreterinnen und -vertreter usw. anwesend, so empfiehlt es sich, diese bei der Sitzplatzverteilung von den Vorschlags- und Stimmberechtigten zu trennen. Das erleichtert insbesondere der Versammlungsleitung den Überblick, welche Personen berechtigterweise Stimmzettel erhalten und abgeben dürfen.

5. Leitung der Aufstellungsversammlung

Der Leitung der Aufstellungsversammlung kommt eine zentrale Bedeutung zu, denn sie hat dafür zu sorgen, dass die wahlrechtlichen Vorschriften für die ordnungsgemäße Aufstellung eines Wahlvorschlags beachtet werden. Für die Leitung gilt es, vor allem an folgende Punkte bzw. Schritte zu denken (vgl. auch Anlage 7 zu Nr. 46 GLKrWBek):

- ordnungsgemäße Ladung der Aufstellungsversammlung (vgl. §§ 39 Abs. 4, 42 Abs. 2 Nr. 1; Nr. 43.2.1),
- Prüfung der Wahl- und Stimmberechtigung der teilnehmenden Personen (insbesondere Prüfung der Anwesenheitsliste, vgl. Art. 29 Abs. 2 Satz 1, Abs. 3 Satz 2, Abs. 5 Satz 4),
- (ggf.) Festlegung eines Wahlverfahrens (vgl. §§ 39 Abs. 1, 40, 41, 42 Abs. 2 Nr. 6; Nr. 43.5 Abs. 2, 3),
- Beachtung des Wahlgeheimnisses für die Wahl der sich bewerbenden Personen (vgl. Art. 29 Abs. 3 Satz 1, §§ 39 Abs. 1, 40 Abs. 1 Satz 2, Abs. 2),
- geheime Entscheidung (§ 40 Abs. 2 Satz 1) der Aufstellungsversammlung über die Reihenfolge der Bewerber und eine etwaige Mehrfachaufführung im Wahlvorschlag (vgl. §§ 40 Abs. 2, 42 Abs. 2 Nr. 7; Nr. 44),
- (ggf.) Wahl von Ersatzleuten und Festlegung ihrer Reihenfolge sowie der Modalitäten des etwaigen Nachrückens (vgl. §§ 40 Abs. 3, 42 Abs. 2 Nr. 8; Nr. 43.4),
- Bestellung einer oder eines Beauftragten und (zu empfehlen) einer stellvertretenden Person (geheime Wahl nicht erforderlich) für den Wahlvorschlag (vgl. Art. 30, § 43 Satz 1 Nr. 3),
- (ggf.) Beschluss der Aufstellungsversammlung über eine etwaige Zurücknahme des Wahlvorschlags (vgl. Art. 31 Satz 1; § 49),
- Fertigung und Unterzeichnung der Niederschrift über die Aufstellungsversammlung (Art. 29 Abs. 5; § 42; Nr. 46).

Die **Versammlungsleitung muss selbst nicht wahlberechtigt** für die betreffende Wahl **sein** (vgl. Art. 29 Abs. 5 Satz 2; Nr. 43.2.2 Satz 9). In der Praxis hat es sich sogar als empfehlenswert herausgestellt, eine neutrale Person, z. B. einen erfahrenen Kommunalpolitiker aus einem anderen Ort oder eine wahlrechtlich erfahrene Person aus dem Kreis der Gemeindebediensteten, als Versammlungsleitung zu bestimmen.

An der Wahl der Bewerberinnen und Bewerber kann die Versammlungsleitung allerdings nur teilnehmen, wenn die die Versammlung leitende Person für die betreffende Wahl wahlberechtigt ist. Rechtlich zulässig, aber nicht empfehlenswert ist es, wenn die Versammlungsleitung selbst Bewerberin oder Bewerber ist (vgl. Nr. 43.2.2 Satz 10).

6. Anwesenheitsliste

Für die Aufstellungsversammlung ist zwingend eine **Anwesenheitsliste** zu führen, die der **Niederschrift beigefügt** werden muss (Art. 29 Abs. 5 Satz 4, § 42 Abs. 3 Satz 1); ihr Fehlen führt zur Ungültigkeit des Wahlvorschlags nach § 50 Abs. 1 Nr. 5 (vgl. auch IV. 2.2 sowie IV. 5.5). Nur die Teilnehmerinnen und Teilnehmer der Aufstellungsversammlung haben sich dort mit Namen, Anschrift und Unterschrift einzutragen (Art. 29 Abs. 5 Satz 4), also jene wahlberechtigten Personen, die an der Aufstellung des Wahlvorschlags mitwirken wollen. Gäste, Zuhörerinnen und Zuhörer, Pressevertreterinnen und Pressevertreter usw. sind nicht zu erfassen. Diese können allenfalls in einer gesonderten „Gästeliste" erfasst werden.

Der **Zweck** der Anwesenheitsliste besteht darin, die **Wahlberechtigung** der Versammlungsteilnehmerinnen und -teilnehmer **überprüfen** zu können (Nr. 46 Sätze 6 bis 13; zur eingeschränkten Prüfpflicht der Wahlleiterin oder des Wahlleiters vgl. unten IV. 3.). Schon bei der Eintragung in die Anwesenheitsliste bietet es sich daher an, die Wahlberechtigung – soweit möglich – durch eine die Partei oder Wählergruppe vertretende Person, ggf. durch die Versammlungsleitung, prüfen zu lassen. Dies stellt letztlich eine Art „Zugangskontrolle" dar, die verhindern soll, dass Unberechtigte an der Versammlung teilnehmen und die Wirksamkeit der Aufstellung in Frage stellen.

Anhand der Daten der Anwesenheitsliste lässt sich auch feststellen, ob mehrere Wahlvorschläge für dieselbe Wahl von derselben Versammlung aufgestellt worden sind, wenn zwar mehrere Versammlungen stattgefunden haben, die Mehrheit der Teilnehmenden der zweiten Aufstellungsversammlung aber bereits die Mehrheit der ersten Aufstellungsversammlung gebildet hat (Art. 24 Abs. 3 Satz 2 Nr. 3, Nr. 39.2.3 Sätze 1 bis 4).

Aus der Anwesenheitsliste allein kann jedoch grundsätzlich nicht auch auf einen Verbrauch des Wahlvorschlagsrechts bei einzelnen Versammlungsteilnehmenden geschlossen, d.h. beurteilt werden, ob eine wahlberechtigte Person „zu Unrecht" an einer weiteren Aufstellungsversammlung mitgewirkt hat. Jede wahlberechtigte Person darf zwar grundsätzlich nur einmal von ihrem Wahlvorschlagsrecht Gebrauch machen und daher grundsätzlich auch nur an einer Aufstellungsversammlung mitwirken. Eine Ausnahme kann aber gelten, wenn sich jemand mit seinen Vorstellungen für eine sich bewerbende Person nicht durchsetzen konnte und deshalb in der Aufstellungsversammlung eines anderen Wahlvorschlagsträgers seinen Nominierungswunsch durchsetzen möchte (vgl. auch Nr. 39.2.3 Sätze 5 bis 10). Die Bedeutung der Anwesenheitsliste darf darüber hinaus auch deswegen nicht überschätzt werden, weil z. B. damit nicht garantiert ist, dass sich alle Teilnehmenden einer Aufstellungsversammlung an der Abstimmung beteiligt haben (vgl. Nr. 46 Sätze 12 und 13). Problematisch ist es hingegen, wenn mehr Abstimmende in der Niederschrift vermerkt als in der Anwesenheitsliste eingetragen sind. Daher ist darauf zu achten, dass sich auch noch später eintreffende Versammlungsteilnehmerinnen und -teilnehmer in die Anwesenheitsliste eintragen.

7. Wahlverfahren

In der Aufstellungsversammlung hat jede teilnahmeberechtigte und anwesende Person das Recht, zu wählende **Bewerberinnen und Bewerber vorzuschlagen** (Art. 29 Abs. 3 Satz 2). Schriftliche Vorschläge von abwesenden Personen sind also nicht zulässig; eine anwesende Person kann sich einen solchen Vorschlag aber zu eigen machen, so dass er dann zulässig ist. Den vorgeschlagenen Bewerberinnen und Bewerbern ist Gelegenheit zu geben, sich und ihr Programm in angemessener Zeit **vorzustellen** (Art. 29 Abs. 3 Satz 3, Nr. 43.5 Satz 3). Ein angemessener zeitlicher Rahmen für die Vorstellung kann festgelegt werden, ein vollständiger Verzicht durch Beschluss der Aufstellungsversammlung ist jedoch nicht möglich.

Das Wahlverfahren richtet sich grundsätzlich nach den Bestimmungen der Partei oder Wählergruppe. Es muss **demokratischen Grundsätzen** entsprechen (§ 39 Abs. 1), d. h., dass jede und jeder Abstimmende gleich viele Stimmen hat und die Mehrheit der Stimmen entscheidet (Nr. 43.5 Satz 2). Der Grundsatz einer freien Wahl gebietet zudem, dass die Aufstellungsversammlung nicht an fertige Listen gebunden ist; Änderungen durch die Aufstellungsversammlung müssen daher möglich sein (vgl. § 40 Abs. 1 Satz 2 Nr. 3). Darüber hinaus sind die sich bewerbenden Personen **in geheimer Abstimmung** zu wählen (vgl. Art. 29 Abs. 3 Satz 1). Dies erfordert eine schriftliche Abstimmung mit Stimmzetteln, die verdeckt gekennzeichnet und ohne Einsichtnahme anderer abgegeben werden können; nicht zwingend erforderlich ist dagegen die Nutzung von Wahlkabinen (vgl. BayVGH, Beschluss vom 6.4.2016, Az. 4 ZB 15.1562, juris Rn. 6, BayVBl. 2016, S. 675, 676).

Hat die Partei oder Wählergruppe in ihren internen **Regelungen** bestimmt, **in welchem Wahlverfahren** die Bewerberinnen und Bewerber aufzustellen sind, kann die Aufstellungsversammlung diese Regelungen anwenden, ohne darüber nochmals eigens entscheiden zu müssen. Will die Aufstellungsversammlung ein anderes Verfahren, so kann sie eine von der

Regelung des Wahlvorschlagsträgers abweichende Festlegung treffen; darin liegt kein Verstoß gegen wahlrechtliche Vorschriften (vgl. Nr. 43.5 Sätze 4 bis 6).

Fehlt eine interne Regelung des Wahlvorschlagsträgers, so ist zu unterscheiden: Bei einer Aufstellungsversammlung für die Gemeinderats- und die Kreistagswahl **muss** die Aufstellungsversammlung ein Wahlverfahren beschließen (§ 40 Abs. 1 Satz 1; Nr. 43.5 Satz 7, 1. Spiegelstrich). Für die Bürgermeister- und Landratswahl **sollte** die Aufstellungsversammlung ein bestimmtes Wahlverfahren beschließen; falls sie keinen Beschluss über das Wahlverfahren fasst, ist das in § 41 Abs. 2 genannte Verfahren der Mehrheitswahl anzuwenden (vgl. § 41 Abs. 1 Satz 2; Nr. 43.5 Satz 7, 2. Spiegelstrich). Allerdings kann ein solcher Beschluss auch konkludent gefasst werden (z. B. indem gegen den Vorschlag der Versammlungsleitung für ein bestimmtes Wahlverfahren keine Einwände erhoben werden).

Welche Wahlverfahren möglich sind, ergibt sich in erster Linie aus §§ 40 und 41, ohne dass die dortige Aufzählung eine abschließende Regelung enthält.

7.1 Bei der Gemeinderatswahl (Kreistagswahl) – Art. 24 bis 29; §§ 39, 40; Nr. 44 – sind die folgenden Verfahren möglich:

Das **Einzelabstimmungsverfahren** (§ 40 Abs. 1 Satz 2 Nr. 1) setzt grundsätzlich voraus, dass sich nur eine Person um einen Listenplatz bewirbt, über die dann mit „Ja“ oder „Nein“ geheim abgestimmt wird. Bei einer Auswahl unter mehreren Bewerbungen muss zusätzlich bestimmt werden, mit welcher Mehrheit (absolut oder relativ) die sich bewerbende Person nominiert ist.

§ 40 Abs. 1 Satz 2 Nr. 2 enthält ein **Wahlverfahren in Anlehnung an die Wahlgrundsätze** für die Gemeinde- und Landkreiswahlen. Bei diesem Verfahren werden alle sich bewerbenden Personen aufgelistet und zur Abstimmung gestellt. Die Reihenfolge der Auflistung (z. B. alphabetisch) sollte vorher festgelegt werden. Jeder wahlvorschlagsberechtigte Teilnehmende kann hier so viele Stimmen vergeben, wie sich bewerbende Personen aufzustellen sind. Wie bei der Wahl der Gemeinderäte und Kreistage ist Kumulieren von bis zu drei Stimmen zugelassen. Von der Aufstellungsversammlung ist festzulegen, ob die von jeder einzelnen sich bewerbenden Person erreichte Stimmenzahl auch über die Reihenfolge auf dem Wahlvorschlag entscheidet (vgl. § 40 Abs. 2 Satz 3). Stehen mehr Bewerbungen zur Auswahl als Listenplätze verfügbar sind, kann in diesem Verfahren über die Stimmenzahl auch darüber entschieden werden, welche Personen lediglich Ersatzleute sind und ggf. in welcher Reihenfolge.

Zulässig ist ferner ein **Blockwahlverfahren** (§ 40 Abs. 1 Satz 2 Nr. 3). Hier wird über eine vorbereitete Liste im Ganzen oder in Teilen in einem einzigen Wahlgang entschieden. Zur Erfüllung der Anforderungen an eine Wahl nach demokratischen Grundsätzen bedarf es bei der Blockwahl der Möglichkeit, Änderungen und ggf. zusätzlich Streichungen zuzulassen. Die Bewertung von Streichungen (Enthaltung oder Nein-Stimme) ist vorher festzulegen. **Achtung:** Werden Änderungsanträge gestellt, muss über sie vorweg einzeln (also vor der Blockwahl) geheim abgestimmt werden; erhält ein solcher Änderungsantrag die Mehrheit, wird der anschließenden Blockwahl die vorbereitete Liste in der geänderten Fassung zugrunde gelegt.

Auch eine Kombination der in § 40 Abs. 1 Satz 2 enthaltenen Wahlverfahren ist zulässig. So könnte z. B. über die Plätze 1 bis 5 ein Einzelabstimmungsverfahren durchgeführt und über den Rest der Liste im Blockwahlverfahren entschieden werden.

Soweit nicht schon im vorhergehenden Wahlverfahren nach § 40 Abs. 1 über die **Reihenfolge** aller sich bewerbenden Personen entschieden wurde, darf nicht vergessen werden, über diese Reihenfolge noch **geheim** abzustimmen (Art. 29 Abs. 1 Satz 1; § 40 Abs. 2 Satz 1; Nr. 44.1). Wird im Blockwahlverfahren über eine vorbereitete Liste der Bewerberinnen und Bewerber im Ganzen abgestimmt, ist mit der Wahl gleichzeitig auch die Reihenfolge festgelegt, wie sie in dem vorbereiteten Stimmzettel enthalten ist (Nr. 44.2).

7.2 Für die Wahl der ersten Bürgermeisterin oder des ersten Bürgermeisters (der Landrätin oder des Landrats) – Art. 45; §§ 39, 41; Nr. 45 – regelt § 41 ausdrücklich in Abs. 2 ein **detailliertes Wahlverfahren**, sofern nicht bereits vom Wahlvorschlagsträger oder von der Aufstellungsversammlung ein bestimmtes Wahlverfahren festgelegt wurde. Aus praktischer Sicht empfiehlt es sich, das **in § 41 Abs. 2** enthaltene Wahlverfahren anzuwenden, das sich an die Grundsätze der später durchzuführenden Wahl nach Art. 46 Abs. 1 Satz 1 selbst anschließt. Eine sich bewerbende Person benötigt danach die Mehrheit der abgegebenen gültigen Stimmen, also die absolute Mehrheit. Wird diese Mehrheit im ersten Wahlvorgang nicht erreicht, findet eine „Stichwahl" statt. Die näheren Einzelheiten dazu sind in § 41 Abs. 2 enthalten.

8. Wählbarkeit

8.1 Die Wählbarkeit für das Amt eines **Gemeinderatsmitglieds** (einer Kreisrätin oder eines Kreisrats) ergibt sich aus Art. 21.

Wählbar ist jede Person, die **Unionsbürgerin oder Unionsbürger** ist (Art. 21 Abs. 1 Nr. 1, Art. 1 Abs. 2), das **18. Lebensjahr vollendet** (Art. 21 Abs. 1 Nr. 2) und **seit mindestens drei Monaten im Wahlkreis eine Wohnung** hat, die nicht die Hauptwohnung sein muss, oder ohne eine Wohnung zu haben sich im Wahlkreis gewöhnlich aufhält (Art. 21 Abs. 1 Nr. 3, Art. 1 Abs. 3 Satz 3 und Abs. 4). Die Voraussetzungen müssen dabei **am Wahltag, nicht zwingend bereits am Tag der Aufstellungsversammlung** vorliegen.

Um Nachforschungen über die persönliche Lebenssituation einiger Bewerberinnen und Bewerber zu vermeiden (vgl. LT-Drs. 16/9081, S. 13), ist seit den allgemeinen Gemeinde- und Landkreiswahlen 2014 nicht mehr der Schwerpunkt der Lebensbeziehungen maßgeblich, sondern – jeweils bezogen auf den Wahlkreis – entweder das **Innehaben einer Wohnung** nach dem Melderecht (vgl. Art. 21 Abs. 1 Nr. 3; Nr. 4.1 Sätze 3 bis 5) oder – **nur wenn jemand keine Wohnung in der Bundesrepublik Deutschland hat** – der **gewöhnliche Aufenthalt** (Art. 21 Abs. 1 Nr. 3; Nr. 4.1 Sätze 6 bis 8). Durch das Anknüpfen an eine Wohnung im melderechtlichen Sinne oder den gewöhnlichen Aufenthalt im Wahlkreis wird sichergestellt, dass ein Ortsbezug der sich bewerbenden Person zu dem Wahlkreis, in dem sie sich zur Wahl stellt, existiert (so die Gesetzesbegründung, LT-Drs. 16/9081, S. 13). Bei der Wohnung muss es sich nicht um die alleinige Wohnung oder die melderechtliche Hauptwohnung handeln. Ausreichend ist vielmehr auch das Innehaben einer melderechtlichen Nebenwohnung (vgl. Nr. 4.1 Satz 5).

Nach Art. 21 Abs. 1 Nr. 3 gilt die **„Wegzugsregel"** des Art. 1 Abs. 4 auch für die Wählbarkeit als Gemeinderatsmitglied (Kreisrätin oder Kreisrat). Das bedeutet, dass eine sich bewerbende Person, die die Wählbarkeit infolge Wegzugs verloren hat, jedoch innerhalb eines Jahres seit dem Wegzug wieder in den Wahlkreis zurückkehrt, mit dem Zuzug wieder für das Amt eines Gemeinderatsmitglieds (einer Kreisrätin oder eines Kreisrats) wählbar ist, wenn das passive Wahlrecht im Zeitpunkt des Wegzugs bereits bestanden hatte, die sich bewerbende Person also insbesondere für eine Mindestdauer von drei Monaten eine Wohnung oder ihren gewöhnlichen Aufenthalt im Wahlkreis gehabt hatte. Der Aufenthalt von drei Monaten muss vor dem Wegzug zusammenhängend vorgelegen haben; eine Stückelung (z. B. ein Monat vor dem Wegzug, zwei Monate nach dem erneuten Zuzug) ist wegen der klaren Formulierung in Art. 1 Abs. 4 nicht zulässig. Durch die in

Art. 21 Abs. 1 Nr. 3 eingefügte Verweisung auf Art. 1 Abs. 3 Satz 3 wird klargestellt, dass bei der Berechnung der Frist der Tag der Aufenthaltsnahme in die Frist einzubeziehen ist.

Die im Hinblick auf das passive Wahlrecht geltenden **Ausschlussgründe** (Wählbarkeitshindernisse) sind in Art. 21 Abs. 2 niedergelegt (vgl. auch Nr. 4).

Durch das Gesetz zur Änderung des Gemeinde- und Landkreiswahlgesetzes und anderer Gesetze vom 22.3.2018 (GVBl. S. 145) wurden die **Wählbarkeitshindernisse des Art. 21 Abs. 2 Nr. 4 a. F.**, mit denen sog. **Scheinkandidaturen** verhindert werden sollten, **gestrichen**. Nach der Gesetzesbegründung dient diese Regelung zum einen der Stärkung des passiven Wahlrechts und bietet zum anderen den Wählerinnen und Wählern die Möglichkeit, selbst über die Ernsthaftigkeit der jeweiligen Kandidatur zu entscheiden und dementsprechend ihre Stimmen zu vergeben (vgl. LT-Drs. 17/14651, S. 12 f.). Seither kann daher eine amtierende erste Bürgermeisterin oder ein amtierender erster Bürgermeister, unabhängig davon, ob deren Amtszeit mit der Wahlzeit des zu wählenden Gemeinderates übereinstimmt, in der eigenen Gemeinde als ehrenamtliches Gemeinderatsmitglied kandidieren und eine amtierende Oberbürgermeisterin oder ein amtierender Oberbürgermeister einer kreisfreien Gemeinde als Kreisrätin oder Kreisrat. Ebenso ist eine amtierende Landrätin oder ein amtierender Landrat, unabhängig davon, ob ihre Amtszeit mit der Wahlzeit des zu wählenden Gremiums übereinstimmt, als ehrenamtliches Gemeinderatsmitglied in einer kreisfreien Gemeinde oder als Kreisrätin bzw. Kreisrat wählbar. Der Wegfall der Wählbarkeitshindernisse in Art. 21 Abs. 2 Nr. 4 ermöglicht zwar die gleichzeitige Kandidatur für die in der bisherigen Regelung genannten Ämter, die gleichzeitige Ausübung dieser Ämter ist aber durch die Amtshindernisse nach Art. 31 Abs. 3 Satz 1 Nrn. 6 und 7 GO und Art. 24 Abs. 3 Satz 1 Nrn. 4 und 5 LKrO i. V. m. der Regelung des Art. 48 Abs. 1 Satz 1 Nr. 3 ausgeschlossen (s. hierzu 8.4).

8.2 Für das Amt einer ersten Bürgermeisterin oder eines ersten **Bürgermeisters** (und der Landrätin oder des Landrats) ergeben sich die Wählbarkeitsvoraussetzungen aus Art. 39. Danach ist wählbar, wer **am Wahltag** das **18. Lebensjahr vollendet** hat (Art. 39 Abs. 1 Nr. 2) und **Deutsche oder Deutscher** ist (Art. 39 Abs. 1 Nr. 1; Art. 116 Abs. 1 GG). Ausländische Unionsbürgerinnen und Unionsbürger können daher nicht Bürgermeisterin oder Bürgermeister/Landrätin oder Landrat werden (Nr. 4.3.2). Im Fall der Bewerbung um das Amt einer **ehrenamtlichen Bürgermeisterin oder eines ehrenamtlichen Bürgermeisters** muss die sich bewerbende Person zudem am Wahltag seit mindestens drei Monaten **in der Gemeinde eine Wohnung**

haben, die nicht die Hauptwohnung sein muss, oder ohne eine Wohnung in der Bundesrepublik Deutschland zu haben, sich in der Gemeinde gewöhnlich aufhalten (Art. 39 Abs. 1 Nr. 3, Art. 1 Abs. 3 Satz 3 und Abs. 4).

Die „**Wegzugsregelung**" (Art. 1 Abs. 4), die für das aktive Wahlrecht und die Wählbarkeit zum Gemeinderatsmitglied/Kreisrätin oder Kreisrat (Art. 21 Abs. 1 Nr. 3) zur Anwendung kommt, gilt auf Grund der Verweisung in Art. 39 Abs. 1 Nr. 3 auch für die Wahl zur ehrenamtlichen ersten Bürgermeisterin oder zum ehrenamtlichen ersten Bürgermeister (Nr. 4.4 Satz 1).

Zur **berufsmäßigen** Bürgermeisterin oder zum berufsmäßigen Bürgermeister (zur Landrätin und zum Landrat) kann auch eine Person gewählt werden, die ihre Wohnung oder ihren gewöhnlichen Aufenthalt nicht im Wahlkreis hat (Nr. 4.4 Satz 2; Nr. 47.4.1 Sätze 14 bis 19, auch zur erforderlichen Überprüfung der Wählbarkeitsvoraussetzungen in diesen Fällen).

Die **Ausschlussgründe** von der Wählbarkeit sind in Art. 39 Abs. 2 zusammengefasst. **Zu beachten ist, dass die in Art. 39 Abs. 2 Satz 2 a.F. enthaltene Höchstaltersgrenze für berufsmäßige erste Bürgermeisterinnen und Bürgermeister sowie Landrätinnen und Landräte** durch Gesetz zur Änderung des Gemeinde- und Landkreiswahlgesetzes und weiterer Rechtsvorschriften vom 24. Juli 2023 (GVBl. S. 385) zum 1. Januar 2024 **abgeschafft** wurde (vgl. LT-Drs. 18/28527, S. 59).

8.3 Da für die Wählbarkeit für ein kommunales Amt bzw. Mandat – wie unter 8.1 und 8.2 dargelegt wurde – eine Nebenwohnung ausreichend ist, ist es möglich, dass sich jemand in mehreren Wahlkreisen aufstellen lassen will (sog. **Mehrfachbewerbung**). Art. 25 Abs. 3, der über Art. 45 Abs. 1 Satz 1 auch für die Aufstellung, Einreichung, Zulassung und Bekanntmachung von Wahlvorschlägen für die erste Bürgermeisterin oder den ersten Bürgermeister (Landrätin oder Landrat) gilt, bestimmt daher in seinem Satz 1, dass jede sich bewerbende Person bei **Wahlen für ein gleichartiges Amt**, die **am selben Tag** stattfinden, nur in **einem** Wahlkreis aufgestellt werden darf (vgl. auch Nr. 4.5.2). Damit soll die Ernsthaftigkeit der Bewerbung sichergestellt werden (vgl. LT-Drs. 16/9081, S. 14). Um gleichartige Ämter handelt es sich bei solchen mit der **gleichen Bezeichnung** (z. B. Bürgermeisterin oder Bürgermeister – unabhängig davon, ob ehrenamtlich oder berufsmäßig oder Oberbürgermeisterin und Oberbürgermeister; auch bei Gemeinderats- und Stadtratsmitgliedern liegen gleichartige Ämter vor; das Amt der Kreisrätin oder des Kreisrats und des Gemeinderatsmitglieds einer kreisfreien Gemeinde stellen ebenfalls gleichartige Ämter dar, s. Nr. 47.4.3 Sätze 5 bis 7). Bei mehrfacher Aufstellung für gleichartige Ämter, deren Wahlen am selben Tag stattfinden, ist nach Art. 25 Abs. 3 Satz 3 i. V. m. Art. 24 Abs. 3 Satz 5 wie folgt zu verfahren: Die sich bewerbende Person hat dann der Wahlleiterin oder dem Wahlleiter mitzuteilen, welche Bewerbung gelten soll (Nr. 47.4.1 Satz 9). Flankiert wird diese Regelung durch den in § 43 Satz 1 geregelten **zwingenden Inhalt von Wahlvorschlägen**: Die von der sich bewerbenden Person vorzulegende Bescheinigung, dass sie nicht von der Wählbarkeit ausgeschlossen ist, darf (bei Landkreiswahlen generell und) bei Gemeindewahlen, soweit sie in der Gemeinde, in der sie sich bewirbt, weder ihre alleinige Wohnung noch ihre Hauptwohnung hat, bei an demselben Tag stattfindenden Wahlen für ein gleichartiges Amt **nur einmal** ausgestellt werden (§ 43 Satz 1 Nr. 4 Buchst. i).

8.4 Von den unter den Abschnitten 8.1 und 8.2 dargestellten Wählbarkeitshindernissen sind die in den Art. 31 Abs. 3, 34 Abs. 5 GO, 24 Abs. 3 LKrO geregelten „**Amtshindernisse**" abzugrenzen. Diese stehen einer Kandidatur nicht entgegen, die gewählte Person kann das Amt im Falle ihrer Wahl jedoch nicht antreten; bei späterem Eintreten verliert der Mandatsträger sein Amt (vgl. Art. 48 Abs. 1 Satz 1 Nr. 3, Abs. 2 Satz 1).

Bewirbt sich z. B. dieselbe Person **gleichzeitig** für die Wahl zur ersten Bürgermeisterin oder zum ersten Bürgermeister und zum ehrenamtlichen Gemeinderatsmitglied in ihrer Gemeinde, so ist eine solche „Doppelkandidatur" rechtlich zulässig (vgl. § 39 Abs. 2). Wird die Person in einem solchen Fall zur ersten Bürgermeisterin oder zum ersten Bürgermeister **und** zum ehrenamtlichen Gemeinderatsmitglied gewählt und nimmt sie die Wahl zur ersten Bürgermeisterin oder zum ersten Bürgermeister an, so kann sie nicht zugleich ehrenamtliches Gemeinderatsmitglied sein (vgl. Art. 31 Abs. 3 Satz 1 Nr. 6 GO, Art. 48 Abs. 1 Satz 1 Nr. 3). Hat die gewählte Person allerdings auch die Wahl zum Gemeinderatsmitglied angenommen, wird sie Listennachfolger (Art. 37 Abs. 1 Satz 1).

Ferner kann z. B. ein **Beamter einer Gemeinde** unter anderem nicht ehrenamtliches Gemeinderatsmitglied in dieser Gemeinde sein (vgl. Art. 48 Abs. 1 Satz 1 Nr. 3, 31 Abs. 3 Satz 1 Nr. 1 GO), es sei denn, er ist während der Dauer des Ehrenamts ohne Dienstbezüge beurlaubt, im Rahmen von Altersteilzeit im Blockmodell vollständig vom Dienst freigestellt oder seine Rechte und Pflichten aus dem Dienstverhältnis ruhen wegen der Wahl in eine gesetzgebende Körperschaft (vgl. Art. 31 Abs. 3 Satz 3 GO). Ebenso können nach Art. 31 Abs. 3 Satz 1 Nr. 1 GO **Arbeitnehmerinnen und Arbeitnehmer der Gemeinde** nicht ehrenamtliche Gemeinderatsmitglieder dieser Gemeinde sein. Die bisher im Gesetz enthaltene **Einschränkung auf leitende oder hauptberufliche Arbeitnehmerinnen und Arbeitnehmer** der Gemeinde oder der Verwaltungsgemeinschaft ist durch das Gesetz zur Änderung des Gemeinde- und Landkreiswahlgesetzes und weiterer Rechtsvorschriften vom 24. Juli 2023 (GVBl. S. 385) **gestrichen** worden. Damit sollen mögliche Interessenkollisionen zwischen einer Berufstätigkeit und einer Gemeinderatstätigkeit in derselben Gemeinde ausgeschlossen werden, die auch bei teilzeitbeschäftigten Arbeitnehmerinnen und Arbeitnehmern auftreten können (vgl. auch LT-Drs. 18/28527, S. 66). Das Streichen des Merkmals „leitend“ ist insoweit zudem aus Rechtssicherheitsgründen zu begrüßen, da schwierige Abgrenzungsfragen damit entfallen. Nur in Bezug auf Arbeitnehmerinnen und Arbeitnehmer von juristischen Personen oder sonstigen Organisationen des öffentlichen oder privaten Rechts, an denen die Gemeinde mit mehr als 50 % beteiligt ist (Stimmrechtsbeteiligung genügt), ist weiterhin ein Amtshindernis ausschließlich bei einer leitenden Funktion gegeben (vgl. Art. 31 Abs. 3 Satz 1 Nr. 3 GO). Ausgenommen von den Regelungen in Art. 31 Abs. 3 Satz 1 Nrn. 1 bis 4 GO bzw. Art. 24 Abs. 3 Satz 1 Nrn. 1 bis 4 LKrO sind nach Art. 31 Abs. 3 Satz 2 GO und Art. 24 Abs. 3 Satz 2 LKrO weiterhin Arbeitnehmerinnen und Arbeitnehmer, die überwiegend körperliche Arbeit verrichten. Damit soll eine verfassungskonforme Abgrenzung (Art. 137 Abs. 1 GG) der Inkompatibilitätsregelungen ohne Bezugnahme auf tarifvertragliche oder sozialversicherungsrechtliche Vorgaben erreicht werden (vgl. LT-Drs. 16/9081, S. 17). Die Feststellung eines Amtshindernisses obliegt dem Wahlausschuss (vgl. Art. 48 Abs. 3) und hängt letztlich von den Umständen des Einzelfalles ab. Hinzuweisen ist an dieser Stelle auch auf eine Entscheidung des Bundesverwaltungsgerichts vom 14.6.2017 (Az. 10 C 2.16, juris, BayVBl. 2018, S. 249) zur vergleichbaren Rechtslage in Baden-Württemberg. Danach ermächtige Art. 137 Abs. 1 GG nur dann zur Einschränkung der Wählbarkeit, wenn ansonsten der Gefahr von Interessenkollisionen nicht wirksam begegnet werden könne. Die Gefahr einer solchen Interessenkollision bestehe aber nicht, wenn der Arbeitnehmer einer kommunalen Gebietskörperschaft nicht inhaltlich auf die Verwaltungsführung Einfluss nehmen könne (vgl. hierzu auch Fragen 48 und 49). Der Bayerische Verwaltungsgerichtshof greift diese Entscheidung erstmalig in seinem Beschluss vom 13.5.2024 (Az. 4 CE 24.553, juris) auf und legt Art. 31 Abs. 3 Satz 1 Nr. 1 GO dahingehend verfassungskonform aus, dass keine Inkompatibilität für Arbeitnehmerinnen und Arbeitnehmer gegeben sei, deren Tätigkeitsbereich nicht im Bereich der Gemeinde selbst liegt, weil sie sowohl in rechtlicher wie auch tatsächlicher Hinsicht ausschließlich für eine andere juristische Person (hier Zweckverband) über eine Zweckvereinbarung tätig und in deren Organisationsstruktur einbezogen sind (Rn. 19, juris). In derartigen vom BayVGH selbst als Ausnahmefall (Rn. 23, juris) bezeichneten Konstellationen sei allerdings Art. 31 Abs. 3 Satz 1 Nr. 3 GO analog anzuwenden (Rn. 24, juris).

Bereits vor der Kommunalrechtsnovelle 2023 wurden die **Inkompatibilitätsvorschriften** in Art. 31 Abs. 3 Satz 1 GO und Art. 24 Abs. 3 Satz 1 durch das Gesetz zur Änderung des Gemeinde- und Landkreiswahlgesetzes und anderer Gesetze vom 22.3.2018 (GVBl. S. 145) erweitert. Seither ist auch die gleichzeitige Wahrnehmung der Ämter als Kreisrätin oder Kreisrat und als ehrenamtliches Gemeinderatsmitglied in einer kreisfreien Gemeinde untersagt (Art. 31 Abs. 3 Satz 1 Nr. 8 GO und Art. 24 Abs. 3 Satz 1 Nr. 7 LKrO). Da nach Art. 9 Abs. 1 Satz 2 GO eine kreisfreie Gemeinde die den Landkreisen obliegenden Aufgaben des eigenen und des übertragenen Wirkungskreises erfüllt, können sich bei gleichzeitiger Tätigkeit als Kreisrätin oder Kreisrat und als ehrenamtliches Gemeinderatsmitglied einer kreisfreien Gemeinde vergleichbare Interessenkollisionen ergeben, wie sie durch Art. 31 Abs. 3 Satz 1 Nr. 5 GO und Art. 24 Abs. 3 Satz 1 Nr. 6 LKrO ausgeschlossen sind. Durch Art. 25 Abs. 3 Satz 1 wird zudem sichergestellt, dass eine Person bei Wahlen nicht als Kreisrätin oder Kreisrat und als ehrenamtliches Gemeinderatsmitglied in einer kreisfreien Gemeinde aufgestellt werden kann, wenn die Wahlen am selben Tag stattfinden (vgl. LT-Drs. 17/15651, S. 16).

8.5 Das frühere **Verbot der gleichzeitigen Zugehörigkeit von Ehegatten**, Eltern, Kindern und Geschwistern **zum Gemeinderat** in Gemeinden mit bis zu 10 000 Einwohnern (Art. 31 Abs. 3 GO a. F.) wurde bereits mit Wirkung vom 1.9.2006 **aufgehoben** (vgl. Änderungsgesetz vom 26.7.2006, GVBl. S. 405).

9. Niederschrift/Formalitäten

Über die Aufstellungsversammlung ist eine **Niederschrift** zu fertigen (Art. 29 Abs. 5 Satz 1). Es empfiehlt sich dabei auf die **Anlage 7** zu Nr. 46 GLKrWBek zurückzugreifen. Neben dem in **§ 42 Abs. 2** aufgelisteten **Mindestinhalt** sind insbesondere folgende weitere Anforderungen zu beachten:

- **Unterschrift** der die Aufstellungsversammlung leitenden Person sowie von zwei wahlberechtigten Personen, die an der Aufstellungsversammlung teilgenommen haben (Art. 29 Abs. 5 Satz 2; § 42 Abs. 1; Nr. 46) sowie
- Beifügung einer **Anwesenheitsliste** (Art. 29 Abs. 5 Satz 4; Nr. 46) – vgl. dazu vorstehend I. 6.

Die Niederschrift ist mit der Anwesenheitsliste dem Wahlvorschlag beizufügen (§ 42 Abs. 3 Satz 1); ein Verstoß führt zur Ungültigkeit des Wahlvorschlags, § 50 Abs. 1 Nrn. 4, 5 (vgl. auch IV. 5.5).

10. Wahlvorschlag

10.1 Ergebnis der Aufstellungsversammlung ist der **Wahlvorschlag**. Zu Inhalt und Form s. **nachfolgend unter IV. 2.** Bereits an dieser Stelle sei aber auf Folgendes besonders hingewiesen:

Es wird dringend empfohlen, für den Wahlvorschlag die Anlagen 8 und 9 zur GLKrWBek (zu Nrn. 44, 47 und zu Nrn. 45, 47) zu beachten und die dortigen Angaben vollständig auszufüllen.

Jeder Wahlvorschlag muss die Unterschriften **von (mindestens) 10 Wahlberechtigten** tragen, die bereits am 48. Tag vor dem Wahltag (19.1.2026) wahlberechtigt sein müssen. Die Unterzeichner dürfen nicht selbst (Ersatz-) Bewerberin oder (Ersatz-)Bewerber sein, weder auf dem eigenen noch auf einem fremden Wahlvorschlag derselben Wahl (vgl. Art. 25 Abs. 1 Satz 1). Nicht erforderlich ist es, dass die Unterzeichnenden selbst an der Aufstellungsversammlung teilgenommen haben. Dieselbe Person darf nur einen Wahlvorschlag (nicht mehrere) unterschreiben; hat jemand dennoch mehrere Wahlvorschläge unterschrieben, muss nach Aufforderung durch die Wahlleiterin oder den Wahlleiter eine Entscheidung mitgeteilt werden, welche Unterzeichnung gelten soll (unterbleibt dies, sind alle Unterschriften dieser Person ungültig), vgl. Art. 25 Abs. 1 Satz 2 i. V. m. Art. 24 Abs. 3 Satz 5.

Ein Wahlvorschlag mit weniger als 10 Unterschriften ist ungültig (§ 50 Abs. 1 Nr. 2). Nicht nur **unwirksame** (z. B. weil sie von sich bewerbenden Personen stammen), sondern auch **fehlende Unterschriften** können bis zur abschließenden Entscheidung des Wahlausschusses am 40. Tag vor dem Wahltag (27.1.2026 – vgl. Art. 32 Abs. 3 Satz 3, Abs. 5; § 47 Abs. 1 Nr. 9) und bis zur Entscheidung des Beschwerdeausschusses, die bis 24 Uhr des 34. Tages vor dem Wahltag (2.2.2026) zu treffen ist (Art. 32 Abs. 5 und Abs. 4 Satz 3), ersetzt bzw. nachgereicht werden (§ 47 Abs. 1 Nr. 9); fehlende Unterschriften sind also unwirksamen Unterschriften gleichgestellt. Die neuen Unterschriften müssen demnach vor der abschließenden Sitzung des Wahlausschusses/Beschwerdeausschusses vorliegen. Dasselbe gilt für unwirksame oder fehlende Unterschriften auf Niederschriften (vgl. § 47 Abs. 1 Nr. 9).

Unterschriften auf Wahlvorschlägen bleiben grundsätzlich wirksam, auch wenn eine unterzeichnende Person nachträglich verstirbt, sonst ihr Wahlrecht (z. B. durch Wegzug) verliert oder ihre Unterschrift zurücknimmt. Dies berührt die Gültigkeit des Wahlvorschlags nicht (§ 47 Abs. 2). Etwas anderes gilt aber für den Fall, dass eine wahlberechtigte Person mehrere Wahlvorschläge unterzeichnet hat und sich nach Art. 25 Abs. 1 Satz 2

i. V. m. Art. 24 Abs. 3 Satz 5 für einen Wahlvorschlag entscheidet. Die übrigen Unterschriften werden dadurch unwirksam und können nach § 47 Abs. 1 Nr. 9 bis zur abschließenden Entscheidung des Wahlausschusses und bis zur Entscheidung des Beschwerdeausschusses ersetzt werden.

10.2 Seit den allgemeinen Gemeinde- und Landkreiswahlen 2020 sind **Listenverbindungen bei Gemeinderats- und Kreistagswahlen nicht mehr möglich**. Die entsprechenden Regelungen in Art. 26 und § 44 wurden infolge des Gesetzes zur Änderung des Gemeinde- und Landkreiswahlgesetzes und anderer Gesetze vom 22.3.2018 (GVBl. S. 145) gestrichen. Listenverbindungen sollten es kleineren Parteien und Wählergruppen erlauben, tendenzielle Nachteile des früheren Sitzzuteilungsverfahrens nach d'Hondt ausgleichen zu können. Für diese Ausgleichsregelung bestand bereits seit der Einführung des Sitzzuteilungsverfahrens nach Hare/Niemeyer zu den allgemeinen Gemeinde- und Landkreiswahlen 2014 kein Bedarf mehr. Da auch das ab den allgemeinen Gemeinde- und Landkreiswahlen 2020 anzuwendende Sitzzuteilungsverfahren nach Sainte-Laguë/Schepers zu keinen entsprechenden Verzerrungen zu Lasten kleinerer Parteien oder Wählergruppen führt, sind Listenverbindungen nicht mehr erforderlich. **Bei Bürgermeister- und Landratswahlen** sind Listenverbindungen **ohnehin nicht zulässig.**

10.3 Den Wahlvorschlagsträgern bleibt es aber unbenommen, einen **gemeinsamen Wahlvorschlag** aufzustellen. Bei Gemeinderats- und Kreistagswahlen ist ein gemeinsamer Wahlvorschlag mehrerer Wahlvorschlagsträger in einer gemeinsamen Aufstellungsversammlung aufzustellen (§ 39 Abs. 3). Zum Kennwort eines gemeinsamen Wahlvorschlags vgl. § 43 Satz 1 Nr. 1, zur Bestimmung der Reihenfolge eines gemeinsamen Wahlvorschlags auf dem Stimmzettel vgl. Art. 33 Abs. 2 Satz 3, § 31 Abs. 1 Satz 2.

Bei den Wahlen zur ersten Bürgermeisterin oder zum ersten Bürgermeister sowie zur Landrätin oder zum Landrat sind dagegen zwei Verfahrensarten möglich (Art. 45 Abs. 3):

- Die Person kann entweder in einer **gemeinsamen Aufstellungsversammlung** nominiert werden und bei der Einreichung in einem gemeinsamen Wahlvorschlag als gemeinsame sich bewerbende Person benannt werden oder
- in **getrennten Aufstellungsversammlungen** aufgestellt und auf getrennten Wahlvorschlägen eingereicht werden. In diesem Fall muss die Aufstellungsversammlung beschließen, ob und mit welchen weiteren Wahlvorschlagsträgern ein gemeinsamer Wahlvorschlag eingereicht werden

kann. Zudem muss die von mehreren Versammlungen aufgestellte Person **schriftlich erklären**, ob sie als sich gemeinsam bewerbende Person auftreten möchte (§ 41 Abs. 3; Nr. 45; vgl. III. 4. in Anlage 7 zu Nr. 46 GLKrWBek).

II. Wahlleiterinnen und Wahlleiter

1. Berufung

Das Gesetz zur Änderung des Gemeinde- und Landkreiswahlgesetzes und anderer Gesetze vom 22.3.2018 (GVBl. S. 145) hat den für Wahlleiterinnen und Wahlleiter in Betracht kommenden Personenkreis auf alle in der Gemeinde Wahlberechtigten erweitert. Nach Art. 5 Abs. 1 Satz 1 **beruft der Gemeinderat** die erste Bürgermeisterin oder den ersten Bürgermeister, eine der weiteren Bürgermeisterinnen oder einen der weiteren Bürgermeister, eine der weiteren stellvertretenden Personen, ein sonstiges Gemeinderatsmitglied oder eine Person aus dem Kreis der Bediensteten der Gemeinde oder der Verwaltungsgemeinschaft oder aus dem Kreis der in der Gemeinde Wahlberechtigten **zur Wahlleiterin oder zum Wahlleiter** für die Gemeindewahlen. Somit können nun auch ehemalige erste Bürgermeisterinnen oder Bürgermeister oder ehemalige Gemeinderatsmitglieder, die nicht nach Art. 5 Abs. 1 Satz 4 ausgeschlossen sind, als Wahlleiterin oder Wahlleiter berufen werden. Bei Bediensteten von Verwaltungsgemeinschaften ist zu beachten, dass diese nicht für mehrere Mitgliedsgemeinden Wahlleiterin oder Wahlleiter sein können (Nr. 6.1.1 Satz 4). Art. 5 Abs. 1 Satz 3 bestimmt zudem, dass aus diesem Personenkreis **zugleich eine stellvertretende Person** berufen wird.

Der Gemeinderat hat ein **Auswahlermessen** bei der Berufung der Wahlleiterin oder des Wahlleiters. Die im Gesetz genannte Aufzählung der in Betracht kommenden Personen stellt dabei **keine zwingende Reihenfolge für die Auswahlentscheidung** dar (Nr. 6.1.1 Satz 6).

Zu beachten sind die Regelungen zur **Vermeidung von Interessenkonflikten** in Art. 5 Abs. 1 Satz 4. Bei Gemeindewahlen können danach **nicht** zur Wahlleiterin oder zum Wahlleiter oder deren Stellvertretungen berufen werden:

- Bewerberinnen oder Bewerber um das Amt der ersten Bürgermeisterin oder des ersten Bürgermeisters oder eines Gemeinderatsmitglieds,
- Personen, die für diese Wahlen eine Aufstellungsversammlung geleitet haben sowie
- Personen, die für diese Wahlen beauftragte Personen eines Wahlvorschlags oder deren Stellvertretung sind.

Zudem darf niemand die Tätigkeit von mehreren Wahlorganen ausüben oder in mehr als einem Wahlorgan Mitglied oder stellvertretende Person sein (Art. 4 Abs. 3). Dies gilt auch bei verbundenen Gemeinde- und Landkreiswahlen, weshalb z. B. niemand gleichzeitig Wahlleiterin oder Wahlleiter für Gemeinde- und Landkreiswahlen sein kann. Dagegen sind die Ausschlussgründe (Art. 5 Abs. 1 Satz 4) jeweils getrennt für die Gemeindewahlen und die Landkreiswahlen zu betrachten, d. h. eine sich bewerbende Person um das Amt der Bürgermeisterin oder des Bürgermeisters kann Wahlleiterin oder Wahlleiter für die Landkreiswahlen sein (vgl. Nr. 6.2).

2. Aufgaben

Die Wahlleiterin oder der Wahlleiter ist **Wahlorgan** (Art. 4 Abs. 2 Nr. 1) und **nicht an Weisungen** der übrigen Organe der Gebietskörperschaften **gebunden** (Art. 4 Abs. 1 Satz 2). Ihr oder ihm obliegt die Leitung der Wahl; sie oder er trägt die Verantwortung für die ordnungsgemäße Durchführung der Wahl innerhalb des Wahlkreises (vgl. Nr. 1.3).

Der **Aufgabenbereich** beginnt mit der Bekanntmachung, welche Wahl durchzuführen ist, und der Aufforderung zur Einreichung von Wahlvorschlägen (§ 34). Die Wahlleiterin oder der Wahlleiter hat die vier weiteren Mitglieder des Wahlausschusses und ihre stellvertretenden Personen zu berufen (Art. 5 Abs. 2). Des Weiteren hat sie oder er die Wahlvorschläge entgegenzunehmen, auf Ordnungsmäßigkeit und Vollständigkeit zu prüfen (Art. 32 Abs. 1 Satz 1; s. unten IV. 3.) und die zugelassenen Wahlvorschläge spätestens am 33. Tag vor dem Wahltag (3.2.2026) bekannt zu geben (Art. 33 Abs. 1; zur Bekanntmachung der eingereichten Wahlvorschläge vgl. § 45 Abs. 1). Die Wahlleiterin oder der Wahlleiter verantwortet die zügige und ordnungsgemäße Durchführung der Wahl, insbesondere hat sie oder er dafür zu sorgen, dass die Wahlunterlagen so bald wie möglich bei ihr oder ihm vorliegen (§ 90 Abs. 1 Satz 1). Ebenso muss vor dem Wahltag durch die Wahlleiterin oder den Wahlleiter bekannt gemacht werden, in welcher Form das vorläufige Wahlergebnis gegenüber der Öffentlichkeit verkündet wird (§ 90 Abs. 6 Satz 2). Sie oder er hat das vorläufige Wahlergebnis in geeigneter Form gegenüber der Öffentlichkeit zu verkünden und dies zu dokumentieren (§ 90 Abs. 6 Satz 1). Eine Verständigungspflicht hat die Wahlleiterin oder der Wahlleiter nur noch hinsichtlich der nicht auf Grund eines Wahlvorschlags gewählten Personen (Art. 47 Abs. 2 Satz 1). Schließlich obliegt ihr oder ihm die Verkündung des abschließenden Wahlergebnisses (§ 92 Abs. 3).

III. Vorbereitungsarbeiten für die Gemeinden

1. Stimmbezirke

Bei Gemeindewahlen bildet jede Gemeinde einen **Wahlkreis** (Art. 11 Abs. 1; Nr. 1.1). Die Wahlkreise **können** in **Stimmbezirke** eingeteilt werden (Art. 11 Abs. 2 Satz 1; Nr. 1.2). Gemeinden mit mehr als 2 500 Einwohnerinnen und Einwohnern **müssen** Stimmbezirke einteilen (Art. 11 Abs. 2 Satz 3 i. V. m. Art. 55 Abs. 1 Satz 1).

Zuständig für die Einteilung der Stimmbezirke ist die **Gemeinde** (Art. 11 Abs. 2 Satz 2). Dies gilt auch im Falle einer (verbundenen oder alleinigen) Landkreiswahl (§ 13 Abs. 3; Nr. 19.1 Satz 1), wobei eine rechtzeitige Abstimmung mit dem Landratsamt anzuraten ist. Die Bildung der Stimmbezirke obliegt der ersten Bürgermeisterin oder dem ersten Bürgermeister als **laufende Angelegenheit** nach Art. 37 Abs. 1 Satz 1 Nr. 1 GO (Nr. 19.1); die Aufgabe kann auch auf die Verwaltung übertragen werden (Art. 39 Abs. 2 GO). Bei Mitgliedsgemeinden von Verwaltungsgemeinschaften obliegt diese Aufgabe der Verwaltungsgemeinschaft (Art. 4 Abs. 1 VGemO, Nr. 19.1 Satz 4).

Die **allgemeinen Stimmbezirke** sollen nach den örtlichen Verhältnissen so abgegrenzt werden, dass die Teilnahme an der Abstimmung möglichst erleichtert wird (§ 13 Abs. 1). Hinsichtlich der Größe der Stimmbezirke sind die Einschränkungen des Art. 11 Abs. 3 zu beachten:

Danach ergibt sich eine **Obergrenze** von maximal 2 500 Wahlberechtigten pro Stimmbezirk (Art. 11 Abs. 3 Satz 1) und eine **Untergrenze** von etwa 150 Wahlberechtigten, wobei jedoch die zu erwartende Wahlbeteiligung und der Anteil an Briefwählerinnen und Briefwählern zu berücksichtigen sind (Art. 11 Abs. 3 Satz 2; Nr. 19.1 Satz 2). Zu beachten ist ferner, dass die Wahlberechtigten in Gemeinschaftsunterkünften der Bundeswehr, der Bundespolizei und der Bayerischen Polizei auf mehrere Stimmbezirke verteilt werden sollen (Nr. 19.1 Satz 5).

Für besondere Einrichtungen (z. B. Krankenhäuser, Altenheime) sollen daneben bei entsprechendem Bedürfnis besondere Stimmbezirke eingerichtet werden (§ 13 Abs. 2). Ein **Sonderstimmbezirk** sollte zur Wahrung des Wahlgeheimnisses nicht weniger als 70 Wahlberechtigte umfassen (vgl. Nr. 19.2). Liegen die Voraussetzungen für die Bildung eines Sonderstimmbezirks nicht vor, so hat die Gemeinde zu prüfen, ob bewegliche Wahlvorstände (vgl. § 4; Nr. 9) zu bilden sind (Nr. 19.2). Auch in Sonderstimmbezirken können bewegliche Wahlvorstände eingerichtet werden (vgl. Nr. 9 Satz 2).

Die **Einteilung** der Stimmbezirke sollte **möglichst frühzeitig** erfolgen. Dies stellt die rechtzeitige und sinnvolle Auswahl der Abstimmungsräume sowie deren Ausstattung sicher (vgl. § 54; Nr. 52). Bei der Auswahl der Abstimmungsräume ist besonders auf **Barrierefreiheit** zu achten und hinzuweisen (Nr. 52.2; s. dazu nachfolgend unter VII. 1.).

2. Wählerverzeichnis

2.1 Die Gemeinden legen für jeden **allgemeinen Stimmbezirk** ein Wählerverzeichnis an (Art. 12 Abs. 1). In die Wählerverzeichnisse sind die Wahlberechtigten **von Amts wegen** einzutragen, die zum **Stichtag** (vgl. sogleich unter 2.2) in der Gemeinde den Schwerpunkt ihrer Lebensbeziehungen haben (§ 15 Abs. 1 i. V. m. § 1). Aufbau und Inhalt der Wählerverzeichnisse ergeben sich aus § 14 Abs. 3.

Für **Sonderstimmbezirke** wird **kein Wählerverzeichnis** angelegt (Nr. 20.4). Dort kann nur mit Wahlschein abgestimmt werden (vgl. § 66 Abs. 1 Satz 1).

Bei **verbundenen Gemeinde- und Landkreiswahlen** sind gemeinsame Wählerverzeichnisse anzulegen (§ 14 Abs. 2). Ein ggf. unterschiedliches Stimmrecht ist zu kennzeichnen (§ 14 Abs. 3 Satz 5; Nr. 20.3).

2.2 **Stichtag** für die Anlegung der Wählerverzeichnisse ist **neu** der **42. Tag vor dem Wahltag** (§ 15 Abs. 1; 25.1.2026). Mit der Vorbereitung zur Erstellung der Wählerverzeichnisse sollte jedoch möglichst frühzeitig begonnen werden. Die Gemeinde hat dafür zu sorgen, dass die Unterlagen für die Wählerverzeichnisse jederzeit so vollständig vorhanden sind, dass sie rechtzeitig angelegt werden können (§ 14 Abs. 1; Nr. 20.1).

Änderungen sind **bis zum Stichtag** laufend und von Amts wegen zu berücksichtigen (Nr. 20.1). **Nach dem Stichtag** können Änderungen von Amts wegen **bis zum Abschluss der Wählerverzeichnisse** berichtigt werden (§ 20 Abs. 1 Satz 1; Nr. 26.2). Bei offensichtlicher Unrichtigkeit oder Unvollständigkeit ist eine Berichtigung ausnahmsweise auch noch **nach deren Abschluss** zulässig (§§ 20, 21; Nr. 26.3). Die **Regelungen für Umzugsfälle** sind in § 15 Abs. 2 und 3; Nrn. 20.2, 26.1 enthalten (s. auch Fragen 112 ff.).

2.3 Für die Gemeinden besteht eine **gegenseitige Mitteilungspflicht** über alles, was für die Anlegung der Wählerverzeichnisse von Bedeutung ist oder zur Aufdeckung von Unregelmäßigkeiten in den Wählerverzeichnissen führen kann (§ 14 Abs. 1 Satz 2). Dies sind insbesondere Angaben zum Zuzug oder Wegzug von Wahlberechtigten.

2.4 Die Wählerverzeichnisse sind durch die Gemeinden an den Werktagen **vom 20. bis zum 16. Tag vor dem Wahltag** (16.2.2026 bis 20.2.2026) **zur Einsicht bereitzuhalten** (Art. 12 Abs. 2 Satz 1; § 18; Nr. 24.1). Das Recht zur Einsichtnahme in das Wählerverzeichnis durch die wahlberechtigte Person beschränkt sich grundsätzlich auf **die zu ihrer Person eingetragenen Daten** (Art. 12 Abs. 2 Satz 2 Nr. 1). **Daten von anderen Personen** darf sie nur überprüfen, wenn sie Tatsachen glaubhaft macht, aus denen sich eine Unrichtigkeit oder Unvollständigkeit des Wählerverzeichnisses ergeben kann (Art. 12 Abs. 2 Satz 2 Nr. 2). Bloße Vermutungen der oder des Einsichtsbegehrenden sind nicht ausreichend; Einsichtnahmen „aus reiner Neugier“ werden dadurch verhindert. Das Recht zur Überprüfung besteht darüber hinaus nicht hinsichtlich der Daten von Wahlberechtigten, für die eine Auskunftssperre nach dem Meldegesetz gemäß § 51 Abs. 1 BMG eingetragen ist. Zur **Erteilung von Auskünften aus dem Melderegister** nach § 50 Abs. 1 BMG an Wahlvorschlagsträger zu Zwecken der Wahlwerbung vgl. Nr. 24.3 sowie das IMS vom 12.3.2013, Az. IC2-2044.11-2, IC2-2044.11-3. Dabei ist insbesondere zu beachten, dass für Gruppenauskünfte ausschließlich das Lebensalter der Betroffenen bestimmend sein darf; andere Kriterien wie etwa Geschlecht oder Staatsangehörigkeit sind nicht zulässig.

2.5 Die Wahlberechtigten, die in einem Wählerverzeichnis eingetragen sind, sind spätestens am Tag vor Beginn der Einsichtsfrist (21. Tag vor dem Wahltag, 15.2.2026) durch Zusendung einer äußerlich als amtliche Wahlunterlage erkennbaren Wahlbenachrichtigung zu **benachrichtigen** (§ 16 Abs. 1 und 2; Nr. 22). Innerhalb der Einsichtsfrist können Beschwerden wegen der Richtigkeit oder der Vollständigkeit der Wählerverzeichnisse erhoben werden; Beschwerden gegen die Ablehnung von Anträgen auf Eintragung in das Wählerverzeichnis (vgl. § 15 Abs. 3 ff.) können bis zum 13. Tag vor dem Wahltag (23.2.2026) erhoben werden. Bei der Beibringung von ggf. notwendigen Beweismitteln kann sich eine wahlberechtigte Person mit Behinderung der Hilfe einer anderen Person bedienen (§ 19 Abs. 1 Satz 2). Über die Beschwerden hat die Gemeinde zu entscheiden; bei Nichtabhilfe hat sie die Beschwerde unverzüglich der Rechtsaufsichtsbehörde zur Entscheidung vorzulegen (Art. 12 Abs. 3; § 19; Nr. 25).

3. Stimmzettel

Die Stimmzettel für die Gemeindewahlen sind von der Gemeinde, bei Mitgliedsgemeinden von Verwaltungsgemeinschaften von der Verwaltungsgemeinschaft und für Landkreiswahlen vom Landkreis zu beschaffen (Art. 16 Satz 2). Hinsichtlich der **Form** und des **Inhalts** sind die Angaben in den zugelassenen Wahlvorschlägen und die amtlichen Stimmzettelmuster der Anlagen 3 bis 9 GLKrWO **verbindlich** (§ 31 Abs. 1, § 101). Bei den Bewerberangaben sollte bei Abkürzungen (z. B. bei akademischen Graden und Ehrenämtern) auf eine möglichst einheitliche Gestaltung geachtet werden. Bezüglich der äußeren Beschaffenheit ist § 30 zu beachten. Im Hinblick auf den Aufdruck des Gemeindesiegels bzw. die Verwendung von Dienstsiegeln vgl. Nr. 35 Sätze 6 bis 9. Muster der Stimmzettel sollen den Selbsthilfeorganisationen der blinden Menschen in Bayern zur Verfügung gestellt werden, die ihre Bereitschaft erklärt haben, Stimmzettelschablonen zu erstellen (§ 30 Satz 5, Nr. 34 Sätze 7 bis 13). Die Gemeinden sind nicht verpflichtet, entsprechende Schablonen selbst herzustellen, die Richtigkeit der von einem Dritten hergestellten Schablonen zu überprüfen oder die Herstellungskosten zu übernehmen (Nr. 34 Satz 10).

Bei verbundenen Wahlen sollen für die Stimmzettel folgende **Farben** verwendet werden: Bürgermeister gelb, Gemeinderat hellgrün, Landrat hellblau, Kreistag weiß (Nr. 37.1). Im Fall einer Zusammenlegung von Wahlen bzw. Abstimmungen nach Art. 10 legt das Staatsministerium des Innern, für Sport und Integration den Farbton der Wahl- oder Abstimmungsunterlagen fest (Nr. 37.2 Satz 10). Das Format der Stimmzettel ist von der Gemeinde so zu wählen, dass diese bei der Briefwahl alle in den Stimmzettelumschlag passen (Nr. 36 Sätze 2 und 3). **Bei der Herstellung der Stimmzettel ist äußerste Sorgfalt anzuwenden.** Selbst kleine Abweichungen von den Angaben in den zugelassenen Wahlvorschlägen, der Schreibweise von Namen oder Druckfehler machen in der Regel den kompletten Neudruck – soweit noch möglich – erforderlich oder können zu Wahlanfechtungen führen. Soweit ein EDV-Programm die Möglichkeit gibt, aus den eingegebenen Bewerberdaten einen Stimmzettel zu erzeugen, sollte davon Gebrauch gemacht werden. Mit der Übersendung einer entsprechenden Datei an die mit der Herstellung beauftragte Druckerei lassen sich Erfassungsfehler vermeiden. Der mit der Herstellung der Stimmzettel beauftragten Druckerei sind die entsprechenden Angaben möglichst frühzeitig zu übermitteln, so dass der **Druckauftrag** erteilt werden kann, wenn die Entscheidung über die Zulassung der Wahlvorschläge vom Wahlausschuss oder vom Beschwerdeausschuss nicht mehr geändert werden kann (Nr. 36 Satz 1). Der frühestmögliche Zeitpunkt ist daher der **39. Tag** vor dem Wahltag (28.1.2026, vgl. **Art. 32 Abs. 3 Satz 3**). Falls Einwendungen gegen die ganze oder teilweise Ungültigkeitserklärung von Wahlvorschlägen erhoben wurden, ist die Entscheidung des Beschwerdeausschusses abzuwarten (**33. Tag** vor dem Wahltag, 3.2.2026, vgl. **Art. 32 Abs. 4 Satz 3**).

IV. Von der Einreichung bis zur Bekanntmachung der zugelassenen Wahlvorschläge

1. Einreichung, Nachreichen, Rücknahme, Änderung

1.1 Wahlvorschläge können erst eingereicht werden, nachdem die Wahlleiterin oder der Wahlleiter die Aufforderung zur **Einreichung** von Wahlvorschlägen bekannt gemacht hat, also frühestens am 89. Tag vor dem Wahltag (9.12.2025; vgl. § 35 Satz 1 i.V.m. § 34 Abs. 1 Satz 1). Die Wahlleiterin oder der Wahlleiter sollte die **Bekanntmachung über die Aufforderung zur Einreichung von Wahlvorschlägen** im Interesse der Wahlvorschlagsträger möglichst frühzeitig veröffentlichen (zum Inhalt der Bekanntmachung, die zwischen dem 89. und dem 73. Tag vor dem Wahltag erlassen werden muss, vgl. Anlage 10 zu § 34 GLKrWO). Den Wahlvorschlagsträgern bleibt dann mehr Zeit, um etwaige Mängel des Wahlvorschlags zu beheben (vgl. Art. 32 Abs. 1 Sätze 2 und 3). Darüber hinaus bleibt den Wahlberechtigten mehr Zeit, um sich evtl. in Unterstützungslisten für neue Wahlvorschlagsträger einzutragen, die spätestens am Tag nach Einreichung des Wahlvorschlags aufzulegen sind (Art. 28 Abs. 1 Satz 1; dazu unten 4.). Die Wahlvorschläge müssen **spätestens am 59. Tag vor der Wahl** (8.1.2026) **bis 18 Uhr** im Dienstgebäude der Wahlleiterin oder des Wahlleiters während der allgemeinen Dienststunden übergeben oder ihr oder ihm zugesandt werden; andernfalls sind sie zurückzuweisen (Art. 31 Satz 1; §§ 34 Abs. 1 Satz 2, 35). Für die Einhaltung der Frist ist der Wahlvorschlagsträger verantwortlich. Bei Versand auf dem Postweg sind die seit 1.1.2025 geltenden verlängerten Postlaufzeiten zu beachten (vgl. Art. 1 § 18 PostModG). Maßgebend ist der Tag des Eingangs, nicht der Tag der Absendung (Nr. 40 Sätze 7 bis 9). Die Wahlleiterin oder der Wahlleiter vermerkt sofort auf jedem eingereichten Wahlvorschlag Tag und Uhrzeit des Eingangs (§ 35 Satz 4).

1.2 Wird die **Einreichungsfrist** (59. Tag vor dem Wahltag = 8.1.2026, vgl. Art. 31 Satz 1) versäumt, kann der betreffende Wahlvorschlag nicht zugelassen werden. Eine Verlängerung der Frist oder eine Wiedereinsetzung in den vorigen Stand ist nicht möglich (Art. 55 Abs. 2 Satz 2). Die verfristete Einreichung eines Wahlvorschlags stellt auch keinen Mangel im Sinne des Art. 32 Abs. 1 Satz 3 dar (vgl. Nr. 49 Satz 2). Nur wenn bis zum Ablauf der Einreichungsfrist kein oder nur ein Wahlvorschlag (vgl. dazu auch Nr. 48) eingereicht wird, können zur Vermeidung einer Mehrheitswahl innerhalb einer **Nachfrist** bis 18 Uhr des **52. Tags** vor dem Wahltag (15.1.2026) Wahlvorschläge nachgereicht werden (Art. 31 Satz 2).

Wurde auch bis zum Ende der Nachfrist **nur ein Wahlvorschlag** eingereicht und findet daher eine **Mehrheitswahl** statt, kann bis 18 Uhr des 48. Tages vor dem Wahltag (19.1.2026) die Zahl der in diesem Wahlvorschlag aufgeführten sich bewerbenden Personen auf die doppelte Anzahl der zu wählenden ehrenamtlichen Gemeinderatsmitglieder (oder Kreisrätinnen und Kreisräte) ergänzt werden (Art. 31 Satz 3). Hierauf hat die Wahlleiterin oder der Wahlleiter die beauftragte Person des Wahlvorschlags sofort hinzuweisen (§ 46). **Neu ist**, dass Mehrfachaufführungen von sich bewerbenden Personen dabei nicht entfallen, sondern weiterhin möglich sind. Die Ergänzung des Wahlvorschlags um weitere sich bewerbende Personen setzt voraus, dass diese Personen zuvor in einer Aufstellungsversammlung nominiert wurden. Zeichnet sich ab, dass es voraussichtlich bei nur einem Wahlvorschlag bleibt, muss der Hinweis der Wahlleiterin oder des Wahlleiters nach § 46 vor der Ladung oder Durchführung dieser Aufstellungsversammlung nicht abgewartet werden. Alternativ wäre auch möglich, die Ergänzung des Wahlvorschlags um weitere sich bewerbende Personen vorsorglich bereits in der ersten Aufstellungsversammlung zu beschließen für den Fall, dass bis zum Ende der Nachfrist kein weiterer Wahlvorschlag eingereicht wird (Nr. 48 Satz 5; vgl. II. 5. in Anlage 7 zu Nr. 46 GLKrWBek). Dieses Verfahren könnte sich in Gemeinden mit sog. Einheitslisten anbieten, bei denen – wie oftmals bei zurückliegenden Gemeinderatswahlen praktiziert – alle sich bewerbenden Personen unabhängig von ihrer Parteizugehörigkeit in einer Aufstellungsversammlung einer bestehenden Wählergruppe nominiert werden.

Zu beachten ist, dass die bisher in **Gemeinden mit bis zu 3 000 Einwohnerinnen und Einwohnern bestehende Möglichkeit,** die Zahl der sich bewerbenden Personen im Wahlvorschlag bis auf das Doppelte der zu wählenden Gemeinderatsmitglieder zu erhöhen, mit Gesetz vom 24.7.2023 (GVBl. S. 385) abgeschafft wurde (vgl. LT-Drs. 18/28527, S. 54, 56). Das heißt, dass die Wahlvorschläge unabhängig von der Größe der jeweiligen Gemeinde nur höchstens so viele sich bewerbende Personen enthalten dürfen, wie ehrenamtliche Ratsmitglieder zu wählen sind (Art. 25 Abs. 2). Eine **Verdoppelungsmöglichkeit** besteht also unabhängig von der Größe der Gemeinde **ausschließlich noch im Falle des Art. 31 Satz 3**. Dies gilt selbst für den Fall, dass der Wahlausschuss einen von nur zwei eingereichten Wahlvorschlägen für ungültig erklärt (vgl. unten 5.2); es findet dann eine Mehrheitswahl statt (Art. 38).

Zu beachten ist weiter, dass eine Änderung eingereichter Wahlvorschläge grundsätzlich nur bis zum Ablauf der Einreichungsfrist (vgl. unten 1.4) möglich ist. Das betrifft auch die Ergänzung des Wahlvorschlags um weitere sich bewerbende Personen, falls die nach Art. 25 Abs. 2 Satz 1 zulässige Bewerberhöchstzahl im Wahlvorschlag nicht ausgeschöpft wurde (nicht: Ergänzung bei Mehrheitswahl nach Art. 25 Abs. 2 *Satz 2*, insoweit Ergänzung bis 18 Uhr des 48. Tages vor dem Wahltag möglich, vgl. Art. 31 Satz 3, s.o.). Nur wenn im fristgerecht eingereichten Wahlvorschlag aufgeführte sich bewerbende Personen ausscheiden und damit ein Mangel im Sinne von § 47 Abs. 1 Nr. 5 vorliegt, ist *insoweit* – und soweit eine ggf. erforderliche Beschlussfassung durch die Aufstellungsversammlung zeitlich noch nachgeholt werden kann – eine Korrektur durch Nachrücken von Ersatzbewerberinnen und Ersatzbewerbern oder nachträgliche Mehrfachnennung möglich.

1.3 Eine **Zurücknahme** bereits eingereichter Wahlvorschläge ist nur bis zum Ablauf der Einreichungsfrist (59. Tag vor dem Wahltag, also 8.1.2026) möglich (Art. 31 Satz 1 Hs. 2). Für die Zurücknahme bedarf es eines entsprechenden Beschlusses der Aufstellungsversammlung (§ 49 Satz 1). Die oder der Beauftragte kann allerdings bereits durch die Aufstellungsversammlung **verpflichtet** werden, unter bestimmten Voraussetzungen den Wahlvorschlag zurückzunehmen (§ 49 Satz 2). Die Zurücknahme liegt also nicht im Ermessen der oder des Beauftragten, sondern ist nur nach den Vorgaben der Aufstellungsversammlung möglich (vgl. IV. in Anlage 7 zu Nr. 46 GLKrWBek). Eine Zurücknahme von Zustimmungserklärungen einzelner Bewerberinnen oder Bewerber ist nach Ablauf der Einreichungsfrist ebenfalls nicht mehr möglich (Art. 25 Abs. 3 Satz 5).

1.4 Eine **Änderung** bereits eingereichter Wahlvorschläge ist nur bis zum Ablauf der Einreichungsfrist (59. Tag vor dem Wahltag, also 8.1.2026) uneingeschränkt möglich (Art. 31 Satz 1 Hs. 2). Nach Ablauf der Einreichungsfrist können grundsätzlich **alle Mängel** eines Wahlvorschlags noch **bis 18 Uhr des 48. Tags** vor dem Wahltag (19.1.2026) **behoben** werden (Art. 32 Abs. 1 Satz 2; vgl. dazu 3.). Bis zu diesem Zeitpunkt können auch Mängel, die dem ganzen Wahlvorschlag anhaften und daher nicht durch Korrekturen des eingereichten Wahlvorschlags behebbar sind (z. B. fehlerhafte Ladung zur Aufstellungsversammlung; offene Abstimmung über die sich bewerbenden Personen), durch Aufstellung und Einreichung eines neuen Wahlvorschlags beseitigt werden (Art. 32 Abs. 1 Satz 3; Nr. 49). Diese Mängel müssen den Wahlvorschlag als Ganzes betreffen. Denn ist der Wahlvorschlag nur teilweise mangelhaft, existiert ein Wahlvorschlag, der durch die

Aufstellungsversammlung legitimiert worden ist. Bei ihm sind lediglich die ungültigen Eintragungen zu streichen (§ 50 Abs. 4 Satz 2). Ein solcher Wahlvorschlag, der das passive Wahlrecht der sich bewerbenden Personen berührt, kann somit nicht durch Aufstellung eines neuen Wahlvorschlags ersetzt werden (vgl. LT-Drs. 17/14651, S. 13). **Nach dem 48. Tag** vor dem Wahltag (19.1.2026) können **nur noch** die in **§ 47 Abs. 1** genannten Mängel beseitigt werden (vgl. dazu 5.).

1.5 Die Wahlleiterin oder der **Wahlleiter** hat die eingereichten Wahlvorschläge frühestens ab 18 Uhr des 59. Tags vor dem Wahltag (8.1.2026) und spätestens am 58. Tag vor dem Wahltag (9.1.2026) **bekannt zu machen** und ggf. auf die Nachfrist hinzuweisen (§ 45 Abs. 1 Sätze 1 und 2). Zu den weiteren **Hinweis- und Auskunftspflichten** der Wahlleiterin oder des Wahlleiters vgl. §§ 45 Abs. 1 Sätze 3 und 4, 46. Muster für die Bekanntmachung finden sich in den Anlagen 12 und 13 zu § 45 GLKrWO.

Gemeinden mit mehr als 10 000 Einwohnerinnen und Einwohnern und Landkreise haben dem **Landesamt für Statistik** (LfStat) unverzüglich die Bekanntmachung der eingereichten Wahlvorschläge zu **übermitteln** (§ 45 Abs. 2). Hierzu wird zu gegebener Zeit eine schriftliche Aufforderung des LfStat ergehen.

2. Inhalt und Form der Wahlvorschläge

2.1 Die Wahlvorschläge müssen den Anforderungen des Art. 25 entsprechen und sämtliche **in § 43 angeführten Angaben** enthalten (vgl. auch Nr. 47; **Anlagen 8 und 9 zu Nrn. 44, 45 und 47 zur GLKrWBek**). § 43 Satz 2 stellt klar, dass die in Satz 1 aufgeführten Angaben in den Wahlvorschlägen abschließend sind. Dabei ist insbesondere auf Folgendes hinzuweisen (vgl. auch die **Fragen 124 ff.**):

2.1.1 Das **Kennwort des Wahlvorschlagsträgers** ist kraft Gesetzes (Art. 25 Abs. 5 Satz 1) der Name des Wahlvorschlagsträgers, wobei eine Kurzbezeichnung ausreicht (§ 43 Satz 1 Nr. 1). Ein Wahlvorschlagsträger darf daher nur einen Namen im Kennwort haben. Mehrere Wahlvorschlagsträger, die einen gemeinsamen Wahlvorschlag eingereicht haben, führen dagegen mehrere Namen im Kennwort, nämlich die Namen sämtlicher daran beteiligter Wahlvorschlagsträger (zur Reihenfolge der Wahlvorschläge auf dem Stimmzettel vgl. Art. 33 Abs. 2 und die Ausführungen unter IV. 7.). Sonstige Bezeichnungen oder Zusätze zum Namen des Wahlvorschlagsträgers sind, sofern sie nicht zur Unterscheidung von anderen Wahlvorschlagsträgern erforderlich sind, unzulässig (vgl. dazu Nr. 47.1). Die Aufnahme von Personen, die nicht Mitglieder der Partei oder Wählergruppe sind, in den Wahlvorschlag berechtigt nicht, dem Kennwort einen Zusatz hinzuzufügen.

2.1.2 Als **Nachweis für die Organisation der Wählergruppe** (§ 43 Satz 1 Nr. 2) kommt insbesondere die Vereinssatzung oder ein Auszug aus dem Vereinsregister in Betracht. Ein solcher Nachweis erleichtert die Identitätsprüfung, weil Art. 24 Abs. 2 Satz 1 Nr. 1 Anwendung findet; es empfiehlt sich sehr, ihn vorzulegen. Der Nachweis kann nicht rechtswirksam nachgereicht werden, eine Mängelbeseitigung nach § 47 ist nicht möglich (vgl. Art. 24 Abs. 2 Satz 2). Bei Nichtvorlegen eines Nachweises ist die Kontinuität der Wählergruppe nach Art. 24 Abs. 2 Satz 1 Nr. 2 zu prüfen (vgl. dazu Nr. 47.2 und IV. 4.2).

2.1.3 Die in § 43 Satz 1 Nr. 4 geforderten Angaben und Unterlagen sind auch für Ersatzleute rechtzeitig und vollständig mit dem Wahlvorschlag vorzulegen. Hat die sich bewerbende Person mehrere **Vornamen**, ist nur der Rufname anzugeben; dieser kann auch abgekürzt werden, wenn die sich bewerbende Person unter diesem Namen besser bekannt ist (vgl. § 43 Satz 1 Nr. 4 Buchst. a; Nr. 47.3); dies gilt auch für die Angabe des Vornamens der oder des Beauftragten und ihrer oder seiner Stellvertretung (§ 43 Satz 1 Nr. 3 Buchst. a) sowie der unterzeichnenden Personen des Wahlvorschlags (§ 43 Satz 1 Nr. 5 Buchst. a). Zur deutlicheren Unterscheidung der Bewerberinnen und Bewerber kann ein weiterer Zusatz wie etwa „jun." oder „sen." hinzugefügt werden (vgl. Nr. 35). **Neu ist** die Möglichkeit, in Bezug auf einzelne sich bewerbende Personen – soweit gewünscht – neben dem Familiennamen den **Geburtsnamen** aufzunehmen; dies gilt allerdings nur, wenn sich die Namensführung im Rahmen eines Eheschlusses, durch Verpartnerung oder die nachträgliche Bestimmung eines Ehe- oder Lebenspartnerschaftsnamens innerhalb von zwei Jahren vor dem Wahltag geändert hat (§ 43 Satz 1 Nr. 4 Buchst. a und die entsprechenden Hinweise in den Anlagen 8 und 11a zur GLKrWBek). Nicht erfasst von dieser Regelung sind Änderungen des Geburtsnamens selbst (z. B. durch Adoption) oder die Annahme eines früheren Familien- oder Geburtsnamens (z. B. nach Scheidung, vgl. Nr. 47.3 Abs. 2). Gegen die Nennung eines **Ordens- und Künstlernamens** neben dem wahlrechtlich relevanten Namen (z. B. „genannt …") im Wahlvorschlag und auf dem Stimmzettel bestehen grundsätzlich keine Bedenken. Letztlich hat hierüber der Wahlausschuss vor Ort unter Beachtung des Gleichheitssatzes zu entscheiden. Bei der Prüfung sollte sich der Wahlausschuss im Zweifel entsprechende Nachweise (z. B. Personenstandsurkunden, Pass, Personalausweis etc.; Bestätigung des Ordens) vorlegen lassen.

Zum Nachweis eines **akademischen Grades** (Bachelor, Diplom, Magister, Doktor) hat sich der Wahlausschuss im Zweifel eine entsprechende Urkunde der jeweiligen Hochschule vorlegen zu lassen. Als **Anschrift** gilt bei Unterzeichnern des Wahlvorschlags (§ 43 Satz 1 Nr. 5 Buchst. b) diejenige am Ort des Schwerpunkts der Lebensbeziehungen (Straße, Haus-Nr., PLZ, Ort). In Bezug auf Bewerberinnen und Bewerber (§ 43 Satz 1 Nr. 4 Buchst. e) kann als Anschrift die Haupt- oder Nebenwohnung angegeben werden; zusätzlich ist der amtliche Name des Gemeindeteils aufzunehmen, falls dieser auf dem Stimmzettel erscheinen soll. Dies gilt auch, wenn der Name des Gemeindeteils mit dem Namen der Gemeinde identisch ist. Bei den Beauftragten und ihren Stellvertretungen sind zur besseren Erreichbarkeit zusätzlich zur Anschrift Telefonnummer und E-Mail-Adresse anzugeben, soweit vorhanden (§ 43 Satz 1 Nr. 3 Buchst. c).

2.1.4 **Tag der Geburt** im Sinne von § 43 Satz 1 Nr. 4 Buchst. b ist nach Nr. 1.23 das vollständige Geburtsdatum; daneben ist auch das **Geschlecht** der sich bewerbenden Personen anzugeben. **Neu ist** die Möglichkeit, im Wahlvorschlag auf Wunsch der einzelnen sich bewerbenden Person anzugeben, dass das **Geburtsjahr** in den Stimmzettel aufgenommen werden soll (§ 43 Satz 1 Nr. 4 Buchst. b). Entsprechende Hinweise wurden bei den Angaben zu den Bewerberinnen und Bewerbern in Anlage 8 zu Nrn. 44 und 47 GLKrWBek und in der Zustimmungserklärung nach Anlage 11a zu Nr. 47 GLKrWBek aufgenommen.

2.1.5 Als **Beruf** (§ 43 Satz 1 Nr. 4 Buchst. c) darf bei Berufstätigen grundsätzlich nur der tatsächlich ausgeübte, sonst, z. B. bei Arbeitslosen oder bei nicht mehr Berufstätigen, kann auch der zuletzt ausgeübte Beruf angegeben werden. Rentnerinnen und Rentner können den Zusatz „i. R." angeben; bei Beamtinnen und Beamten sowie Richterinnen und Richtern ist der Zusatz „a. D." auf Grund berufsrechtlicher Regelungen zulässig. Die Bezeichnung „Hausmann" und „Hausfrau" ist eine Berufsangabe, nicht dagegen die Bezeichnung „Mutter" oder „Vater" (vgl. Nr. 47.3 Abs. 3). Als Hilfsmittel zur Prüfung einzelner Berufsbezeichnungen kann in Zweifelsfällen das Berufs- und Tätigkeitsverzeichnis der Bundesagentur für Arbeit dienen.

2.1.6 Die Aufzählung der in § 43 Satz 1 Nr. 4 Buchst. d genannten **kommunalen Ehrenämter** ist nicht abschließend. Ein kommunales Ehrenamt im Sinne der Art. 19 Abs. 1 GO, 13 Abs. 1 LKrO ist eine berufliche Tätigkeit, die eine regelmäßig zeitlich begrenzte Mitwirkung an der Verwaltung in eigenen oder übertragenen Angelegenheiten der Gemeinde bzw. des Landkreises zum Gegenstand hat und die entweder unentgeltlich oder nur gegen Aufwandsentschädigung ausgeübt wird. Die Bestellung muss dabei von der

Gemeinde bzw. dem Landkreis oder unter maßgebender Mitwirkung der Gemeinde bzw. des Landkreises erfolgt sein (Beispiele unzulässiger Zusätze in Nr. 47.3 Satz 11).

2.1.7 Ist die **Zustimmungserklärung** der sich bewerbenden Person (§ 43 Satz 1 Nr. 4 Buchst. f; Anlage 11a zu Nr. 47 GLKrWBek) etwa wegen fehlender Geschäftsfähigkeit der oder des Erklärenden oder Willensmängeln unwirksam, ist der Wahlvorschlag insoweit ungültig und die Eintragung der sich bewerbenden Person zu streichen (Nr. 47.3 Satz 16).

2.1.8 Bei den allgemeinen Gemeinde- und Landkreiswahlen 2014 ist erstmals der Schwerpunkt der Lebensbeziehungen im Wahlkreis als Wählbarkeitsvoraussetzung entfallen (Gesetz vom 16.2.2012, GVBl. S. 30; vgl. dazu LT-Drs. 16/9081, S. 13, und Fragen 43 ff.). Seitdem können sich auch Personen für ein kommunales Mandat bewerben, die im Wahlkreis lediglich eine Nebenwohnung haben. Zur **Vermeidung unzulässiger Mehrfachbewerbungen** sind folgende Erklärungen bzw. Bescheinigungen erforderlich:

- **Erklärung der sich bewerbenden Person**, dass sie nicht für mehrere **gleichartige** Ämter (Ämter mit der gleichen Bezeichnung, vgl. Nr. 47.4.3 Satz 5) in verschiedenen Wahlkreisen aufgestellt wird, wenn die Wahlen am selben Tag stattfinden (Art. 25 Abs. 3; § 43 Satz 1 Nr. 4 Buchst. f; Anlage 11a zu Nr. 47 GLKrWBek). Wird eine mehrfache Aufstellung festgestellt, hat die sich bewerbende Person der Wahlleiterin oder dem Wahlleiter nach Aufforderung mitzuteilen, welche Bewerbung gelten soll. Unterlässt sie diese Mitteilung oder widersprechen sich die Mitteilungen, sind die Bewerbungen für ungültig zu erklären (Art. 25 Abs. 3 Satz 3, 24 Abs. 3 Satz 5; Nr. 47.4.1). In Bezug auf Bewerbungen für mehrere **unterschiedliche** Ämter (z. B. Bewerbung einer ersten Bürgermeisterin in ihrer oder einer anderen Gemeinde als ehrenamtliches Gemeinderatsmitglied) bei Wahlen an gleichen oder unterschiedlichen Tagen liegen im Falle der Wahl in der Regel **Amtshindernisse** vor (vgl. Art. 48 Abs. 1 Satz 1 Nr. 3 und Abs. 2; § 22 Abs. 2 Satz 1 BeamtStG i. V. m. Art. 10 Abs. 2 KWBG; Art. 15 Abs. 4 und 5 KWBG); insoweit bestehende Wählbarkeitshindernisse wurden mit Gesetz vom 22.3.2018 (GVBl. S. 145) abgeschafft (vgl. LT-Drs. 17/14651, S. 12 f.). Ausführlich dazu unter I. 8.
- Bei der **Wahl der berufsmäßigen ersten Bürgermeisterin oder des berufsmäßigen ersten Bürgermeisters** eine **Bescheinigung über die Wählbarkeit**, wenn die sich bewerbende Person im Wahlkreis weder eine Wohnung noch ihren gewöhnlichen Aufenthalt hat (§ 43 Satz 1 Nr. 4 Buchst. h, aa; Nr. 47.4.2 und Anlage 12 GLKrWBek hierzu). Hat die sich bewerbende Person eine Wohnung im Wahlkreis – bei der Bewerbung

um das Amt der ehrenamtlichen ersten Bürgermeisterin oder des ehrenamtlichen ersten Bürgermeisters ist dies nach Art. 39 Abs. 1 Nr. 3 schon Wählbarkeitsvoraussetzung – ist eine solche Bescheinigung entbehrlich, da die Gemeinde und damit die Wahlleiterin oder der Wahlleiter bereits über die erforderlichen Informationen zur Beurteilung der Wählbarkeit verfügen. Bei sich bewerbenden Personen ohne Wohnung vgl. Nr. 47.4.2 Satz 6. Zuständig für die Bescheinigung ist jede deutsche Gemeinde, in der die sich bewerbende Person eine (Haupt- oder Neben-)Wohnung oder, ohne eine Wohnung zu haben, ihren gewöhnlichen Aufenthalt hat.

- Im Übrigen ist bei **Gemeindewahlen** zudem eine **Bescheinigung der Gemeinde**, dass die sich bewerbende Person **nicht von der Wählbarkeit ausgeschlossen** ist, dann erforderlich, wenn die sich bewerbende Person in der Gemeinde, in der sie sich bewirbt, weder eine Hauptwohnung noch ihre alleinige Wohnung hat (§ 43 Satz 1 Nr. 4 Buchst. i, aa; Anlage 12 zu Nr. 47 GLKrWBek). Denn die Nebenwohnsitzgemeinde verfügt nicht über die im Zusammenhang mit einem Ausschluss der Wählbarkeit erforderlichen Informationen (z. B. Wohnungsinhaber, die infolge deutschen Richterspruchs das Wahlrecht nicht besitzen). Zuständig ist die Gemeinde, in der die sich bewerbende Person ihren Hauptwohnsitz hat, bei Personen ohne Wohnung die Gemeinde, in der die Person zuletzt eine alleinige Wohnung oder einen Hauptwohnsitz hatte. Um Missbrauch vorzubeugen und die Bewerbung einer Person für ein gleichartiges Amt bei Wahlen, die am selben Tag stattfinden, auszuschließen, darf diese Bescheinigung für solche Wahlen nur einmal ausgestellt werden. Bei Personen, die ihre Hauptwohnung außerhalb Bayerns haben, ist diese Gemeinde wegen des Geltungsbereichs der GLKrWO nicht verpflichtet, die Bescheinigung nur einmal auszustellen. In diesem Fall muss die bayerische Nebenwohnsitzgemeinde durch Datenabgleich prüfen, ob die sich bewerbende Person in Bayern einen weiteren Nebenwohnsitz hat. Ist dies der Fall, stellt sie durch Anfrage bei dieser Gemeinde sicher, dass die sich bewerbende Person dort nicht für ein gleichartiges Amt am selben Wahltag kandidiert (vgl. Nr. 47.4.3 Satz 3 Buchst. b).
- Bei **Landkreiswahlen** sind die vorgenannten Bescheinigungen über die Wählbarkeit bzw. über das Nichtvorliegen von Gründen für den Ausschluss der Wählbarkeit stets erforderlich, um Wahlleiterin oder Wahlleiter und Wahlausschuss in die Lage zu versetzen, die Wählbarkeitsvoraussetzungen zu prüfen (§ 43 Satz 1 Nr. 4 Buchst. h, bb und Buchst. i, bb). **Neu ist**, dass diese Bescheinigungen auch gemeinsam **auf einem Formblatt** (vgl. Anlage 12 zu Nr. 47 GLKrWBek) durch die Gemeinde erteilt werden können, in der die sich bewerbende Person ihre alleinige Woh-

nung oder ihren Hauptwohnsitz hat (§ 43 Satz 1 Buchst. i Hs. 4). Das erspart unnötigen Papieraufwand.

Nr. 47.4.1 Sätze 11 und 12 stellen ausdrücklich klar, dass es Sache der sich bewerbenden Personen oder mit ihrem Einverständnis der Partei bzw. Wählergruppe ist, sich die erforderlichen Bescheinigungen zu besorgen. Diese sind von der Gemeinde kostenfrei auszustellen (Art. 3 Abs. 1 Nr. 12 KG). Zur ggf. angezeigten Unterstützung von Bewerbungen für das Amt der berufsmäßigen ersten Bürgermeisterin oder des berufsmäßigen ersten Bürgermeisters, der Landrätin oder des Landrats mit einem Wohnsitz oder gewöhnlichen Aufenthalt außerhalb Bayerns durch die Gemeinden bzw. Landkreise vgl. Nr. 47.4.1 Sätze 14 ff.

2.1.9 Bei der Gemeinderats- und Kreistagswahl muss der Wahlvorschlag **Angaben** darüber enthalten, welche Personen **zweifach oder dreifach auf dem Stimmzettel** aufzuführen sind (§ 43 Satz 1 Nr. 4 Buchst. l). Dazu genügt es, die betreffenden Personen auf dem einzureichenden Vordruck „Wahlvorschlag“ entsprechend mehrfach aufzuführen. Sind Personen trotz entsprechender Angaben in der Niederschrift über die Aufstellungsversammlung nur einfach im Wahlvorschlag aufgeführt, führt dies, wenn der Mangel nicht behoben wird (§ 47 Abs. 1 Nr. 10), dazu, dass die Personen nur einfach auf dem Stimmzettel aufgeführt werden. Steht dagegen umgekehrt auf Grund der Niederschrift oder sonstiger Umstände fest, dass die Personen im Wahlvorschlag öfter aufgeführt sind, als es dem Abstimmungsergebnis der Aufstellungsversammlung entspricht, ist der Wahlvorschlag insoweit teilweise zurückzuweisen (vgl. § 50 Abs. 2 Satz 1 Nr. 5; Nr. 47.3 Satz 15).

2.2 Der unverzichtbare Inhalt der als Anlage zum Wahlvorschlag einzureichenden **Niederschrift über die Aufstellungsversammlung** ergibt sich aus Art. 29 Abs. 5, § 42 (vgl. auch Nr. 46; **Anlage 7 zu Nr. 46 GLKrWBek** und oben unter I. 9.). Aus der Niederschrift muss auch ersichtlich sein, dass zur Aufstellungsversammlung ordnungsgemäß geladen wurde (§ 42 Abs. 2 Nr. 1). Diese Angabe benötigt die Wahlleiterin oder der Wahlleiter zur Prüfung der Zulässigkeit der Wahlvorschläge. Außerdem sollen die Parteien und Wählergruppen auf diese Weise verstärkt zur Einhaltung der Ladungsvorschriften angehalten werden. In Zweifelsfällen, z. B. wenn eine nicht organisierte Wählergruppe nicht öffentlich geladen hat, kann die Wahlleiterin oder der Wahlleiter sich Nachweise vorlegen lassen. Das können beispielsweise der Entwurf eines Einladungsschreibens mit angehängter Liste der Teilnahmeberechtigten, eine Anzeige in einer regelmäßig erscheinenden Zeitung oder einem Anzeigenblatt, ein Plakat für Anschläge oder auch ein Beschluss über die Festlegung der Anhängerschaft sein (vgl. Nr. 46 Satz 5).

3. Prüfung durch die Wahlleiterin oder den Wahlleiter

Die Wahlleiterin oder der **Wahlleiter** hat die eingereichten Wahlvorschläge nicht erst nach Ablauf der Einreichungsfrist (59. Tag vor dem Wahltag, 8.1.2026), sondern **unverzüglich** nach deren Einreichung auf Ordnungsmäßigkeit und Vollständigkeit **zu prüfen** (vgl. Art. 32 Abs. 1 Satz 1). Durch die Vorprüfung soll den Wahlvorschlagsträgern die Möglichkeit gegeben werden, Mängel zu beseitigen, die die Gültigkeit des Wahlvorschlags berühren und deshalb zur ganzen oder teilweisen Zurückweisung durch den Wahlausschuss führen können (vgl. Nr. 41). Die Pflicht der Wahlleiterin oder des Wahlleiters zur Vorprüfung lässt die **primäre Verantwortung** der auf Seiten der **Wahlvorschlagsträger** handelnden Personen für die Ordnungsmäßigkeit des Wahlvorschlags unberührt. Dies soll durch die Neuregelung in § 42 Abs. 3 Satz 2 zur (anders als bei der Landtags- oder Bundestagswahl allerdings nicht-eidesstattlichen) Versicherung über die Einhaltung zentraler Bestandteile der Aufstellungsversammlung (vgl. auch V. in Anlage 7 zu Nr. 46 GLKrWBek) sowie die in den Nrn. 41.2 und 41.3 erfolgten Klarstellungen zu Zweck und Umfang der Vorprüfung verdeutlicht werden.

Das **Prüfprogramm** der Wahlleiterin oder des Wahlleiters sollte sich an der Prüfungskompetenz des Wahlausschusses orientieren (Nrn. 41.1, 41.3; vgl. dazu unter 5.). Werden Mängel festgestellt, so hat die Wahlleiterin oder der Wahlleiter die **beauftragte Person** des Wahlvorschlags (Art. 30 Abs. 1 und 2) unverzüglich davon **in Kenntnis zu setzen** und aufzufordern, diese soweit möglich bis 18 Uhr des 48. Tags vor dem Wahltag (19.1.2026) zu beseitigen (Nr. 41.4 Abs. 1). Ergeben sich bei der Prüfung Zweifel an der Gültigkeit des Wahlvorschlags, dann ist die oder der Beauftragte darauf hinzuweisen und aufzufordern, Unterlagen oder Erklärungen innerhalb dieser Frist nachzureichen, die geeignet sind, die Bedenken gegen die Zulassung des Wahlvorschlags auszuräumen (Art. 32 Abs. 1). Es ist dann Sache des Wahlvorschlagsträgers, die gerügten Mängel unter Beachtung der wahlrechtlichen Vorschriften – erforderlichenfalls und soweit möglich (Art. 31; Art. 32 Abs. 1 Satz 3) durch Neueinreichung eines Wahlvorschlags nach nochmals durchgeführter Aufstellungsversammlung – fristgerecht zu beseitigen (Nr. 41.4 Abs. 2).

Eine offensichtlich **mangelhafte oder unterlassene Prüfung** durch die Wahlleiterin oder den Wahlleiter stellt zwar eine **Verletzung wahlrechtlicher Vorschriften** dar. Allein der Verstoß gegen ihre oder seine Prüf- und Benachrichtigungspflichten führt aber noch nicht zu einer Berichtigung oder Ungültigerklärung der Wahl im Rahmen der Wahlprüfung bzw. einer Wahlanfechtung. Dies wurde in Art. 50 Abs. 4 Satz 2 und Art. 52 Abs. 2

Satz 1 Hs. 2 ausdrücklich klargestellt (vgl. dazu LT-Drs. 17/14651, S. 14 f.). Vielmehr müssen weitere, auch im Wahlprüfungsverfahren nicht heilbare Verstöße gegen wahlrechtliche Vorschriften hinzukommen (vgl. Art. 50 Abs. 4 Satz 1 und die Ausführungen unter IV. 5.6). Beachtlich in diesem Sinne könnte z. B. ein zusätzlicher Verstoß gegen das Neutralitätsgebot aus Art. 7 Abs. 2 Satz 1 sein, wenn die Wahlleiterin oder der Wahlleiter der Prüfungspflicht in böswilliger Absicht hinsichtlich eines bestimmten Wahlvorschlags nicht oder nicht in gleicher Weise wie bei den anderen Wahlvorschlägen nachkommt (BayVGH, Beschluss vom 22.2.2021, Az. 4 ZB 20.3109, juris Rn. 14 f.). Des Weiteren sieht Art. 52 Abs. 2 Satz 1 im Falle der Nachwahl wegen Ungültigerklärung der Wahl hinsichtlich der Bestimmung des Zeitpunkts, ab dem das Wahlverfahren zu wiederholen ist, vor, dass Verstöße der Wahlleiterin oder des Wahlleiters gegen ihre oder seine Pflichten aus Art. 32 Abs. 1 außer Acht bleiben. Das bedeutet, dass das Wahlverfahren in den Fällen, in denen die Wahlleiterin oder der Wahlleiter keine ordnungsgemäße Prüfung eines Wahlvorschlags vorgenommen hat und dieser mangelhafte Wahlvorschlag zur Wahl zugelassen wurde, nicht mehr ab dem Zeitpunkt des Einreichens des Wahlvorschlags (Art. 32 Abs. 1 Satz 1) zu wiederholen ist, sondern wohl in der Regel ab dem Zeitpunkt der Entscheidung des Wahlausschusses (Art. 32 Abs. 2). Dies hat zur Folge, dass die Möglichkeit des Wahlvorschlagsträgers zur Beseitigung von materiellen Mängeln des Wahlvorschlags durch erneute Einreichung eines mangelfreien Wahlvorschlags im Rahmen des Nachwahlverfahrens ausscheidet (wegen Ablaufs der Frist zur Einreichung von Wahlvorschlägen). Durch diese Rechtsänderungen sollte vermieden werden, dass der Wahlleiterin oder dem Wahlleiter die alleinige Verantwortung für die Ordnungsmäßigkeit der Wahlvorschläge aufgebürdet wird; diese **Verantwortung** und das **Risiko**, im Falle eines mangelhaften Wahlvorschlags unter Umständen nicht mit einem eigenen Wahlvorschlag bei der Nachwahl vertreten zu sein, soll vom **Wahlvorschlagsträger** selbst getragen werden (vgl. LT-Drs. 16/9081, S. 15 f.).

4. Unterstützungslisten

4.1 Nach Art. 27 Abs. 1 Satz 1 müssen Wahlvorschläge von **neuen Wahlvorschlagsträgern** über die nach Art. 25 Abs. 1 Satz 1 erforderlichen 10 Unterschriften hinaus je nach Größe der Gemeinde oder des Landkreises von einer bestimmten Anzahl weiterer wahlberechtigter Personen (vgl. dazu Art. 27 Abs. 3) unterstützt werden. Würden nämlich schrankenlos auch kleinste Splittergruppen zur Wahl zugelassen werden, würden die

Stimmzettel völlig unübersichtlich und unhandlich und ihre Auswertung schwierig. Um dies zu vermeiden, sollen Wahlvorschlagsträger erst dann zur Wahl zugelassen werden, wenn deren politisches Gewicht hinreichend bekannt ist (vgl. dazu BayVGH, Beschluss vom 21.10.2008, Az. 4 C 08.2479, juris; BayVerfGH, Entscheidung vom 18.7.1995, Az. Vf. 2-VII-95, BayVBl. 1995, S. 624, 625; vom 21.12.2023, Az. Vf. 2-VII-20, juris Rn. 25 ff.). Eine **Ausnahme** gilt daher nur für die Wahlvorschlagsträger, die bei der letzten Landtagswahl oder bei der letzten Europawahl mindestens fünf Prozent der insgesamt abgegebenen gültigen Stimmen oder bei der letzten Bundestagswahl mindestens fünf Prozent der im Land abgegebenen gültigen Zweitstimmen erhalten haben (Art. 27 Abs. 1 Satz 2). Nach Art. 27 Abs. 1 Satz 3 sind dabei die vom Landeswahlleiter früher als drei Monate vor dem Wahltag bekannt gemachten Ergebnisse maßgeblich; vgl. hierzu die nach § 36 Abs. 1 erlassene Bekanntmachung des Bayerischen Landesamts für Statistik vom 18.7.2024, Az. 14-1367.1-1/28-1, StAnz Nr. 30/1 (abgedruckt auf S. 563). Ist der Wahlvorschlagsträger nicht in dieser Bekanntmachung aufgeführt, ist zu prüfen, ob es sich um einen „alten" oder um einen „neuen" Wahlvorschlagsträger handelt.

4.2 Neue Wahlvorschlagsträger sind Parteien und Wählergruppen, die im Gemeinderat oder im Kreistag seit dessen letzter Wahl nicht auf Grund eines eigenen Wahlvorschlags ununterbrochen bis zum 90. Tag vor dem Wahltag (8.12.2025) vertreten waren („**Kontinuität**", Art. 24 Abs. 1 Satz 3). Der oder die Vertreter des Wahlvorschlags müssen also auf Grund eines **eigenen Wahlvorschlags** in den Gemeinderat oder Kreistag gewählt worden sein. Tritt z. B. der Vertreter eines anderen Wahlvorschlagsträgers dem betroffenen Wahlvorschlagsträger bei und treten danach dort **alle** auf Grund dieses Wahlvorschlags gewählten Vertreter aus, ist der betroffene Wahlvorschlagsträger nicht mehr ununterbrochen auf Grund des eigenen Wahlvorschlags vertreten und gilt daher als neuer Wahlvorschlagsträger (Nr. 42.1 Sätze 1 bis 3). Gleiches gilt, wenn sich alle gewählten Mandatsträgerinnen und Mandatsträger einer Partei oder Wählergruppe nach der Wahl einer anderen Partei oder Wählergruppe anschließen oder sich sonst in erkennbarer Weise von ihrem Wahlvorschlag abwenden. Nicht aufgrund eines eigenen Wahlvorschlags im Gemeinderat vertreten sind beispielsweise auch bei der letzten Wahl an einem gemeinsamen Wahlvorschlag beteiligte Wählergruppen, die nunmehr wieder einen eigenen Wahlvorschlag einreichen wollen. Abzustellen ist dabei jeweils auf die **Vertretung** der Partei oder Wählergruppe **in dem Organ, das der Wahl entspricht**, also bei Gemeinderatswahlen auf den Gemeinderat, bei Kreistagswahlen auf den Kreistag (Nr. 42.1 Satz 4). Problematisch können die Fälle sein, in denen sich mehrere Parteien oder Wählergruppen nach der Wahl zu einer Partei oder Wählergruppe zusammengeschlossen haben: Eine Organisation besteht z.B. dann ununterbrochen fort, wenn eine sog. Verschmelzung durch Aufnahme (vgl. §§ 2 Nr. 1, 20 Abs. 1 UmwG) stattgefunden hat, indem die Mitglieder einer Partei oder Wählergruppe in die aufnehmende Partei oder Wählergruppe eintreten und deren Partei oder Wählergruppe anschließend mangels Mitglieder erlischt. Die Kontinuitätsprüfung von als Verein organisierten Wählergruppen kann im Einzelfall schwierige zivilrechtliche Rechtsfragen aufwerfen. In diesen Fällen ist den Wählergruppen zu raten, die Hilfe rechtsberatender Berufe in Anspruch zu nehmen, um den Verlust der Privilegierung (z.B. durch zwischenzeitliches Erlöschen des Vereins) zu vermeiden. Bei nicht (mehr) organisierten Wählergruppen kann die Kontinuitätsprüfung mangels fester Organisationsstrukturen nur auf Grund einer Gesamtschau der Umstände vorgenommen werden; ein Anhaltspunkt kann dabei der in Art. 24 Abs. 2 Satz 1 Nr. 2 zum Ausdruck kommende Rechtsgedanke der personellen Identität sein. Hat eine Partei oder Wählergruppe nur die erste Bürgermeisterin oder den ersten Bürgermeister bzw. die Landrätin oder den Landrat gestellt, nicht aber ein Gemeinderats- oder Kreistagsmitglied, ist sie gemäß Art. 45 Abs. 1 i.V.m. Art. 24 Abs. 1 Satz 3 nur für die Wahl der ersten Bürgermeisterin oder des ersten Bürgermeisters bzw. der Landrätin oder des Landrats privilegiert und muss daher auch nur dafür keine Unterstützungsunterschriften beibringen (d.h. für die Gemeinderats-/Kreistagswahl sind sehr wohl Unterstützungsunterschriften erforderlich). Stellte die Partei oder Wählergruppe dagegen zwar nicht die erste Bürgermeisterin oder den ersten Bürgermeister bzw. die Landrätin oder den Landrat, aber ein Gemeinderats- oder Kreistagsmitglied, gilt dagegen Art. 45 Abs. 2, der die Rechtsstellung als alter Wahlvorschlagsträger bei der Gemeinderats- bzw. Kreistagswahl auch auf die Bürgermeister- bzw. Landratswahl erstreckt. Will ein neuer Wahlvorschlagsträger sowohl zur Gemeinderatswahl als auch zur Bürgermeisterwahl antreten, ist für jeden Wahlvorschlag eine gesonderte Unterstützungsliste erforderlich; Entsprechendes gilt für die Landkreiswahlen (Nr. 42.1 Satz 5).

4.3 Für **Wählergruppen** ist zusätzlich eine **Identitätsprüfung** nach Art. 24 Abs. 2 Satz 1 durchzuführen, da sie im Gegensatz zu Parteien häufiger strukturellen und personellen Änderungen unterliegen. Dabei wird zwischen zwei Fallgruppen unterschieden: Für Wählergruppen, die bereits bei Einreichung des Wahlvorschlags zur vorhergehenden Wahl nach bürgerlichem Recht organisiert waren, dies auch weiterhin sind und darüber einen Nachweis vorlegen, sind die Grundsätze des bürgerlichen Rechts, in der Regel des Vereinsrechts, anzuwenden (Art. 24 Abs. 2 Satz 1 Nr. 1 und Satz 2;

Nr. 38.3; vgl. dazu auch die Ausführungen zur Kontinuitätsprüfung unter 4.2 sowie in I. 1.). Alle übrigen Fälle werden vom Auffangtatbestand des Art. 24 Abs. 2 Satz 1 Nr. 2 erfasst. Danach kommt es auf die Identität von Unterzeichnern des früheren und des jetzigen Wahlvorschlags bzw. der sich bewerbenden Personen an, wobei die erforderlichen sechs Personen jeweils unterzeichnende und/oder sich bewerbende Personen (gewesen) sein können. Hat sich eine Wählergruppe nach der Wahl in zwei oder mehrere Wählergruppen aufgespaltet, gilt die Wählergruppe als „alte" Wählergruppe, die die größte Anzahl an übereinstimmenden unterzeichnenden und/oder sich bewerbenden Personen nachweisen kann (vgl. Art. 24 Abs. 2 Satz 1 Nr. 2 Satz 2). **Gemeinsame Wahlvorschläge** sind nach Art. 27 Abs. 2 privilegiert, wenn dessen Wahlvorschlagsträger in ihrer Gesamtheit seit der letzten Wahl des Gemeinderats oder des Kreistags bis zum 90. Tag vor der Wahl (8.12.2025) aufgrund des gleichen gemeinsamen Wahlvorschlags im jeweiligen Gremium vertreten waren und damit alte Wahlvorschlagsträger sind (**Alt. 1**, vgl. Nr. 42.1 Satz 6), oder wenn mindestens einer der beteiligten Wahlvorschlagsträger ein alter oder ein nach Art. 27 Abs. 1 Satz 2 dem alten gleichgestellter Wahlvorschlagsträger ist (**Alt. 2**). Handelt es sich in letztgenanntem Fall beim alten Wahlvorschlagsträger um eine Wählergruppe, ist zudem – wie eben beschrieben – eine Identitätsprüfung nach Art. 24 Abs. 2 erforderlich.

4.4 Sind **Unterstützungsunterschriften** erforderlich, weil es sich um einen neuen Wahlvorschlagsträger handelt, werden für jeden Wahlvorschlag von den Wahlleiterinnen und Wahlleitern spätestens am Tag nach der Einreichung bis 12 Uhr des 48. Tags vor dem Wahltag (19.1.2026) **bei Gemeindewahlen und bei Landkreiswahlen in den Gemeinden Unterstützungslisten** (vgl. das Muster in Anlage 10 zur GLKrWBek) aufgelegt (Art. 28 Abs. 1 Satz 1). Bei Landkreiswahlen teilt die Wahlleiterin oder der Wahlleiter den Gemeinden zu diesem Zweck unverzüglich mit, für welche Wahlvorschläge Unterstützungslisten aufzulegen sind (§ 36 Abs. 2). Die Gemeinde macht gleichzeitig mit der **Bekanntmachung** der Wahlleiterin oder des Wahlleiters über die Aufforderung zur Einreichung von Wahlvorschlägen (vgl. oben IV. 1.1) bekannt, wer sich wann und wo in die Unterstützungslisten eintragen kann und ob die Räume barrierefrei sind (§ 34 Abs. 4 Satz 1; vgl. das Muster in Anlage 11 zu Nr. 42 GLKrWBek). Da die Gemeinden auch die Unterstützungslisten bei Landkreiswahlen aufzulegen haben (Art. 28 Abs. 1 Satz 1) muss die Wahlleiterin oder der Wahlleiter für die Landkreiswahlen die Gemeinden rechtzeitig darüber informieren, wann sie oder er die Aufforderung zur Einreichung von Wahlvorschlägen bekannt macht (§ 34 Abs. 4 Satz 2).

4.4.1 Jede Gemeinde richtet mindestens einen **Eintragungsraum** ein, größere Gemeinden sollten mehrere Eintragungsräume bestimmen; Verwaltungsgemeinschaften richten für ihre Mitgliedsgemeinden mindestens einen Eintragungsraum am Sitz der Verwaltungsgemeinschaft ein (§ 36 Abs. 3 Satz 2). Für entfernt gelegene, verkehrsmäßig ungünstig angebundene Gemeindeteile sollten zusätzliche Eintragungsmöglichkeiten geschaffen werden (Nr. 42.4 Satz 2). Die Eintragungsräume sollen nach den örtlichen Verhältnissen so ausgewählt und eingerichtet sein, dass Menschen mit Behinderungen oder Mobilitätsbeeinträchtigungen die Eintragung möglichst erleichtert wird (§ 36 Abs. 3 Satz 4). Das Gebäude, in dem sich der Eintragungsraum befindet, ist deutlich zu kennzeichnen (§ 36 Abs. 3 Satz 3).

4.4.2 Die Unterstützungslisten sind mindestens während der allgemeinen Dienststunden, also **während der gesamten Zeit (nicht nur Kernzeit) des allgemeinen Dienstbetriebs** der Gemeinde aufzulegen (§ 36 Abs. 4 Satz 1; Nr. 42.5). Zusätzlich zu mindestens einer Eintragungsmöglichkeit bis 20 Uhr an einem weiteren Werktag sind die Unterstützungslisten auch für mindestens zwei Stunden an einem Sonntag, Feiertag oder Samstag aufzulegen (§ 36 Abs. 4 Satz 2; Nr. 42.5 Satz 5). Insgesamt sind Eintragsräume und **Eintragungszeiten** so zu bestimmen, dass jede wahlberechtigte Person ausreichend Gelegenheit findet, sich ohne längere Wartezeiten in die Unterstützungslisten einzutragen (§ 36 Abs. 3 Satz 1). Bei starkem Andrang können auch mehrere Unterstützungslisten für denselben Wahlvorschlag aufgelegt werden (Nr. 42.4 Satz 5).

4.4.3 **Unterstützungsberechtigt** sind alle **Personen**, die **spätestens am letzten Tag der Eintragungsfrist** (48. Tag vor dem Wahltag, 19.1.2026) **in der Gemeinde**, in der sie sich eintragen wollen, **wahlberechtigt sind** (vgl. Art. 27 Abs. 1 Satz 1, 28 Abs. 2 Satz 1). **Ausgeschlossen** sind sich bewerbende Personen und Ersatzleute aller Wahlvorschläge sowie Wahlberechtigte, die sich in eine andere Unterstützungsliste eingetragen oder einen – auch den eigenen – Wahlvorschlag unterzeichnet haben, nicht aber Unterzeichner der Niederschrift zur Aufstellungsversammlung (Art. 28 Abs. 2 Satz 1 Hs. 2; Nr. 42.2 Satz 5). Zu beachten ist, dass der **Ausschluss jeweils nur für dieselbe Wahl** gilt. So darf z. B. eine sich um das Amt eines Gemeinderatsmitglieds bewerbende Person die Unterstützungsliste für die Bürgermeisterwahl unterzeichnen oder eine Person den Wahlvorschlag einer Partei für die Gemeinderatswahl und einer anderen oder derselben Partei für die Bürgermeisterwahl unterstützen (Nr. 42.2 Satz 4). Unterzeichnet jemand dagegen Unterstützungslisten für Wahlvorschläge mehrerer Parteien oder Wählergruppen für dieselbe Wahl, muss er sich für einen Wahlvorschlag entscheiden; tut er das nicht oder widersprechen sich die Mitteilungen, wird sein Name in allen Listen gestrichen (Art. 28 Abs. 2 Satz 2 i. V. m. Art. 24 Abs. 3 Satz 5). Zur Vermeidung solcher **Mehrfacheintragungen** wird empfohlen, den Eintragungsvermerk unmittelbar nach jeder Eintragung im Verzeichnis der Eintragungsberechtigten anzubringen. Werden mehrere Eintragungsräume gebildet, sollten für jeden Eintragungsraum vollständige Verzeichnisse erstellt und diese möglichst täglich abgeglichen werden, sofern nicht ein automatischer Abgleich mithilfe eines EDV-Programms erfolgt (vgl. Nr. 42.7). Bei **Landkreiswahlen** können sich unterstützungswillige Personen **in derjenigen Gemeinde eintragen, in der sie ihr Stimmrecht nach Art. 3 für Landkreiswahlen ausüben dürfen** (Nr. 42.2 Satz 1).

4.4.4 Die Wahlberechtigten haben sich **grundsätzlich persönlich** in die Unterstützungslisten einzutragen (Art. 28 Abs. 3 Satz 1). Einen **Eintragungsschein** (vgl. das Muster in Anlage 11 zu § 37 GLKrWO) erhalten nur diejenigen, die glaubhaft machen können, wegen Krankheit oder körperlicher Behinderung nicht oder nur unter unzumutbaren Schwierigkeiten in der Lage zu sein, einen Eintragungsraum aufzusuchen; Urlaub oder berufsbedingte Abwesenheit genügen hierfür nicht (vgl. Art. 28 Abs. 3 Satz 2; Nr. 42.6 Satz 1). Liegen Unterstützungslisten für mehrere Wahlvorschläge vor, ist bei Inhaberinnen oder Inhabern von Eintragungsscheinen genau zu prüfen, für welchen Wahlvorschlag die Beauftragung gilt. Vergleiche im Übrigen zum Antragsverfahren und zum weiteren Verfahren Art. 28 Abs. 3 Sätze 3 und 4, Abs. 4, § 37 Abs. 2 bis 4 und Nr. 42.6. Zu den Einzelheiten der Eintragung vgl. § 37 Abs. 1. Eine **Zurücknahme** gültiger Unterschriften ist nicht möglich (Art. 28 Abs. 2 Satz 3). Allerdings kann sich die betreffende Person stattdessen in die Unterstützungsliste einer anderen Partei oder Wählergruppe für dieselbe Wahl eintragen und hernach für diesen Wahlvorschlag entscheiden (vgl. oben 4.4.1).

4.4.5 Die in Art. 28 Abs. 1 Satz 2 angeordnete entsprechende Anwendung von Art. 20 soll vor **unzulässiger Beeinflussung** unterstützungswilliger Personen schützen und hat zur Folge, dass während der Eintragungszeit in und an dem Gebäude, in dem sich der Eintragungsraum befindet, sowie unmittelbar vor dem Zugang zu dem Gebäude z. B. Wahlvorschlagsträger nicht mit Infotafeln um Unterstützung werben oder Eintragungswillige nicht durch Wahlhelferinnen oder Wahlhelfer in das Gebäude begleitet werden dürfen. Werden Unterschriften unter Verstoß gegen diese Bestimmungen geleistet, sind sie unwirksam (vgl. Nr. 42.3 Satz 4). Die Gemeinde kann der oder dem Beauftragten einer Partei oder Wählergruppe **Auskünfte** über die Zahl der Eintragungen (nicht: die Zahl der gültigen Unterschriften!) erteilen (vgl. § 37 Abs. 5 Satz 1) und diese oder dieser kann sie veröffentlichen. Weitere Auskünfte etwa über die Namen der eingetragenen Personen sind jedoch unzulässig (Art. 20 Abs. 3; § 37 Abs. 5 Satz 1 Hs. 2). Aus datenschutzrechtlichen Gründen darf zur Eintragung zudem nur die laufende Seite vorgelegt werden, die dort bereits eingetragenen Personennamen sind abzudecken (§ 37 Abs. 5 Satz 2; Nr. 42.3 Abs. 4). Bei Vorkommnissen bringt die Gemeinde auf den Unterstützungslisten in der Spalte Bemerkungen und unter Nr. 2 der Bestätigung (vgl. Anlage 10 zu Nr. 42 GLKrWBek) entsprechende Vermerke an. Die Entscheidung über die Unwirksamkeit der Unterschriften trifft dann der Wahlausschuss im Rahmen der Zulassung der Wahlvorschläge.

4.5 Damit die Unterstützungslisten von der Gemeinde **nach Ablauf der Eintragungsfrist** (12 Uhr des 48. Tages vor dem Wahltag, 19.1.2026) **unverzüglich abgeschlossen** werden können, sollte die Prüfung der Gültigkeit der vorhandenen Unterschriften bereits während der Eintragungsfrist erfolgen. Bei vollständig ausgefüllten Listen sollte der Abschluss bereits vor dem Ablauf der Eintragungsfrist vorbereitet werden (Nr. 42.8). Nach der letzten Unterschrift bestätigt die Gemeinde auf jeder Unterstützungsliste, wie viele Eintragungen die Liste enthält und wie viele und welche Eintragungen aus welchen Gründen für ungültig erachtet werden (§ 38 Abs. 1 Satz 2). Bei mehreren Unterstützungslisten ist eine Aufstellung über die Zahl der in den einzelnen Listen enthaltenen für gültig und ungültig erachteten Eintragungen und über die Gesamtzahl der in der Gemeinde geleisteten Eintragungen beizufügen (§ 38 Abs. 2 Satz 2). Die Listen sind dann an die Wahlleiterin oder den Wahlleiter für die Gemeindewahl bzw. bei Landkreiswahlen an die Wahlleiterin oder den Wahlleiter für die Landkreiswahl weiterzuleiten.

5. Prüfung durch den Wahlausschuss

5.1 Nach Ablauf der Frist für die Einreichung von Wahlvorschlägen (59. Tag vor dem Wahltag, 8.1.2026) beruft die Wahlleiterin oder der Wahlleiter die **Mitglieder des Wahlausschusses.** Um eine ordnungsgemäße Ladung zu der am 47. Tag vor dem Wahltag (20.1.2026) abzuhaltenden Sitzung des Wahlausschusses (vgl. Art. 32 Abs. 2) zu gewährleisten, wird eine **Berufung spätestens am 55. Tag** (12.1.2026) vor dem Wahltag vorgeschlagen. Bei der Auswahl der Beisitzer sind nach Möglichkeit die Wahlvorschlagsträger in der Reihenfolge der bei der letzten Gemeinderats- oder Kreistagswahl erhaltenen Stimmenzahlen zu berücksichtigen und die von ihnen rechtzeitig vorgeschlagenen Wahlberechtigten zu berufen (Art. 5 Abs. 2 Satz 3; Nr. 7). Zur Vermeidung einer Interessenkollision können sich bewerbende Personen, Beauftragte eines Wahlvorschlags und deren Stellvertretung sowie Personen, die eine Aufstellungsversammlung geleitet haben, nicht Mitglieder des Wahlausschusses oder deren Stellvertretung sein (Art. 5 Abs. 2 Satz 4 i. V. m. Abs. 1 Satz 4; Nr. 7). Die Wahlleiterin oder der Wahlleiter bestellt eine Schriftführerin oder einen **Schriftführer** für den Wahlausschuss. Diese sind nur stimmberechtigt, wenn sie zugleich einer der vier Beisitzer sind (Art. 5 Abs. 3 Satz 2); zur Schriftführerin oder zum Schriftführer kann aber auch eine andere, nicht zwingend wahlberechtigte Person, z. B. eine Bedienstete oder ein Bediensteter der Verwaltung, bestellt werden.

5.2 Am **47. Tag vor dem Wahltag** (20.1.2026) tritt der **Wahlausschuss** zusammen und beschließt über die Gültigkeit der eingereichten Wahlvorschläge (Art. 32 Abs. 2 Satz 1). Die **Wahlleiterin oder** der **Wahlleiter lädt** die Mitglieder des Wahlausschusses rechtzeitig zur Sitzung unter Angabe der Tagesordnung und weist darauf hin, dass der Ausschuss ohne Rücksicht auf die Zahl der erschienenen Beisitzer beschlussfähig ist (§ 5 Abs. 1 Sätze 1 und 2; vgl. auch § 9 Abs. 1; Nr. 11). Ort und Zeit der Sitzung sind von der Wahlleiterin oder vom Wahlleiter rechtzeitig vorher bekannt zu machen (§§ 5 Abs. 1 Satz 3, 98). Die Sitzung ist grundsätzlich **öffentlich** (Art. 17 Abs. 2; Nr. 15). Zum Inhalt der **Niederschrift** vgl. § 10, **Anlagen 13 und 14 zu Nr. 50 GLKrWBek**; zur Handhabung der Ordnung vgl. Art. 17 Abs. 3.

In der Sitzung legt die Wahlleiterin oder der Wahlleiter dem Wahlausschuss alle eingereichten Wahlvorschläge nebst Anlagen vor und berichtet über das Ergebnis der Vorprüfung. Die **Prüfungskompetenz des Wahlausschusses** bezieht sich dann im Wesentlichen auf die formelle Überprüfung der eingereichten Wahlvorschläge (vgl. BayVerfGH, Entscheidung vom 28.1.1993, Az. Vf. 25-VI-92, BayVBl. 1993, S. 206, 208 f.). Hilfreich ist dabei der **Katalog des § 50 (vgl. Nr. 41.1 Satz 3)**. § 50 Abs. 1 enthält verbindliche Regelungen dazu, wann ein Wahlvorschlag als ungültig anzusehen ist (s. außerdem Nr. 50.2). Ein Wahlvorschlag, der derartige Mängel aufweist, ist im Ganzen zurückzuweisen (§ 50 Abs. 4 Satz 1). Teilweise Ungültigkeit (§ 50 Abs. 2) führt lediglich zur Streichung einzelner sich bewerbender Personen, die zu beurkunden ist (§ 50 Abs. 4 Sätze 2 und 3). Ergeben sich aus den Unterlagen oder den Feststellungen der Wahlleiterin oder des Wahlleiters Anhaltspunkte für **Verstöße gegen materielle wahlrechtliche Bestimmungen** – z. B. das Fehlen von Wählbarkeitsvoraussetzungen (Art. 21, 39),

Verstöße bei der Aufstellungsversammlung (Art. 29) oder ein unzulässiges Mehrfachauftreten eines Wahlvorschlagsträgers (Art. 24 Abs. 3) –, hat der Wahlausschuss auch diesen nachzugehen und ggf. der oder dem Beauftragten aufzugeben, Unterlagen oder Erklärungen nachzureichen, die geeignet sind, die Bedenken gegen die Zulassung des Wahlvorschlags auszuräumen. Bei Verdacht eines **Mehrfachauftretens** eines Wahlvorschlagsträgers hat der Gesetzgeber dieses Auskunftsrecht der Wahlleiterin oder des Wahlleiters ausdrücklich normiert (Art. 24 Abs. 4). Die Auskunft bzw. die Unterlagen können in diesem Fall mit Zwangsmitteln beigetrieben werden. Der Wahlausschuss hat die eingegangenen Unterlagen und Auskünfte im Rahmen einer freien Beweiswürdigung bei der Zulassungsentscheidung ebenso zu würdigen wie die Nichterteilung von Auskünften oder mangelnde Zurverfügungstellung von Unterlagen (zur rein formalen Betrachtungsweise bei der Prüfung eines Mehrfachauftretens vgl. BayVGH, Beschluss vom 3.8.2009, Az. 4 ZB 08.3169, juris, und den daraufhin eingefügten Art. 24 Abs. 3 Satz 4). Eine Zurückweisung des Wahlvorschlags und damit ein Eingriff in die verfassungsrechtlichen Grundsätze der allgemeinen und gleichen Wahl (vgl. Art. 14 Abs. 1 Satz 1, 12 Abs. 1 BV) ist aber nur bei **eindeutig nachweisbaren** Verstößen zulässig und gerechtfertigt (vgl. BayVerfGH, Entscheidung vom 28.1.1993, Az. Vf. 25-VI-92, BayVBl. 1993, S. 206, 209).

Stellt der Wahlausschuss ein unzulässiges **Mehrfachauftreten** eines Wahlvorschlagsträgers fest, hat dieser nach Aufforderung der Wahlleiterin oder dem Wahlleiter mitzuteilen, für welchen Wahlvorschlag er sich entscheidet; unterlässt der Wahlvorschlagsträger diese Mitteilung oder widersprechen sich die Mitteilungen, sind die Wahlvorschläge für ungültig zu erklären (Art. 24 Abs. 3 Satz 5; Nr. 39.2.5). Dann verbleibt dem Wahlvorschlagsträger nur noch die Möglichkeit, Einwendungen zu erheben oder den Beschwerdeausschuss anzurufen (Art. 32 Abs. 3 Satz 2, Abs. 4).

Formfehler und Vorgänge, die **außerhalb des wahlrechtlich geregelten Verfahrens** liegen (etwa Verstöße allein gegen Bestimmungen einer Parteisatzung), haben für die Zulassung eines Wahlvorschlags grundsätzlich außer Betracht zu bleiben (Nr. 41.1 Sätze 5 und 6 unter Hinweis auf BVerfG, Beschluss vom 20.10.1993, Az. 2 BvC 2/91, NJW 1994, S. 922; vgl. auch BayVerfGH, Entscheidung vom 28.1.1993, Az. Vf. 25-VI-92, BayVBl. 1993, S. 206, 208 f.). Auch das Zurückziehen einzelner Unterschriften, der Verlust des Wahlrechts oder der Tod der Unterzeichner des Wahlvorschlags berührt die Gültigkeit des Wahlvorschlags nicht, d. h. ordnungsgemäß geleistete Unterschriften werden grundsätzlich berücksichtigt (§ 47 Abs. 2).

5.3 Die **Beschlüsse** werden in offener Abstimmung mit Stimmenmehrheit gefasst; bei Stimmengleichheit entscheidet die Stimme der Wahlleiterin oder des Wahlleiters (Art. 4 Abs. 4). Die Befangenheitsvorschriften des Art. 20 Abs. 1 BayVwVfG oder des Art. 49 Abs. 1 GO finden auf Beschlüsse des Wahlausschusses keine Anwendung (BayVGH, Beschluss vom 7.4.2009, Az. 4 ZB 08.3237, juris). Hat der Wahlausschuss einen Wahlvorschlag ganz oder teilweise für ungültig erklärt, hat er das der oder dem Beauftragten dieses Wahlvorschlags unverzüglich, möglichst noch am 47. Tag vor dem Wahltag (20.1.2026) mitzuteilen (vgl. Art. 32 Abs. 3 Satz 1). Der Beschluss des Wahlausschusses über die Gültigkeit eines Wahlvorschlags ist **nicht unabänderlich**. Bis 24 Uhr des 40. Tags vor dem Wahltag (27.1.2026) kann der Wahlausschuss sowohl über die von ihm zurückgewiesenen als auch über die zugelassenen Wahlvorschläge nochmals entscheiden (Art. 32 Abs. 3 Satz 3; Nr. 50.1). Wird bei dieser nochmaligen Entscheidung der Wahlvorschlag ganz oder teilweise für ungültig erklärt, ist dies der oder dem Beauftragten entsprechend Art. 32 Abs. 3 Satz 1 mitzuteilen; zuvor ist Gelegenheit zur Äußerung und zur **Mängelbeseitigung** (vgl. § 47 Abs. 1) zu geben. Über einen ganz oder teilweise zurückgewiesenen Wahlvorschlag muss der Wahlausschuss nochmals entscheiden, wenn der betroffene Wahlvorschlagsträger bis 18 Uhr des 41. Tags vor dem Wahltag (26.1.2026) **Einwendungen** erhebt (Art. 32 Abs. 3 Satz 3). Die Einwendungen sind von der beauftragten oder einer sonstigen vertretungsberechtigten Person schriftlich oder zur Niederschrift bei der Wahlleiterin oder dem Wahlleiter zu erheben (vgl. § 48 Abs. 1). Dabei kann ein Wahlvorschlagsträger keine Einwendungen gegen die Zulassung anderer Wahlvorschläge geltend machen (Nr. 50, vgl. auch Nr. 18 Abs. 2).

5.4 **Behebbare Mängel** eingereichter Wahlvorschläge können bis zur abschließenden Entscheidung des Wahlausschusses am 40. Tag vor dem Wahltag (27.1.2026) beseitigt werden (Art. 32 Abs. 3 Satz 3). Darüber hinaus ist eine Beseitigung solcher Mängel auch noch bis zu einer **Entscheidung des Beschwerdeausschusses** (24 Uhr des 34. Tags vor dem Wahltag, 2.2.2026) möglich (Art. 32 Abs. 5; § 47 Abs. 1). Dadurch soll die Ungültigerklärung von Wahlen vermieden werden (LT-Drs. 16/9081, S. 14). Welche Mängel behebbar sind, ergibt sich im Einzelnen aus dem **abschließenden Katalog des § 47 Abs. 1**.

Mängel, die dem ganzen Wahlvorschlag anhaften und daher nicht durch Korrekturen des eingereichten Wahlvorschlags behebbar sind (z. B. fehlerhafte Ladung zur Aufstellungsversammlung; offene Abstimmung über die sich bewerbenden Personen), können ausschließlich durch Aufstellung und Einreichung eines neuen Wahlvorschlags beseitigt werden. Dies ist nur bis 18 Uhr des 48. Tags vor dem Wahltag möglich (19.1.2026; vgl. Art. 32 Abs. 1 Sätze 2 und 3; Nr. 49; dazu LT-Drs. 17/14651, S. 13). Am 47. Tag vor dem Wahltag entscheidet dann der Wahlausschuss über die Gültigkeit des alten oder ggf. des neu eingereichten Wahlvorschlags, vgl. oben 5.2.

5.5 Für die wesentlichen Mängel eines Wahlvorschlags ergibt sich hinsichtlich der (abschließenden) Entscheidung des Wahlausschusses bzw. des Beschwerdeausschusses nach dem vorher Gesagten folgendes Schema:

Vorschrift	Mangel	Heilungsmöglichkeit	Folge
Art. 29 Abs. 1 und 2 Satz 1; §§ 39 Abs. 4, 42 Abs. 2 Nr. 1	Ordnungsgemäße Ladung zur Aufstellungsversammlung nicht nachgewiesen	Im Vorfeld der Entscheidung des Wahlausschusses (Art. 32 Abs. 1 Satz 3)	Wird kein neuer Wahlvorschlag eingereicht: ungültig (§ 50 Abs. 1 Nr. 6a; beachte § 39 Abs. 4 Sätze 3 und 4); andernfalls Prüfung des neuen Wahlvorschlags
Art. 29 Abs. 1 und 2; §§ 39 Abs. 4, Abs. 5, 42 Abs. 2 Nrn. 3 und 4	Aufstellungsversammlung war nicht beschlussfähig	Im Vorfeld der Entscheidung des Wahlausschusses (Art. 32 Abs. 1 Satz 3)	Wird kein neuer Wahlvorschlag eingereicht: ungültig (§ 50 Abs. 1 Nr. 6b); andernfalls Prüfung des neuen Wahlvorschlags
Art. 29 Abs. 1 bis 3; §§ 39 bis 41, 42 Abs. 2 Nr. 6	Vorgeschriebenes Verfahren in der Aufstellungsversammlung wurde nicht beachtet	Im Vorfeld der Entscheidung des Wahlausschusses (Art. 32 Abs. 1 Satz 3)	Wird kein neuer Wahlvorschlag eingereicht: ungültig (§ 50 Abs. 1 Nr. 6d); andernfalls Prüfung des neuen Wahlvorschlags
Art. 29 Abs. 5 Sätze 1 bis 3; § 42	Niederschrift über die Aufstellungsversammlung nicht oder nicht mit vorgeschriebenen Angaben und Unterschriften beigebracht	teilweise (§ 47 Abs. 1 Nr. 9)	Wahlvorschlag ungültig, soweit nicht geheilt (§ 50 Abs. 1 Nr. 4)
Art. 29 Abs. 5 Satz 2	Unterzeichnende der Niederschrift haben nicht an Aufstellungsversammlung teilgenommen	ja (§ 47 Abs. 1 Nr. 9)	Bei Nichtheilung ungültig (§ 50 Abs. 1 Nr. 6 Buchst. c)
Art. 29 Abs. 5 Satz 4; § 42 Abs. 2 Nr. 3, Abs. 3 Satz 1	Der Niederschrift über die Aufstellungsversammlung ist keine Anwesenheitsliste beigefügt	nein	Wahlvorschlag ungültig (§ 50 Abs. 1 Nr. 5)

Vorschrift	Mangel	Heilungsmöglichkeit	Folge
Art. 31 Sätze 1 und 2; §§ 34, 35, 45, 46	Verfrühte oder verspätete Einreichung eines Wahlvorschlags	nein	Wahlvorschlag ungültig (§ 50 Abs. 1 Nr. 1; § 35 Sätze 1 und 3)
Art. 25 Abs. 1	Fehlende Unterschriften auf Wahlvorschlägen	ja (§ 47 Abs. 1 Nr. 9)	Bei Nichtheilung ungültig (§ 50 Abs. 1 Nr. 2)
Art. 25 Abs. 1, 29 Abs. 5 Satz 2	Unwirksame Unterschriften auf Wahlvorschlägen und Niederschriften	ja (§ 47 Abs. 1 Nr. 9)	Bei Nichtheilung ungültig (§ 50 Abs. 1 Nrn. 2, 4, 6 Buchst. c)
Art. 25 Abs. 1; § 43 Satz 1 Nr. 5	Fehlende Angaben zu den Unterzeichnenden des Wahlvorschlags (offensichtliche Unrichtigkeiten/Ungenauigkeiten wie etwa falsche Schreibweise des Namens, unrichtige Angabe der Anschrift sind kein Mangel; vgl. auch § 50 Abs. 3)	ja (§ 47 Abs. 1 Nrn. 6, 7)	Bei Nichtheilung ungültig (§ 50 Abs. 1 Nrn. 2, 11)
Art. 25 Abs. 5; § 43 Satz 1 Nr. 1	Fehlendes Kennwort	nein	Fiktion nach § 43 Satz 1 Nr. 1
Art. 24 Abs. 2 Satz 1 Nr. 1	Fehlender Nachweis über Organisation der Wählergruppe	nein	Fiktion nach Art. 24 Abs. 2 Satz 2; Anwendung Art. 24 Abs. 1 Satz 1 Nr. 2
Art. 30; § 43 Satz 1 Nr. 3	Fehlende Angaben zum Beauftragten	grds. nein (Ausnahme: § 47 Abs. 1 Nr. 7)	Bei fehlender Bezeichnung gilt Art. 30 Abs. 1 Satz 1 (erster Unterzeichner gilt als Beauftragter, zweiter als Stellvertretung); i. Ü. gilt § 50 Abs. 2 Satz 1 Nr. 8)
Art. 25 Abs. 2 und 3; §§ 43 Satz 1 Nr. 4, 41 Abs. 3 Satz 3	Fehlende (obligatorische) Angaben/Erklärungen bzgl. der sich bewerbenden Personen und Ersatzleute (offensichtliche Unrichtigkeiten/Ungenauigkeiten sind kein Mangel, z. B. falsche Schreibweise des Namens; unrichtige Angabe der Anschrift; vgl. auch § 50 Abs. 3)	Teilweise (vgl. § 47 Abs. 1 Nrn. 1, 2, 3, 4, 10)	Wahlvorschlag ungültig in den Fällen des § 50 Abs. 1 Nrn. 8, 9, 10; teilweise in den Fällen des § 50 Abs. 2 Satz 1 Nrn. 2, 4, 6, 7

Vorschrift	Mangel	Heilungsmöglichkeit	Folge
Art. 21, 39	Fehlende Wählbarkeit der sich bewerbenden Personen	nein	Wahlvorschlag (insoweit) ungültig (§ 50 Abs. 1 Nr. 7, Abs. 2 Satz 1 Nr. 1)
Art. 25 Abs. 2	Wahlvorschlag enthält zu viele Bewerberinnen und Bewerber	Die überzähligen Bewerberinnen und Bewerber werden Ersatzleute, wenn dies dem erkennbaren Willen der Aufstellungsversammlung entspricht (vgl. § 50 Abs. 2 Satz 1 Nr. 3)	Wahlvorschlag teilweise ungültig (§ 50 Abs. 2 Satz 1 Nr. 3)
Art. 24 Abs. 3 Satz 5	Bei Mehrfachauftreten fehlende bzw. sich widersprechende Mitteilung, für welchen Wahlvorschlag sich der Wahlvorschlagsträger entscheidet	ja (§ 47 Abs. 1 Nr. 8)	Wahlvorschläge ungültig (Art. 24 Abs. 3 Satz 5 Hs. 2; § 50 Abs. 1 Nr. 13)
Art. 25 Abs. 1 Satz 2, 28 Abs. 2	Fehlende oder widersprüchliche Erklärung von Wahlberechtigten, die mehrere Wahlvorschläge unterzeichnet oder unterstützt haben, für welchen sie sich entscheiden	ja (§ 47 Abs. 1 Nr. 6)	Unterzeichnung ungültig (Art. 25 Abs. 1 Satz 2, 28 Abs. 2 Satz 2, 24 Abs. 3 Satz 5 Hs. 2); Wahlvorschlag ungültig im Falle von § 50 Abs. 1 Nrn. 2, 3
Art. 28 Abs. 1 bis 3; §§ 37, 38	Keine rechtzeitige und wirksame Eintragung in Unterstützungsliste	Nein (abgesehen von § 47 Abs. 1 Nr. 6)	Wahlvorschlag ungültig, wenn erforderliche Unterschriftenzahl nicht erreicht (§ 50 Abs. 1 Nr. 3)

5.6 Im Nachgang zu den allgemeinen Gemeinde- und Landkreiswahlen 2008 wurden auf Grund einzelner Vorkommnisse, die zur Ungültigerklärung von Wahlen und zu Nachwahlen geführt hatten, die Möglichkeiten einer Erweiterung der Heilungsmöglichkeiten bei Formmängeln diskutiert. In der Folge wurde die Regelung des Art. 50 Abs. 4 Satz 1 aufgenommen, wonach **im Rahmen der amtlichen Wahlprüfung** nach Durchführung der Wahl eine **Heilung von formellen Mängeln** erfolgen kann, **trotz derer der Wahlausschuss (oder der Beschwerdeausschuss) einen Wahlvorschlag zur Wahl zugelassen hat.** Dies gilt allerdings nur dann, wenn die betreffenden Formvorschriften dem Nachweis dienen, dass Vorschriften des materiellen

Rechts eingehalten werden. Dadurch soll vermieden werden, dass allein die Verletzung solcher Formvorschriften regelmäßig die Wiederholung der Wahl zur Folge hat (LT-Drs. 16/9081, S. 15; Nr. 87.1 Sätze 1 und 2). Ein Anwendungsfall dieser Regelung ist z. B., dass in einer Aufstellungsversammlung zwar die materiell-rechtlichen Anforderungen der geheimen Abstimmung eingehalten wurden, jedoch vergessen wurde, dies in der Niederschrift festzuhalten. Dasselbe soll gelten, wenn Unterschriften auf der Niederschrift über die Aufstellungsversammlung vergessen wurden. Der anderweitige Nachweis der Einhaltung des materiellen Wahlrechts soll in diesen Fällen beispielsweise durch Erklärungen (evtl. an Eides statt) bzw. Aussagen von Teilnehmenden an der Aufstellungsversammlung gegenüber der Rechtsaufsichtsbehörde erbracht werden. Ein weiteres Beispiel für einen formellen Wahlrechtsverstoß in diesem Sinne sind Mängel der Niederschrift (z. B. Unvollständigkeit) hinsichtlich der Ladung der Aufstellungsversammlung (vgl. LT-Drs. 16/9081, S. 15 und Nr. 87.1 Abs. 2). Mit dem Gesetz vom 22.3.2018 (GVBl. S. 145) hat der Gesetzgeber durch weitere Änderungen des Art. 50 versucht, die Fälle einer Ungültigerklärung von Wahlen im Rahmen der Wahlprüfung zu reduzieren (vgl. dazu LT-Drs. 17/14651, S. 14 f. und Nr. 87.1 Sätze 10 ff.).

Diese zusätzlichen Heilungsmöglichkeiten sollten die Wahlleiterin oder den Wahlleiter und den Wahlausschuss nicht von einer weiterhin gewissenhaften Prüfung der Wahlvorschläge nach den oben dargestellten Maßstäben abhalten. Es gilt, die Wahlvorschlagsträger möglichst frühzeitig auf Mängel hinzuweisen, um diesen die Beseitigung der Mängel vor der Entscheidung des Wahlausschusses – ggf. (soweit möglich, vgl. Art. 31 Satz 1) mittels nochmaliger Durchführung einer Aufstellungsversammlung und erneuter Einreichung eines Wahlvorschlags – und der abschließenden Entscheidung des Beschwerdeausschusses zu ermöglichen.

6. Entscheidung des Beschwerdeausschusses

6.1 Hat ein Wahlvorschlagsträger gemäß Art. 32 Abs. 3 Satz 2 Einwendungen gegen die Entscheidung des Wahlausschusses erhoben und hilft dieser den Einwendungen nicht ab oder ändert der Wahlausschuss von Amts wegen einen Beschluss, der die Gültigkeit eines Wahlvorschlags festgestellt hat, entscheidet **auf Antrag des Wahlvorschlagsträgers** der Beschwerdeausschuss (Art. 32 Abs. 4 Satz 1). Der Beschwerdeausschuss kann **auch bei Bürgermeister- und Landratswahlen** angerufen werden (vgl. Art. 45 Abs. 1 Satz 1). Die Wahlleiterin oder der Wahlleiter selbst hat nicht die Möglichkeit, den Beschwerdeausschuss anzurufen; ebenso wenig können Wahlvorschlagsträger die nach ihrer Meinung rechtswidrige Zulassung eines anderen Wahlvorschlags überprüfen lassen (Nr. 18 Satz 3). Der Antrag ist bis 18 Uhr des 38. Tags vor der Wahl (29.1.2026) **schriftlich oder zur Niederschrift bei der Wahlleiterin oder beim Wahlleiter** einzureichen (§ 48 Abs. 1). Die Wahlleiterin oder der Wahlleiter hat den Antrag mit den für die Überprüfung erforderlichen Unterlagen und seiner Stellungnahme unverzüglich per Boten dem vorsitzenden Mitglied des Beschwerdeausschusses (Art. 8 Satz 2 Nr. 1) zu übermitteln (vgl. § 48 Abs. 2).

6.2 Der fachkompetent besetzte **Beschwerdeausschuss** (vgl. Art. 8) hat bis 24 Uhr des 34. Tags vor dem Wahltag (2.2.2026) über die Anträge zu entscheiden; zuvor ist der Wahlleiterin oder dem Wahlleiter Gelegenheit zur Äußerung zu geben (Art. 32 Abs. 4 Satz 3). **Behebbare Mängel** der eingereichten Wahlvorschläge können allerdings bis zu diesem Zeitpunkt beseitigt werden (Art. 32 Abs. 5; vgl. dazu bereits oben unter 5.4). Zu den Einzelheiten des Verfahrens, insbesondere zur Ladung, Öffentlichkeit, Beschlussfähigkeit, Beschlussfassung und Bekanntgabe der Entscheidung vgl. § 11 und Nr. 18. Anzumerken ist, dass seit Inkrafttreten des Gesetzes vom 16.2.2012 (GVBl. S. 30) für die Mitglieder nach Art. 8 Satz 2 Nrn. 2 und 3 jeweils mehrere stellvertretende Mitglieder benannt werden können (Art. 8 Satz 3).

Die Entscheidung des Beschwerdeausschusses kann nicht selbstständig angefochten werden; es ist daher auch kein einstweiliger **Rechtsschutz** nach § 123 VwGO möglich (BayVGH, Beschluss vom 12.2.1990, Az. 4 CE 90.480, BayVBl. 1990, S. 346). Eine Nachprüfung kommt erst im Rahmen des Wahlprüfungsverfahrens nach Art. 50 ff. in Betracht, das nach der Wahl stattfindet. Gleiches gilt für Beschlüsse des Wahlausschusses, gegen die eine Entscheidung durch den Beschwerdeausschuss nicht beantragt wurde (Art. 32 Abs. 4 Satz 4). Wurden im Rahmen von Art. 32 keine Einwendungen erhoben, führt dies nicht dazu, dass diese im Rahmen des Wahlanfechtungsverfahrens ausgeschlossen sind.

Unabhängig davon können **Entscheidungen über die Wählbarkeit** weiterhin vom **Wahlausschuss** berichtigt werden, wie sich aus Art. 32 Abs. 4 Satz 4 i. V. m. Art. 19 Abs. 3 Satz 3 ergibt.

6.3 Kann die Entscheidung über die Zulassung der Wahlvorschläge vom Wahlausschuss oder vom Beschwerdeausschuss nicht mehr geändert werden (spätestens am 3.2.2026), ist spätestens zu diesem Zeitpunkt die **Herstellung der Stimmzettel** zu veranlassen (Nr. 36; vgl. auch Art. 16; §§ 30 bis 33; Nrn. 34 bis 37).

7. Bekanntmachung der zugelassenen Wahlvorschläge

Nach der endgültigen Entscheidung des Wahlausschusses bzw. des Beschwerdeausschusses über die Zulassung der Wahlvorschläge hat die **Wahlleiterin oder** der **Wahlleiter** die zugelassenen Wahlvorschläge zusammengefasst bekannt zu geben. Zu den Einzelheiten vgl. §§ 51 Abs. 1 und Abs. 2, 98; **Anlagen 14 und 15 zu § 51 GLKrWO**. Die Bekanntgabe hat spätestens am 33. Tag vor dem Wahltag (3.2.2026) zu erfolgen (vgl. Art. 33 Abs. 1). In die Bekanntmachung aufzunehmen sind das Jahr der Geburt der sich bewerbenden Personen und fakultative Angaben wie der Geburtsname (vgl. die neue Vorschrift des § 43 Satz 1 Nr. 4 Buchst. a) oder kommunale Ehrenämter, nicht aber deren Anschrift (§ 51 Abs. 1 Sätze 3 und 4). Wahlvorschläge zu Landkreiswahlen sind zudem von jeder **Gemeinde** bekannt zu geben (§§ 51 Abs. 1 Satz 2, 98; Nr. 91 Sätze 5 und 6).

Die **Reihenfolge der Wahlvorschläge** richtet sich dabei zunächst nach dem Erfolg der Wahlvorschlagsträger bei der letzten Landtagswahl, sodann nach dem Abschneiden bei den letzten Gemeinderats- und Kreistagswahlen und im Übrigen nach der alphabetischen Reihenfolge der Kennworte (vgl. Art. 33 Abs. 2 Sätze 1 und 2). Kommt es auf das Abschneiden bei den letzten Gemeinderats- oder Kreistagswahlen an, ist zu beachten, dass Art. 33 Abs. 2 Satz 1 Nr. 2 nicht auf die Zahl der auf die Wahlvorschlagsträger entfallenen Sitze, sondern auf die für diese Wahlvorschlagsträger abgegebenen Stimmen abstellt; d. h. in diese Kategorie fallen auch die Wahlvorschläge, auf die bei der letzten Wahl keine Sitze entfallen sind, für die aber Stimmen abgegeben wurden (vgl. LT-Drs. 17/14651, S. 14). Für die Bürgermeister- und Landratswahl gilt Entsprechendes über Art. 45 Abs. 1 Satz 2. Dementsprechend werden den einzelnen Wahlvorschlägen Ordnungszahlen zugeteilt (vgl. dazu auch § 52; Nr. 51). Die Ordnungszahlen der Wahlvorschlagsträger, die bei der letzten Landtagswahl mindestens einen Sitz erhalten haben, ergeben sich aus der nach § 52 Satz 2 zu erlassenden Bekanntmachung des Bayerischen Landesamtes für Statistik (vgl. Bekanntmachung vom 13.11.2023, Az. 14-1367.1-1/27-214, StAnz. Nr. 46/1, abgedruckt auf S. 564). Sollten für diese Wahlvorschlagsträger keine Wahlvorschläge zugelassen werden, fällt ihre Ordnungszahl aus (§ 52 Satz 3 Hs. 2); die Ordnungszahlen der nachfolgenden Parteien oder Wählergruppen ändern sich nicht (§ 52 Satz 4 Hs. 1). Bei Wählergruppen ist im Rahmen von Art. 33 Abs. 2 Satz 1 Nr. 2 erforderlich, dass sie ihre Identität nach Art. 24 Abs. 2 nachgewiesen haben (vgl. dazu IV. 4.3). Bei **gemeinsamen Wahlvorschlägen** richtet sich die Reihenfolge nach der Partei oder Wählergruppe, die im Kennwort an erster Stelle steht (Art. 33 Abs. 2 Satz 3). Bei **verbundenen**

Wahlen erhalten nach § 52 Satz 4 Hs. 2 die Wahlvorschläge desselben Wahlvorschlagsträgers, die sowohl für die Gemeinderatswahl (Kreistagswahl) als auch für die Bürgermeisterwahl (Landratswahl) zugelassen worden sind, dieselbe Ordnungszahl. Wurde vom Wahlvorschlagsträger lediglich ein Wahlvorschlag für die Gemeinderatswahl zugelassen, darf diese Ordnungszahl bei der Bürgermeisterwahl nicht anderweitig vergeben werden. Hat umgekehrt ein Wahlvorschlagsträger lediglich einen Wahlvorschlag für die Bürgermeisterwahl eingereicht, ist zu prüfen, welche Ordnungszahl er erhalten hätte, wenn er auch einen Wahlvorschlag für die Gemeinderatswahl eingereicht hätte. Diese fiktive Ordnungszahl darf bei der Gemeinderatswahl nicht belegt werden, der Wahlvorschlagsträger erhält diese Ordnungszahl für die Bürgermeisterwahl (Nr. 51 Satz 9).

Spätestens jetzt ist der **Druck der Stimmzettel** von der Gemeinde bzw. dem Landratsamt zu veranlassen (Nr. 36; vgl. auch Art. 16; §§ 30 bis 33; Nrn. 34 bis 37). Unverzüglich nach Herstellung haben die Gemeinden und die Landkreise dem Landesamt für Statistik ein Muster der Stimmzettel zu übermitteln (vgl. § 32 Abs. 1 Satz 2).

8. Meldung an das Landesamt für Statistik

Die **Gemeinden** mit mehr als 10 000 Einwohnerinnen und Einwohnern und die **Landkreise** haben dem Landesamt für Statistik (LfStat) bereits die Bekanntmachung der eingereichten Wahlvorschläge unverzüglich zu übermitteln, damit das Landesamt mit der Erstellung der Bewerberstatistik rechtzeitig beginnen kann (§ 45 Abs. 2). Gleiches gilt für die Bekanntmachung der zugelassenen Wahlvorschläge (§ 51 Abs. 4). Hierzu wird zu gegebener Zeit eine schriftliche Aufforderung des LfStat ergehen.

V. Wahlvorsteherinnen und Wahlvorsteher, Wahlvorstände

1. Bildung durch die Gemeinden

Die Gemeinde bildet für jeden Stimmbezirk einen **Wahlvorstand** und bei mehreren Stimmbezirken mindestens einen **Briefwahlvorstand** (vgl. Art. 6 Abs. 1 und 3; § 3 Abs. 1). In Gemeinden mit nur einem Stimmbezirk steht es im Ermessen der Gemeinde, ob sie einen Briefwahlvorstand bildet oder dem Wahlvorstand die Geschäfte des Briefwahlvorstands überträgt (Art. 6 Abs. 3; Nr. 8.2 Sätze 6 und 7). Zu beachten ist aber, dass durch die seit den allgemeinen Gemeinde- und Landkreiswahlen 2014 geltende Regelung des Art. 13 Abs. 1 die Briefwahl dadurch erleichtert wurde, dass sie nunmehr ohne Glaubhaftmachung von Verhinderungsgründen zulässig ist. Dadurch wurde der bei Wahlen auf kommunaler Ebene ohnehin bestehende Trend zur Briefwahl weiter verstärkt. Bei der Bildung der Briefwahlvorstände sollte dies ebenso berücksichtigt werden wie der Umstand, dass die Tätigkeit der Briefwahlvorstände umfangreicher ist als die Tätigkeit der Wahlvorstände in den Stimmbezirken. Neben der voraussichtlichen Arbeitsbelastung, die bei Kommunalwahlen deutlich höher ist als bei anderen Wahlen, sollte auch die Zahl der Beisitzer, die technische Ausstattung (EDV) sowie die Anzahl der auszuzählenden Wahlen Eingang in die Entscheidung finden (vgl. Nr. 8.2 Satz 3). Bei Bedarf sind entsprechend mehrere Briefwahlvorstände zu berufen. Zur gleichmäßigen Auslastung der Briefwahlvorstände kann die Zuteilung der jeweils zu behandelnden Wahlbriefe im Vorfeld nach Wahlscheinnummern oder zu etwa gleichen Teilen kurz vor dem Wahltag erfolgen, wenn die Zahl der Wahlbriefe im Wesentlichen abgeschätzt werden kann; eine Zuordnung der Briefwahlvorstände zu den gebildeten Stimmbezirken ist also nicht zwingend.

In Gemeinden mit mehreren Stimmbezirken ist auch dann ein Briefwahlvorstand zu bilden, wenn feststeht, dass **weniger als 50 Wahlbriefe** eingehen werden (Nr. 8.2 Satz 5). In diesem Fall entscheidet ein von der Gemeinde vor dem Wahltag (vorsorglich) bestimmter Wahlvorstand über die Gültigkeit der abgegebenen Stimmen aus der Briefwahl zusammen mit den bei der Urnenwahl abgegebenen Stimmen und stellt ein gemeinsames Ergebnis fest (Art. 19 Abs. 2 Satz 3; § 72). Praxisrelevanter dürfte der nunmehr in Art. 19 Abs. 1 Satz 2 entsprechend geregelte Fall sein, dass **weniger als 50 Abstimmende zur Urnenwahl** zugelassen werden. Verfügt die Gemeinde

über kleinere Stimmbezirke und besteht diese Gefahr, hat sie im Vorfeld der Wahl einen Wahlvorstand eines anderen Stimmbezirks oder, sofern ein solcher nicht vorhanden ist, einen Briefwahlvorstand zu bestimmen, der in diesem Fall die dort abgegebenen Stimmen mit auszählt (vgl. § 65a; Nr. 59a). Beide Regelungen dienen der Wahrung des Wahlgeheimnisses (vgl. LT-Drs. 17/14651, S. 12, in der ausdrücklich auf Art. 11 Abs. 3 Satz 2 hingewiesen wird).
Die von der Gemeinde gebildeten Wahlvorstände sind auch für die **Landkreiswahlen** zuständig, da bei den Landkreiswahlen der Wahlkreis durch die Gemeinden in Stimmbezirke eingeteilt wird (vgl. Art. 11).
Für die Stimmabgabe in kleineren Krankenhäusern, kleineren Alten- oder Pflegeheimen und in Klöstern sollen die Gemeinden bei entsprechendem Bedürfnis und soweit möglich **bewegliche Wahlvorstände** bilden; dies kommt insbesondere dann in Betracht, wenn die Voraussetzungen für die Bildung eines Sonderstimmbezirks nach § 13 Abs. 2 nicht gegeben sind (vgl. dazu näher § 4; Nr. 9 sowie die Ausführungen unter III. 1.).

Die Berufung der Wahlvorstände erfolgt **durch die erste Bürgermeisterin oder den ersten Bürgermeister** als laufende Angelegenheit der Wahlvorbereitung (Art. 37 Abs. 1 Satz 1 Nr. 1 GO), die oder der damit in der Regel die Gemeindeverwaltung beauftragen wird (Art. 39 Abs. 2 GO; vgl. Nr. 8.1 Satz 1).

Vor dem Hintergrund der den Gemeinden obliegenden **Unterweisungspflicht** nach § 3 Abs. 3 (evtl. auch im Rahmen einer Einweisungsveranstaltung, vgl. Nr. 8.3) und der Pflicht zur **rechtzeitigen Mitteilung der Berufung** an die Mitglieder der Wahlvorstände (vgl. § 5 Abs. 2) wird eine Bildung der Wahlvorstände **spätestens am 11. Tag vor dem Wahltag** (25.2.2026) vorgeschlagen.

2. Zusammensetzung der Wahlvorstände, Inkompatibilität, Datenschutz

2.1 Der Wahlvorstand besteht aus der (Brief-)Wahlvorsteherin oder dem (Brief-)Wahlvorsteher als **vorsitzendem Mitglied**, einer mit deren Stellvertretung betrauten Person sowie **mindestens drei Beisitzern**. Aus dem Kreis der Beisitzer sind die Schriftführerin oder der Schriftführer und deren Stellvertretung zu bestellen (Art. 6 Abs. 2 Satz 2). Die schriftführenden Personen sind also kraft Gesetzes Mitglieder der (Brief-)Wahlvorstände und damit stimmberechtigt (anders als beim Wahlausschuss). Bei der Zahl der zu berufenden Beisitzer hat die Gemeinde zu berücksichtigen, dass sich die

Mitglieder während der Abstimmungszeit abwechseln können („Schichtwechsel“, vgl. § 59 Abs. 1; Nr. 53 sowie die Ausführungen unter VII. 3.1), ohne dass die Mindestbesetzung (§§ 6 Abs. 2 Satz 1, 9 Abs. 2) gefährdet wird. Es empfiehlt sich daher, mehr als die vorgeschriebene Zahl von drei Beisitzern zu berufen (vgl. Nr. 12).

Die Mitglieder der (Brief-)Wahlvorstände sollen möglichst **aus dem Kreis der Wahlberechtigten des betreffenden Stimmbezirks** berufen werden (§ 3 Abs. 2 Satz 1). Die Regelung aus § 2 Nr. 3 a. F., wonach Wahlberechtigte, die das 65. Lebensjahr vollendet haben, die Übernahme eines Wahlehrenamtes allein unter Hinweis auf ihr Alter ablehnen können, wurde abgeschafft; eine Ablehnung aus wichtigem Grund, z. B. wegen Krankheit oder Behinderung, bleibt davon unberührt (Nr. 10.1.1). Bei der Gewinnung der Mitglieder sollten die Wahlvorschlagsträger und die Behörden um Benennung von geeigneten Personen gebeten werden. Zu diesem Zweck wurde in Art. 6 Abs. 5 eine dem Art. 7 Abs. 5 LWG entsprechende **Auskunftspflicht** der Behörden des Freistaats Bayern, der Gemeinden, der Landkreise und Bezirke sowie der sonstigen der staatlichen Aufsicht unterstehenden juristischen Personen geschaffen. Damit soll den Gemeinden die Besetzung der (Brief-) Wahlvorstände erleichtert werden, die sich insbesondere in größeren Gemeinden teilweise als schwierig erwiesen hat (zur Verpflichtung zur Übernahme des **Wahlehrenamtes** vgl. Art. 7; § 2; Nr. 10). Zur Zulässigkeit der Übermittlung dieser personenbezogenen Daten vgl. Nr. 6.6 des 26. Tätigkeitsberichts 2014 des BayLfD, abrufbar unter www.datenschutz-bayern.de. Die Vorschrift des § 3 Abs. 2 Satz 1 Hs. 2, wonach bei der Berufung die **Vorschläge der Wahlvorschlagsträger** (entsprechend ihrer Bedeutung im Wahlkreis) nach Möglichkeit zu berücksichtigen sind, erfordert keine Überprüfung der Zugehörigkeit zu einem Wahlvorschlagsträger (Nr. 8.1 Satz 10). Dabei ist gesetzlich nicht ausgeschlossen, dass eine Partei oder Wählergruppe durch mehrere Beisitzer vertreten ist. **Sich bewerbende Personen eines Wahlvorschlags** können weiterhin im Wahlvorstand tätig sein. Nach der GLKrWBek sollten sie aber nur dann in den Wahlvorstand berufen werden, wenn sonst keine ausreichende Zahl von geeigneten Mitgliedern zu gewinnen wäre; sich bewerbende Personen sollten nicht zu Wahlvorsteherinnen oder Wahlvorstehern berufen werden (Nr. 8.1 Sätze 7 und 8). Art. 6 Abs. 2 eröffnet zudem die Möglichkeit, Wahlvorstände mit **Bediensteten der Gemeinde** zu besetzen, die im Wahlkreis nicht wahlberechtigt sein, aber die übrigen Wahlrechtsvoraussetzungen (kein Ausschluss vom Wahlrecht) erfüllen müssen (vgl. § 3 Abs. 2 Satz 2; Nr. 8.1 Satz 2; zur Verpflichtung Gemeindebediensteter zur Mitarbeit vgl. Nr. 10.1.2). Dies empfiehlt sich insbesondere für die schriftführenden Personen. Werden Bedienstete der Gemeinde in den Wahlvorstand berufen, stellt dies eine hauptamtliche Tätigkeit dar, wenn diese Bediensteten auch im Übrigen mit der Bearbeitung kommunalwahlrechtlicher Angelegenheiten betraut sind. Ansonsten liegt, wenn die Betroffenen in ihrer Eigenschaft als Bedienstete der Gemeinde in den Wahlvorstand berufen wurden, eine Nebentätigkeit vor. Erfolgt die Berufung dagegen in der Eigenschaft als wahlberechtigte Bürgerin oder wahlberechtigter Bürger dieser Gemeinde, ist die oder der Bedienstete ehrenamtlich tätig mit der Folge der Anwendbarkeit des Art. 7 i. V. m. Art. 19 Abs. 2 GO (vgl. dazu Wegmann, KommP BY 2008, S. 9).

Zur **Entschädigung** der bei der Wahl ehrenamtlich Tätigen vgl. Nr. 10.2. **Zum Freistellungs- und Erstattungsanspruch**, der durch die Erforderlichkeit an der Mitwirkung am Wahlverfahren beschränkt ist, vgl. Art. 53; § 5 Abs. 3; Nr. 89 Sätze 1 bis 3 (hierzu auch LT-Drs. 17/14651, S. 15; Thum, KommP BY 1997, S. 126, 127 f.).

2.2 Nach der **Inkompatibilitätsvorschrift** des Art. 4 Abs. 3 ist nicht zulässig, dass die Wahlleiterin oder der Wahlleiter bzw. ein Mitglied des Wahlausschusses gleichzeitig (Brief-)Wahlvorsteherin oder (Brief-)Wahlvorsteher oder Mitglied im (Brief-)Wahlvorstand ist. Dies gilt auch für zur Stellvertretung berufene Personen. Damit sollen nicht nur Interessenkonflikte (etwa bei der Frage nach der Berichtigung von Stimmauswertungen) vermieden, sondern auch einer zeit- und arbeitsmäßigen Überlastung der Organmitglieder vorgebeugt werden. Die Bestimmung findet auch bei verbundenen Gemeinde- und Landkreiswahlen Anwendung. Eine Person, die Wahlorgan oder Mitglied eines Wahlorgans in der Gemeinde ist, darf daher nicht zugleich Wahlorgan oder Mitglied eines Wahlorgans des Landkreises sein und umgekehrt. Die Wahlleiterinnen bzw. Wahlleiter der Gemeinde- und Landkreiswahlen sollten deshalb den betroffenen Gemeinden mitteilen, welche Personen in den Wahlausschuss berufen wurden, um eine **Mehrfachberufung** ausschließen zu können (vgl. Nr. 5 Satz 3).

2.3 Art. 6 Abs. 4 regelt die **Erhebung und Verarbeitung personenbezogener Daten** bei der Berufung von (Brief-)Wahlvorständen. Die Regelung entspricht im Wesentlichen Art. 7 Abs. 4 LWG (vgl. auch Art. 4 Abs. 1 Nr. 2 BezWG). In Satz 4 werden die zulässigerweise zu erhebenden und verarbeitenden Daten abschließend aufgeführt; mit „Anschriften" sind die Dienst- und Privatanschrift gemeint (vgl. dazu auch LT-Drs. 17/14651, S. 12). Sätze 2 und 3 normieren ein **Widerspruchsrecht** der betroffenen Person; die Unterrichtung über das Widerspruchsrecht umfasst auch die Pflicht zur umfassenden Aufklärung der betroffenen Person, welche ihrer Daten für künftige Wahlen verarbeitet und genutzt werden und dass sie auch der Verarbeitung und Benutzung einzelner Daten widersprechen kann. Soweit Betroffene widersprochen haben, müssen dadurch entstehende Lücken in der „Wahlhelferdatei" durch eine erneute Datenabfrage für die jeweils aktuelle Wahl nach Art. 6 Abs. 5 gefüllt werden (vgl. Nr. 6.6 des 26. Tätigkeitsberichts 2014 des BayLfD, abrufbar unter www.datenschutz-bayern.de).

2.4 Verstöße gegen Art. 4 Abs. 3 und 4 sowie die §§ 3 und 4 führen nicht zwingend zur Verdunkelung des Wahlergebnisses und können für sich allein nicht zur Ungültigkeitserklärung einer Wahl führen.

3. Aufgaben der Wahlvorstände

Den Wahlvorständen obliegt die **Durchführung der Wahl** von der Eröffnung der Abstimmung bis zur Feststellung des Ergebnisses (vgl. Nr. 1.5 und insbesondere die §§ 59 ff., 79 ff., 87 ff.) im jeweiligen Stimmbezirk, dem Briefwahlvorstand die Zulassung der Wahlbriefe und die Ermittlung der durch **Briefwahl** abgegebenen Stimmen (vgl. Nr. 1.7; §§ 71 ff.). Hat der Briefwahlvorstand eine Briefwahlberechtigung für **weniger als 50 Wahlbriefe** zugelassen, dann darf er – um das Abstimmungsgeheimnis zu wahren – nicht selbst die Stimmauszählung vornehmen. Er hat dann nur die in den §§ 72, 73 genannten Aufgaben; im Übrigen – insbesondere auch, wenn in einer Gemeinde nur ein Stimmbezirk gebildet wurde und dessen Wahlvorstand mit der Übernahme der Geschäfte des Briefwahlvorstands beauftragt wurde – wird der Wahlvorstand tätig (vgl. Art. 19 Abs. 2 Satz 3; § 79 c). Entsprechendes gilt, wenn in einem Stimmbezirk **weniger als 50 Abstimmende** zur Urnenwahl zugelassen wurden (vgl. Art. 19 Abs. 1 Satz 2; §§ 65a, 79c).

Einzelheiten über die Einberufung, die Tätigkeit, die Pflichten und den **Geschäftsgang** der Wahlvorstände sind in den Art. 7 Abs. 2, 17 Abs. 2, 19 und 20, den §§ 5 bis 10 und den Nrn. 10 bis 16 geregelt (vgl. dazu auch unter VII.). Die **Beschlussfähigkeit** der (Brief-)Wahlvorstände ist nur dann gegeben, wenn mindestens drei Mitglieder, darunter die (Brief-)Wahlvorsteherin oder der (Brief-)Wahlvorsteher und die Schriftführerin oder der Schriftführer oder ihre Stellvertretung, anwesend sind (vgl. § 9 Abs. 2). Für die **Anwesenheit** während der Abstimmung und bei der Zulassung oder Zurückweisung der Wahlbriefe gilt § 6 Abs. 2 Satz 1. Danach müssen zur Sicherstellung der Beschlussfähigkeit mindestens drei Mitglieder anwesend sein, darunter die (Brief-)Wahlvorsteherin oder der (Brief-)Wahlvorsteher und die Schriftführerin oder der Schriftführer oder jeweils deren Stellvertretung. Fehlende Mitglieder sind namens der Gemeinde von der (Brief-)Wahlvorsteherin oder vom (Brief-)Wahlvorsteher durch Wahlberechtigte der Gemeinde zu ersetzen (vgl. § 6 Abs. 2 Satz 3). Bei der Ermittlung und der Feststellung des Ergebnisses sollen alle Mitglieder des (Brief-) Wahlvorstands anwesend sein (§ 6 Abs. 2 Satz 2). Für jede Wahl ist eine **Niederschrift** zu fertigen, bei allgemeinen Gemeinde- und Landkreiswahlen also regelmäßig insgesamt vier Niederschriften (vgl. § 10 Abs. 1; Anlagen 17 bis 20 zur GLKrWBek).

VI. Das Wahlscheinverfahren

1. Materielle Voraussetzungen für die Erteilung eines Wahlscheins

1.1 Seit der mit Gesetz vom 16.2.2012 (GVBl. S. 30) erfolgten **Regelung** des Art. 13 Abs. 1 wird wahlberechtigten Personen ermöglicht, einen Wahlschein zu erhalten, **ohne glaubhaft machen zu müssen**, dass sie verhindert sind, in dem Stimmbezirk abzustimmen. Dies entspricht den Regelungen in anderen Wahlgesetzen und soll der Entbürokratisierung dienen (vgl. LT-Drs. 16/9081, S. 13). Erforderlich für den Erhalt eines Wahlscheins ist daher neben einem entsprechenden Antrag grundsätzlich nur noch die formelle Voraussetzung, dass die antragstellende Person in einem Wählerverzeichnis eingetragen ist (Art. 13 Abs. 1 Alt. 1, § 22 Abs. 1).

1.2 Des Weiteren erhält einen Wahlschein eine wahlberechtigte Person, die aus einem von ihr nicht zu vertretenden Grund **nicht in das Wählerverzeichnis aufgenommen** wurde (Art. 13 Abs. 1 Alt. 2), d. h. die **Wahlberechtigung** der antragstellenden Person ist hier gesondert zu prüfen. Die einzelnen Gründe sind abschließend in § 22 Abs. 2 geregelt. Nach dessen Nr. 1 erhält einen Wahlschein eine wahlberechtigte Person, die nachweist, dass sie ohne Verschulden die Antragsfrist für die Eintragung in das Wählerverzeichnis (spätestens 21. Tag vor dem Wahltag, 15.2.2026; § 15 Abs. 6 Satz 1) oder die **Frist** für die Beschwerde wegen der Richtigkeit und der Vollständigkeit des Wählerverzeichnisses (bis zum 16. Tag vor dem Wahltag, 20.2.2026; vgl. Art. 12 Abs. 2 Satz 1, Abs. 3 Satz 1) **versäumt** hat. Ein **Verschulden** ist bei einem objektiv pflichtwidrigen und der betreffenden Person subjektiv vorwerfbaren Verhalten gegeben, etwa wenn diese bei einem Zuzug in den Wahlkreis ihre Meldung unterlassen hat und daher auch nicht von der Eintragung in das Wählerverzeichnis ausgehen durfte (vgl. Art. 1 Abs. 1 Nr. 3 und Abs. 3, 13 Abs. 1; § 15 Abs. 4). Der **Nachweis** eines fehlenden Verschuldens ist von der antragstellenden Person zu führen. Ein Wahlschein wird weiter derjenigen Person ausgestellt, deren **Wahlrecht erst** nach Ablauf der eben genannten Fristen **entstanden** ist (§ 22 Abs. 2 Nr. 2), z. B. bei einer Einbürgerung (vgl. Art. 1 Abs. 1 Nr. 1, Abs. 2) oder einem Wegfall des Wahlrechtsausschlusses (vgl. Art. 2) nach dem 16. Tag vor dem Wahltag (20.2.2026). Einen Wahlschein erhält schließlich die Person, deren **Wahlrecht im Beschwerdeverfahren festgestellt** worden ist (vgl. § 19) und die nicht in das Wählerverzeichnis eingetragen worden ist (§ 22

Abs. 2 Nr. 3). In den Fällen des § 22 Abs. 2 Nrn. 2 und 3 hat die antragstellende Person ein Vertretenmüssen der Nichteintragung im Sinne von Art. 13 Abs. 1 nicht gesondert nachzuweisen, da sie schon aus rechtlichen (Nr. 2) oder tatsächlichen (Nr. 3) Gründen nicht in das Wählerverzeichnis aufgenommen werden konnte. Wird das Wählerverzeichnis von Amts wegen von der Gemeinde berichtigt (vgl. § 20; Nr. 26.3), erfolgt die Erteilung eines Wahlscheins nach § 22 Abs. 1.

1.3 Für die Erteilung von Wahlscheinen in **Sonderstimmbezirken** bzw. bei Bildung eines **beweglichen Wahlvorstands** vgl. § 25. Zu beachten ist, dass die Wahlscheine nicht der Leitung der Einrichtung, sondern dem Wahlberechtigten ohne Briefwahlunterlagen persönlich zu übersenden sind (§ 25 Satz 2).

2. Verfahren

2.1 Spätestens am 24. Tag vor dem Wahltag (12.2.2026) hat die Gemeinde die **Bekanntmachung** über die Einsicht in die Wählerverzeichnisse und die Erteilung von Wahlscheinen zu erlassen (§ 17; Nr. 23). Darin sind unter anderem Hinweise aufzunehmen, wo, in welcher Zeit und unter welchen Voraussetzungen Wahlscheine beantragt werden können (§ 17 Nr. 4). **Anlage 1 zu § 17 GLKrWO** enthält ein Muster dieser Bekanntmachung.

Für die Erteilung eines Wahlscheins ist ein entsprechender schriftlicher oder mündlicher **Antrag bei der Gemeinde** erforderlich (vgl. Art. 13 Abs. 1; § 23 Abs. 1 Satz 1). Nur Wahlberechtigte aus der Gemeinde, die sich in einer Einrichtung befinden oder beschäftigt sind, für die ein Sonderstimmbezirk gebildet wurde oder ein beweglicher Wahlvorstand vorgesehen ist, und die am Wahltag in der Einrichtung abstimmen wollen, müssen keinen besonderen Antrag stellen (vgl. § 25). Der Antrag kann **bis zum zweiten Tag vor dem Wahltag** (6.3.2026), 15 Uhr, gestellt werden (§ 23 Abs. 3 Satz 1). In den Fällen des § 22 Abs. 2 oder bei nachgewiesener plötzlicher schwerer Erkrankung der wahlberechtigten Person können die Wahlscheine noch bis zum Wahltag (8.3.2026), 15 Uhr, beantragt werden (vgl. § 23 Abs. 3 Sätze 2 und 3). Bei der Antragstellung muss nicht der auf der Rückseite der Wahlbenachrichtigung übersandte Vordruck verwendet werden (vgl. Nr. 29 Abs. 1 und Anlage 2 zu Nrn. 29 und 32 GLKrWBek). Der Antrag kann auch schriftlich, also etwa per einfachem Brief, oder mündlich (aber nicht telefonisch) gestellt werden. Die Schriftform gilt ferner durch Telefax, E-Mail oder durch sonstige dokumentierbare Übermittlung in elektronischer Form als gewahrt (§ 23 Abs. 1 Sätze 1 bis 3). Die bei der Antragstellung nach § 23

Abs. 1 Satz 4 erforderlichen persönlichen Angaben sollen der besseren Identifizierung insbesondere bei elektronischer Antragstellung dienen; die ausdrückliche Regelung in der GLKrWO soll zudem die nachträgliche Anforderung von Identifikationsmerkmalen – unter Verweis auf diese Vorschrift – erleichtern (vgl. Heinz/Groß, Landeswahlrecht in Bayern, Erl. 2 zur gleichlautenden Vorschrift in § 24 Abs. 2 LWO). Liegen die Voraussetzungen für die Erteilung eines Wahlscheins vor, sind diesem generell (eine Ausnahme existiert nur für die Wahl in Sonderstimmbezirken oder vor beweglichen Wahlvorständen, vgl. § 25 Satz 2) **Briefwahlunterlagen** beizufügen (§ 24 Abs. 4; Nr. 30 Abs. 2). Bei schriftlicher Antragstellung hat die antragstellende Person die **Portokosten** zu tragen. Nicht freigemachte Anträge sind von der Wahlbehörde anzunehmen, die dafür verauslagten Kosten können aber von den Absendern zurückverlangt werden (Nr. 29 Satz 6).

2.2 Zur Antragstellung mittels einer oder eines **Bevollmächtigten** vgl. § 23 Abs. 2. Die schriftliche Vollmacht ist auch bei mündlicher oder elektronischer Antragstellung erforderlich, muss für den Einzelfall ausgestellt und darf keine Sammelvollmacht sein (vgl. Nr. 29 Abs. 4). Nach Nr. 29 Abs. 5 wird eine schriftliche Vollmacht zur Vertretung in allen behördlichen Angelegenheiten, eine Generalvollmacht oder ein Betreuerausweis mit einem entsprechenden Aufgabenkreis in der Regel die Bevollmächtigung zur Stellung eines Antrags auf Erteilung eines Wahlscheins für die vertretene wahlberechtigte Person umfassen. Für Wahlberechtigte, die nicht in der Gemeinde gemeldet sind oder sich in einer Justizvollzugsanstalt befinden und nach § 15 Abs. 4 und 5 in das Wählerverzeichnis eingetragen werden, gilt der Antrag oder die Beschwerde zugleich als Antrag auf Erteilung eines Wahlscheins, es sei denn, die wahlberechtigte Person erklärt, dass sie vor dem Wahlvorstand ihres Stimmbezirks abstimmen will (§ 23 Abs. 4).

Verspätet eingegangene schriftliche Anträge sind unbearbeitet mit den dazugehörigen Briefumschlägen zu verpacken und ebenso wie die rechtzeitig eingegangenen schriftlichen Anträge zu den Wahlunterlagen zu nehmen (§ 23 Abs. 5). Auf den Briefumschlägen sollte der Eingang exakt vermerkt werden. Die Erteilung von Wahlscheinen ist auch für eine etwaige **Stichwahl** gesondert zu beantragen, sofern der Wahlschein nicht bereits zusammen mit dem ersten Antrag auch für die Stichwahl beantragt wurde (vgl. Nr. 67 Abs. 1).

2.3 Die Wahlscheine werden **von der Gemeinde ausgestellt**, in deren Wählerverzeichnis die wahlberechtigte Person eingetragen ist oder einzutragen wäre; bei Mitgliedsgemeinden einer Verwaltungsgemeinschaft stellt die **Verwaltungsgemeinschaft** die Wahlscheine aus (§ 24 Abs. 1 Satz 2;

Nr. 30 Satz 5). **Neu** ist, dass die Wahlscheine **nicht vor dem 20. Tag vor dem Wahltag** (16.2.2026) erteilt werden dürfen (§ 24 Abs. 1 Satz 1). Der Wahlschein kann erteilt werden zur Abstimmung in einem anderen Stimmbezirk (vgl. Art. 3 Abs. 3 Nrn. 1 und 2) oder durch Briefwahl (vgl. Art. 3 Abs. 3 Nr. 3). **Mit dem Wahlschein** sind der wahlberechtigten Person – mit Ausnahme der Wahl vor einem beweglichen Wahlvorstand und in einem Sonderwahlbezirk – **auch die Briefwahlunterlagen** auszuhändigen oder zu versenden (§§ 24 Abs. 4, 27 Abs. 1 Satz 1 und Abs. 2 Satz 1; vgl. **Anlagen 4 bis 6 zu Nr. 36 GLKrWBek**). Um einen Rückstau bei der Versendung der Briefwahlunterlagen nach Möglichkeit zu vermindern, sollte mit möglichen **Vorbereitungsarbeiten** bereits vor dem 16.2.2026 begonnen werden, z. B. durch Verpackung von Briefwahlunterlagen. Bei der Vertragsgestaltung mit dem **Versanddienstleister** sollte darauf hingewiesen werden, dass es ab dem 20. Tag vor dem Wahltag zu einem bayernweit hohen Aufkommen an zuzustellenden Wahlbriefen kommen wird und mit Blick auf die Vorzugsbehandlung von Wahlunterlagen (vgl. § 18 Abs. 4 PostModG) eine ordnungsgemäße Zustellung zu gewährleisten ist. Um den Zeitraum zwischen dem Eingang der ersten Wahlscheinanträge und der Versendung der Briefwahlunterlagen zu verkürzen, kann sich ein **verzögerter Versand der Wahlbenachrichtigungen** anbieten. Hierzu ist eine Absprache mit dem jeweiligen externen Dienstleister empfehlenswert. Sind **Landkreiswahlen mit Gemeindewahlen verbunden**, wird nur ein Wahlschein erteilt; auf dem Wahlschein ist anzugeben, für welche Wahl(en) er gilt (§ 24 Abs. 3). Briefwählerinnen und Briefwähler erhalten in diesem Fall ebenfalls jeweils nur einen Wahlschein, einen Wahlbriefumschlag, einen Stimmzettelumschlag und ein Merkblatt (Nr. 30 Satz 6). Zum weiteren Inhalt des **Wahlscheins** vgl. § 24 Abs. 2 sowie das **Muster in Anlage 2 zu § 24 GLKrWO**.

2.4 Der Wahlschein und die für die Briefwahl beizufügenden Unterlagen werden **auf Kosten der Gemeinde** an die wahlberechtigte Person **versendet** (§ 27 Abs. 1 Satz 1). Dabei hat die Gemeinde auf eine möglichst kostengünstige Wahlbriefbeförderung und auf eine äußerliche Kennzeichnung der Briefe als amtliche Wahlunterlagen (§ 27 Abs. 1 Satz 1, Nr. 32 Satz 1) zu achten. Die Übermittlung kann auch durch gemeindeeigene Bedienstete erfolgen, wenn Missbräuche durch geeignete Maßnahmen ausgeschlossen werden (vgl. dazu Nr. 32 Abs. 1). Erfolgt die Übermittlung durch einen **Versanddienstleister**, ist darauf zu achten, dass sich je nach Auswahl des Versanddienstleisters die Beförderungsentgelte ändern können. Seit 1. Januar 2020 ist der Versand von Wahlbenachrichtigungen und Wahlunterlagen durch die Deutsche Post AG nicht mehr als Dialogpost (früher Infopost) möglich, sondern es gelten grundsätzlich die regulären Portokosten für

Briefe und Postkarten. Entsprechendes gilt für Kompakt- und Großbriefe beim Versand von Briefwahlunterlagen. Gegebenenfalls können Rabatte in Anspruch genommen werden (vgl. IMS vom 14.11.2019, Az. B1-1367-10-21). Bei Beauftragung eines externen Dienstleisters ist insbesondere sicherzustellen, dass rechtzeitig beantragte Briefwahlunterlagen vor dem Wahltag zugestellt werden (Nr. 32). Erfolgt auf Grund eines elektronisch gestellten Antrags eine Versendung der Briefwahlunterlagen an eine **andere Anschrift** als an die Wohnanschrift, so ist gleichzeitig eine **Kontrollmitteilung** an die Wohnanschrift der wahlberechtigten Person zu versenden (§ 27 Abs. 1 Satz 3). Im Missbrauchsfall kann die wahlberechtigte Person dann glaubhaft machen, dass ihr der Wahlschein nicht zugegangen ist, woraufhin die Gemeinde oder Verwaltungsgemeinschaft ihr einen neuen Wahlschein erteilen und den zuerst ausgestellten Wahlschein für ungültig erklären kann (vgl. § 28 Abs. 4 Sätze 2 und 3; Nr. 32 Satz 13). Die wahlberechtigte Person kann einer anderen Person eine schriftliche **Vollmacht** im Einzelfall **zur Aushändigung der Wahlunterlagen** erteilen (§ 27 Abs. 1 Satz 4; Nr. 32 Sätze 14 ff.). Die **bevollmächtigte Person** muss bei Abholung der Unterlagen das **16. Lebensjahr** (= Alter der Ausweispflicht nach dem Personalausweisgesetz) **vollendet** haben (§ 27 Abs. 1 Satz 7); die Beschränkung auf nahe Familienangehörige ist entfallen. Zum Inhalt der schriftlich zu erteilenden und vorzulegenden Vollmacht vgl. Anlage 2 zu Nrn. 29 und 32 GLKrWBek; zur Möglichkeit, sich bei der Antragstellung Hilfspersonen zu bedienen, vgl. § 27 Abs. 1 Satz 5 i. V. m. § 23 Abs. 2 Sätze 3 und 4. Um Missbrauchsfälle zu verhindern, regelt § 27 Abs. 1 Satz 6, dass die bevollmächtigte Person nicht mehr als vier Personen vertreten darf. Dies muss sie gegenüber der Gemeinde vor Empfangnahme der Unterlagen schriftlich versichern; zusätzlich wird das Anlegen einer Liste zur **Dokumentation** empfohlen (vgl. Nr. 32 Sätze 19 bis 21). Die **Vollmacht** ist – wie bisher – **zu den Wahlunterlagen** zu nehmen (§ 27 Abs. 1 Satz 9). Übt die wahlberechtigte Person die Briefwahl bei der Abholung an Ort und Stelle aus, ist durch Bereitstellung einer geeigneten Räumlichkeit sicherzustellen, dass die Stimmzettel unbeobachtet gekennzeichnet und in den Stimmzettelumschlag gelegt werden können (§ 27 Abs. 2).

2.5 Die Gemeinde hat über die erteilten Wahlscheine ein **Wahlscheinverzeichnis** zu führen getrennt nach Wahlberechtigten, die in ein Wählerverzeichnis eingetragen sind, und solchen, die nicht eingetragen sind (vgl. § 26 Abs. 1 und 2). Das Wahlscheinverzeichnis ist zusammen mit dem Wählerverzeichnis spätestens am Tag vor dem Wahltag (7.3.2026), jedoch nicht früher als am dritten Tag vor dem Wahltag (5.3.2026) abzuschließen (vgl. §§ 21, 26 Abs. 3; Nr. 27 und Anlage 3 zu Nr. 27 GLKrWBek). Zur Vermeidung von Berichtigungen wird ein Abschluss nach Ablauf der regulären Antragsfrist am zweiten Tag vor dem Wahltag (6.3.2026), 15 Uhr (vgl. § 23 Abs. 3), empfohlen. Muss ein Verzeichnis über nachträglich erteilte Wahlscheine angefertigt werden, ist dies der Wahlvorsteherin oder dem Wahlvorsteher noch vor Beginn der Abstimmung zu übergeben, um diesem die Berichtigung der Wählerverzeichnisse gemäß § 59 Abs. 2 zu ermöglichen. Dem Briefwahlvorstand oder dem Wahlvorstand in Gemeinden, die nur einen Stimmbezirk bilden und die den Wahlvorstand mit der Übernahme der Geschäfte des Briefwahlvorstands beauftragt haben, wird das Wahlscheinverzeichnis nicht übergeben. Alle Wahlvorstände und Briefwahlvorstände erhalten aber ggf. ein Verzeichnis der insgesamt oder teilweise für ungültig erklärten Wahlscheine (vgl. § 28 Abs. 3, Nr. 31). Erteilt die Gemeinde am Wahlsonntag bis 15 Uhr noch einen Wahlschein (§ 23 Abs. 3 Sätze 2 und 3), ist vor Erteilung die zuständige Wahlvorsteherin oder der zuständige Wahlvorsteher für den Stimmbezirk der wahlberechtigten Person zu unterrichten, damit sie oder er das Wählerverzeichnis entsprechend berichtigen kann (§ 23 Abs. 3 Satz 3, § 59 Abs. 2 Satz 3, Anlage 3 zu Nr. 27 GLKrWBek).

3. Ungültigkeit und Verlust von Wahlscheinen

Wird eine wahlberechtigte Person, die bereits einen Wahlschein erhalten hat, im Wählerverzeichnis gestrichen, ist der Wahlschein insgesamt für **ungültig** zu erklären (§ 28 Abs. 1 Satz 1). Besonderheiten ergeben sich auf Grund der Regelung in Art. 19 Abs. 2 Satz 4, wonach bei Teilnahme an der **Briefwahl** ein **nachträglicher Verlust des Wahlrechts** (z. B. durch **Tod oder Umzug) keine Auswirkungen** auf die Gültigkeit der Stimmen aus der Briefwahl hat. In diesem Fall ist der Wahlschein für ungültig zu erklären, im Wahlscheinverzeichnis und im Verzeichnis der für ungültig erklärten Wahlscheine aber in geeigneter Form zu vermerken, dass die Stimmen dieser Person, wenn sie an der Briefwahl teilgenommen hat, nicht ungültig sind (§ 28 Abs. 1 Satz 2; Nrn. 26.3 Satz 9, 33 Abs. 1; z. B. Vermerk „nur noch gültig für die Stimmabgabe mittels Briefwahl"). Eine Teilnahme mit diesem Wahlschein an der Urnenwahl wird damit ausgeschlossen. Da nach Eingang des Wahlbriefs ausgenommen in den Todesfällen regelmäßig nicht feststellbar sein wird, wann das Stimmrecht ausgeübt wurde, ist zu Gunsten der Briefwählerin oder des Briefwählers zu vermuten, dass die Stimme vor dem Verlust des Wahlrechts (durch Umzug) abgegeben wurde (Nrn. 26.3 Satz 10, 33 Satz 3, 64 Satz 8).

Bei Umzügen innerhalb des Landkreises nach Erhalt des Wahlscheins (vgl. § 24 Abs. 1 Satz 1 und oben VI. 2.3) gilt bei verbundenen Gemeinde-

und Landkreiswahlen Folgendes: Erhält die Wegzugsgemeinde durch Mitteilung Kenntnis vom Umzug (vgl. § 14 Abs. 1 Satz 2), ist der Wahlschein von der Wegzugsgemeinde **nur für die Gemeindewahlen** für ungültig zu erklären (§ 28 Abs. 1 Satz 3 Hs. 1). Im Verzeichnis der für ungültig erklärten Wahlscheine ist ein Vermerk aufzunehmen, dass die Ungültigerklärung nur die Gemeindewahlen betrifft. Wegen der Regelung in Art. 19 Abs. 2 Satz 4 bleiben aber die mittels Briefwahl abgegebenen Stimmen gültig (§ 28 Abs. 1 Satz 3 Hs. 2; Nr. 33 Satz 9). Wählt die Person mit Wahlschein in einem Stimmbezirk, ist sie vom Wahlvorstand hinsichtlich der Gemeindewahl zurückzuweisen (vgl. Nr. 33 Satz 11). Bei allein stattfindenden **Landkreiswahlen** verständigt die Gemeinde bei Ungültigerklärung eines Wahlscheins das **Landratsamt**, das seinerseits über die Gemeinden alle Wahlvorstände des Landkreises über die Ungültigkeit des Wahlscheins spätestens bis zum Beginn der Abstimmung unterrichtet. Dies gilt auch dann, wenn bei verbundenen Wahlen der Wahlschein nur für die Gemeindewahlen für ungültig erklärt wurde (vgl. § 28 Abs. 3 Satz 2; Nr. 33 Satz 10). Damit soll dem Wahlscheininhaber die Stimmabgabe in anderen Stimmbezirken des Landkreises ermöglicht werden (vgl. Art. 3 Abs. 3 Nr. 2).

Die Gemeinde hat über die insgesamt oder teilweise für ungültig erklärten Wahlscheine ein **Verzeichnis** nach § 28 Abs. 2 zu führen. Dieses wird allen (Brief-)Wahlvorständen übermittelt (vgl. § 28 Abs. 3 Satz 1).

Verlorene Wahlscheine werden nicht ersetzt (§ 28 Abs. 4 Satz 1). Nur wenn eine wahlberechtigte Person glaubhaft versichert, dass ihr der beantragte Wahlschein nicht zugegangen ist, kann ihr bis zum Tag vor dem Wahltag (7.3.2026), 12 Uhr, ein neuer Wahlschein erteilt werden (§ 28 Abs. 4 Satz 2). Der nicht zugegangene Wahlschein ist dann für ungültig zu erklären; im Übrigen gilt Obiges entsprechend (vgl. § 28 Abs. 4 Satz 3).

4. Rechtsbehelfe gegen die Versagung des Wahlscheins

Gegen die Versagung eines Wahlscheins kann spätestens bis zum sechsten Tag vor dem Wahltag (2.3.2026) schriftlich oder zur Niederschrift **Beschwerde** an die Rechtsaufsichtsbehörde erhoben werden (Art. 13 Abs. 2 Satz 1; § 29 Abs. 1). Da eine Einlegung der Beschwerde bei der Gemeinde nicht vorgesehen ist, ist bei der Frist auf den Eingang bei der Rechtsaufsichtsbehörde abzustellen. Wird einer wahlberechtigten Person nach dem sechsten Tag vor dem Wahltag (d. h. ab dem 3.3.2026) die Erteilung eines Wahlscheins versagt, kann sie nur noch durch einen Antrag bei Gericht auf Erlass einer einstweiligen Anordnung gegen die Gemeinde nach § 123

VwGO die Erteilung eines Wahlscheins erreichen. Die Beweislast obliegt der sich beschwerenden Person, wobei sich eine wahlberechtigte Person mit Behinderung zur Beibringung von Beweismitteln der Hilfe einer anderen Person bedienen kann (§ 29 Abs. 1 Sätze 2 bis 4). Über die Beschwerde hat die Rechtsaufsichtsbehörde spätestens am vierten Tag vor dem Wahltag (4.3.2026) zu entscheiden (Art. 13 Abs. 2 Satz 2). Die Entscheidung ist der sich beschwerenden Person mit einer Rechtsbehelfsbelehrung zuzustellen und außerdem der Gemeinde bekannt zu geben (§ 29 Abs. 2).

Gegen die Entscheidung ist der **Verwaltungsrechtsweg** nach der VwGO (Verpflichtungsklage in Form der Versagungsgegenklage oder Antrag auf Erlass einer einstweiligen Anordnung nach § 123 VwGO) gegeben; ein Vorverfahren nach § 68 VwGO entfällt (vgl. Art. 13 Abs. 2 Satz 3 i. V. m. Art. 12 Abs. 3 Sätze 4 und 5). Im Übrigen besteht die Möglichkeit der **Wahlanfechtung** nach Art. 51.

VII. Durchführung der Abstimmungen

1. Abstimmungsräume, Auszählräume und ihre Ausstattung, EDV

1.1 Es ist Aufgabe der **Gemeinde**, für **geeignete Räume** und deren **Ausstattung** zu sorgen (§§ 54 und 55; Nrn. 52.2, 52.3). In erster Linie sind dazu gemeindliche Gebäude (Rathaus, Schule, Bücherei, Schulungsräume z. B. der Feuerwehr usw.) in Anspruch zu nehmen (§ 54 Abs. 1 Satz 2). Werden private Räumlichkeiten benötigt (z. B. in Gasthäusern, Vereinsgebäuden), muss sichergestellt sein, dass der Gemeinde das Hausrecht für die Zeit der Abstimmung und Auszählung eingeräumt wird.

Bei der Auswahl der Räume ist auf eine **gute Erreichbarkeit** zu achten (möglichst zentrale Lage). Soweit möglich, sollten die bisher für Wahlen verwendeten Abstimmungsräume der jeweiligen Stimmbezirke nicht gewechselt werden, weil viele wahlberechtigte Personen gewohnheitsmäßig den bekannten Abstimmungsraum aufsuchen. Bereits bei den Planungen zur Ausstattung der Wahlräume sollte berücksichtigt werden, den Menschen mit Behinderungen bestmöglich gerecht zu werden. Die Räume sollen **barrierefrei**, d. h. auch für Menschen mit Mobilitätsbeeinträchtigung benutzbar sein. Wenn ein Abstimmungsraum nur über Stufen erreichbar ist, sollte eine provisorische Rampe für Rollstuhlfahrer angebracht werden (Nr. 52.2). Auf die Barrierefreiheit ist in der Wahlbenachrichtigung hinzuweisen (§ 54 Abs. 2 Satz 2; Nr. 52.2; vgl. auch Anlage 1 zu Nr. 22 GLKrWBek).

Aufzustellen sind **Schutzvorrichtungen (Wahlkabinen)** in ausreichender Zahl, die ein Kennzeichnen der Stimmzettel ohne Beobachtung durch Dritte ermöglichen (§ 55 Abs. 1 Satz 1). Die Wahlkabinen müssen sich im Blickfeld des Wahlvorstands befinden (§ 55 Abs. 1 Satz 2). Gleichwohl sollte die jeweilige Schutzvorrichtung eine Sichtverbindung zwischen der abstimmenden Person und den Mitgliedern des Wahlvorstands unterbrechen. Ist das nicht möglich, oder befinden sich im Rücken der Abstimmenden Fenster bzw. eine Glasfassade, ist für einen geeigneten Sichtschutz von hinten zu sorgen.

In den „Wahlkabinen" sind **Schreibstifte gleicher Schreibfarbe** bereitzuhalten, die am besten befestigt werden sollten, damit sie nicht (versehentlich) mitgenommen werden (§ 55 Abs. 2; Nr. 52.3 Satz 1). Auf eine ausreichende Länge der Befestigungsschnüre ist zu achten. Bleistifte und Filzstifte sollten nicht verwendet werden (Nr. 52.3 Sätze 2 und 3). Mitglieder des Wahlvorstands sollten von Zeit zu Zeit die Ausstattung der Wahlkabinen überprüfen, um die Funktionsfähigkeit der Schreibgeräte dauerhaft zu gewährleisten und evtl. fremde Schreibgeräte zu entfernen.

Der Abstimmungsraum ist regelmäßig auch zum **Auszählen** zu nutzen (vgl. § 79 Abs. 2 und 4; Nr. 68.1). Daher ist darauf zu achten, dass genügend Tischfläche zur Verfügung steht, auf der die auszuzählenden Stimmzettel ausgebreitet werden können. Sinnvoll ist es, wenn der Raum auch eine zumindest optische Trennung zwischen Auszählenden und evtl. Zuschauern (vgl. Art. 17 Abs. 2) ermöglicht.

Für jede Wahl soll eine eigene **Wahlurne** verwendet werden (§ 56 Abs. 4). Die Wahlurnen müssen verschließbar sein, damit sie während der Abstimmung nicht geöffnet werden können.

Es muss sichergestellt sein, dass das Wahlamt der Gemeinde für Rückfragen des Wahlvorstands und der Wahlvorstand für Rückfragen der Gemeinde jederzeit per Telefon oder Handy erreichbar sind.

1.2 Die Erfahrungen bei bisherigen Wahlen haben gezeigt, dass bei Einsatz von **Wahlauszählungsprogrammen** die Stimmen schneller und fehlerfreier erfasst werden. Die Ermittlung und Feststellung des Wahlergebnisses für die Gemeinderats- und Kreistagswahlen erfolgt mittlerweile in nahezu allen Gemeinden mithilfe **der Datenverarbeitung** durch **Wahlauszählungsprogramme** (vgl. § 12).

Die Gemeinde hat die erforderliche Hardware-Ausstattung der Wahlvorstände sicherzustellen. Hierzu gehört mindestens ein **PC**, dessen Betriebssystem für das Wahlauszählungsprogramm geeignet ist. Da für die Erfassung der Wahldaten pro PC in der Regel drei Mitglieder des Wahlvorstands ausreichen (einer reicht die Stimmzettel, einer erfasst die Daten, einer kontrolliert die Eingabe), können zur besseren Auslastung der Wahlvorstände auch weitere PCs eingesetzt werden. Wenn nicht genügend Rechner zur Verfügung stehen (z. B. auch nicht durch Umzug in den PC-Raum der Schule, § 79 Abs. 2 Satz 2, Abs. 4), empfiehlt es sich, PCs von größeren örtlichen Händlern oder Messeausstattern zu leihen. Dabei ist im Leihvertrag darauf zu achten, dass es sich um neue Rechner ohne Schadsoftware handelt. Von der Verwendung privater PCs, etwa von Mitgliedern des Wahlvorstands, ist aus Gründen des Datenschutzes abzuraten (vgl. Nr. 2.3.12 des 26. Tätigkeitsberichts 2014 des BayLfD, abrufbar unter www.datenschutz-bayern.de, „Tätigkeitsberichte"). Darüber hinaus ist stets sicherzustellen, dass die PCs mit einem aktuellen Virenscanner ausgestattet sind.

Von der Gemeinde ist bereits frühzeitig festzulegen, ob die Stimmen mit **Barcode-Lesestift, Tastatur** oder **Maus** eingegeben werden. Im Zweifelsfall besteht die Möglichkeit, sich das Wahlauszählungsprogramm vom Anbieter probeweise vorführen zu lassen.

Auf die Auswahl und die **ausreichende Schulung** der Mitglieder der Wahlvorstände, die die Stimmzettel im Wahlauszählungsprogramm erfassen, ist besonders Wert zu legen. Es bietet sich an, für diese Tätigkeit vorwiegend Mitarbeiter der Gemeindeverwaltung einzusetzen. Auf Grund der anstrengenden Tätigkeit sollten sich zumindest zwei Mitglieder des Wahlvorstands bei der Dateneingabe abwechseln.

Der **Transport der Daten** zwischen dem Wahlvorstand und der Gemeinde ist vorab festzulegen (USB-Stick oder zentrales Behördennetzwerk). Auch hier ist auf die Datensicherheit besonders zu achten. Der Transport des USB-Sticks soll stets durch zwei Mitglieder des Wahlvorstands erfolgen. Daneben ist sicherzustellen, dass ein **EDV-Fachmann** während der gesamten Ermittlung und Feststellung des Abstimmungsergebnisses bei Problemen mit der EDV zur Verfügung steht.

Es ist auch bereits vorab festzulegen, ob das Abstimmungsergebnis **in einem anderen Raum als im Abstimmungsraum** ermittelt wird (§ 79 Abs. 2 Satz 2). Findet die Auszählung nicht im Abstimmungsraum statt, sollten die nach § 79 Abs. 4 erforderlichen Hinweisschilder vorbereitet werden. Soweit möglich empfiehlt es sich jedoch, die Auszählung im Abstimmungsraum vorzunehmen. Muss die Auszählung – etwa bei allgemeinen Gemeindewahlen in großen Städten – **am Tag nach der Wahl** fortgesetzt werden, kann die Gemeinde bei Bedarf bestimmen, dass der Wahlvorstand das Abstimmungsergebnis in einem anderen Raum ermittelt und feststellt (§ 79 Abs. 3 Satz 4); § 79 Abs. 4 ist zu beachten.

2. Ausstattung der Wahlvorstände

Die Wahlvorsteherin oder der Wahlvorsteher ist mit den notwendigen Utensilien für die Arbeit im Abstimmungsraum auszustatten (vgl. § 58). Bei Einsatz einer Datenverarbeitungsanlage sind Vordrucke der Niederschriften, der Zähllisten, der Schnellmeldungen sowie der Gesetzesmaterialien in Papierform nicht mehr erforderlich (§ 58 Abs. 1 Satz 2). Allerdings muss dem Wahlvorstand dann ein Drucker bereitgestellt werden, damit er diese Unterlagen ausdrucken kann (Nr. 52.3 Satz 5).

3. Der Tag der Abstimmung

3.1 Der Wahlvorstand tritt eine halbe Stunde **vor Beginn der Abstimmung**, also um ca. 7.30 Uhr, zusammen (Nr. 53). Die Anwesenheit aller Mitglieder des Wahlvorstands zu Beginn der Abstimmung ist nicht erforderlich. In der Praxis ist es üblich, dass sich die Mitglieder des Wahlvorstands tagsüber abwechseln (Nr. 12). In der Regel werden zwei „Schichten" gebildet, also eine Vormittags- und eine Nachmittagsschicht. Es ist jedoch darauf zu achten, dass in jeder Schicht mindestens drei Mitglieder des Wahlvorstands anwesend sind, darunter die Wahlvorsteherin oder der Wahlvorsteher und die Schriftührerin oder der Schriftführer oder deren Stellvertretungen (§ 6 Abs. 2; Nr. 53). Wahlvorsteherin oder Wahlvorsteher und deren Stellvertretung sowie Schriftführerin oder Schriftführer und deren Stellvertung sind daher immer in getrennten Schichten einzuteilen. Bei Briefwahlvorständen entfällt eine Schichteinteilung.

3.2 Erscheinen zu Beginn der Abstimmung nicht mindestens drei Mitglieder, darunter die Vorsteherin oder der Vorsteher, die Schriftführerin oder der Schriftführer oder ihre Stellvertretungen (§ 6 Abs. 2), ergänzt die Wahlvorsteherin oder der Wahlvorsteher den Wahlvorstand aus anwesenden oder herbeigerufenen Wahlberechtigten der Gemeinde (Nr. 53). Die Wahlvorstände können auch durch Gemeindebedienstete ergänzt werden. Fehlen Wahlvorsteherin oder Wahlvorsteher, Schriftführerin oder Schriftführer und/oder ihre Stellvertretungen, ist in Abstimmung mit der Gemeinde von den anwesenden Wahlvorstandsmitgliedern die fehlende Position zu besetzen. In der Wahlniederschrift ist die tatsächliche Zusammensetzung festzuhalten (Nr. 53).

Auch in den genannten Fällen ist darauf zu achten, dass **niemand gleichzeitig in mehreren Wahlorganen** tätig sein darf (Art. 4 Abs. 3).

3.3 Die **Briefwahlvorstände** brauchen noch nicht am Morgen des Wahltags zusammenzutreten (vgl. Nr. 62.1 Satz 2). Sie müssen ihre **Arbeit** lediglich **so rechtzeitig aufnehmen**, dass sie bis zum Beginn der Ermittlung des Abstimmungsergebnisses ab 18 Uhr (Art. 15 Abs. 1; § 79 Abs. 3) die Behandlung der Wahlbriefe nach §§ 71 bis 73 abschließen können. Das hängt von der Zahl der auf einen Briefwahlvorstand entfallenden Wahlbriefe ab. In der Regel wird es genügen, wenn der **Briefwahlvorstand zwischen 14 Uhr und 16 Uhr** zusammentritt.

3.4 Am besten schon vor dem Wahltag hat die Gemeinde die **(Brief-)Wahlvorsteherinnen und (Brief-)Wahlvorsteher** sowie deren Stellvertretung zur **Unparteilichkeit und Verschwiegenheit** zu verpflichten (§ 7 Abs. 1; Nr. 13).

Die Vorsteherinnen und Vorsteher ihrerseits verpflichten die **übrigen Mitglieder des Wahlvorstands** in gleicher Weise (§ 7 Abs. 2). Eine besondere Form ist dafür nicht vorgesehen. Am einfachsten erscheint es, wenn z.B. die entsprechende Passage der Wahlniederschrift vorgelesen wird (vgl. z.B. 2.1 in Anlage 17 zu Nrn. 17 und 68 bis 77 GLKrWBek). Der Hinweis zur unparteiischen Wahrnehmung erfolgt vor Beginn der Abstimmung oder bei späterem Beginn der Tätigkeit (§ 59 Abs. 1 Satz 2; Nr. 53). Bei einem Schichtwechsel darf dies ebenfalls nicht übersehen werden. Es ist natürlich darauf zu achten, dass die vorstehenden Verpflichtungen auch eingehalten werden. Dazu gehört insbesondere, dass keine auf die politische Überzeugung hinweisenden Zeichen sichtbar getragen werden (§ 7 Abs. 3). Daneben dürfen die Mitglieder der (Brief-)Wahlvorstände bei der Ausübung ihres Amtes ihr Gesicht nicht verhüllen (Art. 7 Abs. 2 Satz 2).

3.5 Die Wahlvorsteherin oder der **Wahlvorsteher** prüft zunächst nochmals, ob **die erforderlichen Unterlagen (§ 58)** vorhanden sind, insbesondere

- „Wahlmappen“ mit den entsprechenden Vordrucken, z.B. Niederschriften, Zähllisten, Meldevordrucke, wenn keine EDV eingesetzt wird.
- Wählerverzeichnis,
- Verzeichnis über nach Abschluss des Wählerverzeichnisses ausgestellte Wahlscheine,
- Verzeichnis der für ungültig erklärten Wahlscheine mit evtl. Nachträgen,
- amtliche Stimmzettel in ausreichender Zahl,
- Musterstimmzettel zum Aushang,
- Wahlbekanntmachung (Abdruck),
- Wahlgesetze, Wahlordnung, wenn keine EDV eingesetzt wird,
- Wahlurnen und Verschlussmaterial,
- Schreibmaterial,
- Verpackungsmaterial,
- Drucker, falls Einsatz von EDV und Verzicht auf die Bereitstellung von Wahlunterlagen nach § 58 Abs. 1 Satz 2.

Wahlbekanntmachung (vgl. § 53 mit Anlage 16 zu § 53 GLKrWO) **und Stimmzettelmuster** sind sodann **im Eingangsbereich des Gebäudes**, in dem der Abstimmungsraum ist, **aufzuhängen**, damit sich interessierte Wahlberechtigte vor der Abstimmung nochmals in Ruhe über ihre Abstimmungsmöglichkeiten informieren können (§ 58 Abs. 2).

Die **Wahlurnen** sind daraufhin zu prüfen, ob sie auch wirklich **leer** sind; anschließend sind sie **zu verschließen** und dürfen bis zum Ende der Abstimmung nicht mehr geöffnet werden (§ 59 Abs. 3).

Auch die **Wahlkabinen** sind zu **prüfen**, ob sie richtig aufgestellt sind, **Schreibstifte gleicher Farbe** enthalten und im Übrigen leer sind.

3.6 Pünktlich um 8 Uhr muss der **Abstimmungsraum aufgesperrt** und für die Öffentlichkeit zugänglich gemacht werden. Vor diesem Zeitpunkt haben sich nur Mitglieder des Wahlvorstands und evtl. Bedienstete der Gemeinde, jedoch keine Dritte (z.B. Wahlberechtigte, Pressevertreter) im Abstimmungsraum aufzuhalten.

3.7 Bevor einer Person, die abstimmen will, die Stimmzettel ausgehändigt werden, sollte diese ihre **Wahlbenachrichtigung vorzeigen** (§ 60 Abs. 1 Satz 2). Damit kann auf einfache Weise geprüft werden, ob sie sich im richtigen Abstimmungsraum befindet. Bei verbundenen Wahlen kann dadurch außerdem verhindert werden, dass Personen Stimmzettel für Wahlen erhalten, für die sie nicht stimmberechtigt sind (Nr. 54 Satz 2). Die Wahlbenachrichtigung wird nicht einbehalten (Nr. 54 Satz 3).

3.7.1 Ausgehändigt werden **nur Stimmzettel für die Wahl**, für die die betreffende **Person auch wahlberechtigt** ist. Darauf ist bei gleichzeitig stattfindenden Gemeinde- und Landkreiswahlen besonders zu achten. Hat der Wahlvorstand Kenntnis davon, dass eine im Wählerverzeichnis eingetragene Person ihr Stimmrecht inzwischen verloren hat (z.B. infolge Wegzugs) darf er sie nicht zur Abstimmung zulassen; darüber ist nach Rücksprache mit der Gemeinde durch Beschluss des Wahlvorstands zu entscheiden (§ 61 Abs. 2; Nr. 55 Sätze 10 bis 12).

3.7.2 Nach Aushändigung der Stimmzettel haben die Abstimmenden eine freie **Wahlkabine aufzusuchen, um dort die Stimmzettel zu kennzeichnen** (§ 60 Abs. 2 Satz 1; Nr. 55 Sätze 13 und 14). Eine Kennzeichnung außerhalb der Wahlkabine ist unzulässig mit der Folge, dass ein solcher Stimmzettel nicht in die Wahlurne eingeworfen werden darf; dem Stimmberechtigten ist vielmehr ein neuer Stimmzettel zur Kennzeichnung in der Wahlkabine auszuhändigen, wobei auf die Vernichtung des unkorrekt ausgefüllten Stimmzettels durch die Stimmberechtigten zu achten ist. Gleiches gilt, wenn ein Stimmzettel erst außerhalb der Wahlkabine gefaltet wurde – hier wird man in der Praxis nicht zu kleinlich verfahren dürfen, solange das Wahlgeheimnis gleichwohl noch ausreichend gewahrt ist. Die **Kennzeichnung von Stimmzetteln außerhalb der Wahlkabine** ist allerdings ein **Grund zur Wahlanfechtung**. In der Wahlkabine darf auch nicht fotografiert oder gefilmt werden (§ 60 Abs. 2 Satz 2).

Eine blinde oder sehbehinderte Person kann sich bei der Kennzeichnung des Stimmzettels auch einer **Stimmzettelschablone** bedienen (Nrn. 34

Satz 9, 56 Satz 3). Diese Stimmzettelschablonen werden allerdings nicht von der Gemeinde, sondern von Selbsthilfeorganisationen der blinden Menschen in Bayern, die ihre Bereitschaft hierzu erklärt haben, erstellt. Die Gemeinde bzw. der Landkreis ist lediglich verpflichtet, diesen Organisationen auf Anfrage unverzüglich nach der Fertigstellung der Stimmzettel entsprechende Muster zur Verfügung zu stellen (vgl. § 30 Abs. 1 Satz 5). Die Gemeinde bzw. der Landkreis ist nicht verpflichtet, die Richtigkeit der Schablonen zu prüfen oder die Herstellungskosten zu übernehmen (Nr. 34 Sätze 10 und 11). Die Selbsthilfeorganisation kann sich auf die Herstellung von Schablonen nur für eine Bürgermeister- oder Landratswahl beschränken.

3.7.3 In einer **Wahlkabine** darf sich **stets nur eine Person** aufhalten, um das Wahlgeheimnis zu wahren (§ 60 Abs. 2 Satz 3; Nr. 56). Das gilt nicht, wenn eine **Hilfsperson** (Art. 3 Abs. 5; § 62; Nr. 56) hinzugezogen werden darf, weil die stimmberechtigte Person des Lesens unkundig oder wegen einer körperlichen Behinderung nicht in der Lage ist, das Stimmrecht allein auszuüben. Dies zu prüfen, ist in der Praxis nicht immer einfach. Daher sollten die Anforderungen nicht überzogen werden. Wichtig ist, dass die Hinzuziehung einer **Hilfsperson** nach den Gesamtumständen dem freien Willen der stimmberechtigten Person entspricht. Dass etwa **Ehepaare** einfach gemeinsam in eine Wahlkabine gehen wollen, genügt nicht. Vielmehr müssen äußere Umstände auf eine Hilfsbedürftigkeit hindeuten.

Auch **Kinder der Stimmberechtigten** sollten von diesen jedenfalls dann nicht mit in die Wahlkabine genommen werden, wenn sie auf Grund ihres Alters das Abstimmungsverhalten ihres Elternteils realisieren können. **Berechtigt hinzugezogene Hilfspersonen** (das kann auch ein Mitglied des Wahlvorstands sein – § 62 Abs. 1 Satz 2) haben lediglich dem Willen der Stimmberechtigten entsprechend zu unterstützen und dürfen nicht die Stimmabgabe beeinflussen (§ 62 Abs. 2). Die Grenze zwischen zulässiger Hilfestellung und unzulässiger Beeinflussung ist jedoch nicht immer leicht zu erkennen. Wenn gewünscht, dürfen Hilfspersonen mit in die Wahlkabine gehen, die Stimmzettel kennzeichnen und falten, sie in die Wahlurne einwerfen bzw. der Wahlvorsteherin oder dem Wahlvorsteher zum Einwurf übergeben (§ 62 Abs. 3 Satz 1). Natürlich unterliegen Hilfspersonen der Geheimhaltungsverpflichtung (§ 62 Abs. 3 Satz 2). Eine blinde oder sehbehinderte Person kann sich bei der Kennzeichnung des Stimmzettels neben oder anstelle einer Hilfsperson auch einer Stimmzettelschablone bedienen (§ 62 Abs. 4; Nr. 56 Satz 3).

3.7.4 Wollen Abstimmende einen von ihnen bereits gekennzeichneten **Stimmzettel** nochmals **korrigieren**, so ist dazu ein neuer, leerer Stimmzettel zu verwenden (§ 61 Abs. 3). Berichtigungen auf einem Stimmzettel sind nämlich oftmals als **unzulässige Kennzeichen** zu werten, die zur Ungültigkeit führen (s. nachfolgend unter VII. 6.2). Einer stimmberechtigten Person ist also auf Verlangen ein neuer Stimmzettel auszuhändigen, wobei auf die Vernichtung des „alten" Stimmzettels durch die stimmberechtigte Person zu achten ist.

3.7.5 Bevor die **Wahlkabine** verlassen wird, sind die **Stimmzettel mehrfach zu falten**, damit der Inhalt nicht erkennbar ist (§ 60 Abs. 2 Satz 4). Wie oft ein Stimmzettel gefaltet wird, sollte nach Möglichkeit einheitlich sein. Wird etwa ein Stimmzettel extrem häufig gefaltet, so kann dies ein unzulässiges Merkmal im Sinne von § 83 Abs. 1 Nr. 3 sein.

3.7.6 Nach Vollendung der Abstimmungshandlung **begeben sich die Abstimmenden zum Tisch des Wahlvorstands**. Dort legen sie ihre **Wahlbenachrichtigung** vor (§ 60 Abs. 3 Satz 1). Die Schriftführerin oder der **Schriftführer prüft**, ob die betreffenden Personen im **Wählerverzeichnis** eingetragen sind (§ 60 Abs. 4 Satz 1). Wer seine Wahlbenachrichtigung nicht vorzeigen kann, darf deswegen aber nicht zurückgewiesen werden (Nr. 55 Satz 1). Entscheidend ist die Eintragung im Wählerverzeichnis. Wer mit **Wahlschein** wählen will, hat diesen vorzuzeigen und sich als berechtigte Inhaberin oder berechtigter Inhaber des Wahlscheins auszuweisen (§ 64 Abs. 1 Satz 1; Nrn. 55, 58). Kennen die Mitglieder des Wahlvorstands die abstimmende Person nicht persönlich, lässt sich die Schriftführerin oder der Schriftführer sowohl bei der Wahlscheininhaberin bzw. beim Wahlscheininhaber wie auch bei denjenigen, die ihre Wahlbenachrichtigung nicht vorlegen können, aber im Wählerverzeichnis eingetragen sind, einen amtlichen Identitätsausweis oder ein anderes amtliches Dokument vorlegen, mit dem ihre Identität zweifelsfrei geprüft werden kann (z. B. Führerschein). Die Stimmzettel dürfen erst dann in die Wahlurnen gelegt werden, wenn kein Anlass zur Zurückweisung der abstimmenden Person besteht (§ 60 Abs. 4 Sätze 3 und 4; Nr. 57).

3.7.7 Abstimmende sind zurückzuweisen (§ 61; Nr. 55), d. h. deren Stimmzettel dürfen nicht in die Wahlurnen eingeworfen werden, wenn

- sie **nicht im Wählerverzeichnis eingetragen** sind **und keinen gültigen Wahlschein** besitzen (hier wäre zunächst zu prüfen, ob sich die Person im richtigen Abstimmungsraum befindet bzw. die Schreibweise des Namens fehlerhaft ist),

- im Wählerverzeichnis ein **Wahlscheinvermerk** angebracht ist, sie den **Wahlschein aber nicht vorlegen** können und (nach Rücksprache mit der Gemeinde) feststeht, dass der Wahlscheinvermerk zu Recht besteht (Nr. 55 Satz 5),
- im Wählerverzeichnis **bereits ein Stimmabgabevermerk angebracht** ist, sofern dieser nicht zu Unrecht eingetragen wurde (z. B. wenn die Schriftführerin oder der Schriftführer bei einer anderen abstimmenden Person „in der Zeile verrutscht" ist); im Zweifel hat die stimmberechtigte Person nachzuweisen, dass sie noch nicht abgestimmt hat,
- Stimmzettel unter **Verletzung des Wahlgeheimnisses** (z. B. außerhalb der Wahlkabine) gekennzeichnet oder zusammengefaltet wurden (hier besteht die Möglichkeit, einen neuen Stimmzettel auszuhändigen),
- ein nichtamtlicher, ein offensichtlich in einer das Abstimmungsgeheimnis gefährdenden Weise von den übrigen abweichender oder ein mit einem äußeren **Merkmal** versehener Stimmzettel abgegeben werden soll,
- sie für den Wahlvorstand erkennbar in der Wahlkabine **fotografiert** oder gefilmt haben,
- sie für den Wahlvorstand erkennbar mehrere gleichartige Stimmzettel abgeben oder mit dem Stimmzettel einen weiteren Gegenstand in die Wahlurne einwerfen wollen,
- der Wahlvorstand **Kenntnis** davon hat, dass eine Person trotz Eintrag in das Wählerverzeichnis **nicht stimmberechtigt** ist (z. B. weil sie erst kürzlich weggezogen ist) und deshalb die Zurückweisung nach vorheriger Rückfrage bei der Gemeinde vom Wahlvorstand beschlossen wird (§ 61 Abs. 2).

Wurden Abstimmende nach § 61 Abs. 1 Nrn. 4 bis 6 zurückgewiesen (z. B. wegen Kennzeichnung des Stimmzettels außerhalb der Wahlkabine, Abgabe eines Stimmzettels mit äußeren Merkmalen oder wegen Fotografierens oder Filmens in der Wahlkabine), sind ihnen auf Verlangen neue Stimmzettel auszuhändigen.

3.7.8 Ergibt die **Prüfung keine Bedenken gegen die Stimmberechtigung**, wird von der Schriftführerin oder vom Schriftführer der **Stimmabgabevermerk** im Wählerverzeichnis in der dafür vorgesehenen Spalte angebracht (§ 63; Nr. 57). Erst dann dürfen die Stimmzettel von der abstimmenden Person in die **Wahlurne** eingeworfen werden; mit deren Zustimmung können die Stimmzettel auch von der Wahlvorsteherin oder vom Wahlvorsteher (gemeint ist hier sicher auch ein anderes Mitglied des Wahlvorstands) in die Wahlurne eingeworfen werden (§ 60 Abs. 4 Satz 4).

3.7.9 Finden gleichzeitig **mehrere Wahlen** statt (Bürgermeisterin oder Bürgermeister, Gemeinderat, Landrätin oder Landrat, Kreistag), ist für jede dieser Wahlen eine **eigene Wahlurne** zu verwenden (§ 56 Abs. 4). Für diesen Fall ist genau darauf zu achten, dass jeder Stimmzettel in die richtige Wahlurne eingeworfen wird. Jede **Wahlurne sollte deshalb mit einem Musterstimmzettel gekennzeichnet werden.** Zweckmäßig ist es auch, den Einwurfschlitz (ggf. mit einem Musterstimmzettel) abzudecken und ihn erst freizugeben, wenn die Stimmberechtigung abschließend feststeht, um zu vermeiden, dass jemand voreilig einen Stimmzettel einwirft, ohne stimmberechtigt zu sein.

3.7.10 **Personen, die bereits abgestimmt haben**, sollten alsbald den Abstimmungsraum wieder verlassen. Das gilt besonders bei großem Andrang von Personen, die noch abstimmen wollen. Es besteht jedoch keine Möglichkeit, sie aus dem Raum zu verweisen, sofern sie keine Störung der Abstimmung bzw. des Ablaufs verursachen, denn es gilt der **Grundsatz der Öffentlichkeit** (Art. 17). **Störende Personen** können durch Beschluss des Wahlvorstands aus dem Raum verwiesen werden; sie müssen jedoch **vorher die Gelegenheit zur Stimmabgabe** haben (Art. 17 Abs. 3).

3.8 **Pünktlich um 18 Uhr** wird das **Ende der Abstimmungszeit** von der Wahlvorsteherin oder vom Wahlvorsteher bekannt gegeben (Art. 15 Abs. 1; § 65 Abs. 1 Satz 1). Ab diesem Zeitpunkt dürfen nur noch Stimmberechtigte zugelassen werden, die vor Ablauf der Abstimmungszeit erschienen sind und sich im Abstimmungsraum befinden. **Neu ist**, dass Personen, die vor der Abstimmungszeit eingetroffen sind, aber aus Platzgründen nicht im Abstimmungsraum warten können, ebenfalls noch zur Stimmabgabe zuzulassen sind. Dagegen ist Personen, die erst nach 18 Uhr erschienen sind, der Zutritt zur Abstimmung durch geeignete organisatorische Maßnahmen des Wahlvorstands zu sperren, um ihre Teilnahme an der Abstimmung zu verhindern. Wegen des Grundsatzes der Öffentlichkeit der Abstimmung (Art. 17) kann der Zutritt zum Abstimmungsraum jedoch nicht generell gesperrt werden. Der Wahlvorstand muss daher auf die Zulassung zur Abstimmung wartende wahlberechtigte Personen von den erst nach Ablauf der Abstimmungszeit erschienen Personen trennen. Dies kann z. B. dadurch bewirkt werden, dass sich ein Mitglied des Wahlvorstands an das Ende der Schlange der bis 18 Uhr erschienenen Wahlberechtigten stellt und den erst nach Ablauf der Abstimmungszeit erschienenen Personen den Zutritt zur Stimmabgabe verwehrt. Erst wenn die letzte vor 18 Uhr anwesende Person ihre Stimme abgegeben hat, erklärt die Wahlvorsteherin oder der Wahlvorsteher die Abstimmungszeit für beendet (§ 65 Abs. 1 Satz 5).

Ein Schluss der Abstimmung schon **vor 18 Uhr** in **Gemeinden mit nur einem Stimmbezirk** kann vom Wahlvorstand nur beschlossen werden, wenn sämtliche Wahlberechtigte von ihrem Recht zur Abstimmung bereits Gebrauch gemacht haben. Wurde er nicht mit der Übernahme der Geschäfte des Briefwahlvorstands beauftragt (Art. 6 Abs. 3), muss er sich mit dem Briefwahlvorstand durch Beschluss darüber abstimmen, dass diese Voraussetzungen vorliegen (Art. 15 Abs. 3; § 65 Abs. 2; Nr. 59 Satz 1).

Nach Schluss der Abstimmung sind alle noch nicht benutzten Stimmzettel wegzuräumen, zu verpacken und mit der Aufschrift „unbenutzte Stimmzettel" zu versehen, bevor mit der Ergebnisermittlung begonnen wird (Nr. 59 Satz 2).

4. Behandlung der Wahlbriefe

4.1 Der **Briefwahlvorstand** braucht am Wahltag nicht bereits um 8 Uhr zusammenzutreten (vgl. vorstehend unter 3.3). Es genügt ein **Zusammentritt im Laufe des Nachmittags** (Nr. 62.1 Satz 2), in der Regel zwischen 14 Uhr und 16 Uhr. Allerdings ist darauf zu achten, dass die Behandlung der Wahlbriefe bis 18 Uhr abgeschlossen werden kann (§§ 71 bis 73), um gleichzeitig mit den anderen Wahlvorständen mit der Ergebnisermittlung beginnen zu können.

4.2 Für die **Zusammensetzung**, evtl. Ergänzung, Unparteilichkeit, Verschwiegenheit usw., gelten die **Ausführungen zu den Wahlvorständen entsprechend**.

4.3 Bei Zusammentritt des **Briefwahlvorstands erhält** dieser **von der Gemeinde** (s. § 70; Nr. 63 Satz 3) die bis dahin eingegangenen, ungeöffneten Wahlbriefe, das Verzeichnis der für ungültig erklärten Wahlscheine sowie die weiteren in § 58 Abs. 1 Nrn. 3, 7 bis 13 genannten Unterlagen. Ein Wahlscheinverzeichnis ist dem Briefwahlvorstand nicht zu übergeben (Nrn. 31, 63 Satz 5). Die Briefwahlvorsteherin oder der Briefwahlvorsteher überprüft die Vollständigkeit dieser Unterlagen und achtet darauf, dass die Zahl der übergebenen Wahlbriefe in der Niederschrift vermerkt wird (2.3 in Anlagen 18 und 20 zu Nrn. 17 und 68 bis 77 GLKrWBek). Der Raum, in dem der Briefwahlvorstand tätig ist, muss ähnlich wie ein Abstimmungsraum kenntlich gemacht werden.

4.4 Die **Wahlbriefe gehen** nicht direkt beim Briefwahlvorstand, sondern **bei der Gemeinde** ein. Bei mehreren Briefwahlvorständen verteilt die Gemeinde die Wahlbriefe auf die einzelnen Briefwahlvorstände. Sie kann dabei entweder einem Briefwahlvorstand die Wahlbriefe bestimmter Stimmbezirke zuordnen oder die Wahlbriefe frei, d.h. ohne **Zuordnung zu bestimmten Stimmbezirken**, verteilen. Bei **freier Zuteilung** können einem Briefwahlvorstand alle noch am Wahltag eingehenden Wahlbriefe zugeteilt werden, am besten dem Briefwahlvorstand, der vom Wahlamt der Gemeinde am schnellsten zu erreichen ist, z.B. weil er sich im gleichen Gebäude wie das Wahlamt befindet. Damit spart sich die Gemeinde das Verteilen dieser Wahlbriefe auf mehrere Briefwahlvorstände. Daneben kann durch die freie Zuteilung der Wahlbriefe eine gleiche Auslastung der Briefwahlvorstände erreicht werden. Der Vorteil einer Zuordnung zu bestimmten Stimmbezirken ist dagegen, dass das Abstimmungsverhalten der (Brief-) Wählerinnen und (Brief-)Wähler jedes Stimmbezirks genau feststellbar ist. Will jemand beim Briefwahlvorstand einen Wahlbrief abgeben, so ist sie oder er an die Gemeinde zu verweisen. Am Wahltag noch rechtzeitig eingehende Wahlbriefe sind **von der Gemeinde dem Briefwahlvorstand** nachzureichen (Nr. 63 Satz 4). Stimmzettelumschläge, die nicht in einem amtlichen Wahlbriefumschlag und auch nicht in einem sonstigen Briefumschlag liegen, werden dem Briefwahlvorstand nicht übergeben; sie werden wie verspätet eingegangene Wahlbriefe behandelt (Nr. 63 Sätze 6 und 7).

Bevor Wahlbriefe geöffnet werden, vergewissert sich der Briefwahlvorstand, dass die Wahlurnen leer sind und verschließt sie; sie dürfen erst zur Ermittlung des Abstimmungsergebnisses wieder geöffnet werden.
Bei der Zulassung der Wahlbriefe ist wie folgt vorzugehen:

4.4.1 Die Wahlbriefe sind einzeln zu öffnen und zu prüfen (§ 71 Abs. 1). Am besten werden dazu mehrere Arbeitsgruppen gebildet, um nach dem „Vier-Augen-Prinzip" die Prüfung vorzunehmen. Der nächste Wahlbrief darf erst geöffnet werden, wenn der vorhergehende abschließend behandelt wurde.

4.4.2 Der Wahlbrief muss, um zugelassen werden zu können, **einen gültigen Wahlschein mit unterschriebener Versicherung an Eides statt und daneben einen verschlossenen Stimmzettelumschlag enthalten**; sind mehrere Stimmzettelumschläge enthalten, so muss auch die gleiche Anzahl gültiger Wahlscheine mit unterschriebener Versicherung an Eides statt enthalten sein (§ 71 Abs. 2 Nr. 6).

4.4.3 Ergibt die **Prüfung des Wahlbriefs keinen Anlass zu Bedenken** (§ 71 Abs. 2), werden **Wahlschein und Stimmzettelumschlag getrennt**. Der **Stimmzettelumschlag wird ungeöffnet in die Briefwahlurne** eingeworfen. Auf dem **Wahlschein wird kein Stimmabgabevermerk** angebracht. Dies ist entbehrlich, weil sich alle Stimmzettel in einem Stimmzettelumschlag befinden und daher bei Zulassung der Wahlbriefe nicht festzustellen ist, welche Stimmzettel der Stimmzettelumschlag enthält. Die Wahlscheine werden gesammelt (§ 71 Abs. 1 Satz 4).

Ergibt sich aus dem Wahlschein, dass nur das Stimmrecht für die Landkreiswahl besteht, muss der Stimmzettelumschlag entsprechend gekennzeichnet werden; das hat in stets gleichbleibender Weise, z.B. durch Stempelaufdruck „L“ zu erfolgen, um das Wahlgeheimnis nicht zu gefährden (§ 71 Abs. 1 Satz 3; Nr. 64 Satz 1). Stellt sich später beim Öffnen der Stimmzettelumschläge heraus, dass gleichwohl auch Stimmzettel für die Gemeindewahlen enthalten sind, werden diese Stimmzettel zusammengefaltet, ausgesondert und nicht als Stimmabgabe gewertet (Nr. 68.4); die Stimmzettel für die Landkreiswahl sind aber deswegen nicht als ungültig zu behandeln.

4.4.4 Wahlbriefe mit Anlass zu Bedenken (vgl. § 71 Abs. 2) sind vom Briefwahlvorstand **beschlussmäßig zu behandeln** (§ 71 Abs. 3).

Wird ein Wahlbrief durch Beschluss zugelassen, kommt der Stimmzettelumschlag in die Wahlurne. Der Wahlschein wird der Niederschrift, bei verbundenen Wahlen der Niederschrift für die Gemeinderatswahlen, beigefügt (§ 89 Abs. 1 Satz 3 Nr. 2, Satz 4, Abs. 2 Satz 1 Nr. 4, Satz 2). Ein Vermerk über den Beschluss zur Zulassung ist nicht anzubringen, schon gar nicht auf dem Stimmzettelumschlag.

Ein per Beschluss zurückgewiesener Wahlbrief wird hingegen samt Inhalt ausgesondert, mit einem Vermerk über den Zurückweisungsgrund versehen (dafür gibt es auch Aufkleber, auf denen der Zurückweisungsgrund nur noch angekreuzt werden muss), wieder verschlossen und fortlaufend nummeriert (§ 71 Abs. 3 Satz 2). Ein entsprechender Beschluss ist vom Briefwahlvorstand insgesamt und nicht nur von der Arbeitsgruppe zu fassen; d.h., solche Wahlbriefe werden zweckmäßigerweise erst einmal bei Seite gelegt und später gemeinsam beschlussmäßig behandelt.

4.4.5 Zurückzuweisen sind Wahlbriefe nach § 71 Abs. 2, **wenn**

- der **Wahlbrief nicht rechtzeitig eingegangen** ist (§ 71 Abs. 2 Nr. 1); solche Wahlbriefe sind eigentlich bereits von der Gemeinde auszusondern (§ 70 Abs. 3), d.h., es kann sich nur um Fälle handeln, in denen nach 18 Uhr des Wahltags dem Briefwahlvorstand ein solcher Wahlbrief versehentlich zugeleitet wurde (Nr. 64 Satz 5).
- dem **Wahlbriefumschlag kein oder kein gültiger Wahlschein beigefügt** ist (§ 71 Abs. 2 Nr. 2); meist wird sich der Wahlschein dazu im Stimmzettelumschlag befinden, der aber nicht geöffnet werden darf und zwar auch dann nicht, wenn er nicht verschlossen (zugeklebt) wurde. **Kein**

Fall der Alternative 2 liegt vor, wenn eine durch Briefwahl wählende Person ihr **Wahlrecht nach Erteilung des Wahlscheins verloren hat** (Art. 19 Abs. 2 Satz 4; Nr. 64 Satz 7). Da in der Regel nicht festgestellt werden kann, wann das Stimmrecht ausgeübt wurde, ist zu Gunsten der Briefwählerin oder des Briefwählers zu vermuten, dass die Stimme vor dem Verlust des Wahlrechts abgegeben wurde (Nr. 64 Satz 8). Der Wahlbrief darf nicht zurückgewiesen werden, die abgegebenen Stimmen bleiben gültig. Diese Wahlbriefe sind zwar im Verzeichnis der für ungültig erklärten Wahlscheine aufgeführt, aber mit dem Vermerk, dass die Stimmabgabe nicht ungültig ist (Art. 19 Abs. 2 Satz 4; § 28 Abs. 1 Satz 2; Nrn. 26.3 Satz 9, 33 Satz 2).

- die **Versicherung an Eides statt nicht unterschrieben** ist (§ 71 Abs. 2 Nr. 3); das betrifft nur den Fall, dass die Unterschrift selbst fehlt, wobei an den Schriftzug der Unterschrift keine überzogenen Anforderungen gestellt werden dürfen. Fehlt lediglich die Angabe von Datum oder Vorname, so ist das unschädlich (Nr. 64 Satz 9).
- dem **Wahlbriefumschlag kein Stimmzettelumschlag beigefügt** ist (§ 71 Abs. 2 Nr. 4); selbst wenn der Stimmzettelumschlag lose oder angeklammert vorgefunden wird, kann dies nicht zur Zulassung führen. Der Stimmzettelumschlag muss sich in dem Wahlbriefumschlag befunden haben.
- **weder der Wahlbriefumschlag noch der Stimmzettelumschlag verschlossen** ist (§ 71 Abs. 2 Nr. 5); nur wenn beide Umschläge unverschlossen sind, führt das zur Zurückweisung (Nr. 64 Satz 10).
- der **Wahlbriefumschlag mehrere Stimmzettelumschläge**, aber nicht die gleiche Anzahl an Wahlscheinen enthält (§ 71 Abs. 2 Nr. 6); dieser Fehler tritt mitunter auf, wenn mehrere Familienangehörige (z. B. Ehepaare) gemeinsam per Briefwahl wählen. Es ist unschädlich, wenn die Zahl der Wahlscheine und der Stimmzettelumschläge gleich ist. Befinden sich hingegen mehr Wahlscheine als Stimmzettelumschläge oder umgekehrt in einem Wahlbriefumschlag, so kann der Wahlbrief selbst dann nicht zugelassen werden, wenn ein anderer Wahlbrief das fehlende Gegenstück dazu ist und z. B. laut Nummerierung anzunehmen ist, dass beide „zusammengehören".
- **kein amtlicher Stimmzettelumschlag benutzt worden** ist (§ 71 Abs. 2 Nr. 7); würde er in die Wahlurne gelegt, wäre das Wahlgeheimnis nicht mehr gewährleistet, da er später identifizierbar ist. Die Verwendung eines nicht amtlichen Wahlbriefumschlags führt hingegen nicht zur Zurückweisung (Nr. 64 Satz 12).

– der Stimmzettelumschlag ein besonderes Merkmal aufweist (§ 71 Abs. 2 Nr. 8); diese Regelung dient dem Schutz des Wahlgeheimnisses und soll verhindern, dass die Stimmzettel später wieder identifizierbar sind und bestimmten Personen zugeordnet werden können.

Neu ist, dass Wahlbriefe nicht deshalb zurückzuweisen sind, weil sich im Wahlbriefumschlag einzelne oder mehrere **Stimmzettel außerhalb des verschlossenen Stimmzettelumschlags** befinden. Der Wahlbrief ist beschlussmäßig zu behandeln, der oder die außerhalb befindlichen Stimmzettel sind mit einem Vermerk in den Wahlbriefumschlag zu legen und der Wahlbriefumschlag ist später der als erstes abzugebenden Wahlniederschrift (im Regelfall die zur Bürgermeisterwahl) beizufügen (Nr. 64 Sätze 12 und 14 und 2.5.1.3 in Anlage 18 zu Nrn. 17 und 68 bis 77 GLKrWBek). Der verschlossene Stimmzettelumschlag ist in die Wahlurne zu legen. Da die fehlenden Stimmzettel als ungültige Stimmabgabe gewertet werden (§ 79b Abs. 4 Satz 2), sind die Wahlbriefe insgesamt zuzulassen und damit die Abstimmenden als Wählerinnen bzw. Wähler zu werten. **Zurückgewiesene Wahlbriefe** sind **nicht als ungültige Stimmabgabe zu werten** (§ 71 Abs. 4). Sie werden so behandelt, als ob die Stimmen überhaupt nicht abgegeben worden wären („Nichtwähler"), d. h. sie werden auch bei der Wahlbeteiligung nicht berücksichtigt.

4.5 Werden **weniger als 50 Wahlbriefe** zugelassen, ermittelt der Briefwahlvorstand das Abstimmungsergebnis nicht, sondern übergibt eine Mitteilung über die Anzahl der in die Briefwahlurne gelegten Stimmzettelumschläge und die verschlossene Briefwahlurne einem von der Gemeinde vorher bestimmten Wahlvorstand, der dann die Ergebnisermittlung zusammen mit den sonstigen im Stimmbezirk abgegebenen Stimmen vornimmt (Art. 19 Abs. 2 Satz 3; § 72). Den Empfang der Briefwahlurne und der Mitteilung nach § 72 Abs. 1 hat die Wahlvorsteherin oder der Wahlvorsteher des auszählenden Stimmbezirks oder ihre Stellvertretung zu bestätigen (§ 72 Abs. 2 Satz 2).

4.6 Bei Briefwahlvorständen und Wahlvorständen, die das Briefwahlergebnis ermitteln, sind als nächster Zwischenschritt vor der eigentlichen Ermittlung des Abstimmungsergebnisses die in den Briefwahlurnen befindlichen Stimmzettelumschläge zu prüfen. Ein Urnenwahlvorstand kann mit der Ermittlung der Briefwahl beauftragt werden, wenn die Gemeinde entweder nur einen Stimmbezirk bildet (§ 73 Abs. 1), oder wenn er das Ergebnis für einen Briefwahlvorstand ermittelt, weil dort weniger als 50 Wahlbriefe zugelassen wurden (Art. 19 Abs. 2 Satz 3).

Hat ein Urnenwahlvorstand auch die Wahlurne eines Briefwahlvorstands nach Nr. 4.5 auszuwerten, öffnet er zunächst die übergebene Wahlurne und vergleicht die Zahl der Stimmzettelumschläge mit der in der Mitteilung nach § 72 Abs. 1 enthaltenen Zahl (vgl. dazu 4.5). Lässt sich eine Differenz nicht aufklären, vermerkt er dies in der Niederschrift (vgl. § 79c Abs. 2 Satz 2).

Zuerst müssen die **Stimmzettelumschläge ungeöffnet gezählt** (§ 79b Abs. 2) und mit der Zahl der zugelassenen Wahlscheine verglichen werden. Die festgestellte Zahl ist in der Niederschrift zu vermerken (§ 79b Abs. 2 Hs. 2). Stimmen die Zahlen der Stimmzettelumschläge und der Wahlscheine nicht überein, muss nachgezählt und – falls sich eine Übereinstimmung gleichwohl nicht ergibt – die Abweichung in der Niederschrift soweit möglich erläutert werden (§ 79b Abs. 3; § 79c Abs. 2 Satz 2).

Sodann werden die Stimmzettelumschläge geöffnet und die darin enthaltenen Stimmzettel entnommen (§ 79b Abs. 4 Satz 1). Dabei können folgende Probleme auftreten:

4.6.1 Der Stimmzettelumschlag enthält **keinen Stimmzettel** (§ 79b Abs. 4 Satz 2).

Dies ist auf dem Stimmzettelumschlag und in der Niederschrift zu vermerken. Ein fehlender Stimmzettel ist als ungültige Stimmabgabe zu behandeln.

4.6.2 Der Stimmzettelumschlag enthält bei verbundenen Wahlen (Bürgermeisterin oder Bürgermeister, Gemeinderat, Landrätin oder Landrat, Kreistag) **weniger Stimmzettel** als möglich.

Dies ist ebenfalls auf dem Stimmzettelumschlag und in der Niederschrift zu vermerken; der fehlende Stimmzettel ist für die betreffende Wahl als ungültige Stimmabgabe zu behandeln. Für die übrigen Wahlen ist dadurch die Gültigkeit der Stimmzettel nicht berührt (§ 79b Abs. 4 Satz 2).

4.6.3 Der Stimmzettelumschlag enthält **mehr Stimmzettel als zulässig** (z. B. weil kein Wahlrecht für Bürgermeister- und Gemeinderatswahl besteht, der Wahlumschlag also mit „L“ gekennzeichnet wurde § 79b Abs. 4 Satz 3). Die betreffenden, an der Farbe erkennbaren Stimmzettel werden nicht entfaltet, sondern ausgesondert und in der Niederschrift vermerkt. Diese Stimmzettel werden nicht gezählt und auch nicht als ungültig gewertet. Sie sind deshalb auch nicht beschlussmäßig zu behandeln (Nr. 68.4). Sie sind auch nicht in den Stimmzettelumschlag zu legen, da dieser ggf. noch zur Dokumentation einer ungültigen Stimmabgabe benötigt wird, wenn z. B. bei den Landkreiswahlen der Stimmzettel für die Landratswahl fehlt.

4.6.4 Der Stimmzettelumschlag enthält **für dieselbe Wahl mehrere Stimmzettel von einer abstimmenden Person**.

Hier ist zu prüfen, ob sie gleichartig gekennzeichnet sind; falls ja, ist ein Stimmzettel als gültig zu behandeln und der/die anderen auszusondern – falls nein, sind sie allesamt als einheitliche ungültige Stimmabgabe zu behandeln (§ 83 Abs. 3). Die Stimmzettel für die gleichzeitig stattfindenden anderen Wahlen sind in ihrer Gültigkeit davon nicht betroffen.

4.7 Die den Stimmzettelumschlägen entnommenen Stimmzettel werden, soweit sie nicht wie vorstehend beschrieben als ungültig zu behandeln sind, **nach den verschiedenen Wahlen sortiert** und **in entsprechende Wahlurnen gelegt**; die als Erstes auszuwertenden Stimmzettel (in der Regel für die Bürgermeisterwahl, vgl. § 79 Abs. 1 Nr. 1) brauchen nicht mehr in eine Wahlurne gelegt zu werden (§ 79b Abs. 4 Satz 4).

Bei **Wahlvorständen, die gleichzeitig die Auswertung der Briefwahl** zu erledigen haben, sind die Stimmzettel in die jeweilige Wahlurne des Abstimmungsraums zu legen und mit den dortigen Stimmzetteln zu vermischen, bevor sie ausgewertet werden; der Vorgang ist in der Niederschrift zu vermerken (§ 79c Abs. 3). Dadurch soll der Grundsatz der geheimen Wahl gewahrt werden.

5. Ermittlung des Abstimmungsergebnisses

5.1 Zunächst ist bei einem Wahlvorstand anhand der Abstimmungsvermerke im Wählerverzeichnis zu prüfen, ob im Stimmbezirk **mindestens 50 Abstimmende** zur Urnenwahl zugelassen wurden. Ist dies nicht der Fall, so wird das Abstimmungsergebnis von einem von der Gemeinde vorher bestimmten (Brief-)Wahlvorstand ermittelt (§ 65a). Zu diesem Zweck sucht die Wahlvorsteherin oder der Wahlvorsteher oder ihre Stellvertretung mit zwei Beisitzern den Abstimmungsraum des anderen Wahlvorstands bzw. den Auszählraum des Briefwahlvorstands auf und übergibt der dortigen Wahlvorsteherin oder dem dortigen Wahlvorsteher oder deren Stellvertretung die verschlossenen Wahlurnen, das Wählerverzeichnis mit den Stimmabgabevermerken nach § 63 und die eingenommenen Wahlscheine und ggf. Wahlbenachrichtigungen, soweit diese entgegen Nr. 54 Satz 3 einbehalten wurden, gegen Empfangsbestätigung (Art. 19 Abs. 1 Satz 2; § 65a). Zur Dokumentation in der Wahlniederschrift des Wahlvorstands vgl. 2.10 in Anlage 17 zu Nrn. 17 und 68 bis 77 GLKrWBek. Die Auswertung sollte einem anderen Urnenwahlvorstand übertragen werden, weil bei einem Briefwahlvorstand keine Stimmberechtigten erfasst werden. Gibt es allerdings nur einen Stimmbezirk, hat die Auswertung der Briefwahlvorstand zu übernehmen (Nr. 59a Satz 4).

5.2 Haben mindestens 50 Abstimmende an der Wahl teilgenommen, beginnt nach Ende der Abstimmungszeit (und bei Briefwahlvorständen und Wahlvorständen, die auch das Briefwahlergebnis ermitteln, nach Behandlung der Stimmzettelumschläge) die **Ermittlung des Abstimmungsergebnisses.**

5.2.1 Das Abstimmungsergebnis wird grundsätzlich im Abstimmungsraum ermittelt (§ 79 Abs. 2 Satz 1; Nr. 68.1). Wird zur Ermittlung des Ergebnisses eine Datenverarbeitungsanlage eingesetzt, kann die Auszählung auch in einem anderen Raum erfolgen (§ 79 Abs. 2 Satz 2). In diesen Fällen werden in der Praxis oft alle Ergebnisse im selben Raum (z. B. einer Turnhalle) erfasst. Die Abstimmungsergebnisse sind in **folgender Reihenfolge** zu ermitteln (§ 79 Abs. 1 Satz 1; Nr. 68.2):

(1) Stimmen für die Wahl der ersten Bürgermeisterin oder des ersten Bürgermeisters,
(2) Stimmen für die Wahl der Landrätin oder des Landrats,
(3) Stimmen für die Wahl der Gemeinderatsmitglieder,
(4) Stimmen für die Wahl der Kreisrätinnen und Kreisräte.

Diese Reihenfolge ist zwingend.

Mit der Auszählung der nächsten Wahl wird grundsätzlich erst begonnen, wenn das Ergebnis der vorhergehenden Wahl ermittelt ist.

5.2.2 Zweckmäßigerweise werden **Arbeitsgruppen** gebildet, um den Auszählvorgang zu beschleunigen (vgl. § 79 Abs. 1 Satz 2).

5.2.3 Bevor eine Wahlurne geöffnet und geleert wird, ist darauf zu achten, dass **alle nicht benutzten Stimmzettel weggeräumt und verpackt** worden sind (§ 79a Abs. 1; Nr. 59 Satz 2).

5.2.4 Zuerst wird auf der Grundlage des Wählerverzeichnisses und der gesammelten Wahlscheine die **Zahl der Stimmberechtigten** ermittelt. Wurde dem Wahlvorstand auch die Auswertung des Abstimmungsergebnisses eines anderen Stimmbezirks übertragen, so müssen auch die Stimmberechtigten dieses Stimmbezirks hinzugezählt werden. Die Zahl ergibt sich aus der Mitteilung des Wahlvorstands dieses Stimmbezirks (vgl. § 65a). Anschließend ist die Zahl der Wähler anhand der Stimmabgabevermerke im Wählerverzeichnis und auf den eingenommenen Wahlscheinen zu ermitteln (vgl. § 80).

5.2.5 Die aus der Wahlurne entnommenen **Stimmzettel werden sodann entfaltet und gezählt** (§ 79a Abs. 2); dabei können sie bereits sortiert werden. Zweckmäßig ist dies vor allem für die Bürgermeister- und die Landratswahl, weil dort nur wenige Sortierkriterien zu beachten sind. Die festgestellte **Zahl der Stimmzettel** muss mit der **Zahl der Stimmabgabevermerke zzgl**. eingenommener **Wahlscheine** übereinstimmen (§ 79a Abs. 3 Satz 1). Ergibt sich auch nach wiederholter Zählung keine Übereinstimmung, ist dies in der Niederschrift zu vermerken und, soweit möglich, zu erläutern (§ 79a Abs. 3 Satz 2).

Hat ein Wahlvorstand zusätzlich das Ergebnis eines anderen Stimmbezirks auszuwerten (Art. 19 Abs. 1 Satz 2, § 65a), öffnet er zunächst die übergebenen Wahlurnen und vergleicht die Zahl der Stimmzettel mit der in der Mitteilung enthaltenen Zahl der Stimmabgabevermerke im Wählerverzeichnis und den eingenommenen Wahlscheinen. Ergibt auch die wiederholte Zählung eine Abweichung der Zahl der Stimmzettel von der in der Mitteilung des übergebenden Wahlvorstands angegebene Zahl der Stimmzettel oder der Stimmzettelumschläge, ist das in der Niederschrift zu vermerken und, soweit möglich, zu erläutern (§ 79c Abs. 2 Satz 1). Die Behandlung von Stimmzettelumschlägen bei der zusätzlichen Auszählung eines Briefwahlvorstands (§ 72) wurde bereits unter Nr. 4.6 Abs. 2 beschrieben (vgl. § 79c Abs. 2 Satz 2). Anschließend werden die Stimmzettel der übergebenen Wahlurne ungeöffnet mit den Stimmzetteln der eigenen Wahlurne vermischt und zusammen mit diesen ausgezählt (§ 79c Abs. 3).

5.2.6 Für die **Bürgermeister- und Landratswahl** sind drei Stapel von Stimmzetteln vorgesehen, soweit die Stapelbildung nicht wegen Einsatz eines Wahlauszählungsprogramms nach § 81 Abs. 6 Satz 1 entfällt (§ 81 Abs. 1 Satz 1):

- **Stapel 1:** gültige Stimmzettel, geordnet nach Wahlvorschlägen (dieser Stapel teilt sich also in so viele Stapel auf, wie Bewerber auf dem Stimmzettel aufgeführt sind)
- **Stapel 2:** Stimmzettel, die nicht gekennzeichnet sind (also vollkommen leere Stimmzettel – darunter fallen z. B. nicht Stimmzettel mit einem Merkmal; diese gehören zum Stapel 3). Zu Stapel 2 gehören auch die Stimmzettelumschläge aus der Briefwahl, die keinen Stimmzettel für die auszuzählende Wahl enthalten (§ 81 Abs. 1 Satz 2). Fehlen bei diesen Stimmzettelumschlägen auch die Stimmzettel für andere Wahlen sind sie auch bei diesen Wahlauswertungen zu berücksichtigen; sie müssen daher weitergereicht werden.
- **Stapel 3:** Stimmzettel, die Anlass zu Bedenken geben.

§ 81 Abs. 2 sieht vor, zunächst die **nicht gekennzeichneten Stimmzettel** (Stapel 2) zu prüfen, ob sie wirklich leer und folglich ungültig sind. Trifft das zu, werden sie auf einen gesonderten Stapel gelegt; wird doch noch eine Kennzeichnung entdeckt, sind sie auf Stapel 1 oder Stapel 3 zu legen. Beschlüsse des Wahlvorstands sind insoweit nicht erforderlich (Nr. 70.2 Abs. 1).

Danach sollen die **Stimmzettel des Stapels 3 beschlussmäßig** behandelt werden (§ 81 Abs. 3). Das Ergebnis, ob gültig oder ungültig, ist auf der Rückseite des jeweiligen Stimmzettels mit Begründung zu vermerken und zu unterschreiben; dazu gibt es auch Aufkleber, auf denen der Ungültigkeitsgrund nur noch angekreuzt werden muss (vgl. Nr. 70.2 Satz 7). Die Stimmzettel sind daraufhin gesondert zum Stapel 1 oder Stapel 2 zu legen. Erst wenn der Stapel 3 abgearbeitet ist, sollen nach **§ 81 Abs. 4 die gültigen Stimmzettel** ausgewertet werden. **In der Praxis** dürfte es aber nicht selten vorkommen, dass die gültigen Stimmzettel quasi schon nebenbei nach Wahlvorschlägen getrennt gezählt wurden, bevor die ungültigen Stimmzettel abschließend behandelt werden. Das erscheint akzeptabel. Wichtig ist: Genauigkeit geht vor Schnelligkeit! Es ist zu beachten, dass die **beschlussmäßig für gültig erklärten Stimmzettel nicht verpackt** werden dürfen, sondern gemeinsam mit den beschlussmäßig für ungültig erklärten Stimmzetteln mit der Niederschrift der Wahlleiterin oder dem Wahlleiter zu übersenden sind (§ 89 Abs. 1 Satz 1 Nr. 3; Nr. 68.3). Sie sind daher so auf die jeweiligen Wahlvorschläge des Stapels 1 zu legen, dass sie nach dem Zählen wieder leicht entnommen werden können (Nr. 68.3) oder erst zuletzt auszuzählen.

Neu ist, dass die Wahlleiterin oder der Wahlleiter für den Fall, dass es **bei einer Bürgermeister- oder Landratswahl nur einen Wahlvorschlag** gibt, festlegen kann, dass die Stimmzettel für handschriftlich hinzugefügte Personen, auf die jeweils nicht mehr als 10 Stimmen abgegeben worden sind, gesammelt und ohne Namensnennung erfasst werden können. Diese Regelung trägt dem Umstand Rechnung, dass hier häufig nicht reale oder aber reale Persönlichkeiten, die die Wählbarkeitsvoraussetzungen nicht erfüllen, genannt werden. Nur für wenige Stimmzettel kann dabei ohne genaue Überprüfung eindeutig ein Fantasie-Name und somit die Ungültigkeit angenommen werden. Dies kann zu einem erheblichen Mehraufwand führen, ohne dass die für diese Personen abgegebenen Stimmen letztlich für das Wahlergebnis relevant sind. Häufig werden auch prominente Persönlichkeiten auf die Stimmzettel geschrieben, die die Wählbarkeitsvoraussetzungen als hauptamtliche Bürgermeisterin oder Bürgermeister oder Landrätin oder Landrat sogar erfüllen würden (§ 81 Abs. 7 Nr. 1; Nr. 68.7 Abs. 1).

Hängt allerdings die Durchführung einer Stichwahl von diesen Stimmen ab, sind sie auszuwerten (§ 90 Abs. 3 Satz 2, Nr. 68.7. Satz 7). Ist daher bereits im Vorfeld nach den örtlichen Gegebenheiten mit einer Stichwahl zu rechnen, sollte auf diese Möglichkeit der Stimmenerfassung verzichtet werden (Nr. 68.7 Satz 5). Geben diese Stimmzettel Anlass zu Bedenken, können sie als gültig behandelt werden, wenn sie nicht eindeutig ungültig sind (§ 81 Abs. 7 Nr. 2, 68.7. Satz 10). Wird von der Möglichkeit der gesammelten Erfassung Gebrauch gemacht, werden diese in Anlage 19 und 20 zu Nrn. 17 und 68 bis 77 GLKrWBek unter Nr. 4 bei Buchstabe D02 oder, falls es handschriftlich hinzugefügte Personen mit mindestens 10 Stimmen gibt, nach diesen als „Sonstige" erfasst (Nr. 68.7 Satz 9).

Wurden **sämtliche Stimmzettel ausgewertet, stellt der Wahlvorstand fest**, wie viele gültige Stimmen insgesamt abgegeben wurden und wie viele davon auf die einzelnen Personen entfallen sind, zudem die Zahl der ggf. nach § 81 Abs. 7 gesammelt erfassten gültigen Stimmen (§ 87 Abs. 1 Nr. 1); die Wahlvorsteherin oder der Wahlvorsteher verkündet diese Zahlen (§ 87 Abs. 2 Satz 1). Danach ist die Niederschrift über diese Wahl abzuschließen und das Ergebnis (nach § 88; Nr. 76) per Schnellmeldung der Gemeinde zu melden.

Die angefallenen Unterlagen werden wie folgt behandelt:

- Die gültigen Stimmzettel, die nicht beschlussmäßig behandelt wurden, werden in einem Paket verpackt und versiegelt; der Inhalt wird außen zweckmäßigerweise vermerkt (§ 87 Abs. 2 Satz 4). Insbesondere bei knappen Wahlergebnissen sollten die Wahlleiterinnen und Wahlleiter die verpackten Stimmzettel so aufbewahren, dass Manipulationen ausgeschlossen werden.
- Die nicht gekennzeichneten Stimmzettel werden in einem eigenen Paket verpackt und versiegelt sowie ebenfalls bezeichnet (§ 87 Abs. 2 Satz 4).
- Die beschlussmäßig behandelten Stimmzettel, egal ob gültig oder ungültig, werden zusammen mit der Niederschrift der Wahlleiterin oder dem Wahlleiter nach § 89 Abs. 1 Satz 1 übersandt.

5.2.7 Wenn Bürgermeister- und Landratswahl ausgezählt sind, beginnt die **Auswertung der Gemeinderatswahl und danach der Kreistagswahl (§ 82)**. Das geschieht grundsätzlich noch am Wahlabend bzw. am folgenden Tag (§ 79 Abs. 3 und 4; Nr. 68.1). Während Bürgermeister- und Landratswahl also zwingend am Wahlabend auszuzählen sind, empfiehlt Nr. 68.2 zumindest noch die unverändert angenommenen Stimmzettel für die Gemeinderatswahl auszuzählen bzw. im Wahlauszählungsprogramm zu erfassen. Abhängig von der Gemeindegröße ist in der Praxis die Auszählung sämtlicher Wahlen noch am Wahlabend die Regel.

Für die Gemeinderats- und Kreistagswahl sind **fünf Stapel von Stimmzetteln** vorgesehen, soweit die Stapelbildung nicht wegen Einsatz eines Wahlauszählungsprogramms nach § 82 Abs. 9 Satz 1 entfällt (§ 82 Abs. 2 Satz 1):

- **Stapel 1:** Stimmzettel, auf denen nur ein Wahlvorschlag unverändert gekennzeichnet wurde, geordnet nach Wahlvorschlägen (also Stimmzettel mit nur einem Listenkreuz und ohne Einzelstimmvergabe).
- **Stapel 2:** Stimmzettel, auf denen nur innerhalb eines Wahlvorschlags Veränderungen vorgenommen wurden, geordnet nach Wahlvorschlägen (also Stimmzettel mit keinem oder einem Listenkreuz und Streichungen bzw. Einzelstimmvergaben nur in einem Wahlvorschlag).
- **Stapel 3:** Stimmzettel mit Veränderungen in verschiedenen Wahlvorschlägen (Einzelstimmvergaben in mehreren Wahlvorschlägen mit und ohne Listenkreuz[en]).
- **Stapel 4:** nicht gekennzeichnete Stimmzettel. Hierher gehören auch die Stimmzettelumschläge aus der Briefwahl, die keine Stimmzettel für die auszuzählende Wahl enthalten (§ 82 Abs. 2 Satz 2).
- **Stapel 5:** Stimmzettel, die Anlass zu Bedenken geben (z. B. Stimmzettel mit mehreren Listenkreuzen).

Zunächst werden **die nicht gekennzeichneten Stimmzettel** (Stapel 4) gezählt, auf einen gesonderten Stapel gelegt (§ 82 Abs. 3) und die Summe in der Niederschrift vermerkt. Beschlüsse des Wahlvorstands sind dazu nicht erforderlich (Nr. 70.2 Abs. 1). Anschließend sollen die Stimmzettel des Stapels 5 **(„zweifelhafte Stimmzettel")** beschlussmäßig behandelt und das Ergebnis auf der Rückseite vermerkt werden (§ 82 Abs. 4; falls vorhanden, Aufkleber verwenden!), bevor sie auf einen der Stapel 1 bis 3 bzw. den gesonderten Stapel der ungültigen Stimmzettel gelegt werden. Da sämtliche beschlussmäßig behandelten Stimmzettel aber nach § 89 Abs. 1 Satz 1 Nr. 3 mit der Niederschrift der Wahlleiterin oder dem Wahlleiter zu übersenden sind, bietet es sich hier in der Praxis an, diese Stimmzettel erst am Ende der Auswertung zu behandeln.

Nunmehr wird festgelegt, welche **Arbeitsgruppe** welche Wahlvorschläge auszählt. Zunächst sind die **Stimmzettel mit nur einem Listenkreuz (Stapel 1)** nach Wahlvorschlägen unter Aufsicht der Wahlvorsteherin oder des Wahlvorstehers oder ihrer Stellvertretung getrennt zu zählen (§ 82 Abs. 5). Das Ergebnis wird jeweils in einer Summe in die **Zähllisten** (vgl. Nr. 68.5; Muster in Anlage 15 zu Nr. 68 GLKrWBek) eingetragen. Dabei ist zu beachten, dass bei Wahlvorschlägen mit Mehrfachnennungen (zweifach, dreifach) nicht die Zahl der Bewerber, sondern die Zahl der Nennungen maßgebend ist. Die Summe wird in der Niederschrift vermerkt. Sodann beginnt die eigentliche Arbeit mit der **Auswertung der Stimmzettel des Stapels 2** (§ 82 Abs. 6). Die Mitglieder der für die Wahlvorschläge jeweils zuständigen Arbeitsgruppen zählen die Stimmzettel. Die Summen werden in der Niederschrift vermerkt. Danach werden die Stimmen von zwei Mitgliedern der jeweiligen Arbeitsgruppe ausgewertet, wobei der **eine die Zählliste** führt und **der andere die Zahl der Stimmen für die einzelnen sich bewerbenden Personen** angibt. Dabei kontrolliert er zuerst, ob die Höchstzahl der möglichen Stimmen nicht überschritten wurde. Wurde sie überschritten, ist der Stimmzettel ungültig (vgl. Nr. 72.7.1); ein solcher Stimmzettel ist auszusondern und beschlussmäßig für ungültig zu erklären.

Nur wenn die Höchstzahl der möglichen Stimmen eingehalten oder unterschritten wurde, werden die für die einzelnen sich bewerbenden Personen vergebenen Stimmen angesagt und in der Zählliste abgestrichen (hier ist große Konzentration gefordert, um nicht versehentlich „in eine andere Spalte zu verrutschen"). Auf die Auswertungsregeln (§§ 83 ff.; Nrn. 72 ff.), die in den Grundzügen nachfolgend noch dargestellt werden, ist zu achten. Ausgewertete Stimmzettel sind als solche zu kennzeichnen, z. B. durch ein Handzeichen. Solche Auszählvermerke sind mit einem eigenen andersfarbigen Zählstift außerhalb der für die Stimmabgabe vorgesehenen Umrandungen anzubringen (§ 82 Abs. 7).

Ist das Stimmzettelpaket für einen Wahlvorschlag ausgewertet, so ist dieses Paket bei Seite zu legen und als ausgewertet kenntlich zu machen. Die betreffende Arbeitsgruppe nimmt sich sodann das nächste Paket des Stapels 2 und wertet dies nach den gleichen Regeln für einen weiteren Wahlvorschlag aus. Besonderes Augenmerk ist dabei auf die Vergabe von Reststimmen zu legen. Dies geschieht auch hier mit Auszählvermerken. Erst wenn es ein solches Paket des Stapels 2 für die zugeteilten Wahlvorschläge nicht mehr gibt, befasst sich die Arbeitsgruppe mit den Stimmzetteln des Stapels 3.

Der **Stapel 3** enthält Stimmzettel, auf denen verschiedene Wahlvorschläge verändert gekennzeichnet worden sind (§ 82 Abs. 2 Satz 1 Nr. 3). Die Stimmzettel des Stapels 3 sind im Gegensatz zu den Stimmzetteln von Stapel 1 und 2 nicht vorher zu zählen. Die Stimmen für die sich bewerbenden Personen werden auch hier durch einen Beisitzer der Arbeitsgruppe einzeln verlesen und von dem anderen Beisitzer in der Zählliste abgestrichen. Jede Arbeitsgruppe muss die Stimmenauswertung für ihre Wahlvorschläge durch einen Auszählvermerk (§ 82 Abs. 7; Nr. 68.6) kenntlich machen. Jene Arbeitsgruppe, die die Zählliste für den Wahlvorschlag führt, auf den ein Listenkreuz zur Vergabe von Reststimmen entfällt, muss genau darauf achten, dass die Reststimmen auch richtig ausgewertet werden.

Soweit die Stimmzettel des **Stapels 5** nicht bereits am Anfang nach § 82 Abs. 4 behandelt worden sind, ist über sie spätestens zum Ende der Auswertung **Beschluss** zu fassen. Das Ergebnis des Beschlusses (nicht jedoch das Abstimmungsverhältnis im Wahlvorstand – s. Nr. 70.2 Satz 6) ist auf der **Rückseite des Stimmzettels mit Unterschrift** der Wahlvorsteherin bzw. des Wahlvorstehers oder deren Stellvertretungen zu vermerken. Auf die zu diesem Zweck von den Verlagen vorgehaltenen Aufkleber wird hingewiesen. Die Stimmen aus den für gültig erklärten Stimmzetteln sind in die Zähllisten zu übertragen. Alle beschlussmäßig behandelten Stimmzettel sind mit der Wahlniederschrift dem Wahlleiter zu übermitteln (§ 89 Abs. 1 Satz 1 Nr. 3; Nrn. 68.3, 77).

Sind sämtliche Stimmzettel ausgewertet, wird nach dem „Vier-Augen-Prinzip" von zwei Beisitzern unabhängig voneinander **die Gesamtsumme der für jede sich bewerbende Person abgegebenen Stimmen** in den Zähllisten ermittelt; das Ergebnis ist in die Niederschrift einzutragen (§ 82 Abs. 8).

Nach Ende der Ergebnisermittlung für die Gemeinderatswahl beginnt die Auswertung der Kreistagswahl, die nach den gleichen Regeln erfolgt.

5.3 Bei **Auszählung der Stimmzettel mithilfe einer Datenverarbeitungsanlage** gelten eine Reihe von Besonderheiten.

Beim Einsatz von **Wahlauszählungsprogrammen** werden die Stimmzettel mit einem Aufkleber versehen, der eine Nummer und einen Barcode enthält. Per Tastatur bzw. Barcode-Lesestift wird die Nummer im Programm erfasst, so dass jeder Stimmzettel auch im Programm zugeordnet werden kann. Alternativ besteht die Möglichkeit, die unverändert gekennzeichneten (nur ein Listenkreuz) sowie die leeren Stimmzettel auszusortieren, zu zählen und im Programm zu erfassen. Bei dieser Variante werden nur die kumulierten, panaschierten und die beschlussmäßig behandelten Stimmzettel mit einem entsprechenden Aufkleber versehen.

Die Stimmzettel werden der Reihe nach im Programm erfasst. Auf die nach § 82 Abs. 2 vorgesehene **Stapelbildung** kann daher **verzichtet** werden (§§ 81 Abs. 6 Satz 1, 82 Abs. 9 Satz 1). Bei Auswertung mit dem **Barcode-Lesestift** werden dabei die auf den Stimmzetteln angebrachten Barcodes (vgl. Fußnote 5 zu Anlage 3 zu §§ 30 bis 32 GLKrWO) entsprechend der vergebenen Stimmenzahl abgestrichen. Bei Auswertung mit **Tastatur** werden die Wahlvorschlagsnummern bzw. die Nummern der Bewerber auf dem Stimmzettel eingegeben, während bei der Auswertung per **Maus** die Stimmen per Mausklick auf den auf dem Bildschirm abgebildeten Stimmzetteln erfasst werden.

Stimmzettel, die Anlass zu Bedenken geben (dazu gehören auch die eindeutig ungültigen), werden im Programm erfasst und ausgesondert. Über die Gültigkeit dieser Stimmzettel hat der Wahlvorstand zu beschließen (§§ 81 Abs. 3 Satz 1, 82 Abs. 4 Satz 1; Nr. 70.2 Abs. 1). Dabei sind Sammelbeschlüsse möglich (Nr. 70.2 Abs. 2). Bei Verwendung eines PCs können diese Beschlüsse vom gesamten Wahlvorstand gleich bei der Eingabe getroffen werden. Die Feststellungen im Wahlauszählungsprogramm können dabei aber nicht ungeprüft übernommen werden. Manche Eingabefehler werden vom Programm nicht als solche erkannt, z. B. wenn versehentlich mehr Stimmen eingegeben wurden, als tatsächlich auf dem Stimmzettel vergeben wurden und das Programm eine Ungültigkeit wegen Stimmenüberschreitung feststellt. Werden zwei oder mehr PCs verwendet, und damit Arbeitsgruppen gebildet, sind die Beschlüsse nach Erfassung aller Stimmzettel vom gesamten Wahlvorstand zu fassen. Dabei ist nochmals zu überprüfen, ob die Erfassung dieser Stimmzettel im Wahlauszählungsprogramm mit der Entscheidung des Wahlvorstands übereinstimmt. Diese Stimmzettel sind der Niederschrift beizufügen (§ 89 Abs. 1 Satz 1 Nr. 3; Nr. 77). Ein Vermerk über die Entscheidung des Wahlvorstands bezüglich der Ungültigkeit oder Gültigkeit auf der Rückseite dieser Stimmzettel nach §§ 81 Abs. 6 Satz 2, 82 Abs. 9 Satz 2 entfällt. Da eine eindeutige Zuordnung zum jeweiligen Stimmzettel gewährleistet ist, wird anstelle des Vermerks ein Ausdruck erstellt, aus dem ersichtlich ist, warum die Stimmvergabe für ungültig oder gültig erklärt wurde (§§ 81 Abs. 6 Satz 2, 82 Abs. 9 Satz 2). Der Ausdruck ist von der Wahlvorsteherin oder vom Wahlvorsteher zu unterzeichnen (§§ 81 Abs. 6 Satz 3, 82 Abs. 9 Satz 3).

Da die Stimmen im Programm direkt erfasst werden, entfällt auch die Zwischenerfassung in **Zähllisten**. Die Zähllisten werden aus dem Verfahren ermittelt und ausgedruckt; sie sind von der Wahlvorsteherin oder dem Wahlvorsteher und von allen Personen, die mit der Stimmenerfassung betraut waren, zu unterzeichnen (§ 82 Abs. 9 Satz 6; Nr. 68.5; Anlage 16 zu Nr. 68 GLKrWBek).

Die auf den Stimmzetteln erforderlichen **Auszählvermerke**, wenn Reststimmen zu vergeben sind, weil die Kopfleiste gekennzeichnet und die Stimmen nicht in vollem Umfang durch Einzelstimmvergabe verbraucht wurden, entfallen bei Einsatz eines Wahlauszählungsprogramms ebenfalls (Nr. 68.6).

Das **Verpacken der nicht beschlussmäßig behandelten Stimmzettel**, in den nach § 81 Abs. 1 Satz 1 und § 82 Abs. 2 Satz 1 genannten Stapeln, ist bei Einsatz eines Wahlauszählungsprogramms ebenfalls nicht erforderlich (Nr. 77 Satz 3, 4. Spiegelstrich). Die Stimmzettel sind zusammen zu verpacken und zu versiegeln.

6. Auswertungsregeln – gültige/ungültige Stimmzettel

In Anbetracht dessen, dass die GLKrWBek unter Nrn. 70 ff., insbesondere Nrn. 72 und 73 bereits zahlreiche anschauliche Beispiele für gültige/ungültige Stimmzettel enthält, sollen an dieser Stelle nur die Grundzüge der Stimmenauswertung dargestellt werden:

6.1 **Leere Stimmzettel sind ungültig** (§ 83 Abs. 1 Nr. 2; Nr. 70.3). Dasselbe gilt, wenn nur **Streichungen** vorgenommen werden. Eine gültige Stimmabgabe setzt voraus, dass eine positive Willensbekundung vorliegt (Nr. 70.3 Abs. 2). Ein Beschluss des Wahlvorstands über einen leeren Stimmzettel ist nicht zu fassen (Nr. 70.3 Satz 1). „Leer" ist ein Stimmzettel aber nur dann, wenn er keinerlei Kennzeichnung, also auch kein besonderes Merkmal enthält.

6.2 **Stimmzettel**, die ein irgendwie geartetes **Kennzeichen** enthalten, das es dem Eingeweihten ermöglicht, den Stimmzettel zu identifizieren, sind ebenfalls **ungültig** (§ 83 Abs. 1 Nr. 3). Das gilt nicht nur für **offensichtliche Merkmale**, wie etwa eine Zeichnung, Anmerkung zu Kandidatinnen und Kandidaten o. Ä., sondern auch für eher **dezente Merkmale**, z. B. senkrechte Kreuze (+) statt der üblichen (x). Auch Korrekturen der Einzelstimmvergaben sind verdächtig. Allerdings wird empfohlen, gerade bei der Gemeinderats- und Kreistagswahl nicht zu kleinlich zu sein, wenn „gehäufelte Stimmen" nochmals korrigiert wurden, weil sonst z. B. die Gesamtstimmenzahl überschritten worden wäre. Hier hätte zwar ein „verschriebener Stimmzettel" vom Abstimmenden durch einen neuen Stimmzettel ausgetauscht werden müssen (vgl. § 61 Abs. 3); das wird aber in der Praxis nur von wenigen Abstimmenden erkannt. Allerdings muss die Korrektur eindeutig den Willen des Abstimmenden erkennen lassen.

6.3 Über Stimmzettel der eben beschriebenen Kategorie ist **durch den Wahlvorstand zu beschließen;** das Ergebnis ist auf der **Rückseite des Stimmzettels zu vermerken** (§ 82 Abs. 4 Satz 2). Auf die von den Verlagen hierfür angebotenen Aufkleber wird verwiesen. Bei Einsatz eines Wahlauszählungsprogramms entfällt dieser Vermerk. Ein solcher Beschluss ist auch erforderlich, wenn die Ungültigkeit eindeutig ist (Nr. 70.2 Satz 3). Mehrere Stimmzettel mit gleichem Ungültigkeitsgrund können mit Sammelbeschluss behandelt werden (Nr. 70.2 Satz 5).

6.4 Liegen bei einer **Gemeinderats- und Kreistagswahl mehrere Wahlvorschläge** vor, gelten folgende **Grundsätze der Verhältniswahl**:

6.4.1 Bei Stimmzetteln mit **einem Listenkreuz und ohne Einzelstimmvergabe** liegt eine unveränderte Annahme des Wahlvorschlags vor, d. h. die stimmberechtigte Person hat ihre zustehenden Stimmen vollständig auf die Bewerber des gekennzeichneten Wahlvorschlags verteilt (Art. 34 Nr. 3; § 75 Nr. 4a; Nr. 72.1). Eine zweifach aufgeführte sich bewerbende Person erhält zwei, eine dreifach aufgeführte sich bewerbende Person erhält drei Stimmen.

6.4.2 Stimmzettel mit zwei oder mehr Listenkreuzen ohne Einzelstimmvergabe (vgl. Nr. 72.9) sind **ungültig** (§ 85 Nr. 1). Eine **Ausnahme** gilt hier nur, wenn die gekennzeichneten Wahlvorschläge weniger sich bewerbende Personen als zulässig enthalten und trotz mehrerer Listenkreuze insgesamt die Zahl der zulässigen Stimmen nicht überschritten wird (s. Nr. 72.10). Dieses Ergebnis kann auch dann erreicht werden, wenn in den Wahlvorschlägen eine genügend große Anzahl von sich bewerbenden Personen gestrichen wird, so dass die verbleibenden sich bewerbenden Personen in den gekennzeichneten Wahlvorschlägen – unter Berücksichtigung von Mehrfachnennungen – die zulässige Stimmenzahl nicht überschreiten (vgl. Nr. 72.6.3); dieser Stimmzettel wäre im Übrigen auch gültig, wenn zusätzlich eine Einzelstimmvergabe an sich bewerbende Personen eines weiteren Wahlvorschlags (ohne Kennzeichnung mit einem Listenkreuz) und zugleich eine entsprechende Anzahl an Streichungen innerhalb der durch Listenkreuze gekennzeichneten Wahlvorschläge erfolgt wäre (Nr. 72.6.3 Satz 7).

6.4.3 Bei Stimmzetteln ohne Listenkreuz (vgl. Nr. 72.4) sind nur die Einzelstimmvergaben zu beachten. Die stimmberechtigte Person kann einzelnen sich bewerbenden Personen bis zu drei Stimmen geben (**häufeln oder kumulieren;** Art. 34 Nr. 4) oder bewerbende Personen aus verschiedenen Wahlvorschlägen wählen (**panaschieren**; Art. 34 Nr. 5). Für die Einzelstimmvergabe sind **sämtliche Stimmenkreuze und gehäufelten Stimmenzahlen zusammenzuzählen.** Die vergebenen Einzelstimmen werden den gekennzeichneten sich bewerbenden Personen gutgeschrieben. Wurde die zulässige Stimmenzahl überschritten, ist der Stimmzettel ungültig (§ 85 Nr. 2). Dies gilt auch dann, soweit über „3" hinaus gehäufelt wurde. Wurde z. B. eine „10" vor einen Bewerber geschrieben, so sind damit 10 Stimmen verbraucht, nur 3 davon können gewertet werden. Die über 3 hinausgehenden Stimmen sind ungültig (§ 85 Nr. 3). Wenn einschließlich der „10" die zulässige Stimmenzahl überschritten wurde (vgl. § 85 Nr. 3 Hs. 2 mit Nr. 2), ist der Stimmzettel insgesamt ungültig (vgl. Nr. 72.7.3). Wurde die volle zur

Verfügung stehende Stimmenzahl nicht ausgeschöpft, sind die Reststimmen verfallen (vgl. Nr. 72.4).

6.4.4 Bei Stimmzetteln mit einem Listenkreuz und mit Einzelstimmvergabe (vgl. Nrn. 72.5, 72.6.1, 72.6.2, 72.7.1, 72.7.2, 72.7.3, 72.8, 72.13) sind folgende Besonderheiten zu beachten:

6.4.4.1 Wurden durch die **Einzelstimmvergabe mehr Stimmen verteilt als zulässig**, ist der **Stimmzettel ungültig** (§ 85 Nr. 2; Nr. 72.7.1; vgl. oben 6.4.3); auf das Listenkreuz kommt es dabei nicht mehr an.

6.4.4.2 Wurden mit der **Einzelstimmvergabe genau die zulässigen Stimmen verteilt**, ist der **Stimmzettel gültig**. Das Listenkreuz hat dann ebenfalls keine Bedeutung (Nrn. 71, 72.5).

6.4.4.3 Wurden weniger **Einzelstimmen vergeben als zulässig, kommt das Listenkreuz zum Tragen**. Die durch Einzelstimmvergabe nicht ausgeschöpften Reststimmen erhalten die im gekennzeichneten Wahlvorschlag aufgeführten Personen, die nicht bereits Einzelstimmen erhalten haben und auch nicht gestrichen wurden und zwar in der vorgedruckten Reihenfolge von oben nach unten (§ 75 Nr. 5a; Nrn. 71, 72.6.1, 72.6.2). Eine mehrfach im Vorschlag aufgeführte sich bewerbende Person kann auf diese Weise über die Einzelstimmvergabe hinaus weitere Stimmen bis zur Höchstzahl drei erhalten (§ 75 Nr. 5a Satz 3 Hs. 2; Nr. 72.6.2).

6.4.5 Bei Stimmzetteln mit zwei oder mehr Listenkreuzen und Einzelstimmvergabe (vgl. Nrn. 72.11 und 72.12) gilt der **Grundsatz „Einzelstimmvergabe vor Listenkreuz“**, d. h., die Listenkreuze sind unbeachtlich.

6.5 Liegt bei einer Gemeinderats- und Kreistagswahl **kein oder nur ein Wahlvorschlag vor,** gelten die Grundsätze der **Mehrheitswahl** ohne Bindung an vorgeschlagene sich bewerbende Personen (Art. 38 Abs. 1 Satz 1; § 76). **Neu ist**, dass die stimmberechtigte Person auch bei der Mehrheitswahl einer sich bewerbenden Person innerhalb der ihr zustehenden Stimmenzahl bis zu drei Stimmen geben kann (häufeln oder kumulieren). Dabei kennzeichnet sie die sich bewerbende oder handschriftlich hinzugefügte Person so, dass eindeutig ersichtlich ist, ob sie der Person zwei- oder drei Stimmen geben will (§ 76 Abs. 3). Daher können nunmehr sich bewerbende Personen auf dem Stimmzettel zwei- oder dreifach aufgeführt werden. Die stimmberechtigte Person hat auch bei der Mehrheitswahl nur noch so viele Stimmen, wie ehrenamtliche Gemeinderatsmitglieder oder Kreisrätinnen und Kreisräte zu wählen sind (Art. 38 Abs. 1 Satz 2).

6.5.1 Echte Mehrheitswahl (es liegt kein gültiger Wahlvorschlag vor):

Hier können Stimmen nur dadurch vergeben werden, dass wählbare Personen **handschriftlich** (§ 76 Abs. 7 – ein Aufkleber genügt also nicht!) auf den Stimmzettel geschrieben werden. Die Angaben müssen so genau sein, dass die bezeichnete Person eindeutig identifizierbar ist (Achtung bei Personen gleichen Namens! – Zusatz erforderlich z. B. Senior oder Junior, Berufsbezeichnung, genaue Adresse usw.). Es dürfen höchstens so viele Personen auf den Stimmzettel geschrieben werden, wie ehrenamtliche Gemeinderatsmitglieder oder Kreisrätinnen und Kreisräte zu wählen sind. An eine handschriftlich aufgeführte Person können bis zu drei Stimmen vergeben werden (vgl. Nr. 73.1.2) oder es wird die Person dreifach handschriftlich aufgeführt. Werden mehr Personen auf den Stimmzettel geschrieben als Stimmen zu vergeben sind, ist der Stimmzettel ungültig (§ 86 Nr. 1).

6.5.2 Bei der unechten Mehrheitswahl (es liegt nur ein gültiger Wahlvorschlag vor) gelten folgende Grundsätze:

6.5.2.1 Bei **Stimmzetteln,** auf denen **nur das Listenkreuz ohne** Kennzeichnung, Streichung und handschriftliche Hinzufügung von Personen vorhanden ist, hat die stimmberechtigte Person **alle** auf dem Stimmzettel aufgeführten Personen gewählt, wenn der Stimmzettel so viele Bewerber enthält, wie die stimmberechtigte Person Stimmen hat (§ 76 Abs. 4 Satz 1). Enthält der Stimmzettel mehr sich bewerbende Personen, als die stimmberechtigte Person Stimmen hat, vergibt sie die ihr zustehenden Stimmen in der Reihenfolge von oben nach unten (§ 76 Abs. 4 Satz 1, Nr. 73.1.1). Enthält der Wahlvorschlag weniger sich bewerbende Personen, als der stimmberechtigten Person Stimmen zustehen, verzichtet sie auf die weiteren Stimmen (§ 76 Abs. 4 Satz 2).

6.5.2.2 Bei **Stimmzetteln ohne Listenkreuz kann** die stimmberechtigte Person auf dem Stimmzettel vorgedruckte sich bewerbende Personen kennzeichnen oder andere wählbare Personen in eindeutig bezeichnender Weise auf den Stimmzettel handschriftlich hinzufügen (§ 76 Abs. 1 und 2; vgl. Nr. 73.5.2, 73.6). Überschreitet sie dabei ihre Gesamtstimmenzahl, weil sie mehr Stimmen vergibt als sie hat, ist die Stimmvergabe ungültig (§ 86 Nrn. 1, 2; Nr. 73.5.1). Wurden Personen nur gestrichen, gilt dies nicht als Stimmvergabe an die nicht gestrichenen Personen, weil hier keine positive Willensbekundung vorliegt (Nr. 70.3 Abs. 2).

6.5.2.3 Stimmzettel **mit Listenkreuz und nur Streichungen** gelten als Stimmvergabe an die nicht gestrichenen Bewerber (§ 76 Abs. 5; vgl. Nr. 73.4).

6.5.2.4 Bei Stimmzetteln mit **Listenkreuz und Kennzeichnung von Personen oder handschriftlich hinzugefügten Personen** (Nrn. 73.1.2, 73.2.1, 73.2.2, 73.3, 73.4) sind folgende Besonderheiten zu beachten:

6.5.2.4.1 Wurden **mehr Personen gekennzeichnet oder handschriftlich hinzugefügt** als die wählende Person Stimmen hat, ist der **Stimmzettel ungültig** (§ 86 Nr. 2); auf das Listenkreuz kommt es dabei nicht mehr an.

6.5.2.4.2 Wurden **genauso viel Personen gekennzeichnet und handschriftlich hinzugefügt** wie die wählende Person Stimmen hat, ist der **Stimmzettel gültig**. Das Listenkreuz hat dann ebenfalls keine Bedeutung (vgl. § 76 Abs. 6 Satz 1; Nr. 73.2.2).

6.5.2.4.3 Wurden **weniger Personen gekennzeichnet oder handschriftlich hinzugefügt** als zulässig, kommt das **Listenkreuz zum Tragen**. Die durch Einzelstimmen nicht ausgeschöpften Reststimmen erhalten die nicht gekennzeichneten sich bewerbenden Personen in der Reihenfolge von oben nach unten mit Ausnahme der gestrichenen sich bewerbenden Personen. Mehrfach aufgeführte Personen bekommen ebenfalls noch Reststimmen entsprechend ihrer Mehrfachaufführung, auch wenn sie bereits Einzelstimmen erhalten haben (§ 76 Abs. 6 Sätze 2 und 3; Nr. 73.1.2, 73.2.1, 73.3, 73.4).

6.6 **Bei Bürgermeister- und Landratswahlen** gelten folgende Grundsätze:

6.6.1 Liegen **mehrere Wahlvorschläge** vor, kann die wählende Person nur eine der vorgedruckten sich bewerbenden Personen wählen (§ 77 Abs. 1; Nr. 74.2), wählt sie mehrere sich bewerbende Personen, ist der Stimmzettel ungültig (§ 84). Ungültig ist die Stimmabgabe auch, wenn sie bis auf einen alle anderen vorgedruckten sich bewerbenden Personen streicht; nur streichen ist keine Stimmabgabe (Nrn. 70.3 Abs. 2, 74.1).

6.6.2 Liegt nur **ein Wahlvorschlag** vor, kann die wählende Person die vorgedruckte sich bewerbende Person durch eindeutige Kennzeichnung wählen oder eine andere wählbare Person handschriftlich in eindeutig bezeichnender Weise auf dem Stimmzettel eintragen (§ 77 Abs. 2; Nr. 74.3). Auch wenn nur ein Wahlvorschlag vorliegt, muss sich die wählende Person ausdrücklich für eine Person entscheiden. Leere Stimmzettel sind immer ungültig (§ 83 Abs. 1 Nr. 3, Nr. 74.4)

Trägt die wählende Person eine andere wählbare Person ein, ist es nicht erforderlich, dass sie die vorgedruckte sich bewerbende Person streicht. Kennzeichnet sie die vorgedruckte sich bewerbende Person und trägt gleichzeitig eine andere wählbare Person handschriftlich ein, ist die Stimmvergabe ungültig (§ 84).

6.6.3 Liegt **kein Wahlvorschlag** vor, hat die wählende Person eine wählbare Person handschriftlich auf dem Stimmzettel einzutragen (§ 77 Abs. 3). Auf eine eindeutige Bezeichnung ist auch hier zu achten.

7. Feststellung des Wahlergebnisses

Für jede stattfindende Wahl hat der Wahlvorstand ein „Wahlergebnis" für den Stimmbezirk festzustellen. Das betrifft bei der Wahl der ersten Bürgermeisterin oder des ersten Bürgermeisters und der Landrätin oder des Landrats die Zahl der insgesamt abgegebenen gültigen Stimmen und die Zahl der für die einzelnen Personen abgegebenen gültigen Stimmen (Art. 19 Abs. 1; § 87 Abs. 1 Nr. 1). Wurde von der Möglichkeit des § 81 Abs. 7 Gebrauch gemacht, ist auch die Zahl der für mehrere Personen gesammelt erfassten abgegebenen gültigen Stimmen festzustellen (§ 87 Abs. 1 Nr. 1, 2. Spiegelstrich). Bei der Wahl des Gemeinderats und des Kreistags betrifft dies im Falle der Verhältniswahl die Zahl der für die einzelnen Personen abgegebenen gültigen Stimmen und die Zahl der auf die einzelnen Wahlvorschläge insgesamt entfallenen gültigen Stimmen, die durch Zusammenzählen der Bewerberstimmen dieses Wahlvorschlags ermittelt wird (§ 87 Abs. 1 Nr. 2 Buchst. a; Nr. 75). Bei Mehrheitswahl ist die Zahl der auf die einzelnen Personen abgegebenen Stimmen festzustellen (§ 87 Abs. 1 Nr. 2 Buchst. b). Die festgestellten Zahlen werden von der (Brief-)Wahlvorsteherin oder dem (Brief-)Wahlvorsteher verkündet (§ 87 Abs. 2 Satz 1).

Der Wahlvorstand hat ferner die erzielten Ergebnisse für die Wahl der ersten Bürgermeisterin bzw. des ersten Bürgermeisters und der Landrätin oder des Landrats in sog. **Schnellmeldungen** (§ 88; Nr. 76) möglichst rasch nach Feststellung jedes Wahlergebnisses weiterzuleiten. Die Gemeinde kümmert sich dann um die etwa erforderliche Weiterleitung der Meldungen an das Landratsamt bzw. an das Landesamt für Statistik. Weitere Einzelheiten sind der rechtzeitig vor den Wahlen veröffentlichten Bekanntmachung des Landesamtes für Statistik über die Meldung der Wahlergebnisse für statistische Zwecke zu entnehmen. Daneben sind die Ergebnisse bzw. Unterlagen der Gemeinderats- und Kreistagswahlen ebenfalls unmittelbar nach ihrer Feststellung der Gemeinde zu übermitteln (vgl. § 87 Abs. 2, § 89, § 90 Abs. 1 Satz 1).

VIII. Das Wahlergebnis

1. Aufgabe der Wahlleiterinnen und Wahlleiter

Die **Aufgabe der Wahlleiterinnen und Wahlleiter** (Art. 4 Abs. 2 Nr. 1, 5 Abs. 1) ist es, die von den Wahlvorsteherinnen oder Wahlvorstehern übermittelten Unterlagen (§ 89; Nr. 77) zu sammeln, zu sichten und auszuwerten. Für jede Wahl hat die Wahlleiterin oder der Wahlleiter für die Gemeinde- bzw. Landkreiswahlen (Gemeindewahlleiterin oder Gemeindewahlleiter bzw. Landkreiswahlleiterin oder Landkreiswahlleiter) dazu insbesondere festzustellen (§ 90 Abs. 2 bis 4):

- die Zahl der Stimmberechtigten,
- die Zahl der Personen, die gewählt haben,
- die Zahl der abgegebenen gültigen Stimmen,
- die Zahl der abgegebenen ungültigen Stimmzettel,
- die Zahl der für jede Person abgegebenen gültigen Stimmen,
- ob eine Bürgermeisterkandidatin oder ein Bürgermeisterkandidat bzw. eine Landratskandidatin oder ein Landratskandidat die erforderliche absolute Mehrheit der gültigen Stimmen erreicht hat und falls nein, wer in die Stichwahl kommt,
- die Sitzverteilung im Gemeinderat bzw. Kreistag sowie die gewählten Personen bzw. Listennachfolger.

Hat die Wahlleiterin oder der Wahlleiter **Zweifel an der Richtigkeit** der von den Wahlvorständen übermittelten Ergebnisse, so hat er eine Berichtigung vorzubereiten. Hierzu kann er ggf. die Berichtigung durch die Wahlvorstände veranlassen (§ 90 Abs. 5; Nr. 79 Satz 1). Die Wahlleiterin oder der Wahlleiter sollte das Ergebnis jedoch nicht selbst (oder mit Unterstützung von Gemeindebediensteten) nochmals nachzählen. Die Wahlleiterin oder der Wahlleiter nimmt eine Berichtigung nicht selbst vor. Sie bzw. er kann allerdings erkennbare Rechenfehler korrigieren, nicht aber die Stimmenauswertung ändern (z. B. Beschlüsse über Gültigkeit/Ungültigkeit von Stimmzetteln abändern). Die **Berichtigung** im eigentlichen Sinn **obliegt dem Wahlausschuss** (Art. 19 Abs. 3 Satz 3; §§ 90 Abs. 5, 92 Abs. 2; Nr. 79 Satz 4). Ein **knappes Wahlergebnis** ist zwar für sich noch kein Grund, das Nachzählen anzuordnen. Vielmehr müssen Anhaltspunkte für eine fehlerhafte Stimmenauswertung hinzukommen. Da bei knappen Wahlergebnissen erfahrungsgemäß häufiger mit Wahlanfechtungen zu rechnen ist, sollte hier auf die sichere Aufbewahrung der Stimmzettel besonders geachtet werden.

Die Wahlleiterin oder der Wahlleiter hat nach der Feststellung der Ergebnisse für alle Stimmbezirke zunächst das **vorläufige Wahlergebnis** unter dem Vorbehalt der Feststellung durch den Wahlausschuss in geeigneter Form der Öffentlichkeit zu verkünden und dies zu dokumentieren (Art. 19 Abs. 3 Satz 1; § 90 Abs. 6).

Die Wahl gilt dann als angenommen, wenn der Gewählte sie nicht binnen einer Woche nach Verkündung dieses vorläufigen Wahlergebnisses abgelehnt hat (vgl. dazu unten 2.). Die Verkündung ist zwar an keine Form gebunden, insbesondere gilt nicht § 98 (Nr. 78 Abs. 1). Da die Verkündung jedoch eine Wochenfrist auslöst, innerhalb derer die Wahl abgelehnt werden kann (Art. 47 Abs. 1 Satz 1), ist ein Anschlag am Rathaus neben einer sonstigen Veröffentlichung in den Medien oder auf der Homepage zu empfehlen. Die Wahlleiterin oder der Wahlleiter muss vor dem Wahltag nach § 98 bekanntmachen, in welcher Form sie oder er das vorläufige Wahlergebnis der Öffentlichkeit verkünden will, und falls mehrere Arten genutzt werden sollen, welche Verkündung für den Beginn der Frist nach Art. 47 Abs. 1 Satz 1 entscheidend ist (§ 90 Abs. 6 Satz 2, Nr. 78 Abs. 2).

Die Verkündung des **abschließenden Wahlergebnisses** obliegt ebenfalls der Wahlleiterin oder dem Wahlleiter (Art. 19 Abs. 3 Satz 5; § 92 Abs. 3; Anlagen 17 und 18 zu § 92 GLKrWO). In der Bekanntmachung des abschließenden Ergebnisses für die Wahl der ersten Bürgermeisterin oder des ersten Bürgermeisters, der Landrätin oder des Landrats (Anlage 18 zu §§ 78, 92 GLKrWO) können für den Fall einer entsprechenden Anordnung nach § 81 Abs. 7 die Stimmen für handschriftlich hinzugefügte Personen, für die jeweils nicht mehr als 10 Stimmen abgegeben worden sind, ohne namentliche Nennung als „Sonstige" gesammelt angegeben werden (Nr. 68.7 Satz 12).

2. Annahme und Ablehnung der Wahl

Eine Verständigung der Gewählten durch die Wahlleiterin oder den Wahlleiter ist nicht erforderlich, ebenso wenig eine ausdrückliche Annahmeerklärung. Stattdessen gilt die Wahl als angenommen (**Annahmefiktion**), wenn die gewählte Person sie nicht **binnen einer Woche nach Verkündigung des vorläufigen Wahlergebnisses** schriftlich oder zur Niederschrift bei der Gemeindeverwaltung, bei Landkreiswahlen beim Landratsamt, abgelehnt hat (Art. 47 Abs. 1 Satz 1; Nr. 83.1). Eine Ablehnung lediglich durch

E-Mail genügt nicht den formalen Anforderungen (vgl. auch BayVGH, Beschluss vom 15.02.2021, Az. 4 CS 20.3144, juris Rn. 23 ff. zum Formerfordernis der Ablehnung der Übernahme des Mandats nach Ablauf der Fristen aus Art. 47). Die gewählte Person kann selbstverständlich auch weiterhin erklären, dass sie die Wahl annimmt (Nr. 83.1 Satz 7). Im Falle einer nachträglichen Berichtigung des Wahlergebnisses (z. B. im Rahmen der Wahlprüfung) mit der Folge, dass eine andere Person gewählt ist, wird die Änderung ebenfalls entsprechend Art. 19 Abs. 3 Satz 1 verkündet und kann die gewählte Person die Wahl binnen einer Woche nach dieser Verkündung ablehnen (Art. 47 Abs. 1 Satz 2).

Eine unverzügliche **Verständigung** der gewählten Person durch die Wahlleiterin oder den Wahlleiter ist jedoch **weiterhin erforderlich, wenn** sich diese nicht auf einem Wahlvorschlag beworben hat. Dies ist bei einer Mehrheitswahl möglich. Diese gewählten Personen sind aufzufordern, binnen zwei Wochen, bei einer Stichwahl binnen einer Woche, nach der Verkündung des vorläufigen Wahlergebnisses mitzuteilen, ob sie die Wahl annehmen (Art. 47 Abs. 2; Nr. 83.2). Die Wahl gilt dann als abgelehnt, wenn sie nicht wirksam, schriftlich oder zur Niederschrift bei der Gemeindeverwaltung oder bei Landkreiswahlen beim Landratsamt, angenommen wurde. Gleiches gilt für die Fälle der Listennachfolge bei Bestehen eines Amtshindernisses oder im Falle eines Amtsverlusts bzw. einer Mandatsniederlegung (vgl. Art. 48 Abs. 3 Satz 3).

3. Wahlausschuss

Der **Wahlausschuss** (Art. 4 Abs. 2 Nr. 1, 5 Abs. 2) **stellt das** abschließende **Wahlergebnis** auf der Grundlage der Vorbereitung durch die Wahlleiterin oder den Wahlleiter **fest** (Art. 19 Abs. 3 Satz 2; § 92 Abs. 2). Er hat insoweit auch das Recht bzw. die Pflicht zur Berichtigung von Entscheidungen der Wahlvorstände (Art. 19 Abs. 3 Satz 3; Nr. 79); das soll helfen, Fehler schon vor Verkündung des Wahlergebnisses zu bereinigen und spätere Korrekturen im Rahmen der Wahlprüfung oder einer Wahlanfechtung zu vermeiden. Der Wahlausschuss kann das Ergebnis erst feststellen, wenn feststeht, wer die Wahl annimmt, bei wem die Wahl als angenommen gilt oder ob Amtshindernisse nach Art. 48 vorliegen (vgl. Art. 47 Abs. 1; § 92 Abs. 1 und 2; Nr. 79 Satz 3). Wenn eine sich bewerbende Person die Wahl zum Gemeinderatsmitglied angenommen hat, gleichzeitig aber Teilnehmer einer Stichwahl bei der Bürgermeisterwahl ist, muss daher erst das Ergebnis der Stichwahl abgewartet werden.

4. Verteilung und Zuweisung der Sitze

Zur **Verteilung und Zuweisung der Sitze** s. Art. 35 bis 37, 38 Abs. 2; Nrn. 80 ff. Auf eine nähere Darstellung dieses Themenkomplexes wird hier verzichtet. Es wird jedoch darauf hingewiesen, dass die Sitzverteilung bei der Verhältniswahl nicht mehr nach dem Verfahren Hare-Niemeyer erfolgt, sondern nach dem Verfahren **Sainte-Laguë/Schepers**. Dieses Verfahren ähnelt dem Verfahren nach d'Hondt, mit dem Unterschied, dass die Stimmzahlen nicht durch alle Zahlen (1, 2, 3 usw.), sondern nur durch ungerade Zahlen (1, 3, 5, usw.) geteilt werden. Dabei werden wie bei d'Hondt so viele Höchstteilungszahlen ermittelt, wie Sitze zu vergeben sind. Jedem Wahlvorschlag wird dabei der Reihe nach so oft ein Sitz angerechnet, wie er jeweils die höchste Teilungszahl aufweist (vgl. das Berechnungsbeispiel in Nr. 81.2).

Erwähnt werden soll zudem auch Art. 35 Abs. 1 Satz 2, der klarstellt, dass Stimmen, die für eine nicht wählbare Person abgegeben worden sind, insgesamt (d. h. auch für den Wahlvorschlag) ungültig sind. Hat die Person die Wählbarkeit dagegen erst nach Zulassung des Wahlvorschlags verloren, werden die Stimmen jedoch hinsichtlich der Sitzverteilung als gültig gewertet. Dadurch sollen Missbrauchsfälle und Scheinkandidaturen von Personen, die von vornherein nicht wählbar sind, ausgeschlossen werden.

In Nr. 84.4 Sätze 5 und 6 wird nunmehr auch klargestellt, dass Personen, die bei der Mehrheitswahl handschriftlich hinzugefügt und nicht gewählt wurden, Listennachfolger sind (Art. 37).

C. 240 Fragen und Antworten zur Kommunalwahl in Bayern

Die Reihenfolge der Fragen orientiert sich an der Gliederung der Erläuterungen. Weiterführende grundlegende Informationen zu den jeweiligen Fragestellungen können unter dem entsprechenden Gliederungspunkt der Erläuterungen nachgelesen werden. Der Übersichtlichkeit halber wurde daher in den Antworten zu den einzelnen Fragen auf Querverweise auf die zugehörigen Textstellen in den Erläuterungen verzichtet.

I. Aufstellung von Wahlvorschlägen

1. Wahlvorschlagsträger

Frage 1
Kann eine einzelne Person einen Wahlvorschlag einreichen?
Nein. Wahlvorschläge können ausschließlich von Parteien und Wählergruppen (Wahlvorschlagsträger) eingereicht werden, vgl. Art. 24 Abs. 1 Satz 1.

Frage 2
Welche Voraussetzungen gelten für die Gründung einer neuen Wählergruppe?
Das Wahlrecht schreibt keine bestimmte Organisationsform vor. Nach Art. 24 Abs. 1 Satz 2 muss es sich um eigenständige Vereinigungen oder Gruppen natürlicher Personen handeln, deren Ziel es ist, sich an Gemeinde- oder Landkreiswahlen zu beteiligen. Eine Wählergruppe kann daher auch ein loser, unorganisierter Zusammenschluss von natürlichen Personen sein.

Falls eine Wählergruppe sich organisieren will, erfolgt dies regelmäßig in Form eines Vereins nach bürgerlichem Recht nach §§ 21 ff. BGB und zwar entweder als im Vereinsregister eingetragener und somit rechtsfähiger Verein oder als nichtrechtsfähiger Verein. Auch bei einem nichtrechtsfähigen Verein ist eine Gründungsversammlung von mindestens drei Personen sowie eine schriftlich niedergelegte oder durch langjährige Übung zustande gekommene Satzung erforderlich, in der die Grundsätze der Vereinsorganisation festgelegt sind, vgl. Nr. 38.2. Auch für nicht organisierte Wählergruppen ist es im Hinblick auf die Prüfung des Wahlvorschlags (vgl. Art. 24 Abs. 4) ratsam, den Gründungsakt und ggf. weitere Statuten (z.B. Name, Zwecksetzung, Anhängerschaft) zu dokumentieren.

Frage 3
Können Gründungsversammlung und Aufstellungsversammlung am selben Tag stattfinden?
Nein. Im Zeitpunkt der Einberufung der Aufstellungsversammlung muss der Wahlvorschlagsträger bereits existieren. Gründungsversammlung und Aufstellungsversammlung müssen zeitlich so voneinander getrennt sein, dass die Mindestanforderungen an die Einladung zur Aufstellungsversammlung eingehalten werden können, vgl. Art. 29 Abs. 1 Satz 1, § 39 Abs. 4.

Frage 4
Eine Partei, die im Bayerischen Landtag vertreten ist, möchte erstmals an Gemeindewahlen teilnehmen. Ist ein Ortsverband erforderlich?
Nein. Maßgeblich für die Privilegierung nach Art. 27 Abs. 1 Satz 2 ist, dass die Einladung zur Aufstellungsversammlung sowie die Aufstellung und Einreichung des Wahlvorschlags wirksam im Namen der Partei erfolgen. Wenn kein Ortsverband existiert, werden die Aufgaben regelmäßig nach der jeweiligen Parteiensatzung von der nächsthöheren Untergliederung, in der Regel ein Kreisverband, wahrgenommen.

Frage 5
Eine nicht organisierte Wählergruppe A ist mit zwei Mitgliedern seit den Kommunalwahlen 2020 im Gemeinderat vertreten. Für die Kommunalwahlen 2026 spaltet sich die Wählergruppe in Wählergruppe A und B auf. Kann Wählergruppe B „Rechtsnachfolger" der ursprünglichen Wählergruppe A und damit alter Wahlvorschlagsträger sein?
Ja, wenn die Wählergruppe B die Voraussetzungen des Art. 24 Abs. 2 Satz 1 Nr. 2 erfüllt. Auf die Namensführung kommt es dabei nicht an. Entscheidend ist vielmehr, dass mindestens sechs Wahlberechtigte den Wahlvorschlag der Wählergruppe B unterzeichnet haben oder sich auf ihm bewerben, die auch den Wahlvorschlag 2020 unterzeichnet oder sich auf ihm beworben hatten. Erfüllen mehrere Wählergruppen diese Voraussetzungen dann ist die Übereinstimmung derjenigen Wählergruppe zuzuerkennen, die auf ihrem Wahlvorschlag die größere Anzahl an ehemaligen unterzeichnenden oder sich bewerbenden Personen hat, vgl. Nr. 38.3 Sätze 3 bis 5.

Frage 6
Wie kann der Identitätsnachweis bei einer organisierten Wählergruppe geführt werden?

Nach Art. 24 Abs. 2 Satz 1 Nr. 1 gelten die Grundsätze des bürgerlichen Rechts. In der Regel ist die Vorlage der Satzung oder bei einem e. V. ein Auszug aus dem Vereinsregister ausreichend; in Zweifelsfällen kann sich die Wahlleiterin oder der Wahlleiter auch die Mitgliederliste und Niederschrift über die Mitgliederversammlung vorlegen lassen.

Frage 7
Eine im Gemeinderat vertretene Wählergruppe „Freie Wähler Adorf" ändert ihren Namen in „Unabhängige Bürger Adorf". Braucht sie auf Grund der Namensänderung für den neuen Wahlvorschlag Unterstützungsunterschriften?

Unterstützungsunterschriften benötigen Wahlvorschläge von neuen Wahlvorschlagsträgern (Art. 27 Abs. 1 Satz 1). Die Frage, ob es sich um einen alten oder neuen Wahlvorschlagsträger handelt (sog. Identitätsprüfung), erfolgt ausschließlich anhand der Kriterien des Art. 24 Abs. 2. Eine Änderung des Namens ist dabei unbeachtlich.

Frage 8
Kann die Jugendorganisation einer Partei, bei der man Mitglied sein kann, ohne zugleich Mitglied der Partei sein zu müssen, unter dem Namen der Jugendorganisation einen eigenen Wahlvorschlag neben dem Wahlvorschlag der Partei einreichen?

Jeder Wahlvorschlagsträger darf nur einen Wahlvorschlag einreichen (Art. 24 Abs. 3 Satz 1). Sogenannte „Zweitlisten" oder „Tarnlisten" sind unzulässig. Dies ist nach der Rechtsprechung des Bayerischen Verfassungsgerichtshofs vornehmlich anhand formeller Kriterien zu prüfen. Art. 24 Abs. 3 Satz 2 Nrn. 1 bis 4 bilden hierzu einen abschließenden Katalog von Verbotsgründen. Nach Art. 24 Abs. 3 Satz 3 ist das Handeln von Untergliederungen eines Wahlvorschlagsträgers diesem zuzurechnen; nach der Regelung in Art. 24 Abs. 3 Satz 4 stellt eine Organisation, in der man Mitglied sein kann, ohne zugleich Mitglied des Wahlvorschlagsträgers zu sein, keine Untergliederung in diesem Sinne dar. Die Jugendorganisation einer Partei, in der man Mitglied sein kann, ohne zugleich Mitglied der Partei sein zu müssen, kann also unter dem Namen der Jugendorganisation einen eigenen Wahlvorschlag einreichen, soweit bei der Aufstellung der Wahlvorschläge auch die weiteren formellen Verbotsgründe insbesondere des Art. 24 Abs. 3 Satz 2 Nrn. 3 und 4 beachtet werden (vgl. Nr. 39.2, insbesondere Nr. 39.2.4 zur Definition des „beherrschenden Betreibens" im Sinne des Art. 24 Abs. 3 Satz 2 Nr. 4, sowie BayVerfGH, Entscheidung vom 28.1.1993, Az. Vf. 25-VI-92, BayVBl. 1993, S. 206, 239 ff.; BayVGH, Beschluss vom 3.8.2009, Az. 4 ZB 08.3169, juris Rn. 9, 12 ff.).

Im Übrigen genießt die Jugendorganisation nicht das Parteienprivileg des Art. 27 Abs. 1 Satz 2, auch wenn die Partei keinen eigenen Wahlvorschlag einreicht. Sie wird daher ggf. als neuer Wahlvorschlagsträger behandelt.

2. Arten von Aufstellungsversammlungen

Frage 9
Welcher Zeitpunkt ist bei Delegiertenversammlungen hinsichtlich der Wahlberechtigung relevant?
Die Mitglieder des Wahlvorschlagsträgers, die die Delegierten wählen, müssen im Zeitpunkt der Wahl der Delegierten im Wahlkreis wahlberechtigt sein. Die Delegierten selbst müssen im Zeitpunkt ihres Zusammentritts im Wahlkreis wahlberechtigt sein. Dies gilt sowohl für besondere als auch allgemeine Delegiertenversammlungen (die in Art. 29 Abs. 1 Satz 3 für die allgemeine Delegiertenwahl enthaltene Regelung ist insoweit verallgemeinerungsfähig, vgl. Nr. 43.1 und weiterführend Gaß, KommP BY 2007, 169/170).

3. Einladung zur Aufstellungsversammlung

Frage 10
Wann kann individuell geladen werden?
Eine persönliche Ladung kommt nur dann in Betracht, wenn die Partei oder (organisierte) Wählergruppe durch Satzung oder Beschluss des zuständigen Organs vor der Ladung die Teilnahmeberechtigung auf die Mitglieder beschränkt hat und der Kreis der Mitglieder bestimmbar ist, vgl. Nr. 43.2.1 Satz 4, Nr. 43.2.2 Satz 6. Eine Erweiterung des Kreises der teilnahmeberechtigten Personen auf Bewerberinnen und Bewerber, die nicht Mitglieder sind, ist zulässig, wenn dies vor der Ladung durch Satzung oder Beschluss des zuständigen Organs festgelegt wurde (vgl. BayVGH, Urteil vom 25.6.1997, Az. 4 B 97.740, BayVBl. 1998, S. 631; VG Augsburg vom 11.12.2008, Az. Au 3 K 08.1076, juris Rn. 36 ff., BayVBl. 2009, S. 758).

Frage 11
Muss eine nicht organisierte Wählergruppe, die keine abschließende Mitglieder- oder Anhängerliste führt, öffentlich laden?
Ja. Der Kreis der Anhängerschaft ist in diesem Fall nicht abgrenzbar. Mangels Organisation der Wählergruppe gibt es keinen bestimmbaren Kreis von Mitgliedern. Eine Versammlung aus „handverlesenen“ Personen, deren Teil-

nahmerecht ausschließlich auf dem Willen der oder des Einladenden beruht, ist nicht zulässig (vgl. VG Augsburg, Urteil vom 11.12.2008, Au 3 K 08.1076, juris Rn. 39 ff., BayVBl. 2009, 758).

Frage 12

Eine Partei lädt ihre Anhänger individuell. Ist dies zulässig?

Nein. Der Kreis der Anhänger ist nicht abgrenzbar. Es muss eine öffentliche Ladung erfolgen, vgl. Nr. 43.2.1 Sätze 3 und 4.

Frage 13

Kann die Mindestladungsfrist verkürzt werden?

Ja, vgl. § 39 Abs. 4 Satz 3, Nr. 43.2.1 Satz 1. Die Ladung muss aber nach § 39 Abs. 3 Satz 1 noch so rechtzeitig erfolgen, dass unter normalen Umständen eine Teilnahme möglich ist. Zu empfehlen ist, die Ladung so vorzunehmen, dass eine Kenntnisnahme mindestens 24 Stunden vor Versammlungsbeginn möglich ist.

Frage 14

Eine Wählergruppe hat in ihrer Satzung eine Ladungsfrist für die Aufstellungsversammlung von einer Woche vorgesehen. Führt ein Verstoß hiergegen, etwa Zugang erst am 4. Tag vor der Aufstellungsversammlung, zu einem Ladungsmangel?

Nein. Der Verstoß ist wahlrechtlich ohne Bedeutung, wenn die in § 39 Abs. 4 Satz 2 genannten Mindestanforderungen eingehalten sind (Zugang spätestens am dritten Tag vor dem Tag der Aufstellungsversammlung), vgl. § 39 Abs. 4 Satz 4, Nr. 43.2.1.

Frage 15

Kann eine Partei in ihrer Satzung festlegen, dass ihre Mitglieder per E-Mail zur Aufstellungsversammlung zu laden sind?

Ja. Zwar sieht § 39 Abs. 4 Satz 2 eine schriftliche Ladung vor. Die Partei kann aber nach § 39 Abs. 4 Satz 3 durch interne Festlegung hiervon abweichen und (ggf.) mit Einverständnis der Mitglieder auch eine Ladung per E-Mail zulassen. Es ist zu empfehlen, die Mitgliederliste, die E-Mail-Versandliste und ggf. eine Bestätigung der Partei, dass alle Mitglieder mit einer elektronischen Ladung einverstanden sind, vorzulegen. Die Einberufung der Aufstellungsversammlung muss jedenfalls geeignet sein, alle Teilnahmeberechtigten zu unterrichten.

Frage 16

Dürfen bei einer Aufstellungsversammlung auch andere Tagesordnungspunkte behandelt werden?

Ja. Die Aufstellung der sich bewerbenden Personen muss aber der wesentliche Inhalt der Aufstellungsversammlung sein, vgl. Art. 29 Abs. 1 Satz 1,

Nr. 43.2.1 Satz 6. Aufstellungsversammlung und Gründungsversammlung eines Wahlvorschlagsträgers müssen allerdings getrennt voneinander stattfinden (vgl. oben Frage 3).

Frage 17

Kann eine nicht organisierte Wählergruppe eines Ortsteils (ehemals selbständige Gemeinde) die öffentliche Ladung und das Teilnahmerecht an der Aufstellungsversammlung nur auf die Bürgerinnen und Bürger dieses Ortsteils beschränken?

Die Problematik besteht hier darin, dass eine nicht organisierte Wählergruppe mangels Mitgliederverzeichnisses den Kreis ihrer Anhänger grundsätzlich nicht abgrenzen kann. Wenn diese Wählergruppe jedoch in einer Versammlung, die vor der Aufstellungsversammlung stattfindet und zu der alle wahlberechtigten Personen des Ortsteils eingeladen waren, beschließt, dass Anhänger des Wahlvorschlagsträgers nur die wahlberechtigten Bürgerinnen und Bürger des Ortsteils sein sollen, liegt eine Abgrenzung der Anhängerschaft vor. Damit könnte die Einladung und die Teilnahmeberechtigung für die Aufstellungsversammlung nur auf die wahlberechtigten Personen des Ortsteils begrenzt werden, vgl. Nr. 43.2.2. Denkbar ist gerade in den Fällen der Ortsteillisten auch, dass aus der Praxis bei vorangegangenen Wahlen auf eine erkennbare und gewollte Abgrenzung der Anhängerschaft geschlossen wird. Rechtsprechung liegt hierzu allerdings nicht vor.

Frage 18

Genügt eine lediglich redaktionelle Mitteilung in der Tageszeitung über die stattfindende Aufstellungsversammlung den Anforderungen an eine öffentliche Ladung?

Die Problematik ist noch nicht abschließend geklärt (vgl. Büchner, Erl. 6 zu § 39).

Bei einer rein redaktionellen Berichterstattung über das Stattfinden einer Aufstellungsversammlung fehlt es an einer gezielten Einladung der Anhänger (§ 39 Abs. 4 Satz 1). Die Anforderungen an eine Ladung wird man jedoch ausnahmsweise dann als erfüllt ansehen können, wenn aus dem Beitrag klar erkennbar ist, wer an der Aufstellungsversammlung teilnehmen soll, er also eine ähnliche „Anstoßfunktion“ wie eine Einladung hat (vgl. hierzu auch VG München, Urteil vom 4.6.1997, Az. M 7 K 96.4707, VwRR BY 1997, S. 394). Als öffentliche Ladung besser geeignet ist allerdings eine Anzeige in einer Tageszeitung oder in einem Mitteilungsblatt sowie ein öffentlicher Aushang (vgl. auch Nr. 46 Satz 5 GLKrWBek).

Frage 19

Genügt eine Mitteilung auf der Homepage des Wahlvorschlagsträgers oder ein Aufruf über die sozialen Netzwerke im Internet über die stattfindende Aufstellungsversammlung den Anforderungen an eine öffentliche Ladung?

Nein, denn nach § 39 Abs. 4 Satz 2 Hs. 1 hat die Ladung durch öffentliche Ankündigung schriftlich zu erfolgen. Allerdings könnte der Wahlvorschlagsträger bzgl. der Form der Ladung ausdrücklich eine vom Schriftformerfordernis abweichende, für eine öffentliche Ladung geeignete Regelung nach § 39 Abs. 4 Satz 3 Hs. 2 treffen.

Frage 20
In einer öffentlichen Ladung zur Aufstellungsversammlung fehlt der Hinweis, dass es um die Bewerberaufstellung für die Kommunalwahl 2026 geht. Ist eine solche Ladung noch ausreichend?
Aus der Einberufung der Aufstellungsversammlung muss ersichtlich sein, dass die Versammlung zur Aufstellung der sich bewerbenden Personen für eine bestimmte Wahl dient (Nr. 43.2.1 Satz 5). Für die Frage, ob eine Ladung den Anforderungen des § 39 Abs. 4 Satz 1 genügt, ist entscheidend, ob es für die teilnahmeberechtigten Personen bei einer verständigen, lebensnahen Betrachtung eindeutig erkennbar ist, für welche Wahlen die sich bewerbenden Personen nominiert werden sollen (vgl. Büchner, Erl. 5 zu § 39). Dabei kann etwa die zeitliche Nähe der Ladung zu den Kommunalwahlen 2026 dafür sprechen, dass die Aufstellung der Kandidatinnen und Kandidaten trotz fehlenden Hinweises für die Kommunalwahlen 2026 erfolgen soll, ebenso, wenn die betreffende Partei oder Wählergruppe bereits bei den allgemeinen Gemeinde- und Landkreiswahlen 2020 einen Wahlvorschlag für die Gemeinderats- und die Bürgermeisterwahl eingereicht hat.

4. Teilnahmeberechtigung an der Aufstellungsversammlung

Frage 21
Sind alle Anhänger einer Partei/Wählergruppe teilnahmeberechtigt?
Wenn sich weder aus der Satzung noch aus einem Beschluss des zuständigen Organs (Mitgliederversammlung, Vorstandschaft) ergibt, dass nur die Mitglieder an der Aufstellung mitwirken dürfen, dann sind alle Anhänger der Partei/Wählergruppe teilnahmeberechtigt (Art. 29 Abs. 1 Satz 2 Nr. 1, Nr. 43.2.2 Satz 3). Es muss dann eine öffentliche Ladung erfolgen, weil der Anhängerkreis nicht individuell feststeht (Nr. 43.2.1 Satz 3).

Frage 22
Kann die Teilnahmeberechtigung im Rahmen der Aufstellungsversammlung erweitert werden?
Nein, vgl. Nr. 43.2.2 Satz 7. Der Kreis der teilnahmeberechtigten Personen muss bereits im Zeitpunkt der Ladung endgültig feststehen. Eine Entscheidung der Mitglieder der Partei oder organisierten Wählergruppe darüber,

wer als Anhänger bei der Aufstellungsversammlung stimmberechtigt sein soll, kann allerdings noch unmittelbar vor der eigentlichen Versammlung erfolgen (Nr. 43.2.2 Satz 4). Die Mitwirkung nicht teilnahmeberechtigter Personen führt in entsprechender Anwendung des Art. 50 Abs. 3 nur dann zur Ungültigkeit des Wahlvorschlags, wenn sie geeignet war, das Abstimmungsergebnis zu verdunkeln, d. h. wenn sich die Mitwirkung auf das Abstimmungsergebnis ausgewirkt hat.

Frage 23
Gibt es eine Mindestteilnehmerzahl?
Ja. Es müssen mindestens drei Abstimmungsberechtigte teilnehmen, vgl. Art. 29 Abs. 3 Satz 1.

Frage 24
Müssen bei einer Aufstellungsversammlung einer Partei mindestens drei wahlberechtigte Mitglieder dieser Partei mitwirken?
Dies hängt davon ab, ob die Partei die Teilnahme auf ihre Mitglieder beschränkt hat oder alle Anhänger zulässt. Wurden öffentlich alle Anhänger geladen, müssen insgesamt nur drei im Wahlkreis wahlberechtigte Personen an der Versammlung teilgenommen haben. Auf die Parteimitgliedschaft kommt es dann nicht an.

Wer zur Aufstellungsversammlung geladen war, lässt sich aus der Niederschrift ermitteln (§ 42 Abs. 2 Nr. 1).

Frage 25
Kann eine wahlberechtigte Person an mehreren Aufstellungsversammlungen unterschiedlicher Wahlvorschlagsträger teilnehmen?
Jede wahlberechtigte Person darf grundsätzlich nur einmal von ihrem Wahlvorschlagsrecht Gebrauch machen und daher grundsätzlich auch nur an einer Aufstellungsversammlung mitwirken. Denn das Wahlvorschlagsrecht ist Ausfluss des aktiven Wahlrechts, das nur einmal pro Wahl ausgeübt werden darf. Ein gesetzliches Verbot der Mehrfachteilnahme gibt es aber nicht. Dadurch soll es Wahlberechtigten, die in der Abstimmung der Aufstellungsversammlung mit ihren Vorstellungen nicht zum Zuge gekommen sind, ermöglicht werden, sich in einer anderen Aufstellungsversammlung weiterhin für die Umsetzung ihrer Vorstellungen einzusetzen (Eder, KommP BY 1994, 374/377). Ob eine wahlberechtigte Person ihr Wahlvorschlagsrecht „verbraucht" hat, lässt sich letztlich nur bei einem einstimmigen Abstimmungsergebnis belegen. Andernfalls ist zu Gunsten der teilnehmenden Person davon auszugehen, dass sie bei den „Verlierern" war und daher an einer weiteren Aufstellungsversammlung mitwirken kann; eine diesbezügliche „Meinungserforschung" wäre mit der rein formalen Prüfung

von Wahlvorschlägen nicht vereinbar (vgl. Nrn. 39.1 Satz 1, 39.2.3 Sätze 5 bis 10). Liegt eine unzulässige Mehrfachteilnahme vor, so ist in entsprechender Anwendung des Art. 50 Abs. 3 zu prüfen, ob sich der Verstoß auf das Wahlergebnis ausgewirkt haben kann.

Frage 26
Mehrere Teilnehmende einer Aufstellungsversammlung für die Nominierung einer Bürgermeisterkandidatin oder eines Bürgermeisterkandidaten wenden sich von diesem Wahlvorschlagsträger ab und möchten einen eigenen Wahlvorschlag aufstellen. Einzelne Personen haben an beiden Aufstellungsversammlungen teilgenommen. Eine Person, die bereits bei der ersten Aufstellungsversammlung teilgenommen hat, möchte sich als Bürgermeisterkandidatin oder Bürgermeisterkandidat aufstellen lassen. Ist dies zulässig?
Die Teilnahme an der Aufstellungsversammlung eines Wahlvorschlagsträgers zur Aufstellung einer Bürgermeisterkandidatin oder eines Bürgermeisterkandidaten schließt nicht aus, nachträglich selbst für einen anderen Wahlvorschlagsträger zu kandidieren. Hier ist aber noch weiter zu prüfen, ob ein unzulässiges Mehrfachauftreten gemäß Art. 24 Abs. 3 Satz 2 Nr. 3 und eine unzulässige Mehrfachteilnahme bei unterschiedlichen Aufstellungsversammlungen vorliegt. Um „dieselbe Versammlung" im Sinne von Art. 24 Abs. 3 Satz 2 Nr. 3 handelt es sich nur, wenn die Mehrheit der Teilnehmer der zweiten Versammlung bereits die Mehrheit in der ersten Versammlung gebildet hat. Dies lässt sich durch einen Vergleich der beiden Anwesenheitslisten feststellen, vgl. Nr. 39.2.3 Sätze 1 bis 4. Zur unzulässigen Mehrfachteilnahme („Verbrauch" des Wahlvorschlagsrechts) und möglichen Rechtsfolgen vgl. die vorstehende Frage 25.

Frage 27
Muss eine Aufstellungsversammlung öffentlich sein?
Nein. Es steht den Parteien und Wählergruppen frei, ob sie die Aufstellungsversammlung öffentlich durchführen wollen und damit auch Zuhörer, Gäste, Pressevertreter etc. zulassen wollen oder nicht (vgl. Nr. 43.2.1 Satz 7, Büchner, Erl. 1 zu Art. 29).

5. Leitung der Aufstellungsversammlung

Frage 28
Kann die Leiterin oder der Leiter der Aufstellungsversammlung zugleich (Ersatz-)Bewerberin oder (Ersatz-)Bewerber des Wahlvorschlags sein?
Ja. Es liegt kein Ausschlussgrund nach Art. 5 Abs. 1 Satz 4 vor, vgl. auch Nr. 43.2.2 Satz 10.

Frage 29
Muss die Person, welche die Versammlung leitet, wahlberechtigt sein?
Nein, vgl. Art. 29 Abs. 5 Satz 2, Nr. 43.2.2 Satz 9. Bei fehlender Wahlberechtigung kann sie sich aber nicht an der Wahl der sich bewerbenden Personen beteiligen.

Frage 30
Darf die Leiterin oder der Leiter einer Aufstellungsversammlung Wahlleiterin oder Wahlleiter, Mitglied eines Wahlausschusses oder Mitglied eines (Brief-)Wahlvorstands sein?
Hier ist zu differenzieren. Die Leiterin oder der Leiter einer Aufstellungsversammlung darf nicht Wahlleiterin oder Wahlleiter (Art. 5 Abs. 1 Satz 4) oder Mitglied des Wahlausschusses sein (Art. 5 Abs. 2 Satz 4 i. V. m. Art. 5 Abs. 1 Satz 4). Dagegen kann sie oder er Mitglied eines (Brief-)Wahlvorstands sein (vgl. Art. 6 Abs. 2, Nr. 8.1).

Frage 31
Darf eine Person mehrere Aufstellungsversammlungen leiten?
Ist die Person, welche die Aufstellungsversammlung leitet, nicht wahlberechtigt und kann daher nicht aktiv an der Wahl der sich bewerbenden Personen teilnehmen, ist die Leitung mehrerer Aufstellungsversammlungen verschiedener Parteien und/oder Wählergruppen ohne Weiteres möglich. Will die betreffende Person dagegen auch aktiv an einer der von ihr geleiteten Aufstellungsversammlung teilnehmen und von ihrem Wahlrecht Gebrauch machen, ist darauf zu achten, dass keine unzulässige Mehrfachteilnahme erfolgt (vgl. dazu oben Frage 25).

6. Anwesenheitsliste

Frage 32
Dürfen sich Zuhörerinnen und Zuhörer/Gäste/Pressevertreterinnen und -vertreter in die Anwesenheitsliste eintragen?
Nein. In die Anwesenheitsliste sind nur die Wahlberechtigten aufzunehmen, die an der Aufstellungsversammlung teilnehmen, vgl. Art. 29 Abs. 5 Satz 4, nicht hingegen Gäste oder Zuhörerinnen und Zuhörer. Es ist zu empfehlen Letztere in einer separaten Gästeliste einzutragen.

Frage 33
Darf eine nicht wahlberechtigte Versammlungsleitung auf der Anwesenheitsliste unterschreiben?

Nein. Die selbst nicht wahlberechtigte Versammlungsleitung darf nicht auf der Anwesenheitsliste erscheinen. Die Eintragung auf der Gästeliste ist auch nicht geeignet. Sie oder er erscheint vielmehr nur als die Niederschrift unterzeichnende Person (Art. 29 Abs. 5 Satz 2).

Frage 34

Eine Partei führt eine Aufstellungsversammlung für die Gemeinderatswahl und die Wahl zur ersten Bürgermeisterin oder zum ersten Bürgermeister durch. Ist eine Anwesenheitsliste ausreichend?

Ja, vgl. Nr. 40. Einmal im Original genügt, eine Kopie für den zweiten Wahlvorschlag ist aber zu empfehlen, da beide Wahlvorschläge getrennt zu prüfen sind und über deren Zulassung getrennt entschieden wird.

Frage 35

Muss die Wahlleiterin oder der Wahlleiter anhand der Anwesenheitsliste im Einzelnen prüfen, ob die unterzeichnenden Personen auch Anhänger des Wahlvorschlagsträgers (z. B. Mitglieder der betreffenden Partei oder organisierten Wählergruppe) sind?

Die Anwesenheitsliste dient in erster Linie zur Prüfung der Wahlberechtigung der teilnehmenden Personen (Art. 29 Abs. 5 Satz 4; Nr. 46). Bestehen Überschneidungen bei den Teilnehmerinnen und Teilnehmern von Aufstellungsversammlungen verschiedener Wahlvorschlagsträger für eine Wahl, kann die Anwesenheitsliste auch Grundlage für die Prüfung des Vorliegens eines unzulässigen Mehrfachauftretens nach Art. 24 Abs. 3 Satz 2 Nr. 3 oder einer unzulässigen Mehrfachteilnahme sein (vgl. Fragen 25 und 26). Dabei ist jedoch die beschränkte Aussagekraft der Anwesenheitsliste zu beachten, insbesondere wenn offensichtlich nicht alle unterzeichnenden Personen der Liste an der Abstimmung über die sich bewerbenden Personen teilgenommen haben. Auch für die Frage der Mehrfachteilnahme an der Aufstellungsversammlung kann die Anwesenheitsliste ein Indiz sein, wenn die Abstimmung einstimmig erfolgt ist.

7. Wahlverfahren

Frage 36

Ist eine offene Wahl der Bewerberinnen und Bewerber, z. B. per Handzeichen, zulässig?

Nein. Nach Art. 29 Abs. 3 Satz 1 müssen die sich bewerbenden Personen in geheimer Abstimmung gewählt werden. Dies geht aber nicht so weit, dass die Benutzung von Wahlkabinen zwingend vorzuschreiben ist (vgl. BayVGH,

Beschluss vom 6.4.2016, Az. 4 ZB 15.1562, juris, KommP BY 2016, S. 306: In dem zugrunde liegenden Fall war es trotz enger Sitzordnung möglich, den Stimmzettel verdeckt zu kennzeichnen; darüber hinaus stand sogar eine Wahlkabine zur Verfügung, die man hätte nutzen können).

Frage 37

Eine Partei möchte Nichtmitglieder als sich bewerbende Personen aufstellen. Dürfen diese Personen bei der Aufstellungsversammlung mit abstimmen?

Dies hängt davon ab, ob der Wahlvorschlagsträger bei der Ladung die Teilnahme auf die eigenen Mitglieder beschränkt hat (vgl. Frage 21). Ist dies der Fall, können die sich bewerbenden Personen, die nicht der Partei angehören, zwar anwesend sein und sich vorstellen (Art. 29 Abs. 3 Satz 3). Sie dürfen aber nicht an der Abstimmung teilnehmen und sind daher auch nicht in die Anwesenheitsliste nach Art. 29 Abs. 5 Satz 4 einzutragen. Hat die Partei dagegen die Teilnahmeberechtigung auf die Mitglieder und zusätzlich auf die parteilosen Bewerberinnen und Bewerber erstreckt, so sind auch diese zu laden und dürfen an der Abstimmung mitwirken. Sie erscheinen dann auch in der Anwesenheitsliste.

Frage 38

Darf man sich bei der Abstimmung im Rahmen der Aufstellungsversammlung der Stimme enthalten?

Ja. Keiner der Teilnahmeberechtigten ist gezwungen, an der Abstimmung aktiv teilzunehmen.

Frage 39

Können die Wahl der sich bewerbenden Personen und die Entscheidung über die Reihenfolge getrennt werden?

Ja. § 40 Abs. 2 Satz 3 ermöglicht zwar eine gleichzeitige Abstimmung über die Bewerberinnen und Bewerber und deren Reihenfolge (z. B. im Rahmen einer Blockwahl, vgl. Nr. 44.2), schließt aber eine getrennte Abstimmung nicht aus. Bei der Entscheidung über die Reihenfolge ist die Aufstellungsversammlung nicht an das Abstimmungsergebnis der vorausgegangenen Abstimmung über die sich bewerbenden Personen gebunden, vgl. Nr. 44.1.

Frage 40

Es wird ein Änderungsantrag zu einer vorbereiteten Liste (Blockwahl) gestellt. Kann zunächst über die vorbereitete Liste abgestimmt werden?

Nein. Über den Änderungsantrag muss vorweg geheim abgestimmt werden (§ 40 Abs. 1 Satz 2 Nr. 3).

Frage 41
Kann in einer Gemeinde mit bis zu 3000 Einwohnerinnen und Einwohnern ein Wahlvorschlagsträger im Rahmen der Aufstellungsversammlung von der Verdoppelungsmöglichkeit Gebrauch machen?

Grundsätzlich nein. Die Möglichkeit, die Zahl der sich bewerbenden Personen generell in Gemeinden mit bis zu 3000 Einwohnerinnen und Einwohnern im Wahlvorschlag bis (also ganz oder teilweise) auf das Doppelte der zu wählenden Gemeinderatsmitglieder zu erhöhen, ist durch das Gesetz zur Änderung des Gemeinde- und Landkreiswahlgesetzes und weiterer Rechtsvorschriften vom 24. Juli 2023 (GVBl. S. 385) entfallen. Eine Verdoppelungsmöglichkeit besteht nach Art. 25 Abs. 2 Satz 2 nur noch für den Fall einer Mehrheitswahl (dann unabhängig von der Einwohnerzahl der Gemeinde). Wird im Zeitpunkt der Aufstellungsversammlung davon ausgegangen, dass möglicherweise der Fall einer Mehrheitswahl eintritt, so könnte bereits auf dieser Versammlung über die in diesem Fall auf der Liste zu ergänzenden Bewerberinnen und Bewerber entschieden werden. Unterbleibt dies, wäre eine weitere Aufstellungsversammlung nach Aufforderung zur Ergänzung der Liste durch die Wahlleitung erforderlich (vgl. Art. 31 Satz 2 und 3, Nr. 48 Abs. 2, II. 5. in Anlage 7 zu Nr. 46 GLKrWBek).

Frage 42
Müssen bei einer Blockabstimmung auch Streichungen zugelassen werden und wie sind diese zu werten?

Nach § 40 Abs. 1 Satz 2 Nr. 3 Satz 2 müssen Änderungsanträge **oder** Streichungen der vorbereiteten Liste zugelassen werden. Während die Versammlung sich entscheiden kann, nur Änderungsanträge zuzulassen, ist es zu empfehlen, nicht Streichungen allein, sondern nur zusätzlich zu Änderungsanträgen zuzulassen (vgl. Büchner, Erl. 5 zu § 40, wonach auf Grund des in Art. 29 Abs. 3 Satz 2 eingeräumten Vorschlagsrechts auf jeden Fall Änderungsanträge zugelassen werden müssen). Hat sich die Versammlung dafür entschieden, nur Änderungen (über die vorab abzustimmen ist) zuzulassen, kann auf die Ausgabe von Namenslisten verzichtet werden. Werden Namenslisten ausgegeben und Streichungen zugelassen, hat die Versammlung (in offener Abstimmung) vorher festzulegen, ob Streichungen für die betroffenen Personen als Nein-Stimmen oder Enthaltungen gelten (vgl. II. 1.2 in Anlage 7 zu Nr. 46 GLKrWBek).

8. Wählbarkeit

Frage 43

Ein Bewerber für das Amt eines Gemeinderatsmitglieds in der Gemeinde A wohnt in der Nachbargemeinde B. Er arbeitet aber in der Gemeinde A und hält sich regelmäßig bei seinen Eltern, die in der Gemeinde A wohnen, auf. Kann er für das Amt eines Gemeinderatsmitglieds in der Gemeinde A kandidieren?

Nein, da er die Wählbarkeitsvoraussetzung nach Art. 21 Abs. 1 Nr. 3 nicht erfüllt. Der Bewerber hat weder Haupt- noch Nebenwohnsitz in der Gemeinde A. Der gewöhnliche Aufenthalt im Sinne des Art. 21 Abs. 1 Nr. 3 setzt voraus, dass der Bewerber überhaupt keine gemeldete Wohnung in Deutschland (z. B. Obdachlose) hat, vgl. Nr. 4.1 Satz 6.

Frage 44

Nach Einreichung des Wahlvorschlags stellt sich heraus, dass ein aufgestellter Bewerber für das Amt des Gemeinderatsmitglieds keinen Wohnsitz in der Gemeinde gemeldet hat. Ist eine nachträgliche Anmeldung möglich?

Ja. Der Bewerber muss tatsächlich seit mindestens drei Monaten (seit 8.12.2025) im Wahlkreis eine Haupt- oder Nebenwohnung haben (Art. 21 Abs. 1 Nr. 3). Maßgeblich ist der Tag des Einzugs und nicht der Zeitpunkt der Eintragung, vgl. Nrn. 20.2 Satz 1, 26.1.2.2 Satz 10. Der Nachweis ist spätestens bis zum 20.1.2026 (Art. 32 Abs. 2) dem Wahlausschuss vorzulegen, ansonsten ist der Bewerber zu streichen und an seine Stelle tritt ggf. ein Ersatzbewerber (§§ 50 Abs. 2 Satz 1 Nr. 1, 47 Abs. 1 Nr. 5).

Frage 45

Eine Person wohnt mit ihrer Familie in der Gemeinde A und arbeitet in der Stadt B, in der sie mit einer Nebenwohnung gemeldet ist. Sie bewirbt sich sowohl in der Gemeinde A als auch in der Stadt B als Gemeinderats- bzw. Stadtratsmitglied für die Kommunalwahlen 2026. Ist dies zulässig?

Nein. Jede sich bewerbende Person darf bei Wahlen für ein gleichartiges Amt, die am selben Tag stattfinden, nur in einem Wahlkreis aufgestellt werden (Art. 25 Abs. 3 Satz 1, Nr. 4.5.2). Die sich bewerbende Person muss der Wahlleiterin oder dem Wahlleiter mitteilen, welche Bewerbung gelten soll (Art. 25 Abs. 3 Satz 3, Art. 24 Abs. 3 Satz 5, Nr. 47.4.1 Sätze 8 bis 10).

Frage 46

Kann ein amtierender erster Bürgermeister in seiner Gemeinde als ehrenamtliches Gemeinderatsmitglied kandidieren?

Ja. Es liegt kein Wählbarkeitshindernis vor und zwar unabhängig davon, ob seine Amtszeit mit der Wahlzeit des Gemeinderats übereinstimmt. Die gleichzeitige Ausübung beider Ämter wird aber durch das Amtshindernis nach Art. 31 Abs. 3 Satz 1 Nr. 6 GO i. V. m. Art. 48 Abs. 1 Satz 1 Nr. 3 ausgeschlossen.

Frage 47
Wird ein erster Bürgermeister, der als Gemeinderatsmitglied gewählt wird, Listennachfolger?
Ja. Ein erster Bürgermeister, der das Amt als Gemeinderatsmitglied nicht antreten kann (vgl. Art. 31 Abs. 3 Satz 1 Nr. 6 GO), wird, sofern er die Wahl zum Gemeinderatsmitglied nicht abgelehnt hat, nach Art. 37 Abs. 1 in der Reihenfolge der Stimmenzahlen Listennachfolger. Er wird in der Regel der erste Nachrücker. Wenn ein Fall der Listennachfolge eintritt, ist zu prüfen, ob das Amtshindernis beim ersten Bürgermeister noch besteht. Auch wenn dies weiterhin der Fall ist, wird er nicht aus der Liste der Listennachfolger gestrichen, vgl. Art. 37 Abs. 2 Satz 2 Hs. 2.

Frage 48
Kann ein Bauhofmitarbeiter der Gemeinde (in Vollzeit beschäftigt) für den Gemeinderat dieser Gemeinde kandidieren?
Ja. Es liegt kein Wählbarkeitshindernis vor. Im Falle der Wahl ist aber das Bestehen eines Amtshindernisses nach Art. 31 Abs. 3 Satz 1 Nr. 1 GO zu prüfen. Danach können beispielsweise Arbeitnehmer der Gemeinde nicht ehrenamtliche Gemeinderatsmitglieder sein. Eventuell kommt hier aber die Ausnahmevorschrift des Art. 31 Abs. 3 Satz 2 GO in Betracht, wonach Arbeitnehmer nicht unter diese Inkompatibilitätsvorschrift fallen, wenn sie „überwiegend körperliche Arbeit verrichten“. Dies ist im Einzelfall zu prüfen (vgl. dazu IMS vom 8.5.2013, IB2-0431.1-30). Ist der Bauhofmitarbeiter in diesem Sinne „überwiegend körperlich“ tätig, darf er das Amt antreten.

Frage 49
Darf der Pförtner eines Krankenhauses des Landkreises (in Vollzeit beschäftigt) für den Kreistag dieses Landkreises kandidieren?
Ja. Es liegt kein Wählbarkeitshindernis vor. Im Falle der Wahl ist aber das Bestehen eines Amtshindernisses nach Art. 24 Abs. 3 Satz 1 Nr. 1 und Satz 2 LKrO zu prüfen. Danach können u. a. Arbeitnehmer des Landkreises, die nicht überwiegend körperliche Arbeit verrichten, nicht Kreisräte sein. Dies ist hier regelmäßig der Fall. Nach BVerwG, Urteil vom 14.6.2017, Az. 10 C 2.16, juris, BayVBl. 2018, S. 249, zur vergleichbaren Rechtslage in Baden-Württemberg scheidet die Annahme des Mandats aber darüber hinaus nur dann aus, wenn der Arbeitnehmer auch tatsächlich auf die Verwaltungstätigkeit seines Arbeitgebers inhaltlich Einfluss nehmen kann und damit eine Interessenkollision zwischen seiner Tätigkeit und der Ausübung des Kreisratsmandats entsteht. Das BVerwG hat dies in Bezug auf den Pfört-

ner eines Kreiskrankenhauses verneint, so dass er das Mandat annehmen konnte. Dies ist im Einzelfall zu prüfen. Die Innenministerien der Länder Baden-Württemberg und Sachsen haben im Vorfeld der dortigen Kommunalwahlen in Schreiben vom 18.6.2018 bzw. vom 3.12.2018 zur Auslegung des vom BVerwG angewandten Kriteriums der „Einflussnahme auf die Verwaltungstätigkeit" die Auffassung vertreten, dass darauf abgestellt werden könne, ob der betroffene Mitarbeiter „sachbearbeitend" tätig sei in dem Sinne, dass er einen eigenen inhaltlichen Anteil an der Aktenführung der Behörde (Aktenrelevanz) einbringe. Im Hinblick auf den Einfluss auf die Verwaltungsführung sei auf die vergleichbare Situation bei „überwiegend körperlich tätigen" Arbeitnehmern abzustellen. Als möglicher, von einem Amtshindernis insbesondere (nicht abschließend!) betroffener Personenkreis werden in diesen Ministeriumsschreiben weiterhin alle Beamten sowie solche Angestellte genannt, die einen unmittelbaren Einfluss auf die aktenmäßig erfassten Verwaltungsvorgänge nehmen (wie Sachbearbeiter, Sekretariatskräfte, bei denen sich die Tätigkeit nicht auf bloße Hilfstätigkeiten beschränkt), Stellen im Vertrauensumfeld der Behördenleitung und alle Arbeitnehmer, die die Behörde nach außen vertreten, mit der Führung von Personal betraut sind oder sonst sachbearbeitend oder aktenführend in Erscheinung treten. Seitens des Bayerischen Innenministeriums sind nur Stellungnahmen zu Einzelfällen bekannt, in denen sich das Ministerium mit der oben genannten Rechtsprechung auseinandergesetzt hat und eine Interessenkollision sowohl für den Fall einer gemeindlichen Erzieherin (ohne Leitungsfunktion in der Einrichtung) sowie einer Fachkraft für Musik bejaht hat (IMS vom 6.5.2019, Az. B2-0431-1-17, und IMS vom 2.10.2019, Az. B2-0431-1-23).

Frage 50

Ein gewähltes Gemeinderatsmitglied der Gemeinde A, das bisher dort mit der Hauptwohnung gemeldet war, zieht zu seiner Lebenspartnerin in die Nachbargemeinde. Das Gemeinderatsmitglied hat einen Nebenwohnsitz bei seinen Eltern, die in der Gemeinde A wohnen, vergisst aber, sich mit dem Nebenwohnsitz in A anzumelden. Verliert das Gemeinderatsmitglied sein Amt?

Nein. Für die Wählbarkeit genügt es nach Art. 21 Abs. 1 Nr. 3, dass die Person in der Gemeinde eine Wohnung hat, die nicht ihre Hauptwohnung sein muss. Dabei kommt es auf das tatsächliche Innehaben der melderechtlichen Nebenwohnung an, nicht auf die Erfüllung der Meldepflicht. Dies ist in solchen Umzugsfällen bei der Sachverhaltsaufklärung im Hinblick auf einen möglichen Amtsverlust nach Art. 48 Abs. 1 Satz 1 Nr. 1 zu berücksichtigen. Das Ratsmitglied wird also nachträglich einen Nebenwohnsitz in der

Gemeinde A anmelden müssen. Es verliert aber das aktive Wahlrecht in der Gemeinde A, wenn durch den Umzug dort nicht mehr der Schwerpunkt der Lebensbeziehungen liegt, vgl. Art. 1 Abs. 1 Nr. 3, § 1, Nr. 2.1.2.

9. Niederschriften/Formalitäten

Frage 51

Ist es zulässig, dass der Beauftragte einer Wählergruppe und seine Stellvertretung die Niederschrift der Aufstellungsversammlung unterschreiben?

Ja. Neben dem Verbot des Art. 29 Abs. 5 Satz 3, mehrere Niederschriften für dieselbe Wahl zu unterzeichnen, bestehen keine weiteren Beschränkungen für die Unterzeichnung der Niederschrift. Voraussetzung ist nur, dass die Unterzeichner wahlberechtigt sind und an der Versammlung teilgenommen haben. Die ebenfalls unterzeichnende Versammlungsleitung muss dagegen nicht zwingend wahlberechtigt sein (vgl. Frage 29).

Frage 52

Eine wahlberechtigte Person unterschreibt die Niederschrift über die Aufstellungsversammlung des Wahlvorschlagsträgers A. Führt die anschließende Aufstellung als sich bewerbende Person beim Wahlvorschlag B zur Ungültigkeit der Unterschrift auf der Niederschrift beim Wahlvorschlag A?

Nein. Nach Art. 29 Abs. 5 Satz 3 ist es nur nicht zulässig, mehrere Niederschriften zu unterzeichnen. Bewerberinnen und Bewerber sind dagegen nicht generell vom Kreis der unterzeichnenden Personen ausgeschlossen. Die Unterschrift ist gültig, da sie von einer wahlberechtigten Person, die an der Aufstellungsversammlung des Wahlvorschlagsträgers A teilgenommen hat, stammt. Die nachträgliche Nominierung für den Wahlvorschlag B ist insoweit unbeachtlich.

Frage 53

Die Niederschrift wurde von der Versammlungsleitung und von zwei nicht wahlberechtigten Teilnehmern unterschrieben. Können die Unterschriften nachgeholt werden?

Der Mangel kann nach § 47 Abs. 1 Nr. 9 noch bis zur abschließenden Entscheidung des Wahlausschusses (Art. 32 Abs. 3 Satz 3) oder ggf. bis zur Entscheidung des Beschwerdeausschusses (vgl. Art. 32 Abs. 4) beseitigt werden. Im Idealfall weist die Wahlleiterin oder der Wahlleiter nach Einreichung des Wahlvorschlags gemäß Art. 32 Abs. 1 Satz 2 auf den Mangel hin, so dass dieser eventuell schon bis zur (ersten) Entscheidung des Wahlausschusses am 47. Tag vor dem Wahltag (vgl. Art. 32 Abs. 2) behoben werden kann. Die zur Mängelbeseitigung nötige Unterzeichnung durch zwei wahlberechtigte Versammlungsteilnehmer kann auch ohne die Beauftragte oder den Beauftragten bei der Wahlleiterin oder beim Wahlleiter erfolgen. Ausreichend ist, dass die Nachholung der Unterschrift im Einverständnis der oder des Beauftragten erfolgt.

Frage 54
Bei der Überprüfung der Anwesenheitsliste stellt sich heraus, dass eine Person nicht wahlberechtigt ist. Kann die Zahl der stimmberechtigten Personen in der Niederschrift durch den Wahlleiter korrigiert werden?
Nein. Es ist entsprechend Art. 50 Abs. 3 zu prüfen, ob sich die Teilnahme einer nicht wahlberechtigten Person auf das Abstimmungsergebnis ausgewirkt haben kann. Kann das nicht ausgeschlossen werden, ist der Wahlvorschlag ungültig und müsste nochmals neu aufgestellt werden. War die Stimme des nicht wahlberechtigten Teilnehmers dagegen nicht entscheidend, ist der Fehler unbeachtlich.

Frage 55
Bei einer Aufstellungsversammlung wurden mehrere Bewerber für die Gemeinderatswahl mit gleicher Stimmenzahl gewählt. Die Reihenfolge wurde in der Aufstellungsversammlung nicht festgelegt. Kann der Beauftragte des Wahlvorschlags diese Reihenfolge selbst festlegen?
Nein. Die Reihenfolge der Bewerber kann nur von der Aufstellungsversammlung in geheimer Abstimmung festgelegt werden (§ 40 Abs. 2 Satz 1). Es müsste nochmals eine Aufstellungsversammlung einberufen und der entsprechende Beschluss nachgeholt werden.

Frage 56
Müssen in der Niederschrift bei den Angaben zur Abstimmung auch die Nein-Stimmen und die Enthaltungsstimmen angegeben werden?
Nach § 42 Abs. 2 Nr. 7 müssen die Ergebnisse der Wahl aus der Niederschrift ersichtlich sein. Das unverbindliche Muster in Anlage 7 zur GLKrW-Bek sieht jeweils nur die Angabe der Ja- und Neinstimmen vor. Wie Enthaltungsstimmen zu behandeln sind, ist von den internen Bestimmungen des Wahlvorschlagsträgers bzw. bei fehlenden Bestimmungen vom Beschluss der Aufstellungsversammlung abhängig.

Frage 57
Ist es ausreichend, wenn bei Durchführung zweier Aufstellungsversammlungen nur die Niederschrift der zeitlich später durchgeführten Aufstellungsversammlung vorgelegt wird?
Dies hängt davon ab, ob der ursprüngliche, in der ersten Aufstellungsversammlung beschlossene Wahlvorschlag lediglich abgeändert wurde oder ob

im Rahmen der zweiten Aufstellungsversammlung ein neuer Wahlvorschlag aufgestellt wurde. Im Falle eines neuen Wahlvorschlags reichen die Unterlagen der zweiten Aufstellungsversammlung.

10. Wahlvorschlag

Frage 58
Dürfen wahlberechtigte Personen mehrere Wahlvorschläge für dieselbe Wahl unterzeichnen?
Nein. Jede Person darf nur einen Wahlvorschlag unterzeichnen. Hat jemand dennoch mehrere Wahlvorschläge unterzeichnet, muss er sich nach Aufforderung durch die Wahlleiterin oder den Wahlleiter entscheiden, welche Unterzeichnung gelten soll, vgl. Art. 25 Abs. 1 Satz 2, Art. 24 Abs. 3 Satz 5. Entscheidet sich die betreffende Person für eine der Unterschriften, bleibt diese gültig, die andere wird ungültig, was aber für den Fall, dass die erforderlichen 10 Unterschriften dann nicht mehr vorliegen, einen behebbaren Mangel darstellt (§ 47 Abs. 1 Nr. 9). Unterlässt sie die Erklärung, sind zunächst beide Unterschriften ungültig; die Erklärung kann aber nach § 47 Abs. 1 Nr. 6 nachgeholt werden.

Frage 59
Dürfen sich bewerbende Personen oder Ersatzleute den eigenen Wahlvorschlag unterzeichnen?
Nein, vgl. Art. 25 Abs. 1 Satz 1.

Frage 60
Müssen die Unterzeichner eines Wahlvorschlags selbst an der Aufstellungsversammlung teilgenommen haben?
Nein, vgl. Art. 25 Abs. 1 Satz 1.

Frage 61
Können fehlende Unterschriften nachgeholt werden?
Ja. Fehlende Unterschriften auf Wahlvorschlägen und auf Niederschriften können auch nach Ablauf der Einreichungsfrist bis zur abschließenden Entscheidung des Wahlausschusses und ggf. bis zur Entscheidung des Beschwerdeausschusses noch nachgeholt werden (vgl. § 47 Abs. 1 Nr. 9).

Frage 62
Können nach Einreichung des Wahlvorschlags noch Kandidaten ergänzt werden?
Ein Wahlvorschlag kann bis zum Ende der Einreichungsfrist (59. Tag vor dem Wahltag [8.1.2026], 18 Uhr) uneingeschränkt durch eine erneut einberufene Aufstellungsversammlung abgeändert oder ergänzt werden. Dies gilt

unabhängig davon, ob er schon eingereicht ist. Ist er bereits eingereicht, müsste die oder der Beauftragte die Änderung (Niederschrift und Anwesenheitsliste) bei der Wahlleiterin oder dem Wahlleiter nachreichen. Bis zum Ende der Einreichungsfrist wäre es auch möglich, den alten Wahlvorschlag zurückzunehmen und einen neuen Wahlvorschlag einzureichen (vgl. Art. 31 Satz 1 Hs. 2).

Nach Ablauf der Einreichungsfrist können bis zum 48. Tag vor dem Wahltag (19.1.2026, 18 Uhr) dagegen nur noch Mängel des Wahlvorschlags beseitigt werden (vgl. Art. 32 Abs. 1 Satz 2). Nicht möglich ist es, fehlende Bewerberinnen oder Bewerber auf einem unvollständigen, aber gültigen Wahlvorschlag nachzunominieren. Möglich ist es dagegen bis zur abschließenden Entscheidung des Wahlausschusses und bis zur Entscheidung des Beschwerdeausschusses, ausgeschiedene sich auf dem eingereichten Wahlvorschlag bewerbende Personen durch von der Aufstellungsversammlung gewählte Ersatzleute zu ersetzen (vgl. Art. 29 Abs. 4; § 47 Abs. 1 Nr. 5). Nur bei Mängeln, die nicht beseitigt werden können und die den ganzen Wahlvorschlag betreffen, kann innerhalb dieses Zeitraums ausnahmsweise ein neuer Wahlvorschlag eingereicht werden (Art. 32 Abs. 1 Satz 3).

Tipp an die Wahlvorschlagsträger: Den Wahlvorschlag einige Zeit vor dem Ende der Einreichungsfrist einreichen, um Mängel uneingeschränkt beheben zu können! Daneben gibt es die Möglichkeit, den Wahlvorschlag auf doppelt so viele sich bewerbende Personen zu ergänzen, wie ehrenamtliche Gemeinderatsmitglieder zu wählen sind, wenn bis zum 52. Tag vor dem Wahltag (15.1.2026) nur ein Wahlvorschlag eingereicht wurde (Art. 31 Abs. 1 Satz 3). Diese Bewerber können bereits vorsorglich in der Aufstellungsversammlung (vgl. Frage 41) oder in einer weiteren Aufstellungsversammlung gewählt werden.

Frage 63

Bei einer Aufstellungsversammlung gab es zwei Bewerber für das Amt des ersten Bürgermeisters. Vor der Einreichung des Wahlvorschlags zieht der gewählte Bewerber seine Bewerbung aus gesundheitlichen Gründen zurück. Tritt automatisch der unterlegene Bewerber an dessen Stelle?

Nein. Ein unterlegener Bewerber ist nicht automatisch ein Ersatzbewerber. Vielmehr hätte die Aufstellungsversammlung nach Art. 45 Abs. 1 Satz 1 i. V. m. Art. 29 Abs. 4 den unterlegenen Bewerber ausdrücklich als Ersatzbewerber nominieren müssen (vgl. III. 3. in Anlage 7 zu Nr. 46 GLKrWBek). Wurde kein Ersatzbewerber nominiert, ist – soweit zeitlich noch möglich (Behebbarkeit des Mangels bis zur abschließenden Entscheidung des Wahlausschusses bzw. bis zur Entscheidung des Beschwerdeausschusses, § 47 Abs. 1 Nr. 5) – eine neue Aufstellungsversammlung durchzuführen.

Frage 64
Ein für die Wahl des ersten Bürgermeisters aufgestellter Kandidat stirbt kurz vor dem Ende der Einreichungsfrist (59. Tag vor dem Wahltag, 8.1.2026). Kann noch eine andere Kandidatin oder ein anderer Kandidat aufgestellt werden?
Ja. Hat der Wahlvorschlagsträger keine Ersatzleute aufgestellt, können Ersatzleute für ausgeschiedene sich bewerbende Personen innerhalb der Frist für die Mängelbeseitigung nachbenannt werden, vgl. § 47 Abs. 1 Nr. 5, Nr. 43.4 Satz 4. Hierfür ist eine Aufstellungsversammlung erforderlich.

Frage 65
Eine sich bewerbende Person verliert nach Zulassung des Wahlvorschlags durch den Wahlausschuss am 47. Tag vor dem Wahltag (20.1.2026) ihre Wählbarkeit (Wegzug, Tod). Kann noch ein anderer Kandidat aufgestellt werden bzw. tritt an seine Stelle ein Ersatzbewerber?
Nein. Der Wahlvorschlag war zum Zeitpunkt der Entscheidung des Wahlausschusses gültig, so dass ein Fall der Mängelbeseitigung nach § 47 Abs. 1 nicht vorliegt. § 47 Abs. 1 Nr. 5 greift nicht. Die betreffende Person bleibt daher auf dem Stimmzettel. Die für sie abgegebenen Stimmen bleiben bezüglich der Sitzverteilung gültig, vgl. Art. 35 Abs. 1 Satz 2 Hs. 2.

Frage 66
Zwei sich bewerbende Personen erklären ihren Rücktritt von der Liste der Gemeinderatskandidaten. Sie wollen aber als Ersatzleute zur Verfügung stehen. Ist ein Beschluss der Aufstellungsversammlung erforderlich?
Ja. Ein Rücktritt als sich bewerbende Person führt nicht automatisch dazu, dass diese Personen nun Ersatzleute werden. Nach Art. 29 Abs. 4 müssen die Ersatzleute nach den gleichen Grundsätzen wie die Bewerberinnen und Bewerber aufgestellt werden, sie müssen also von der Aufstellungsversammlung als Ersatzleute nominiert und ihre Reihenfolge beschlossen werden. Eine Nachnominierung von im Wahlvorschlag aufgenommenen Bewerberinnen und Bewerbern als bisher nicht vorgesehene Ersatzleute muss bis zum 59. Tag, 18 Uhr, erfolgen, Art. 31 Satz 1.

Auf die durch den Rücktritt freiwerdenden Listenplätze rücken entweder Ersatzleute nach, wenn solche nach Art. 29 Abs. 4 bereits in der ersten Aufstellungsversammlung aufgestellt wurden. Ist dies nicht der Fall, können (nicht: müssen) für diese Listenplätze durch eine erneute Aufstellungsversammlung noch Ersatzleute bis zur abschließenden Entscheidung des Wahlausschusses und bis zur Entscheidung des Beschwerdeausschusses nachnominiert werden, § 47 Abs. 1 Nr. 5.

Frage 67

Können die Ersatzleute zusammen mit den sich bewerbenden Personen in einem Blockwahlverfahren aufgestellt werden?

Ja, vgl. § 40 Abs. 1 Satz 2 Nr. 3. Mit einem Blockwahlverfahren kann nicht nur über die sich bewerbenden Personen, sondern auch über die Ersatzleute gleichzeitig abgestimmt werden. Die Entscheidung über die Art des Nachrückens ist allerdings gesondert zu treffen (§ 40 Abs. 3).

Frage 68

Müssen die Ersatzleute auch das Formblatt „Erklärungen für Bewerberinnen und Bewerber" ausfüllen?

Ja. Für Ersatzleute sind nach § 43 Satz 1 Nr. 4 dieselben Angaben erforderlich wie für die sich bewerbenden Personen selbst. Dazu zählt auch die Erklärung nach § 43 Satz 1 Nr. 4 Buchst. f. Dies folgt auch aus § 50 Abs. 2 Satz 2, wonach Satz 1 Nr. 6 für Ersatzleute entsprechend anwendbar ist. Dies bedeutet, dass ein Wahlvorschlag teilweise ungültig ist, wenn bei einer Ersatzperson die vorgeschriebene Erklärung fehlt. Beim Fehlen der Erklärung liegt ein nach § 47 Abs. 1 Nr. 1 behebbarer Mangel vor.

Frage 69

Kann eine nicht wahlberechtigte Person als Beauftragte oder Beauftragter für einen Wahlvorschlag bestimmt werden?

Nein, vgl. Art. Art. 30 Abs. 1 Satz 2. Dies macht den Wahlvorschlag aber nicht ungültig. Vielmehr gilt nach Art. 30 Abs. 1 Satz 1 Hs. 2 die Person als Beauftragte oder Beauftragter, die als erste den Wahlvorschlag unterzeichnet hat.

Frage 70

Muss die oder der Beauftragte bzw. die Stellvertretung bei der Aufstellungsversammlung persönlich anwesend sein?

Nein. Es ist jedoch sinnvoll und empfehlenswert, dass die oder der Beauftragte an der Aufstellungsversammlung teilgenommen hat, um der Wahlleiterin oder dem Wahlleiter ggf. erforderliche Auskünfte erteilen zu können, vgl. Art. 30 Abs. 2.

Frage 71

Kann die oder der Beauftragte bzw. die Stellvertretung gleichzeitig Leiterin oder Leiter der Aufstellungsversammlung des Wahlvorschlags sein?

Ja. Auch die Versammlungsleitung kann zur oder zum Beauftragten bestellt werden, wenn sie oder er wahlberechtigt ist (Art. 30 Abs. 1 Satz 2). Eine Interessenkollision ist nicht zu befürchten.

Frage 72

Darf die oder der Beauftragte oder ihre Stellvertretung zugleich sich bewerbende Person oder Ersatzperson sein?

Ja. Das Wahlrecht steht dem nicht entgegen.

Frage 73

Muss ein gemeinsamer Wahlvorschlag für die Gemeinderats- oder Kreistagswahl in einer gemeinsamen Aufstellungsversammlung der Parteien und/oder Wählergruppen aufgestellt werden?

Ja, vgl. § 39 Abs. 3. Die Ladung muss durch alle am gemeinsamen Wahlvorschlag beteiligten Wahlvorschlagsträger entweder in einzelnen Ladungen oder in einer gemeinsamen Ladung erfolgen (Nr. 43.2).

Frage 74

Muss ein gemeinsamer Wahlvorschlag für die Wahl zur ersten Bürgermeisterin oder zum ersten Bürgermeister, zur Landrätin oder zum Landrat in einer gemeinsamen Aufstellungsversammlung der Parteien und/oder Wählergruppen aufgestellt werden?

Nein. Anstatt einer gemeinsamen Aufstellungsversammlung können bei Bürgermeister- und Landratswahlen auch getrennte Aufstellungsversammlungen abgehalten werden, wobei jedoch jeweils zu beschließen ist, mit welchen weiteren Parteien/Wählergruppen ein gemeinsamer Wahlvorschlag eingereicht werden soll (§ 41 Abs. 3 Sätze 1 und 2). Die sich bewerbende Person muss schriftlich erklären, ob sie als gemeinsame sich bewerbende Person auftreten möchte, vgl. § 41 Abs. 3 Satz 3 und Nr. 45 sowie III. 4. in Anlage 7 zu Nr. 46 GLKrWBek.

Frage 75

Partei A stellt einen Bürgermeisterkandidaten auf. Danach stellt auch die Partei B dieselbe Person als Kandidaten auf. Reicht für einen gemeinsamen Wahlvorschlag die Erklärung des Bewerbers, dass er als gemeinsamer Bewerber auftreten möchte?

Nein. Ein gemeinsamer Wahlvorschlag setzt eine entsprechende Beschlussfassung beider Aufstellungsversammlungen voraus (§ 41 Abs. 3 Satz 2). Diese kann nachträglich erfolgen entweder in jeweils getrennten Aufstellungsversammlungen oder in einer gemeinsamen Aufstellungsversammlung.

Frage 76

Die Wählergruppe A fasst in der Aufstellungsversammlung für eine Bürgermeisterkandidatin den Beschluss, einen gemeinsamen Wahlvorschlag mit den Wählergruppen B und C einzureichen. Wählergruppe C will nun doch keinen Wahlvorschlag einreichen. Sind erneut Aufstellungsversammlungen durchzuführen?

Fragen

Dies hängt davon ab, ob in der Aufstellungsversammlung der Wählergruppe A ein gemeinsamer Wahlvorschlag nur mit B und C beschlossen wurde oder hilfsweise – also falls der gemeinsame Wahlvorschlag A/B/C nicht zustande kommt – auch ein gemeinsamer Wahlvorschlag nur mit B oder C. Nur in letzterem Falle ist eine erneute Aufstellungsversammlung obsolet.

Frage 77

Alternative zu Frage 76: Sowohl B als auch C wollen nun doch eigene Kandidatinnen oder Kandidaten aufstellen. Kann die Kandidatin nun allein für die Wählergruppe A antreten?

Ja, wenn in der Aufstellungsversammlung der Wählergruppe A beschlossen wurde, dass die Bewerberin als alleiniger Bewerber auftritt, falls der oder die andere(n) Wahlvorschlagsträger doch keinen gemeinsamen Wahlvorschlag beschließt bzw. beschließen (§ 41 Abs. 3 Satz 2; vgl. III. 4. in Anlage 7 zu Nr. 46 GLKrWBek). Ist dies nicht der Fall, ist eine erneute Aufstellungsversammlung erforderlich.

II. Wahlleiterinnen und Wahlleiter, Wahlausschuss

1. Wahlleiterinnen und Wahlleiter

Frage 78
Wann sollte die Wahlleiterin oder der Wahlleiter bestellt werden?
Laut Wahlkalender möglichst vor dem 89. Tag vor dem Wahltag (9.12.2025), idealerweise im Oktober oder November 2025.

Frage 79
Kann ein erster Bürgermeister, der nicht (mehr) bei der Wahl zum ersten Bürgermeister oder zum Gemeinderat, aber bei der Wahl zum Kreistag antritt, zum Gemeindewahlleiter berufen werden?
Ja. Die Regelung des Art. 5 Abs. 1 Satz 4 ist abschließend, wobei Gemeindewahlen und Landkreiswahlen jeweils getrennt für sich zu beurteilen sind, vgl. Nr. 6.1. Ausgeschlossen wäre hier lediglich die Berufung zum Landkreiswahlleiter.

Frage 80
Kann ein ehemaliger erster Bürgermeister oder ein ehemaliges Gemeinderatsmitglied zum Wahlleiter bestellt werden?
Ja. Gemäß Art. 5 Abs. 1 Satz 1 kann jede in der Gemeinde nach Art. 1 Abs. 1 wahlberechtigte Person zur Wahlleiterin oder zum Wahlleiter berufen werden.

Frage 81
Dürfen Bedienstete der Verwaltungsgemeinschaft Wahlleiterin oder Wahlleiter in einer Mitgliedsgemeinde sein, in der sie nicht wahlberechtigt sind?
Ja, vgl. Art. 5 Abs. 1 Satz 1. Zu beachten ist allerdings Art. 4 Abs. 3, wonach eine Mitgliedschaft in Wahlorganen mehrerer Mitgliedsgemeinden der Verwaltungsgemeinschaft ausgeschlossen ist. Eine vorhergehende Abstimmung zwischen den Mitgliedsgemeinden über die Berufung eines Bediensteten der Verwaltungsgemeinschaft zur Wahlleiterin oder zum Wahlleiter ist zu empfehlen.

Frage 82
Darf ein stellvertretender Wahlleiter als Beisitzer eines Wahlvorstands zur Unterstützung bei der Auszählung der Stimmen eingesetzt werden?
Nein, denn nach Art. 4 Abs. 3 darf niemand in mehr als einem Wahlorgan Mitglied oder stellvertretende Person sein. Möglich wäre allenfalls der Einsatz als Hilfskraft nach § 8 mit allerdings sehr eingeschränktem Tätigkeitsbereich (vgl. Nr. 14).

Frage 83
Eine Angehörige des Wahlleiters im Sinne von Art. 20 VwVfG kandidiert für die Gemeinderats- oder Bürgermeisterwahl. Ist der Wahlleiter befangen?
Nein. Die Ausschlussgründe nach Art. 5 Abs. 1 Satz 4 sind abschließend. Art. 49 GO, der auf Art. 20 VwVfG verweist, ist nicht anwendbar (vgl. BayVGH, Beschluss vom 7.4.2009, Az. 4 ZB 08.3237, juris Rn. 9 f., BayVBl. 2009, S. 600).

Frage 84
Darf ein erster Bürgermeister, der als Wahlleiter der Gemeinde berufen wurde, bei der Aufstellungsversammlung seiner Partei teilnehmen und eine Kandidatin oder einen Kandidaten vorschlagen?
Ja. Die Ausschlussgründe nach Art. 5 Abs. 1 Satz 4 sind abschließend und liegen in diesem Fall nicht vor. Nach Art. 5 Abs. 1 Satz 4 darf die Wahlleiterin oder der Wahlleiter keine Aufstellungsversammlung leiten, selbst als sich bewerbende Person aufgestellt werden oder zur beauftragten Person bzw. deren Stellvertretung bestellt werden. Die Teilnahme an einer Aufstellungsversammlung und die Ausübung des Vorschlagsrechts sind dagegen zulässig.

2. Wahlausschuss

Frage 85
Wie ist der Wahlausschuss zu besetzen, wenn weniger als vier Parteien oder Wählergruppen bei der letzten Gemeinderatswahl angetreten sind?
Vgl. zunächst Art. 5 Abs. 2 Satz 3 und 5. Die übrigen Beisitzer hat die Wahlleiterin oder der Wahlleiter nach pflichtgemäßem Ermessen zu berufen. Es könnte dabei ggf. auf Parteien und Wählergruppen zurückgegriffen werden, die sonst in der Gemeinde existieren oder die zu den Gemeinderatswahlen 2026 erstmals einen Wahlvorschlag einreichen, und dabei die Reihenfolge entsprechend ihrer Bedeutung vor Ort (Mitgliederzahl; Abschneiden bei anderen Wahlen) oder auch per Losentscheid festgelegt werden. Unabhängig davon kommt als Kriterium für die Ermessensentscheidung z. B. auch eine frühere, zuverlässige Tätigkeit in einem Wahlausschuss oder einem anderen Wahlorgan in Betracht. Das Verbot der Mehrfachvertretung nach Art. 5 Abs. 2 Satz 5 gilt insoweit nicht, weil es nicht um eine Berufung auf Vorschlag einer Partei oder Wählergruppe geht (vgl. Büchner, Erl. 6 zu Art. 5).

Frage 86

Wie sind die (vier) Beisitzer und deren Stellvertretung zu berufen, wenn mehr als vier Parteien oder Wählergruppen bei der letzten Gemeinderatswahl angetreten sind? Hat die fünftstärkste Gruppierung dann einen Anspruch auf die erste Stellvertretung?

Das Vorschlagsrecht nach Art. 5 Abs. 2 Satz 3 bezieht sich sowohl auf das ordentliche Mitglied als auch die jeweilige Stellvertretung (vgl. Büchner, Erl. 6 zu Art. 5). Die vier Parteien und/oder Wählergruppen sind entsprechend zu informieren. Die Vorschläge der weiteren Parteien und Wählergruppen kommen nur zum Zuge, wenn eine vorschlagsberechtigte Partei oder Wählergruppe keine stellvertretende Person vorschlägt.

Frage 87

Kann die Wahlleiterin oder der Wahlleiter den vorschlagsberechtigten Parteien und/oder Wählergruppen im Sinne von Art. 5 Abs. 2 Satz 3 eine Ausschlussfrist für die Ausübung des Vorschlagsrechts setzen?

Ja. Eine angemessene Fristsetzung ist sogar zu empfehlen, um eine rechtzeitige Berufung der Beisitzer und deren Stellvertretung zu gewährleisten. In das Schreiben sollte auch gleich der Hinweis aufgenommen werden, dass im Falle des Ablaufs der Frist vom Verzicht auf das Vorschlagsrecht ausgegangen wird und Beisitzer und Stellvertretungen anderweitig berufen werden.

Frage 88

Wer hat das Vorschlagsrecht, wenn Parteien und/oder Wählergruppen bei der letzten Gemeinderatswahl als gemeinsamer Wahlvorschlag angetreten sind?

Bei einem gemeinsamen Wahlvorschlag können die für die beteiligten Parteien oder Wählergruppen jeweils abgegebenen Stimmenzahlen nicht ermittelt werden. Daher sollten die beteiligten Parteien und/oder Wählergruppen mit der Bitte um interne Abstimmung und Ausübung des gemeinsamen Vorschlagsrechts in Bezug auf einen Beisitzer und die jeweilige Stellvertretung kontaktiert bzw. angeschrieben werden.

Frage 89

Wer ist anzuschreiben, wenn eine Partei innerhalb der Gemeinde mehrere Ortsverbände hat?

Jede Partei darf nur einen Wahlvorschlag in der Gemeinde einreichen. Es dürfte genügen, einen der Ortsvorsitzenden anzuschreiben mit der Bitte um parteiinterne Abstimmung und Abdruck des Schreibens an die übrigen Ortsvorsitzenden.

Frage 90

Ist eine grundsätzlich vorschlagsberechtigte Partei oder Wählergruppe bei der Auswahl der Beisitzer auch dann zu berücksichtigen, wenn sie ankündigt, zur Gemeinderatswahl 2026 keinen Wahlvorschlag mehr aufzustellen?

Ja, vgl. den Wortlaut des Art. 5 Abs. 2 Satz 3. Nur falls innerhalb der gesetzten Frist (s. oben) kein oder nur ein teilweiser Vorschlag von dieser Partei oder Wählergruppe kommt, kann anderweitig besetzt werden.

Frage 91

Darf der Angehörige im Sinne des Art. 20 VwVfG einer sich bewerbenden Person zum Mitglied des Wahlausschusses bestellt werden?

Ja. Die Ausschlussgründe nach Art. 5 Abs. 2 Satz 4 i. V. m. Art. 5 Abs. 1 Satz 4 sind abschließend; Angehörige von sich bewerbenden Personen sind dort nicht aufgeführt. Art. 49 GO ist bei der Abstimmung im Wahlausschuss nicht anwendbar (vgl. BayVGH, Beschluss vom 7.4.2009, Az. 4 ZB 08.3237, juris Rn. 9 f., BayVBl. 2009, S. 600).

Frage 92

Darf ein Unterzeichner eines Wahlvorschlags (Art. 25 Abs. 1 Satz 1) Mitglied des Wahlausschusses sein?

Ja. Die Regelung des Art. 5 Abs. 2 Satz 4 i. V. m. Art. 5 Abs. 1 Satz 4 ist abschließend.

Frage 93

Dürfen Ersatzleute Mitglied im Wahlausschuss sein?

Grundsätzlich ja. GLKrWG und GLKrWO unterscheiden an vielen Stellen zwischen „sich bewerbenden Personen“ und „Ersatzleuten“ (vgl. Art. 25 Abs. 1 Satz 1, Art. 28 Abs. 2 Satz 1 oder § 40 Abs. 3, § 43 Satz 1 Nr. 4). Art. 5 Abs. 1 Satz 4 (i. V. m. Art. 5 Abs. 2 Satz 4) enthält diese Unterscheidung nicht, sondern erwähnt ausschließlich die sich bewerbenden Personen. Rückt allerdings eine Ersatzbewerberin oder ein Ersatzbewerber nach, ist sie oder er aus dem Wahlausschuss abzuberufen und der Beisitzer nachzubesetzen. Zur Abberufung s. unten.

Frage 94

Kann die stellvertretende Wahlleiterin oder der stellvertretende Wahlleiter zur Schriftführerin oder zum Schriftführer für den Wahlausschuss bestellt werden?

Grundsätzlich ja, die Zweckmäßigkeit ist aber fraglich. Zur Schriftführerin oder zum Schriftführer können sowohl Beisitzer, also Mitglieder des Wahlausschusses, als auch andere Personen – hier die stellvertretende Wahlleitung – bestellt werden, die dann allerdings nicht stimmberechtigt sind (vgl. Art. 5 Abs. 3 Satz 2). Art. 4 Abs. 3 greift hier nicht, weil die Schriftführerin oder der Schriftführer in diesem Fall nicht Mitglied des Wahlausschusses ist (vgl. Art. 5 Abs. 2 Satz 1). Tritt allerdings der Vertretungsfall ein, kann die stellvertretende Wahlleitung nicht gleichzeitig die Schriftführung übernehmen (vgl. Art. 5 Abs. 3 Satz 1), so dass kurzfristig eine andere Person als Schriftführerin oder Schriftführer bestellt werden muss.

Frage 95

Darf ein (stellvertretendes) Mitglied des Wahlausschusses als Beisitzer eines Wahlvorstands zur Unterstützung bei der Auszählung der Stimmen eingesetzt werden?

Nein, denn nach Art. 4 Abs. 3 darf niemand in mehr als einem Wahlorgan Mitglied oder stellvertretende Person sein. Möglich wäre allenfalls der Einsatz als Hilfskraft nach § 8 mit allerdings sehr eingeschränktem Tätigkeitsbereich (vgl. Nr. 14).

Frage 96

Muss ein Mitglied des Wahlausschusses abberufen werden, wenn sich nach Einreichung der Wahlvorschläge herausstellt, dass ein Ausschlussgrund nach Art. 5 Abs. 1 Satz 4 (z. B. Leiterin oder Leiter einer Aufstellungsversammlung, Beauftragte oder Beauftragter eines Wahlvorschlags) vorliegt?

Ja. Es liegt ein wichtiger (gesetzlicher) Grund für die Abberufung vor, vgl. Art. 7 Abs. 1 i. V. m. Art. 19 Abs. 1 Satz 3 und Abs. 2 Satz 1 GO.

III. Vorbereitungsarbeiten für die Gemeinden

1. Stimmbezirke

Fragen

Frage 97

Müssen in jedem Fall Stimmbezirke gebildet werden?

Eine Einteilung in Stimmbezirke muss erst in Gemeinden mit mehr als 2 500 Einwohnerinnen und Einwohnern erfolgen (Art. 11 Abs. 2 Satz 3). Kriterien für die Größe der Stimmbezirke enthalten Art. 11 Abs. 3, § 13 Abs. 1 und Nr. 19.1 Satz 2. Dabei ist insbesondere auch der voraussichtlich weiter steigende Anteil an Briefwählerinnen und Briefwählern zu berücksichtigen.

Frage 98

Wer entscheidet über die Bildung der Stimmbezirke?

Die Einteilung in Stimmbezirke erfolgt sowohl bei den Gemeindewahlen als auch bei den Landkreiswahlen durch die Gemeinde (Art. 11 Abs. 2 Satz 2; Nr. 19.1 Satz 1). Nach Nr. 19.1 Satz 3 handelt es sich dabei um eine laufende Angelegenheit, die in die Zuständigkeit der ersten Bürgermeisterin oder des ersten Bürgermeisters fällt und die auf die Verwaltung übertragen werden kann. Bei kommunalpolitisch brisanten Stimmbezirksänderungen (z. B. Auflösung eines seit jeher bestehenden Stimmbezirks, der mit einem Ortsteil identisch ist), sollte der Gemeinderat zuvor informiert werden. Soweit Gemeinden einer Verwaltungsgemeinschaft angehören, bildet die Verwaltungsgemeinschaft die Stimmbezirke für die Mitgliedsgemeinden (Nr. 19.1 Satz 4). Bei Landkreiswahlen sind die Anzahl und die Bezeichnung der Stimmbezirke dem Landratsamt zu melden (§ 13 Abs. 3).

Frage 99

In der Gemeinde bestehen mehrere kleine Ortsteile, die bei den Kommunalwahlen 2020 einen Stimmbezirk gebildet haben. Dabei kam es vereinzelt zur Situation, dass weniger als 50 Abstimmende an der Urnenwahl teilgenommen haben. Muss die Einteilung der Stimmbezirke geändert werden?

Der Gesetzgeber hat zur Gewährleistung des Wahlgeheimnisses in Art. 19 Abs. 1 Satz 2 eine Regelung zur Verfahrensweise bei weniger als 50 zur Urnenwahl zugelassenen Abstimmenden in einem Stimmbezirk getroffen. Im Übrigen wird keine gesetzliche Mindestgröße eines Stimmbezirks vorgegeben; allerdings darf die Zahl der Wahlberechtigten eines Stimmbezirks nicht so gering sein, dass erkennbar wird, wie einzelne Personen gewählt haben (Art. 11 Abs. 3 Satz 2). Nr. 19.1 Satz 2 gibt hier je nach den örtlichen Verhältnissen (z. B. Wahlbeteiligung, Anteil an Briefwählerinnen und Briefwählern bei den letzten Wahlen) eine Orientierungsgröße von mindestens 150 Wahlberechtigten vor. Andererseits soll nach § 13 Abs. 1 die Bildung der Stimmbezirke so erfolgen, dass die Teilnahme an der Abstimmung möglichst erleichtert wird. Dies ist bei der Entscheidung über die Bildung von Stimmbezirken zu berücksichtigen.

Frage 100
Wann ist ein Sonderstimmbezirk zu bilden?
Sonderstimmbezirke kommen für Krankenhäuser, Altenheime, Pflegeheime und ähnliche Einrichtungen mit einer größeren Anzahl von Personen (nach Nr. 19.2 nicht weniger als 70 Wahlberechtigte), die zur Ausübung ihres Stimmrechts keinen Abstimmungsraum außerhalb der Einrichtung aufsuchen können, in Betracht. Sonderstimmbezirke sind jedoch nur bei einem entsprechenden Bedürfnis zu bilden (§ 13 Abs. 2 Satz 1). Für kleinere Einrichtungen können bei entsprechendem Bedürfnis und soweit möglich auch bewegliche Wahlvorstände gebildet werden (vgl. § 4 Satz 1; Nr. 19.2, Nr. 9).

Frage 101
Gibt es einen „Briefwahlbezirk"?
Auch wenn dieser Begriff verbreitet ist, ergibt sich aus Art. 4 Abs. 2 Nr. 2 und 3, dass für jeden Stimmbezirk ein Wahlvorstand, nicht aber ein Briefwahlvorstand eingerichtet werden muss. Das heißt, dass die Wahlbriefe den Briefwahlvorständen zur gleichmäßigen Auslastung ggf. nach anderen Kriterien zugeordnet werden können (vgl. dazu Frage 192).

2. Wahlberechtigung, Schwerpunkt der Lebensbeziehungen

Frage 102
Auf welchen Stichtag kommt es bei der Beurteilung des Schwerpunkts der Lebensbeziehungen für das aktive Wahlrecht in der Gemeinde an?
Erforderlich ist am Wahltag ein mindestens zweimonatiger Aufenthalt in der Gemeinde, vgl. Art. 1 Abs. 1 Nr. 3. D. h., wer spätestens am 8.1.2026 in eine Gemeinde zieht und auch die übrigen Voraussetzungen nach Art. 1 Abs. 1 Nrn. 1, 2 und 4 erfüllt, ist dort wahlberechtigt. Auf den Tag der Anmeldung bei der Gemeinde kommt es nicht an. Hiervon zu unterscheiden ist der Stichtag für die Anlegung der Wählerverzeichnisse (§ 15).

Frage 103
Eine ledige Person hat in der Gemeinde A ihren Nebenwohnsitz gemeldet. Ihre Erwerbstätigkeit übt sie an ihrem Hauptwohnsitz in der Stadt B in 200 km Entfernung aus. Der Großteil ihrer persönlichen Habe befindet sich im Hauptwohnsitz in der

Stadt B. Sie besucht einmal pro Woche ihre Mutter in der Gemeinde A und engagiert sich dort ehrenamtlich in zwei Vereinen. Kann ein Schwerpunkt der Lebensbeziehungen in der Gemeinde A begründet werden?

Nein. Nach § 1 Satz 2 ist der Schwerpunkt der Lebensbeziehungen regelmäßig am Ort der Wohnung, von der aus eine Person ihrer Erwerbstätigkeit oder ihrer Ausbildung nachgeht. Auf die Vereinsmitgliedschaft kommt es nicht an. Vgl. auch Nrn. 2.1.2, 2.2.3.

Frage 104

Eine Person zieht ins außereuropäische Ausland um, bleibt aber in der Gemeinde A mit Wohnsitz gemeldet. Sie hält sich in der Gemeinde A nur 2-3mal jährlich auf, um dort ihre Mutter zu besuchen. Die Familie lebt im Ausland. Kann ein Schwerpunkt der Lebensbeziehungen in der Gemeinde A begründet werden?

Nein. Art. 1 Abs. 3 enthält eine widerlegbare Vermutungsregel. Sind der Gemeinde Tatsachen bekannt, die diese Vermutung widerlegen, ist die Person nicht in das Wählerverzeichnis aufzunehmen (vgl. Nrn. 2.1.2 Sätze 6 bis 9, 20.2 Satz 3). Gelegentliche Besuche reichen in der Regel nicht aus. Vielmehr ist nach § 1 Satz 1 davon auszugehen, dass der Schwerpunkt der Lebensbeziehungen die Wohnung der Familie im Ausland ist.

Frage 105

Ein Unionsbürger ist als Gastarbeiter in der Gemeinde tätig bzw. bewirtschaftet eigene Grundstücke in der Gemeinde. Der Zeitanteil des Aufenthalts in der Gemeinde ist geringer als derjenige bei der Familie im Ausland. Ist die Person in der Gemeinde aktiv wahlberechtigt?

Nein. Es gilt § 1 Satz 1, wonach der Schwerpunkt der Lebensbeziehungen Verheirateter, die nicht dauernd getrennt von ihrer Familie leben, regelmäßig die vorwiegend benutzte Wohnung der Familie ist. Der Unionsbürger ist daher nicht in das Wählerverzeichnis aufzunehmen.

Frage 106

Eine ledige Studentin mit Hauptwohnsitz am Studienort hat noch einen Nebenwohnsitz bei den Eltern in der Gemeinde. Die Studentin besucht regelmäßig am Wochenende ihre Eltern. Der Großteil ihrer persönlichen Habe befindet sich im Elternhaus. Ist die Studentin am Wohnort der Eltern aktiv wahlberechtigt?

Ja. Nach Art. 1 Abs. 3 Satz 2 wird zwar der Schwerpunkt der Lebensbeziehungen einer Person, die in mehreren Gemeinden gemeldet ist, dort vermutet, wo sie mit der Hauptwohnung gemeldet ist. Zudem greift auch die Vermutungsregel in § 1 Satz 2. Die Vermutung kann hier aber widerlegt werden. Die Studentin hält sich regelmäßig in ihrer Heimatgemeinde auf. Der Großteil ihrer persönlichen Habe befindet sich im Elternhaus (vgl. Nr. 2.2.3). Gegebenenfalls ist ein Antrag auf Eintragung in das Wählerverzeichnis der Gemeinde nach § 15 Abs. 4 und 6 bei der Gemeinde erforderlich, zudem die Mitteilung an die Gemeinde des Studienorts nach § 14 Abs. 1 Satz 2. Dort erfolgt dann eine Berichtigung des Wählerverzeichnisses nach § 20 Abs. 1 Satz 1.

3. Wählerverzeichnis

Frage 107
Reicht es aus, die Einsicht in das Wählerverzeichnis während der Parteiverkehrszeiten zu ermöglichen?
Nein. Nach § 18 Abs. 1 Satz 1 muss die Einsicht während der allgemeinen Dienststunden ermöglicht werden. Allgemeine Dienststunden sind nicht nur Parteiverkehrszeiten, sondern Zeiten, in denen die Bediensteten der Gemeinde regelmäßig anwesend sind, vgl. Nr. 24.1 und Nr. 42.5. Dies gilt auch am Faschingsdienstag (17.2.2026), vgl. Fragen 121 und 199.

Frage 108
Eine Studentin, deren Eltern in der Gemeinde wohnen, ist nicht (mehr) in der Gemeinde gemeldet (sondern am Studienort mit einem Hauptwohnsitz). Sie stellt nach § 15 Abs. 4 einen Antrag auf Eintragung in das Wählerverzeichnis. Ist dem stattzugeben?
Wahlrechtlich kommt es allein auf die Frage an, ob der Nachweis erbracht werden kann, dass sich der Schwerpunkt der Lebensbeziehungen mindestens zwei Monate im Wahlkreis befunden hat (Art. 1 Abs. 1 Nr. 3). Dies ist anhand der Vermutungsregel des § 1 und Nr. 2.2.3 sowie anhand der Angaben der Antragstellerin zu prüfen. Im Falle einer Eintragung in das Wählerverzeichnis der Gemeinde ist dies der (bayerischen) Gemeinde des Studienorts nach § 14 Abs. 1 Satz 2 mitzuteilen. Vgl. Frage 106.

Frage 109
Ergibt sich ein Unterschied, wenn der Studienort außerhalb Bayerns liegt?
Nein, es könnte allenfalls auf die Mitteilung nach § 14 Abs. 1 Satz 2 verzichtet werden, weil Zweck dieser (landesrechtlichen) Regelung allein die Verhinderung eines doppelten Wahlrechts bei den bayerischen allgemeinen Gemeinde- und Landkreiswahlen ist.

Frage 110
Wie ist mit einem verspäteten Antrag (nach dem 21. Tag vor dem Wahltag [15.2.2026]; vgl. § 15 Abs. 6 Satz 1) auf Eintragung in das Wählerverzeichnis umzugehen?
Zunächst kommt die Umdeutung in eine Beschwerde gegen das Wählerverzeichnis nach Art. 12 Abs. 3 Satz 1 in Betracht (bis zum 13. Tag vor dem

Wahltag, 23.2.2026). Danach bleibt nur die Umdeutung als Antrag auf Erteilung eines Wahlscheins nach § 22 Abs. 2 Nr. 1. Ein solcher Wahlschein kann jedoch nur erteilt werden, wenn die antragstellende Person nachweisen kann, dass sie ohne Verschulden die Antragsfrist versäumt hat. Zur Berichtigung der Wählerverzeichnisse von Amts wegen vgl. § 20 und Nr. 26.2.

Frage 111
Eine wahlberechtigte Person verstirbt nach Eintragung in das Wählerverzeichnis. Sie hat bereits Briefwahl beantragt. Wie ist zu verfahren?
Das Wählerverzeichnis ist nach § 20 Abs. 1 zu berichtigen (vgl. auch Nr. 26.3 Sätze 4 und 7). Wurde der Wahlschein bereits versandt, ist er für ungültig zu erklären und in das Verzeichnis der für ungültig erklärten Wahlscheine aufzunehmen, vgl. § 28 Abs. 1 und 2, Nr. 26.3 Satz 7. Hat die betreffende Person jedoch bereits an der Briefwahl teilgenommen, bleiben die abgegebenen Stimmen gültig (vgl. Art. 19 Abs. 2 Satz 4)! Dies ist im Wahlscheinverzeichnis und im Verzeichnis der für ungültig erklärten Wahlscheine in geeigneter Form zu vermerken, vgl. § 28 Abs. 1 Satz 2, Nr. 26.3 Satz 9 (z. B. „nur noch gültig für die Stimmabgabe mittels Briefwahl“). Zu den Besonderheiten im Falle des Verlusts des Wahlrechts durch Umzug vgl. die nachfolgenden Fragen.

Frage 112
Eine wahlberechtigte Person zieht nach dem Stichtag zur Eintragung in das Wählerverzeichnis (42. Tag vor dem Wahltag, 25.1.2026), aber noch vor Beginn der Einsicht in das Wählerverzeichnis (20. Tag vor der Wahl, 16.2.2026) in eine andere Gemeinde <u>innerhalb</u> des Landkreises um. Was ist zu tun?
Hinsichtlich der Gemeindewahlen verliert die Person das Wahlrecht in der Wegzugsgemeinde, erwirbt aber auch in der Zuzugsgemeinde das Wahlrecht wegen des zu kurzen Aufenthalts noch nicht.

Hinsichtlich der Landkreiswahl greift § 15 Abs. 3. Die Person hat bis zum Beginn der Einsichtsfrist (20. Tag vor dem Wahltag, 16.2.2026) die Möglichkeit, einen Antrag auf Eintragung in das Wählerverzeichnis der Zuzugsgemeinde zu stellen. Darauf ist die Person bei der Anmeldung hinzuweisen. Im Falle einer antragsgemäßen Eintragung in das Wählerverzeichnis der Zuzugsgemeinde mit Wahlberechtigung nur für die Landkreiswahlen hat eine unverzügliche Benachrichtigung der Wegzugsgemeinde nach § 15 Abs. 3 Satz 3 zu erfolgen; die Wegzugsgemeinde hat die Person aus ihrem Wählerverzeichnis zu streichen.

Stellt die Person keinen Antrag, wird die Wegzugsgemeinde lediglich über die Anmeldung informiert. Die Person wird in der Wegzugsgemeinde dann nur für die Gemeindewahlen, nicht aber für die Landkreiswahlen aus dem Wählerverzeichnis gestrichen (Nr. 26.1.2.2 Abs. 2). Vgl. insgesamt dazu Nr. 26.1.2.

Bei Wegzug nach dem Beginn der Einsichtsfrist (d.h. ab dem 16.2.2026) kann die wahlberechtigte Person an den Landkreiswahlen nur mehr in der Wegzugsgemeinde durch Brief- oder Urnenwahl teilnehmen.

Frage 113

Eine wahlberechtigte Person zieht nach Beginn der Einsichtsfrist (20. Tag vor dem Wahltag, 16.2.2026) in eine andere Gemeinde innerhalb des Landkreises um. Variante: Die Wegzugsgemeinde hat der wahlberechtigten Person bereits einen Wahlschein mit Briefwahlunterlagen erteilt.

Hinsichtlich der Gemeindewahlen verliert die Person das Wahlrecht in der Wegzugsgemeinde, erwirbt aber auch in der Zuzugsgemeinde das Wahlrecht wegen des zu kurzen Aufenthalts noch nicht. Hinsichtlich der Landkreiswahl bleibt das Wahlrecht erhalten. Ein Antrag auf Eintrag in das Wählerverzeichnis der Zuzugsgemeinde nach § 15 Abs. 3 kann nicht mehr gestellt werden. Die Wegzugsgemeinde wird von der Zuzugsgemeinde über die Anmeldung informiert (§ 14 Abs. 1 Satz 2). Die Person wird im Wählerverzeichnis der Wegzugsgemeinde für die Gemeindewahl, nicht aber für die Landkreiswahl gestrichen.

Variante Wahlschein: Vgl. Nr. 33 Sätze 4 bis 11. Der von der Wegzugsgemeinde erteilte Wahlschein bleibt für die Landkreiswahlen gültig. Die Wegzugsgemeinde erklärt den erteilten Wahlschein nur für die Gemeindewahlen für ungültig; die per Briefwahl ggf. abgegebenen Stimmen bleiben aber gültig (Art. 19 Abs. 2 Satz 4, § 28 Abs. 1 Satz 3). Dies ist im Wahlscheinverzeichnis und im Verzeichnis der für ungültig erklärten Wahlscheine in geeigneter Form zu vermerken („gültig für die Stimmabgabe mittels Briefwahl", vgl. § 28 Abs. 1 Satz 2).

Frage 114

Wie vorhergehend, nur zieht die Person in eine andere Gemeinde außerhalb des Landkreises.

Die Voraussetzungen für das Wahlrecht zu den Gemeinde- und Landkreiswahlen nach Art. 1 Abs. 1 Nr. 3 liegen nicht mehr vor. Die betreffende Person wird im Wählerverzeichnis der (bayerischen) Wegzugsgemeinde gemäß § 20 Abs. 1 Satz 1 insgesamt gestrichen und in der Zuzugsgemeinde nicht eingetragen. Ein etwa erteilter Wahlschein wird von der Wegzugsgemeinde für ungültig erklärt, vgl. § 28 Abs. 1 Satz 1. Bereits abgegebene Stimmen bleiben gültig, vgl. Art. 19 Abs. 2 Satz 4. Dies ist im Wahlscheinverzeichnis und im Verzeichnis der für ungültig erklärten Wahlscheine in geeigneter Form zu vermerken, vgl. § 28 Abs. 1 Satz 2, Nr. 33 Sätze 1 bis 3 (z.B. „nur noch gültig für die Stimmabgabe mittels Briefwahl").

Frage 115

Eine wahlberechtigte Person meldet sich nach dem Stichtag zur Eintragung in das Wählerverzeichnis (42. Tag vor dem Wahltag, 25.1.2026) rückwirkend zu einem Datum vor diesem Stichtag in der Gemeinde an. Der Schwerpunkt der Lebensbeziehungen lag zuvor <u>außerhalb</u> des Landkreises. Wie hat die Zuzugsgemeinde vorzugehen?

Entscheidend ist, ob der Schwerpunkt der Lebensbeziehungen zum angegebenen Datum tatsächlich bereits in der Zuzugsgemeinde lag und die Voraussetzungen des Art. 1 Abs. 1 Nr. 3 (zweimonatiger Aufenthalt in der Gemeinde am Wahltag) erfüllt werden. Ist dies der Fall, erfolgt eine nachträgliche Aufnahme in das Wählerverzeichnis für die Gemeinde- und die Landkreiswahlen (§ 20 Abs. 1 Satz 1) sowie die Information an die Wegzugsgemeinde – falls in Bayern gelegen – nach § 14 Abs. 1 Satz 2. Dort wird die Person dann ggf. aus dem Wählerverzeichnis gestrichen, falls eine Eintragung zum Stichtag erfolgt ist (vgl. Nr. 26.2 Satz 2, Nr. 26.3 Satz 11). Liegt dagegen kein zweimonatiger Mindestaufenthalt nach Art. 1 Abs. 1 Nr. 3 vor, erfolgt in der Zuzugsgemeinde keine Eintragung in das Wählerverzeichnis und die Person wird nach Mitteilung an die Wegzugsgemeinde (§ 14 Abs. 1 Satz 2) aus deren Wählerverzeichnis gestrichen.

Frage 116

Eine wahlberechtigte Person mit Hauptwohnsitz in der Gemeinde meldet sich im November 2025 um und hat dort künftig nur noch einen Nebenwohnsitz. Eine Aufnahme ins Wählerverzeichnis erfolgte daher zum Stichtag (25.1.2026) nicht. Im Februar 2026 meldet sie sich wiederum mit dem Hauptwohnsitz in der Gemeinde an. Greift Art. 1 Abs. 4?

Ja. Allerdings erfasst § 15 diesen Sonderfall nicht. Der Stichtag zur Eintragung in das Wählerverzeichnis (§ 15 Abs. 1, 25.1.2026) ist bereits abgelaufen. Laut Auffassung von Büchner (Erl. 3 zu § 15) erfolgt keine Änderung des Wählerverzeichnisses von Amts wegen, weil das Wählerverzeichnis zum Stichtag richtig gewesen sei. Eine Eintragung ins Wählerverzeichnis der Zuzugsgemeinde soll nach dieser Auffassung daher nur auf Antrag nach § 15 Abs. 4 erfolgen, worauf bei der Anmeldung hingewiesen werden soll (vgl. § 15 Abs. 3 Satz 2 für die Fälle eines Umzugs innerhalb des Landkreises vor Beginn der Einsichtsfrist für das Wählerverzeichnis [d. h. vor dem 16.2.2026, dem 20. Tag vor dem Wahltag]). Sei sowohl die Antragsfrist nach § 15 Abs. 6 als auch die Beschwerdefrist nach Art. 12 Abs. 3 abgelaufen, könne evtl. noch ein Wahlschein nach § 22 Abs. 2 Nr. 1 beantragt werden. Denkbar und praktisch handhabbarer wäre nach hiesiger Auffassung aber eine Berichtigung des Wählerverzeichnisses von Amts wegen analog § 20 Abs. 1 Satz 1. In jedem Fall erfolgt eine Streichung der Person aus dem

Wählerverzeichnis der Wegzugsgemeinde (nach Mitteilung gemäß § 14 Abs. 1 Satz 2).

Frage 117
Wie kann die Gemeinde bei Antrag auf Berichtigung des Wählerverzeichnisses einer bisher in der Gemeinde nicht gemeldeten Person sicherstellen, dass diese sich nicht auch in einer anderen Gemeinde eintragen lässt, wenn hierzu keine Angaben gemacht werden? Insbesondere bei ausländischen Personen ohne Meldepflicht in Deutschland?
Eine absolute Sicherheit kann letztlich nicht hergestellt werden. Entscheidend ist, ob die Person in der Lage ist, den Nachweis nach § 15 Abs. 4 zu führen, dass sie sich am Wahltag seit mindestens zwei Monaten ununterbrochen mit dem Schwerpunkt der Lebensbeziehungen in der Gemeinde bzw. dem Landkreis aufhält.

Bei Anhaltspunkten, dass evtl. Berührungspunkte mit einer anderen Gemeinde bestehen, hat ggf. nach Kontaktaufnahme mit dieser Gemeinde eine Mitteilung nach § 14 Abs. 1 Satz 2 zu erfolgen.

Frage 118
Welche Anforderungen sind bei Versendung der Wahlbenachrichtigungskarten im Falle der Unzustellbarkeit an die Ermittlung der zustellungsfähigen Adresse zu stellen?
Grundsätzlich muss sich die wahlberechtigte Person z. B. bei längerem Auslands- oder Krankenhausaufenthalt um entsprechende Nachsendeaufträge o. Ä. kümmern. Empfehlenswert ist eine Vereinbarung mit dem Postdienstleister, dass im Falle der Unzustellbarkeit eine Rücksendung erfolgen sollte. Ist die neue Adresse z. B. im Falle eines Umzugs bekannt, sollte eine Nachsendung erfolgen.

4. Stimmzettel

Frage 119
Wann kann frühestens der Druckauftrag für die Stimmzettel erteilt werden?
Die Stimmzettel sind unverzüglich herzustellen, sobald die Entscheidung über die Zulassung der Wahlvorschläge vom Wahlausschuss oder vom Beschwerdeausschuss nicht mehr geändert werden kann (Nr. 36 Abs. 1). Wurden alle Wahlvorschläge ohne Einschränkungen zugelassen, kann der Wahlausschuss bis zum 40. Tag vor dem Wahltag (27.1.2026) von Amts wegen über die Gültigkeit von Wahlvorschlägen nochmals beschließen, also z. B. über die Zulassung eines Bewerbers, der die Wählbarkeit vor der Zulassungsentscheidung verloren hat. Daher ist frühestens ab diesem Zeit-

punkt die Entscheidung vom Wahlausschuss nicht mehr abänderbar. Ist noch eine Entscheidung des Beschwerdeausschusses erforderlich, erfolgt diese spätestens am 2.2.2026 (Art. 32 Abs. 4 Satz 3). Wer die Stimmzettel vor diesem Zeitpunkt drucken lässt, oder gar ausgibt, geht ein Risiko ein. Wahlscheine dürfen von vornherein nicht vor dem 20. Tag vor dem Wahltag erteilt werden (§ 24 Abs. 1).

Frage 120
Wie ist zu verfahren, wenn der Stimmzettel fehlerhaft ist?
Es kommt darauf an, wann der Fehler entdeckt wird. Wurden noch keine Briefwahlunterlagen ausgegeben, sollten auf jeden Fall die Stimmzettel neu gedruckt werden. Auch einfache Schreibfehler können die Aufmerksamkeit auf eine betroffene sich bewerbende Person lenken. Wurden schon Briefwahlunterlagen ausgegeben, können diese nicht zurückgefordert und bereits eingegangene Wahlbriefe nicht mehr zurückgegeben werden. Zur Wahrung des Abstimmungsgeheimnisses sollten so lange die fehlerhaften Stimmzettel ausgegeben werden, bis 50 Wahlbriefe zurückerwartet werden (vgl. Art. 19 Abs. 2 Satz 3). Wenn noch mit mehr als 50 weiteren Briefwahlanträgen zu rechnen ist, sollten die neuen fehlerfreien Stimmzettel verwendet werden. Für die Urnenwahl sollten auf jeden Fall neue, fehlerfreie Stimmzettel verwendet werden. Vgl. zu dieser Problematik auch Büchner, Erl. 1 zu Art. 16.

IV. Von der Einreichung bis zur Bekanntmachung der zugelassenen Wahlvorschläge

1. Einreichung, Nachreichen

Frage 121

Ist es erforderlich, auch an den Brückentagen (z. B. Freitag, den 2.1.2026, oder Montag, den 5.1.2026) die Entgegennahme von Wahlvorschlägen sicherzustellen und die Eintragung in Unterstützungsunterschriften zu ermöglichen?

Laut IMS vom 14.11.2019 (Az. IB1-1367.10-21) sind allgemein dienstfrei lediglich der 24. und der 31.12. (vgl. § 5 Abs. 2 BayAzV). Die Voraussetzungen eines Entfallens des Dienstes an einzelnen Tagen nach § 5 Abs. 3 Satz 1 BayAzV seien, soweit es an Brückentagen um allgemeine Energieeinsparmaßnahmen oder die Berücksichtigung von Urlaubswünschen der Bediensteten gehe, nicht erfüllt. Daher sei zur Vermeidung von Wahlanfechtungen sicherzustellen, dass während der allgemeinen Dienststunden auch die Entgegennahme von Wahlvorschlägen im Dienstgebäude der Wahlleiterin oder des Wahlleiters (vgl. § 35 Satz 2) und die Eintragung in Unterstützungslisten in den festgelegten und bekannt gemachten Eintragungsräumen (vgl. § 36 Abs. 3 und 4; Nr. 42.5 Satz 3) möglich ist. Zudem sei sicherzustellen, dass eine Vorabprüfung der eingereichten Wahlvorschläge durch die Wahlleiterin oder den Wahlleiter möglich ist. Ob die Einrichtung eines „Notdienstes" (z. B. telefonische Rufbereitschaft) diesen Anforderungen genügt, ist gerichtlich nicht entschieden. Das Innenministerium vertritt in dem zitierten IMS die Auffassung, dass jedenfalls bei Aufliegen von Unterstützungslisten die Anwesenheit einer oder eines Bediensteten im Eintragungsraum während der allgemeinen Dienststunden und eine Zugänglichkeit zum Dienstgebäude auch für den Fall erforderlich ist, dass ein Rathaus an Brückentagen allgemein geschlossen ist. Im Hinblick auf die der Wahlleiterin oder dem Wahlleiter per Post oder durch Einwurf in den Briefkasten „zugesandten" Wahlvorschläge ist zu beachten, dass gemäß Art. 28 Abs. 1 Satz 1 spätestens am (Arbeits-)Tag nach der Einreichung eines neuen Wahlvorschlags im Sinne von Art. 27 Unterstützungslisten aufzulegen sind.

Frage 122

Setzt die Wahlleiterin oder der Wahlleiter auch eine Frist zur Nachreichung von Wahlvorschlägen, wenn von zwei vor Ablauf der Einreichungsfrist eingereichten Wahlvorschlägen einer wegen nicht behebbarer Mängel ungültig sein sollte?

Nein. Nach Art. 31 Satz 2 kommt eine solche Nachfrist nur in Betracht, wenn zum Zeitpunkt des Ablaufs der Einreichungsfrist kein oder nur ein

Wahlvorschlag eingereicht wurde. Zu beachten ist aber, dass nach Art. 32 Abs. 1 Satz 3 die Mängel des ungültigen Wahlvorschlags bis 18 Uhr des 48. Tags vor dem Wahltag – nach Durchführung einer erneuten Aufstellungsversammlung – durch Einreichung eines neuen Wahlvorschlags „geheilt" werden können.

Frage 123
Welche Voraussetzungen muss ein Wahlvorschlag erfüllen, der innerhalb der vom Wahlleiter gemäß Art. 31 Satz 2 gesetzten Nachfrist nachgereicht wird?
Es gelten die gleichen Voraussetzungen wie für „normale", vor Ablauf der Einreichungsfrist eingereichte Wahlvorschläge. Insbesondere brauchen neue, nicht nach Art. 27 Abs. 1 Satz 2 und Abs. 3 privilegierte Wahlvorschläge ebenfalls Unterstützungsunterschriften im Sinne von Art. 28.

2. Inhalt und Form der Wahlvorschläge

2.1 Kennwort

Frage 124
Kann auf dem Stimmzettel nur die Kurzbezeichnung einer Partei oder Wählergruppe aufgeführt werden, oder ist der vollständige Name aufzuführen?
Grundsätzlich muss jeder Wahlvorschlag den – ggf. satzungsgemäß festgelegten – Namen des Wahlvorschlagsträgers als Kennwort tragen (Art. 25 Abs. 5 Satz 1). Statt der Langform reicht aber auch eine Kurzbezeichnung aus (§ 43 Satz 1 Nr. 1; Nr. 47.1; für Parteien vgl. auch § 4 Abs. 1 Satz 2 PartG; zu den Kurzbezeichnungen vgl. auch Bekanntmachung des Landesamts für Statistik vom 18.7.2024, Az. 14-1367.1-1/28-1, StAnz. Nr. 30/1, abgedruckt auf S. 563). Zulässig wäre wohl auch, Lang- und Kurzform nebeneinander zu verwenden. Im Hinblick auf eine einheitliche Gestaltung des Stimmzettels kann unter Umständen eine Absprache mit den Beauftragten der Wahlvorschlagsträger getroffen werden.

Frage 125
Kann eine Partei Zusätze im Kennwort ihres Wahlvorschlags aufnehmen (z. B. „Parteiname-Die Familienpartei" oder „Parteiname-Offene Liste")?
Nein, vgl. Art. 25 Abs. 5 Satz 1. Der Name einer Partei ergibt sich aus der Parteisatzung. Zusätze dürfen nur mit aufgenommen werden, wenn dies zur deutlichen Unterscheidung der Wahlvorschlagsträger erforderlich ist (Art. 25 Abs. 5 Satz 3). Mehrere Namen als Kennwort kommen nur bei gemeinsamen Wahlvorschlägen in Betracht, vgl. Art. 25 Abs. 5 Satz 2, § 43 Satz 1 Nr. 1.

Frage 126

Was ist zu tun, wenn zwei Wählergruppen unter dem gleichen Namen einen Wahlvorschlag einreichen wollen?

Wahlrechtlich relevant ist allein, dass eine deutliche Unterscheidung der Wahlvorschläge möglich ist. Im Idealfall findet die Wahlleiterin oder der Wahlleiter eine einvernehmliche Lösung mit den Wählergruppen. Andernfalls muss sie oder er einen der Wahlvorschlagsträger auffordern, dem Kennwort eine weitere Bezeichnung hinzuzufügen (vgl. Art. 25 Abs. 5 Satz 3). Die Auswahl erfolgt nach pflichtgemäßem Ermessen, dabei kann z. B. der Zeitpunkt der Gründung oder Einreichung des Wahlvorschlags als Kriterium herangezogen werden (vgl. Büchner, Erl. 18 zu Art. 25). Erfolgt trotz Aufforderung keine Ergänzung des Kennworts, entscheidet der Wahlausschuss abschließend hierüber.

Frage 127

Bei einem gemeinsamen Wahlvorschlag zur Bürgermeisterwahl, der in getrennten Aufstellungsversammlungen aufgestellt wurde, können sich die Wahlvorschlagsträger nicht auf ein gemeinsames Kennwort (Reihenfolge der Nennung) einigen. Kann der Wahlausschuss das Kennwort festlegen?

Erfolgt keine oder keine übereinstimmende Festlegung des Kennworts (vgl. § 41 Abs. 3 Satz 2), gilt § 43 Satz 1 Nr. 1 Hs. 3. Es gelten dann die Kennworte der Wahlvorschläge in alphabetischer Reihenfolge als gemeinsames Kennwort (vgl. dazu Nr. 51 Abs. 4). Zum Kennwort bei gemeinsamen Wahlvorschlagsträgern vgl. zudem Art. 25 Abs. 5 Satz 2. Zur Reihenfolge auf dem Stimmzettel vgl. Art. 33 Abs. 2 Satz 3.

2.2 Beruf, Stand

Frage 128

Gibt es Auslegungshilfen, um die Zulässigkeit einer Berufsangabe zu prüfen?

Eine Hilfestellung kann in Zweifelsfällen das alphabetische Berufs- und Tätigkeitsverzeichnis geben, das auf der Homepage der Bundesagentur für Arbeit abrufbar ist (vgl. Nr. 47.3 Satz 9).

Frage 129

Kann/muss bei der ersten Bürgermeisterin oder beim ersten Bürgermeister dessen Rechtsstellung (berufsmäßig, ehrenamtlich) angegeben werden?

Nein, die Amtsbezeichnung lautet „Erste(r) Bürgermeister(in)“, vgl. Art. 29 KWBG. Im Übrigen ist zu beachten, dass eine ehrenamtliche erste Bürgermeisterin oder ein ehrenamtlicher erster Bürgermeister in dieser Funktion keinen Beruf, sondern ein Ehrenamt ausübt. Daneben ist der neben dem

Ehrenamt tatsächlich ausgeübte oder auch der zuletzt ausgeübte Beruf anzugeben (vgl. Nr. 47.3 Abs. 3).

Frage 130
Ist die Berufsbezeichnung „Personalratsvorsitzender" zulässig, wenn der Bewerber als solcher freigestellt ist?
Nein. Der Personalratsvorsitzende übt keinen Beruf aus, sondern eine ehrenamtliche Tätigkeit (vgl. Art. 46 Abs. 1 BayPVG), die im Übrigen auch kein kommunales Ehrenamt im Sinne von § 43 Satz 1 Nr. 4 Buchst. d darstellt (vgl. dazu unten 2.4). Anzugeben ist der zuletzt tatsächlich ausgeübte Beruf.

Frage 131
Können mehrere Berufe angegeben werden, wenn diese ausgeübt werden (z. B. Steuerberaterin und Wirtschaftsprüfer)?
Nein, es darf nur ein Beruf angegeben werden, vgl. Nr. 47.3 Satz 7. Es sollte eine Verständigung mit der oder dem Beauftragten des Wahlvorschlags (der die sich bewerbende Person einbinden sollte) gefunden werden. Ist dies nicht möglich, hat der Wahlausschuss nach pflichtgemäßem Ermessen die zu viel aufgeführten Bezeichnungen zu streichen (vgl. § 50 Abs. 4 Satz 2).

2.3 Akademische Grade

Frage 132
Was ist zu tun, wenn Zweifel an einem akademischen Grad bestehen?
Die Wahlleiterin oder der Wahlleiter kann sich hierzu die Verleihungsurkunde vorlegen lassen (vgl. Art. 32 Abs. 1 Satz 4), anhand derer geprüft werden kann, ob die angegebene Einrichtung akademische Grade verleihen darf (vgl. §§ 18, 19 HRG; Art. 96 ff. BayHIG; Voraussetzung ist eine Hochschulprüfung an einer Universität oder Fachhochschule) und ob es sich um einen solchen handelt. Werden keine Nachweise vorgelegt, entscheidet der Wahlausschuss nach pflichtgemäßem Ermessen. Es handelt sich um freiwillige Angaben, vgl. § 43 Satz 1 Nr. 4 Buchst. a Hs. 2.

Frage 133
Ist die Berufsangabe „Dr. rer. nat. Dipl.-Ing. (FH), Diplom-Ingenieur" zulässig?
Nein. „Dr. rer. nat." ist keine Berufsangabe, sondern ein akademischer Grad, der zusammen mit dem Namen der sich bewerbenden Person anzugeben ist (vgl. § 43 Satz 1 Nr. 4 Buchst. a). Bei Doktorgraden kann in Abweichung zum Melderecht der Zusatz der Fachrichtung angegeben werden (z. B. Dr. med.; Dr. iur.). Diplome sind ebenfalls in der Regel akademische Grade, können allerdings auch nur staatliche Bezeichnungen darstellen; in Zweifelsfällen

kann sich der Wahlausschuss die Diplomierungsurkunde vorlegen lassen. Im Gegensatz zur Berufsbezeichnung ist keine Beschränkung auf nur einen akademischen Grad ersichtlich (vgl. Nr. 47.3). Vorliegend besteht zusätzlich die Besonderheit, dass der Diplom-Ingenieur bereits als akademischer Grad angeführt werden soll. Eine Präzisierung ist daher erforderlich (z. B. Dr. rer. nat. Name, Vorname, Dipl.-Ing. [FH]; Beruf: Ingenieur bzw. Agraringenieur bzw. Wirtschaftsingenieur etc.). Vgl. dazu auch Büchner, Erl. 7 zu § 43, und die Bezeichnung der Bewerber 109 und 310 in Anlage 3 zu §§ 30 bis 32 GLKrWO.

Frage 133a
Ist die Angabe „Professorin" ein akademischer Grad oder ein Beruf?
Der Titel „Professor/Professorin" ist grundsätzlich eine Amtsbezeichnung und in diesem Fall als Berufsangabe einzuordnen (vgl. Bewerberin Nr. 201 in Anlage 3 zu §§ 30 bis 32 GLKrWO). Im Einzelfall kann es sich aber um eine Ehrenbezeichnung handeln, die als Zusatz zum Namen geführt werden darf (vgl. auch Art. 62 Abs. 1 Satz 1, Art. 68 Abs. 2 Satz 4 BayHIG).

2.4 Ehren- und Verfassungsämter

Frage 134
Was zeichnet ein kommunales Ehrenamt aus?
Die ein Ehrenamt ausübende Person wird von der Gemeinde (Kommune) im Rahmen der Erfüllung ihrer Aufgaben bestellt und tätig, sie erhält in der Regel eine Entschädigung nach Art. 20a Abs. 1 GO (Nr. 47.3 Abs. 4). Vgl. auch die einschlägigen Kommentierungen zu Art. 19 GO, die beispielhaften Bewerberangaben in den Anlagen 3, 4 und 6 zur GLKrWO sowie spezielle Rechtsvorschriften (z. B. Art. 30 Abs. 1 KommZG; Art. 13 Abs. 1 AbmG). Eine ehrenamtliche Tätigkeit für den Staat ist kein kommunales Ehrenamt (z. B. Kreisbrandrat/-inspektor/-meister, vgl. Art. 20 Abs. 1 BayFwG; Jagdbeirat, vgl. Art. 50 BayJG).

Frage 135
Kann eine ehrenamtliche zweite Bürgermeisterin oder ein ehrenamtlicher zweiter Bürgermeister auch die Bezeichnung seines Ehrenamts als „Bürgermeister" anführen?
Art. 29 Abs. 1 KWBG könnte dafür sprechen, die Amtsbezeichnung gilt aber unabhängig davon, ob der weitere Bürgermeister berufsmäßig oder ehrenamtlich tätig ist. § 43 Satz 1 Nr. 4 Buchst. d und Anlage 3 zu §§ 30 bis 32 GLKrWO (Bewerber 202) sind insoweit aber eindeutig: „zweite Bürgermeisterin" oder „zweiter Bürgermeister".

Frage 136
Kann eine sich bewerbende Person mehrere Ehrenämter angeben?
Aus den Vorschriften lässt sich eine Begrenzung nicht ableiten. Eine Kapazitätsgrenze stellt aber der begrenzte Raum auf dem Stimmzettel dar. So sollten z. B. aus einem kommunalen Ehrenamt abgeleitete weitere Ehrenämter (z. B. Bestellung eines Gemeinderatsmitglieds im Rahmen der Geschäftsverteilung nach Art. 46 Abs. 1 Satz 2 GO zum Jugendbeauftragten o. Ä.) weggelassen und nur das „Grundehrenamt" angegeben werden (vgl. Büchner, Erl. 10 zu § 43). Es gilt der Grundsatz der Gleichbehandlung.

Frage 137
Woraus ergibt sich, ob ein Verfassungsamt vorliegt?
Vgl. Art. 88 und Art. 121 BV i. V. m. den spezialrechtlichen Vorschriften (z. B. Schöffinnen und Schöffen: §§ 28 ff. GVG; ehrenamtliche Richterinnen und Richter: § 5 Abs. 3 VwGO; § 16 SGG). Dazu Thum, KommP BY 1995, S. 407/408.

2.5 Zustimmungserklärung sich bewerbender Personen, „Rücktritt" von der Bewerbung

Frage 138
Kann die Zustimmung der sich bewerbenden Personen bereits vor der Aufstellungsversammlung eingeholt werden?
Ja. Art. 25 Abs. 3 Satz 4 und § 43 Satz 1 Nr. 4 Buchst. f enthalten lediglich Vorgaben an Inhalt und Form der Erklärung. Eine zeitliche Grenze mag sich aus Art. 29 Abs. 2 Satz 2 ergeben (vgl. auch Büchner, Erl. 11 zu Art. 25).

Frage 139
Kann eine sich bewerbende Person ihre Zustimmung zur Bewerbung widerrufen und „zurücktreten"?
Vor Ablauf der Einreichungsfrist (8.1.2026, 18 Uhr) kann ein Wahlvorschlag auf Grundlage der Beschlüsse der Aufstellungsversammlung (ggf. Nachfolgeregelung gemäß § 40 Abs. 3 und § 42 Abs. 2 Nr. 8) geändert werden, wenn eine sich bewerbende Person ihre Zustimmungserklärung nach § 43 Satz 1 Nr. 4 Buchst. f (vgl. das Muster in Anlage 11a zu Nr. 47 GLKrWBek) nicht abgibt oder widerruft. Es liegt ein behebbarer Mangel im Sinne von § 47 Abs. 1 Nr. 5 vor. Nach Ablauf der Einreichungsfrist kann die Zustimmung nicht mehr zurückgenommen werden, vgl. Art. 25 Abs. 3 Satz 5. Ein „Rücktritt" ist ab diesem Zeitpunkt also nicht mehr möglich. Im Falle der Wahl könnte die sich bewerbende Person die Annahme der Wahl ablehnen (vgl. Art. 47 Abs. 1).

2.6 Sonstige Angaben sich bewerbender Personen

Frage 140
Kann bei der Angabe des Namens einer sich bewerbenden Person von der amtlichen Schreibweise abgewichen werden?
Nur ausnahmsweise möglich, vgl. § 31 Abs. 1 Satz 3 i. V. m. Nr. 35 Abs. 1 und Nr. 47.3 Satz 1.

Frage 141
Welche Anschrift ist maßgeblich, die des Haupt- oder des Nebenwohnsitzes?
§ 43 Satz 1 Nr. 4 Buchst. e spricht nur allgemein von der „Anschrift". Es sollte die Anschrift angegeben werden, unter der die sich bewerbende Person in der Gemeinde gemeldet ist, in der sie sich um ein Mandat bewirbt (so auch Büchner, Erl. 13 zu § 43, unter Hinweis auf Art. 21 Abs. 1 Nr. 3).

Frage 142
Ist es zulässig, auf dem Stimmzettel für Gemeinderatswahlen den Zweitwohnsitz anzugeben?
Auf den Stimmzetteln für Gemeinderatswahlen darf bei den Angaben zu den Bewerberinnen und Bewerbern der Name der Gemeinde ebenso wenig genannt werden, wie Straße und Hausnummer. Vielmehr darf nur der amtliche Name des Gemeindeteils abgedruckt werden, falls dieser nach dem Willen der sich bewerbenden Person bzw. des Wahlvorschlagsträgers in den Stimmzettel mit aufgenommen werden soll (vgl. § 31 Abs. 1 Satz 3, § 43 Satz 1 Nr. 4 Buchst. e; Fn. 6 in Anlage 3 zu §§ 30 bis 32 GLKrWO). Auch bezüglich des Gemeindeteilnamens ist es im Hinblick auf Art. 21 Abs. 1 Nr. 3 zulässig, den Gemeindeteil anzugeben, in dem die sich bewerbende Person ihren Nebenwohnsitz hat.

Die jeweilige sich bewerbende Person kann somit selbst entscheiden, ob sie überhaupt den Gemeindeteilnamen auf dem Stimmzettel angeben möchte und wenn ja, ob sie den Gemeindeteilnamen seines Haupt- oder Nebenwohnsitzes benennt. Sollte eine Bewerberin oder ein Bewerber sich für die Angabe des Gemeindeteilnamens auf dem Stimmzettel entscheiden, ist dieser bereits im Wahlvorschlag, den die Partei oder Wählergruppe für ihre Bewerbung bei der Gemeinde einreichen muss, aufzunehmen, da die Angaben zu den Bewerbern auf den Stimmzetteln den zugelassenen Wahlvorschlägen entnommen werden (vgl. Fn. 10 in Anlage 8 zu Nr. 44 und 47 GLKrWBek).

Frage 143
Darf der Name eines Gemeindeteils auch dann angegeben werden, wenn er mit dem Namen der Gemeinde identisch ist?

Bei Gemeindewahlen kann nach § 43 Satz 1 Nr. 4 Buchst. e im Wahlvorschlag der Name des Gemeindeteils angegeben werden, wenn dieser in den Wahlvorschlag aufgenommen werden soll. Das Wahlrecht trifft keine Aussagen, ob dies auch für Bewerberinnen und Bewerber aus einem Gemeindeteil gilt, dessen Name identisch mit dem Gemeindenamen ist. Man wird dies jedoch aus Gleichbehandlungsgründen aller Ortsteile zulassen müssen.

Bei **Kreistagswahlen** ist bei den Angaben zur Person immer der Name der Gemeinde anzugeben (vgl. Fußnoten in Anlagen 3, 4, 6, 7 und 9 zu §§ 30 bis 32 GLKrWO), der Name des Gemeindeteils kann noch zusätzlich angegeben werden.

Frage 144
Darf zu einer sich bewerbenden Person auf dem Stimmzettel der Zusatz „parteifrei", der Geburtsname, Geburtsjahr o. Ä. mit aufgenommen werden?
Weitere als die in § 43 Satz 1 Nr. 4 genannten Angaben sind nicht zulässig, vgl. § 43 Satz 2. Derartige Zusätze sind vom Wahlausschuss nach § 50 Abs. 4 Satz 2 zu streichen. Hinzuweisen ist allerdings auf die **Neuregelungen** in § 43 Satz 1 Nr. 4 Buchst. a zur fakultativen Angabe des Geburtsnamens, wenn sich die Namensführung bis zwei Jahre vor dem Wahltag durch Verehelichung, Verpartnerung oder aufgrund nachträglicher Bestimmung eines Ehe- oder Lebenspartnerschaftsnamens geändert hat (vgl. Nr. 47.3 Abs. 2), sowie Buchst. b zur fakultativen Angabe des Geburtsjahres. Die Entscheidung hierzu liegt bei der jeweiligen sich bewerbenden Person, d. h. die Handhabung kann innerhalb eines Wahlvorschlags unterschiedlich sein. Vgl. dazu auch die Hinweise zu den Bewerberangaben in den Anlagen 8, 9 und 11a zu Nrn. 44 und 47, Nrn. 45 und 47 GLKrWBek sowie das Stimmzettelmuster in Anlage 3 zu §§ 30 bis 32 GLKrWO (z. B. Bewerber 101, 102, 111, 203).

2.7 Amtliche Bescheinigung

Frage 145
Bis zu welchem Zeitpunkt müssen die amtlichen Bescheinigungen im Sinne von § 43 Satz 1 Nr. 4 Buchst. h und i spätestens vorliegen?
Maßgeblich ist der Zeitpunkt der Entscheidung des Wahlausschusses über die Zulassung der Wahlvorschläge. Fehlen die amtlichen Bescheinigungen, droht bei Bürgermeister- und Landratswahlen die Ungültigkeit des Wahlvorschlags (§ 50 Abs. 1 Nr. 10), im Übrigen die teilweise Ungültigkeit des Wahlvorschlags (§ 50 Abs. 2 Satz 1 Nr. 7). Ein Nachreichen der Bescheinigung ist noch im Rahmen von § 47 Abs. 1 Nr. 3 möglich (vgl. Art. 32 Abs. 3).

Frage 146
Können die Bescheinigungen über die Wählbarkeit der Bewerberinnen und Bewerber als Sammelbescheinigungen beigelegt werden?
Ja. Die Anlage 12 zu Nr. 47 GLKrWBek ist nach Nr. 94 nicht verbindlich.

Frage 147
Wie ist bezüglich der Bescheinigung über die Wählbarkeit bzw. das Nichtvorliegen von Ausschlussgründen für die Wählbarkeit zu verfahren, wenn die Hauptwohnsitzgemeinde nicht in Bayern liegt?
Nach § 43 Satz 1 Nr. 4 Buchst. h ist bei der Wahl von berufsmäßigen Bürgermeisterinnen und Bürgermeistern, die in der Gemeinde weder ihre alleinige Wohnung noch ihre Hauptwohnung haben, und bei Landkreiswahlen eine Bescheinigung über die Wählbarkeit nach Art. 39 Abs. 1, Art. 21 Abs. 1 vorzulegen. Nach § 43 Satz 1 Nr. 4 Buchst. i ist in den dort geregelten Fällen zudem eine Bescheinigung erforderlich, dass die sich bewerbende Person nicht von der Wählbarkeit ausgeschlossen ist (vgl. Art. 21 Abs. 2, 39 Abs. 2). Diese Bescheinigung erteilt die Gemeinde des Hauptwohnsitzes und kann ggf. gemeinsam mit der Bescheinigung nach Buchst. h erteilt werden (vgl. § 43 Satz 1 Nr. 4 Buchst. i Hs. 3; Anlage 12 zu Nr. 47 GLKrWBek). Eine solche Bescheinigung ist auch von Gemeinden außerhalb Bayerns anzufordern. Da diese nicht im Geltungsbereich des GLKrWG liegen, können sie hierzu jedoch nicht verpflichtet werden. Es kann zwar gebeten werden, eine solche Bescheinigung nur einmal auszustellen, eine Verpflichtung hierzu besteht jedoch ebenfalls nicht. In diesen Fällen soll die Gemeinde, in der sich die Person bewirbt, prüfen, ob die sich bewerbende Person in Bayern einen weiteren Wohnsitz hat. Anschließend sollen die weiteren Wohnsitzgemeinden informiert werden, um zu verhindern, dass sich die bewerbende Person dort ebenfalls bewirbt (Nr. 47.4.3 Abs. 2 Buchst. b). Zur Möglichkeit einer Glaubhaftmachung nach Art. 39 Abs. 3 vgl. Nr. 47.4.1 Sätze 14 bis 19.

2.8 Unterzeichnung des Wahlvorschlags durch 10 Wahlberechtigte

Frage 148
Bleibt die Unterzeichnung eines Wahlvorschlags nach Art. 25 Abs. 1 wirksam, wenn eine unterzeichnende Person nach der Unterzeichnung sein Wahlrecht durch Umzug oder Tod verliert?
Maßgeblich für das Bestehen des Wahlrechts ist der 48. Tag vor dem Wahltag (19.1.2026; Art. 25 Abs. 1 Satz 1). Geleistete Unterschriften bleiben grundsätzlich wirksam, vgl. § 47 Abs. 2. Tritt der Verlust des Wahlrechts aber vor dem 48. Tag vor dem Wahltag ein, kann eine gültige Unterschrift –

wenn die Zahl der erforderlichen 10 Unterzeichner unterschritten wird – im Rahmen der Mängelbeseitigung nachgebracht werden (vgl. § 47 Abs. 1 Nr. 9). Tipp an die Wahlvorschlagsträger: Immer mehr als 10 Wahlberechtigte unterzeichnen lassen!

Frage 149
Darf eine wahlberechtigte Person für die Bürgermeisterwahl und für die Gemeinderatswahl jeweils einen Wahlvorschlag unterschiedlicher Parteien oder Wählergruppen unterzeichnen?
Ja. Art. 25 Abs. 1 Satz 2 bezieht sich auf dieselbe Wahl. Die wahlberechtigte Person darf daher nur nicht z. B. bei der Bürgermeisterwahl die Wahlvorschläge verschiedener Parteien oder Wählergruppen unterzeichnen (vgl. Nr. 40 Abs. 1).

Frage 150
Darf eine wahlberechtigte Person einen Wahlvorschlag für die Bürgermeisterwahl unterzeichnen, wenn sie sich gleichzeitig für die Gemeinderatswahl in dieser Gemeinde bewirbt?
Ja. Ausgeschlossen sind nach Art. 25 Abs. 1 Satz 1 nur alle Bewerberinnen und Bewerber sowie Ersatzleute von Wahlvorschlägen für dieselbe Wahl (hier: Bürgermeisterwahl; vgl. auch Büchner, Erl. 2 zu Art. 25).

3. Prüfung durch die Wahlleiterin oder den Wahlleiter

Frage 151
Was hat die Wahlleiterin oder der Wahlleiter nach Eingang eines Wahlvorschlags zu prüfen?
Zunächst ist zu prüfen, ob es sich um einen neuen Wahlvorschlag im Sinne von Art. 27 handelt, für den spätestens am Tag nach der Einreichung Unterstützungslisten aufgelegt werden müssen (vgl. Art. 28). Zur weiteren Prüfung auf Ordnungsmäßigkeit und Vollständigkeit vgl. Art. 32 Abs. 1 Satz 1, Nr. 41 und Erl. IV. 3. Maßgeblich sind dabei die in § 50 aufgeführten Mängel, die zur teilweisen oder vollständigen Ungültigkeit eines Wahlvorschlags führen (vgl. Nrn. 41.1 Satz 3, 41.2). In Zweifelsfällen kann sich der Wahlleiter nach Art. 32 Abs. 1 Satz 4 Unterlagen und Erklärungen vorlegen lassen.

Frage 152
In welcher Form hat die Wahlleiterin oder der Wahlleiter die beauftragte Person des Wahlvorschlags über etwaige Mängel zu benachrichtigen?
Art. 32 Abs. 1 Satz 2 enthält hierzu keine Vorgaben. Über telefonische oder mündliche Benachrichtigungen und Aufforderungen zur Mängelbeseiti-

gung sollte in jedem Fall ein Aktenvermerk gefertigt werden. In der Praxis hat sich bewährt, den eingereichten Wahlvorschlag in Anwesenheit der oder des Beauftragten zu prüfen. Dabei können Mängel sofort festgestellt und Änderungen und Korrekturen einvernehmlich, ggf. vorbehaltlich des Einverständnisses der Bewerberinnen und Bewerber, durchgeführt werden.

4. Unterstützungslisten

Frage 153

Entfällt bei neuen Wahlvorschlägen von Parteien generell das Auflegen von Unterstützungslisten?

Nein. Die Privilegierung der Wahlvorschlagsträger ergibt sich aus Art. 27 Abs. 1 Satz 2. Vgl. dazu die Bekanntmachung des Landesamts für Statistik vom 18.7.2024, Az. 14-1367.1-1/28-1, STAnz. Nr. 30/1, abgedruckt auf S. 563. Bei gemeinsamen Wahlvorschlägen bedarf es keiner Unterstützungsunterschriften, wenn nur einer der beteiligten Wahlvorschlagsträger unter die genannte Vorschrift fällt.

Frage 154

Eine Freie Wählergemeinschaft ist Mitglied im „Landesverband Bayern der freien und unabhängigen Wählergemeinschaften e. V.“. Kann sie sich auf die Privilegierung in Art. 27 Abs. 1 Satz 2 berufen?

Der genannte Landesverband ist zu unterscheiden von der im Landtag vertretenen Partei „Freie Wähler Bayern“ (zulässig ist auch die Kurzbezeichnung „Freie Wähler“ im Wahlvorschlag dieser Partei, vgl. IMS vom 27.11.2019, Az. B1-1367-10-21). Nur Wahlvorschläge einer Untergliederung dieser Partei, die im Namen dieser Partei aufgestellt und eingereicht wurden, werden von Art. 27 Abs. 1 Satz 2 erfasst und benötigen von vornherein keine Unterstützungsunterschriften. Vgl. dazu auch das IMS vom 16.12.2013, Az. IB1-1367.1-6 und die einschlägigen Satzungen. Sollte die Freie Wählergemeinschaft nicht der Partei zuzuordnen sein, wäre weiter zu prüfen, ob es sich um einen neuen Wahlvorschlagsträger handelt, für den Unterstützungslisten aufgelegt werden müssen.

Frage 155

Führt die Namensänderung einer bereits 2020 im Gemeinderat vertretenen Wählergruppe dazu, dass für den Wahlvorschlag Unterstützungslisten aufgelegt werden müssen?

Nein. Maßgeblich für den Nachweis der Identität mit der im bisherigen Gemeinderat vertretenen Wählergruppe sind die in Art. 24 Abs. 2 genannten Kriterien. Organisierte Wählergruppen können den Nachweis durch

Vorlage der ursprünglichen und der – in einem ordnungsgemäßen Verfahren – geänderten Satzung erbringen (Satz 1 Nr. 1), im Übrigen kann der Nachweis (auch, vgl. Nr. 38.3 Satz 6) dadurch erbracht werden, dass mindestens sechs der Unterzeichner oder sich bewerbenden Personen des jetzigen Wahlvorschlags bereits den früheren Wahlvorschlag unterzeichnet oder sich auf diesem beworben haben (Satz 1 Nr. 2, Satz 2).

Frage 156

Kann ein Fraktionsaustritt oder -übertritt oder die Bildung einer gemeinsamen Fraktion durch mehrere Parteien und/oder Wählergruppen im Gemeinderat während der Wahlperiode Auswirkungen auf die Frage der Notwendigkeit von Unterstützungsunterschriften für diese Parteien und/oder Wählergruppen haben?

Ja. Denn als „neu" gelten nach Art. 24 Abs. 1 Satz 4 Parteien und Wählergruppen, die im Gemeinderat nicht seit der Gemeinderatswahl 2020 auf Grund eines eigenen Wahlvorschlags ununterbrochen bis zum 90. Tag vor dem Wahltag vertreten waren. Verlassen z. B. vor diesem Zeitpunkt alle über den Wahlvorschlag einer Partei gewählten Gemeinderatsmitglieder diese Fraktion und treten zu anderen Fraktionen über („echter" Fraktionswechsel), ist diese Partei nicht mehr ununterbrochen im Gemeinderat vertreten; ein Wahlvorschlag für die Gemeinderatswahl 2026 benötigte Unterstützungsunterschriften. Dies ist anhand der konkreten Umstände des Einzelfalls zu prüfen (vgl. dazu auch Büchner, Erl. 5 zu Art. 24).

Frage 157

Seit 2020 ist die A-Partei mit der Wählergruppe B im Gemeinderat auf Grund eines gemeinsamen Wahlvorschlags vertreten. 2026 reicht die Wählergruppe B einen eigenen Wahlvorschlag ein. Braucht die Wählergruppe B Unterstützungsunterschriften?

Ja. Die Wählergruppe ist ein neuer Wahlvorschlagsträger, da sie bisher nicht auf Grund eines eigenen (= alleinigen) Wahlvorschlags im Gemeinderat vertreten war, vgl. Art. 24 Abs. 1 Satz 4, Art. 27 Abs. 1 Satz 1 (vgl. Büchner, Erl. 8 zu Art. 24). Im Übrigen bräuchte auch die A-Partei in diesem Fall Unterstützungsunterschriften, soweit sie nicht nach Art. 27 Abs. 1 Satz 2 privilegiert ist.

Frage 158

Unter welchen Voraussetzungen müssen für gemeinsame Wahlvorschläge Unterstützungslisten aufgelegt werden?

Vgl. Art. 27 Abs. 2, Nr. 42.1 Satz 6. Ist eine nach Art. 27 Abs. 1 Satz 2 privilegierte Partei oder ein „alter" Wahlvorschlagsträger beteiligt, benötigt auch der gemeinsame Wahlvorschlag keine Unterstützungsunterschriften (Alt. 2). Im Übrigen entfallen die Unterstützungsunterschriften dann, wenn alle Wahlvorschlagsträger des gemeinsamen Wahlvorschlags 2020 zur Wahl

2026 erneut einen gemeinsamen Wahlvorschlag einreichen (Alt. 1). Die beteiligten Wahlvorschlagsträger müssen bis zum 90. Tag vor dem Wahltag im Gemeinderat ununterbrochen vertreten gewesen sein, d. h. es ist eine Identitätsprüfung nach Art. 24 Abs. 2 Satz 1 Nr. 2 durchzuführen. Es müssen also mindestens sechs der damaligen sich bewerbenden Personen und Unterzeichner auch im jetzigen gemeinsamen Wahlvorschlag wieder als sich bewerbende Personen oder Unterzeichner vertreten sein (vgl. Büchner, Erl. 8 zu Art. 24).

Frage 159
Eine Wählergruppe, die bei der letzten Bürgermeisterwahl 2020 keinen eigenen Wahlvorschlag eingereicht hat, aber seit 2020 im Gemeinderat mit einem eigenen Wahlvorschlag vertreten ist, reicht 2026 erstmals einen Wahlvorschlag für die Bürgermeisterwahl ein. Sind Unterstützungslisten aufzulegen?
Nein. Es greift die Sonderregelung des Art. 45 Abs. 2, wonach es bei Bürgermeisterwahlen ausreicht, wenn die Wählergruppe „alter" Wahlvorschlagsträger bei den Gemeinderatswahlen ist (soweit sie hierzu den Nachweis nach Art. 24 Abs. 2 führen kann).

Frage 160
Darf sich der Unterzeichner eines Wahlvorschlags für die Gemeinderatswahl auch in die Unterstützungsliste dieses oder eines anderen Wahlvorschlags für die Gemeinderatswahl eintragen?
Nein, vgl. Art. 28 Abs. 2 Satz 2 Hs. 2. Die Unterschrift wäre ungültig. Dieser Ausschluss gilt allerdings nur für dieselbe Wahl. Die genannte Person könnte z. B. einen Wahlvorschlag für die Bürgermeisterwahl unterstützen (vgl. dazu Nr. 42.2).

Frage 161
Bleiben geleistete Unterstützungsunterschriften wirksam, wenn der Wahlvorschlagsträger seinen Wahlvorschlag vor Ablauf der Eintragungsfrist – nach Durchführung einer erneuten Aufstellungsversammlung – abändert oder zurücknimmt und neu einreicht?
Das ist zum Stand der Drucklegung umstritten. Büchner vertritt die Auffassung, dass die Unterschriften dem Wahlvorschlagsträger und nicht dem konkreten Wahlvorschlag (dieser wird ja nicht zur Unterzeichnung vorgelegt) zugutekommen sollen mit der Folge, dass diese ihre Gültigkeit behalten (vgl. Büchner, Erl. 1 zu Art. 28). Nach Nr. 49 Satz 4 sind dagegen Unterstützungslisten erneut aufzulegen, wenn der neue Wahlvorschlag inhaltlich vom ursprünglich eingereichten mangelhaften Wahlvorschlag abweicht (vgl. auch Nr. 49 Satz 6).

Frage 162

Kann einem Wahlvorschlagsträger noch während der Eintragungszeit Auskunft über die Zahl der gültigen Unterschriften gegeben werden?

§ 37 Abs. 5 Satz 1 erlaubt ausdrücklich nur Auskünfte über die Zahl der Eintragungen. Die Entscheidung über die Unwirksamkeit von Unterschriften trifft erst der Wahlausschuss im Rahmen der Zulassung der Wahlvorschläge auf Grundlage der Einschätzung der Gemeinde bzw. Verwaltungsgemeinschaft (vgl. § 38 Abs. 1 Satz 2 Nr. 2; Nr. 42.3).

Frage 163

Darf die Wahlleiterin oder der Wahlleiter auf die Auslegung von Unterstützungslisten öffentlich hinweisen?

Nein. Ein Hinweis über die allgemeinen Hinweise in der Bekanntmachung nach § 34 Abs. 3 Nr. 3 und Abs. 4 hinaus wäre sogar ein Verstoß gegen Art. 20 Abs. 3.

5. Prüfung durch den Wahlausschuss

Frage 164

Kann die Sitzung eines Wahlausschusses auch außerhalb der Gemeinde in der Geschäftsstelle der Verwaltungsgemeinschaft stattfinden?

Ja, die §§ 5 ff. enthalten zum Ort der Sitzung keine näheren Angaben. Der Wahlausschuss ist zwar ein Gemeindeorgan, die Verwaltungsgemeinschaft ist aber ohnehin für die Durchführung der Wahlen zuständig (Art. 4 Abs. 1 VGemO). Ort und Zeit der Sitzung sind nach § 5 Abs. 1 Satz 3, § 98 Nr. 1 bekannt zu machen.

Frage 165

Was hat der Wahlausschuss zu prüfen?

Der Wahlausschuss beschließt über die (teilweise) Gültigkeit der eingereichten Wahlvorschläge (Art. 32 Abs. 2). Das Prüfprogramm ergibt sich aus § 50. Die Möglichkeiten einer Heilung festgestellter Mängel ergeben sich aus § 47.

Frage 166

Im Wahlvorschlag wird die Reihenfolge der sich bewerbenden Personen anders angegeben als in der (korrekten, weil der Beschlusslage entsprechenden) Niederschrift zur Aufstellungsversammlung. Der Wahlausschuss lässt den Wahlvorschlag auf Grundlage der (fehlerhaften) Angaben zu. Kann der Fehler noch korrigiert werden?

Eine Behebung des Fehlers ist jedenfalls bis zur abschließenden Entscheidung des Wahlausschusses und bis zur Entscheidung des Beschwerdeausschusses möglich (vgl. Art. 32 Abs. 3 bis 5). Nach der Bekanntmachung der zugelassenen Wahlvorschläge durch die Wahlleiterin oder den Wahlleiter käme allenfalls eine Korrektur des Fehlers als offensichtliche Unrichtigkeit unter Heranziehung des § 50 Abs. 3 in Betracht (vgl. Büchner, Erl. 5 zu § 47). Problematisch ist eine Korrektur, wenn die Stimmzettel gedruckt, Wahlscheine mit Briefwahlunterlagen ausgegeben wurden und bereits Stimmabgaben per Briefwahl erfolgt sind. Nach § 69 Abs. 1 Satz 5 dürfen eingegangene Wahlbriefe nicht zurückgegeben werden. In einem solchen Fall kann man nur noch abwägen, welcher Verstoß gegen wahlrechtliche Vorschriften mit größerer Wahrscheinlichkeit zur Ungültigkeit der Wahl führen könnte (Durchführung der Wahl mit fehlerhaften Stimmzetteln oder Nachkorrekturen, etwa die Herstellung von korrekten Stimmzetteln für das weitere Wahlverfahren). Vgl. dazu Büchner, Erl. 1 zu Art. 16. Eine Abstimmung mit der Aufsichtsbehörde ist in solchen Fällen sehr zu empfehlen.

Frage 167
Wer ist berechtigt, Einwendungen gegen die Entscheidung des Wahlausschusses zu erheben?

Art. 32 Abs. 3 Satz 2 und Abs. 4 Satz 1 sprechen von Einwendungen bzw. einem Antrag des betroffenen Wahlvorschlagsträgers. Zuständig sind insbesondere die beauftragte Person des Wahlvorschlagsträgers und dessen Stellvertretung im Sinne von Art. 30, ansonsten jede oder jeder Vertretungsberechtigte des Wahlvorschlagsträgers. Im Übrigen könnte der Wahlausschuss auf Hinweise Dritter auch von Amts wegen über die Gültigkeit von Wahlvorschlägen nochmals beschließen (vgl. Art. 32 Abs. 3 Satz 3).

Frage 168
Sind die Sitzungen des Wahlausschusses stets öffentlich?

Grundsätzlich ja. In begründeten Fällen kann die Öffentlichkeit insbesondere aus Rücksicht auf betroffene Personen (z. B. Prüfung eines Ausschlusses einer sich bewerbenden Person vom Wahlrecht, vgl. Art. 2, 21 Abs. 2 bzw. Art. 39 Abs. 2; Prüfung persönlicher Angaben nach § 43 Satz 1 Nr. 4; Prüfung der Teilnahmeberechtigung bei Aufstellungsversammlungen, vgl. Art. 29 Abs. 1 und 2, oder Prüfung der Wahlberechtigung von Unterzeichnern eines Wahlvorschlags, vgl. Art. 25 Abs. 1 Satz 1, unter namentlicher Nennung der Betroffenen) ausgeschlossen werden, vgl. Art. 17 Abs. 2 und Büchner, Erl. 8 zu Art. 32. Über den Ausschluss der Öffentlichkeit berät und beschließt der Wahlausschuss in nichtöffentlicher Sitzung.

6. Mängelbeseitigung

Frage 169
Eine sich bewerbende Person verliert ihr Wahlrecht vor der Zulassungsentscheidung des Wahlausschusses (47. Tag vor dem Wahltag, 20.1.2026). Kann der Mangel geheilt werden?
Es handelt sich um einen Mangel, der zur teilweisen Ungültigkeit des Wahlvorschlags und zur Streichung der betreffenden Person führt, vgl. § 50 Abs. 2 Satz 1 Nr. 1 und Abs. 4 Satz 2. Der Wahlausschuss kann dies auch nach seiner ersten Sitzung am 47. Tag vor dem Wahltag auf Einwendung des Wahlvorschlagsträgers oder von Amts wegen bis 24 Uhr des 40. Tags vor dem Wahltag (27.1.2026) beschließen bzw. feststellen (Art. 32 Abs. 3 Satz 3). Der Mangel ist nach § 47 Abs. 1 Nr. 5 behebbar. Wurden in der Aufstellungsversammlung (der Beauftragte des Wahlvorschlags kann dies nicht eigenmächtig „nachbessern"!) entsprechende Beschlüsse gefasst, rückt eine Ersatzbewerberin oder ein Ersatzbewerber nach oder sich bewerbende Personen werden nachträglich mehrfach aufgeführt (vgl. § 40 Abs. 3, § 42 Abs. 2 Nr. 8). Hierüber hat der Wahlausschuss (ggf. in einer nochmaligen Sitzung) zu entscheiden.

Frage 170
Abwandlung: Eine sich bewerbende Person verliert nach der Zulassung des Wahlvorschlags durch den Wahlausschuss (47. Tag vor dem Wahltag, 20.1.2026) ihr Wahlrecht (z. B. durch Tod, Wegzug). Kann der Mangel beseitigt und ein Ersatzmann aufgenommen werden?
Nein. Die Mängelbeseitigung nach § 47 setzt voraus, dass der Wahlausschuss einen Wahlvorschlag ganz oder teilweise für ungültig erklärt. Der Wahlvorschlag war zum Zeitpunkt der Entscheidung aber gültig, § 47 Abs. 1 Nr. 5 greift daher nicht. Einschlägig ist in diesem Fall Art. 35 Abs. 1 Satz 2, wonach die Person auf dem Stimmzettel bleibt und die Stimmen, die für diese Person abgegeben werden, hinsichtlich der Sitzverteilung zu Gunsten dieses Wahlvorschlagsträgers als gültig gewertet werden.

Frage 171
Bei der Prüfung eines am letzten Tag der Einreichungsfrist (59. Tag vor dem Wahltag, 8.1.2026) eingereichten Wahlvorschlags stellt die Wahlleiterin oder der Wahlleiter Mängel des Wahlvorschlags fest, für deren Heilung die nochmalige Durchführung einer Aufstellungsversammlung erforderlich ist (z. B. Fehler bei der Ladung zur Aufstellungsversammlung; offene Abstimmung über die sich bewerbenden Personen). Ist dieser Mangel nach Ablauf der Einreichungsfrist heilbar?
Es handelt sich nicht um einen behebbaren Mangel im Sinne von § 47. Allerdings kann dieser Mangel nach Art. 32 Abs. 1 Satz 3 innerhalb der Nach-

frist bis 18 Uhr des 48. Tags vor dem Wahltag (19.1.2026) beseitigt werden, indem der Wahlvorschlagsträger erneut eine (korrekte) Aufstellungsversammlung durchführt und innerhalb dieser Nachfrist einen neuen Wahlvorschlag einreicht, der nicht zwingend mit dem „alten" Wahlvorschlag identisch sein muss. Tipp an die Wahlvorschlagsträger: Wahlvorschläge möglichst einige Zeit vor Ablauf der Einreichungsfrist einreichen, um ausreichend Zeit für die Behebung etwaiger Mängel zu haben!

Frage 172
Die Wahlleiterin oder der Wahlleiter bzw. der Wahlausschuss stellt bei der Prüfung fest, dass Angaben zu den sich bewerbenden Personen nicht korrekt sind. Können diese Mängel geheilt werden?
Ja. Dies gilt, obwohl fehlende oder fehlerhafte Bewerberangaben nach § 43 Satz 1 Nr. 4 nicht als behebbare Mängel in § 47 aufgeführt sind. Es handelt sich dabei in der Regel nicht um Mängel, sondern um sonstige Unrichtigkeiten oder Ungenauigkeiten (so Büchner, Erl. 5 zu § 47). Grundsätzlich ist hier auf den erkennbaren Willen der Erklärenden abzustellen (§ 50 Abs. 3). Gegebenenfalls hat die Wahlleiterin oder der Wahlleiter eine Klärung mit der oder dem Beauftragten unter Einbindung der sich bewerbenden Person herbeizuführen (vgl. Art. 32 Abs. 1 Sätze 2 und 3, Abs. 3 Satz 1).

7. Bekanntmachung der zugelassenen Wahlvorschläge, Ordnungszahl

Frage 173
Wonach richtet sich die Reihenfolge der Listen auf den Stimmzetteln?
Die Wahlvorschläge erhalten auf den Stimmzetteln die gleiche Reihenfolge wie in der Bekanntmachung der zugelassenen Wahlvorschläge (§ 31 Abs. 1 Satz 2). Die Reihenfolge bei der Bekanntmachung ergibt sich aus Art. 33 Abs. 2. Über die Zuteilung beschließt der Wahlausschuss. Zur Reihenfolge der im Landtag vertretenen Parteien und zu den diesen zugeordneten Ordnungszahlen (§ 52 Satz 2) vgl. die Bekanntmachung des Landesamts für Statistik vom 13.11.2023, Az. 14-1367.1-1/27-214, STAnz. 46/1, abgedruckt auf S. 564. Bei gemeinsamen Wahlvorschlägen richtet sich die Reihenfolge nach der Partei oder Wählergruppe, die im Kennwort an erster Stelle steht.

Frage 174
Eine Freie Wählergemeinschaft ist Mitglied im Dachverband „Landesverband Bayern der freien und unabhängigen Wählergemeinschaften (FW-Landesverband Bayern) e. V.". Kann sie die Ordnungszahl 02 beanspruchen?

Der genannte Landesverband ist zu unterscheiden von der im Landtag vertretenen Partei „Freie Wähler Bayern". Nur Wahlvorschläge einer Untergliederung dieser Partei, die im Namen dieser Partei aufgestellt und eingereicht wurden, können die Ordnungszahl 02 erhalten. Vgl. dazu auch IMS vom 16.12.2013, Az. IB1-1367.1-6 und die einschlägigen, im Internet abrufbaren Satzungen. In Zweifelsfällen kann die Wahlleiterin oder der Wahlleiter im Rahmen der Prüfung des Wahlvorschlags hierzu Unterlagen anfordern, vgl. Art. 24 Abs. 4.

Frage 175
Kommt es bei der Vergabe der Ordnungszahlen nach dem Ergebnis bei der letzten Kommunalwahl darauf an, ob der betreffende Wahlvorschlagsträger auch tatsächlich ununterbrochen im Gemeinderat vertreten war?
Art. 33 Abs. 2 Satz 1 Nr. 2 stellt lediglich auf die Zahl der bei der letzten Gemeinderatswahl oder (bei Landkreiswahlen) bei der letzten Kreistagswahl für diesen Wahlvorschlagsträger abgegebenen Stimmen ab. Ein zwischenzeitliches Ausscheiden der über diesen Wahlvorschlag gewählten Personen aus dem Gemeinderat oder aus der Partei bzw. Wählergruppe (z. B. Niederlegung des Amtes; Fraktionsaustritt) ist nicht relevant.

Frage 176
Bei den Gemeindewahlen haben einige Wählergruppen Wahlvorschläge für die Gemeinderatswahl, nicht aber für die Bürgermeisterwahl eingereicht, andere Wählergruppen Wahlvorschläge für die Bürgermeisterwahl, nicht aber für die Gemeinderatswahl. Wonach werden die Ordnungszahlen bestimmt?
Bei verbundenen Wahlen sind § 52 Satz 4 Hs. 2 und Art. 45 Abs. 1 Satz 2 zu beachten, wonach Wahlvorschläge desselben Wahlvorschlagsträgers für Gemeinderats- und Bürgermeisterwahlen dieselbe Ordnungszahl erhalten sollen. Nach dieser Vorschrift erhält ein Wahlvorschlag für die Bürgermeisterwahl die Ordnungszahl, die der Wahlvorschlagsträger für die Gemeinderatswahl erhält (z. B. 07 Gemeinderatswahl = 07 Bürgermeisterwahl); wird von diesem Wahlvorschlagsträger kein Wahlvorschlag für die Bürgermeisterwahl eingereicht, fällt dessen Ordnungszahl für die Bürgermeisterwahl aus und wird nicht vergeben (im genannten Beispiel: 07 bei Bürgermeisterwahl wird nicht vergeben). Bei Wahlvorschlagsträgern, die nur einen Wahlvorschlag für die Bürgermeisterwahl einreichen, ist die fiktive Ordnungszahl bei der Gemeinderatswahl (wenn ein Wahlvorschlag dieser Gruppierung eingereicht worden wäre) nach Art. 33 Abs. 2 zu bestimmen; diese kommt dann bei der Bürgermeisterwahl zur Anwendung und fällt bei der Gemeinderatswahl – mangels Vorliegen eines Wahlvorschlags – aus (vgl. dazu Nr. 51 Sätze 8 bis 11 und Büchner, Erl. 1.4 zu Art. 45).

Frage 177

Für die Bürgermeisterwahl wird nur ein Wahlvorschlag einer im Landtag vertretenen Partei eingereicht. Welche Ordnungszahl erhält der Wahlvorschlag auf dem Stimmzettel?

Keine. Ordnungszahlen werden nur vergeben, wenn mehrere Wahlvorschläge zugelassen wurden, vgl. § 52 Satz 1 und die Anlagen 4 und 7 zur GLKrWO.

V. Wahlvorsteherinnen und Wahlvorsteher, Wahlvorstände

1. Bildung durch die Gemeinden

Frage 178

Ist bei Verwaltungsgemeinschaften die jeweilige Mitgliedsgemeinde oder die Verwaltungsgemeinschaft für die Bestellung der Wahlorgane und die Beschlussfassung über die Entschädigung zuständig?

Nach Art. 4 Abs. 1 Satz 1 sind die Wahlorgane Organe der Gemeinde. Für die Berufung des Wahlleiters ist nach Art. 5 Abs. 1 Satz 1 der Gemeinderat zuständig. Gleiches gilt für die Regelung der Entschädigung der Wahlorgane (vgl. Art. 7 Abs. 3; Nr. 10.2). Soweit das Gesetz eine Entscheidung nicht ausdrücklich dem Gemeinderat zuweist, ist im Übrigen die Verwaltungsgemeinschaft zuständig, weil es sich bei der Durchführung der Wahl um eine Aufgabe des übertragenen Wirkungskreises handelt (Art. 4 Abs. 1 VGemO; Nr. 5.2).

Frage 179

Müssen (Brief-)Wahlvorsteherinnen und (Brief-)Wahlvorsteher sowie deren Stellvertretungen in der Gemeinde wahlberechtigt sein?

Dies ergibt sich aus Art. 6 Abs. 2. Entweder sie sind in der Gemeinde wahlberechtigt (möglichst im betreffenden Stimmbezirk, vgl. Satz 1 der Vorschrift) oder sie sind (in einer anderen Gemeinde, s. unten) wahlberechtigte Bedienstete der Gemeinde (nicht: einer anderen Gemeinde! Vgl. dazu Nr. 8.1 Abs. 2).

Frage 180

Können Bedienstete der Gemeinde in den (Brief-)Wahlvorstand berufen werden, wenn diese ihren Wohnsitz außerhalb Bayerns haben?

Grundsätzlich nein. Nach Art. 6 Abs. 2 Satz 1 kann nur darauf verzichtet werden, dass die Bediensteten in der betreffenden Gemeinde wahlberechtigt sind (Art. 1 Abs. 1 Nr. 3). Sie müssen aber generell in Bayern wahlberechtigt sein (vgl. Nr. 8.1 Abs. 2). Andererseits würde ein rein formaler Verstoß gegen die Vorschriften über die Bestellung der Wahlorgane für sich allein nicht eine Ungültigerklärung der Wahl rechtfertigen (vgl. Büchner, Erl. 9 zu Art. 50).

Frage 181

Sind Bedienstete der Gemeinde, die in den Wahlvorstand berufen werden, ehrenamtlich oder dienstlich tätig? Wonach richtet sich dann die Entschädigung?

Anders als z. B. im Landeswahlrecht regelt Art. 7 nicht, dass die Wahlorgane stets ehrenamtlich tätig werden. Bedienstete der Gemeinde können daher in ihrer Eigenschaft als Bedienstete im Hauptamt (z. B. der Wahlsachbearbeiter in der Gemeindeverwaltung), in Nebentätigkeit oder – soweit sie in der Gemeinde wahlberechtigt sind (vgl. Nr. 10.1.2) – im Rahmen einer ehrenamtlichen Tätigkeit berufen werden (vgl. dazu Wegmann, KommP BY 2008, S. 9).

Nur für Ehrenamtliche kommt die Entschädigung nach Art. 7 Abs. 3 in Betracht; entsprechend des regelmäßig vor Wahlen erfolgenden Aufrufs des Innenministeriums zur Übernahme von Wahlämtern durch Angehörige des (staatlichen) öffentlichen Dienstes kann auch im kommunalen Bereich darüber hinaus für die Beanspruchung am Wahlsonntag ein Freizeitausgleich von einem Tag, für den Einsatz nur für die Stimmenauszählung nach Schließung der Wahllokale ein halber Tag Freizeitausgleich gewährt werden.

Werden gemeindliche Bedienstete dienstlich verpflichtet, ergeben sich die Rechtsfolgen ausschließlich aus den tarifrechtlichen bzw. beamtenrechtlichen Vorschriften. Die Arbeitszeit wird dann wie üblich erfasst und kann im Rahmen der Gleitzeit bzw. durch angeordneten Freizeitausgleich ausgeglichen werden. Tarifbeschäftigte erhalten insbesondere die Zeitzuschläge nach § 8 TVöD, Beamte die Zuschläge nach der Bayerischen Zulagenverordnung.

Frage 182

Eine vorschlagsberechtigte Partei oder Wählergruppe schlägt mangels Alternativen sich auf ihren Wahlvorschlag bewerbende Personen als Beisitzer für den Wahlvorstand vor. Dürfen diese berufen werden?

Anders als bei der Wahlleiterin bzw. dem Wahlleiter oder dem Wahlausschuss (vgl. Art. 5 Abs. 1 Satz 4) gibt es insoweit keinen gesetzlichen Ausschluss, sondern „nur" die Empfehlung („sollten nicht") in Nr. 8.1 Abs. 4. Stehen sonst keine geeigneten Personen zur Verfügung, können diese – bei entsprechender Eignung – berufen werden.

Frage 183

Können Familienangehörige in einen Wahlvorstand berufen werden?

Ja. Entgegenstehende wahlrechtliche Regelungen sind nicht ersichtlich.

Fragen

Frage 184

Kann mehr als eine Stellvertretung für die Schriftführerin oder den Schriftführer bestellt werden, um einen besseren „Schichtbetrieb" dieser Personen zu gewährleisten?

Art. 6 Abs. 2 Satz 2 sieht nach seinem Wortlaut nur eine Stellvertretung vor, wobei sich der Begriff der „Stellvertretung" von der in Art. 5 Abs. 1 Satz 3 oder Abs. 2 Satz 2 verwendeten Formulierung „eine stellvertretende Person" unterscheidet. Eine Differenzierung erscheint daher vertretbar. Im Übrigen würde ein rein formaler Verstoß gegen die Vorschriften über die Bestellung der Wahlorgane für sich allein nicht eine Ungültigerklärung der Wahl rechtfertigen (vgl. Büchner, Erl. 9 zu Art. 50).

Frage 185

Dürfen im Rahmen der Entschädigung der ehrenamtlich tätigen Mitglieder des Wahlvorstands auch die notwendigen Fahrtkosten erstattet werden?

Die einschlägigen Vorschriften erhalten über Art. 7 Abs. 3, Nr. 10.2 hinaus keine ausdrückliche Regelung (anders § 9 LWO; § 10 BWO). Es bleibt dem Gemeinderat aber unbenommen, sich im Rahmen seiner Beschlussfassung über die Entschädigung an den genannten Vorschriften der LWO und BWO zu orientieren (beachte: „wenn sie außerhalb ihres Stimmbezirks tätig werden").

Frage 186

Kann bei der Stichwahl den (Brief-)Wahlvorständen ebenfalls eine Entschädigung gezahlt werden?

Die erste Wahl und die Stichwahl bilden zwar eine rechtliche Einheit. Auch die Wahlorgane bleiben weiter zuständig (vgl. § 78 Abs. 2). Das hindert den Gemeinderat nicht, für den Fall einer Stichwahl ebenfalls eine angemessene Entschädigung festzusetzen. Immerhin handelt es sich um die Durchführung zweier Wahlgänge, die mit entsprechendem Aufwand verbunden sind.

Frage 187

Sind die ehrenamtlich tätigen Mitglieder der Wahlorgane versichert?

Ja. Ein Versicherungsschutz besteht im Rahmen der ehrenamtlichen Tätigkeit über die kommunale Haftpflichtversicherung (vgl. GKBay 2004, Rn. 39) und die gesetzliche Unfallversicherung der Kommune (vgl. www.kuvb.de/service/fragen-antworten/ehrenamt/).

Frage 188

In einem Altenheim kommt im Hinblick auf die Wahrung des Wahlgeheimnisses die Bildung eines Sonderstimmbezirks nicht in Betracht. Ebenso kann dort mangels entsprechender Räumlichkeiten kein Wahlvorstand eines Stimmbezirks untergebracht werden. Muss nun zwingend ein beweglicher Wahlvorstand gebildet werden?

§ 4 Satz 1 ermöglicht eine auf den Einzelfall abgestimmte Handhabe. Als Alternative zur Bildung eines beweglichen Wahlvorstands kommt z. B. das Aufsuchen eines sich in zumutbarer Entfernung befindlichen barrierefreien Wahllokals in Betracht. Nach § 4 Satz 3 kann auch der bewegliche Wahlvorstand eines anderen Stimmbezirks des Wahlkreises mit der Entgegennahme der Stimmzettel beauftragt werden. Hinzu kommt, dass eine Stimmabgabe per Briefwahl stets möglich ist.

Frage 189

Was ist, wenn ein Mitglied des (Brief-)Wahlvorstands am Wahltag nicht erscheint?

Auf ein drohendes Ordnungsgeld wegen Pflichtverletzung kann hingewiesen werden (vgl. Art. 7 Abs. 2 Satz 3 i. V. m. Art. 20 Abs. 1, Abs. 4 GO). Im Übrigen sind nach § 6 Abs. 2 Satz 3 fehlende Mitglieder namens der Gemeinde vom (Brief-)Wahlvorsteher durch Wahlberechtigte der Gemeinde zu ersetzen. Hier ist Überzeugungskraft und Fingerspitzengefühl gefragt, eine Durchsetzung der grundsätzlichen Pflicht zur Übernahme eines Ehrenamts mit „Zwangsmitteln" ist kaum realistisch.

Frage 190

Müssen bei der Auszählung der Kreistagswahl am Montag tatsächlich alle Mitglieder der Wahlvorstände anwesend sein?

§ 6 Abs. 2 Satz 2 enthält insoweit lediglich eine Sollvorschrift. Gegebenenfalls kann nachbesetzt werden, vgl. § 6 Abs. 2 Satz 3. Die Mindestbesetzung (Wahlvorsteherin oder Wahlvorsteher oder Stellvertretung, Schriftführerin oder Schriftführer oder Stellvertretung und mindestens ein Beisitzer, vgl. § 9 Abs. 2) muss aber in jedem Fall gewährleistet sein!

2. Briefwahlvorstand

Frage 191

Ist die Einrichtung eines Briefwahlvorstands zwingend?

Grundsätzlich ist auch in Gemeinden mit nur einem Stimmbezirk ein Briefwahlvorstand zu bilden. Der Wahlvorstand übernimmt die Geschäfte des Briefwahlvorstands nur noch dann, wenn dies von der Gemeinde so bestimmt wurde (vgl. Art. 6 Abs. 3). Angesichts des steigenden Briefwähleranteils sei dies aber wohl überlegt.

Frage 192

Ist bei mehreren Stimmbezirken für jeden Stimmbezirk auch ein Briefwahlvorstand einzurichten?

Nein. Dies gilt nur für den Wahlvorstand (Art. 4 Abs. 2 Nr. 2 und 3). Damit kommt auch die 2 500-Einwohner-Grenze aus Art. 11 Abs. 3 Satz 1 für Briefwahlvorstände nicht zur Anwendung. Letztlich hat die Gemeinde unter Berücksichtigung des tendenziell wohl weiter steigenden Briefwähleranteils zu entscheiden, wie viele Briefwahlvorstände gebildet werden. Dabei ist zu berücksichtigen, dass die Tätigkeit der Briefwahlvorstände umfangreicher ist als die der Wahlvorstände. Vgl. insgesamt dazu Nr. 8.2. Eine tolerable Grenze dürfte bei verbundenen Wahlen wohl bei ca. 400 Wahlbriefen liegen. Die Zuteilung der Wahlbriefe könnte im Vorfeld nach Wahlscheinnummern oder nachträglich zu etwa gleichen Teilen erfolgen, wenn die Zahl der Wahlbriefe im Wesentlichen abgeschätzt werden kann. Bei einer festen Zuteilung nach Stimmbezirken ist jedenfalls darauf zu achten, dass die Anzahl der zugeteilten Wahlbriefe nicht zu stark divergiert. Dies ist anhand vorliegender Erfahrungswerte zu beurteilen. Der oft verwendete Begriff des „Briefwahlbezirks“ ist daher etwas irreführend.

Frage 193

In der Gemeinde gibt es kleinere Ortsteile, die einen eigenen Stimmbezirk bilden. Kann dem Wahlvorstand eines solchen Stimmbezirks auch die Aufgabe des Briefwahlvorstands übertragen werden, um ihn „auszulasten"?

Nein. Diese Möglichkeit sieht Art. 6 Abs. 3 nur bei Gemeinden mit einem Stimmbezirk vor. Im Übrigen darf niemand die Tätigkeit von mehreren Wahlorganen ausüben oder in mehreren Wahlorganen Mitglied sein (Art. 4 Abs. 2 Nr. 2 und 3, Abs. 3).

Frage 194

Wann sollten die Briefwahlvorstände am Wahltag zusammentreten?

Hierzu gibt es keine Vorgaben. Dies sollte jedenfalls so rechtzeitig sein, dass alle vom Briefwahlvorstand zu behandelnden Wahlbriefe zugelassen sind (vgl. § 71; Nr. 63, 64), damit pünktlich um 18 Uhr mit der Auswertung der Stimmzettel begonnen werden kann (vgl. § 79b). In der Regel wird es genügen, wenn der Briefwahlvorstand zwischen 14 Uhr und 16 Uhr zusammentritt (näher dazu Erläuterungen VII. 4.).

Frage 195

Kann bei der Stichwahl die Anzahl der Briefwahlvorstände reduziert werden?

Nach § 78 Abs. 2 grundsätzlich nicht. Möglich ist es, einzelne Beisitzer abzuberufen, weil für die Stichwahl eine geringere Besetzung ausreicht (Nr. 11 Abs. 3). Man könnte aber auch die Anzahl der pro Briefwahlvorstand zu behandelnden Wahlbriefe erhöhen (vgl. Nr. 8.2 Abs. 2, wonach bei isolierten Bürgermeister-/Landratswahlen eine Zuweisung von bis zu 1 500 Wahlbriefen angemessen sein soll), so dass am Ende Briefwahlvorstände leer ausgehen und nicht mehr zusammentreten müssen.

VI. Das Wahlscheinverfahren, Briefwahl

Frage 196

Der Gemeinde liegen bei verbundenen Wahlen mehrere Wahlscheinanträge vor, die mittels Vordruck auf der Rückseite der Wahlbenachrichtigungskarte gestellt wurden. Allerdings haben die den Antrag stellenden Personen auf dem Formular teilweise alle vier stattfindenden Wahlen, teilweise nur zwei und teilweise sogar keine Wahl angekreuzt. Wie ist damit umzugehen?

Nach dem eindeutigen Wortlaut des § 24 Abs. 4 Satz 1 Nr. 1 sind dem Wahlschein ein Stimmzettel für jede stattfindende Wahl beizufügen. Eine Beschränkung auf die „beantragten Stimmzettel" ist dem nicht zu entnehmen. Auch bei verbundenen Wahlen kann im Übrigen die Wahl nur einheitlich durch Briefwahl oder durch Urnenwahl ausgeübt werden.

Fragen

Frage 197

Kann der Ehegatte für den anderen Ehegatten per E-Mail einen Wahlschein beantragen?

Nach § 23 Abs. 2 Satz 1 muss jemand, der einen Antrag für einen anderen stellt, durch Vorlage einer schriftlichen Vollmacht nachweisen, dass er dazu berechtigt ist. Der Ehegatte kann also ohne diese Vollmacht auch online keinen Antrag stellen.

Frage 198

Was ist der Unterschied zwischen der Vollmacht zur Beantragung eines Wahlscheins und der Vollmacht zur Entgegennahme der Briefwahlunterlagen?

Wer für einen anderen einen Antrag auf Erteilung eines Wahlscheins stellt, bedarf hierfür nach § 23 Abs. 2 einer schriftlichen Vollmacht. Die Vollmacht muss für den Einzelfall ausgestellt werden; Sammelvollmachten sind nicht möglich. Nach der **Neuregelung** in Nr. 29 Abs. 5 wird eine schriftliche Vollmacht zur Vertretung in allen behördlichen Angelegenheiten, eine Generalvollmacht oder ein Betreuerausweis mit einem entsprechenden Aufgabenkreis in der Regel die Bevollmächtigung zur Stellung eines Antrags auf Erteilung eines Wahlscheins für die vertretene wahlberechtigte Person umfassen. Von dieser Stellvertretung bei der Antragstellung ist der wesentlich häufigere Fall zu unterscheiden, dass jemand einen von der wahlberechtigten Person unterschriebenen Antrag zur Gemeinde bringt. Der Überbringer fungiert hier nur als Bote.

Möchte z. B. eine Ehefrau auch für ihren Ehemann die Briefwahlunterlagen mitnehmen, benötigt sie hier eine schriftliche Vollmacht des Ehemanns zur Entgegennahme des Wahlscheins und der Briefwahlunterlagen (§ 27

Abs. 1 Satz 4). Eine entsprechende Vollmacht ist auf dem Antrag (Rückseite der Wahlbenachrichtigung) angebracht. In den meisten Fällen ist daher nur eine Vollmacht, nämlich die zur Entgegennahme der Briefwahlunterlagen, erforderlich.

Frage 199

Muss das Rathaus am Faschingsdienstag (17.2.2026) geöffnet sein, um die persönliche Beantragung und Aushändigung von Wahlscheinen mit Briefwahlunterlagen zu gewährleisten?

Wahlscheinanträge können während der üblichen Parteiöffnungszeiten beantragt werden. Wenn am Faschingsdienstag kein Parteiverkehr stattfindet, ist dies bezüglich der Ausgabe von Briefwahlunterlagen nicht zu beanstanden. Es ist jedoch zu beachten, dass die Einsichtnahme in das Wählerverzeichnis (16. bis 20.2.2026) auch am Faschingsdienstag während der allgemeinen Dienststunden möglich sein muss (Art. 12 Abs. 2, § 18 Abs. 1).

Frage 200

Können einem Verwandten die Briefwahlunterlagen ausgehändigt werden, wenn er angibt, dass die wahlberechtigte Person zur Abholung auf Grund ihres Zustands nicht in der Lage ist?

Auf dieser Grundlage dürfen keine Briefwahlunterlagen ausgehändigt werden. Vielmehr muss die Berechtigung zum Empfang durch eine schriftliche Vollmacht nach § 27 Abs. 1 Satz 4 nachgewiesen werden (vgl. den Vordruck auf der Rückseite der Wahlbenachrichtigung, Anlage 2 zur GLKrWBek). Kann die wahlberechtigte Person infolge einer Behinderung die Vollmacht nicht selbst erteilen, kann sie sich hierbei der Unterstützung einer Person ihres Vertrauens bedienen, die glaubhaft machen muss, dass die Vollmachterteilung dem Willen der wahlberechtigten Person entspricht (§ 27 Abs. 1 Satz 5 i. V. m. § 23 Abs. 2 Sätze 3 und 4).

Frage 201

Eine wahlberechtigte Person versichert nach Erhalt eines Wahlscheins, dass einzelne Stimmzettel verloren gegangen seien und verlangt eine Ersetzung der Stimmzettel. Der Wahlschein sei noch vorhanden. Ist dies möglich?

§ 28 Abs. 4 greift hier nicht, denn die Person hat ihren Wahlschein noch (ein verlorener Wahlschein würde aber nicht ersetzt werden). § 69 Abs. 2 ist ebenfalls nicht einschlägig, dieser geht von der Ersetzung vorhandener, aber verschriebener oder unbrauchbarer Stimmzettel aus (vgl. auch Büchner, Erl. 5 zu § 28; Erl. 7 zu § 69). Die Person könnte aber mit ihrem Wahlschein an der Urnenwahl teilnehmen (§ 64).

Frage 202
Welche Anforderungen sind an den Nachweis der plötzlichen Erkrankung einer wahlberechtigten Person zu stellen, die am Wahlsonntag einen Wahlschein beantragt?
Bei einer nachgewiesenen plötzlichen Erkrankung kann noch bis zum Wahltag, 15 Uhr ein Wahlschein beantragt werden (§ 23 Abs. 3 Satz 3). Der Nachweis kann durch eine ärztliche Bescheinigung, die telefonische Bestätigung des Arztes oder durch einen Nachweis über die Aufnahme in ein Krankenhaus erbracht werden. Da ein solcher Nachweis am Wahltag oft schwierig zu führen ist, reichen im Zweifelsfall auch glaubhafte Zeugenaussagen, z. B. von Angehörigen aus. Ist die wahlberechtigte Person allerdings schon längere Zeit erkrankt und hätte sie bis zum Freitag vor der Wahl, 15 Uhr, einen Antrag stellen können, ist der Wahlschein nicht zu erteilen.

Frage 203
Welche Kosten muss die Gemeinde bei Briefwählern aus dem Ausland übernehmen?
Die Gemeinde hat nach § 27 Abs. 1 den Wahlschein und die Briefwahlunterlagen auf ihre Kosten auch ins Ausland zuzusenden. Dies geschieht mit Luftpost, wenn sich aus dem Antrag ergibt, dass die wahlberechtigte Person aus einem außereuropäischen Gebiet wählen will, oder wenn dies sonst geboten erscheint (§ 27 Abs. 1 Satz 2). Allerdings muss die Gemeinde in diesen Fällen nicht die Kosten für die Rücksendung übernehmen, weil sie nach § 69 Abs. 1 Satz 4 nur innerhalb der Bundesrepublik Deutschland dafür sorgen muss, dass der stimmberechtigten Person keine Portokosten entstehen. Die Wahlbriefumschläge sind daher in diesen Fällen nicht freizumachen (Nr. 32 Abs. 2 und Hinweis Nr. 4 auf dem Merkblatt für die Briefwahl, Anlage 6 zur GLKrWBek).

Frage 204
Ist ein Wahlbrief zurückzuweisen, wenn auf dem Wahlschein Ort, Datum und Vorname fehlen, er aber mit dem Familiennamen unterschrieben ist?
Nein (Nr. 64 Abs. 4). Lediglich die Versicherung an Eides statt ist zu unterschreiben (§ 71 Abs. 2 Nr. 3). Der Vorname allein genügt allerdings nicht.

Frage 205
Sollen Wahlberechtigten, die für die Ausgangswahlen Briefwahlunterlagen beantragt haben, auch für die Stichwahl von Amts wegen Briefwahlunterlagen zugesandt werden?
Auch für die Stichwahl dürfen Briefwahlunterlagen nur auf Antrag zugesandt werden.

Soweit für die Ausgangswahl das Antragsmuster nach Anlage 2 zu GLKrWBek verwendet wurde, konnte dort bereits angekreuzt werden, dass auch für den Fall einer Stichwahl die Erteilung eines Wahlscheins beantragt wird. Ist dies nicht der Fall, soll den Briefwahlunterlagen für die Ausgangswahl ein Vordruck für einen Antrag auf Ausstellung eines Wahlscheins für eine etwaige Stichwahl beigefügt werden (Nr. 67 Abs. 1).

VII. Vorbereitung und Durchführung der Abstimmungen

1. Abstimmungsräume, Auszählungsräume und ihre Ausstattung, EDV

Frage 206
Sind die Wahlbenachrichtigungen vom Wahlvorstand einzubehalten?
Nach Nr. 54 Satz 3 wird die Wahlbenachrichtigung nicht einbehalten.

Frage 207
Wie viele Wahlurnen müssen im Wahllokal bereitgestellt sein?
Bei verbundenen Wahlen soll nach § 56 Abs. 4 für jede Wahl eine eigene Urne verwendet werden.

Frage 208
Wie viele Personen sollen bei der Wahlauszählung am PC eingesetzt werden?
Grundsätzlich genügen 3 Mitglieder des Wahlvorstands pro PC. Ein Mitglied reicht den Stimmzettel bzw. liest die Ergebnisse vor, ein weiteres Mitglied gibt die Ergebnisse ins Wahlauszählungsprogramm ein, ein drittes Mitglied überwacht die Eingabe. Bei der Eingabe ins Wahlauszählungsprogramm sollten sich die Mitglieder der Arbeitsgruppe abwechseln.

Frage 209
Barcode-Lesestift, Maus oder Tastatur?
Eine in der Praxis häufig verwendete Eingabemethode zur Erfassung der Stimmzettel bzw. Stimmen im Wahlauszählungsprogramm ist der Barcode-Lesestift, bei dem die Stimmen durch Überstreichen eines Barcodes auf dem Stimmzettel erfasst werden (ähnlich der Supermarktkasse). Damit ist eine schnelle Erfassung der Stimmen möglich. Daneben wird jede einzelne Stimmerfassung durch ein akustisches Signal angezeigt, so dass auch die Überwachung erleichtert wird. Dieser „Piepston" wird jedoch von manchen Personen auf Dauer als störend empfunden. Daneben gab es gelegentlich Probleme mit der Erfassung, wenn der Barcode in einer Falte des Stimmzettels lag. Alternativ bieten sich die Erfassung mit der „Maus" oder mittels Eingabe auf der Tastatur an. Bei Auswertung mit Tastatur werden die Wahlvorschlagsnummer bzw. die Nummern der Bewerber auf dem Stimmzettel ins Programm eingegeben, während bei der Auswertung per Maus die Stimmen per Mausklick auf den am Monitor abgebildeten Stimmzettel erfasst werden. Die Erfassungszeiten dürften je nach Übung der erfassenden Person hier etwas länger sein als beim Barcode-Lesestift. Diese Er-

fassungsmethoden sind jedoch kostengünstiger und weniger fehleranfällig, weil keine Lesestifte erforderlich sind. Im Zweifelsfall sollte man die verschiedenen Methoden jedoch selbst testen.

Frage 210

Können zur Ermittlung des Wahlergebnisses auch private PCs eingesetzt werden?

Wahlrechtliche Vorschriften stehen zwar nicht entgegen, vom Einsatz privater PCs wird aus Gründen der Datensicherheit jedoch abgeraten (vgl. dazu den 26. Tätigkeitsbericht 2014 des BayLfD, S. 67 Nr. 2.3.12, abrufbar unter www.datenschutz-bayern.de).

2. Bekanntmachungen

Frage 211

Wie lange sind Anschläge zu belassen?

Nach Nr. 91 sind Bekanntmachungen in Form von Anschlägen (vgl. § 98 Nr. 1) so lange zu belassen, wie deren Inhalt von Bedeutung ist, also z. B. die Bekanntmachung der eingereichten Wahlvorschläge (§ 45) bis zur Entscheidung des Wahlausschusses über deren Zulassung, die Bekanntmachung der zugelassenen Wahlvorschläge (§ 51) bis zur Wahlbekanntmachung (§ 53), die Bekanntmachung über die Einsicht in das Wählerverzeichnis und die Erteilung von Wahlscheinen (§ 17) bis zum Wahltag und die Bekanntmachung des abschließenden Wahlergebnisses (§ 92 Abs. 3 Satz 2) mindestens bis zum Ablauf der Anfechtungsfrist. Entsprechendes gilt für die Verkündung des vorläufigen Wahlergebnisses (§ 90 Abs. 6), das bis zum Ende der Frist nach Art. 47 Abs. 1 bedeutsam ist.

Frage 212

Wer unterschreibt die Bekanntmachungen?

Bekanntmachungen der Gemeinde unterschreibt die Bürgermeisterin oder der Bürgermeister oder eine von ihr oder ihm beauftragte bedienstete Person, Bekanntmachungen der Wahlleiterin oder des Wahlleiters die Wahlleiterin oder der Wahlleiter selbst.

Frage 213

Wann muss die Bekanntmachung über das Widerspruchsrecht gegen Melderegisterauskünfte an Parteien und Wählergruppen erfolgen?

Nach § 50 Abs. 5 BMG ist auf das Recht, der Weitergabe von Meldedaten an Parteien und Wählergruppen zu widersprechen, bei der Anmeldung sowie einmal jährlich durch ortsübliche Bekanntmachung hinzuweisen. Soweit dieser jährliche Hinweis unterblieben ist, sollte in Anlehnung an Art. 32

Abs. 1 Satz 4 des aufgehobenen BayMeldeG auf das Widerspruchsrecht spätestens acht Monate vor der allgemeinen Kommunalwahl also im Juli 2025 hingewiesen werden.

Frage 214
Sind bei einer (unechten) Mehrheitswahl alle Personen, die handschriftlich gewählt wurden, auch bekannt zu machen?
Für die Bekanntmachungen sind die Muster der Anlage 17 und 18 zu § 92 bzw. §§ 78, 92 GLKrWO zu verwenden. War bei der Bürgermeister- und Landratswahl kein oder nur ein Bewerber vorgeschlagen, kann die Wahlleiterin oder der Wahlleiter nach § 81 Abs. 7 festlegen, dass die Stimmzettel für handschriftlich hinzugefügte Personen, auf die jeweils nicht mehr als 10 Stimmen abgegeben worden sind, gesammelt und ohne Namensnennung erfasst werden können. In diesem Fall können diese Personen in Anlage 18 zu §§ 78, 92 GLKrWO als „Sonstige" gesammelt angegeben werden (Nr. 68.7 Satz 12). Von der Möglichkeit der gesammelten Erfassung sollte jedoch nur dann Gebrauch gemacht werden, wenn nach den örtlichen Gegebenenheiten mit sehr hoher Wahrscheinlichkeit nicht mit einer Stichwahl zu rechnen ist (vgl. Nr. 68.7 Satz 5). Dagegen sind die handschriftlich Gewählten bei einer Gemeinderatswahl immer bekannt zu geben, da sie alle Listennachfolger sind.

Frage 215
Wann und in welcher Form muss eine Stichwahl bekannt gemacht werden?
Nach § 78 Abs. 1 Sätze 1 und 2 hat die Wahlleiterin oder der Wahlleiter unverzüglich die Namen der beiden Personen und die auf sie entfallenen Stimmen bekannt zu machen. Selbst wenn die Gemeinde ein eigenes Amtsblatt hat, ist diese Bekanntmachung aus Zeitgründen durch Anschlag am Rathaus durchzuführen (§ 98 Nr. 1). Entsprechendes gilt für den Wahlleiter für die Landkreiswahlen. Für die Bekanntmachung ist Anlage 18 zu §§ 78, 92 GLKrWO (Nr. 2, zweites Kästchen) zu verwenden. Eine erneute Wahlbekanntmachung nach § 53 und der Aushang eines Musterstimmzettels sind nicht erforderlich.

3. Unzulässige Wahlbeeinflussung

Frage 216
Was kann der Wahlvorstand gegen unzulässige Wahlwerbung im Zugangsbereich zum Wahllokal unternehmen?
Der Wahlvorstand kann nur Störungen im Wahllokal selbst unterbinden (Art. 17 Abs. 3). Gegen unzulässige Wahlwerbung im Zugangsbereich zum

Wahllokal selbst hat die Gemeinde ggf. unter Zuhilfenahme der Polizei vorzugehen. Hierbei handelt es sich um eine Ordnungswidrigkeit nach Art. 20 Abs. 1, Art. 57 Abs. 1, die Gemeinde und Polizei unterbinden können.

Frage 217
Muss gedruckte Wahlwerbung den Verantwortlichen im Sinne des Presserechts erkennen lassen?
Nach Art. 7 Abs. 1 des Bayerischen Pressegesetzes (BayPrG) muss auf jedem in Bayern erscheinendem Druckwerk der Verfasser oder Herausgeber angegeben werden.

Hierunter fällt auch die Wahlwerbung. Ausgenommen sind lediglich Stimmzettel. Verstöße gegen Art. 7 BayPrG stellen eine Ordnungswidrigkeit dar, für deren Verfolgung die Kreisverwaltungsbehörden zuständig sind.

Frage 218
Können Gemeindebedienstete an Veranstaltungen von Parteien/Wählergruppen teilnehmen?
Als Privatpersonen können Gemeindebedienstete wie jeder andere Bürger an Wahlveranstaltungen teilnehmen. Wollen sie in amtlicher Eigenschaft teilnehmen, z. B. als Sachverständige ihres gemeindlichen Aufgabenbereichs, bedürfen sie hierzu des Einverständnisses der Bürgermeisterin oder des Bürgermeisters. Soweit bei der Teilnahme von den Gemeindebediensteten das Neutralitätsgebot beachtet wird, ist eine solche Teilnahme nicht unzulässig. Problematisch könnte hier allerdings das Gleichbehandlungsgebot sein, weil Einladungen aller Parteien/Wählergruppen gleichbehandelt werden müssen. Aus diesem Grunde kann es sinnvoller sein, grundsätzlich an keiner Veranstaltung teilzunehmen.

Frage 219
Gibt es für Wahlwerbung eine zeitliche Begrenzung?
Aus den wahlrechtlichen Vorschriften ergibt sich keine zeitliche Begrenzung. Eine Genehmigungspflicht bzw. Einschränkungen für Werbemaßnahmen, insbesondere Plakate, können sich aus dem Straßen- und Wegerecht (Erfordernis einer Sondernutzungserlaubnis), nach dem Straßenverkehrsrecht oder einer gemeindlichen Plakatierungsverordnung nach Art. 28 LStVG ergeben. Soweit eine Ausnahmegenehmigung nach diesen Vorschriften erforderlich ist, soll sie nach der IMBek vom 13.2.2013 (AllMBl S. 52) grundsätzlich auf sechs Wochen vor dem Wahltermin beschränkt werden.

Frage 220

Was hat eine amtierende Bürgermeisterin oder ein amtierender Bürgermeister als Wahlorgan bezüglich unzulässiger Wahlbeeinflussung zu beachten?

Einer amtierenden Bürgermeisterin oder einem amtierenden Bürgermeister ist es als Vertreterin bzw. Vertreter der Gemeinde nach Art. 20 Abs. 3 nicht erlaubt, den Inhalt der Stimmrechtsausübung in irgendeiner Weise zu beeinflussen, gleichgültig ob sie oder er selbst wieder als sich bewerbende Person antritt.

Selbstverständlich kann sich auch eine erste Bürgermeisterin oder ein erster Bürgermister außerhalb des Amtes wie jede andere Privatperson zur Wahl äußern, z. B. auf Parteiveranstaltungen, und auch private Wahlwerbung betreiben. Auch die Verwendung der Amtsbezeichnung ist außerhalb des Dienstes gestattet (vgl. Art. 29 Abs. 1 KWBG). Allein ein in einer Äußerung enthaltener Hinweis eines Amtsträgers auf sein Amt reicht nicht aus, um von einem Handeln in amtlicher Funktion ausgehen zu können. Es dürfen daher im Rahmen des Wahlkampfs auch die persönlichen Leistungen als Bürgermeisterin oder Bürgermeister dargestellt werden. Die Grenze zu einer unzulässigen Wahlbeeinflussung wird jedoch überschritten, wenn sie bzw. er Mittel einsetzt, die nur ihr bzw. ihm kraft Amtes zustehen. Dazu gehört die Verwendung gemeindlicher Wappen oder die Inanspruchnahme gemeindlicher Einrichtungen, wie z. B. des gemeindlichen Amtsblattes (BayVGH, Urteil vom 27.11.1991, Az. 4 B 91.573, NVwZ 1992, S. 287). Unzulässig sind auch öffentliche Äußerungen, die nur als Bürgermeisterin oder Bürgermeister abgegeben werden können, wie öffentliche Rechenschafts- und Leistungsberichte. Auch Sonderbürgerversammlungen in der heißen Phase des Wahlkampfs können eine unzulässige Wahlbeeinflussung darstellen. Selbst ein privates Wahlwerbeschreiben, das wegen der auffälligen Voranstellung der Amtsbezeichnung und der wiederholten Hervorhebung der Eigenschaft als Amtsperson für einen objektiven Durchschnittsleser den Eindruck eines amtlichen Schreibens hervorrufen musste, wurde vom VG München (Urteil vom 11.12.2002, Az. M 7 K 02.3707, KommP BY 2003, S. 206) als unzulässige Wahlbeeinflussung gesehen. Vgl. dazu auch BVerwG, Beschluss vom 9.5.2012, Az. 8 B 27/12, BayVBl. 2013, S. 121; BayVGH, Urteil vom 21.10.2003, Az. 4 BV 03.671, BayVBl. 2004, S. 562, und Urteil vom 29.11.1995, Az. 4 B 95.605, BayVBl. 1996, S. 145.

Frage 221

Darf eine Bürgermeisterin, die Wahlleiterin ist, auf einer Wahlveranstaltung ihrer Partei eine Wahlempfehlung für eine sich als Bürgermeisterin oder Bürgermeister bewerbende Person ihrer Partei geben?

Nach Art. 7 Abs. 2 sind die Mitglieder von Wahlorganen zur unparteiischen Wahrnehmung ihrer Aufgaben verpflichtet. Die Bürgermeisterin hat die Empfehlung hier jedoch nicht in der Funktion als Wahlleiterin gegeben. Insoweit liegt kein Verstoß gegen die Neutralitätspflicht vor. Allenfalls könnte ein Verstoß gegen Art. 20 Abs. 3 vorliegen. Die Wahlempfehlung wurde jedoch nicht in der Funktion als Bürgermeisterin abgegeben, sondern im Rahmen einer Wahlveranstaltung der Partei. Anders wäre es, wenn die Wahlempfehlung unter Berufung auf das Amt erfolgt wäre, z.B. mit folgender Formulierung: „Als Bürgermeisterin der Gemeinde empfehle ich ...“. Letztlich kommt es auf die konkreten Umstände des Einzelfalls an.

Frage 222
Darf am Wahlsonntag noch Wahlwerbung betrieben werden?
Auch am Wahlsonntag gibt es – abgesehen von Art. 20 Abs. 1 (s. dazu oben) – keine gesetzliche Beschränkung für Wahlwerbung.

Frage 223
Darf die Gemeinde (z. B. die erste Bürgermeisterin oder der erste Bürgermeister in amtlicher Eigenschaft) dazu aufrufen sich in Unterstützungslisten für neue Wahlvorschlagsträger einzutragen?
Hier handelt es sich um einen klaren Verstoß gegen Art. 20 Abs. 3, der zu einer erfolgreichen Wahlanfechtung führen kann.

4. Auswertungsregeln – gültige/ungültige Stimmen

Frage 224
Wann ist der Wille der abstimmenden Person zweifelsfrei zu erkennen?
Nach § 83 Abs. 2 Nr. 1 ist die Stimmvergabe insoweit ungültig, als der Wille der abstimmenden Person nicht zweifelsfrei zu erkennen ist. Ist der Wählerwille eindeutig erkennbar, z. B. durch Streichung, ist die Stimmvergabe gültig. Befindet sich beispielsweise in dem Kästchen vor der sich bewerbenden Person ein Kreuz und zusätzlich die Zahl 3 ist nicht erkennbar, welche Eintragung zuerst erfolgt ist. Die Stimmvergabe ist diesbezüglich (insoweit) ungültig, die sich bewerbende Person erhält nur eine Stimme (VG Regensburg, Urteil vom 17.7.2002, Az. RO 3 K 02.842, juris). Ebenfalls unklar ist der Wählerwille, wenn er eine sich bewerbende Person gestrichen und sie gleichzeitig im Kästchen vor dem Namen angekreuzt oder gehäufelt hat. Hat die wählende Person einen zweifach genannten einmal durchgestrichen, und ihm 3 Stimmen vergeben, ist die Stimmvergabe dagegen gültig. Ein Beispielsfall für eine Stimmabgabe, die den Wählerwillen erkennen lässt, enthält Nr. 74.2. Dort hat die wählende Person den Bewerber Huber

statt mit einem Kreuz mit der Zahl 3 gekennzeichnet. Werden auf einem Stimmzettel sowohl das der sich bewerbenden Person zugeordnete Feld angekreuzt als auch hinter dem Namen drei Striche oder Kreuze angebracht, so werden damit insgesamt nur drei Stimmen vergeben (BayVGH, Beschluss vom 15.02.2021, Az. 4 ZB 20.2368, juris Rn. 10f.).

Frage 225

Erhält ein mehrfach aufgeführter Bewerber, der bereits eine Stimme erhalten hat, bei der Verhältniswahl noch Reststimmen?

Nach § 75 Nr. 5a Satz 3 Hs. 2 werden auch mehrfach aufgeführte sich bewerbende Personen bei der Vergabe von Reststimmen berücksichtigt, in dem sie eine ihrer Mehrfachaufführung entsprechende Stimmenzahl durch Einzelstimmvergabe noch nicht erhalten haben (vgl. Beispiel Nr. 72.6.2). Hat z. B. eine dreifach aufgeführte sich bewerbende Person durch Einzelstimmvergabe eine Stimme erhalten, kann sie durch die Reststimmenvergabe (Listenkreuz beim Wahlvorschlag) noch zwei Stimmen erhalten (vgl. Beispiel Nr. 72.6.2).

Frage 226

Welche Änderungen im Vergleich zu den Kommunalwahlen 2020 gibt es bei der Mehrheitswahl?

Neu ist, dass die stimmberechtigte Person auch bei der Mehrheitswahl einer sich bewerbenden Person innerhalb der ihr zustehenden Stimmenzahl bis zu drei Stimmen geben kann (häufeln oder kumulieren). Daher können nunmehr auch bei der (unechten) Mehrheitswahl (mindestens ein Wahlvorschlag) sich bewerbende Personen auf dem Stimmzettel zwei- oder dreifach aufgeführt werden. Bei einer (unechten) Mehrheitswahl kann weiterhin im Wahlvorschlag die Zahl der sich bewerbenden Personen bis auf das Doppelte der zu wählenden ehrenamtlichen Gemeinderatsmitglieder oder Kreisrätinnen und Kreisräte erhöht werden (Art. 25 Abs. 2 Satz 2). Die stimmberechtigte Person hat aber auch bei der Mehrheitswahl nur noch so viele Stimmen, wie ehrenamtliche Gemeinderatsmitglieder oder Kreisrätinnen und Kreisräte zu wählen sind (Art. 38 Abs. 1 Satz 2). Wird nur ein Listenkreuz vergeben, erhält damit nicht jede sich bewerbende Person eine Stimme, wenn der Wahlvorschlag mehr bewerbende Personen enthält als Gemeinderatsmitglieder zu wählen sind (vgl. Beispiel in Nr. 73.1.1).

Frage 227

Wann sind handschriftlich gewählte Personen bei der Landrats- oder Bürgermeisterwahl eindeutig bezeichnet?

Wird kein oder nur ein Wahlvorschlag für die Landrats- oder Bürgermeisterwahl zugelassen, wird die Wahl ohne Bindung an die vorgeschlagene sich bewerbende Person durchgeführt (Art. 40 Abs. 2). Die wählende Person kann ihre Stimme daher auch einer anderen wählbaren Person geben, indem sie diese in eindeutig bezeichneter Weise auf dem Stimmzettel handschriftlich hinzufügt (§ 76 Abs. 2). Bei der Wahl einer Landrätin, eines Landrats oder einer hauptberuflichen Bürgermeisterin oder eines Bürgermeisters ist wählbar, wer Deutscher ist und am Wahltag das 18. Lebensjahr vollendet hat. Es ist nicht erforderlich, dass die gewählte Person in der Gemeinde einen Haupt- oder Nebenwohnsitz hat. Diese Voraussetzungen erfüllen naturgemäß viele Personen, was für die Wahlvorstände die schwierige Frage aufwirft, ob die auf dem Stimmzettel handschriftlich aufgeführten Personen eindeutig bezeichnet wurden (§ 77 Abs. 2 Satz 2, Abs. 3). Hat die wahlberechtigte Person handschriftlich den Vor- und Familiennamen einer wählbaren Person aufgeführt, so ist diese Stimmabgabe nicht zwingend deshalb ungültig, weil nicht auszuschließen ist, dass es eine oder mehrere wählbare Personen mit dem gleichen Namen oder ggf. sogar dem gleichen Beruf gibt. Schwierigkeiten kann es für den Wahlvorstand auch bei der Prüfung geben, wenn ein Fantasie-Name oder der Name einer nicht wählbaren Person angegeben wurde. In diesen Fällen kann die Wahlleiterin oder der Wahlleiter nun nach § 81 Abs. 7 Nr. 2 festlegen, dass diese Stimmzettel ohne weitere Prüfung als gültig behandelt werden, sofern sie nicht offensichtlich ungültig sind. Praktische Auswirkungen auf das Wahlergebnis haben solche Stimmzettel ohnehin meist nicht.

Frage 228

Wie ist ein Stimmzettel zu werten, bei dem eine wählende Person ihre 60 Stimmen zur Kreistagswahl auf 3 Wahlvorschläge verteilt hat, indem sie in die jeweilige Kopfleiste die Zahl 20 geschrieben hat?

Die Stimmvergabe ist insgesamt als ungültig zu werten, weil der Wählerwille nicht zweifelsfrei erkennbar ist (§ 83 Abs. 2 Nr. 1). Es ist nicht zu erkennen, welchen sich bewerbenden Personen die Stimmen zugutekommen sollen (vgl. zu mehreren Listenkreuzen auch Nr. 72.9 bis 72.12). Eine analoge Anwendung der für die Reststimmenvergaben vorgesehenen Regelung nach § 75 Nr. 5 Buchst. a Satz 3 ist hier nicht möglich. Hätte die wählende Person bei einem Wahlvorschlag dagegen die Zahl 60 in die Kopfleiste eines Wahlvorschlags geschrieben, wäre das wie ein Listenkreuz für diesen zu werten und die Stimmabgabe gültig (§ 75 Nrn. 2 und 4 Buchst. a). Hätte sie die Zahl 60 dagegen in das Kästchen bei der ersten sich bewerbenden Person eines Wahlvorschlags geschrieben, erhielte diese Person drei Stimmen, die restlichen 57 Stimmen wären ungültig (§ 85 Nr. 3).

Frage 229

Sind Stimmzettel, die nur Streichungen enthalten, vom Wahlvorstand beschlussmäßig zu behandeln?

Nach § 77 Abs. 1 Satz 3 gelten Streichungen nicht als Stimmvergabe, insoweit liegt keine gültige Stimmabgabe vor (§ 83 Abs. 1 Nr. 2). Da diese Stimmzettel wahlrechtlich als nicht gekennzeichnet gelten, sind sie nach § 81 Abs. 1 Satz 1 Nr. 2 dem Stapel der nicht gekennzeichneten Stimmzettel beizufügen. In einem Wahlauszählungsprogramm werden sie wie leere Stimmzettel behandelt. Ein Beschluss des Wahlvorstands über solche Stimmzettel ist daher nicht erforderlich (§ 81 Abs. 2). Hat ein Wahlvorschlag solche Stimmzettel dennoch beschlussmäßig behandelt und sie für ungültig erklärt, führt dies zum gleichen Ergebnis.

VIII. Das Wahlergebnis

Frage 230
Können die Stimmzettelumschläge durch den Briefwahlvorstand schon vor 18 Uhr geöffnet und in die Wahlurnen gelegt werden?
Nach § 79b Abs. 1 dürfen die Wahlurnen mit den Stimmzettelumschlägen erst nach Ablauf der Abstimmungszeit geöffnet werden.

Frage 231
Darf die fehlerhafte Zurückweisung eines Wahlbriefs vom Wahlausschuss berichtigt werden?
Problematisch könnte eine Berichtigung deshalb sein, weil dadurch ggf. das Wahlgeheimnis nicht mehr gewahrt werden kann. Das Wahlrecht kennt jedoch keine Beschränkungen für erforderliche Berichtigungen (Art. 19 Abs. 3 Satz 3, §§ 90 Abs. 5, 92 Abs. 2). Nach Nr. 79 Abs. 3 muss der Wahlausschuss falsche Entscheidungen der Wahlvorstände und Briefwahlvorstände berichtigen; ein Ermessen steht ihm insoweit nicht zu. Die gleichen Befugnisse hat die Rechtsaufsichtsbehörde im Rahmen ihrer Wahlprüfung (Art. 50 Abs. 2 Satz 3).

Frage 232
Muss der gesamte Wahlvorstand bei Erfassung der Stimmzettel in einem Wahlauszählungsprogramm über die Gültigkeit von Stimmzetteln entscheiden oder können zwei (beschlussfähige) Arbeitsgruppen gebildet werden?
Bei der mittlerweile üblichen Erfassung der Stimmzettel in einem Wahlauszählungsprogramm werden die Stimmzettel nacheinander im Programm erfasst. Auf die Bildung von Stapeln kann verzichtet werden (§ 82 Abs. 9). Gleichwohl hat der Wahlvorstand nach §§ 81 Abs. 3 und 82 Abs. 4 über die Gültigkeit von Stimmzetteln zu beschließen, die Anlass zu Bedenken geben. Diesen Beschluss muss der gesamte Wahlvorstand fassen. Der (Brief-)Wahlvorstand ist zwar beschlussfähig, wenn die (Brief-)Wahlvorsteherin oder der (Brief-)Wahlvorsteher und die Schrifführerin oder der Schriftführer oder ihre Stellvertretung sowie mindestens ein Beisitzer anwesend sind (§ 9 Abs. 2). Es ist jedoch nicht möglich, zwei jeweils beschlussfähige Arbeitsgruppen zu bilden, die bereits bei der elektronischen Erfassung der Stimmzettel die o. g. Beschlüsse fassen. Es ist daher erforderlich, die Stimmzettel, die Anlass zu Bedenken geben, auszusondern und nach der Erfassung darüber vom Gesamtwahlvorstand beschließen zu lassen. Hierzu können die Stimmzettel auch nach gleichartigen Ungültigkeitsgründen sortiert und darüber mit Sammelbeschlüssen abgestimmt werden (vgl. Nr. 70.2 Abs. 2).

Frage 233
Wann soll der Wahlausschuss zusammentreten, wenn bei einer Bürgermeister- oder Landratswahl eine Stichwahl nicht auszuschließen ist?

Gemäß § 78 Abs. 1 Satz 1 stellt der Wahlausschuss für die Stichwahl unverzüglich die Namen der beiden betreffenden Personen fest. Da die Ergebnisse für die Bürgermeister- und Landratswahl bereits am Wahlabend vorliegen, sollte der Wahlausschuss bereits für eine Sitzung am Wahlabend geladen werden, wenn eine Stichwahl nicht auszuschließen ist (vgl. Nr. 79 Satz 4). Dies ist bei drei oder mehr Bewerberinnen oder Bewerbern der Fall. Im Anschluss daran hat die Wahlleiterin oder der Wahlleiter unverzüglich den Inhalt dieser Feststellungen und den Termin für die Stichwahl bekannt zu machen sowie die an der Stichwahl teilnehmenden Personen darauf hinzuweisen, unter welchen Voraussetzungen sie von der Stichwahl zurücktreten können und dass die Rücktrittserklärung bis zum Ablauf des zweiten Tages nach dem Wahltag bei der Wahlleiterin oder beim Wahlleiter eingegangen sein muss (§ 78 Abs. 1 Satz 2 und 3). Zugleich mit der Einladung für den Wahlsonntag kann der Wahlausschuss auch bereits vorsorglich (für den Fall einer Stichwahl) bereits für den Abend des Tages der Stichwahl geladen werden.

Frage 234
Zu welchem Termin sollte zur Sitzung des Wahlausschusses zur endgültigen Feststellung des Wahlergebnisses einberufen werden?

Die (für den Gemeinderat oder Kreistag) Gewählten haben gemäß Art. 47 Abs. 1 eine Woche nach Bekanntgabe des vorläufigen Wahlergebnisses Zeit, die Wahl abzulehnen. Der Wahlausschuss ist daher auf einen Zeitpunkt nach Ablauf dieser Frist zu laden. Allerdings ist zu berücksichtigen, dass der Wahlausschuss feststellen muss, dass eine gewählte Person die Wahl wirksam abgelehnt hat (Art. 47 Abs. 4 Satz 1). Die Wahlleiterin oder der Wahlleiter muss nach dieser Feststellung den Listennachfolger verständigen (Art. 47 Abs. 4 Satz 2) und die erneute Wochenfrist abwarten, was eine erneute Sitzung des Wahlausschusses erfordert. Lehnt eine gewählte Person jedoch so rechtzeitig ab, dass die Listennachfolge noch vor der Sitzung die Wahl unter Vorbehalt (dass der Wahlausschuss die Ablehnung feststellt) annehmen kann, könnte die Feststellung des Wahlergebnisses bereits unter Berücksichtigung der Listennachfolge in einer Sitzung erfolgen.

Sollte es zu einer Stichwahl bei einer Bürgermeister- oder Landratswahl kommen und haben einer oder beide an der Stichwahl teilnehmenden Personen auch die Wahl als Gemeinderatsmitglied bzw. Kreisrätin oder Kreisrat angenommen, hat die bei der Stichwahl gewählte Person ein Amtsantrittshindernis als Gemeinderatsmitglied oder Kreisrätin bzw. Kreisrat (vgl.

Art. 31 Abs. 3 Satz 1 Nr. 6 GO; Art. 24 Abs. 3 Satz 1 Nr. 4 LKrO). Dies muss jedoch vom Wahlausschuss berücksichtigt werden (§ 92 Abs. 1 Nr. 2), so dass in diesem Fall die Feststellung des abschließenden Wahlergebnisses der Gemeinderats- oder Kreistagswahl erst in einer Sitzung nach dem Stichwahltermin stattfinden kann.

Frage 235

Soll bei einem knappen Wahlergebnis die Wahlleiterin oder der Wahlleiter eine Nachzählung anordnen?

Ein knappes Wahlergebnis ist allein noch kein Grund für eine Nachzählung, wenn ansonsten keine konkreten Hinweise für Fehler bei der Auszählung vorliegen. Ist die Wahlleiterin oder der Wahlleiter jedoch der Auffassung, dass die Wahl- bzw. Briefwahlvorstände das Ergebnis nicht richtig festgestellt haben, bereitet sie oder er die Berichtigung vor. Soweit erforderlich, kann die Wahlleiterin oder der Wahlleiter veranlassen, dass die Ergebnisse von den Wahl- bzw. Briefwahlvorständen erneut ermittelt werden (§ 90 Abs. 5 Satz 2). Die Wahlleiterin oder der Wahlleiter sollte das Ergebnis in jedem Fall nochmals von den Wahlvorständen ermitteln lassen, nicht jedoch selbst mit Hilfe von Gemeindebediensteten.

Frage 236

Muss eine sich bewerbende Person, die zur Bürgermeisterin oder zum Bürgermeister gewählt wurde, die gleichzeitige Wahl zum Gemeinderatsmitglied ablehnen?

Eine sich bewerbende Person, die zur Bürgermeisterin oder zum Bürgermeister gewählt wurde, kann die Wahl zum Gemeinderatsmitglied ablehnen. Allerdings wird sie nach Art. 37 Abs. 1 Satz 1 nur dann Listennachfolger, wenn sie die Wahl zum Gemeinderatsmitglied annimmt und damit nur auf Grund eines Amtsantrittshindernisses (Art. 31 Abs. 3 Satz 1 Nr. 6 GO) nicht Gemeinderatsmitglied werden kann.

Frage 237

Kann ein vom Wahlausschuss festgestelltes falsches Ergebnis vor der Bekanntmachung nochmals durch Beschluss berichtigt werden?

Ein vom Wahlausschuss festgestelltes Ergebnis (§ 92 Abs. 2) kann nicht mehr berichtigt werden, selbst wenn es noch nicht amtlich bekannt gemacht wurde. Eine Berichtigung kann in diesen Fällen nur noch durch die Rechtsaufsichtsbehörde im Rahmen der Wahlprüfung nach Art. 50 erfolgen.

Frage 238

Ab wann rechnet die Wochenfrist, innerhalb derer die gewählten Gemeinderatsmitglieder und Kreisrätinnen und Kreisräte die Wahl ablehnen können?

Die Verständigung der Gewählten ist nicht mehr erforderlich, vielmehr gilt nach Art. 47 Abs. 1 die Wahl als angenommen, wenn der Gewählte sie nicht binnen einer Woche nach Verkündung des vorläufigen Wahlergebnisses abgelehnt hat. Da die Verkündung des vorläufigen Wahlergebnisses fristauslösend ist, ist die Wahlleiterin oder der Wahlleiter nach Art. 19 Abs. 3 Satz 1, § 90 Abs. 6 Satz 1 verpflichtet, das vorläufige Wahlergebnis für den Wahlkreis in geeigneter Form zu verkünden. Die Verkündung des vorläufigen Wahlergebnisses ist keine Bekanntmachung im Sinne des § 98. Sie kann beispielsweise durch Veröffentlichung auf der Homepage der Gemeinde bzw. des Landkreises/Landratsamtes und/oder durch Anschlag am Rathaus bzw. Landratsamt erfolgen. Die Form der Verkündung ist vor dem Wahltag im Sinne des § 98 bekannt zu machen. Falls die Verkündung auf mehrere Arten erfolgen wird, ist zudem in der Bekanntmachung festzulegen, welche Verkündung für den Beginn der Ablehnungsfrist entscheidend sein soll (vgl. § 90 Abs. 6 Satz 2). Für die Fristberechnung gilt Art. 31 Abs. 1 BayVwVfG i. V. m. § 187 Abs. 1, § 188 Abs. 2 BGB. Erfolgt die Verkündung am Montag, endet die Wochenfrist mit Ablauf des darauffolgenden Montags. Bei einer Verkündung am Sonntag ist Art. 55 Abs. 2 Satz 1 zu beachten.

Frage 239
In welcher Form muss die Ablehnung der Wahl erfolgen?
Die Ablehnung der Wahl ist eine formbedürftige Erklärung. Dies ergibt sich für den Zeitpunkt unmittelbar nach dem Wahltag direkt aus Art. 47 Abs. 1 Satz 1 bzw. Abs. 2 Satz 2, im Übrigen aus Art. 59 Satz 1. Sie muss daher persönlich und handschriftlich unterzeichnet sein und beim Wahlausschuss vorliegen. Ist die Amtszeit des Wahlausschusses beendet, ist der Gemeinderat oder der Kreistag das zuständige Organ (Art. 48 Abs. 3 Satz 2). Eine einfache E-Mail genügt diesen Formerfordernissen daher nicht (vgl. BayVGH, Beschluss vom 15.2.2021, Az. 4 CS 20.3144, für den nach Art. 59 Satz 1 zu beurteilenden Fall eines Amtsverzichts im Zeitraum zwischen der Annahme der Wahl nach Art. 47 Abs. 1 und 2 und dem Beginn der Wahlzeit). Die Erklärung, dass die Wahl abgelehnt wird, kann innerhalb der Frist nach Art. 47 Abs. 1 Satz 1 bis zur Entscheidung des Wahlausschusses widerrufen werden (§ 95 Abs. 1 Satz 1); auch hierbei handelt es sich um eine formbedürftige Erklärung.

Frage 240
Werden auch Personen, die bei einer Mehrheitswahl handschriftlich hinzugefügt wurden, zu Listennachfolgern?
Personen, die bei einer Mehrheitswahl handschriftlich hinzugefügt wurden, haben sich zwar nicht auf einer „Liste" beworben, sie werden als Gewählte gleichwohl Listennachfolger (Art. 37, Nr. 84.4 Sätze 5 und 6).

D. Synopsen

GLKrWG, GLKrWO, GLKrWBek – Synoptische Darstellung

GLKrWG	GLKrWO	GLKrWBek
Art. 1	§ 1	Nr. 2
Art. 2		Nrn. 1.13, 3
Art. 3	§ 61 Abs. 1 und 2, §§ 62 bis 64, 69	Nrn. 1.14, 55 bis 58, 60 bis 62
Art. 4	§§ 3 bis 10	Nrn. 1.3 bis 1.8, 5 bis 15
Art. 5	§§ 5, 7 Abs. 2 und 3, §§ 8 bis 10	Nrn. 1.3, 1.4, 6, 7, 11, 13 bis 15
Art. 6	§§ 3, 4, 5 Abs. 2, §§ 6 bis 10	Nrn. 1.5 bis 1.8, 8, 9, 11 bis 17, 68 bis 77
Art. 7	§§ 2, 7	Nrn. 10, 13
Art. 7a		Nr. 2.1.6
Art. 8	§§ 11, 48	Nr. 18
Art. 9		
Art. 10	§ 33 Abs. 2	Nr. 37.2
Art. 11	§ 13 (§ 4)	Nrn. 1.1, 1.2, 19
Art. 12	§§ 14 bis 21, 59 Abs. 2	Nrn. 20 bis 27
Art. 13	§§ 17 Nr. 4, 22 bis 29, 32 Abs. 2	Nrn. 23, 28 bis 33, 67 Abs. 2
Art. 14	§§ 24 Abs. 4, 27, 32, 69 bis 73, 79b	Nrn. 30, 32, 36, 62 bis 64
Art. 15	§ 65 Abs. 2	Nrn. 1.15, 59
Art. 16	§§ 30 bis 33	Nrn. 34 bis 37.1
Art. 17		Nrn. 1.15, 1.16, 15, 16
Art. 18	§§ 55, 56, 60 Abs. 2	Nrn. 52, 55 Abs. 6
Art. 19	§§ 28 Abs. 1 Satz 2, 59 bis 65a, 69 bis 73, 79 bis 82, 87, 89 Abs. 1 Satz 2, 90 bis 92	Nrn. 1.19 bis 1.22, 26.3 Abs. 4, 33, 53 bis 59a, 62 bis 64, 68, 69, 75, 78, 79
Art. 20	§ 7 Abs. 2 und 3	Nrn. 13, 16
Art. 21	§ 43 Satz 1 Nr. 4	Nrn. 4.1 bis 4.2, 4.4, 4.5, 47.3, 47.4
Art. 22	§§ 75 bis 76, 85 bis 86	Nrn. 70 bis 73
Art. 23		Nr. 1.10
Art. 24	§ 34 Abs. 2 und 3 Nr. 1	Nrn. 38, 39, 42.1, 47.2
Art. 25	§ 43	Nrn. 35, 47
Art. 26 (aufgehoben)		
Art. 27	§§ 36 bis 38, 50 Abs. 1 Nr. 3	Nr. 42

GLKrWG	GLKrWO	GLKrWBek
Art. 28	§§ 34 Abs. 4 Satz 1, 36 bis 38	Nr. 42
Art. 29	§§ 39 bis 42	Nrn. 43 bis 46
Art. 30	§§ 43 Satz 1 Nr. 3, 46, 49 Satz 2	
Art. 31	§§ 34, 35, 45, 46, 49	Nrn. 40, 48, 49
Art. 32	§§ 9, 11, 47, 48, 50	Nrn. 11, 18, 41, 49, 50
Art. 33	§§ 31 Abs. 1 Satz 2, 51, 52, 98	Nrn. 51, 91
Art. 34	§§ 75, 83, 85	Nrn. 1.11, 66, 70 bis 72
Art. 35	§§ 83 Abs. 2 Nr. 2, 90 Abs. 2 und 4	Nrn. 1.11, 80 bis 82
Art. 36	§§ 90 Abs. 2 und 4, 91	Nr. 82
Art. 37	§§ 90 Abs. 4 Nr. 1c und Nr. 2, 92 Abs. 1, 95 Abs. 3	Nr. 84
Art. 38	§§ 34 Abs. 2 Nr. 1, 76, 83, 86, 90 Abs. 4 Nr. 2	Nrn. 1.12, 70, 73, 82
Art. 39	§ 43 Satz 1 Nr. 4	Nrn. 4.1 bis 4.6, 47.4
Art. 40	§§ 77, 81, 83, 84	Nrn. 70, 74
Art. 41		Nrn. 1.9, 86
Art. 42		Nrn. 1.9, 1.10, 86
Art. 43		Nrn. 1.9, 1.10, 86
Art. 44		Nr. 85
Art. 45	§§ 34 bis 39, 41 bis 43, 45, 47, 49 bis 52	Nrn. 38 bis 43, 45 bis 47, 49 bis 51
Art. 46	§§ 78, 87 Abs. 1 Nr. 1, 90 Abs. 3	Nrn. 67, 82.1.2, 85.1.3, 85.3
Art. 47	§§ 90 Abs. 6, 92 Abs. 1, 95	Nrn. 83, 84
Art. 48	§ 95	Nr. 84
Art. 49		
Art. 50	§ 93	Nr. 87
Art. 51		Nr. 88
Art. 51a		Nrn. 87.4, 88a
Art. 52	§ 96	Nr. 85
Art. 53	§ 5 Abs. 3	Nrn. 68.1, 68.2, 89
Art. 54	§ 97	Nrn. 89, 90
Art. 55		
Art. 56		Nr. 93
Art. 57		
Art. 58		
Art. 59		
Art. 60		
Art. 61		

GLKrWO, GLKrWG, GLKrWBek – Synoptische Darstellung

GLKrWO	GLKrWG	GLKrWBek
§ 1	Art. 1	Nr. 2
§ 2	Art. 7	Nrn. 10, 13
§ 3	Art. 6	Nrn. 1.5 bis 1.8, 8
§ 4		Nr. 9
§ 5	Art. 6	Nr. 11
§ 6	Art. 6 Abs. 2, 17	Nrn. 1.15, 12, 15, 68 bis 77
§ 7	Art. 7 Abs. 2	Nrn. 13, 53
§ 8		Nr. 14
§ 9	Art. 4 Abs. 4, 17 Abs. 2	Nr. 15
§ 10		Nr. 17
§ 11	Art. 8	Nr. 18
§ 12		Nrn. 52.3, 68.2, 68.6, 77
§ 13	Art. 11	Nrn. 1.1, 1.2, 19
§ 14	Art. 12	Nr. 20
§ 15	Art. 12	Nrn. 20, 21, 26
§ 16		Nr. 22
§ 17		Nr. 23
§ 18	Art. 12 Abs. 2	Nr. 24
§ 19	Art. 12 Abs. 3	Nrn. 25, 26.4
§ 20		Nr. 26
§ 21		Nr. 27
§ 22	Art. 13 Abs. 1	Nr. 28
§ 23	Art. 13 Abs. 1	Nr. 29
§ 24		Nr. 30
§ 25		Nr. 30
§ 26		Nr. 31
§ 27		Nr. 32
§ 28	Art. 19 Abs. 2 Satz 4	Nrn. 26, 33
§ 29	Art. 13 Abs. 2	
§ 30	Art. 16	Nr. 34
§ 31	Art. 16, 44, 46, 52	Nrn. 35, 85.4
§ 32	Art. 16	Nr. 36
§ 33	Art. 10, 16	Nr. 37
§ 34		
§ 35	Art. 31	Nr. 40

GLKrWO	GLKrWG	GLKrWBek
§ 36	Art. 27, 28	Nr. 42
§ 37	Art. 28	Nr. 42
§ 38		Nr. 42.8
§ 39	Art. 29, 45 Abs. 1, 3	Nrn. 43, 44
§ 40	Art. 29	Nrn. 43.5, 44
§ 41	Art. 45	Nr. 45
§ 42	Art. 29 Abs. 5	Nr. 46
§ 43	Art. 25	Nr. 47
§ 44 (aufgehoben)		
§ 45	Art. 31	Nr. 48
§ 46	Art. 31 Satz 3	
§ 47	Art. 32 Abs. 1, 5	Nrn. 41, 43.4
§ 48	Art. 32 Abs. 3, 4	Nr. 50
§ 49	Art. 31 Satz 1	Nr. 40
§ 50	Art. 24 bis 31	
§ 51	Art. 33	Nr. 91
§ 52	Art. 33 Abs. 2	Nr. 51
§ 53		Nr. 52.1
§ 54		Nr. 52.2
§ 55		Nr. 52.3
§ 56 – § 58		
§ 59		Nr. 1.15, 53
§ 60		Nr. 54
§ 61		Nr. 55
§ 62	Art. 3 Abs. 4	Nr. 56
§ 63		Nr. 57
§ 64	Art. 13 Abs. 1	Nrn. 28 bis 33, 58
§ 65	Art. 15	Nr. 59
§ 65a	Art. 19 Abs. 1 Satz 2	Nr. 59a
§ 66		Nr. 60
§ 67		Nr. 61
§ 68		
§ 69	Art. 14	Nr. 62
§ 70		Nr. 63
§ 71		Nr. 64
§ 72	Art. 19 Abs. 2	
§ 73		

GLKrWO	GLKrWG	GLKrWBek
§ 74 (aufgehoben)		
§ 75	Art. 34	Nrn. 1.11, 66, 70 bis 72
§ 76	Art. 38	Nrn. 1.12, 70, 73
§ 77	Art. 40	Nrn. 70, 74
§ 78	Art. 46 Abs. 1 bis 3	Nr. 67
§ 79	Art. 19 Abs. 1	Nr. 68
§ 79a		Nr. 68
§ 79b		Nr. 68
§ 79c	Art. 19 Abs. 1 Satz 2, Abs. 2	Nr. 68
§ 80		Nr. 69
§ 81		Nrn. 68, 70.2
§ 82		Nrn. 68, 70.2
§ 83	Art. 35	Nrn. 70, 80
§ 84		Nr. 74
§ 85		Nrn. 70.3 – 70.5, 71, 72
§ 86		Nrn. 70.3 – 70.5, 73
§ 87	Art. 19 Abs. 1	Nr. 75
§ 88		Nr. 76
§ 89		Nr. 77
§ 90	Art. 35 bis 38, 46 Abs. 1, Art. 47 Abs. 1 bis 2, Art. 48 Abs. 1, 2	Nr. 78
§ 91	Art. 35 Abs. 2 Satz 3, 36 Satz 2, Art. 37 Abs. 1, 38 Abs. 2 Satz 2, Art. 46 Abs. 1 Satz 4, Art. 46 Abs. 3 Satz 3	Nr. 82
§ 92	Art. 19 Abs. 3 Satz 5	Nr. 79
§ 93	Art. 50	Nr. 87
§ 94		
§ 95	Art. 37 Abs. 2, 47, 48	Nrn. 83, 84
§ 96	Art. 52	Nr. 85
§ 97	Art. 54	Nrn. 89, 90
§ 98		Nr. 91
§ 99		Nr. 92
§ 100		Nr. 92
§ 101		Nr. 94
§§ 102, 103		

E. Vorschriften und Bekanntmachungen

Gesetz über die Wahl der Gemeinderäte, der Bürgermeister, der Kreistage und der Landräte (Gemeinde- und Landkreiswahlgesetz – GLKrWG)

in der Fassung der Bekanntmachung vom 7. November 2006 (GVBl. S. 834), das zuletzt durch **§ 1 des Gesetzes vom 24. Juli 2023 (GVBl. S. 385)** geändert worden ist

> Anmerkung:
> Die materiell-rechtlichen Änderungen gegenüber der Rechtslage der Gemeinde- und Landkreiswahl 2020 sind nachfolgend durch Fettdruck kenntlich gemacht. Geschlechtsneutrale Formulierungen und Streichungen von Textpassagen sind nicht gesondert gekennzeichnet.

GLKrWG

Inhaltsübersicht

GLKrWG

Erster Teil
Allgemeine Bestimmungen

Abschnitt I
Wahlrecht, Stimmrecht

Art. 1 Wahlrecht

(1) Wahlberechtigt bei Gemeinde- und Landkreiswahlen sind alle Personen, die am Wahltag
1. Unionsbürgerinnen oder Unionsbürger sind,
2. das 18. Lebensjahr vollendet haben,
3. sich seit mindestens zwei Monaten im Wahlkreis mit dem Schwerpunkt ihrer Lebensbeziehungen aufhalten,
4. nicht nach Art. 2 vom Wahlrecht ausgeschlossen sind.

(2) Unionsbürgerinnen und Unionsbürger sind alle Deutschen im Sinn des Art. 116 Abs. 1 des Grundgesetzes sowie die Staatsangehörigen der übrigen Mitgliedstaaten der Europäischen Union.

(3) [1]Der Aufenthalt mit dem Schwerpunkt der Lebensbeziehungen wird dort vermutet, wo die Person gemeldet ist. [2]Ist eine Person in mehreren Gemeinden gemeldet, wird dieser Aufenthalt dort vermutet, wo sie mit der Hauptwohnung gemeldet ist. [3]Bei der Berechnung der Frist nach Abs. 1 Nr. 3 wird der Tag der Aufenthaltsnahme in die Frist einbezogen.

(4) Wer das Wahlrecht in einer Gemeinde oder in einem Landkreis infolge Wegzugs verloren hat, jedoch innerhalb eines Jahres seit dem Wegzug in den Wahlkreis zurückkehrt, ist mit dem Zuzug wieder wahlberechtigt.

Art. 2 Ausschluss vom Wahlrecht

Ausgeschlossen vom Wahlrecht ist, wer infolge deutschen Richterspruchs das Wahlrecht nicht besitzt.

Art. 3 Stimmrecht

(1) Das Stimmrecht kann nur ausüben, wer in einem Wählerverzeichnis eingetragen ist oder einen Wahlschein hat.

(2) Wer im Wählerverzeichnis eingetragen ist, kann nur in dem Stimmbezirk abstimmen, in dessen Wählerverzeichnis er geführt wird.

(3) Wer einen Wahlschein besitzt, kann das Stimmrecht ausüben
1. bei Gemeindewahlen durch Stimmabgabe in jedem Stimmbezirk der Gemeinde, die den Wahlschein ausgestellt hat,
2. bei Landkreiswahlen durch Stimmabgabe in jedem Stimmbezirk innerhalb des Landkreises, zu dem die Gemeinde gehört, die den Wahlschein ausgestellt hat; gilt der Wahlschein zugleich für Gemeindewahlen, kann die Stimmabgabe nur in dieser Gemeinde erfolgen,
3. durch Briefwahl.

(4) [1]Jede stimmberechtigte Person kann ihr Stimmrecht nur einmal und nur persönlich ausüben. [2]Eine Ausübung des Wahlrechts durch einen Vertreter ist unzulässig.

(5) [1]Wahlberechtigte, die des Lesens unkundig oder wegen einer Behinderung an der Abgabe ihrer Stimme gehindert sind, können sich hierzu der Hilfe einer anderen Person bedienen. [2]Die Hilfeleistung ist auf technische Hilfe bei der Kundgabe einer von der wahlberechtigten Person selbst getroffenen und geäußerten Wahlentscheidung beschränkt. [3]Unzulässig ist eine Hilfeleistung, die unter missbräuchlicher Einflussnahme erfolgt, die selbstbestimmte Willensbildung oder Entscheidung der wahlberechtigten Person ersetzt oder verändert oder wenn ein Interessenkonflikt der Hilfsperson besteht.

Abschnitt II
Wahlorgane, Beschwerdeausschuss

Art. 4 Wahlorgane

(1) [1]Die Wahlorgane sind Organe der Gemeinde oder des Landkreises. [2]Sie sind an Weisungen der übrigen Organe der Gebietskörperschaften nicht gebunden. [3]Die Bestimmungen über die Fachaufsicht bleiben unberührt. [4]Eine Ersatzvornahme nach Art. 113 GO und Art. 99 LKrO ist ohne vorhergehende Weisung und Androhung mit Fristsetzung zulässig. [5]Die Gemeinde oder der Landkreis ist vor der Ersatzvornahme anzuhören; dabei ist Gelegenheit zu geben, binnen einer angemessenen Frist rechtmäßig zu entscheiden.

(2) Wahlorgane sind
1. eine Wahlleiterin oder Wahlleiter und ein Wahlausschuss für die Gemeindewahlen sowie eine Wahlleiterin oder ein Wahlleiter und ein Wahlausschuss für die Landkreiswahlen,
2. eine Wahlvorsteherin oder Wahlvorsteher und ein Wahlvorstand für jeden Stimmbezirk,
3. Briefwahlvorsteherinnen oder Briefwahlvorsteher und Briefwahlvorstände.

(3) Niemand darf die Tätigkeit von mehreren Wahlorganen ausüben oder in mehr als einem Wahlorgan Mitglied oder stellvertretende Person sein.

(4) [1]Beschlüsse werden mit Stimmenmehrheit gefasst. [2]Bei Stimmengleichheit entscheidet die Stimme des vorsitzenden Mitglieds.

(5) [1]Die Amtszeit der Wahlorgane beginnt mit ihrer Berufung. [2]Sie endet mit dem Beginn der Wahlzeit des Gemeinderats oder des Kreistags; bei einer nicht mit der Gemeinderatswahl verbundenen Wahl der ersten Bürgermeisterin oder des ersten Bürgermeisters oder bei einer nicht mit der Kreistagswahl verbundenen Wahl der Landrätin oder des Landrats endet sie mit dem Beginn von deren Amtszeit.

Art. 5 Wahlleiterinnen und Wahlleiter, Wahlausschuss

(1) [1]Der Gemeinderat beruft die erste Bürgermeisterin oder den ersten Bürgermeister, eine der weiteren Bürgermeisterinnen oder einen der weiteren Bürgermeister, eine der weiteren stellvertretenden Personen, ein sonstiges Gemeinderatsmitglied oder eine Person aus dem Kreis der Bediensteten der Gemeinde oder der Verwaltungsgemeinschaft oder aus dem Kreis der in der Gemeinde Wahlberechtigten zur Wahlleiterin oder zum Wahlleiter für die Gemeindewahlen. [2]Der Kreistag oder an seiner Stelle der Kreisausschuss beruft die Landrätin oder den Landrat, die stellvertretende Landrätin oder den stellvertretenden Landrat, eine der weiteren stellvertretenden Personen, eine sonstige Kreisrätin oder einen sonstigen Kreisrat oder eine Person aus dem Kreis der Bediensteten des Landratsamts oder aus dem Kreis der in dem Landkreis Wahlberechtigten zur Wahlleiterin oder zum Wahlleiter für die Landkreiswahlen. [3]Außerdem wird aus diesem Personenkreis zugleich eine stellvertretende Person berufen. [4]Zur Wahlleiterin oder zum Wahlleiter für die Gemeindewahlen oder zu deren Stellvertretung kann nicht berufen werden, wer bei der Wahl zur ersten Bürgermeisterin oder zum ersten Bürgermeister oder zum Gemeinderat mit seinem Einverständnis als sich bewerbende Person aufgestellt worden ist, für diese Wahlen eine Aufstellungsversammlung geleitet hat oder bei diesen Wahlen beauftragte Person

GLKrWG

für den Wahlvorschlag oder deren Stellvertretung ist; entsprechendes gilt bei Landkreiswahlen. [5]Die Berufung ist der Rechtsaufsichtsbehörde unverzüglich anzuzeigen.

(2) [1]Mitglieder des Wahlausschusses sind die Wahlleiterin oder der Wahlleiter als vorsitzendes Mitglied und vier von der Wahlleiterin oder dem Wahlleiter berufene wahlberechtigte Personen als Beisitzer. [2]Für jeden Beisitzer beruft die Wahlleiterin oder der Wahlleiter eine stellvertretende Person. [3]Bei der Auswahl der Beisitzer sind nach Möglichkeit die Parteien und die Wählergruppen in der Reihenfolge der bei der letzten Gemeinderats- oder Kreistagswahl erhaltenen Stimmenzahlen zu berücksichtigen und die von ihnen rechtzeitig vorgeschlagenen Wahlberechtigten zu berufen. [4]Abs. 1 Satz 4 gilt entsprechend. [5]Keine Partei oder Wählergruppe darf durch mehrere Beisitzer vertreten sein.

(3) [1]Die Wahlleiterin oder der Wahlleiter bestellt eine Schriftführerin oder einen Schriftführer für den Wahlausschuss. [2]Diese sind nur stimmberechtigt, wenn sie zugleich Beisitzer sind.

Art. 6 Wahlvorsteherinnen und Wahlvorsteher, Wahlvorstand, Briefwahlvorsteherinnen und Briefwahlvorsteher, Briefwahlvorstand

(1) Die Wahlvorsteherinnen und Wahlvorsteher, die Briefwahlvorsteherinnen und Briefwahlvorsteher und ihre Stellvertretung werden von der Gemeinde berufen.

(2) [1]Mitglieder der Wahlvorstände (Briefwahlvorstände) sind die Wahlvorsteherin oder der Wahlvorsteher (Briefwahlvorsteherin oder Briefwahlvorsteher) als vorsitzendes Mitglied, eine mit der Stellvertretung betraute Person sowie mindestens drei Beisitzer, die die Gemeinde entsprechend Art. 5 Abs. 2 Satz 3 aus dem Kreis der in der Gemeinde Wahlberechtigten oder der wahlberechtigten Gemeindebediensteten beruft. [2]Die Gemeinde bestellt aus dem Kreis der Beisitzer eine Schriftführerin oder einen Schriftführer und deren Stellvertretung.

(3) Bildet die Gemeinde nur einen Stimmbezirk, kann sie den Wahlvorstand mit der Übernahme der Geschäfte des Briefwahlvorstands beauftragen.

(4) [1]Die Gemeinden sind befugt, personenbezogene Daten von Wahlberechtigten zum Zweck ihrer Berufung zu Mitgliedern von Wahlvorständen und Briefwahlvorständen zu erheben, zu verarbeiten und zu nutzen. [2]Zu diesem Zweck dürfen personenbezogene Daten von Wahlberechtigten, die zur Tätigkeit in Wahlvorständen und Briefwahlvorständen geeignet sind, auch für

künftige Abstimmungen verarbeitet und genutzt werden, sofern die betroffene Person der Verarbeitung oder Nutzung nicht widersprochen hat. [3]Die betroffene Person ist über das Widerspruchsrecht zu unterrichten. [4]Im Einzelnen dürfen folgende Daten erhoben, verarbeitet und genutzt werden: Familienname, Vorname, akademische Grade, Tag der Geburt, Anschriften, der Dienstherr oder öffentliche Arbeitgeber im Sinn des Abs. 5 Satz 1, Telefonnummern, Zahl der Berufungen zu einem Mitglied der Wahlvorstände und der Briefwahlvorstände und die dabei ausgeübte Funktion.

(5) [1]Auf Ersuchen der Gemeinde sind zur Sicherstellung der Durchführung der Wahl die Behörden des Freistaates Bayern, der Gemeinden, der Landkreise und der Bezirke sowie der sonstigen der Aufsicht des Freistaates Bayern unterstehenden juristischen Personen des öffentlichen Rechts verpflichtet, aus dem Kreis ihrer Bediensteten unter Angabe von Familienname, Vorname, akademischen Graden, Tag der Geburt, Anschriften und Telefonnummern zum Zweck der Berufung als Mitglieder der Wahlvorstände und der Briefwahlvorstände wahlberechtigte Personen zu benennen, die im Gebiet der ersuchenden Gemeinde wohnen. [2]Die ersuchte Stelle hat die Betroffenen über die übermittelten Daten und den Empfänger zu benachrichtigen.

Art. 7 Wahlehrenamt

(1) Bei Wahlehrenämtern entscheidet die Gemeinde, beim Wahlausschuss für die Landkreiswahlen der Landkreis, ob ein wichtiger Grund nach Art. 19 GO oder Art. 13 LKrO vorliegt.

(2) [1]Die Wahlorgane, ihre Mitglieder, die Stellvertretungen und die Schriftführerinnen und Schriftführer sind zur unparteiischen Wahrnehmung ihrer Aufgaben verpflichtet. [2]Sie dürfen bei der Ausübung ihres Amts ihr Gesicht nicht verhüllen. [3]Im Übrigen gelten Art. 20 GO und Art. 14 LKrO.

(3) Die Gemeinde, beim Wahlausschuss für die Landkreiswahlen der Landkreis, kann eine angemessene Entschädigung gewähren.

Art. 7a Gemeindefreie Gebiete

In gemeindefreien Gebieten werden bei Landkreiswahlen die Gemeindeaufgaben von derjenigen kreisangehörigen Gemeinde wahrgenommen, die für das gemeindefreie Gebiet als Meldebehörde zuständig ist.

Art. 8 Beschwerdeausschuss

[1]Bei jeder Regierung wird ein Beschwerdeausschuss gebildet. [2]Dieser besteht aus

1. der Regierungspräsidentin oder dem Regierungspräsidenten oder einem von ihnen bestellten Mitglied mit der Befähigung für das Richteramt als vorsitzendem Mitglied,
2. einem von der Präsidentin oder vom Präsidenten des für den Regierungsbezirk zuständigen Verwaltungsgerichts benannten Mitglied aus dem Kreis der berufsmäßigen Richterinnen und Richter dieses Gerichts und
3. einem von der Präsidentin oder vom Präsidenten des für den Sitz der Regierung zuständigen Oberlandesgerichts benannten Mitglied aus dem Kreis der berufsmäßigen Richterinnen und Richter der ordentlichen Gerichtsbarkeit.

[3]Für die Mitglieder nach Nrn. 2 und 3 ist jeweils mindestens ein stellvertretendes Mitglied zu benennen. [4]Die Benennung gilt für die Dauer von sechs Jahren; sie kann aus wichtigem Grund geändert werden.

Abschnitt III
Vorbereitung und Durchführung der Wahl, Sicherung der Wahlfreiheit

Art. 9 Wahltag

(1) Wahlen finden an einem Sonntag statt.

(2) [1]Die allgemeinen Gemeinde- und Landkreiswahlen finden jeweils an einem Sonntag im Monat März statt. [2]Die Staatsregierung setzt spätestens sechs Monate vor dem Wahltag den Tag für die Wahlen fest.

Art. 10 Zusammentreffen mehrerer Wahlen und Abstimmungen

(1) [1]Am Tag einer Bezirkswahl, Landtagswahl, Bundestagswahl, Europawahl, einer Abstimmung über einen Volksentscheid oder während der Eintragungsfrist für ein Volksbegehren dürfen keine Gemeinde- oder Landkreiswahlen oder sonstige Abstimmungen stattfinden. [2]Am Tag einer Gemeinde- oder Landkreiswahl dürfen keine sonstigen Abstimmungen stattfinden.

(2) [1]Ausnahmen bedürfen der Zustimmung des Staatsministeriums des Innern, für Sport und Integration. [2]Sie können zugelassen werden, wenn gegen die Durchführbarkeit der Wahl oder der Abstimmung keine Bedenken bestehen und eine Beeinflussung der Wahl oder der Abstimmung nicht zu befürchten ist.

Art. 11 Wahlkreis, Stimmbezirke

(1) Bei Gemeindewahlen bildet jede Gemeinde, bei Landkreiswahlen bildet jeder Landkreis einen Wahlkreis.

(2) [1]Wahlkreise können in Stimmbezirke eingeteilt werden. [2]Die Einteilung erfolgt jeweils durch die Gemeinde. [3]Gemeinden mit mehr als 2500 Einwohnerinnen und Einwohnern sind in Stimmbezirke einzuteilen.

(3) [1]Kein Stimmbezirk darf mehr als 2500 Wahlberechtigte umfassen. [2]Die Zahl der Wahlberechtigten eines Stimmbezirks darf nicht so gering sein, dass erkennbar wird, wie einzelne Personen gewählt haben.

Art. 12 Wählerverzeichnisse

(1) Die Gemeinden legen für jeden allgemeinen Stimmbezirk ein neues Wählerverzeichnis an und tragen darin die Wahlberechtigten von Amts wegen oder auf Antrag ein.

(2) [1]Die Gemeinden halten die Wählerverzeichnisse an den Werktagen vom 20. bis zum 16. Tag vor dem Wahltag zur Einsicht bereit (Einsichtsfrist). [2]Einsicht nehmen darf zur Prüfung der Richtigkeit oder der Vollständigkeit des Wählerverzeichnisses jede wahlberechtigte Person

1. zu den zu ihrer Person eingetragenen Daten,
2. zu Daten von anderen im Wählerverzeichnis eingetragenen Personen, wenn sie Tatsachen glaubhaft macht, aus denen sich insoweit eine Unrichtigkeit oder eine Unvollständigkeit des Wählerverzeichnisses ergeben kann. Dieses Recht besteht nicht hinsichtlich der Daten von Wahlberechtigten, für die im Melderegister eine Auskunftssperre nach dem Bundesmeldegesetz eingetragen ist.

(3) [1]Beschwerden wegen der Richtigkeit oder der Vollständigkeit der Wählerverzeichnisse können innerhalb der Einsichtsfrist, gegen die Ablehnung von Anträgen auf Eintragung in das Wählerverzeichnis bis zum 13. Tag vor dem Wahltag schriftlich oder zur Niederschrift bei der Gemeinde eingelegt werden. [2]Falls diese nicht abhilft, hat sie die Beschwerde unverzüglich, jedoch spätestens bis zum zehnten Tag vor dem Wahltag, der Rechtsaufsichtsbehörde zur Entscheidung vorzulegen. [3]Die Rechtsaufsichtsbehörde hat spätestens am vierten Tag vor dem Wahltag über die Beschwerde zu entscheiden. [4]Gegen die Entscheidung der Rechtsaufsichtsbehörde ist der Verwaltungsrechtsweg nach der Verwaltungsgerichtsordnung (VwGO) gegeben. [5]Die Klage hat für die Durchführung des sonstigen Wahlverfahrens keine aufschiebende Wirkung.

Art. 13 Erteilung von Wahlscheinen

(1) Eine wahlberechtigte Person, die in einem Wählerverzeichnis eingetragen ist oder die aus einem von ihr nicht zu vertretenden Grund in das Wählerverzeichnis nicht aufgenommen worden ist, erhält von der Gemeinde auf Antrag einen Wahlschein.

(2) [1]Gegen die Versagung eines Wahlscheins kann spätestens am sechsten Tag vor dem Wahltag Beschwerde an die Rechtsaufsichtsbehörde erhoben werden. [2]Diese hat spätestens am vierten Tag vor dem Wahltag über die Beschwerde zu entscheiden. [3]Art. 12 Abs. 3 Satz 4 und 5 gilt entsprechend.

Art. 14 Briefwahl

(1) [1]Bei der Briefwahl hat die stimmberechtigte Person der Gemeinde im verschlossenen Wahlbriefumschlag
1. den Wahlschein und
2. die Stimmzettel im verschlossenen Stimmzettelumschlag

zu übersenden. [2]Der Wahlbrief muss bei der Gemeinde, die den Wahlschein ausgestellt hat, spätestens am Wahltag bis 18 Uhr eingehen. [3]Art. 15 Abs. 2 gilt entsprechend.

(2) Auf dem Wahlschein hat die wählende Person oder die Person ihres Vertrauens an Eides statt zu versichern, dass die Stimmzettel persönlich oder gemäß dem erklärten Willen der wählenden Person gekennzeichnet worden sind.

Art. 15 Dauer der Abstimmung

(1) Die Abstimmung dauert von 8 Uhr bis 18 Uhr.

(2) Trifft eine Gemeinde- oder Landkreiswahl mit einer anderen Wahl zusammen, deren Abstimmung über 18 Uhr hinaus dauert, endet die Abstimmung mit der für die andere Wahl bestimmten Uhrzeit.

(3) In Gemeinden, die nur einen Stimmbezirk bilden, kann bei Gemeindewahlen die Abstimmung vorzeitig beendet werden, wenn alle Stimmberechtigten abgestimmt haben und nicht zugleich andere Wahlen oder Abstimmungen stattfinden.

Art. 16 Stimmzettel, Wahlscheine, Briefwahlunterlagen

[1]Für die Gemeindewahlen und die Landkreiswahlen sind in ganz Bayern einheitliche amtliche Stimmzettel zu verwenden. [2]Die Stimmzettel für die Gemeindewahlen sind von der Gemeinde, die Stimmzettel für die Land-

kreiswahlen vom Landkreis zu beschaffen. [3]Für die Beschaffung der Wahlscheine und der Briefwahlunterlagen (Wahlbriefumschläge, Stimmzettelumschläge und Merkblätter) sorgen bei den Gemeindewahlen und bei den mit diesen verbundenen Landkreiswahlen die Gemeinden, bei den sonstigen Landkreiswahlen die Landkreise.

Art. 17 Grundsatz der Öffentlichkeit

(1) Die Durchführung der Abstimmung ist öffentlich.

(2) [1]Die Wahlausschüsse, die Wahlvorstände und die Briefwahlvorstände verhandeln, beraten und entscheiden in öffentlicher Sitzung, soweit nicht Rücksichten auf das Wohl der Allgemeinheit oder auf berechtigte Ansprüche Einzelner entgegenstehen. [2]Über den Ausschluss der Öffentlichkeit wird in nichtöffentlicher Sitzung beraten und entschieden. [3]Die in nichtöffentlicher Sitzung gefassten Beschlüsse sind der Öffentlichkeit bekannt zu geben, sobald die Gründe für die Geheimhaltung weggefallen sind.

(3) [1]Der Wahlausschuss, der Wahlvorstand und der Briefwahlvorstand können Personen, die Ruhe und Ordnung stören, aus dem Sitzungsraum, dem Abstimmungsraum oder dem Auszählraum verweisen. [2]Stimmberechtigten im Abstimmungsraum ist zuvor Gelegenheit zur Stimmabgabe zu geben.

Art. 18 Abstimmungsgeheimnis

(1) [1]Es sind Vorkehrungen zu treffen, dass die abstimmende Person die Stimmzettel unbeobachtet kennzeichnen kann. [2]Für die Aufnahme der Stimmzettel sind Wahlurnen zu verwenden, die die Wahrung des Abstimmungsgeheimnisses sicherstellen.

(2) [1]Die nach Art. 3 Abs. 5 zulässige Hilfe bei der Stimmabgabe bleibt unberührt. [2]Die Hilfsperson ist zur Geheimhaltung der Kenntnisse verpflichtet, die sie bei der Hilfeleistung von der Wahl einer anderen Person erlangt hat.

Art. 19 Feststellung des Wahlergebnisses

(1) [1]Der Wahlvorstand leitet die Durchführung der Abstimmung, entscheidet über die Gültigkeit der abgegebenen Stimmen und stellt das Abstimmungsergebnis für den Stimmbezirk fest. [2]Wurden in einem Stimmbezirk weniger als 50 Abstimmende zur Urnenwahl zugelassen, entscheidet ein von der Gemeinde bestimmter Wahlvorstand über die Gültigkeit der dort abgegebenen Stimmen und der in einem von der Gemeinde bestimmten

anderen Stimmbezirk abgegebenen Stimmen zusammen und stellt ein gemeinsames Ergebnis fest.

(2) [1]Der Briefwahlvorstand entscheidet über die Zulassung oder die Zurückweisung der Wahlbriefe. [2]Er entscheidet über die Gültigkeit der abgegebenen Stimmen und stellt das Ergebnis der Briefwahl für seinen Bereich fest. [3]Wurden weniger als 50 Wahlbriefe zugelassen, entscheidet ein von der Gemeinde bestimmter Wahlvorstand über die Gültigkeit der abgegebenen Stimmen aus der Briefwahl zusammen mit den im Abstimmungsraum abgegebenen Stimmen und stellt ein gemeinsames Ergebnis fest. [4]Die Stimmen einer wählenden Person, die an der Briefwahl teilgenommen hat, werden nicht dadurch ungültig, dass sie vor dem oder am Wahltag stirbt, aus dem Wahlkreis wegzieht oder sonst ihr Wahlrecht verliert.

(3) [1]Nach der Feststellung der Ergebnisse für alle Stimmbezirke verkündet die Wahlleiterin oder der Wahlleiter das vorläufige Wahlergebnis für den Wahlkreis. [2]Der Wahlausschuss stellt das abschließende Wahlergebnis für den Wahlkreis fest. [3]Er ist befugt, die Stimmergebnisse einschließlich der Auswertung der Stimmzettel und der Entscheidungen der Wahlvorstände und der Briefwahlvorstände sowie die Entscheidungen über die Wählbarkeit zu berichtigen. [4]Dies gilt nicht für Entscheidungen des Beschwerdeausschusses. [5]Die Wahlleiterin oder der Wahlleiter verkündet das abschließende Wahlergebnis.

Art. 20 Unzulässige Beeinflussung, unzulässige Veröffentlichung von Befragungen, Wahlgeheimnis

(1) Während der Abstimmungszeit ist in und an dem Gebäude, in dem sich der Abstimmungsraum befindet, sowie unmittelbar vor dem Zugang zu dem Gebäude jede Beeinflussung der Abstimmenden durch Wort, Ton, Schrift, Bild oder auf andere Weise, insbesondere durch Umfragen oder durch Unterschriftensammlungen, sowie jede Behinderung oder erhebliche Belästigung der Abstimmenden verboten.

(2) Vor Ablauf der Abstimmungszeit dürfen Ergebnisse von Befragungen über den Inhalt der Stimmrechtsausübung, die nach der Stimmabgabe vorgenommen wurden, nicht veröffentlicht werden.

(3) Den mit der Durchführung der Wahl betrauten Behörden und den Wahlorganen ist es untersagt, den Inhalt der Stimmrechtsausübung in irgendeiner Weise zu beeinflussen oder das Wahlgeheimnis zu verletzen.

Zweiter Teil
Wahl der Gemeinderatsmitglieder, der Kreisrätinnen und der Kreisräte

Abschnitt I
Grundsätze

Art. 21 Wählbarkeit für das Amt eines Gemeinderatsmitglieds, einer Kreisrätin oder eines Kreisrats

(1) Für das Amt eines Gemeinderatsmitglieds, einer Kreisrätin oder eines Kreisrats ist jede Person wählbar, die am Wahltag
1. Unionsbürgerin oder Unionsbürger im Sinn von Art. 1 Abs. 2 ist,
2. das 18. Lebensjahr vollendet hat,
3. seit mindestens drei Monaten im Wahlkreis eine Wohnung hat, die nicht ihre Hauptwohnung sein muss, oder ohne eine Wohnung zu haben sich im Wahlkreis gewöhnlich aufhält; Art. 1 Abs. 3 Satz 3 und Abs. 4 gilt entsprechend.

(2) Nicht wählbar ist, wer am Wahltag
1. nach Art. 2 vom Wahlrecht ausgeschlossen ist,
2. infolge deutschen Richterspruchs die Wählbarkeit oder die Fähigkeit zur Bekleidung öffentlicher Ämter nicht besitzt oder
3. sich wegen einer vorsätzlichen Straftat in Strafhaft oder in Sicherungsverwahrung befindet.

Art. 22 Wahlrechtsgrundsätze

(1) Die ehrenamtlichen Gemeinderatsmitglieder, die Kreisrätinnen und Kreisräte werden in allgemeiner, gleicher, unmittelbarer, geheimer und freier Wahl nach den Grundsätzen eines verbesserten Verhältniswahlrechts gewählt.

(2) Wird in einem Wahlkreis kein oder nur ein Wahlvorschlag zugelassen, findet Mehrheitswahl statt.

Art. 23 Wahlzeit

(1) Die Wahlzeit der bei allgemeinen Gemeinde- und Landkreiswahlen neu gewählten Gemeinderäte und Kreistage beträgt sechs Jahre und beginnt jeweils an dem der Wahl folgenden 1. Mai.

(2) [1]Endet die Wahlzeit im Sinn des Abs. 1 durch bestandskräftige Entscheidung vorzeitig, wird für den Rest der Wahlzeit neu gewählt. [2]Liegt das vorzeitige Ende jedoch innerhalb der letzten zwei Jahre der Wahlzeit, wird

der Gemeinderat oder der Kreistag bis zum Ablauf der Wahlzeit der nächsten allgemeinen Wahlen neu gewählt. [3]Die Wahlen sollen innerhalb von drei Monaten nach Bestandskraft der Entscheidung stattfinden; den Wahltermin setzt die Rechtsaufsichtsbehörde fest. [4]Wahlen, die zwischen dem einer allgemeinen Gemeinde- und Landkreiswahl vorausgehenden 1. Dezember und den allgemeinen Wahlen abzuhalten wären, finden zusammen mit diesen Wahlen statt. [5]Die Wahlzeit des neugewählten Gemeinderats oder des Kreistags beginnt in den Fällen der Sätze 1 bis 3 mit der Annahme der Wahl durch alle Mitglieder, spätestens am 29. Tag nach dem Wahltag.

(3) Bis zum Zusammentritt des neugewählten Gemeinderats führt die erste Bürgermeisterin oder der erste Bürgermeister die Geschäfte, bis zum Zusammentritt des neugewählten Kreistags die Landrätin oder der Landrat.

Abschnitt II
Wahlvorschläge

Art. 24 Wahlvorschlagsrecht

(1) [1]Wahlvorschläge können von Parteien und von Wählergruppen eingereicht werden (Wahlvorschlagsträger). [2]Wählergruppen sind alle sonstigen Vereinigungen oder Gruppen natürlicher Personen, deren Ziel es ist, sich an Gemeinde- oder an Landkreiswahlen zu beteiligen. [3]Neue Wahlvorschlagsträger sind Parteien und Wählergruppen, die im Gemeinderat oder im Kreistag seit dessen letzter Wahl nicht auf Grund eines eigenen Wahlvorschlags ununterbrochen bis zum 90. Tag vor dem Wahltag vertreten waren.

(2) [1]Die Prüfung, ob eine Wählergruppe mit einer bereits im letzten Gemeinderat oder im letzten Kreistag auf Grund eines eigenen Wahlvorschlags vertretenen Wählergruppe übereinstimmt, richtet sich nach folgenden Gesichtspunkten:

1. War eine organisierte Wählergruppe bereits bei Einreichung des Wahlvorschlags zur vorhergehenden Wahl nach bürgerlichem Recht organisiert, gelten die Grundsätze des bürgerlichen Rechts.
2. In den übrigen Fällen ist die Übereinstimmung dann gegeben, wenn mindestens sechs Wahlberechtigte den jetzigen Wahlvorschlag unterzeichnet haben oder sich auf ihm bewerben, die auch den früheren Wahlvorschlag unterzeichnet oder sich auf ihm beworben haben. Erfüllen mehrere Wählergruppen diese Voraussetzungen, stimmt diejenige Wählergruppe mit der im letzten Gemeinderat oder im letzten Kreistag vertretenen Wählergruppe überein, die die größte Anzahl an übereinstimmenden unterzeichnenden oder sich bewerbenden Personen hat.

[2]Wird ein Nachweis über die Organisation bei der Einreichung des Wahlvorschlags nicht erbracht, gilt die Wählergruppe als nicht organisiert.

(3) [1]Jeder Wahlvorschlagsträger darf nur einen Wahlvorschlag einreichen. [2]Ein Mehrfachauftreten eines Wahlvorschlagsträgers liegt nur dann vor, wenn

1. ein Wahlvorschlagsträger mehrere Wahlvorschläge mit demselben Kennwort einreicht,
2. ein Wahlvorschlagsträger mehrere Wahlvorschläge für verschiedene Teile des Wahlkreises einreicht und die räumliche Trennung im Kennwort zum Ausdruck bringt,
3. mehrere Wahlvorschläge von derselben Versammlung aufgestellt worden sind,
4. ein Wahlvorschlagsträger durch seine Organe einen weiteren Wahlvorschlag sonst beherrschend betreibt.

[3]Das Handeln von Untergliederungen eines Wahlvorschlagsträgers ist diesem zuzurechnen. [4]Eine Organisation, in der man Mitglied sein kann, ohne zugleich Mitglied des Wahlvorschlagträgers zu sein, stellt keine Untergliederung dar. [5]Der Wahlvorschlagsträger hat nach Aufforderung der Wahlleiterin oder dem Wahlleiter mitzuteilen, für welchen Wahlvorschlag er sich entscheidet, falls ein Mehrfachauftreten festgestellt wird; unterlässt er diese Mitteilung oder widersprechen sich die Mitteilungen, sind die Wahlvorschläge für ungültig zu erklären.

(4) [1]Auf Aufforderung hat der Wahlvorschlagsträger der Wahlleiterin oder dem Wahlleiter mitzuteilen, ob der Wahlvorschlag von einer Untergliederung einer Partei oder einer Wählergruppe eingereicht wurde. [2]Die Wahlleiterin oder der Wahlleiter kann hierzu Unterlagen anfordern.

Art. 25 Inhalt und Form der Wahlvorschläge

(1) [1]Jeder Wahlvorschlag muss von zehn Wahlberechtigten unterschrieben sein, die am **48.** Tag vor dem Wahltag wahlberechtigt und nicht sich bewerbende Personen oder Ersatzleute eines Wahlvorschlags sind. [2]Jede Person darf nur einen Wahlvorschlag unterzeichnen; Art. 24 Abs. 3 Satz 5 gilt entsprechend.

(2) [1]Jeder Wahlvorschlag darf höchstens so viele sich bewerbende Personen enthalten, wie ehrenamtliche Gemeinderatsmitglieder oder Kreisrätinnen und Kreisräte zu wählen sind. [2]**Bei** Mehrheitswahl kann vom Wahlvorschlagsträger die Zahl der sich bewerbenden Personen im Wahlvorschlag bis auf das Doppelte der zu wählenden ehrenamtlichen Gemeinderatsmitglieder **oder Kreisrätinnen und Kreisräte** erhöht werden.

(3) [1]Jede sich bewerbende Person darf bei Wahlen für ein gleichartiges Amt, die am selben Tag stattfinden, nur in einem Wahlkreis aufgestellt werden. [2]Sie darf ferner bei einer Wahl nur in einem Wahlvorschlag benannt werden. [3]Art. 24 Abs. 3 Satz 5 gilt entsprechend. [4]Die sich bewerbende Person muss ihre Zustimmung zu der Bewerbung schriftlich erteilen. [5]Die Zustimmung kann nach Ablauf der Einreichungsfrist nicht mehr zurückgenommen werden.

(4) [1]Im Wahlvorschlag kann auch bestimmt werden, dass dieselbe sich bewerbende Person auf dem Stimmzettel zweimal oder dreimal aufgeführt wird. [2]Auf dem Stimmzettel erscheinen die dreifach aufzuführenden sich bewerbenden Personen zuerst und die zweifach aufzuführenden vor den übrigen sich bewerbenden Personen.

(5) [1]Jeder Wahlvorschlag muss den Namen des Wahlvorschlagsträgers als Kennwort tragen. [2]Gemeinsame Wahlvorschläge müssen die Namen sämtlicher daran beteiligter Parteien oder Wählergruppen tragen. [3]Dem Kennwort ist eine weitere Bezeichnung hinzuzufügen, wenn dies zur deutlichen Unterscheidung der Wahlvorschläge erforderlich ist; der Wahlausschuss hat dem Kennwort eine weitere Bezeichnung hinzuzufügen, wenn dies der Wahlvorschlagsträger trotz Aufforderung durch die Wahlleiterin oder den Wahlleiter unterlassen hat.

Art. 26 *(aufgehoben)*

Art. 27 Unterstützung von Wahlvorschlägen

(1) [1]Wahlvorschläge von neuen Wahlvorschlagsträgern müssen über die nach Art. 25 Abs. 1 Satz 1 erforderlichen Unterschriften hinaus von weiteren Wahlberechtigten unterstützt werden. [2]Neue Wahlvorschlagsträger benötigen keine zusätzlichen Unterstützungsunterschriften, wenn sie bei der letzten Landtagswahl oder bei der letzten Europawahl mindestens fünf v. H. der im Land insgesamt abgegebenen gültigen Stimmen oder bei der letzten Bundestagswahl mindestens fünf v. H. der im Land abgegebenen gültigen Zweitstimmen erhalten haben. [3]Maßgeblich sind die vom Landeswahlleiter früher als drei Monate vor dem Wahltag bekannt gemachten Ergebnisse.

(2) Ein gemeinsamer Wahlvorschlag bedarf keiner zusätzlichen Unterstützungsunterschriften, wenn dessen Wahlvorschlagsträger in ihrer Gesamtheit im Gemeinderat oder im Kreistag seit dessen letzter Wahl auf Grund des gleichen gemeinsamen Wahlvorschlags bis zum 90. Tag vor dem Wahltag vertreten waren oder wenn mindestens einer der beteiligten Wahlvorschlagsträger keine zusätzlichen Unterstützungsunterschriften benötigt.

(3) Die Zahl der Wahlberechtigten, die den Vorschlag zusätzlich unterstützen müssen, beträgt **bei Gemeinderatswahlen in Gemeinden sowie bei Kreistagswahlen in Landkreisen**

a) mit bis zu

1 000	Einwohnerinnen und Einwohnern	40,
2 000	Einwohnerinnen und Einwohnern	50,
3 000	Einwohnerinnen und Einwohnern	60,
5 000	Einwohnerinnen und Einwohnern	80,
10 000	Einwohnerinnen und Einwohnern	120,
20 000	Einwohnerinnen und Einwohnern	180,
30 000	Einwohnerinnen und Einwohnern	190,
50 000	Einwohnerinnen und Einwohnern	215,
100 000	Einwohnerinnen und Einwohnern	340,
150 000	Einwohnerinnen und Einwohnern	385,
200 000	**Einwohnerinnen und Einwohnern**	**430,**
400 000	**Einwohnerinnen und Einwohnern**	**470,**
600 000	**Einwohnerinnen und Einwohnern**	**610,**
800 000	**Einwohnerinnen und Einwohnern**	**750,**
1 000 000	**Einwohnerinnen und Einwohnern**	**880;**

b) mit mehr als 1 000 000 Einwohnerinnen und Einwohnern 1 000.

Art. 28 Eintragung in Unterstützungslisten, Eintragungsscheine

(1) [1]Soweit erforderlich, werden für jeden Wahlvorschlag von den Wahlleiterinnen und Wahlleitern spätestens am Tag nach der Einreichung bis 12 Uhr des **48.** Tags vor dem Wahltag bei Gemeindewahlen und bei Landkreiswahlen in den Gemeinden Unterstützungslisten aufgelegt. [2]Art. 20 gilt entsprechend.

(2) [1]Wahlberechtigte, die einen Wahlvorschlag unterstützen wollen, haben sich dazu in der Gemeinde, in der sie spätestens am letzten Tag der Eintragungsfrist wahlberechtigt sind, in Unterstützungslisten einzutragen; ausgeschlossen sind sich bewerbende Personen und Ersatzleute von Wahlvorschlägen sowie Wahlberechtigte, die sich in eine andere Unterstützungsliste eingetragen oder einen Wahlvorschlag unterzeichnet haben. [2]Art. 24 Abs. 3 Satz 5 gilt entsprechend. [3]Die Zurücknahme gültiger Unterschriften ist wirkungslos.

(3) [1]Die Unterschrift muss eigenhändig geleistet werden. [2]Wer glaubhaft macht, wegen Krankheit oder körperlicher Behinderung nicht oder nur unter unzumutbaren Schwierigkeiten in der Lage zu sein, einen Eintragungsraum aufzusuchen, erhält auf Antrag einen Eintragungsschein. [3]Die Eintra-

gung kann in diesem Fall dadurch bewirkt werden, dass die wahlberechtigte Person auf dem Eintragungsschein ihre Unterstützung eines bestimmten Wahlvorschlags erklärt und eine Hilfsperson beauftragt, die Eintragung im Eintragungsraum für sie vorzunehmen. [4]Die wahlberechtigte Person hat auf dem Eintragungsschein außerdem an Eides statt zu versichern, dass die Voraussetzungen nach Satz 2 vorliegen.

(4) [1]Gegen die Versagung eines Eintragungsscheins kann spätestens am sechsten Tag vor Ablauf der Eintragungsfrist Beschwerde an die Rechtsaufsichtsbehörde erhoben werden. [2]Diese hat spätestens am vierten Tag vor dem letzten Tag der Eintragungsfrist über die Beschwerde zu entscheiden. [3]Gegen die Entscheidung der Rechtsaufsichtsbehörde ist der Verwaltungsrechtsweg nach der Verwaltungsgerichtsordnung (VwGO) gegeben. [4]Die Klage hat für die Durchführung des sonstigen Wahlverfahrens keine aufschiebende Wirkung.

Art. 29 Aufstellung der sich bewerbenden Personen

(1) [1]Alle sich bewerbenden Personen werden von einer Partei oder einer Wählergruppe in einer Versammlung aufgestellt, die zu diesem Zweck für den gesamten Wahlkreis einzuberufen ist. [2]Diese Aufstellungsversammlung ist

1. eine Versammlung der Anhänger einer Partei oder Wählergruppe,
2. eine besondere Versammlung von Delegierten, die von Mitgliedern einer Partei oder Wählergruppe für die bevorstehende Aufstellung sich bewerbender Personen gewählt wurden, oder
3. eine allgemeine Delegiertenversammlung, die nach der Satzung einer Partei oder einer Wählergruppe allgemein für bevorstehende Wahlen bestellt wurde.

[3]Die Mehrheit der Mitglieder einer allgemeinen Delegiertenversammlung darf nicht früher als zwei Jahre vor dem Monat, in dem der Wahltag liegt, von den Mitgliedern einer Partei oder einer Wählergruppe gewählt worden sein, die im Zeitpunkt der Wahl der Delegierten im Wahlkreis wahlberechtigt waren.

(2) [1]Die Teilnehmerinnen und Teilnehmer der Aufstellungsversammlung müssen im Zeitpunkt ihres Zusammentritts im Wahlkreis wahlberechtigt sein. [2]Die Aufstellungsversammlung darf nicht früher als 15 Monate vor dem Monat stattfinden, in dem der Wahltag liegt.

(3) [1]Die sich bewerbenden Personen werden in geheimer Abstimmung, an der mindestens drei Abstimmungsberechtigte teilnehmen müssen, gewählt.

[2]Jede an der Aufstellungsversammlung teilnahmeberechtigte und anwesende Person ist hierbei vorschlagsberechtigt. [3]Den sich für die Aufstellung bewerbenden Personen ist Gelegenheit zu geben, sich und ihr Programm der Versammlung in angemessener Zeit vorzustellen.

(4) Ersatzleute, die für den Fall des Ausscheidens einer sich bewerbenden Person in den Wahlvorschlag nachrücken, sind in gleicher Weise wie sich bewerbende Personen aufzustellen.

(5) [1]Über die Aufstellungsversammlung ist eine Niederschrift zu fertigen. [2]Die Niederschrift ist von der die Aufstellungsversammlung leitenden Person und zwei wahlberechtigten Personen, die an der Versammlung teilgenommen haben, zu unterschreiben. [3]Jede wahlberechtigte Person darf nur eine Niederschrift unterzeichnen; Art. 24 Abs. 3 Satz 5 gilt entsprechend. [4]Der Niederschrift muss eine Anwesenheitsliste beigefügt sein, in die sich diejenigen Wahlberechtigten mit Namen, Anschrift und Unterschrift eingetragen haben, die an der Versammlung teilgenommen haben.

Art. 30 Beauftragte für die Wahlvorschläge

(1) [1]In jedem Wahlvorschlag soll eine beauftragte Person und ihre Stellvertretung bezeichnet werden; fehlt diese Bezeichnung, gilt die Person, die als erste unterzeichnet hat, als beauftragte Person, die zweite als Stellvertretung. [2]Die beauftragte und die stellvertretende Person müssen wahlberechtigt sein.

(2) [1]Soweit in diesem Gesetz nichts anderes bestimmt ist, sind nur die beauftragte Person oder ihre Stellvertretung berechtigt, verbindliche Erklärungen zum Wahlvorschlag abzugeben und entgegenzunehmen. [2]Im Zweifelsfall gilt die Erklärung der beauftragten Person.

(3) Die beauftragte Person und ihre Stellvertretung können durch schriftliche Erklärung der Mehrheit derjenigen, die den Wahlvorschlag unterzeichnet haben, gegenüber der Wahlleiterin oder dem Wahlleiter abberufen und durch andere ersetzt werden.

Art. 31 Einreichung der Wahlvorschläge

[1]Die Wahlvorschläge sind spätestens bis 18 Uhr des **59.** Tags vor dem Wahltag einzureichen; ihre Zurücknahme ist ab diesem Zeitpunkt nicht mehr zulässig. [2]Wurde bis zu diesem Zeitpunkt kein oder nur ein Wahlvorschlag eingereicht, können Wahlvorschläge noch bis 18 Uhr des **52.** Tags vor dem Wahltag nachgereicht werden. [3]Wurde bis zum Ende dieser Nachfrist nur ein Wahlvorschlag eingereicht, kann dieser bis 18 Uhr des **48.** Tags vor dem

Wahltag auf doppelt so viele sich bewerbende Personen ergänzt werden, wie ehrenamtliche Gemeinderatsmitglieder oder Kreisrätinnen und Kreisräte zu wählen sind.

Art. 32 Zulassung der Wahlvorschläge

(1) [1]Die Wahlleiterin oder der Wahlleiter hat die Wahlvorschläge nach Eingang unverzüglich auf Ordnungsmäßigkeit und Vollständigkeit zu prüfen. [2]Stellt sie oder er Mängel fest, benachrichtigt sie oder er unverzüglich die beauftragten Personen und fordert sie auf, diese, soweit möglich, bis 18 Uhr des **48.** Tags vor dem Wahltag zu beseitigen. [3]Handelt es sich um Mängel, die nicht beseitigt werden können und die den ganzen Wahlvorschlag betreffen, kann innerhalb dieser Frist ein neuer Wahlvorschlag eingereicht werden. [4]Ergeben sich Zweifel an der Gültigkeit des Wahlvorschlags, hat die Wahlleiterin oder der Wahlleiter die beauftragte Person aufzufordern, Unterlagen oder Erklärungen innerhalb dieser Frist nachzureichen, die geeignet sind, die Bedenken gegen die Zulassung des Wahlvorschlags auszuräumen.

(2) [1]Der Wahlausschuss tritt am **47.** Tag vor dem Wahltag zusammen und beschließt über die Gültigkeit der eingereichten Wahlvorschläge. [2]Die Entscheidung ist in der Sitzung bekannt zu geben.

(3) [1]Hat der Wahlausschuss einen Wahlvorschlag ganz oder teilweise für ungültig erklärt, hat er das der beauftragten Person für den Wahlvorschlag unverzüglich, möglichst noch am selben Tag mitzuteilen. [2]Gegen diese Entscheidung kann der betroffene Wahlvorschlagsträger Einwendungen bis 18 Uhr des **41.** Tags vor dem Wahltag bei der Wahlleiterin oder beim Wahlleiter erheben. [3]Der Wahlausschuss muss auf diese Einwendungen hin und kann von Amts wegen bis 24 Uhr des **40.** Tags vor dem Wahltag über die Gültigkeit von Wahlvorschlägen nochmals beschließen.

(4) [1]Hilft der Wahlausschuss Einwendungen nicht ab oder wird ein Beschluss, der die Gültigkeit eines Wahlvorschlags festgestellt hat, von Amts wegen geändert, entscheidet auf Antrag des betroffenen Wahlvorschlagsträgers der Beschwerdeausschuss. [2]Der Antrag ist bis 18 Uhr des **38.** Tags vor dem Wahltag bei der Wahlleiterin oder beim Wahlleiter einzureichen. [3]Der Beschwerdeausschuss entscheidet bis 24 Uhr des **34.** Tags vor dem Wahltag; der Wahlleiterin oder dem Wahlleiter ist Gelegenheit zur Äußerung zu geben. [4]Im Übrigen können Beschlüsse des Wahlausschusses nur bei der Überprüfung der Wahl nachgeprüft werden; Art. 19 Abs. 3 Satz 2 bleibt unberührt.

(5) Bis zur abschließenden Entscheidung des Wahlausschusses und bis zur Entscheidung des Beschwerdeausschusses können behebbare Mängel der eingereichten Wahlvorschläge beseitigt werden.

Art. 33 Bekanntmachung und Reihenfolge der Wahlvorschläge

(1) Der Wahlleiter hat die vom Wahlausschuss oder vom Beschwerdeausschuss zugelassenen Wahlvorschläge zusammengefasst spätestens am **33.** Tag vor dem Wahltag bekannt zu machen.

(2) [1]Bei der Bekanntmachung werden die Wahlvorschläge in folgender Reihenfolge genannt:
1. Die Wahlvorschläge von Wahlvorschlagsträgern nach der Zahl der bei der letzten Landtagswahl auf sie entfallenen Sitze,
2. die Wahlvorschläge von Wahlvorschlagsträgern nach der Zahl der bei der letzten Gemeinderatswahl oder bei der letzten Kreistagswahl für sie abgegebenen Stimmen,
3. die übrigen Wahlvorschläge in alphabetischer Reihenfolge der Kennworte.

[2]Bei gleicher Sitzzahl richtet sich die Reihenfolge nach der Zahl der Stimmen. [3]Bei gemeinsamen Wahlvorschlägen richtet sich die Reihenfolge nach der Partei oder der Wählergruppe, die im Kennwort an erster Stelle steht.

Abschnitt III
Verhältniswahl

Art. 34 Stimmenzahl und Vergabe der Stimmen

Liegen mehrere Wahlvorschläge vor, wird das Stimmrecht nach den Grundsätzen der Verhältniswahl unter Beachtung der nachstehenden Bestimmungen ausgeübt:
1. Die stimmberechtigte Person hat so viele Stimmen, wie ehrenamtliche Gemeinderatsmitglieder oder Kreisrätinnen und Kreisräte zu wählen sind.
2. Die stimmberechtigte Person kann ihre Stimmen nur sich bewerbenden Personen geben, deren Namen in einem zugelassenen Wahlvorschlag enthalten sind.
3. Die stimmberechtigte Person kann durch Kennzeichnung eines Wahlvorschlags diesen unverändert annehmen. Eine unveränderte Annahme liegt nicht vor, wenn die stimmberechtigte Person außerdem in einem oder mehreren Wahlvorschlägen einzelnen sich bewerbenden Personen Stimmen gibt.

4. Die stimmberechtigte Person kann innerhalb der ihr zustehenden Stimmenzahl einer sich bewerbenden Person bis zu drei Stimmen geben.
5. Die stimmberechtigte Person kann innerhalb der ihr zustehenden Stimmenzahl ihre Stimmen sich bewerbenden Personen aus verschiedenen Wahlvorschlägen geben.

Art. 35 Verteilung der Sitze auf die Wahlvorschläge

(1) [1]Die Sitze werden auf die Wahlvorschläge nach dem Verhältnis der Gesamtzahlen der gültigen Stimmen verteilt, welche für die in den Wahlvorschlägen aufgeführten sich bewerbenden Personen abgegeben worden sind. [2]Stimmen, die für eine nicht wählbare Person abgegeben worden sind, sind ungültig; hat die Person die Wählbarkeit erst nach Zulassung des Wahlvorschlags verloren, werden die Stimmen jedoch hinsichtlich der Sitzverteilung als gültig gewertet.

(2) [1]Bei der Verteilung der Sitze auf die Wahlvorschläge werden die Gesamtstimmenzahlen, die für die einzelnen Wahlvorschläge festgestellt worden sind, nacheinander so lange durch 1, 3, 5, 7, 9 und so weiter geteilt, bis so viele Teilungszahlen ermittelt sind, wie Sitze zu vergeben sind. [2]Jedem Wahlvorschlag wird dabei der Reihe nach so oft ein Sitz zugeteilt, wie er jeweils die höchste Teilungszahl aufweist. [3]Bei gleichem Anspruch mehrerer Wahlvorschläge auf einen Sitz fällt dieser dem Wahlvorschlag zu, dessen in Betracht kommende sich bewerbende Person die größere Stimmenzahl aufweist; sonst entscheidet das Los.

(3) Fallen einem Wahlvorschlag mehr Sitze zu, als er sich bewerbende Personen enthält, bleiben die übrigen Sitze unbesetzt.

Art. 36 Verteilung der Sitze an die sich bewerbenden Personen

[1]Die einem Wahlvorschlag zugefallenen Sitze werden den darin enthaltenen sich bewerbenden wählbaren Personen in der Reihenfolge ihrer Stimmenzahlen zugewiesen. [2]Haben mehrere sich bewerbende Personen die gleiche Stimmenzahl erhalten, entscheidet das Los.

Art. 37 Listennachfolge

(1) Die nicht gewählten sich bewerbenden Personen und die gewählten sich bewerbenden Personen, die nach Art. 31 Abs. 3 GO oder nach Art. 24 Abs. 3 LKrO das Amt nicht antreten können oder ausscheiden, sind in der Reihenfolge ihrer Stimmenzahlen Listennachfolger; bei Stimmengleichheit entscheidet das Los.

(2) [1]Über das Nachrücken eines Listennachfolgers ist in dem Zeitpunkt zu entscheiden, in dem der Listennachfolger zum Nachrücken berufen ist. [2]Kann er zu diesem Zeitpunkt das Amt nicht antreten oder müsste er ausscheiden, wird er auf der Liste der Listennachfolger gestrichen; das gilt nicht für Listennachfolger, die nach Art. 31 Abs. 3, Art. 34 Abs. 5 GO oder nach Art. 24 Abs. 3 LKrO das Amt nicht antreten können.

Abschnitt IV
Mehrheitswahl

Art. 38 Mehrheitswahl

(1) [1]Wird kein oder nur ein Wahlvorschlag zugelassen, ist nach den Grundsätzen der Mehrheitswahl ohne Bindung an vorgeschlagene sich bewerbende Personen zu wählen. [2]Die stimmberechtigte Person hat so viele Stimmen, wie ehrenamtliche Gemeinderatsmitglieder oder Kreisrätinnen und Kreisräte zu wählen sind.

(2) [1]Gewählt sind höchstens so viele Personen, wie Sitze zu vergeben sind. [2]Die Reihenfolge der Gewählten richtet sich nach deren Stimmenzahlen; bei Stimmengleichheit entscheidet das Los. [3]Für Listennachfolger gilt Art. 37 entsprechend.

Dritter Teil
Wahl der ersten Bürgermeisterinnen und Bürgermeister, der Landrätinnen und Landräte

Abschnitt I
Grundsätze

Art. 39 Wählbarkeit für das Amt der ersten Bürgermeisterin oder des ersten Bürgermeisters und der Landrätin oder des Landrats

(1) [1]Für das Amt der ersten Bürgermeisterin oder des ersten Bürgermeisters und für das Amt der Landrätin oder des Landrats ist jede Person wählbar, die am Wahltag

1. Deutsche im Sinn des Art. 116 Abs. 1 des Grundgesetzes ist,
2. das 18. Lebensjahr vollendet hat,
3. im Fall der Bewerbung um das Amt der ehrenamtlichen ersten Bürgermeisterin oder des ehrenamtlichen ersten Bürgermeisters seit mindestens drei Monaten im Wahlkreis eine Wohnung hat, die nicht ihre Haupt-

wohnung sein muss, oder ohne eine Wohnung zu haben sich im Wahlkreis gewöhnlich aufhält; Art. 1 Abs. 3 Satz 3 und Abs. 4 gilt entsprechend.

(2) Nicht wählbar ist, wer am Wahltag
1. nach Art. 2 vom Wahlrecht ausgeschlossen ist,
2. infolge deutschen Richterspruchs die Wählbarkeit oder die Fähigkeit zur Bekleidung öffentlicher Ämter nicht besitzt,
3. sich wegen einer vorsätzlichen Straftat in Strafhaft oder in Sicherungsverwahrung befindet,
4. von einem deutschen Gericht im Disziplinarverfahren zur Entfernung aus dem Dienst oder zur Aberkennung des Ruhegehalts rechtskräftig verurteilt worden ist,
5. **von einem deutschen Gericht rechtskräftig zu einer Freiheitsstrafe verurteilt worden ist, die den Verlust der Beamtenrechte zur Folge hatte,**
6. **von einem deutschen Gericht oder einem Gericht eines anderen Mitgliedstaats der Europäischen Union rechtskräftig zu einer Freiheitsstrafe verurteilt worden ist, die bei einer Beamtin oder einem Beamten den Verlust der Beamtenrechte zur Folge hätte, in den auf die Rechtskraft folgenden fünf Jahren,**
7. nachweisbar nicht die Gewähr dafür bietet, jederzeit für die freiheitliche demokratische Grundordnung im Sinn des Grundgesetzes und der Verfassung einzutreten, oder
8. nachweisbar dienstunfähig ist.

(3) Können Nachweise nach den Abs. 1 und 2 zu sich bewerbenden Personen, die im Wahlkreis keine Wohnung haben, durch die Gemeinden und Landkreise nicht im Rahmen der Amtshilfe erlangt werden, haben die Personen gegenüber der Wahlleiterin oder dem Wahlleiter glaubhaft zu machen, dass die Anforderungen gemäß Abs. 1 Nr. 1 und 2 und Abs. 2 Nr. 1 bis 6 erfüllt sind.

Art. 40 Wahlrechtsgrundsätze

(1) Die erste Bürgermeisterin oder der erste Bürgermeister und die Landrätin oder der Landrat werden in allgemeiner, gleicher, unmittelbarer, geheimer und freier Wahl von den Wahlberechtigten aus dem Kreis der vom Wahlausschuss zugelassenen sich bewerbenden Personen gewählt.

(2) Wird kein oder nur ein Wahlvorschlag zugelassen, wird die Wahl ohne Bindung an eine vorgeschlagene sich bewerbende Person durchgeführt.

(3) Jede stimmberechtigte Person hat nur eine Stimme.

Art. 41 Amtszeit der ehrenamtlichen ersten Bürgermeisterinnnen und Bürgermeister

(1) Die ehrenamtlichen ersten Bürgermeisterinnen und Bürgermeister werden zugleich mit dem Gemeinderat auf die Dauer von sechs Jahren gewählt.

(2) Endet das Beamtenverhältnis der bisherigen ersten Bürgermeisterin oder des bisherigen ersten Bürgermeisters während der Wahlzeit des Gemeinderats, findet eine Neuwahl vorbehaltlich Art. 43 Abs. 2 für den Rest der Wahlzeit des Gemeinderats statt.

Art. 42 Amtszeit der berufsmäßigen ersten Bürgermeisterinnen und Bürgermeister, der Landrätinnen und Landräte

(1) [1]Die berufsmäßigen ersten Bürgermeisterinnen und Bürgermeister sowie die Landrätinnen und Landräte werden auf die Dauer von sechs Jahren gewählt. [2]Sie werden zugleich mit dem Gemeinderat oder dem Kreistag gewählt, wenn der Beginn ihrer Amtszeit mit dem Beginn der Wahlzeit des Gemeinderats oder des Kreistags zusammenfällt.

(2) [1]Endet das Beamtenverhältnis der bisherigen ersten Bürgermeisterin oder des bisherigen ersten Bürgermeisters oder der bisherigen Landrätin oder des bisherigen Landrats während der Wahlzeit des Gemeinderats oder des Kreistags, findet eine Neuwahl vorbehaltlich Art. 43 Abs. 2 für den Rest der Wahlzeit des Gemeinderats oder des Kreistags statt, es sei denn, die Amtszeit würde weniger als vier Jahre betragen. [2]Dasselbe gilt, wenn das Ruhen der Rechte und Pflichten aus dem Beamtenverhältnis wegen der Wahl in eine gesetzgebende Körperschaft eintritt.

(3) [1]Ist eine berufsmäßige erste Bürgermeisterin oder ein berufsmäßiger erster Bürgermeister für eine über das Ende der Wahlzeit des Gemeinderats oder eine Landrätin oder ein Landrat für eine über das Ende der Wahlzeit des Kreistags hinaus reichende Amtszeit gewählt, kann der Gemeinderat auf Antrag der ersten Bürgermeisterin oder des ersten Bürgermeisters oder der Kreistag auf Antrag der Landrätin oder des Landrats bis zu dem der nächsten allgemeinen Gemeinde- und Landkreiswahl vorausgehenden 30. September beschließen, dass die Amtszeit vorzeitig mit dem Ablauf der Wahlzeit des Gemeinderats oder des Kreistags endet. [2]Der Beschluss ist amtlich bekannt zu machen.

Art. 43 Beginn und Verlängerung der Amtszeit, Beauftragte

(1) Die Amtszeit einer ersten Bürgermeisterin oder eines ersten Bürgermeisters oder einer Landrätin oder eines Landrats beginnt am Tag nach der

Feststellung des Wahlergebnisses, jedoch nicht vor Ablauf der Amtszeit der bisher das Amt innehabenden Person.

(2) Beginnt die Amtszeit innerhalb der letzten zwei Jahre der Wahlzeit des Gemeinderats oder des Kreistags, endet sie mit dem Ablauf der folgenden Wahlzeit des Gemeinderats oder des Kreistags.

(3) [1]Ist zu Beginn der Wahlzeit des Gemeinderats noch keine erste Bürgermeisterin oder kein erster Bürgermeister oder zu Beginn der Wahlzeit des Kreistags noch keine Landrätin oder kein Landrat im Amt, kann die Rechtsaufsichtsbehörde ein Gemeinderatsmitglied mit der Wahrnehmung der Geschäfte der ersten Bürgermeisterin oder des ersten Bürgermeisters oder eine Kreisrätin oder einen Kreisrat mit der Wahrnehmung der Geschäfte der Landrätin oder des Landrats beauftragen. [2]Die beauftragte Person hat sich auf laufende und auf unaufschiebbare Geschäfte zu beschränken.

Art. 44 Festsetzung eines abweichenden Wahltermins

(1) [1]Endet die Amtszeit einer ersten Bürgermeisterin oder eines ersten Bürgermeisters nicht mit der Wahlzeit des Gemeinderats oder die Amtszeit einer Landrätin oder eines Landrats nicht mit der Wahlzeit des Kreistags, setzt die Rechtsaufsichtsbehörde den Wahltermin fest. [2]Steht schon vorher fest, wann die Amtszeit endet, soll die Wahl innerhalb der letzten drei Monate, beim Zusammentreffen mehrerer Wahlen oder Abstimmungen im Sinn von Art. 10 innerhalb der letzten sechs Monate dieser Amtszeit stattfinden. [3]Im Übrigen soll die Wahl innerhalb von drei Monaten nach Beendigung der Amtszeit abgehalten werden. [4]Endet die Amtszeit infolge einer gerichtlichen oder behördlichen Entscheidung, beginnt die Frist ab Rechtskraft oder Bestandskraft der Entscheidung.

(2) [1]Verliert eine sich bewerbende Person die Wählbarkeit nach der Zulassung des Wahlvorschlags, findet die Wahl nicht statt. [2]Ob die Voraussetzungen vorliegen, entscheidet der Wahlausschuss. [3]Die Wahl ist nachzuholen. [4]Die Nachholungswahl soll innerhalb von drei Monaten nach dem Tag der ausgefallenen Wahl stattfinden. [5]Den Wahltermin setzt die Rechtsaufsichtsbehörde fest. [6]Die Wahl ist auf der Grundlage des bisherigen Wahlverfahrens durchzuführen. [7]Die Wählerverzeichnisse sind jedoch auf den neuesten Stand zu bringen. [8]Neue Wahlvorschläge können eingereicht werden.

(3) Wahlen, die zwischen dem einer allgemeinen Gemeinde- und Landkreiswahl vorausgehenden 1. Dezember und den allgemeinen Wahlen abzuhalten wären, finden zusammen mit diesen Wahlen statt.

Abschnitt II
Wahlvorschläge, Wahlergebnis

Art. 45 Wahlvorschläge

(1) [1]Für die Aufstellung, Einreichung, Zulassung, Bekanntmachung und Reihenfolge von Wahlvorschlägen für die ersten Bürgermeisterinnen und Bürgermeister sowie die Landrätinnen und Landräte gelten die Vorschriften des Zweiten Teils Abschnitt II entsprechend. [2]Bei der Anwendung des Art. 33 Abs. 2 Satz 1 Nr. 2 ist auch für die Wahl der ersten Bürgermeisterinnen und Bürgermeister auf die Zahl der bei der letzten Gemeinderatswahl und für die Wahl der Landrätinnen und Landräte auf die Zahl der bei der letzten Kreistagswahl abgegebenen Stimmen abzustellen.

(2) Ein neuer Wahlvorschlagsträger bedarf unbeschadet des Art. 27 Abs. 1 Satz 2 und Abs. 2 auch dann keiner Unterstützungsunterschriften, wenn er im Gemeinderat oder im Kreistag seit dessen letzter Wahl auf Grund eines eigenen Wahlvorschlags ununterbrochen bis zum 90. Tag vor dem Wahltag vertreten war.

(3) Wird eine sich bewerbende Person von mehreren Wahlvorschlagsträgern aufgestellt, ist sie in geheimer Abstimmung entweder in einer gemeinsamen Versammlung oder in getrennten Versammlungen zu wählen.

Art. 46 Wahlergebnis, Stichwahl, Wiederholungswahl

(1) [1]Gewählt ist, wer mehr als die Hälfte der abgegebenen gültigen Stimmen erhält. [2]Erhält niemand diese Mehrheit, findet am zweiten Sonntag nach dem Wahltag eine Stichwahl unter den zwei Personen statt, die bei der ersten Wahl die höchsten Stimmenzahlen erhalten haben. [3]Erhalten mehr als zwei Personen die höchste Stimmenzahl, ist die Wahl zu wiederholen. [4]Erhalten mehr als eine Person die zweithöchste Stimmenzahl, entscheidet das Los, wer von ihnen in die Stichwahl kommt.

(2) [1]Verliert eine an der Stichwahl teilnehmende Person vor der Stichwahl die Wählbarkeit, ist die Wahl zu wiederholen. [2]War bei der Wahl kein oder nur ein Wahlvorschlag zugelassen worden, können die nicht im Wahlvorschlag vorgeschlagenen Stichwahlteilnehmer vor der Stichwahl zurücktreten; auch in diesem Fall ist die Wahl zu wiederholen.

(3) [1]Stimmberechtigt für die Stichwahl ist, wer bereits für die erste Wahl stimmberechtigt war und in der Zwischenzeit das Stimmrecht nicht verloren hat. [2]Bei der Stichwahl ist gewählt, wer von den abgegebenen gültigen Stimmen die höchste Stimmenzahl erhält. [3]Bei gleicher Stimmenzahl entscheidet das Los.

(4) Ist die Mehrheit der abgegebenen Stimmen bei einer Wahl ungültig, ist die Wahl zu wiederholen.

(5) Für die Wiederholungswahl gelten Art. 44 Abs. 2 Sätze 4 bis 8 entsprechend.

Vierter Teil
Annahme der Wahl, Amtsverlust

Art. 47 Annahme der Wahl

(1) [1]Die Wahl gilt als angenommen, wenn die gewählte Person sie nicht binnen einer Woche nach Verkündung des vorläufigen Wahlergebnisses schriftlich oder zur Niederschrift bei der Gemeindeverwaltung, bei Landkreiswahlen beim Landratsamt, abgelehnt hat. [2]Wird das Wahlergebnis nachträglich mit der Folge berichtigt, dass eine andere Person gewählt ist, wird die Änderung entsprechend Art. 19 Abs. 3 Satz 1 verkündet; die gewählte Person kann die Wahl binnen einer Woche nach dieser Verkündung ablehnen.

(2) [1]Abweichend von Abs. 1 hat die Wahlleiterin oder der Wahlleiter die nicht auf Grund eines Wahlvorschlags gewählten Personen unverzüglich schriftlich von ihrer Wahl zu verständigen und aufzufordern, binnen zwei Wochen, bei einer Stichwahl nach Art. 46 Abs. 1 Satz 2 binnen einer Woche, nach der Verkündung des vorläufigen Wahlergebnisses für den Wahlkreis nach Art. 19 Abs. 3 Satz 1 zu erklären, ob sie die Wahl annehmen. [2]Die Wahl gilt als abgelehnt, wenn sie nicht innerhalb der Frist nach Satz 1 schriftlich oder zur Niederschrift bei der Gemeindeverwaltung, bei Landkreiswahlen beim Landratsamt, angenommen wurde.

(3) [1]Die Art. 19 GO und Art. 13 LKrO finden keine Anwendung. [2]Die Wahl kann nur vorbehaltlos angenommen werden. [3]Der Annahmeerklärung beigefügte Vorbehalte oder Bedingungen sind unwirksam.

(4) [1]Über eine Ablehnung der Wahl einer zu einem Ehrenamt gewählten Person entscheidet der Wahlausschuss. [2]Bei einer wirksamen Ablehnung einer in den Gemeinderat oder in den Kreistag gewählten Person verständigt die Wahlleiterin oder der Wahlleiter unverzüglich den Listennachfolger entsprechend Abs. 2. [3]Wird die Wahl zur ersten Bürgermeisterin oder zum ersten Bürgermeister oder die Wahl zur Landrätin oder zum Landrat abgelehnt, findet eine Neuwahl statt. [4]Für diese gilt Art. 44 entsprechend mit der Maßgabe, dass der Wahltermin innerhalb von drei Monaten nach Ablehnung der Wahl liegen soll.

Art. 48 Amtshindernisse, Amtsverlust, Nachrücken

(1) [1]Eine in den Gemeinderat oder in den Kreistag gewählte Person kann ihr Amt nicht antreten, ein ehrenamtliches Gemeinderatsmitglied, eine Kreisrätin oder oder ein Kreisrat verliert ihr oder sein Amt

1. bei Verlust der Wählbarkeit,
2. bei Verweigerung der Eidesleistung oder des Ablegens des Gelöbnisses,
3. in den Fällen des Art. 31 Abs. 3 GO oder des Art. 24 Abs. 3 LKrO; das gilt nicht bei der Wahl zur weiteren Bürgermeisterin oder zum weiteren Bürgermeister oder zur Stellvertretung der Landrätin oder des Landrats.

[2]Die gewählte Person kann die Übernahme des Amts ablehnen oder das Amt niederlegen; Art. 19 GO und Art. 13 LKrO finden keine Anwendung. [3]In den Fällen der Sätze 1 und 2 rückt ein Listennachfolger nach.

(2) [1]Eine zur ehrenamtlichen ersten Bürgermeisterin oder zum ehrenamtlichen ersten Bürgermeister gewählte Person kann in den Fällen des Art. 34 Abs. 5 GO ihr Amt nicht antreten. [2]In diesem Fall findet eine Neuwahl entsprechend Art. 44 statt.

(3) [1]Der Wahlausschuss stellt ein Amtshindernis oder die Ablehnung der Übernahme des Amts fest und entscheidet über das Nachrücken des Listennachfolgers. [2]Ist die Amtszeit des Wahlausschusses beendet, stellt der Gemeinderat oder der Kreistag ein Amtshindernis, einen Amtsverlust oder die Niederlegung des Amts fest und entscheidet über das Nachrücken des Listennachfolgers. [3]Für den Listennachfolger gilt Art. 47 Abs. 2 entsprechend.

Art. 49 Amtsverlust bei Partei- oder Vereinsverbot

(1) [1]Erklärt das Bundesverfassungsgericht gemäß Art. 21 des Grundgesetzes eine Partei für verfassungswidrig, verlieren die ehrenamtlichen Gemeinderatsmitglieder, Kreisrätinnen und Kreisräte, die auf Grund eines Wahlvorschlags dieser Partei gewählt worden sind oder die der für verfassungswidrig erklärten Partei zur Zeit der Verkündung der Entscheidung angehören, mit der Verkündung der Entscheidung ihr Amt, soweit nicht in der Entscheidung ausdrücklich etwas anderes bestimmt ist. [2]Entsprechendes gilt beim Verbot einer Wählergruppe nach Vereinsrecht; an die Stelle der Verkündung der Entscheidung tritt deren Bestandskraft.

(2) [1]Soweit ehrenamtliche Gemeinderatsmitglieder, Kreisrätinnen und Kreisräte nach Abs. 1 ihr Amt verloren haben, bleiben die freigewordenen Sitze unbesetzt. [2]Dies gilt nicht, wenn die Ausgeschiedenen auf Grund eines Wahlvorschlags einer nicht für verfassungswidrig erklärten Partei oder einer nicht verbotenen Wählergruppe gewählt waren; in diesem Fall rücken

die nächstfolgenden Listennachfolger dieses Wahlvorschlags nach, soweit nicht auch auf diese die Voraussetzungen des Abs. 1 zutreffen.

(3) [1]Im Fall des Abs. 2 Satz 1 verringert sich die gesetzliche Mitgliederzahl des Gemeinderats oder des Kreistags für den Rest der Wahlzeit entsprechend. [2]Eine Neuverteilung der verbleibenden Sitze findet nicht statt.

(4) Den Verlust des Amts stellt die Rechtsaufsichtsbehörde fest.

Fünfter Teil Überprüfung der Wahl

Art. 50 Wahlprüfung

(1) Die Rechtsaufsichtsbehörde prüft von Amts wegen die Vorbereitung und die Durchführung der Wahlen sowie das vom Wahlausschuss festgestellte Wahlergebnis.

(2) [1]Wurden Wahlvorschriften verletzt, hat die Rechtsaufsichtsbehörde das Wahlergebnis zu berichtigen, wenn

1. bei der Bürgermeisterwahl oder der Landratswahl eine andere Person das Amt erhalten hätte,
2. bei der Gemeinderatswahl oder der Kreistagswahl die Verteilung der Sitze auf die Wahlvorschläge anders wäre, andere Personen das Amt erhalten hätten, andere Personen Listennachfolger wären oder die Reihenfolge der Listennachfolger anders wäre; dies gilt auch im Fall des Art. 35 Abs. 1 Satz 2.

[2]Wären bei Einhaltung der Wahlvorschriften lediglich andere Stimmenzahlen festzustellen, kann sie das Wahlergebnis berichtigen. [3]Sie ist befugt, die Auswertung der Stimmzettel einschließlich der Entscheidungen der Wahlvorstände und der Briefwahlvorstände zu berichtigen.

(3) Wurden Wahlvorschriften verletzt und ist es möglich, dass es dadurch zu einer unrichtigen Sitzverteilung oder Ämterverteilung gekommen ist, die nicht berichtigt werden kann, hat die Rechtsaufsichtsbehörde die Wahl für ungültig zu erklären.

(4) [1]Bei Berichtigung und Ungültigerklärung bleibt die Verletzung von Wahlvorschriften außer Betracht, die dem Nachweis dienen, dass Vorschriften des materiellen Wahlrechts eingehalten werden, wenn der Nachweis auf andere Weise erbracht wird; die Rechtsaufsichtsbehörde ist berechtigt, hierüber Versicherungen an Eides statt zu verlangen und abzunehmen. [2]Ferner bleiben insoweit Verstöße der Wahlleiterinnen und Wahlleiter ge-

gen Art. 32 Abs. 1 außer Betracht. [3]Bei Berichtigung und Ungültigerklärung einer Nachwahl bleiben Verletzungen von Wahlvorschriften außer Betracht, die bereits die für ungültig erklärte Wahl betrafen.

(5) [1]Berichtigung und Ungültigerklärung sowie deren Änderung oder Aufhebung sind nur innerhalb einer Frist von vier Monaten nach Verkündung des abschließenden Wahlergebnisses zulässig. [2]Ist auf Grund tatsächlicher Anhaltspunkte anzunehmen, dass die Wahl zu berichtigen oder für ungültig zu erklären ist, bedarf es aber noch einer weiteren Aufklärung des Sachverhalts, kann die Rechtsaufsichtsbehörde die Frist verlängern.

(6) Eine bestandskräftige oder sofort vollziehbare Berichtigung oder Ungültigerklärung berührt nicht die Wirksamkeit vorher gefasster Beschlüsse und vorgenommener Amtshandlungen.

(7) [1]Ist die Wahlzeit und die Amtszeit des Gemeinderats und der ersten Bürgermeisterin oder des ersten Bürgermeisters oder des Kreistags und der Landrätin oder des Landrats beendet, führt eine von der Rechtsaufsichtsbehörde eingesetzte beauftragte Person die Geschäfte bis zum Amtsantritt der neu gewählten Amtsnachfolgerin oder des neugewählten Amtsnachfolgers oder einer Stellvertretung. [2]Die beauftragte Person hat sich auf laufende und auf unaufschiebbare Geschäfte zu beschränken.

Art. 51 Wahlanfechtung

[1]Jede im Wahlkreis wahlberechtigte Person und jede in einem zugelassenen Wahlvorschlag aufgeführte sich bewerbende Person kann innerhalb von 14 Tagen nach Verkündung des abschließenden Wahlergebnisses die Wahl durch schriftliche Erklärung wegen der Verletzung wahlrechtlicher Vorschriften bei der Rechtsaufsichtsbehörde anfechten. [2]Für die Entscheidung der Rechtsaufsichtsbehörde gilt Art. 50 entsprechend. [3]Berichtigt die Rechtsaufsichtsbehörde ein Wahlergebnis von Amts wegen oder erklärt sie eine angefochtene Wahl von Amts wegen für ungültig, ist die Entscheidung auch auf die Wahlanfechtung zu erstrecken.

Art. 51a Rechtsweg

Gegen die Entscheidung der Rechtsaufsichtsbehörde oder ihre Unterlassung kann der Verwaltungsrechtsweg beschritten werden von

1. einer Person, die geltend macht, hierdurch in ihren Rechten verletzt zu sein, oder
2. einer anderen Person, die die Wahl angefochten hat, wenn ihr mindestens fünf im Wahlkreis wahlberechtigte Personen beitreten.

Art. 52 Nachwahl, Neuwahl

(1) [1]Ist die Ungültigerklärung einer Wahl bestandskräftig geworden, setzt die Rechtsaufsichtsbehörde unverzüglich einen neuen Wahltermin fest. [2]Dieser ist möglichst innerhalb eines Jahres seit dem Tag der für ungültig erklärten Wahl zu legen und soll spätestens drei Monate nach Bestandskraft der Ungültigerklärung der Wahl liegen. [3]Wenn zwischen dem Tag der für ungültig erklärten Wahl und dem neuen Wahltermin nicht mehr als ein Jahr liegt, findet eine Nachwahl statt. [4]Kann die Wahl nicht innerhalb eines Jahres seit dem Tag der für ungültig erklärten Wahl durchgeführt werden, findet eine Neuwahl statt.

(2) [1]Bei der Nachwahl ist das Wahlverfahren insoweit zu wiederholen, als Wahlrechtsverstöße zur Ungültigerklärung geführt haben; Verstöße der Wahlleiterinnen und Wahlleiter gegen Art. 32 Abs. 1 bleiben insoweit außer Betracht. [2]Die Rechtsaufsichtsbehörde kann die Nachwahl auf die Abstimmung in allen oder in einzelnen Stimmbezirken oder auf die Briefwahl **oder einzelne Briefwahlvorstände** beschränken, wenn die zur Ungültigerklärung führenden Wahlrechtsverstöße sich nur dort ausgewirkt haben können.

(3) Wahlberechtigt bei der Nachwahl ist, wer das Wahlrecht am Tag der Nachwahl besitzt; die Wählerverzeichnisse sind auf den neuesten Stand zu bringen.

(4) [1]Wurde die Nachwahl auf die Abstimmung in Stimmbezirken beschränkt, ist wahlberechtigt, wer in diesen Stimmbezirken wahlberechtigt ist und bei der für ungültig erklärten Wahl keinen Wahlschein erhalten hat. [2]Abweichend von Satz 1 ist auch wahlberechtigt, wer bei der für ungültig erklärten Wahl die Stimme im Abstimmungsraum eines dieser Stimmbezirke mit Wahlschein abgegeben und das Wahlrecht in der Zwischenzeit nicht verloren hat.

(5) Wurde die Nachwahl auf die Briefwahl **oder einzelne Briefwahlvorstände** beschränkt, ist nur wahlberechtigt, wer bei der für ungültig erklärten Wahl einen Wahlschein erhalten und die Stimme nicht mit dem Wahlschein in einem Abstimmungsraum abgegeben hat.

(6) [1]Bei der Nachwahl ist wählbar, wer die Wählbarkeit am Tag der Nachwahl noch besitzt. [2]Sich bewerbende Personen können innerhalb einer Woche nach Bestandskraft der Ungültigerklärung von der Bewerbung zurücktreten. [3]Die Erklärung muss schriftlich oder zur Niederschrift bei der Gemeindeverwaltung, bei Landkreiswahlen beim Landratsamt, gegeben werden. [4]Ob die sich bewerbenden Personen die Wählbarkeit noch besit-

zen, entscheidet der Wahlausschuss bis 24 Uhr des zweiten Tags nach Ablauf der Frist nach Satz 2. [5]Stehen keine sich bewerbenden Personen mehr zur Verfügung, findet eine Neuwahl statt.

(7) [1]Eine Nachwahl wird von denjenigen Wahlorganen durchgeführt, die bereits bei der für ungültig erklärten Wahl im Amt waren, wenn das Wahlverfahren nicht insgesamt zu wiederholen ist; eine fehlerhafte Besetzung ist zu bereinigen. [2]Das Gesamtergebnis der Wahl ist neu festzustellen.

Sechster Teil
Kosten, Wahlstatistik, Vollzugsvorschriften

Art. 53 Freistellungs- und Erstattungsanspruch

(1) [1]Arbeitnehmerinnen und Arbeitnehmer, die zu einem Wahlehrenamt berufen werden, sind zur Arbeitsleistung nicht verpflichtet, soweit ihre Mitwirkung im Wahlverfahren erforderlich ist. [2]Ihre Abwesenheit haben sie unter Vorlage einer Bescheinigung der Gemeinde dem Arbeitgeber rechtzeitig mitzuteilen. [3]Dieser ist verpflichtet, ihnen für die in Satz 1 bestimmte Zeit das Arbeitsentgelt einschließlich aller Nebenleistungen und Zulagen fortzuzahlen, das sie ohne ihre Tätigkeit im Rahmen des Wahlehrenamts erzielt hätten. [4]Den Arbeitgebern sind auf Antrag die nach Satz 3 zu erbringenden Leistungen einschließlich der Beiträge zur Sozialversicherung und zur Bundesagentur für Arbeit von der Gemeinde zu erstatten. [5]Der Antrag ist innerhalb von drei Monaten nach dem Wahltag bei der Gemeinde zu stellen.

(2) Für Angehörige des öffentlichen Dienstes gilt Abs. 1 mit Ausnahme der Sätze 4 und 5.

(3) [1]Die Gemeinde kann Personen, die zu einem Wahlehrenamt berufen werden, auf Antrag eine pauschalierte Ersatzleistung für den Verdienstausfall oder sonstigen Nachteil gewähren, der ihnen während der in Abs. 1 Satz 1 bestimmten Zeit entstanden ist, wenn ihnen nicht ein Anspruch nach Abs. 1 oder 2 zusteht. [2]Im Übrigen gelten Art. 20 a Abs. 2 Nrn. 2 und 3 GO.

Art. 54 Kosten

(1) Die Kosten der Gemeindewahlen tragen die Gemeinden.

(2) [1]Die Kosten der Landkreiswahlen tragen die Landkreise. [2]Die Gemeinden tragen jedoch die Kosten für die Bereitstellung der Wahlräume und für die Beschaffung und die Herstellung der für die Wahl nötigen Gegenstände.

(3) Ist eine Landkreiswahl mit einer Gemeindewahl verbunden, gelten die Abs. 1 und 2 mit der Maßgabe, dass Aufwendungen, die nicht getrennt einer der beiden Wahlen zugeordnet werden können, Gemeinde und Landkreis je zur Hälfte tragen.

(4) Sind Gemeinden Mitglieder einer Verwaltungsgemeinschaft, trägt diese an Stelle der Gemeinden die Kosten.

(5) Soweit Kosten zu erstatten sind, können diese nach einem festen Betrag je stimmberechtigte Person abgegolten werden.

Art. 55 Feststellung der Einwohnerzahl, Fristen und Termine

(1) [1]Soweit nach diesem Gesetz die Einwohnerzahl in Betracht kommt, ist der letzte fortgeschriebene Stand der Bevölkerung, der vom Landesamt für Statistik früher als sechs Monate vor dem Wahltag veröffentlicht wurde, zugrunde zu legen. [2]Das gilt auch für die Zahl der zu wählenden Gemeinderatsmitglieder, Kreisrätinnen und Kreisräte; Art. 31 Abs. 2 Satz 4 GO und Art. 24 Abs. 2 Satz 2 LKrO bleiben unberührt.

(2) [1]Die in diesem Gesetz vorgesehenen Fristen und Termine ändern sich nicht dadurch, dass der letzte Tag der Frist oder ein Termin auf einen Samstag, Sonntag oder gesetzlichen oder staatlich geschützten Feiertag fällt. [2]Soweit in diesem Gesetz nichts anderes bestimmt ist, sind behördliche Änderungen von Fristen sowie eine Wiedereinsetzung in den vorigen Stand ausgeschlossen.

Art. 56 Wahlstatistik

(1) [1]Die Ergebnisse der Wahlen sind vom Landesamt für Statistik statistisch zu bearbeiten. [2]Die Gemeinden und die Landkreise übermitteln dem Landesamt die dafür erforderlichen Angaben.

(2) [1]Gemeinden mit einer räumlich, organisatorisch und personell von anderen Verwaltungsstellen getrennten mit der Durchführung statistischer Aufgaben betrauten Stelle können durch diese Stelle für geeignete Stimmbezirke auch nach Geschlecht und nach Altersgruppen gegliederte Statistiken der stimmberechtigten und der wählenden Personen unter Berücksichtigung der Stimmabgabe für die einzelnen Wahlvorschläge erstellen. [2]Die Trennung der Abstimmung nach Geschlecht und Altersgruppe ist nur zulässig, wenn die Stimmabgabe der einzelnen wählenden Personen dadurch nicht erkennbar wird. [3]Auswertungen für einzelne Stimmbezirke dürfen nicht veröffentlicht werden.

Art. 57 Ordnungswidrigkeiten

(1) Mit Geldbuße kann belegt werden, wer entgegen Art. 20 Abs. 1, auch in Verbindung mit Art. 28 Abs. 1 Satz 2, Abstimmende oder Unterzeichnende beeinflusst, behindert oder belästigt.

(2) Mit Geldbuße bis zu fünfzigtausend Euro kann belegt werden, wer entgegen Art. 20 Abs. 2 vor Ablauf der Abstimmungszeit Ergebnisse von Befragungen über den Inhalt der Stimmrechtsausübung, die nach der Stimmabgabe vorgenommen wurden, veröffentlicht.

Art. 58 Verordnungsermächtigung

[1]Das Staatsministerium des Innern, für Sport und Integration erlässt durch Rechtsverordnung die zum Vollzug dieses Gesetzes erforderlichen Vorschriften. [2]Es kann darin insbesondere Bestimmungen treffen über

1. den Begriff des Aufenthalts im Sinn des Art. 1 Abs. 1 Nr. 3 und Abs. 3,
2. die Bildung der Wahlorgane und der Beschwerdeausschüsse,
3. die Einteilung der Stimmbezirke,
4. die Anlegung der Wählerverzeichnisse und die Eintragung der Wahlberechtigten,
5. die Erteilung von Wahlscheinen und Briefwahlunterlagen,
6. die Einrichtung der Wahlräume,
7. die Gestaltung der Stimmzettel, wobei auch Regelungen zur barrierefreien Teilnahme an Wahlen für blinde, erblindete und stark sehbehinderte Personen und zur Einbeziehung von Blindenvereinigungen in Herstellung und Verteilung von Stimmzettelschablonen samt Kostenerstattung getroffen werden können,
8. die Aufstellung, die Einreichung, die Unterstützung, den Inhalt und die Form der Wahlvorschläge mit den dazugehörigen Unterlagen, ihre Prüfung, die Beseitigung von Mängeln sowie ihre Zulassung oder ihre Zurückweisung,
9. die Vorbereitung und die Durchführung der Wahlhandlung,
10. die Durchführung der Briefwahl und die Zulassung oder die Zurückweisung von Wahlbriefen,
11. die Wahl in Krankenhäusern und Pflegeeinrichtungen, in Klöstern, in Justizvollzugsanstalten,
12. die möglichen Arten der Stimmvergabe und deren Gültigkeit oder Ungültigkeit,
13. die Feststellung, Verkündung und Bekanntmachung der Wahlergebnisse,
14. die Annahme der Wahl und den Amtsverlust,

15. die Wahlprüfung und die Wahlanfechtung,
16. die Neuwahl und die Nachwahl,
17. die Kosten der Wahl,
18. die Gestaltung von Vordrucken,
19. die Wahlstatistik und
20. den Einsatz von Datenverarbeitungsanlagen bei der Vorbereitung und der Durchführung der Wahl mit Ausnahme der Stimmabgabe, bei der Ermittlung und Feststellung des Wahlergebnisses und bei der Erstellung von Statistiken.

Siebter Teil
Schlussbestimmungen

Art. 59 Schriftform

[1]Soweit in diesem Gesetz und in der hierzu erlassenen Wahlordnung nichts anderes bestimmt ist, müssen vorgeschriebene Erklärungen persönlich und handschriftlich unterzeichnet sein und bei dem zuständigen Wahlorgan oder der zuständigen Stelle der Wahlorganisation im Original vorliegen. [2]Durch die Wahlordnung kann von den Schriftformerfordernissen dieses Gesetzes abgewichen werden.

Art. 60 Übergangsregelung

Für Wahlen, die vor den allgemeinen Gemeinde- und Landkreiswahlen **2026** stattfinden, **sind Art. 25 Abs. 1 und 2, Art. 28 Abs. 1, Art. 31, Art. 32 Abs. 1 bis 4, Art. 33, Art. 34 und Art. 38 Abs. 1** in der bis zum Ablauf des **31. Dezember 2023** geltenden Fassung anzuwenden.

Art. 60a *(aufgehoben)*

Art. 60b *(aufgehoben)*

Art. 61 Inkrafttreten

Dieses Gesetz tritt am 1. September 1994 in Kraft*.

---

* Amtliche Fußnote: Diese Vorschrift betrifft das Inkrafttreten des Gesetzes in der ursprünglichen Fassung vom 10. August 1994 (GVBl. S. 747). Der Zeitpunkt des Inkrafttretens der späteren Änderungen ergibt sich aus den jeweiligen Änderungsgesetzen.

Wahlordnung für die Gemeinde- und die Landkreiswahlen (Gemeinde- und Landkreiswahlordnung – GLKrWO)

vom 7. November 2006 (GVBl. S. 852), die zuletzt durch Verordnung vom **16. Juni 2025 (GVBl. S. 228)** geändert worden ist

> Anmerkung:
> Die materiell-rechtlichen Änderungen gegenüber der Rechtslage der Gemeinde- und Landkreiswahl 2020 sind nachfolgend durch Fettdruck kenntlich gemacht. Geschlechtsneutrale Formulierungen und Streichungen von Textpassagen sind nicht gesondert gekennzeichnet.

Inhaltsübersicht (nicht amtlich)

GLKrWO

GLKrWO

Erster Teil
Wahlrecht

§ 1 Schwerpunkt der Lebensbeziehungen

[1]Der Schwerpunkt der Lebensbeziehungen Verheirateter, die nicht dauernd getrennt von ihrer Familie leben, ist regelmäßig die vorwiegend benutzte Wohnung der Familie; das gilt ebenso für eingetragene Lebenspartnerschaften und für Unverheiratete, die bei ihrer Familie wohnen. [2]Im Übrigen ist der Schwerpunkt der Lebensbeziehungen regelmäßig am Ort der Wohnung, von der aus eine Person ihrer Erwerbstätigkeit oder ihrer Ausbildung nachgeht.

Zweiter Teil
Wahlorgane, Beschwerdeausschuss

§ 2 Wahlehrenamt

Die Übernahme eines Wahlehrenamts können ablehnen
1. Mitglieder der Bundesregierung oder einer Landesregierung,
2. Mitglieder des Europäischen Parlaments, des Deutschen Bundestags oder eines Landtags,
3. Wahlberechtigte, die glaubhaft versichern, dass ihnen die Fürsorge für ihre Familie die Ausübung des Amts in besonderer Weise erschwert,
4. Wahlberechtigte, die glaubhaft machen, dass sie aus dringenden beruflichen Gründen oder durch Krankheit oder eine Behinderung oder aus einem sonstigen wichtigen Grund gehindert sind, das Amt ordnungsgemäß auszuüben.

§ 3 Bildung der Wahlvorstände und der Briefwahlvorstände

(1) [1]Die Gemeinde bildet auch bei Landkreiswahlen für jeden Stimmbezirk einen Wahlvorstand. [2]Bei mehreren Stimmbezirken bildet sie mindestens einen Briefwahlvorstand.

(2) [1]Die Gemeinde beruft die Mitglieder der Wahlvorstände und der Briefwahlvorstände möglichst aus dem Kreis der Wahlberechtigten des betreffenden Stimmbezirks; dabei sollen die Vorschläge der Parteien und der Wählergruppen berücksichtigt werden. [2]Satz 1 gilt nicht, soweit Gemeindebedienstete berufen werden; diese müssen nicht im Wahlkreis wahlberechtigt sein.

(3) Die Gemeinde hat die Mitglieder der Wahlvorstände und der Briefwahlvorstände rechtzeitig vor dem Wahltag so über ihre Aufgaben zu unterrichten, dass ein ordnungsgemäßer Ablauf der Abstimmung, der Zulassung oder der Zurückweisung der Wahlbriefe sowie der Ermittlung und der Feststellung des Stimmergebnisses gesichert ist.

§ 4 Beweglicher Wahlvorstand

[1]Für die Stimmabgabe in kleineren Krankenhäusern, kleineren Alten- oder Pflegeheimen und in Klöstern soll die Gemeinde bei entsprechendem Bedürfnis und soweit möglich bewegliche Wahlvorstände bilden. [2]Der bewegliche Wahlvorstand besteht aus der Wahlvorsteherin oder dem Wahlvorsteher des zuständigen Stimmbezirks oder ihrer Stellvertretung und zwei Beisitzern des Wahlvorstands. [3]Die Gemeinde kann auch den beweglichen Wahlvorstand eines anderen Stimmbezirks des Wahlkreises mit der Entgegennahme der Stimmzettel beauftragen.

§ 5 Einberufung des Wahlausschusses, der Wahlvorstände und der Briefwahlvorstände

(1) [1]Die Wahlleiterin oder der Wahlleiter bestimmt Ort und Zeit der Sitzungen des Wahlausschusses. [2]Sie oder er lädt die Beisitzer unter Angabe der Tagesordnung zu den Sitzungen und weist dabei darauf hin, dass der Ausschuss ohne Rücksicht auf die Zahl der erschienenen Beisitzer beschlussfähig ist. [3]Ort und Zeit der Sitzungen des Wahlausschusses sind bekannt zu machen.

(2) Die Gemeinde teilt den Mitgliedern der Wahlvorstände und der Briefwahlvorstände ihre Berufung rechtzeitig mit, beruft sie unter Angabe von Ort und Zeit ein und fordert sie zum rechtzeitigen Erscheinen am Wahltag auf.

(3) Werden Arbeitnehmerinnen oder Arbeitnehmer für die Ausübung eines Wahlehrenamtes während ihrer Arbeitszeit benötigt, übermittelt ihnen die Gemeinde die nach Art. 53 Abs. 1 des Gemeinde- und Landkreiswahlgesetzes (GLKrWG) für die Freistellung von der Arbeitsleistung notwendige Bescheinigung; diese soll einen Hinweis auf den Erstattungsanspruch der privaten Arbeitgeber und die Frist für die Antragstellung enthalten.

§ 6 Tätigkeit der Wahlvorstände und der Briefwahlvorstände

(1) [1]Die Wahlvorstände treten rechtzeitig vor Beginn der Abstimmung im Abstimmungsraum zusammen. [2]Die Briefwahlvorstände treten in den von der Gemeinde zugewiesenen und geeignet ausgestatteten Räumen zusammen. [3]Die Wahlvorsteherinnen und Wahlvorsteher, die Briefwahlvorsteherinnen und Briefwahlvorsteher leiten die Tätigkeit der Wahlvorstände und der Briefwahlvorstände und sorgen für die ordnungsgemäße Durchführung der Wahl.

(2) [1]Während der Abstimmung und bei der Zulassung oder der Zurückweisung der Wahlbriefe müssen mindestens drei Mitglieder, darunter die Wahlvorsteherin oder der Wahlvorsteher, die Briefwahlvorsteherin oder der Briefwahlvorsteher und die Schriftführerin oder der Schriftführer oder jeweils deren Stellvertretung, anwesend sein. [2]Bei der Ermittlung und der Feststellung des Ergebnisses sollen alle Mitglieder des Wahlvorstands oder des Briefwahlvorstands anwesend sein. [3]Fehlende Mitglieder sind namens der Gemeinde von der Wahlvorsteherin oder dem Wahlvorsteher, von der Briefwahlvorsteherin oder dem Briefwahlvorsteher durch Wahlberechtigte der Gemeinde zu ersetzen.

§ 7 Unparteilichkeit und Verschwiegenheit

(1) Die Gemeinde weist die Wahlvorsteherinnen und Wahlvorsteher, die Briefwahlvorsteherinnen und Briefwahlvorsteher sowie ihre Stellvertretung vor Beginn der Wahlhandlung auf ihre Verpflichtung zur unparteiischen Wahrnehmung ihrer Aufgaben und zur Verschwiegenheit über die ihnen bei ihrer Tätigkeit bekannt gewordenen Angelegenheiten hin.

(2) Die Wahlleiterin oder der Wahlleiter, die Wahlvorsteherin oder der Wahlvorsteher und die Briefwahlvorsteherin oder der Briefwahlvorsteher weisen die Beisitzer und die Schriftführerinnen und Schriftführer auf ihre Verpflichtung zur unparteiischen Wahrnehmung ihrer Aufgaben und zur Verschwiegenheit über die ihnen bei ihrer Tätigkeit bekannt gewordenen Angelegenheiten hin.

(3) Die Mitglieder der Wahlorgane dürfen während ihrer Tätigkeit kein auf eine politische Überzeugung hinweisendes Zeichen sichtbar tragen.

§ 8 Hilfskräfte

[1]Zu den Arbeiten des Wahlausschusses, der Wahlvorstände und der Briefwahlvorstände können Hilfskräfte beigezogen werden. [2]Diese sind nicht Mitglieder.

§ 9 Beschlüsse des Wahlausschusses und der Wahlvorstände

(1) Der Wahlausschuss ist ohne Rücksicht auf die Zahl der erschienenen Beisitzer beschlussfähig.

(2) Der Wahlvorstand (Briefwahlvorstand) ist beschlussfähig, wenn die Wahlvorsteherin oder der Wahlvorsteher (Briefwahlvorsteherin oder Briefwahlvorsteher) und die Schriftführerin oder der Schriftführer oder ihre Stellvertretung sowie mindestens ein Beisitzer anwesend sind.

(3) Entscheidungen werden durch Beschluss getroffen, sofern nicht die Wahlleiterin oder der Wahlleiter, die Wahlvorsteherinnen und Wahlvorsteher oder die Briefwahlvorsteherinnen und Briefwahlvorsteher allein zuständig sind.

§ 10 Niederschriften

(1) [1]Über die Verhandlungen der Wahlorgane fertigen die Schriftführerinnen und Schriftführer eine gesonderte Niederschrift für jede Wahl. [2]Übernimmt der Wahlvorstand die Geschäfte des Briefwahlvorstands, fertigt er nur eine Niederschrift für die Urnen- und die Briefwahl.

(2) Die Beschlüsse sind mit Ausnahme der Beschlüsse über die Gültigkeit der Stimmzettel, der Wahlbriefe und der Wahlscheine in die Niederschrift aufzunehmen; soweit sie nicht einstimmig gefasst werden, ist das Stimmenverhältnis anzugeben.

(3) [1]Niederschriften des Wahlausschusses sind von der Schriftführerin oder dem Schriftführer und von der Wahlleiterin oder dem Wahlleiter, die Niederschriften der Wahlvorstände und der Briefwahlvorstände von allen anwesenden Mitgliedern zu unterzeichnen; bei Einsatz einer Datenverarbeitungsanlage können sie in elektronischer Form erstellt und ausgedruckt werden. [2]Verweigern Mitglieder die Unterschrift, ist das unter Angabe des Grundes zu vermerken.

§ 11 Beschwerdeausschuss

(1) [1]Die Regierung bildet den Beschwerdeausschuss für Gemeinde- und für Landkreiswahlen. [2]Sie stellt aus dem Kreis ihrer Bediensteten eine Person für die Schriftführung und bei Bedarf Hilfskräfte zur Verfügung.

(2) [1]Der Beschwerdeausschuss ist beschlussfähig, wenn alle Mitglieder anwesend sind. [2]Er entscheidet mit der Mehrheit der Stimmen.

(3) [1]Ort und Zeit der Sitzung sind bekannt zu machen. [2]Hierfür genügt ein Aushang im Eingangsbereich des Sitzungsgebäudes mit dem Hinweis, dass jedermann Zutritt zu der Sitzung hat. [3]Ort und Zeit der Sitzung sind auch im betroffenen Wahlkreis bekannt zu geben.

(4) [1]Der Beschwerdeausschuss verhandelt, berät und entscheidet in öffentlicher Sitzung, soweit nicht Rücksichten auf das Wohl der Allgemeinheit oder auf berechtigte Ansprüche Einzelner entgegenstehen. [2]Über den Ausschluss der Öffentlichkeit wird in nichtöffentlicher Sitzung beraten und entschieden. [3]Die in nichtöffentlicher Sitzung gefassten Beschlüsse sind der Öffentlichkeit bekannt zu geben, sobald die Gründe für die Geheimhaltung weggefallen sind.

(5) [1]Das vorsitzende Mitglied gibt die Entscheidung des Beschwerdeausschusses in der Sitzung im Anschluss an die Beschlussfassung unter kurzer Angabe der Gründe bekannt. [2]Das vorsitzende Mitglied ist befugt, Personen, die Ruhe und Ordnung stören, aus dem Sitzungsraum zu verweisen.

(6) [1]Über die Verhandlungen des Beschwerdeausschusses führt die Schriftführerin oder der Schriftführer eine Niederschrift. [2]Soweit Beschlüsse nicht einstimmig gefasst werden, ist das Stimmenverhältnis anzugeben. [3]Die Niederschrift ist vom vorsitzenden Mitglied und von der Schriftführerin oder dem Schriftführer zu unterzeichnen. [4]Die Wahlleiterin oder der Wahlleiter und die beauftragte Person des betroffenen Wahlvorschlags erhalten einen Auszug aus der Sitzungsniederschrift mit der Entscheidung und den Gründen.

(7) [1]Die Wahlleiterin oder der Wahlleiter teilt dem vorsitzenden Mitglied des Beschwerdeausschusses den Wahltag unverzüglich mit, wenn dieser nicht am Tag der allgemeinen Gemeinde- und Landkreiswahlen liegt. [2]Das vorsitzende Mitglied unterrichtet die Mitglieder des Beschwerdeausschusses vorsorglich vom Termin einer möglicherweise notwendigen Sitzung.

(8) Die Mitglieder des Beschwerdeausschusses erhalten eine Entschädigung in entsprechender Anwendung des Justizvergütungs- und -entschädigungsgesetzes vom 5. Mai 2004 (BGBl I S. 718, 776) in der jeweils geltenden Fassung.

Dritter Teil
Vorbereitung der Wahl

Abschnitt I
Stimmbezirke, Wählerverzeichnisse

§ 12 Einsatz von Datenverarbeitungsanlagen

Der Einsatz von Datenverarbeitungsanlagen ist zulässig bei
1. der Vorbereitung der Wahl,
2. der Durchführung der Wahl mit Ausnahme der Stimmabgabe sowie
3. bei der Ermittlung und Feststellung des Wahlergebnisses und bei der Erstellung von Statistiken.

§ 13 Bildung der allgemeinen Stimmbezirke, Sonderstimmbezirke

(1) Die allgemeinen Stimmbezirke sollen nach den örtlichen Verhältnissen so abgegrenzt werden, dass die Teilnahme an der Abstimmung möglichst erleichtert wird.

(2) [1]Für Krankenhäuser, Altenheime, Altenwohnheime, Pflegeheime, Erholungsheime und gleichartige Einrichtungen mit einer größeren Anzahl von Personen, die zur Ausübung ihres Stimmrechts keinen Abstimmungsraum außerhalb der Einrichtung aufsuchen können, soll die Gemeinde bei entsprechendem Bedürfnis Sonderstimmbezirke zur Stimmabgabe für Wahlscheininhaber bilden. [2]Mehrere Einrichtungen können zu einem Sonderstimmbezirk zusammengefasst werden.

(3) Für die Durchführung der Landkreiswahlen melden die Gemeinden dem Landratsamt die Anzahl und die Bezeichnung der Stimmbezirke und der Briefwahlvorstände.

§ 14 Inhalt und Form der Wählerverzeichnisse

(1) [1]Die Gemeinde sorgt dafür, dass die Unterlagen für die Wählerverzeichnisse jederzeit so vollständig vorhanden sind, dass sie rechtzeitig angelegt werden können. [2]Die Gemeinden haben sich gegenseitig alles, was für die Anlegung der Wählerverzeichnisse von Bedeutung ist oder zur Aufdeckung von Unregelmäßigkeiten in den Wählerverzeichnissen führen kann, mitzuteilen.

(2) Bei verbundenen Gemeinde- und Landkreiswahlen sind gemeinsame Wählerverzeichnisse anzulegen.

(3) [1]In die Wählerverzeichnisse sind die Wahlberechtigten nach Familienname, Vorname, Tag der Geburt und Wohnung einzutragen. [2]Die Wählerver-

zeichnisse werden unter fortlaufenden Nummern in der Buchstabenfolge der Familiennamen, bei gleichen Familiennamen der Vornamen angelegt. [3]Sie können auch nach Gemeindeteilen, Straßen und Hausnummern gegliedert werden. [4]Sie enthalten je eine Spalte für Vermerke über die Stimmabgabe **für jede Wahl** und **eine Spalte** für Bemerkungen. [5]Ein unterschiedliches Stimmrecht ist zu kennzeichnen.

§ 15 Eintragung in das Wählerverzeichnis

(1) In das Wählerverzeichnis sind von Amts wegen alle Wahlberechtigten einzutragen, die am **42.** Tag vor dem Wahltag (Stichtag) in der Gemeinde den Schwerpunkt ihrer Lebensbeziehungen haben.

(2) [1]Bei Gemeinde- und bei Landkreiswahlen bleibt eine im Wählerverzeichnis eingetragene wahlberechtigte Person, die den Schwerpunkt ihrer Lebensbeziehungen innerhalb derselben Gemeinde in einen anderen Stimmbezirk verlegt, im Wählerverzeichnis des Stimmbezirks eingetragen, in dem sie am Stichtag den Schwerpunkt ihrer Lebensbeziehungen hatte. [2]Sie ist bei der Anmeldung über diese Regelung zu unterrichten.

(3) [1]Bei Landkreiswahlen wird eine im Wählerverzeichnis eingetragene wahlberechtigte Person, die den Schwerpunkt ihrer Lebensbeziehungen vor Beginn der Einsichtsfrist für das Wählerverzeichnis in eine andere Gemeinde desselben Landkreises verlegt, bei der Zuzugsgemeinde nur auf Antrag eingetragen. [2]Sie ist bei der Anmeldung über diese Regelung zu unterrichten. [3]Wird die wahlberechtigte Person auf ihren Antrag eingetragen, benachrichtigt die Zuzugsgemeinde hiervon unverzüglich die Wegzugsgemeinde, die die wahlberechtigte Person in ihrem Wählerverzeichnis streicht. [4]Wenn bei der Wegzugsgemeinde eine Mitteilung über den Ausschluss vom Wahlrecht vorliegt oder nachträglich eingeht, benachrichtigt sie hiervon unverzüglich die Zuzugsgemeinde, die die bisher wahlberechtigte Person in ihrem Wählerverzeichnis streicht.

(4) Eine Person, die in der Gemeinde nicht gemeldet ist, wird nur auf Antrag oder fristgerecht erhobene Beschwerde in das Wählerverzeichnis eingetragen. Es ist nachzuweisen, dass am Wahltag seit mindestens zwei Monaten ununterbrochen der Schwerpunkt der Lebensbeziehungen in der Gemeinde, bei Landkreiswahlen im Landkreis, besteht.

(5) [1]Wahlberechtigte, die sich in einer Justizvollzugsanstalt oder entsprechenden Einrichtung befinden und nicht von Amts wegen in ein Wählerverzeichnis einzutragen sind, werden auf Antrag in das Wählerverzeichnis derjenigen Gemeinde eingetragen, in deren Zuständigkeitsbereich sich die

Justizvollzugsanstalt oder die entsprechende Einrichtung befindet. [2]Die Gemeinde hat spätestens am Stichtag die Leitung der Justizvollzugsanstalt oder der entsprechenden Einrichtung auf diese Regelung und auf die Notwendigkeit der Unterrichtung der betroffenen Personen hinzuweisen.

(6) [1]Ein Antrag auf Eintragung in das Wählerverzeichnis kann bis zum 21. Tag vor dem Wahltag gestellt werden. [2]Über den Antrag ist spätestens bis zum Ende der Einsichtsfrist zu entscheiden. [3]Wenn die Voraussetzungen für die Eintragung in das Wählerverzeichnis nachträglich entfallen, ist der Antrag zurückzuziehen; § 20 bleibt unberührt.

(7) [1]Die Eintragung in das Wählerverzeichnis ist schriftlich oder zur Niederschrift unter Angabe des Familiennamens, des Vornamens, des Tags der Geburt und der Anschrift bei der Gemeinde zu beantragen. [2]Die Schriftform gilt durch Telefax, E-Mail oder durch sonstige dokumentierbare Übermittlung in elektronischer Form als gewahrt. **[3]Sammelanträge sind zulässig. [4]Sie müssen von allen aufgeführten Wahlberechtigten persönlich unterzeichnet sein. [5]Satz 2 findet auf Sammelanträge keine Anwendung.**

(8) [1]Kann eine wahlberechtigte Person infolge einer Behinderung den Antrag nicht persönlich unterzeichnen, darf sie sich der Unterstützung einer Person ihres Vertrauens bedienen. [2]Diese hat unter Angabe ihrer Personalien glaubhaft zu machen, dass die Antragstellung dem Willen der wahlberechtigten Person entspricht.

§ 16 Benachrichtigung der Wahlberechtigten

(1) [1]Spätestens am Tag vor Beginn der Einsichtsfrist benachrichtigt die Gemeinde jede wahlberechtigte Person, die in einem Wählerverzeichnis eingetragen ist. [2]Wahlberechtigte, die ab Beginn der Einsichtsfrist in das Wählerverzeichnis eingetragen werden, werden unverzüglich nach der Eintragung benachrichtigt.

(2) Die **äußerlich als amtliche Wahlunterlage erkennbare** Wahlbenachrichtigung soll enthalten

1. den Familiennamen, den Vornamen und die Anschrift der wahlberechtigten Person,
2. Angaben darüber, für welche Wahlen das Stimmrecht besteht,
3. die Angabe des Wahltags und der Abstimmungszeit,
4. die Angabe des Abstimmungsraums und den Hinweis, ob der Raum barrierefrei zu erreichen ist,
5. die Nummer, unter der die wahlberechtigte Person im Wählerverzeichnis eingetragen ist,

6. die Aufforderung, dass die Wahlbenachrichtigung und der Personalausweis, von ausländischen Unionsbürgern ein Identitätsausweis, oder der Reisepass zur Abstimmung mitzubringen sind,
7. **die Belehrung, dass nach Art. 3 Abs. 4 GLKrWG jede stimmberechtigte Person ihr Stimmrecht nur einmal und nur persönlich ausüben kann und eine Ausübung des Stimmrechts durch eine Vertretung anstelle der stimmberechtigten Person unzulässig ist,**
8. den Hinweis, dass die Wahlbenachrichtigung einen Wahlschein nicht ersetzt und daher nicht zur Abstimmung in einem anderen als dem angegebenen Abstimmungsraum berechtigt,
9. einen Hinweis, wo Wahlberechtigte Informationen über barrierefreie Abstimmungsräume und gegebenenfalls Hilfsmittel erhalten können,
10. eine Belehrung über die Möglichkeit, die Erteilung eines Wahlscheins und die Übersendung der für die Briefwahl beizufügenden Unterlagen zu beantragen. Sie muss mindestens Hinweise darüber enthalten,
    a) dass der Wahlscheinantrag nur auszufüllen ist, wenn die wahlberechtigte Person in einem anderen Abstimmungsraum ihres Wahlkreises oder durch Briefwahl wählen will,
    b) unter welchen Voraussetzungen ein Wahlschein erteilt wird,
    c) dass der Wahlschein von einer anderen als der wahlberechtigten Person nur beantragt werden kann, wenn eine schriftliche Vollmacht vorgelegt wird.

(3) Der Wahlbenachrichtigung ist ein Vordruck für einen Antrag auf Erteilung eines Wahlscheins mit Briefwahlunterlagen beizufügen.

(4) Wahlberechtigte, die nach § 15 Abs. 4 und 5 in das Wählerverzeichnis eingetragen werden und bereits einen Wahlschein mit Briefwahlunterlagen beantragt haben, erhalten keine Wahlbenachrichtigung.

(5) [1]Stellt die Gemeinde fest, dass die fristgemäße Benachrichtigung nach Abs. 1 infolge von Naturkatastrophen oder ähnlichen Ereignissen höherer Gewalt gestört ist, bestimmt sie, dass die Benachrichtigung in dem betroffenen Gebiet später erfolgen kann. [2]Wenn zu besorgen ist, dass die Benachrichtigung nach Abs. 1 nicht bis zum sechsten Tag vor der Wahl erfolgen kann, bestimmt sie, dass die wahlberechtigten Personen in anderer geeigneter Weise über die Angaben nach Abs. 2 Nr. 3, 4, 6 bis 9 zu benachrichtigen sind. [3]Die Gemeinde kann hierzu im Einzelfall ergänzende Regelungen zur Anpassung an die besonderen Verhältnisse treffen. [4]Sie macht die Gründe für die Störung, das betroffene Gebiet, die von ihr für den Einzelfall getroffenen Regelungen und die Art der Benachrichtigung in geeigneter Weise bekannt.

§ 17 Bekanntmachung über die Einsicht in die Wählerverzeichnisse und die Erteilung von Wahlscheinen

Die Gemeinde macht spätestens am 24. Tag vor dem Wahltag bekannt,

1. von wem, zu welchen Zwecken und unter welchen Voraussetzungen, wo, wie lange und zu welchen Tagesstunden das Wählerverzeichnis eingesehen werden kann und ob der Ort der Einsichtnahme barrierefrei ist,
2. dass bei der Gemeinde innerhalb der Einsichtsfrist schriftlich oder zur Niederschrift Beschwerde wegen der Richtigkeit oder der Vollständigkeit des Wählerverzeichnisses eingelegt werden kann,
3. dass Wahlberechtigten, die in das Wählerverzeichnis eingetragen sind, spätestens am 21. Tag vor dem Wahltag eine Wahlbenachrichtigung zugeht,
4. wo, in welcher Zeit und unter welchen Voraussetzungen Wahlscheine beantragt werden können,
5. wie durch Briefwahl abgestimmt wird.

§ 18 Einsicht in die Wählerverzeichnisse

(1) [1]Die Gemeinde hält die Wählerverzeichnisse während der allgemeinen Dienststunden mindestens in der Gemeindeverwaltung zur Einsicht bereit. [2]Wird das Wählerverzeichnis in elektronischer Form geführt, genügt es, wenn die Einsicht durch ein Datensichtgerät ermöglicht wird. [3]Es ist sicherzustellen, dass Bemerkungen im Klartext gelesen werden können. [4]Das Datensichtgerät darf nur von Gemeindebediensteten bedient werden.

(2) [1]Innerhalb der Einsichtsfrist dürfen Wahlberechtigte im Zusammenhang mit der Prüfung des Stimmrechts einzelner bestimmter Personen Auszüge aus dem Wählerverzeichnis fertigen. [2]Unter den Voraussetzungen des Satzes 1 kann die Gemeinde gegen Erstattung der Auslagen Auszüge aus den Wählerverzeichnissen erstellen. [3]Die Auszüge dürfen nur zur Prüfung des Stimmrechts verwendet und unbeteiligten Dritten nicht zugänglich gemacht werden; hierauf hat die Gemeinde hinzuweisen. [4]Eine Herausgabe von maschinell lesbaren Datenträgern oder mittels Datenübertragung ist nicht zulässig.

§ 19 Beschwerden gegen die Wählerverzeichnisse

(1) [1]Soweit die in der Beschwerde behaupteten Tatsachen nicht offenkundig sind, hat die sich beschwerende Person nötigenfalls die erforderlichen Beweismittel beizubringen. **[2]Eine wahlberechtigte Person mit Behinderung kann sich hierbei der Hilfe einer anderen Person bedienen. [3]§ 62 gilt entsprechend.**

GLKrWO

(2) Will die Gemeinde einer Beschwerde gegen die Eintragung einer anderen Person stattgeben, hat sie dieser vor der Entscheidung Gelegenheit zur Äußerung zu geben.

(3) [1]Die Gemeinde hat ihre Entscheidung, mit der sie der Beschwerde stattgibt, der sich beschwerenden Person und der betroffenen Person spätestens am zehnten Tag vor dem Wahltag zuzustellen und auf den zulässigen Rechtsbehelf hinzuweisen. [2]Einer auf Eintragung gerichteten Beschwerde gibt die Gemeinde in der Weise statt, dass sie der wahlberechtigten Person nach Berichtigung des Wählerverzeichnisses die Wahlbenachrichtigung zugehen lässt.

(4) [1]Gegen eine der Beschwerde stattgebende Entscheidung steht der betroffenen Person die Beschwerde zur Rechtsaufsichtsbehörde zu. [2]Die Beschwerde ist binnen zwei Tagen nach der Zustellung der Entscheidung schriftlich oder zur Niederschrift bei der Gemeinde einzulegen; Abs. 1 gilt entsprechend. [3]Die Gemeinde legt die Beschwerde mit den Vorgängen unverzüglich der Rechtsaufsichtsbehörde vor.

(5) [1]Abs. 2 gilt entsprechend für die Entscheidung der Rechtsaufsichtsbehörde. [2]Die Rechtsaufsichtsbehörde hat ihre Beschwerdeentscheidung den Beteiligten zuzustellen und auf den zulässigen Rechtsbehelf hinzuweisen. [3]Die Entscheidung ist außerdem der Gemeinde bekannt zu geben.

GLKrWO

§ 20 Berichtigung der Wählerverzeichnisse

(1) [1]Die Wählerverzeichnisse können von Amts wegen bis zu deren Abschluss, bei offensichtlicher Unrichtigkeit oder Unvollständigkeit auch noch nach deren Abschluss, berichtigt werden. [2]Als Berichtigung gilt nicht der Eintrag eines Vermerks über die Ausstellung eines Wahlscheins. [3]Wird eine Eintragung gestrichen, ist die betroffene Person hierüber, soweit möglich, zu benachrichtigen.

(2) [1]Alle nach Abschluss der Wählerverzeichnisse vorgenommenen Berichtigungen sind in der Spalte „Bemerkungen" zu erläutern und mit Datum und Unterschrift der Bediensteten, die die Berichtigungen vorgenommen haben, zu versehen. [2]Im automatisierten Verfahren genügt an Stelle der Unterschrift ein Hinweis auf die verantwortlichen Bediensteten.

§ 21 Abschluss der Wählerverzeichnisse

(1) [1]Die Gemeinde schließt die Wählerverzeichnisse spätestens am Tag vor dem Wahltag, jedoch nicht früher als am dritten Tag vor dem Wahltag ab. [2]Sie stellt dabei die Zahl der Wahlberechtigten des Stimmbezirks fest. [3]Der

Abschluss wird beurkundet. [4]Bei automatisierter Führung ist vor der Beurkundung ein Ausdruck herzustellen.

(2) Beim Abschluss gemeinsamer Wählerverzeichnisse ist die Zahl der Wahlberechtigten für die Gemeindewahlen, die Landkreiswahlen oder für jede Abstimmung gesondert festzustellen.

Abschnitt II
Erteilung der Wahlscheine

§ 22 Voraussetzungen für die Erteilung eines Wahlscheins

(1) Eine wahlberechtigte Person, die in einem Wählerverzeichnis eingetragen ist, erhält auf Antrag einen Wahlschein.

(2) Eine wahlberechtigte Person, die nicht in einem Wählerverzeichnis eingetragen ist, erhält auf Antrag einen Wahlschein, wenn

1. sie nachweist, dass sie ohne Verschulden die Antragsfrist für die Eintragung in das Wählerverzeichnis oder die Frist für die Beschwerde wegen der Richtigkeit und der Vollständigkeit des Wählerverzeichnisses versäumt hat, oder
2. ihr Wahlrecht erst nach Ablauf der in Nr. 1 genannten Fristen entstanden ist, oder
3. ihr Wahlrecht im Beschwerdeverfahren festgestellt worden ist und sie nicht in das Wählerverzeichnis eingetragen ist.

§ 23 Wahlscheinanträge

(1) [1]Die Erteilung eines Wahlscheins kann schriftlich oder mündlich bei der Gemeinde beantragt werden. [2]Eine telefonische Antragstellung ist unzulässig. [3]Die Schriftform gilt durch Telefax, E-Mail oder durch sonstige dokumentierbare Übermittlung in elektronischer Form als gewahrt. [4]Die den Antrag stellende Person muss Familienname, Vorname, Geburtsdatum und ihre Wohnanschrift mit Straße, Hausnummer, Postleitzahl und Ort angeben.

(2) [1]Wer den Antrag für einen anderen stellt, muss durch Vorlage einer schriftlichen Vollmacht nachweisen, dazu berechtigt zu sein. [2]Die Vollmacht kann auf dem Vordruck für den Wahlscheinantrag angebracht werden. [3]Kann eine wahlberechtigte Person infolge einer Behinderung weder den Wahlschein selbst beantragen noch einem Dritten eine Vollmacht erteilen, darf sie sich der Unterstützung einer Person ihres Vertrauens bedienen. [4]Diese hat unter Angabe ihrer Personalien glaubhaft zu machen, dass die Antragstellung dem Willen der wahlberechtigten Person entspricht.

(3) [1]Wahlscheine können bis zum zweiten Tag vor dem Wahltag, 15 Uhr, beantragt werden. [2]In den Fällen des § 22 Abs. 2 können Wahlscheine noch bis zum Wahltag, 15 Uhr, beantragt werden. [3]Gleiches gilt, wenn bei nachgewiesener plötzlicher Erkrankung der Abstimmungsraum nicht oder nur unter unzumutbaren Schwierigkeiten aufgesucht werden kann; in diesem Fall hat die Gemeinde vor Erteilung des Wahlscheins die zuständige Wahlvorsteherin oder den zuständigen Wahlvorsteher für den Stimmbezirk der wahlberechtigten Person zu unterrichten.

(4) Bei Wahlberechtigten, die nach § 15 Abs. 4 und 5 in das Wählerverzeichnis eingetragen werden, gilt der Antrag oder die Beschwerde zugleich als Antrag auf Erteilung eines Wahlscheins, es sei denn, die wahlberechtigte Person will vor dem Wahlvorstand ihres Stimmbezirks abstimmen.

(5) [1]Verspätet eingegangene schriftliche Anträge sind unbearbeitet mit den dazugehörigen Briefumschlägen zu verpacken. [2]Sie sind ebenso wie die rechtzeitig eingegangenen schriftlichen Anträge zu den Wahlunterlagen zu nehmen.

§ 24 Erteilung von Wahlscheinen

(1) [1]Wahlscheine dürfen nicht vor dem **20.** Tag vor dem Wahltag erteilt werden. [2]Die Wahlscheine werden von der Gemeinde ausgestellt, in deren Wählerverzeichnis die wahlberechtigte Person eingetragen ist oder einzutragen wäre.

(2) [1]Der Wahlschein muss von der mit der Erteilung beauftragten Person aus dem Kreis der Bediensteten eigenhändig unterschrieben werden. [2]Wird der Wahlschein mit Hilfe automatischer Einrichtungen erstellt, bedarf es keiner Unterschrift; stattdessen kann der Name der beauftragten Person eingedruckt werden. [3]Der Wahlschein muss mit dem Dienstsiegel versehen sein, das eingedruckt werden kann. [4]Auf dem Wahlschein wird die Nummer vermerkt, unter der die wahlberechtigte Person im Wahlscheinverzeichnis und im Wählerverzeichnis eingetragen ist. [5]Bei nicht in den Wählerverzeichnissen eingetragenen Wahlberechtigten wird auf dem Wahlschein vermerkt, dass dieser nach § 22 Abs. 2 erteilt worden ist. [6]In den Spalten für die Vermerke über die Stimmabgabe ist in den Wählerverzeichnissen „Wahlschein" oder „W" einzutragen.

(3) [1]Sind Landkreiswahlen mit Gemeindewahlen verbunden, wird nur ein Wahlschein erteilt. [2]Auf dem Wahlschein ist anzugeben, für welche Wahl er gilt.

(4) [1]Dem Wahlschein sind beizufügen

1. ein Stimmzettel für jede Wahl,
2. ein Stimmzettelumschlag für alle Stimmzettel,
3. ein Wahlbriefumschlag, auf dem die Anschrift der Behörde, an die der Wahlbrief zu übersenden ist, und die Wahlscheinnummer oder der Stimmbezirk anzugeben sind, und
4. ein Merkblatt zur Briefwahl.

[2]Satz 1 gilt nicht in den Fällen des § 25 Satz 1.

§ 25 Erteilung von Wahlscheinen an Wahlberechtigte in Einrichtungen

[1]Die Gemeinde fordert spätestens am achten Tag vor dem Wahltag von den Leitungen

1. der Einrichtungen, für die ein Sonderstimmbezirk gebildet worden ist,
2. der kleineren Krankenhäuser, kleineren Alten- oder Pflegeheime oder Klöster, für deren Wahlberechtigte die Stimmabgabe vor einem beweglichen Wahlvorstand vorgesehen ist,

ein Verzeichnis der Wahlberechtigten aus der Gemeinde, die sich in der Einrichtung befinden oder dort beschäftigt sind und die am Wahltag in der Einrichtung abstimmen wollen. [2]Sie erteilt diesen Wahlberechtigten Wahlscheine ohne Briefwahlunterlagen und übersendet sie unmittelbar an diese.

§ 26 Wahlscheinverzeichnis

(1) [1]Über die erteilten Wahlscheine führt die Gemeinde ein Wahlscheinverzeichnis. [2]Es wird getrennt nach Wahlberechtigten, die in den Wählerverzeichnissen eingetragen sind, und solchen, die nicht eingetragen sind, geführt.

(2) [1]Das Verzeichnis wird als Liste oder als Sammlung der Durchschriften der Wahlscheine geführt. [2]Bei verbundenen Wahlen muss aus dem Verzeichnis ersichtlich sein, für welche Wahl die Wahlscheine gelten.

(3) [1]Das Wahlscheinverzeichnis ist zusammen mit den Wählerverzeichnissen abzuschließen. [2]Werden nach Abschluss der Wählerverzeichnisse noch Wahlscheine erteilt, ist darüber ein besonderes Verzeichnis nach den Abs. 1 und 2 zu führen.

§ 27 Versendung von Wahlscheinen

(1) [1]Der Wahlschein und die für die Briefwahl beizufügenden Unterlagen werden **äußerlich erkennbar als amtliche Wahlunterlage gekennzeichnet und** der wahlberechtigten Person auf Kosten der Gemeinde zugesandt. [2]Die Gemeinde übersendet der wahlberechtigten Person den Wahlschein und

GLKrWO

die für die Briefwahl beizufügenden Unterlagen **mit Luftpost**, wenn sich aus ihrem Antrag ergibt, dass sie aus einem außereuropäischen Gebiet wählen will, oder wenn dies sonst geboten erscheint. [3]Werden auf Grund eines nach § 23 Abs. 1 Satz 3 gestellten Antrags die Briefwahlunterlagen an eine andere Anschrift als an die Wohnanschrift versandt, erfolgt gleichzeitig eine Mitteilung an die Wohnanschrift. [4]Anderen Personen dürfen der Wahlschein und die für die Briefwahl beizufügenden Unterlagen nur dann ausgehändigt werden, wenn die Berechtigung zum Empfang durch Vorlage einer schriftlichen Vollmacht nachgewiesen wird. [5]§ 23 Abs. 2 Sätze 3 und 4 gelten entsprechend. [6]Von der Vollmacht darf nur Gebrauch gemacht werden, wenn die bevollmächtigte Person nicht mehr als vier Wahlberechtigte vertritt; dies hat sie der Gemeinde vor der **Empfangnahme** der Unterlagen schriftlich zu versichern. [7]Die bevollmächtigte Person muss bei Abholung der Unterlagen das 16. Lebensjahr vollendet haben; auf Verlangen hat sie sich auszuweisen. [8]Die Vollmacht kann auf dem Vordruck für den Wahlscheinantrag angebracht werden. [9]Sie ist zu den Wahlunterlagen zu nehmen.

(2) [1]Holt die wahlberechtigte Person den Wahlschein und die für die Briefwahl beizufügenden Unterlagen persönlich bei der Gemeinde ab, soll ihr Gelegenheit gegeben werden, die Briefwahl an Ort und Stelle auszuüben. [2]Dabei ist sicherzustellen, dass die Stimmzettel unbeobachtet gekennzeichnet und in den Stimmzettelumschlag gelegt werden können.

§ 28 Ungültigkeit und Verlust von Wahlscheinen

(1) [1]Wird eine Person, die bereits einen Wahlschein erhalten hat, im Wählerverzeichnis gestrichen, ist der Wahlschein für ungültig zu erklären. [2]In den Fällen des Art. 19 Abs. 2 Satz 4 GLKrWG ist im **Wahlscheinverzeichnis** und im Verzeichnis der für ungültig erklärten Wahlscheine in geeigneter Form zu vermerken, dass die Stimmen einer Person, die bereits an der Briefwahl teilgenommen hat, nicht ungültig sind. [3]Verlegt jedoch eine Person, die bereits einen Wahlschein erhalten hat, bei verbundenen Gemeinde- und Landkreiswahlen den Schwerpunkt ihrer Lebensbeziehungen in eine andere Gemeinde desselben Landkreises, ist der Wahlschein von der Wegzugsgemeinde nur für die Gemeindewahlen für ungültig zu erklären; die abgegebenen Stimmen bleiben gültig.

(2) [1]Die Gemeinde führt ein Verzeichnis der insgesamt oder teilweise für ungültig erklärten Wahlscheine. [2]Darin sind die Namen der betroffenen Personen und die Nummern der für ungültig erklärten Wahlscheine aufzunehmen. [3]Das Wahlscheinverzeichnis ist zu berichtigen.

(3) [1]Die Gemeinde übermittelt das Verzeichnis der insgesamt oder teilweise für ungültig erklärten Wahlscheine allen Wahlvorständen und Briefwahlvorständen der Gemeinde. [2]Ist ein Wahlschein hinsichtlich der Landkreiswahlen für ungültig erklärt worden, verständigt sie das Landratsamt, das über die Gemeinden alle Wahlvorstände im Landkreis über die Ungültigkeit von Wahlscheinen spätestens bis zum Beginn der Abstimmung unterrichtet; das Gleiche gilt bei verbundenen Wahlen, wenn der Wahlschein nur hinsichtlich der Gemeindewahlen für ungültig erklärt wurde.

(4) [1]Verlorene Wahlscheine werden nicht ersetzt. [2]Versichert eine wahlberechtigte Person glaubhaft, dass ihr der beantragte Wahlschein nicht zugegangen ist, kann ihr bis zum Tag vor dem Wahltag, 12 Uhr, ein neuer Wahlschein erteilt werden. [3]Der nicht zugegangene Wahlschein ist für ungültig zu erklären; Abs. 1 bis 3 gelten entsprechend.

§ 29 Beschwerde gegen die Versagung des Wahlscheins

(1) [1]Beschwerden gegen die Versagung des Wahlscheins können schriftlich oder zur Niederschrift eingelegt werden. [2]Soweit die behaupteten Tatsachen nicht offenkundig sind, hat die sich beschwerende Person nötigenfalls die erforderlichen Beweismittel beizubringen. **[3]Eine wahlberechtigte Person mit Behinderung kann sich hierbei der Hilfe einer anderen Person bedienen. [4]§ 62 gilt entsprechend.**

(2) [1]Die Rechtsaufsichtsbehörde hat ihre Entscheidung der sich beschwerenden Person zuzustellen und auf den zulässigen Rechtsbehelf hinzuweisen. [2]Die Entscheidung ist außerdem der Gemeinde bekannt zu geben.

Abschnitt III
Stimmzettel, Wahlscheine, Briefwahlunterlagen

§ 30 Äußere Beschaffenheit der Stimmzettel

[1]Für die Stimmzettel soll, sofern eine Wahl allein stattfindet, weißes oder weißliches Papier verwendet werden. [2]Im einzelnen Stimmbezirk dürfen die Stimmzettel nach Papierart und Farbe nicht voneinander abweichen. [3]Papierart, Druck, Form und Ausführung der Stimmzettel sind so zu wählen, dass das Wahlgeheimnis gewahrt ist. [4]Schriftart, Schriftgröße und Kontrast sollen so gewählt werden, dass die Lesbarkeit erleichtert wird. [5]Muster der Stimmzettel sollen unverzüglich nach ihrer Fertigstellung den Selbsthilfeorganisationen der blinden Menschen in Bayern, die ihre Bereitschaft erklärt haben, Stimmzettelschablonen zu erstellen, zur Verfügung gestellt

werden. [6]Für Zwecke der Wahlstatistik können Unterscheidungsbezeichnungen aufgedruckt werden.

§ 31 Form und Inhalt der Stimmzettel

(1) [1]Die Form und der Inhalt der Stimmzettel bestimmen sich nach den amtlichen Stimmzettelmustern, den zugelassenen Wahlvorschlägen und den Vorschriften dieser Verordnung. [2]Die Wahlvorschläge erhalten auf dem Stimmzettel die gleiche Reihenfolge wie in der Bekanntmachung der Wahlvorschläge. [3]Die Stimmzettel müssen die sich bewerbenden Personen in einer jeden Zweifel ausschließenden Weise bezeichnen; der Tag der Geburt, das Geschlecht, die Straße und die Hausnummer dürfen nicht angegeben werden. [4]Bei mehrfach aufzuführenden Personen wird der Name wiederholt.

(2) Bei Nachholungswahlen, bei Wiederholungswahlen und bei Nachwahlen werden zwischenzeitlich eingetretene Änderungen bei den Angaben zu den sich bewerbenden Personen auf Antrag der beauftragten Person für den Wahlvorschlag, der bis 18 Uhr des 31. Tags vor dem Wahltag bei der Wahlleiterin oder beim Wahlleiter eingegangen sein muss, von der Wahlleiterin oder dem Wahlleiter auf den neuesten Stand gebracht.

(3) Bei Gemeinderats- und Kreistagswahlen ist auf dem Stimmzettel auf die den wählenden Personen zustehende Stimmenzahl hinzuweisen.

§ 32 Herstellung der Stimmzettel, der Wahlscheine und der Briefwahlunterlagen

(1) [1]Für die Briefwahl sind die Stimmzettel und die Briefwahlunterlagen so rechtzeitig herzustellen, dass sie mit den Wahlscheinen ausgegeben werden können. [2]Die Gemeinden und die Landkreise übermitteln dem Landesamt für Statistik unverzüglich nach Herstellung ein Muster der Stimmzettel; die Einzelheiten legt das Landesamt fest. [3]Einzelne Stimmzettel, Wahlscheine und Briefwahlunterlagen können zur Information schon vor dem Wahltag an vertrauenswürdige Personen abgegeben werden, nachdem sie durch Aufdruck oder Stempel für die Stimmabgabe unbrauchbar gemacht worden sind.

(2) [1]Die Wahlscheine und die Briefwahlunterlagen sind ebenfalls amtlich herzustellen. [2]Für die Wahlbriefumschläge ist hellrotes Papier zu verwenden, für die Wahlscheine, die Stimmzettelumschläge und die Merkblätter soll weißes oder weißliches Papier verwendet werden. [3]Schriftart, Schriftgröße und Kontrast sollen so gewählt werden, dass die Lesbarkeit erleich-

tert wird. [4]Die Stimmzettelumschläge und die Wahlbriefumschläge müssen mit Klebstoff versehen sein.

§ 33 Wahlunterlagen bei Zusammentreffen mehrerer Wahlen

(1) [1]Sind Gemeinderatswahlen, Bürgermeisterwahlen, Kreistagswahlen oder Landratswahlen verbunden, müssen sich die Stimmzettel für alle Wahlen durch ihre Farbe deutlich unterscheiden. [2]Die Farben bestimmt das Landratsamt.

(2) [1]Treffen Gemeinde- und Landkreiswahlen mit einer anderen Wahl oder einer Abstimmung zusammen, müssen sich die Stimmzettel, die Wahlscheine, die Stimmzettelumschläge und die Merkblätter für die Gemeinde- und Landkreiswahlen durch ihre Farbe und durch Aufdruck der Bezeichnung der Wahl oder der Abstimmung von denen der anderen Wahl oder der Abstimmung deutlich unterscheiden; ein entsprechender Aufdruck ist auch auf den Wahlbriefumschlägen anzubringen. [2]Das Staatsministerium des Innern, für Sport und Integration kann die Farbe **der Wahlbriefumschläge und** der **sonstigen** Wahlunterlagen für die Gemeinde- und Landkreiswahlen oder der Abstimmungsunterlagen bestimmen.

Vierter Teil
Wahlvorschläge

§ 34 Aufforderung zur Einreichung von Wahlvorschlägen

(1) [1]Die Wahlleiterin oder der Wahlleiter macht frühestens am 89. Tag, spätestens am **73.** Tag vor dem Wahltag bekannt, welche Wahl durchzuführen ist und wie viele Gemeinderatsmitglieder und Kreisrätinnen und Kreisräte zu wählen sind. [2]Sie oder er fordert dabei zur Einreichung von Wahlvorschlägen bis 18 Uhr des **59.** Tags vor dem Wahltag auf.

(2) In der Bekanntmachung nach Abs. 1 Satz 1 weist sie oder er außerdem darauf hin,

1. dass bei Gemeinderats- oder Kreistagswahlen Mehrheitswahl stattfindet, wenn kein oder nur ein gültiger Wahlvorschlag eingereicht wird,
2. dass bei der Wahl der ersten Bürgermeisterin, des ersten Bürgermeisters, der Landrätin oder des Landrats die Wahl ohne Bindung an sich bewerbende Personen stattfindet, wenn nur ein gültiger oder überhaupt kein gültiger Wahlvorschlag eingereicht wird.

(3) In der Aufforderung nach Abs. 1 Satz 2 weist sie oder er darauf hin,

1. dass Wählvorschläge nur von Parteien und Wählergruppen eingereicht werden dürfen,
2. wie die Wahlvorschlagsträger die Wahlvorschläge aufzustellen haben,
3. welche besonderen Voraussetzungen bei neuen Wahlvorschlagsträgern für die Gültigkeit der Wahlvorschläge gelten,
4. wann und wo die Wahlleiterin oder der Wahlleiter die Wahlvorschläge entgegennimmt.

(4) [1]Gleichzeitig mit der Bekanntmachung der Wahlleiterin oder des Wahlleiters macht die Gemeinde bekannt, wer sich wann und wo in die Unterstützungslisten eintragen kann und ob die Räume barrierefrei sind. [2]Bei Landkreiswahlen unterrichtet die Wahlleiterin oder der Wahlleiter für die Landkreiswahlen die Gemeinden rechtzeitig darüber, wann sie oder er die Aufforderung zur Einreichung von Wahlvorschlägen bekannt macht.

§ 35 Einreichung der Wahlvorschläge

[1]Wahlvorschläge können erst eingereicht werden, nachdem die Aufforderung zur Einreichung von Wahlvorschlägen bekannt gemacht worden ist. [2]Sie können der Wahlleiterin oder dem Wahlleiter zugesandt oder in ihrem oder seinem Dienstgebäude während der allgemeinen Dienststunden übergeben werden. [3]Wahlvorschläge, die nicht entsprechend diesen Bestimmungen eingehen, sind von der Wahlleiterin oder dem Wahlleiter zurückzuweisen. [4]Der Zeitpunkt der Einreichung ist auf den Wahlvorschlägen zu vermerken.

§ 36 Unterstützungslisten

(1) Das Landesamt für Statistik macht bekannt, welche Wahlvorschlagsträger bei der letzten Landtagswahl oder bei der letzten Europawahl mindestens fünf v. H. der im Land insgesamt abgegebenen gültigen Stimmen oder bei der letzten Bundestagswahl mindestens fünf v. H. der im Land abgegebenen gültigen Zweitstimmen erhalten haben.

(2) Bei Landkreiswahlen teilt die Wahlleiterin oder der Wahlleiter den Gemeinden unverzüglich mit, für welche Wahlvorschläge Unterstützungslisten aufzulegen sind.

(3) [1]Die Gemeinden bestimmen die Eintragungsräume und die Eintragungszeiten so, dass jede wahlberechtigte Person ausreichend Gelegenheit findet, sich ohne längere Wartezeiten in die Unterstützungslisten einzutragen. [2]Jede Gemeinde richtet mindestens einen Eintragungsraum ein; für ihre Mitgliedsgemeinden richten die Verwaltungsgemeinschaften mindes-

tens einen Eintragungsraum am Sitz der Verwaltungsgemeinschaft ein. [3]Das Gebäude, in dem sich der Eintragungsraum befindet, ist deutlich zu kennzeichnen. [4]Die Eintragungsräume sollen nach den örtlichen Verhältnissen so ausgewählt und eingerichtet werden, dass allen wahlberechtigten Personen, insbesondere Menschen mit Behinderungen oder Mobilitätsbeeinträchtigungen, die Eintragung möglichst erleichtert wird.

(4) [1]Die Unterstützungslisten sind mindestens während der allgemeinen Dienststunden aufzulegen. [2]Zusätzlich sind die Unterstützungslisten mindestens zwei Stunden an einem Sonntag, Feiertag oder Samstag und mindestens bis 20 Uhr an einem weiteren Werktag aufzulegen.

§ 37 Eintragung

(1) [1]Die Wahlberechtigten haben sich bei der Eintragung auszuweisen. [2]Die Eintragung muss den Familiennamen und den Vornamen, die Anschrift und die Unterschrift enthalten. [3]Auf jedem Blatt der Liste ist das Kennwort des Wahlvorschlags und die Seitenzahl aufzuführen.

(2) Für die Eintragungsscheine gelten folgende Vorschriften über die Erteilung und die Behandlung von Wahlscheinen entsprechend:

1. § 23 Abs. 1 Sätze 1 bis 4, Abs. 2 Sätze 1, 3 und 4, Abs. 5 für die Antragstellung,
2. § 24 Abs. 1 Satz 2, Abs. 2 Sätze 1 bis 4, Abs. 3 für die Erteilung der Eintragungsscheine; im Verzeichnis der Eintragungsberechtigten ist der Vermerk „E“ oder „Eintragungsschein“ einzutragen,
3. § 26 Abs. 1 Satz 1, Abs. 2 für die Anlegung des Verzeichnisses der Eintragungsscheine,
4. § 27 Abs. 1 für die Versendung der Eintragungsscheine,
5. § 28 Abs. 1 Satz 1 und Abs. 2 für Ungültigkeit und Verlust von Eintragungsscheinen; Abs. 4 mit der Maßgabe, dass die dort genannte Frist und die Verweisung auf Abs. 3 nicht gelten,
6. § 29 für die Beschwerde gegen die Versagung eines Eintragungsscheins.

(3) [1]Die Hilfspersonen übergeben ihren Eintragungsschein, auch im Fall der Zurückweisung, der beauftragten Person der Gemeinde. [2]In der Bemerkungsspalte der Unterstützungsliste ist die Nummer des Eintragungsscheins einzutragen. [3]Die Gemeinde behält die Eintragungsscheine ein.

(4) Falls die Verzeichnisse der Eintragungsberechtigten als Wählerverzeichnisse fortgeführt werden, dürfen Vermerke über die Erteilung von Eintragungsscheinen und über geleistete Unterstützungsunterschriften nicht mehr erkennbar sein.

(5) [1]Auskünfte über die Zahl der Eintragungen können bereits vor Abschluss der Unterstützungslisten erteilt werden; im Übrigen dürfen aus den Unterstützungslisten keine Auskünfte erteilt und keine Aufzeichnungen zugelassen werden. [2]Zur Eintragung darf nur die laufende Seite vorgelegt werden.

§ 38 Abschluss und Weiterleitung der Unterstützungslisten

(1) [1]Nach Ablauf der Eintragungsfrist schließt die Gemeinde die Unterstützungslisten unverzüglich ab. [2]Die Gemeinde bestätigt auf jeder Unterstützungsliste nach der letzten Unterschrift,
1. wie viele Eintragungen die Liste enthält,
2. wie viele und welche Eintragungen aus welchen Gründen für ungültig erachtet werden.

(2) [1]Bei Landkreiswahlen sind die Unterstützungslisten unverzüglich an die Wahlleiterin oder den Wahlleiter für die Landkreiswahlen weiterzuleiten. [2]Bei mehreren Unterstützungslisten ist eine Aufstellung über die Zahl der in den einzelnen Unterstützungslisten enthaltenen gültigen und für ungültig erachteten Eintragungen und über die Gesamtzahl der in der Gemeinde geleisteten Eintragungen beizufügen.

§ 39 Grundsätze für die Aufstellung der Wahlvorschläge

(1) Die Aufstellung der Wahlvorschläge hat nach demokratischen Grundsätzen zu erfolgen.

(2) Dieselbe Person kann sich gleichzeitig für die Wahl zur ersten Bürgermeisterin oder zum ersten Bürgermeister, zum ehrenamtlichen Gemeinderatsmitglied, zur Landrätin oder zum Landrat und zur Kreisrätin oder zum Kreisrat bewerben.

(3) [1]Gemeinsame Wahlvorschläge mehrerer Wahlvorschlagsträger sind in einer gemeinsamen Versammlung aufzustellen. [2]Die Einzelheiten vereinbaren die Wahlvorschlagsträger.

(4) [1]Die Einberufung der Aufstellungsversammlung muss geeignet sein, alle Teilnahmeberechtigten davon zu unterrichten, dass sich bewerbende Personen aufgestellt werden sollen. [2]Die Teilnahmeberechtigten sind schriftlich entweder durch öffentliche Ankündigung oder einzeln zur Aufstellungsversammlung zu laden; die Ladung muss spätestens am dritten Tag vor dem Tag der Aufstellungsversammlung veröffentlicht oder zugegangen sein. [3]Das Nähere über die Einberufung und die Beschlussfähigkeit legen die Parteien und die Wählergruppen fest; sie können eine von Satz 2

abweichende Festlegung treffen. [4]Verstöße gegen derartige Festlegungen sind wahlrechtlich unbeachtlich, wenn mindestens die in Satz 2 geregelten Anforderungen eingehalten werden.

(5) Wird der Wahlvorschlag durch eine Delegiertenversammlung aufgestellt, kann die Minderheit der Delegierten aus nichtgewählten (so genannten geborenen) Versammlungsmitgliedern bestehen.

§ 40 Aufstellung der Wahlvorschläge zur Wahl der Gemeinderatsmitglieder und der Kreisrätinnen und Kreisräte

(1) [1]Falls die Partei oder die Wählergruppe keine Festlegungen getroffen hat, beschließt die Aufstellungsversammlung zunächst darüber, nach welchem Wahlverfahren die sich bewerbenden Personen gewählt werden sollen. [2]Folgende Wahlverfahren sind insbesondere möglich:

1. Es wird über jede vorgeschlagene sich bewerbende Person einzeln mit „ja" oder „nein" geheim abgestimmt.
2. Es werden auf einem vorbereiteten Stimmzettel Stimmen an die dort aufgeführten sich bewerbenden Personen geheim vergeben. Wer an der Abstimmung teilnimmt, hat so viele Stimmen, wie sich bewerbende Personen zu wählen sind, wobei jeder sich bewerbenden Person bis zu drei Stimmen gegeben werden können.
3. Es wird über eine vorbereitete Liste oder über Teile einer solchen Liste von sich bewerbenden Personen im Ganzen in einem Wahlgang (Blockwahl) mit „ja" oder „nein" geheim abgestimmt. Änderungsanträge oder Streichungen von Namen müssen zugelassen werden; über Änderungsanträge ist vorweg geheim abzustimmen.

(2) [1]Die Versammlung stimmt geheim über die Reihenfolge aller sich bewerbenden Personen ab. [2]Falls sich bewerbende Personen mehrfach auf dem Stimmzettel aufgeführt werden sollen, ist darüber ebenfalls geheim abzustimmen. [3]Die gesonderte Abstimmung über die Reihenfolge und die mehrfache Aufführung kann dadurch ersetzt werden, dass bei der Wahl der sich bewerbenden Personen gleichzeitig über ihre Reihenfolge und ihre mehrfache Aufführung abgestimmt wird.

(3) Die Versammlung beschließt, auf welche Weise die Plätze der ausgeschiedenen sich bewerbenden Personen durch Ersatzleute besetzt werden sollen.

GLKrWO

§ 41 Aufstellung der Wahlvorschläge zur Wahl der ersten Bürgermeisterin oder des ersten Bürgermeisters und der Landrätin oder des Landrats

(1) [1]Falls die Partei oder die Wählergruppe keine Festlegungen getroffen hat, beschließt die Aufstellungsversammlung zunächst darüber, nach welchem Wahlverfahren die sich bewerbende Person gewählt werden soll. [2]Sofern nichts anderes festgelegt wurde, ist nach Abs. 2 zu verfahren.

(2) [1]Als sich bewerbende Person ist gewählt, wer mehr als die Hälfte der abgegebenen gültigen Stimmen erhält. [2]Erhält niemand diese Mehrheit, findet eine Stichwahl unter den zwei Personen statt, die bei der ersten Wahl die höchsten Stimmenzahlen erhalten haben. [3]Erhalten mehr als zwei Personen die höchste Stimmenzahl, ist die Wahl zu wiederholen. [4]Bei Stimmengleichheit der Personen mit der zweithöchsten Stimmenzahl entscheidet das Los, wer von ihnen in die Stichwahl kommt. [5]Bei der Stichwahl ist gewählt, wer von den abgegebenen gültigen Stimmen die höchste Stimmenzahl erhält; bei Stimmengleichheit entscheidet das Los. [6]Für das Verfahren beim Losentscheid gilt § 91 entsprechend, wobei an die Stelle des Wahlausschusses die Aufstellungsversammlung tritt.

(3) [1]Die sich bewerbende Person kann statt in einer gemeinsamen Versammlung mehrerer Wahlvorschlagsträger in getrennten Versammlungen aufgestellt werden. [2]Dabei hat die Aufstellungsversammlung zu beschließen, ob und mit welchen weiteren Wahlvorschlagsträgern ein gemeinsamer Wahlvorschlag eingereicht werden kann; sie sollen das gemeinsame Kennwort festlegen. [3]Eine von mehreren Versammlungen aufgestellte Person muss schriftlich erklären, ob sie als sich gemeinsam bewerbende Person auftreten will oder, falls diese Möglichkeit beschlossen wurde, ob sie sich nicht auf allen Wahlvorschlägen bewerben will.

§ 42 Niederschrift über die Aufstellungsversammlung

(1) Die Niederschrift können auch sich bewerbende Personen unterzeichnen, wenn sie an der Aufstellungsversammlung teilgenommen haben.

(2) Aus der Niederschrift muss ersichtlich sein:
1. die ordnungsgemäße Ladung zur Aufstellungsversammlung,
2. Ort und Zeit der Aufstellungsversammlung,
3. die Zahl der teilnehmenden Personen,
4. bei einer allgemeinen Delegiertenversammlung die Erklärung, dass die Mehrheit der Delegierten nicht früher als zwei Jahre vor dem Monat, in dem der Wahltag liegt, von den Mitgliedern einer Partei oder einer Wäh-

lergruppe gewählt worden ist, die im Zeitpunkt der Wahl der Delegierten im Wahlkreis wahlberechtigt waren,
5. der Verlauf der Aufstellungsversammlung,
6. das Wahlverfahren, nach dem die sich bewerbenden Personen gewählt wurden,
7. die Ergebnisse der Wahl der sich bewerbenden Personen, ihre Reihenfolge und ihre etwaige mehrfache Aufführung,
8. auf welche Weise ausgeschiedene sich bewerbende Personen ersetzt werden, sofern die Aufstellungsversammlung Ersatzleute aufgestellt hat.

(3) [1]Die Niederschrift mit der Anwesenheitsliste ist dem Wahlvorschlag beizulegen. **[2]Die die Versammlung leitende Person und zwei Wahlberechtigte, die an der Versammlung teilgenommen haben, sollen in der Niederschrift versichern, dass die Anforderungen gemäß Art. 29 Abs. 3 GLKrWG, § 39 Abs. 1, Abs. 4 Sätze 1 und 2 sowie die Festlegungen nach Satz 3, § 40 Abs. 1 Satz 2 und Abs. 2 beachtet worden sind.**

§ 43 Angaben in den Wahlvorschlägen

[1]Ein Wahlvorschlag muss enthalten:
1. das Kennwort des Wahlvorschlags, wobei Kurzbezeichnungen, bei denen der Name eines Wahlvorschlagsträgers nur durch eine Buchstabenfolge oder in anderer Weise ausgedrückt wird, ausreichen; wird ein Wahlvorschlag ohne Kennwort eingereicht, gilt der Name des Wahlvorschlagsträgers als Kennwort, bei einem gemeinsamen Wahlvorschlag gelten die Namen sämtlicher daran beteiligten Parteien oder Wählergruppen in der im Wahlvorschlag genannten Reihenfolge als Kennwort; enthalten gemeinsame, aber getrennt eingereichte Wahlvorschläge zur Bürgermeister- oder Landratswahl kein oder kein gemeinsames Kennwort, gelten die Kennworte der Wahlvorschläge in alphabetischer Reihenfolge als gemeinsames Kennwort,
2. bei organisierten Wählergruppen einen Nachweis über die Organisation, falls sie als organisiert behandelt werden soll,
3. Angaben zur beauftragten Person und ihrer Stellvertretung, falls solche bezeichnet wurden:
   a) Familienname und Vorname,
   b) Anschrift,
   c) **(soweit vorhanden) Telefonnummer und E-Mail-Adresse,**
   d) bei Landkreiswahlen die Bescheinigung der Gemeinde über deren Wahlrecht,

GLKrWO

4. Angaben zu den sich bewerbenden Personen und zu den Ersatzleuten, sofern die Aufstellungsversammlung Ersatzleute aufgestellt hat:
   a) Familienname und Vorname; zulässig **sind** die Angabe akademischer Grade **und des Geburtsnamens, falls sich die Namensführung innerhalb von 2 Jahren vor dem Wahltag geändert hat**,
   b) Tag der Geburt und Geschlecht **sowie die Angabe, dass das Geburtsjahr in den Stimmzettel mit aufgenommen werden soll, wenn dies die sich bewerbende Person will**,
   c) Beruf oder Stand,
   d) kommunale Ehrenämter und im Grundgesetz und in der Verfassung vorgesehene Ämter, falls diese in den Stimmzettel aufgenommen werden sollen, insbesondere ehrenamtliche erste, zweite oder dritte Bürgermeisterin und ehrenamtlicher erster, zweiter oder dritter Bürgermeister, Gemeinderatsmitglied, stellvertretende Landrätin und stellvertretender Landrat, Kreisrätin und Kreisrat, Bezirkstagspräsidentin und Bezirkstagspräsident, stellvertretende Bezirkstagspräsidentin und stellvertretender Bezirkstagspräsident, Bezirksrätin und Bezirksrat, Mitglied des Europäischen Parlaments, des Bundestags, des Landtags,
   e) die Anschrift mit amtlichem Namen des Gemeindeteils, falls dieser in den Stimmzettel mit aufgenommen werden soll,
   f) die Erklärung der sich bewerbenden Person, dass sie der Aufnahme ihres Namens in den Wahlvorschlag zustimmt und dass sie bei Wahlen für ein gleichartiges Amt, die am selben Tag stattfinden, nur in einem Wahlkreis aufgestellt wird,
   g) die Erklärung der sich bewerbenden Person, dass sie nicht von der Wählbarkeit ausgeschlossen ist,
   h) eine Bescheinigung der Gemeinde über die Wählbarkeit
      aa) bei der Wahl zur berufsmäßigen ersten Bürgermeisterin oder zum berufsmäßigen ersten Bürgermeister, wenn die sich bewerbende Person im Wahlkreis weder eine Wohnung noch ihren gewöhnlichen Aufenthalt hat,
      bb) bei Landkreiswahlen;

      zuständig ist jede Gemeinde, in der die sich bewerbende Person eine Wohnung, die nicht ihre Hauptwohnung sein muss, oder ohne eine Wohnung zu haben ihren gewöhnlichen Aufenthalt hat,
   i) eine Bescheinigung der Gemeinde, dass die sich bewerbende Person nicht von der Wählbarkeit ausgeschlossen ist,
      aa) bei Gemeindewahlen, wenn die sich bewerbende Person in der Gemeinde, in der sie sich bewirbt, weder ihre alleinige Wohnung noch ihre Hauptwohnung hat,

bb) bei Landkreiswahlen;

zuständig ist die Gemeinde, in der die sich bewerbende Person ihre alleinige Wohnung oder ihre Hauptwohnung hat, bei Personen ohne Wohnung die letzte Wohnsitzgemeinde; die Bescheinigung darf für Wahlen für ein gleichartiges Amt, die am selben Tag stattfinden, nur einmal ausgestellt werden; **die Bescheinigung kann zusammen mit einer Bescheinigung nach Buchst. h) auf einem Formularblatt durch die Gemeinde erteilt werden, in der die sich bewerbende Person ihre alleinige Wohnung oder ihren Hauptwohnsitz hat**,

k) bei der Gemeinderats- und der Kreistagswahl die Angabe sämtlicher Personen in erkennbarer Reihenfolge entsprechend der Niederschrift über die Aufstellungsversammlung,

l) bei der Gemeinderats- und der Kreistagswahl Angaben darüber, welche Personen zweifach oder dreifach auf dem Stimmzettel aufzuführen sind,

5. Angaben zu den Unterzeichnern des Wahlvorschlags:
   a) Familienname und Vorname,
   b) Anschrift,
   c) bei Landkreiswahlen die Bescheinigung der Gemeinde über deren Wahlrecht.

[2]Weitere Angaben sind nicht zulässig.

§ 44 *(aufgehoben)*

§ 45 Bekanntmachung der eingereichten Wahlvorschläge

(1) [1]Die Wahlleiterin oder der Wahlleiter macht frühestens nach 18 Uhr des **59.** Tags, spätestens am **58.** Tag vor dem Wahltag bekannt, wie viele Wahlvorschläge eingereicht worden sind und welches Kennwort sie tragen. **[2]Die Anschrift wird nicht in die Bekanntmachung aufgenommen.** [3]Wurde kein oder nur ein Wahlvorschlag eingereicht, ist in der Bekanntmachung auf die Möglichkeit hinzuweisen, bis 18 Uhr des **52.** Tags vor dem Wahltag weitere Wahlvorschläge einzureichen. [4]Über die Wahlvorschläge hat die Wahlleiterin oder der Wahlleiter auf Verlangen allen Beteiligten jederzeit Auskunft zu geben.

(2) [1]Die Gemeinden mit mehr als 10 000 Einwohnerinnen und Einwohnern und die Landkreise übermitteln dem Landesamt für Statistik unverzüglich die Bekanntmachung der eingereichten Wahlvorschläge. [2]Die Einzelheiten legt das Landesamt fest.

§ 46 Ergänzung von Wahlvorschlägen

Liegt bis 18 Uhr des **52.** Tags vor dem Wahltag für eine Gemeinderats- oder eine Kreistagswahl nur ein Wahlvorschlag vor, ist die beauftragte Person sofort darauf hinzuweisen, dass die Zahl der sich bewerbenden Personen bis 18 Uhr des **48.** Tags vor dem Wahltag auf das Doppelte der Zahl der zu wählenden Personen erhöht werden kann.

§ 47 Mängelbeseitigung

(1) Erklärt der Wahlausschuss einen Wahlvorschlag ganz oder teilweise für ungültig, sind folgende Mängel des Wahlvorschlags bis zur abschließenden Entscheidung des Wahlausschusses und bis zur Entscheidung des Beschwerdeausschusses behebbar:

1. fehlende Erklärung der sich bewerbenden Person, dass sie der Aufnahme ihres Namens in den Wahlvorschlag zustimmt und dass sie bei Wahlen für ein gleichartiges Amt, die am selben Tag stattfinden, nur in einem Wahlkreis aufgestellt wird,
2. fehlende Erklärung der sich bewerbenden Person, dass sie nicht von der Wählbarkeit ausgeschlossen ist,
3. fehlende Bescheinigungen der Gemeinden über die Wählbarkeit und das Nichtvorliegen von Ausschlussgründen für die Wählbarkeit,
4. fehlende Erklärungen von Personen, deren Name auf mehreren Wahlvorschlägen für dieselbe Wahl enthalten ist, für welchen Wahlvorschlag sie sich entscheiden oder ob sie bei der Wahl zur Bürgermeisterin oder zum Bürgermeister oder zur Landrätin oder zum Landrat als sich gemeinsam bewerbende Person auftreten wollen,
5. die Unvollständigkeit eines Wahlvorschlags infolge ausgeschiedener sich bewerbender Personen,
6. fehlende Erklärungen von wahlberechtigten Personen, die mehrere Wahlvorschläge unterzeichnet oder unterstützt haben, für welchen Wahlvorschlag sie sich entscheiden,
7. bei Landkreiswahlen fehlende Bescheinigungen der Gemeinden über das Wahlrecht von unterzeichnenden Personen von Wahlvorschlägen sowie der beauftragten Person und deren Stellvertretung,
8. die fehlende Mitteilung des Wahlvorschlagsträgers, für welchen Wahlvorschlag er sich entscheidet, falls ein Mehrfachauftreten festgestellt wird,
9. unwirksame oder fehlende Unterschriften auf Wahlvorschlägen und auf Niederschriften,
10. bei der Gemeinderats- und der Kreistagswahl unrichtige Angaben zur mehrfachen Aufführung sich bewerbender Personen.

(2) Die Zurückziehung einzelner Unterschriften, der Verlust des Wahlrechts oder der Tod unterzeichnender Personen des Wahlvorschlags berührt die Gültigkeit des Wahlvorschlags nicht.

§ 48 Einwendungen, Weiterleitung an den Beschwerdeausschuss

(1) [1]Einwendungen einer betroffenen Partei oder Wählergruppe gegen die Entscheidung des Wahlausschusses über die Zulassung des Wahlvorschlags oder Anträge auf Entscheidung des Beschwerdeausschusses sind schriftlich oder zur Niederschrift bei der Wahlleiterin oder beim Wahlleiter einzureichen. [2]Die Schriftform gilt auch durch Telefax gewahrt.

(2) Liegt ein Antrag auf Entscheidung des Beschwerdeausschusses vor, übermittelt ihn die Wahlleiterin oder der Wahlleiter mit den für die Überprüfung durch den Beschwerdeausschuss erforderlichen Unterlagen und ihrer oder seiner Stellungnahme unverzüglich durch Boten dem vorsitzenden Mitglied des Beschwerdeausschusses.

§ 49 Zurücknahme von Wahlvorschlägen

[1]Über die Zurücknahme von Wahlvorschlägen im Ganzen beschließen die Wahlvorschlagsträger in gleicher Weise wie über die Aufstellung der Wahlvorschläge. [2]Die beauftragte Person kann durch die Aufstellungsversammlung verpflichtet werden, unter bestimmten Voraussetzungen den Wahlvorschlag zurückzunehmen.

§ 50 Ungültige Wahlvorschläge

(1) [1]Ungültig ist ein Wahlvorschlag,

1. wenn er nicht rechtzeitig eingereicht worden ist,
2. wenn er nicht von der vorgeschriebenen Zahl Wahlberechtigter persönlich unterzeichnet ist,
3. wenn sich die erforderliche Zahl von Wahlberechtigten nicht wirksam in die Unterstützungsliste eingetragen hat,
4. wenn die Niederschrift über die Aufstellungsversammlung nicht beigebracht ist oder sie nicht die vorgeschriebenen Angaben und Unterschriften enthält,
5. wenn der Niederschrift die Anwesenheitsliste nicht beigefügt ist,
6. wenn auf Grund der Niederschrift oder sonstiger Umstände feststeht, dass
   a) zur Aufstellungsversammlung nicht ordnungsgemäß geladen wurde,

b) die Aufstellungsversammlung nicht beschlussfähig war, weil an der Abstimmung nicht mindestens drei Abstimmungsberechtigte teilgenommen haben, oder
c) die unterzeichnenden Personen der Niederschrift nicht an der Aufstellungsversammlung teilgenommen haben oder
d) bei der Wahl der sich bewerbenden Personen das vorgeschriebene Verfahren nicht beachtet wurde,

7. wenn die sich bewerbende Person bei Bürgermeister- oder Landratswahlen nicht wählbar ist,
8. wenn bei Bürgermeister- und Landratswahlen die vorgeschriebenen Erklärungen der sich bewerbenden Person fehlen,
9. wenn bei Bürgermeister- und Landratswahlen die als Bewerber oder Bewerberin aufgestellte Person erklärt, dass sie sich nicht auf diesem Wahlvorschlag bewerben will,
10. wenn bei Bürgermeister- oder Landratswahlen die erforderliche Bescheinigung der Gemeinde über die Wählbarkeit oder das Nichtvorliegen von Ausschlussgründen für die Wählbarkeit der sich bewerbenden Person fehlt,
11. wenn bei Landkreiswahlen für die vorgeschriebene Zahl unterzeichnender Personen der Wahlvorschläge die Bescheinigungen der Gemeinde über das Wahlrecht fehlen,
12. wenn sich bei einem festgestellten Mehrfachauftreten der Wahlvorschlagsträger für einen anderen Wahlvorschlag entschieden hat,
13. wenn bei einem festgestellten Mehrfachauftreten die Mitteilung des Wahlvorschlagsträgers, für welchen Wahlvorschlag er sich entscheidet, nicht rechtzeitig vorgelegt wurde oder sich widersprechende Mitteilungen abgegeben werden.

(2) [1]Teilweise ungültig ist ein Wahlvorschlag,

1. soweit darin nichtwählbare Personen aufgeführt sind,
2. soweit die sich bewerbenden Personen nicht deutlich bezeichnet oder nicht in erkennbarer Reihenfolge aufgeführt sind,
3. soweit er mehr sich bewerbende Personen enthält, als ehrenamtliche Gemeinderatsmitglieder oder Kreisrätinnen und Kreisräte zu wählen sind; sie werden Ersatzleute, soweit dies dem erkennbaren Willen der Aufstellungsversammlung entspricht,
4. soweit sich bewerbende Personen mehr als dreifach aufgeführt sind,
5. soweit auf Grund der Niederschrift oder sonstiger Umstände feststeht, dass die mehrfache Aufführung sich bewerbender Personen nicht dem Ergebnis der Abstimmung entspricht,

6. soweit bei Gemeinderats- und Kreistagswahlen die vorgeschriebenen Erklärungen der sich bewerbenden Personen fehlen,
7. soweit bei Gemeinderats- oder Kreistagswahlen erforderliche Bescheinigungen der Gemeinde über die Wählbarkeit oder das Nichtvorliegen von Ausschlussgründen für die Wählbarkeit der sich bewerbenden Personen fehlen,
8. soweit bei Landkreiswahlen die Bescheinigungen der Gemeinde über das Wahlrecht der beauftragten Personen und deren Stellvertretung fehlen.

[2]Satz 1 gilt für Ersatzleute entsprechend.

(3) Bei der Prüfung formaler Anforderungen an wahlrechtliche Erklärungen ist im Zweifel auf den erkennbaren Willen der Erklärenden abzustellen.

(4) [1]Ein ungültiger Wahlvorschlag ist im Ganzen zurückzuweisen. [2]In einem teilweise ungültigen Wahlvorschlag sind die ungültigen Eintragungen zu streichen. [3]Die Streichungen sind zu beurkunden.

§ 51 Bekanntmachung der zugelassenen Wahlvorschläge

(1) [1]Zugelassene Wahlvorschläge zu Gemeindewahlen sind getrennt von den Wahlvorschlägen zu Landkreiswahlen bekannt zu machen. [2]Wahlvorschläge zu Landkreiswahlen sind auch von jeder Gemeinde bekannt zu geben. [3]Bei den Angaben zu den sich bewerbenden Personen ist statt des Tags der Geburt nur das Jahr der Geburt anzugeben. [4]Die Anschrift wird nicht in die Bekanntmachung aufgenommen.

(2) Wurde kein Wahlvorschlag zugelassen, ist dies bekannt zu machen.

(3) Hinsichtlich der Stimmvergabe ist auf die Wahlbekanntmachung zu verweisen.

(4) [1]Die Gemeinden mit mehr als 10 000 Einwohnerinnen und Einwohnern und die Landkreise übermitteln dem Landesamt für Statistik unverzüglich die Bekanntmachung der zugelassenen Wahlvorschläge. [2]Die Einzelheiten legt das Landesamt fest.

§ 52 Ordnungszahlen

[1]Wurden mehrere Wahlvorschläge zugelassen, werden diesen vom Wahlausschuss Ordnungszahlen zugeteilt. [2]Das Landesamt für Statistik macht die Ordnungszahlen der Wahlvorschlagsträger, die bei der letzten Landtagswahl mindestens einen Sitz erhalten haben, bekannt. [3]Diese Wahlvorschlagsträger erhalten die bekannt gemachten Ordnungszahlen; Ordnungszahlen von Wahlvorschlagsträgern, für die kein Wahlvorschlag zugelassen

wurde, fallen aus. [4]Die sonstigen Wahlvorschlagsträger erhalten die anschließenden Ordnungszahlen in fortlaufender Reihenfolge; bei verbundenen Wahlen erhalten jedoch die Wahlvorschläge für die Bürgermeisterwahl die Ordnungszahl für die Gemeinderatswahl desselben Wahlvorschlagsträgers und die Wahlvorschläge für die Landratswahl die Ordnungszahl für die Kreistagswahl desselben Wahlvorschlagsträgers.

Fünfter Teil
Durchführung der Abstimmung, Sicherung der Wahlfreiheit, Briefwahl

Abschnitt I
Bekanntmachung und Ausstattung

§ 53 Wahlbekanntmachung

(1) [1]Spätestens am sechsten Tag vor dem Wahltag macht die Gemeinde Beginn und Ende der Abstimmungszeit, die Stimmbezirke und die Abstimmungsräume sowie Ort und Zeit des Zusammentritts der Briefwahlvorstände bekannt. [2]Hinsichtlich der Stimmbezirke mit ihren Abgrenzungen und ihren Abstimmungsräumen wird auf die Angaben in der Wahlbenachrichtigung hingewiesen. [3]Der Bekanntmachung sollen die Stimmzettelmuster beigefügt werden. [4]Werden die Stimmzettelmuster nicht beigefügt, sind diese in der Verwaltung der Gemeinde niederzulegen; auf die Niederlegung ist in der Bekanntmachung hinzuweisen. [5]Abzustellen ist dabei auf die jeweils vorzubereitende Wahl.

(2) In der Bekanntmachung ist darauf hinzuweisen,

1. dass die Stimmzettel amtlich hergestellt und im Abstimmungsraum bereitgehalten werden,
2. über wie viele Stimmen die Stimmberechtigten verfügen,
3. wie die Stimmzettel zu kennzeichnen sind,
4. in welcher Weise mit Wahlscheinen gewählt werden kann,
5. in welcher Weise durch Briefwahl gewählt werden kann,
6. dass die wahlberechtigte Person ihr Stimmrecht nur einmal und nur persönlich ausüben kann und eine Ausübung des Wahlrechts durch einen Vertreter anstelle des Wahlberechtigten unzulässig ist,

6a. dass eine wahlberechtigte Person, die des Lesens unkundig oder wegen einer Behinderung an der Abgabe ihrer Stimme gehindert ist, sich zur Stimmabgabe der Hilfe einer anderen Person bedienen kann, die Hilfeleistung auf technische Hilfe bei der Kundgabe einer von der wahlberechtigten Person selbst getroffenen und geäußerten Wahlentscheidung beschränkt und eine Hilfeleistung unzulässig ist, die unter missbräuchlicher Einflussnahme erfolgt, die selbstbestimmte Willensbildung oder Entscheidung der wahlberechtigten Person ersetzt oder verändert oder wenn ein Interessenkonflikt der Hilfsperson besteht,

7. dass nach § 107a Abs. 1 StGB mit Freiheitsstrafe bis zu fünf Jahren oder mit Geldstrafe bestraft wird, wer unbefugt wählt oder sonst ein unrichtiges Ergebnis der Wahl herbeiführt oder das Ergebnis verfälscht, und dass unbefugt auch wählt, wer im Rahmen zulässiger Assistenz entgegen der Wahlentscheidung der wahlberechtigten Person oder ohne eine geäußerte Wahlentscheidung der wahlberechtigten Person eine Stimme abgibt, sowie dass nach § 107a Abs. 3 StGB auch der Versuch strafbar ist.

§ 54 Abstimmungsräume

(1) [1]Die Gemeinde bestimmt für jeden Stimmbezirk einen Abstimmungsraum. [2]Soweit möglich, stellen die Gemeinden Abstimmungsräume in Gemeindegebäuden zur Verfügung.

(2) [1]Die Abstimmungsräume sollen nach den örtlichen Verhältnissen so ausgewählt und eingerichtet werden, dass allen Stimmberechtigten, insbesondere Menschen mit Behinderungen oder mit Mobilitätsbeeinträchtigungen, die Teilnahme an der Abstimmung möglichst erleichtert wird. [2]Die Gemeinden teilen frühzeitig und in geeigneter Weise mit, ob die Abstimmungsräume barrierefrei sind.

§ 55 Wahl**kabinen**

(1) [1]Die Gemeinde richtet in jedem Abstimmungsraum eine oder mehrere Wahl**kabinen** mit Tischen ein, in denen die Abstimmenden ihre Stimmzettel unbeobachtet kennzeichnen können. [2]Die Wahl**kabinen** müssen vom Tisch des Wahlvorstands aus überblickt werden können. [3]Als Wahl**kabine** kann auch ein nur durch den Abstimmungsraum zugänglicher Nebenraum dienen, wenn dessen Eingang vom Tisch des Wahlvorstands aus überblickt werden kann.

(2) In den Wahl**kabinen** sollen Schreibstifte gleicher Farbe bereitliegen.

§ 56 Wahlurnen

(1) Die Gemeinde sorgt für die erforderlichen Wahlurnen.

(2) [1]Die Wahlurnen müssen mit einem Deckel versehen sein. [2]Ihr Fassungsvermögen muss eine Aufnahme aller zu erwartenden Stimmzettel gewähr-

leisten. [3]Ihre innere Höhe soll in der Regel 90 cm, der Abstand jeder Wand von der gegenüberliegenden mindestens 35 cm betragen. [4]Im Deckel müssen die Wahlurnen einen Spalt haben, der nicht weiter als 2 cm sein darf. [5]Sie müssen verschließbar sein.

(3) Für die Stimmabgabe in Sonderstimmbezirken und vor einem beweglichen Wahlvorstand können kleinere Wahlurnen verwendet werden.

(4) Finden am selben Tag mehrere Wahlen und Abstimmungen statt, soll für jede Wahl und jede Abstimmung eine eigene Wahlurne verwendet werden.

§ 57 Wahltisch

[1]Der Tisch, an dem der Wahlvorstand Platz nimmt, muss von allen Seiten zugänglich sein. [2]An oder auf diesen Tisch wird die Wahlurne gestellt.

§ 58 Ausstattung der Wahlvorstände und der Briefwahlvorstände

(1) [1]Jede Wahlvorsteherin und jeder Wahlvorsteher erhält vor Beginn der Abstimmung

1. das Wählerverzeichnis,
2. das Verzeichnis der eingetragenen Stimmberechtigten, denen nach Abschluss des Wählerverzeichnisses noch Wahlscheine erteilt worden sind,
3. das Verzeichnis der für ungültig erklärten Wahlscheine und die Nachträge hierzu,
4. amtliche Stimmzettel in ausreichender Anzahl,
5. eine Kopie der Wahlbekanntmachung nach § 53,
6. je einen **als „Muster" gekennzeichneten** Stimmzettel,
7. Vordrucke der Niederschriften für jede Wahl,
8. Vordrucke der Zähllisten,
9. Vordrucke für die Meldung der vorläufigen Ergebnisse,
10. Textausgaben des Gemeinde- und Landkreiswahlgesetzes sowie der Gemeinde- und Landkreiswahlordnung, die die Anlagen zu diesen Vorschriften nicht zu enthalten brauchen,
11. Verschlussmaterial für die Wahlurnen,
12. Papierbeutel oder Packpapier und Siegelmaterial zum Verpacken der Stimmzettel und der Wahlscheine,
13. sonstige erforderliche Hilfsmittel (z. B. Schreibmaterial).

[2]Bei Einsatz einer Datenverarbeitungsanlage kann auf die Übermittlung der Wahlunterlagen nach Satz 1 Nrn. 7 bis 10 in Papierform verzichtet werden.

(2) Die Kopie der Wahlbekanntmachung und die Stimmzettelmuster sind durch den Wahlvorstand am oder im Eingang des Gebäudes, in dem sich der Abstimmungsraum befindet, anzubringen.

(3) Jede Briefwahlvorsteherin und jeder Briefwahlvorsteher erhält die Wahlbriefe sowie die in Abs. 1 Satz 1 Nrn. 3, 7 bis 13 aufgeführten Unterlagen; Satz 2 gilt entsprechend.

Abschnitt II
Abstimmung

§ 59 Eröffnung der Abstimmung

(1) [1]Die Wahlvorsteherin oder der Wahlvorsteher eröffnet die Abstimmung damit, dass sie oder er die anwesenden Beisitzer und die Schriftführerin oder den Schriftführer auf ihre Pflichten hinweist. [2]Sie oder er stellt sicher, dass der Hinweis allen Beisitzern vor Aufnahme ihrer Tätigkeit erteilt wird.

(2) [1]Liegt ein Verzeichnis über nachträglich ausgestellte Wahlscheine vor, trägt die Wahlvorsteherin oder der Wahlvorsteher vor Beginn der Abstimmung im Wählerverzeichnis in der Spalte für die Stimmabgabevermerke „Wahlschein" oder „W" ein. [2]Sie oder er berichtigt dementsprechend die Abschlussbeurkundung des Wählerverzeichnisses in der vorgesehenen Spalte und bescheinigt das an der vorgesehenen Stelle. [3]Erhält die Wahlvorsteherin oder der Wahlvorsteher später die Mitteilung von der Ausstellung von Wahlscheinen, verfährt sie oder er entsprechend.

(3) [1]Der Wahlvorstand überzeugt sich vor Beginn der Abstimmung, dass die Wahlurnen leer sind. [2]Die Wahlvorsteherin oder der Wahlvorsteher verschließt die Wahlurnen. [3]Sie dürfen bis zum Schluss der Abstimmung nicht mehr geöffnet werden.

§ 60 Stimmabgabe im Abstimmungsraum

(1) Die Abstimmenden erhalten beim Betreten des Abstimmungsraums einen amtlichen Stimmzettel für jede Wahl, Der Wahlvorstand kann anordnen, dass die Abstimmenden bei Aushändigung der Stimmzettel ihre Wahlbenachrichtigung vorzeigen.

(2) [1]Die Abstimmenden kennzeichnen ihre Stimmzettel in einer Wahl**kabine**. [2]In der Wahl**kabine** darf nicht fotografiert oder gefilmt werden. [3]Abgesehen von dem Fall, dass sich Abstimmende einer Hilfsperson bedienen, darf sich immer nur eine abstimmende Person und diese nur so lange wie

notwendig in der Wahl**kabine** aufhalten. [4]Die Stimmzettel sind mehrfach so zu falten, dass der Inhalt verdeckt ist.

(3) [1]Danach legen die Abstimmenden dem Wahlvorstand ihre Wahlbenachrichtigung vor. [2]Auf Verlangen, insbesondere wenn sie ihre Wahlbenachrichtigung nicht vorlegen können, haben sie sich auszuweisen.

(4) [1]Die Schriftführerin oder der Schriftführer prüft, ob die abstimmende Person im Wählerverzeichnis eingetragen ist. [2]Sie oder er stellt bei Verbindung von Gemeinde- und Landkreiswahlen fest, für welche Wahl das Stimmrecht gilt. [3]Wenn kein Anlass zur Zurückweisung nach § 61 besteht, gibt die Wahlvorsteherin oder der Wahlvorsteher die Wahlurne frei. [4]Die abstimmende Person legt ihre Stimmzettel in die Wahlurnen; mit Zustimmung der abstimmenden Person kann auch die Wahlvorsteherin oder der Wahlvorsteher die Stimmzettel in die Wahlurnen legen. [5]Die Mitglieder des Wahlvorstands dürfen, wenn die Feststellung des Stimmrechts es nicht erfordert, persönliche Angaben zur abstimmenden Person nicht so verlautbaren, dass sie von sonstigen im Abstimmungsraum Anwesenden zur Kenntnis genommen werden können.

§ 61 Zurückweisung von Abstimmenden

(1) Die Wahlvorsteherin oder der Wahlvorsteher hat Abstimmende zurückzuweisen, die

1. nicht im Wählerverzeichnis eingetragen sind und keinen gültigen Wahlschein besitzen,
1a. sich auf Verlangen des Wahlvorstands nicht ausweisen können oder die zur Feststellung der Identität erforderlichen Mitwirkungshandlungen verweigern,
2. keinen Wahlschein vorlegen, obwohl sich im Wählerverzeichnis ein Wahlscheinvermerk befindet, es sei denn, es wird festgestellt, dass sie nicht im Wahlscheinverzeichnis eingetragen sind,
3. bereits einen Stimmabgabevermerk im Wählerverzeichnis haben, es sei denn, sie weisen nach, dass sie noch nicht abgestimmt haben,
4. ihre Stimmzettel außerhalb der Wahlkabine gekennzeichnet oder zusammengefaltet haben,
5. einen Stimmzettel abgeben wollen, der als nicht amtlich hergestellt erkennbar ist, der offensichtlich in einer das Abstimmungsgeheimnis gefährdenden Weise von den übrigen abweicht oder der mit einem äußeren Merkmal versehen ist,
6. für den Wahlvorstand erkennbar in der Wahlkabine fotografiert oder gefilmt haben**, oder**

7. **für den Wahlvorstand erkennbar mehrere gleichartige Stimmzettel abgeben oder mit dem Stimmzettel einen weiteren Gegenstand in die Wahlurne werfen wollen.**

(2) Glaubt die Wahlvorsteherin oder der Wahlvorsteher, das Stimmrecht einer im Wählerverzeichnis eingetragenen Person beanstanden zu müssen, oder werden sonst aus der Mitte des Wahlvorstands Bedenken gegen die Zulassung einer abstimmenden Person zur Stimmabgabe erhoben, beschließt der Wahlvorstand über die Zulassung oder die Zurückweisung.

(3) Haben Abstimmende Stimmzettel verschrieben, versehentlich unbrauchbar gemacht oder wurden sie nach Abs. 1 Nr. 4 bis 6 zurückgewiesen, sind ihnen auf Verlangen neue Stimmzettel auszuhändigen.

§ 62 Stimmabgabe von Stimmberechtigten mit Behinderung

(1) [1]Will sich eine stimmberechtigte Person, die des Lesens unkundig ist oder wegen einer Behinderung einer Hilfe bei der Stimmabgabe bedarf, bei der Stimmabgabe einer Person ihres Vertrauens bedienen, gibt sie dies dem Wahlvorstand bekannt. [2]Hilfsperson kann auch ein von der stimmberechtigten Person bestimmtes Mitglied des Wahlvorstands sein.

(2) [1]Die Hilfeleistung ist auf technische Hilfe bei der Kundgabe einer von der wahlberechtigten Person selbst getroffenen Wahlentscheidung beschränkt. [2]Unzulässig ist eine Hilfeleistung, die unter missbräuchlicher Einflussnahme erfolgt, die selbstbestimmte Willensbildung oder Entscheidung der wahlberechtigten Person ersetzt oder verändert oder wenn ein Interessenkonflikt der Hilfsperson besteht.

(3) [1]Die Hilfsperson darf gemeinsam mit der abstimmenden Person die Wahlkabine aufsuchen, soweit das zur Unterstützung erforderlich ist. [2]Die Hilfsperson ist zur Geheimhaltung der Kenntnisse verpflichtet, die sie bei der Hilfeleistung von der Wahl eines anderen erlangt hat.

(4) Eine blinde oder sehbehinderte abstimmende Person kann sich bei der Kennzeichnung des Stimmzettels auch einer Stimmzettelschablone bedienen.

§ 63 Vermerk über die Stimmabgabe

[1]Die Schriftführerin oder der Schriftführer vermerkt die Stimmabgaben neben dem Namen der abstimmenden Person im Wählerverzeichnis in der dafür vorgesehenen Spalte. [2]Finden am selben Tag mehrere Abstimmungen statt, ist die Stimmabgabe für jede Abstimmung besonders zu vermerken.

§ 64 Stimmabgabe mit Wahlschein

(1) [1]Inhaber eines Wahlscheins weisen sich aus und übergeben den Wahlschein der Wahlvorsteherin oder dem Wahlvorsteher zur Prüfung. [2]Bestehen Zweifel über die Gültigkeit des Wahlscheins oder über den rechtmäßigen Besitz, klärt sie der Wahlvorstand nach Möglichkeit auf und beschließt über die Zulassung oder die Zurückweisung. [3]Die Wahlvorsteherin oder der Wahlvorsteher behält den Wahlschein, auch im Fall der Zurückweisung, ein.

(2) [1]Finden am selben Tag mehrere Abstimmungen statt, ist der Wahlschein besonders daraufhin zu prüfen, für welche Abstimmung er gilt. [2]Die Stimmabgabe wird von der Schriftführerin oder dem Schriftführer in den hierfür im Wahlschein eingedruckten Feldern vermerkt.

§ 65 Schluss der Abstimmung

(1) [1]Sobald die Abstimmungszeit abgelaufen ist, wird dies von der Wahlvorsteherin oder dem Wahlvorsteher bekannt gegeben. [2]Von da ab dürfen nur noch die Stimmberechtigten zur Stimmabgabe zugelassen werden, die **vor Ablauf der Abstimmungszeit erschienen sind und** sich im Abstimmungsraum **oder aus Platzgründen davor** befinden. [3]**Nach Ablauf der Abstimmungszeit eintreffenden Personen ist der** Zutritt **zur Stimmabgabe** zu sperren. **[4]Art. 17 Abs. 1 GLKrWG ist zu beachten. [5]Nachdem die vor Ablauf der Abstimmungszeit erschienenen Stimmberechtigten ihre Stimme abgegeben haben,** erklärt die Wahlvorsteherin oder der Wahlvorsteher die Abstimmung für geschlossen.

(2) [1]In Gemeinden, die nur einen Stimmbezirk bilden, stimmen sich der Wahlvorstand und der Briefwahlvorstand darüber ab, ob die Voraussetzungen für eine vorzeitige Beendigung der Abstimmung vorliegen, und entscheiden jeweils durch Beschluss; die Beschlüsse müssen übereinstimmen. [2]Ist der Wahlvorstand mit der Übernahme der Geschäfte des Briefwahlvorstands beauftragt worden, entscheidet er allein. [3]Die Beschlüsse sind in der Niederschrift zu vermerken.

§ 65a Behandlung der Stimmzettel bei weniger als 50 Abstimmenden

[1]Nahmen weniger als 50 Stimmberechtigte im Stimmbezirk an der Wahl teil, sucht die Wahlvorsteherin oder der Wahlvorsteher oder ihre Stellvertretung mit zwei Beisitzern einen im Vorfeld von der Gemeinde bestimmten Abstimmungsraum eines anderen Stimmbezirks oder**, sofern ein solcher nicht vorhanden ist,** den Auszählraum eines Briefwahlbezirks auf

und übergibt der Wahlvorsteherin oder dem Wahlvorsteher oder ihrer Stellvertretung die verschlossene Wahlurne, das Wählerverzeichnis mit dem Stimmabgabevermerk nach § 63, die eingenommenen Wahlscheine und Wahlbenachrichtigungen. [2]Den Empfang hat die entgegennehmende Wahlvorsteherin oder der entgegennehmende Wahlvorsteher oder ihre Stellvertretung zu bestätigen.

§ 66 Stimmabgabe in Sonderstimmbezirken

(1) [1]Zur Stimmabgabe in Sonderstimmbezirken werden alle in der Einrichtung anwesenden Stimmberechtigten zugelassen, die einen gültigen Wahlschein besitzen. [2]Es ist zulässig, für die verschiedenen Teile eines Sonderstimmbezirks verschiedene Personen als Beisitzer des Wahlvorstands zu bestellen.

(2) [1]Die Gemeinde bestimmt im Einvernehmen mit der Leitung der Einrichtung einen geeigneten Abstimmungsraum. [2]Die Gemeinde richtet den Abstimmungsraum her.

(3) Die Gemeinde bestimmt die Abstimmungszeit im Einvernehmen mit der Leitung der Einrichtung im Rahmen der allgemeinen Abstimmungszeit nach dem allgemeinen Bedürfnis.

(4) Die Leitung der Einrichtung gibt den Stimmberechtigten Ort und Zeit der Stimmabgabe bekannt und weist auf die Art und Weise der Stimmabgabe hin.

(5) [1]Die Wahlvorsteherin oder der Wahlvorsteher und zwei Beisitzer können sich mit einer verschlossenen Wahlurne und mit Stimmzetteln in die Krankenzimmer und an die Krankenbetten begeben. [2]Dort nehmen sie die Wahlscheine entgegen und verfahren nach §§ 60 bis 64. [3]Dabei ist Vorsorge zu treffen, dass auch bettlägerige Stimmberechtigte ihre Stimmzettel unbeobachtet kennzeichnen. [4]Die Wahlvorsteherin oder der Wahlvorsteher weist die Stimmberechtigten darauf hin, dass sie sich einer Person ihres Vertrauens bedienen können. [5]Nach Schluss der Stimmabgabe sind die verschlossene Wahlurne und die Wahlscheine unverzüglich in den Abstimmungsraum des Sonderstimmbezirks zu bringen. [6]Dort ist die Wahlurne bis zum Schluss der allgemeinen Abstimmungszeit unter Aufsicht des Wahlvorstands verschlossen zu verwahren. [7]Danach wird ihr Inhalt mit dem Inhalt der allgemeinen Wahlurne vermengt und zusammen mit den übrigen Stimmen des Sonderstimmbezirks ausgezählt.

§ 67 Stimmabgabe vor beweglichen Wahlvorständen

[1]Die Gemeinde soll im Benehmen mit der Leitung kleinerer Krankenhäuser, kleinerer Alten- oder Pflegeheime und von Klöstern zulassen, dass dort anwesende Stimmberechtigte, die einen gültigen Wahlschein haben, vor einem beweglichen Wahlvorstand abstimmen. [2]Der bewegliche Wahlvorstand begibt sich dazu mit einer verschlossenen Wahlurne und mit Stimmzetteln in die Einrichtung. [3]§ 66 Abs. 2 bis 5 gelten entsprechend.

§ 68 Stimmabgabe in Justizvollzugsanstalten

Stimmberechtigte Insassen in Justizvollzugsanstalten können nur durch Briefwahl wählen.

Abschnitt III
Briefwahl

§ 69 Stimmabgabe durch Briefwahl

(1) [1]Bei der Stimmabgabe durch Briefwahl kennzeichnet die stimmberechtigte Person persönlich und unbeobachtet den Stimmzettel, legt ihn in den Stimmzettelumschlag und verschließt diesen. [2]Sie unterschreibt die auf dem Wahlschein vorgedruckte Versicherung an Eides statt mit Datumsangabe, steckt den verschlossenen Stimmzettelumschlag und den unterschriebenen Wahlschein in den Wahlbriefumschlag und verschließt den Wahlbriefumschlag. [3]Sie sorgt dafür, dass der Wahlbrief bei der Gemeinde, die den Wahlschein ausgestellt hat, bis zum Ablauf der Abstimmungszeit eingeht. [4]Innerhalb der Bundesrepublik Deutschland sorgt die Gemeinde dafür, dass der stimmberechtigten Person keine Portokosten entstehen. [5]Nach Eingang des Wahlbriefs bei der Gemeinde darf er nicht mehr zurückgegeben werden.

(2) Soweit Stimmberechtigte einen Wahlschein, einen Stimmzettel oder Briefwahlunterlagen verschrieben oder versehentlich unbrauchbar gemacht haben, sind ihnen auf Verlangen diese Unterlagen neu auszuhändigen.

(3) [1]Hat eine stimmberechtigte Person den Stimmzettel durch eine Hilfsperson kennzeichnen lassen, hat diese durch Unterzeichnen der Versicherung an Eides statt zur Briefwahl zu bestätigen, dass sie den Stimmzettel gemäß dem erklärten Willen der wählenden Person gekennzeichnet hat. [2]Die Hilfsperson muss das 16. Lebensjahr vollendet haben. [3]Die Hilfeleistung ist auf technische Hilfe bei der Kundgabe einer vom Wahlberechtigten selbst getroffenen Wahlentscheidung beschränkt. [4]Unzulässig ist eine Hilfeleistung, die unter missbräuchlicher Einflussnahme erfolgt, die selbstbe-

stimmte Willensbildung oder Entscheidung der wahlberechtigten Person ersetzt oder verändert oder wenn ein Interessenkonflikt der Hilfsperson besteht. [5]Die Hilfsperson ist zur Geheimhaltung der Kenntnisse verpflichtet, die sie bei der Hilfeleistung von der Wahl eines anderen erlangt hat.

(4) [1]In Krankenhäusern, Altenheimen, Altenwohnheimen, Pflegeheimen, Erholungsheimen, Justizvollzugsanstalten und Gemeinschaftsunterkünften ist Vorsorge zu treffen, dass die Stimmzettel unbeobachtet gekennzeichnet werden können. [2]Die Leitung der Einrichtung bestimmt einen geeigneten Raum, veranlasst dessen Ausstattung und gibt den Stimmberechtigten bekannt, in welcher Zeit der Raum für die Ausübung der Briefwahl zur Verfügung steht. [3]Die Gemeinde weist die Leitungen der Einrichtungen spätestens am 13. Tag vor dem Wahltag auf diese Regelungen hin.

§ 70 Behandlung der Wahlbriefe

(1) [1]Die Gemeinde sammelt die Wahlbriefe ungeöffnet und hält sie unter Verschluss. [2]Sie vermerkt auf jedem am Wahltag nach Ablauf der Abstimmungszeit eingegangenen Wahlbrief Tag und Uhrzeit des Eingangs, auf den vom nächsten Tag an eingehenden Wahlbriefen nur den Eingangstag.

(2) Die Gemeinde sorgt für die Bereitstellung und die Ausstattung des Auszählraums und verteilt die rechtzeitig eingegangenen Wahlbriefe auf die einzelnen Briefwahlvorstände.

(3) [1]Verspätet eingegangene Wahlbriefe werden von der Gemeinde ungeöffnet verpackt. [2]Das Paket wird versiegelt, mit Inhaltsangabe versehen und verwahrt, bis die Vernichtung der Wahlbriefe zugelassen ist. [3]Die Gemeinde hat sicherzustellen, dass das Paket Unbefugten nicht zugänglich ist.

(4) [1]Als verspätet gelten Wahlbriefe nicht, wenn das Staatsministerium des Innern, für Sport und Integration feststellt, dass durch Naturkatastrophen oder sonst durch höhere Gewalt die regelmäßige Beförderung von Wahlbriefen gestört war, und die dadurch betroffenen Wahlbriefe nachweislich spätestens am Tag vor dem Wahltag abgesandt worden sind. [2]Sobald die Auswirkungen des Ereignisses behoben sind, spätestens aber am 15. Tag nach dem Wahltag, werden die durch das Ereignis betroffenen Wahlbriefe ausgesondert und dem Briefwahlvorstand zur nachträglichen Feststellung des Ergebnisses überwiesen, sofern hierdurch das Wahlgeheimnis nicht gefährdet wird.

§ 71 Zulassung der Wahlbriefe

(1) [1]Der Briefwahlvorstand öffnet die Wahlbriefe einzeln und entnimmt ihnen den Wahlschein und den Stimmzettelumschlag. [2]Wenn der Wahlbrief keinen Anlass zu Bedenken gibt, wird der Stimmzettelumschlag ungeöffnet in die Briefwahlurne gelegt. [3]Ist bei mit Gemeindewahlen verbundenen Landkreiswahlen eine Person nur für die Landkreiswahlen stimmberechtigt, wird dies auf dem betreffenden Stimmzettelumschlag vermerkt. [4]Die Wahlscheine werden gesammelt.

(2) Wahlbriefe sind zurückzuweisen, wenn
1. der Wahlbrief nicht rechtzeitig eingegangen ist,
2. dem Wahlbriefumschlag kein oder kein gültiger Wahlschein beigefügt ist,
3. die Versicherung an Eides statt nicht unterschrieben ist,
4. dem Wahlbriefumschlag kein Stimmzettelumschlag beigefügt ist,
5. weder der Wahlbriefumschlag noch der Stimmzettelumschlag verschlossen ist,
6. der Wahlbriefumschlag mehrere Stimmzettelumschläge, aber nicht eine gleiche Anzahl gültiger und mit der vorgeschriebenen Versicherung an Eides statt versehener Wahlscheine enthält,
7. kein amtlicher Stimmzettelumschlag benutzt worden ist,
8. ein Stimmzettelumschlag benutzt worden ist, der ein besonderes Merkmal aufweist oder einen deutlich fühlbaren Gegenstand enthält.

(3) [1]Gibt ein Wahlbrief Anlass zu Bedenken, beschließt der Briefwahlvorstand über die Zulassung oder die Zurückweisung. [2]Die zurückgewiesenen Wahlbriefe sind samt Inhalt auszusondern, mit einem Vermerk über den Zurückweisungsgrund zu versehen, wieder zu verschließen und fortlaufend zu nummerieren.

(4) Wurde ein Wahlbrief zurückgewiesen, wird die einsendende Person nicht als wählende Person gezählt; ihre Stimmen gelten als nicht abgegeben.

§ 72 Behandlung der Wahlbriefe bei weniger als 50 Wahlbriefen

(1) Werden weniger als 50 Wahlbriefe zugelassen, ist die Zahl der in die Briefwahlurne gelegten Stimmzettelumschläge in eine Mitteilung einzutragen, die von der Briefwahlvorsteherin oder dem Briefwahlvorsteher und von der Schriftführerin oder dem Schriftführer zu unterzeichnen ist.

(2) [1]Hat der Briefwahlvorstand die Prüfung der Wahlbriefe beendet, sucht die Briefwahlvorsteherin oder der Briefwahlvorsteher oder ihre Stellvertre-

tung mit zwei Beisitzern den Abstimmungsraum des Stimmbezirks auf, der von der Gemeinde bestimmt worden ist, und übergibt der Wahlvorsteherin oder dem Wahlvorsteher oder ihrer Stellvertretung die verschlossene Briefwahlurne und die Mitteilung nach Abs. 1. [2]Den Empfang der Briefwahlurne und der Mitteilung hat die Wahlvorsteherin oder der Wahlvorsteher des Stimmbezirks oder ihre Stellvertretung zu bestätigen.

§ 73 Behandlung der Wahlbriefe in Gemeinden mit nur einem Stimmbezirk

(1) Bildet die Gemeinde nur einen Stimmbezirk und beauftragt sie den Wahlvorstand mit der Übernahme der Geschäfte des Briefwahlvorstands, sollen dem Wahlvorstand am Wahltag bis spätestens 8 Uhr die bis dahin eingegangenen Wahlbriefe übergeben werden.

(2) Der Wahlvorstand prüft nach § 71 die Wahlbriefe, ohne dabei den Ablauf der Abstimmung zu behindern, und legt die Stimmzettelumschläge ungeöffnet in eine besondere Briefwahlurne.

§ 74 *(aufgehoben)*

Abschnitt IV
Stimmvergabe bei der Wahl der Gemeinderäte und der Kreistage

§ 75 Stimmvergabe bei Verhältniswahl

Bei der Stimmvergabe ist Folgendes zu beachten:

1. Namen dürfen nicht hinzugefügt werden; Streichungen sind zulässig.

2. Die Stimmvergabe erfolgt dadurch, dass die stimmberechtigte Person den Wahlvorschlag oder die Namen der sich bewerbenden Personen in einer jeden Zweifel ausschließenden Weise kennzeichnet.

3. Will die stimmberechtigte Person häufeln, kennzeichnet sie die sich bewerbende Person so, dass eindeutig ersichtlich ist, ob sie der sich bewerbenden Person zwei oder drei Stimmen geben will.

4. a) Nimmt die stimmberechtigte Person einen Wahlvorschlag durch Kennzeichnung in der Kopfleiste unverändert an, vergibt sie so viele Stimmen, wie der Wahlvorschlag ein- oder mehrfach aufgeführte sich bewerbende Personen enthält.

b) Nimmt die stimmberechtigte Person Wahlvorschläge unverändert an, die insgesamt weniger sich bewerbende Personen enthalten, als ihr Stimmen zustehen, verzichtet sie auf ihre weiteren Stimmen.

5. a) Kennzeichnet die stimmberechtigte Person einen oder mehrere Wahlvorschläge in der Kopfleiste, gibt sie aber zugleich einzelnen sich bewerbenden Personen Stimmen, gilt die Kennzeichnung in der Kopfleiste nicht als Vergabe von Stimmen, wenn die stimmberechtigte Person durch die Einzelstimmvergabe ihre Gesamtstimmenzahl voll ausgenutzt hat. Hat sie ihre Gesamtstimmenzahl durch Einzelstimmvergabe nicht voll ausgenutzt und nur eine Kopfleiste gekennzeichnet, gilt die Kennzeichnung in der Kopfleiste als Vergabe der noch nicht ausgenutzten Reststimmen. Diese kommen den nicht gekennzeichneten sich bewerbenden Personen des in der Kopfleiste gekennzeichneten Wahlvorschlags in ihrer Reihenfolge von oben nach unten mit Ausnahme der von der stimmberechtigten Person gestrichenen sich bewerbenden Personen zugute; dabei werden auch mehrfach aufgeführte sich bewerbende Personen in dem Umfang berücksichtigt, in dem sie eine ihrer Mehrfachaufführung entsprechende Stimmenzahl durch Einzelstimmvergabe noch nicht erhalten haben.

b) Kennzeichnet die stimmberechtigte Person einen oder mehrere Wahlvorschläge in der Kopfleiste und streicht sie in den gekennzeichneten Wahlvorschlägen einzelne Personen, gilt dies als Einzelstimmvergabe für die nicht gestrichenen Personen.

c) Kennzeichnet die stimmberechtigte Person keinen oder mehr als einen Wahlvorschlag in der Kopfleiste und gibt sie einzelnen sich bewerbenden Personen weniger Stimmen, als ihr insgesamt zustehen, verzichtet sie damit auf ihre weiteren Stimmen.

§ 76 Stimmvergabe bei Mehrheitswahl

(1) Liegt nur ein gültiger Wahlvorschlag vor, kann die stimmberechtigte Person die auf dem Stimmzettel vorgedruckten sich bewerbenden Personen dadurch wählen, dass sie den Wahlvorschlag oder die Namen der sich bewerbenden Personen in eindeutig bezeichnender Weise kennzeichnet.

(2) Die stimmberechtigte Person kann Stimmen an andere wählbare Personen vergeben, indem sie diese in eindeutig bezeichnender Weise auf dem Stimmzettel handschriftlich hinzufügt.

(3) Will die stimmberechtigte Person häufeln, kennzeichnet sie die sich bewerbende oder handschriftlich hinzugefügte Person so, dass eindeutig ersichtlich ist, ob sie der Person zwei oder drei Stimmen geben will.

(4) [1]Nimmt die stimmberechtigte Person den Wahlvorschlag durch Kennzeichnung in der Kopfleiste unverändert an, vergibt sie ihre Stimmen in der Reihenfolge von oben nach unten an **ein- oder mehrfach aufgeführte** sich

bewerbende Personen. [2]Enthält der Wahlvorschlag weniger sich bewerbende Personen, als ihr Stimmen zustehen, verzichtet die stimmberechtigte Person auf ihre weiteren Stimmen.

(5) Kennzeichnet die stimmberechtigte Person den Wahlvorschlag in der Kopfleiste und streicht sie einzelne Personen, gilt dies als Einzelstimmvergabe für die nicht gestrichenen Personen.

(6) [1]Kennzeichnet die stimmberechtigte Person den Wahlvorschlag in der Kopfleiste, gibt sie aber zugleich einzelnen sich bewerbenden oder handschriftlich ergänzten Personen Stimmen, gilt die Kennzeichnung in der Kopfleiste nicht als Vergabe von Stimmen, wenn die stimmberechtigte Person durch die Einzelstimmvergabe ihre Gesamtstimmenzahl voll ausgenutzt hat. [2]Hat sie ihre Gesamtstimmenzahl durch Einzelstimmvergabe nicht voll ausgenutzt, gilt die Kennzeichnung in der Kopfleiste als Vergabe der noch nicht ausgenutzten Reststimmen. [3]Diese kommen den nicht gekennzeichneten sich bewerbenden Personen des Wahlvorschlags in ihrer Reihenfolge von oben nach unten mit Ausnahme der von der stimmberechtigten Person gestrichenen sich bewerbenden Personen zugute; **dabei werden auch mehrfach aufgeführte sich bewerbende Personen in dem Umfang berücksichtigt, solange sie eine ihrer Mehrfachaufführung entsprechende Stimmenzahl durch Einzelstimmvergabe noch nicht erhalten haben.**

(7) Liegt kein gültiger Wahlvorschlag vor, vergibt die stimmberechtigte Person ihre Stimmen dadurch, dass sie wählbare Personen in eindeutig bezeichnender Weise auf dem Stimmzettel handschriftlich einträgt.

Abschnitt V
Stimmvergabe bei der Wahl der ersten Bürgermeisterin, des ersten Bürgermeisters, der Landrätin und des Landrats

§ 77 Stimmvergabe

(1) [1]Liegen mehrere Wahlvorschläge vor, kann die stimmberechtigte Person nur eine der vorgedruckten sich bewerbenden Personen wählen. [2]Sie kennzeichnet dazu die sich bewerbende Person in eindeutig bezeichnender Weise. [3]Streichungen gelten nicht als Stimmvergabe an nicht gestrichene sich bewerbende Personen.

(2) [1]Liegt nur ein Wahlvorschlag vor, kann die stimmberechtigte Person die vorgedruckte sich bewerbende Person dadurch wählen, dass sie diese in eindeutig bezeichnender Weise kennzeichnet. [2]Eine andere wählbare Person kann sie dadurch wählen, dass sie diese in eindeutig bezeichnender Weise auf dem Stimmzettel handschriftlich einträgt.

(3) Liegt kein Wahlvorschlag vor, vergibt die stimmberechtigte Person ihre Stimme dadurch, dass sie eine wählbare Person in eindeutig bezeichnender Weise auf dem Stimmzettel handschriftlich einträgt.

§ 78 Stichwahl

(1) [1]Der Wahlausschuss stellt für die Stichwahl unverzüglich die Namen der beiden Personen und die auf sie entfallenen Stimmen fest. [2]Im Anschluss daran hat die Wahlleiterin oder der Wahlleiter unverzüglich den Inhalt dieser Feststellungen und den Termin der Stichwahl bekannt zu machen. [3]Gleichzeitig verständigt sie oder er die an der Stichwahl teilnehmenden Personen und weist darauf hin, unter welchen Voraussetzungen sie vor der Stichwahl zurücktreten können und dass die Rücktrittserklärung bis zum Ablauf des zweiten Tags nach dem Wahltag bei der Wahlleiterin oder dem Wahlleiter eingegangen sein muss.

(2) Die Wahlorgane, die bei der ersten Wahl gebildet wurden, sind auch für die Stichwahl zuständig.

Sechster Teil
Ermittlung und Feststellung des Wahlergebnisses

Abschnitt 1
Ermittlung des Ergebnisses

§ 79 Ermittlung des Abstimmungsergebnisses durch den Wahlvorstand

(1) [1]Der Wahlvorstand ermittelt das Abstimmungsergebnis für den Stimmbezirk in nachstehender Reihenfolge:

1. Stimmen für die Wahl der ersten Bürgermeisterin oder des ersten Bürgermeisters,
2. Stimmen für die Wahl der Landrätin oder des Landrats,
3. Stimmen für die Wahl der Gemeinderatsmitglieder,
4. Stimmen für die Wahl der Kreisrätinnen und Kreisräte.

[2]Die Wahlvorsteherin oder der Wahlvorsteher kann, wenn hinsichtlich der Richtigkeit der Ermittlung des Abstimmungsergebnisses keine Bedenken bestehen, Arbeitsgruppen bilden, die bei der Auszählung der Stimmen nach Wahlvorschlägen einzuteilen sind.

(2) [1]Das Abstimmungsergebnis wird im Abstimmungsraum ermittelt. [2]Wird zur Auszählung der Stimmzettel eine Datenverarbeitungsanlage eingesetzt,

kann die Gemeinde bestimmen, dass der Wahlvorstand das Abstimmungsergebnis in einem anderen Raum ermittelt und feststellt.

(3) [1]Mit der Ermittlung des Abstimmungsergebnisses ist **vorbehaltlich einer Anordnung nach Art. 19 Abs. 1 Satz 2 GLKrWG** unmittelbar nach Schluss der Abstimmung zu beginnen. [2]Am Wahlabend ist zumindest das Ergebnis der Bürgermeister- und der Landratswahl zu ermitteln und festzustellen. [3]Kann das gesamte Abstimmungsergebnis nicht für alle Wahlen am Wahlabend ermittelt und festgestellt werden, ist der Zählvorgang am Tag nach der Wahl fortzusetzen. **[4]Die Gemeinde kann in diesem Fall bestimmen, dass der Wahlvorstand das Abstimmungsergebnis am Tag nach der Wahl in einem anderen Raum ermittelt und feststellt.**

(4) [1]Wird das Abstimmungsergebnis nach dem Wahltag oder an einem anderen Ort ermittelt und festgestellt, sind die Wahlunterlagen samt den Stimmzetteln bis dahin vom Wahlvorstand in der verschlossenen Wahlurne zu belassen oder zu verpacken, zu versiegeln und unter Verschluss zu verwahren. [2]Die Wahlvorsteherin oder der Wahlvorsteher hat in diesen Fällen Zeit und Ort der Ermittlung und der Feststellung des Abstimmungsergebnisses bekannt zu geben und hierauf im Eingangsbereich des Abstimmungsraums durch Anschlag unverzüglich hinzuweisen. [3]Werden diese Unterlagen an einen anderen Ort gebracht, müssen sie von mindestens zwei Mitgliedern des Wahlvorstands, darunter die Wahlvorsteherin oder der Wahlvorsteher oder ihre Stellvertretung, begleitet werden.

§ 79a Zählung der Stimmzettel aus der Urnenwahl

(1) [1]Nach dem Schluss der Abstimmung und vor dem Öffnen der Wahlurne sind alle nicht benutzten Stimmzettel von den Tischen, an denen das Ergebnis ermittelt werden soll, zu entfernen und zu verpacken. [2]Hierauf wird die Wahlurne geleert.

(2) Die Stimmzettel werden gezählt; die Zahl ist in der Niederschrift zu vermerken.

(3) [1]Die Zahl der Stimmzettel wird anschließend mit der Zahl der Stimmabgabevermerke und der eingenommenen Wahlscheine, für jede Abstimmung gesondert, verglichen. [2]Ergibt sich dabei auch nach wiederholter Zählung eine Abweichung, ist dies in der Niederschrift zu vermerken und, soweit möglich, zu erläutern.

§ 79b Zählung und Prüfung der Stimmzettelumschläge der Briefwahl

(1) Nachdem die letzten Stimmzettelumschläge **der rechtzeitig eingegangenen Wahlbriefe** in die Briefwahlurne gelegt worden sind, wird diese nach Ablauf der Abstimmungszeit geöffnet.

(2) Die Stimmzettelumschläge werden ungeöffnet gezählt; die Zahl ist in der Niederschrift zu vermerken.

(3) Ergibt sich dabei auch nach wiederholter Zählung eine Abweichung von der Zahl der eingenommenen Wahlscheine, ist das in der Niederschrift zu vermerken und, soweit möglich, zu erläutern.

(4) [1]Dann werden die Stimmzettelumschläge geöffnet und die Stimmzettel entnommen. [2]Enthält ein Stimmzettelumschlag keinen Stimmzettel oder bei verbundenen Wahlen nicht für jede Wahl einen Stimmzettel, wird dies auf dem Stimmzettelumschlag und in der Niederschrift vermerkt und der fehlende Stimmzettel als ungültige Stimmabgabe gewertet. [3]Enthält ein Stimmzettelumschlag Stimmzettel, bei denen laut Vermerk auf dem Stimmzettelumschlag das Stimmrecht nicht gegeben ist, sind diese nicht zu entfalten, sondern auszusondern; die Zahl der ausgesonderten Stimmzettel ist in der Niederschrift zu vermerken. [4]Finden mehrere Wahlen statt, sind die Stimmzettel, mit Ausnahme der Stimmzettel für die Wahl, deren Ergebnis zuerst zu ermitteln ist, in die Urnen für die anderen Wahlen zu legen.

§ 79c Ablauf bei der Auswertung mehrerer Wahlurnen für dieselbe Wahl

(1) Hat ein Wahlvorstand oder Briefwahlvorstand mehrere Wahlurnen für dieselbe Wahl auszuwerten, öffnet er zunächst die übergebenen Wahlurnen.

(2) [1]Ergibt auch die wiederholte Zählung nach § 79 a eine Abweichung von der in der Mitteilung des übergebenden Wahlvorstandes angegebenen Zahl der laut Stimmabgabevermerk abgegebenen Stimmen mit der Zahl der Stimmzettel, ist das in der Niederschrift zu vermerken und, soweit möglich, zu erläutern. [2]Ergibt auch die wiederholte Zählung nach § 79 b eine Abweichung von der in der Mitteilung des übergebenden Wahlvorstandes angegebenen Zahl der Stimmzettelumschläge mit den eingenommenen Wahlscheinen, ist das in der Niederschrift zu vermerken und, soweit möglich, zu erläutern.

(3) [1]Wurden alle Wahlurnen geöffnet und nach § 79 a und § 79 b behandelt, werden alle Stimmzettel in eine gemeinsame Wahlurne gelegt, gemischt und zusammen ausgezählt. [2]Der Vorgang wird in der Niederschrift vermerkt.

§ 80 Zählung der Stimmberechtigten und der Wählerinnen und Wähler

[1]Die Zahl der Stimmberechtigten wird für jede Abstimmung anhand des Wählerverzeichnisses ermittelt. [2]Die Zahl der Personen, die gewählt haben, wird für jede Abstimmung aus den Stimmabgabevermerken im Wählerverzeichnis und auf den Wahlscheinen festgestellt.

§ 81 Auszählung der Stimmen für die Bürgermeister- und die Landratswahl

(1) [1]Die Stimmzettel werden auf ihre Gültigkeit geprüft und dann in folgenden Stapeln getrennt gelegt:
1. gültige Stimmzettel, geordnet nach Wahlvorschlägen,
2. Stimmzettel, die nicht gekennzeichnet sind,
3. Stimmzettel, die Anlass zu Bedenken geben.

[2]Stimmzettelumschläge aus der Briefwahl, die keinen Stimmzettel für die auszuzählende Wahl enthalten, werden zu Stapel 2 gelegt.

(2) Die Wahlvorsteherin oder der Wahlvorsteher prüft zuerst die nicht gekennzeichneten Stimmzettel, sagt jeweils an, dass die Stimme ungültig ist, und legt sie auf einen gesonderten Stapel.

(3) [1]Der Wahlvorstand beschließt dann über die Gültigkeit von Stimmzetteln, die gekennzeichnet sind und Anlass zu Bedenken geben. [2]Die Wahlvorsteherin oder der Wahlvorsteher vermerkt auf der Rückseite des Stimmzettels mit Unterschrift, warum eine Stimmvergabe für ungültig oder für gültig erklärt wurde. [3]Die Stimmzettel sind daraufhin gesondert zu den Stapeln nach Abs. 1 Satz 1 Nr. 1 oder Abs. 2 zu legen.

(4) [1]Anschließend ermitteln zwei Beisitzer unter Aufsicht der Wahlvorsteherin oder des Wahlvorstehers oder ihrer Stellvertretung unabhängig voneinander durch Zählen der nach Wahlvorschlägen geordneten gültigen Stimmzettel die Zahl der für die einzelnen Wahlvorschläge abgegebenen Stimmen. [2]Stimmt das Ergebnis dieser beiden Zählungen nicht überein, ist der Zählvorgang zu wiederholen. [3]Es ist auch während der Zählvorgänge darauf zu achten, dass die Stimmzettel nach Wahlvorschlägen getrennt richtig gelegt sind. [4]Außerdem ist die Zahl der ungültigen Stimmzettel zu ermitteln. [5]Das Ergebnis ist in der Niederschrift zu vermerken.

(5) [1]Die Wahlvorsteherin oder der Wahlvorsteher vergleicht die nach Abs. 4 ermittelten und in der Wahlniederschrift vermerkten Zahlen der insgesamt abgegebenen gültigen und ungültigen Stimmen mit den nach § 80 festgestellten Zahlen über die Stimmabgabevermerke. [2]Abweichungen sind sofort aufzuklären.

(6) [1]Wird zur Auszählung der Stimmzettel eine Datenverarbeitungsanlage eingesetzt, kann auf die Bildung von Stapeln verzichtet werden. [2]An Stelle des Vermerks auf der Rückseite des Stimmzettels kann ein Ausdruck darüber erstellt werden, warum die Stimmvergabe für ungültig oder für gültig erklärt wurde, wenn eine eindeutige Zuordnung zum jeweiligen Stimmzettel gewährleistet ist. [3]Der Ausdruck ist von der Wahlvorsteherin oder dem Wahlvorsteher zu unterzeichnen. [4]Die Wahlvorsteherin oder der Wahlvorsteher oder ihre Stellvertretung überwacht, dass die Stimmen ordnungsgemäß erfasst werden. [5]Das Zählen nach Abs. 4 Sätze 1 bis 3 entfällt.

(7) Gibt es für die Bürgermeister- oder Landratswahl nur einen Wahlvorschlag, kann die Wahlleiterin oder der Wahlleiter vorab festlegen, dass die Stimmzettel für handschriftlich hinzugefügte Personen, auf die jeweils nicht mehr als zehn Stimmen abgegeben worden sind,
1. **gesammelt und ohne Namensnennung erfasst werden können und**
2. **wenn sie Anlass zu Bedenken geben, als gültig zu behandeln sind, sofern sie nicht offensichtlich ungültig sind.**

§ 82 Auszählung der Stimmen für die Gemeinderats- und die Kreistagswahl

(1) [1]Zur Feststellung der Stimmen für die Wahl der Gemeinderatsmitglieder und der Kreisrätinnen und Kreisräte sind jeweils Zähllisten zu führen. [2]Die Listen sind von den Personen, die die Listen führen, und der Wahlvorsteherin oder dem Wahlvorsteher zu unterzeichnen.

(2) [1]Die Stimmzettel werden auf ihre Gültigkeit geprüft und dann in folgenden Stapeln getrennt gelegt:
1. nach Wahlvorschlägen geordnete Stimmzettel, auf denen nur ein Wahlvorschlag unverändert gekennzeichnet wurde,
2. nach Wahlvorschlägen geordnete Stimmzettel, die innerhalb nur eines Wahlvorschlags verändert gekennzeichnet wurden,
3. Stimmzettel, auf denen verschiedene Wahlvorschläge verändert gekennzeichnet wurden,
4. Stimmzettel, die nicht gekennzeichnet sind,
5. Stimmzettel, die Anlass zu Bedenken geben.

[2]Stimmzettelumschläge aus der Briefwahl, die keinen Stimmzettel für die auszuzählende Wahl enthalten, werden zu Stapel 4 gelegt.

(3) Die Wahlvorsteherin oder der Wahlvorsteher prüft zuerst die nicht gekennzeichneten Stimmzettel, sagt jeweils an, dass die Stimme ungültig ist, und legt sie auf einen gesonderten Stapel.

GLKrWO

(4) [1]Der Wahlvorstand beschließt dann über die Gültigkeit von Stimmzetteln, die gekennzeichnet sind und Anlass zu Bedenken geben. [2]Die Wahlvorsteherin oder der Wahlvorsteher vermerkt auf der Rückseite des Stimmzettels mit Unterschrift, warum eine Stimmvergabe für ungültig oder für gültig erklärt wurde. [3]Die Stimmzettel sind daraufhin gesondert zu den Stapeln nach Abs. 2 Satz 1 Nrn. 1 bis 3 oder Abs. 3 zu legen.

(5) [1]Anschließend ermitteln zwei Beisitzer unter Aufsicht der Wahlvorsteherin oder des Wahlvorstehers oder ihrer Stellvertretung unabhängig voneinander die Zahl der nach Wahlvorschlägen geordneten gültigen Stimmzettel, auf denen nur ein Wahlvorschlag unverändert gekennzeichnet wurde, getrennt nach den einzelnen Wahlvorschlägen. [2]Dabei ist darauf zu achten, dass die Stimmzettel nach Wahlvorschlägen richtig gelegt sind. [3]Das Ergebnis wird für jeden Wahlvorschlag auf die Zähllisten in einer Summe übertragen.

(6) [1]Ein Beisitzer verliest bei den Stimmzetteln, die verändert gekennzeichnet wurden, welche Person wie viele Stimmen erhalten hat. [2]Ein weiterer Beisitzer streicht jede aufgerufene Stimme sofort beim Verlesen in der jeweiligen Zählliste ab und wiederholt den Aufruf. [3]Die Wahlvorsteherin oder der Wahlvorsteher oder ihre Stellvertretung überwacht, dass die Zählliste ordnungsgemäß geführt wird.

(7) [1]Auszählvermerke dürfen auf den Stimmzetteln nur außerhalb der für die Stimmvergabe vorgesehenen Umrandungen und nur mit einem Zählstift vorgenommen werden, der sich farblich eindeutig von den für die Stimmvergabe verwendeten Schreibstiften unterscheidet. [2]Sonstige Änderungen auf den Stimmzetteln sind unzulässig.

(8) [1]Zwei Beisitzer ermitteln unabhängig voneinander in der Zählliste die Gesamtsumme der für jede sich bewerbende Person abgegebenen Stimmen. [2]Außerdem ist die Zahl der ungültigen Stimmzettel zu ermitteln. [3]Das Ergebnis ist in der Niederschrift zu vermerken.

(9) [1]Wird zur Auszählung der Stimmzettel eine Datenverarbeitungsanlage eingesetzt, kann auf die Bildung von Stapeln verzichtet werden. [2]An Stelle des Vermerks auf der Rückseite des Stimmzettels kann ein Ausdruck darüber erstellt werden, warum die Stimmvergabe für ungültig oder für gültig erklärt wurde, wenn eine eindeutige Zuordnung zum jeweiligen Stimmzettel gewährleistet ist. [3]Der Ausdruck ist von der Wahlvorsteherin oder dem Wahlvorsteher zu unterzeichnen. [4]Zähllisten können in elektronischer Form geführt werden. [5]Die Wahlvorsteherin oder der Wahlvorsteher oder ihre Stellvertretung überwacht, dass die Stimmen ordnungsgemäß erfasst

werden. [6]Die Zähllisten sind auszudrucken und von der Wahlvorsteherin oder dem Wahlvorsteher und von **allen Personen, die mit der Stimmenerfassung betraut waren**, zu unterzeichnen.

Abschnitt II
Ungültigkeit der Stimmvergabe

§ 83 Ungültigkeit der Stimmvergabe bei allen Wahlen

(1) Ungültig ist die Stimmvergabe, wenn der Stimmzettel

1. nicht amtlich hergestellt **oder für einen anderen Wahlkreis gültig** ist,

2. nicht gekennzeichnet ist oder bei der Briefwahl in einem Stimmzettelumschlag für die auszuzählende Wahl fehlt,

3. ein besonderes Merkmal aufweist**, einen Zusatz oder Vorbehalt enthält**.

(2) Die Stimmvergabe ist außerdem insoweit ungültig, als

1. der Wille der abstimmenden Person nicht zweifelsfrei zu erkennen ist,
2. Stimmen an nicht wählbare Personen vergeben wurden; soweit sich bewerbende Personen auf dem Stimmzettel aufgeführt sind, haben der Wahlvorstand und der Briefwahlvorstand von deren Wählbarkeit auszugehen.

(3) [1]**Sind bei der Briefwahl mehrere** gleichartige Stimmzettel **in einem Stimmezettelumschlag enthalten,** gelten **sie** als ein Stimmzettel, **wenn sie gleich lauten oder nur einer von ihnen gekennzeichnet ist.** [2]Wenn sie verschieden gekennzeichnet sind, **zählen sie als ein Stimmzettel mit einer ungültigen Stimme.**

(4) Werden Stimmzettel nicht an der dafür vorgesehenen Stelle gekennzeichnet, wird die Stimmvergabe nur insoweit ungültig, als der Wille der abstimmenden Person nicht mit Bestimmtheit zu ermitteln ist.

§ 84 Ungültigkeit der Stimmvergabe für die Bürgermeister- und Landratswahl

Die Stimmvergabe für die Wahl der ersten Bürgermeisterin oder des ersten Bürgermeisters und für die Wahl der Landrätin oder des Landrats ist ungültig, wenn Stimmen an mehr als eine Person vergeben wurden.

§ 85 Ungültigkeit der Stimmvergabe bei Verhältniswahl

Die Stimmvergabe für die Wahl der Gemeinderatsmitglieder und der Kreisrätinnen und Kreisräte ist bei Verhältniswahl ungültig,

1. wenn mehr als ein Wahlvorschlag in der Kopfleiste gekennzeichnet und dadurch die Gesamtstimmenzahl überschritten wurde, hinsichtlich der unveränderten Annahme von Wahlvorschlägen,
2. wenn bei Einzelstimmvergabe die zur Verfügung stehende Gesamtstimmenzahl überschritten wurde,
3. soweit eine sich bewerbende Person mehr als drei Stimmen erhalten hat, hinsichtlich der weiteren Stimmen für diese Person; Nrn. 1 und 2 bleiben unberührt.

§ 86 Ungültigkeit der Stimmvergabe bei Mehrheitswahl

Die Stimmvergabe für die Wahl der Gemeinderatsmitglieder und der Kreisrätinnen und Kreisräte ist bei Mehrheitswahl ungültig,

1. wenn die zur Verfügung stehende Gesamtstimmenzahl überschritten wurde,

2. soweit eine sich bewerbende Person mehr als **dreimal** auf dem Stimmzettel benannt wurde oder mehr als **drei Stimmen** erhalten hat, hinsichtlich der weiteren Stimmen für diese Person; Nr. 1 bleibt unberührt.

Abschnitt III
Feststellung des Ergebnisses

§ 87 Feststellung des Abstimmungsergebnisses

(1) Nach Auswertung aller Stimmzettel stellt der Wahlvorstand **und der Briefwahlvorstand** fest:

1. für die Wahl der ersten Bürgermeisterin oder des ersten Bürgermeisters und der Landrätin oder des Landrats
   - die Zahl der für die einzelnen Personen abgegebenen gültigen Stimmen,
   - **im Falle des § 81 Abs. 7 die Zahl der für mehrere Personen gesammelt erfassten abgegebenen gültigen Stimmen,**
   - die Zahl der insgesamt abgegebenen gültigen Stimmen,
2. für die Wahl des Gemeinderats und des Kreistags
   a) bei Verhältniswahl
      - die Zahl der für die einzelnen Personen abgegebenen gültigen Stimmen,
      - die Zahl der auf die einzelnen Wahlvorschläge insgesamt entfallenen gültigen Stimmen,

   b) bei Mehrheitswahl
      - die Zahl der für die einzelnen Personen abgegebenen gültigen Stimmen.

(2) [1]Nach Feststellung des Abstimmungsergebnisses verkündet die Wahlvorsteherin oder der Wahlvorsteher, **die Briefwahlvorsteherin oder der Briefwahlvorsteher** diese Zahlen. [2]Anschließend wird die Niederschrift abgeschlossen. [3]Wird eine Datenverarbeitungsanlage verwendet, kann auch die Wahlleiterin oder der Wahlleiter die nach Abs. 1 ermittelten Zahlen verkünden. [4]Die nicht beschlussmäßig behandelten gültigen Stimmzettel und die nicht gekennzeichneten Stimmzettel sind getrennt zu verpacken und zu versiegeln.

§ 88 Schnellmeldungen

(1) Die Wahlvorstände und die Briefwahlvorstände melden das von ihnen festgestellte Stimmergebnis für die Wahl der ersten Bürgermeisterin oder des ersten Bürgermeisters und der Landrätin oder des Landrats der Gemeinde.

(2) Die kreisangehörigen Gemeinden fassen die Stimmergebnisse aller Stimmbezirke und der Briefwahlvorstände zu einem Gemeindeergebnis zusammen und melden dieses

1. bei der Wahl der ersten Bürgermeisterin oder des ersten Bürgermeisters dem Landratsamt, Gemeinden mit mehr als 10 000 Einwohnerinnen und Einwohnern zusätzlich an das Landesamt für Statistik,
2. bei der Wahl der Landrätin oder des Landrats und des Kreistags an die Wahlleiterin oder den Wahlleiter für die Landkreiswahlen.

(3) Die Landratsämter fassen die von den Gemeinden gemeldeten Ergebnisse zu einem Landkreisergebnis zusammen und melden an das Landesamt für Statistik

1. die Ergebnisse der Wahl der Landrätin oder des Landrats und des Kreistags und
2. die zusammengefassten Ergebnisse der Wahl der ersten Bürgermeisterinnen und ersten Bürgermeister aller kreisangehörigen Gemeinden des Landkreises.

(4) Die kreisfreien Gemeinden melden die Ergebnisse der Wahl der Oberbürgermeisterin oder des Oberbürgermeisters und des Stadtrats an das Landesamt für Statistik.

(5) Die Einzelheiten legt das Landesamt für Statistik fest.

§ 89 Übersendung der Wahlunterlagen

(1) [1]Die Wahlvorsteherin oder der Wahlvorsteher übersendet bei Gemeindewahlen der Wahlleiterin oder dem Wahlleiter, bei Landkreiswahlen der Gemeinde

1. die Niederschrift,
2. die Zähllisten für alle Wahlvorschläge und
3. die beschlussmäßig behandelten Stimmzettel.

[2]Nahmen weniger als 50 Stimmberechtigte in einem Stimmbezirk an der Urnenwahl teil, übersendet die übergebende Wahlvorsteherin oder der übergebende Wahlvorsteher nur die Niederschrift. [3]Wurde in der Gemeinde nur ein Stimmbezirk gebildet, dessen Wahlvorstand mit der Übernahme der Geschäfte des Briefwahlvorstands beauftragt wurde, übersendet die Wahlvorsteherin oder der Wahlvorsteher zusätzlich
1. die zurückgewiesenen Wahlbriefe mit Inhalt,
2. die Wahlscheine, über die beschlossen wurde, ohne dass die Wahlbriefe zurückgewiesen wurden, und
3. die wegen fehlender Stimmberechtigung ausgesonderten Stimmzettel.

[4]Wenn Landkreiswahlen mit Gemeindewahlen verbunden sind, werden die zurückgewiesenen Wahlbriefe und die Wahlscheine, über die beschlossen wurde, ohne dass die Wahlbriefe zurückgewiesen wurden, der Niederschrift über eine Gemeindewahl beigefügt.

(2) [1]Die Briefwahlvorsteherin oder der Briefwahlvorsteher übersendet bei Gemeindewahlen der Wahlleiterin oder dem Wahlleiter, bei Landkreiswahlen der Gemeinde
1. die Niederschrift,
2. die Zähllisten für alle Wahlvorschläge,
3. die zurückgewiesenen Wahlbriefe mit Inhalt,
4. die Wahlscheine, über die beschlossen wurde, ohne dass die Wahlbriefe zurückgewiesen wurden,
5. die beschlussmäßig behandelten Stimmzettel und
6. die wegen fehlender Stimmberechtigung ausgesonderten Stimmzettel.

[2]Abs. 1 Satz 4 gilt entsprechend. [3]Hat der Briefwahlvorstand weniger als 50 Wahlbriefe zugelassen, übersendet die Briefwahlvorsteherin oder der Briefwahlvorsteher nur die in Satz 1 Nr. 1, 3 und 4 genannten Unterlagen.

(3) Alle übrigen Wahlunterlagen und Ausstattungsgegenstände werden der Gemeinde übersandt.

(4) Bei Landkreiswahlen sorgt die Gemeinde dafür, dass die Unterlagen nach Abs. 1 Satz 1 bis 3 und Abs. 2 Sätze 1 und 2 vollständig sind, und übersendet sie anschließend der Wahlleiterin oder dem Wahlleiter für die Landkreiswahlen.

§ 90 Vorbereitung der Feststellung und Verkündung des vorläufigen Wahlergebnisses

(1) [1]Die Wahlleiterin oder der Wahlleiter hat dafür zu sorgen, dass die Wahlunterlagen der Stimmbezirke und der Briefwahlvorstände sobald wie möglich bei ihr oder ihm vorliegen. [2]Die Feststellung des vorläufigen Wahlergebnisses wird in folgender Reihenfolge vorbereitet:
1. von der Wahlleiterin oder dem Wahlleiter für die Gemeindewahlen:
   a) für die Wahl der ersten Bürgermeisterin oder des ersten Bürgermeisters,
   b) für die Wahl des Gemeinderats,
2. von der Wahlleiterin oder dem Wahlleiter für die Landkreiswahlen:
   a) für die Wahl der Landrätin oder des Landrats,
   b) für die Wahl des Kreistags.

(2) Die Wahlleiterin oder der Wahlleiter ermittelt bei jeder Wahl für den Wahlkreis die Zahl
1. der Stimmberechtigten,
2. der Personen, die gewählt haben,
3. der insgesamt abgegebenen gültigen Stimmen,
4. der insgesamt abgegebenen ungültigen Stimmzettel,
5. der für jede Person abgegebenen gültigen Stimmen.

(3) [1]Für die Wahl der ersten Bürgermeisterin, des ersten Bürgermeisters, der Landrätin oder des Landrats ermittelt die Wahlleiterin oder der Wahlleiter außerdem,
1. ob die Person mit der höchsten Stimmenzahl mehr als die Hälfte der abgegebenen gültigen Stimmen erhalten hat und, wenn dies der Fall ist, welche Person damit zur ersten Bürgermeisterin, zum ersten Bürgermeister, zur Landrätin oder zum Landrat gewählt ist,
2. falls keine Person mehr als die Hälfte der abgegebenen gültigen Stimmen erhalten hat, die Personen, zwischen denen eine Stichwahl stattzufinden hat.

[2]Hängt die Durchführung der Stichwahl von der Gesamtzahl der nach § 81 Abs. 7 als gültig behandelten Stimmzettel ab, hat die Wahlleiterin oder der Wahlleiter anzuordnen, dass die Wahlvorstände und die Briefwahlvorstände diese Stimmzettel einzeln auswerten.

(4) Bei der Wahl des Gemeinderats oder des Kreistags ermittelt die Wahlleiterin oder der Wahlleiter außerdem
1. bei Verhältniswahl
   a) die auf die einzelnen Wahlvorschläge entfallenen Stimmen durch Zusammenzählen der Stimmen sämtlicher sich bewerbender Personen eines Wahlvorschlags,

GLKrWO

b) die auf die Wahlvorschläge entfallenden Sitze,
c) die Namen und die Reihenfolge der Gewählten und der Listennachfolger,

2. bei Mehrheitswahl
die Namen und die Reihenfolge der Gewählten und der Listennachfolger nach der Zahl der auf sie entfallenen Stimmen,
3. ob auf nicht wählbare Personen entfallene Stimmen bei der Sitzverteilung zu berücksichtigen sind.

(5) [1]Ist die Wahlleiterin oder der Wahlleiter der Auffassung, dass der Wahlvorstand das Abstimmungsergebnis oder der Briefwahlvorstand das Ergebnis der Briefwahl nicht richtig festgestellt hat, bereitet sie oder er die Berichtigung vor. [2]Soweit erforderlich, kann die Wahlleiterin oder der Wahlleiter veranlassen, dass hierzu der Wahlvorstand oder der Briefwahlvorstand einberufen wird, damit dieser das Ergebnis erneut ermittelt und feststellt.

(6) [1]Die Wahlleiterin oder der Wahlleiter hat das nach den Abs. 1 bis 5 ermittelte vorläufige Wahlergebnis unter dem Vorbehalt der Feststellung durch den Wahlausschuss in geeigneter Form gegenüber der Öffentlichkeit zu verkünden und dies zu dokumentieren. [2]Sie oder er muss vor dem Wahltag bekanntmachen, in welcher Form sie oder er das vorläufige Wahlergebnis gegenüber der Öffentlichkeit verkünden wird und, falls sie oder er mehrere Arten nutzen will, welche Verkündung für den Beginn der Frist nach Art. 47 Abs. 1 Satz 1 GLKrWG entscheidend ist.

§ 91 Losentscheid

[1]Falls ein Losentscheid erforderlich ist, betraut der Wahlausschuss durch Beschluss eines seiner Mitglieder mit der Herstellung, ein anderes mit der Ziehung des Loses; keines von beiden darf eine sich bewerbende Person sein. [2]Die sich bewerbenden Personen und das mit der Ziehung betraute Mitglied dürfen bei der Herstellung des Loses nicht anwesend sein. [3]Bei der Ziehung des Loses dürfen zwar die sich bewerbenden Personen, nicht jedoch das mit der Herstellung betraute Mitglied anwesend sein.

§ 92 Feststellung, Verkündung und Bekanntmachung des abschließenden Wahlergebnisses

(1) Die Wahlleiterin oder der Wahlleiter ermittelt,
1. bei welchen gewählten Personen die Wahl als angenommen gilt oder welche Personen die Wahl wirksam angenommen haben,
2. bei welchen dieser Personen Amtshindernisse vorliegen,
3. welche Person welches Amt erhält.

(2) Nach Abschluss der Ermittlungen beruft die Wahlleiterin oder der Wahlleiter den Wahlausschuss unverzüglich zu einer Sitzung ein, in der der Wahlausschuss das abschließende Wahlergebnis für den Wahlkreis feststellt.

(3) [1]Nach Abschluss der Feststellung durch den Wahlausschuss verkündet die Wahlleiterin oder der Wahlleiter das abschließende Wahlergebnis. [2]Dieses ist mit allen Feststellungen bekannt zu machen; das Gleiche gilt, wenn das Wahlergebnis von der Rechtsaufsichtsbehörde berichtigt worden ist. **[3]Die Anschrift wird nicht in die Bekanntmachung aufgenommen.**

§ 93 Anzeige und Vorlage an die Rechtsaufsichtsbehörde

[1]Das abschließende Wahlergebnis ist unverzüglich der Rechtsaufsichtsbehörde anzuzeigen. [2]Nach Bekanntmachung des abschließenden Wahlergebnisses sind sämtliche Wahlunterlagen mit Ausnahme der Wählerverzeichnisse, der Wahlscheinverzeichnisse, der Wahlscheine, der schriftlichen Wahlscheinanträge, der Verzeichnisse der für ungültig erklärten Wahlscheine, der Vollmachten für die Beantragung und die Abholung von Wahlscheinen, der Eintragungsscheine, der eingenommenen Wahlbenachrichtigungen, der nicht beschlussmäßig behandelten gültigen Stimmzettel und der nicht gekennzeichneten Stimmzettel der Rechtsaufsichtsbehörde zur Prüfung vorzulegen.

§ 94 Meldungen der Wahlergebnisse

(1) [1]Die Gemeinden und die Landkreise übermitteln dem Landesamt für Statistik die festgestellten Wahlergebnisse

1. bei der Wahl des Gemeinderats und des Kreistags mit der Anzahl der gewählten Frauen, jedoch ohne die Namen der gewählten Personen und der Listennachfolger,
2. bei der Wahl der ersten Bürgermeisterin, des ersten Bürgermeisters, der Landrätin und des Landrats mit Angabe des Familiennamens und des Vornamens, des Tags der Geburt, des Geschlechts, des Berufs, des Tags des ersten Amtsantritts sowie mit Angaben darüber, ob die erste Bürgermeisterin oder der erste Bürgermeister ehrenamtlich oder berufsmäßig tätig ist.

[2]Die Einzelheiten legt das Landesamt fest.

(2) [1]Das Landesamt für Statistik veröffentlicht die Wahlergebnisse; statt dem Tag der Geburt ist nur das Jahr der Geburt der ersten Bürgermeisterinnen und ersten Bürgermeister sowie der Landrätinnen und Landräte zu

GLKrWO

veröffentlichen. [2]Es übermittelt dem Staatsministerium des Innern, für Sport und Integration ein Verzeichnis mit den Angaben nach Abs. 1 Satz 1 Nr. 2.

Siebter Teil
Ablehnung der Wahl, Nachwahlen

§ 95 Ablehnung der Wahl, Ausscheiden

(1) [1]Die Erklärung, dass die Wahl abgelehnt wird, kann innerhalb der Frist nach Art. 47 Abs. 1 Satz 1 GLKrWG nur bis zur Entscheidung des Wahlausschusses über die Ablehnung widerrufen werden. [2]Hält der Wahlausschuss eine Ablehnung für unwirksam, hat er festzustellen, dass die Wahl als angenommen gilt. [3]Hält er die Annahme einer nicht auf Grund eines Wahlvorschlags gewählten Person für unwirksam, hat er festzustellen, dass die Wahl als abgelehnt gilt.

(2) [1]Ein zur ersten Bürgermeisterin oder zum ersten Bürgermeister gewähltes Gemeinderatsmitglied verliert sein Amt mit Beginn der Amtszeit als erste Bürgermeisterin oder als erster Bürgermeister. [2]Entsprechendes gilt für eine zur Landrätin gewählte Kreisrätin oder einen zum Landrat gewählten Kreisrat.

(3) Ist die Amtszeit der Wahlleiterin oder des Wahlleiters beendet, verständigt die erste Bürgermeisterin, der erste Bürgermeister, die Landräte oder der Landrat die Listennachfolger.

§ 96 Nachwahlen

(1) Wird die Nachwahl auf der Grundlage der zugelassenen Wahlvorschläge durchgeführt, sind sich bewerbende Personen, die von ihrer Bewerbung wirksam zurückgetreten sind oder die die Wählbarkeit nicht mehr besitzen, in den Stimmzettel nicht aufzunehmen; für sie rücken Ersatzleute nach.

(2) [1]Ist die Nachwahl auf die Abstimmung in einzelnen Stimmbezirken beschränkt, darf deren Einteilung nicht verändert werden. [2]Wahlberechtigte, die nicht in das Wählerverzeichnis für diese Stimmbezirke eingetragen sind, in denen die Nachwahl stattfindet, die aber mit Wahlschein in einem dieser Stimmbezirke gewählt haben, erhalten ebenfalls eine Wahlbenachrichtigung. [3]Wahlberechtigte, die bei der für ungültig erklärten Wahl einen Wahlschein erhalten haben, sind aus den Wählerverzeichnissen der betroffenen Stimmbezirke zu streichen, sofern sie ihre Stimme nicht mit

GLKrWO

Wahlschein in einem Abstimmungsraum eines dieser Stimmbezirke abgegeben haben.

(3) Ist die Nachwahl auf die Briefwahl **oder einzelne Briefwahlvorstände** beschränkt, ist zusätzlich für die Abstimmung mindestens ein Stimmbezirk zu bilden.

Achter Teil
Kostenerstattung, Bekanntmachungen, Wahlunterlagen

§ 97 Kostenerstattung durch den Landkreis

(1) [1]Der Erstattungsbetrag wird vom Landratsamt festgesetzt. [2]Dabei werden insbesondere die Kosten für folgende Leistungen berücksichtigt:
1. wenn eine Landkreiswahl nicht mit einer Gemeindewahl verbunden ist,
   a) Entschädigungen für Mitglieder der Wahlvorstände und der Briefwahlvorstände,
   b) Vergütungen für Dienstleistungen von in der Gemeinde beschäftigten Hilfskräften,
   c) Erstattungen und Ersatzleistungen nach Art. 53 GLKrWG,
   d) Anlegung der Wählerverzeichnisse,
   e) Bekanntmachungen der Gemeinde,
   f) Beschaffung und Versendung der Wahlbenachrichtigungen,
   g) Versendung der Wahlscheine und der für die Briefwahl beizufügenden Unterlagen,
   h) Freimachung der Wahlbriefumschläge,
   i) Beförderungsentgelte für nicht freigemachte Wahlbriefe,
   k) Unterrichtung der Wahlvorstände und der Briefwahlvorstände,
   l) Beschaffung und Auflegung von Unterstützungslisten;
2. wenn eine Landkreiswahl mit einer Gemeindewahl verbunden ist,
   a) Leistungen nach Nr. 1 Buchst. a bis k sowie für die Beschaffung und die Herstellung der Wahlscheine und der Briefwahlunterlagen zur Hälfte,
   b) Beschaffung von Unterstützungslisten für die Landkreiswahlen.

(2) Wenn der Landkreis von der Möglichkeit Gebrauch macht, die für die Landkreiswahlen den Gemeinden und den Verwaltungsgemeinschaften zu erstattenden Kosten nach einem festen Betrag je Person, die für die Landkreiswahl stimmberechtigt war, zu bemessen, werden die durchschnittlichen Kosten angesetzt.

§ 98 Bekanntmachungen

Soweit eine Bekanntmachung ohne nähere Verfahrensbestimmungen vorgeschrieben ist, erfolgt die Bekanntmachung

1. der Gemeinde und der Wahlleiterin oder des Wahlleiters für die Gemeindewahlen durch öffentlichen Anschlag am Rathaus und bei einer Gemeinde, die einer Verwaltungsgemeinschaft angehört, zusätzlich an der Geschäftsstelle der Verwaltungsgemeinschaft oder entsprechend den Vorschriften, die für die Bekanntmachung von Satzungen der Gemeinde gelten,
2. der Wahlleiterin oder des Wahlleiters für die Landkreiswahlen durch öffentlichen Anschlag am Landratsamt oder entsprechend den Vorschriften, die für die Bekanntmachung von Satzungen des Landkreises gelten.

§ 99 Sicherung der Wahlunterlagen

(1) Die Wahlunterlagen sind so zu verwahren, dass sie gegen Einsichtnahme durch Unbefugte geschützt sind.

(2) [1]Auskünfte aus Wählerverzeichnissen, Wahlscheinverzeichnissen und Verzeichnissen der für ungültig erklärten Wahlscheine dürfen nur Behörden, Gerichten und sonstigen amtlichen Stellen und nur dann erteilt werden, wenn sie für den Empfänger im Zusammenhang mit der Abstimmung erforderlich sind. [2]Ein solcher Anlass liegt insbesondere bei Verdacht von Wahlstraftaten, bei Wahlprüfungsangelegenheiten und bei wahlstatistischen Arbeiten vor.

(3) Mitglieder von Wahlorganen, Amtsträger und für den öffentlichen Dienst besonders Verpflichtete dürfen Auskünfte über Unterstützungsunterschriften für Wahlvorschläge nur Behörden, Gerichten und sonstigen amtlichen Stellen und nur dann erteilen, wenn die Auskunft zur Durchführung der Abstimmung oder eines Wahlprüfungsverfahrens oder zur Aufklärung des Verdachts einer Wahlstraftat erforderlich ist.

§ 100 Vernichtung der Wahlunterlagen

(1) Die eingenommenen Wahlbenachrichtigungen sind unverzüglich zu vernichten.

(2) [1]Wählerverzeichnisse, schriftliche Wahlscheinanträge, Vollmachten für die Beantragung und die Abholung von Wahlscheinen, Wahlscheinverzeichnisse, Verzeichnisse der für ungültig erklärten Wahlscheine, Unterstützungslisten für Wahlvorschläge sowie eingenommene Eintragungsscheine sind nach Ablauf von sechs Monaten seit der Abstimmung zu ver-

nichten. [2]Die Rechtsaufsichtsbehörde kann eine längere Verwahrungszeit anordnen, soweit diese Unterlagen für ein schwebendes Verfahren über die Wahlanfechtung, die Berichtigung oder die Ungültigerklärung der Wahl oder zur Ermittlung einer Wahlstraftat von Bedeutung sein können.

(3) [1]Die übrigen Wahlunterlagen können nach Ablauf der Wahlzeit oder der Amtszeit vernichtet werden. [2]Die Rechtsaufsichtsbehörde kann vorzeitig die Vernichtung der nicht beschlussmäßig behandelten gültigen Stimmzettel, der nicht gekennzeichneten Stimmzettel und der Wahlscheine zulassen, soweit sie nicht mehr für ein schwebendes Verfahren über die Wahlanfechtung, die Berichtigung oder die Ungültigerklärung der Wahl oder zur Ermittlung einer Wahlstraftat von Bedeutung sein können.

(4) Die Bestimmungen des Bayerischen Archivgesetzes bleiben unberührt.

Neunter Teil
Schlussbestimmungen

§ 101 Anlagen

[1]Die beiliegenden Anlagen sind Bestandteil dieser Verordnung. [2]Sie sind verbindlich, soweit sich aus der Verordnung nichts anderes ergibt. [3]Eine Abänderung der Bezeichnungen Gemeinde und erste Bürgermeisterin oder erster Bürgermeister entsprechend den Regelungen in der Gemeindeordnung ist zulässig.

§ 102 Inkrafttreten, Außerkrafttreten

(1) Diese Verordnung tritt am 1. Dezember 2006 in Kraft.

(2) Mit Ablauf des 30. November 2006 tritt die Wahlordnung für die Gemeinde- und die Landkreiswahlen (Gemeinde- und Landkreiswahlordnung – GLKrWO) vom 5. April 2000 (GVBl S. 213, BayRS 2021-1/2-1-I) außer Kraft.

§ 103 Übergangsregelung

Für Wahlen, die vor den allgemeinen Gemeinde- und Landkreiswahlen **2026** stattfinden, **sind § 15 Abs. 1 und 3, § 24 Abs. 1, § 34 Abs. 1, § 45 Abs. 1, § 46, § 75, § 76 und § 86 Nr. 3 in der bis zum Ablauf des 31. Oktober 2024 geltenden Fassung** anzuwenden.

Gemeinde
Verwaltungsgemeinschaft
Zutreffendes bitte ankreuzen ☒ oder in Druckschrift ausfüllen

BEKANNTMACHUNG

über das Recht auf Einsicht in das Wählerverzeichnis und die Erteilung von Wahlscheinen

für die Wahl ☐ **des Gemeinderats,** ☐ **der ersten Bürgermeisterin oder des ersten Bürgermeisters,**

☐ **des Kreistags,** ☐ **der Landrätin oder des Landrats**

am ______________

1. Das Wählerverzeichnis für die oben bezeichnete(n) Wahl(en)

☐ der Gemeinde ____________________

☐ der Stimmbezirke der Gemeinde ____________________

☐ wird in der Zeit vom ______________ bis ______________ (20. bis 16. Tag vor der Wahl)

☐ während der Dienststunden

☐ von ________ Uhr bis ________Uhr im/in

(Rathaus/Dienststelle: Anschrift, Zimmer-Nr.)[1)]

____

für Wahlberechtigte **zur Einsicht bereit gehalten.** Wahlberechtigte können die Richtigkeit oder Vollständigkeit der zu **ihrer** Person im Wählerverzeichnis eingetragenen Daten **überprüfen**. Die Richtigkeit oder Vollständigkeit der Daten von **anderen** im Wählerverzeichnis eingetragenen Personen können Wahlberechtigte nur überprüfen, wenn Tatsachen glaubhaft gemacht werden, aus denen sich eine Unrichtigkeit oder Unvollständigkeit des Wählerverzeichnisses ergeben kann. Das Recht zur Überprüfung besteht nicht hinsichtlich der Daten von Wahlberechtigten, für die im Melderegister eine **Auskunftssperre** gemäß § 51 Absatz 1 des Bundesmeldegesetzes eingetragen ist.

☐ Das Wählerverzeichnis wird im automatisierten Verfahren geführt; die Einsicht ist durch ein Datensichtgerät möglich.

2. **Wählen kann nur**, wer in das Wählerverzeichnis eingetragen ist **oder** einen Wahlschein hat.

Wer das Wählerverzeichnis für unrichtig oder unvollständig hält, kann innerhalb der oben genannten Einsichtsfrist Beschwerde einlegen. Die Beschwerde kann schriftlich oder durch Erklärung zur Niederschrift eingelegt werden.

3. Wahlberechtigte, die in das Wählerverzeichnis eingetragen sind, erhalten spätestens am ______________ (21. Tag vor der Wahl) eine **Wahlbenachrichtigung** samt Vordruck für einen Antrag auf Erteilung eines Wahlscheins. Wer keine Wahlbenachrichtigung erhalten hat, aber glaubt, wahlberechtigt zu sein, muss Beschwerde gegen das Wählerverzeichnis einlegen, andernfalls besteht die Gefahr, das Wahlrecht nicht ausüben zu können.

4. Wer in einem Wählerverzeichnis eingetragen ist und keinen Wahlschein besitzt, kann nur in dem Stimmbezirk abstimmen, in dem die Eintragung in das Wählerverzeichnis besteht.

5. Wer einen Wahlschein hat, kann das Stimmrecht ausüben

5.1. bei Gemeindewahlen durch Stimmabgabe in jedem Abstimmungsraum der Gemeinde, die den Wahlschein ausgestellt hat,

5.2. bei Landkreiswahlen durch Stimmabgabe in jedem Abstimmungsraum innerhalb des Landkreises; gilt der Wahlschein zugleich für Gemeindewahlen, kann die Stimmabgabe hierfür nur in dieser Gemeinde erfolgen,

5.3. durch Briefwahl.

6. Einen Wahlschein erhält auf Antrag

____

1) Für jeden Ort der Einsichtnahme ist anzugeben, ob er barrierefrei oder nicht barrierefrei ist. Wenn die Einsichtnahme an mehreren Stellen möglich ist, sind diese und die jeder Stelle zugeteilten Gemeindeteile oder die Nummern der Stimmbezirke angeben.

6.1 eine in das Wählerverzeichnis **eingetragene** wahlberechtigte Person.

Der Wahlschein kann bis zum Freitag, _______________, 15 Uhr

(Rathaus/Dienststelle: Anschrift, Zimmer-Nr.)

im/in ____

schriftlich, elektronisch oder mündlich **(nicht aber telefonisch)** beantragt werden. Wenn bei nachgewiesener plötzlicher Erkrankung der Wahlraum nicht oder nur unter unzumutbaren Schwierigkeiten aufgesucht werden kann, kann der Antrag noch bis zum Wahltag, 15 Uhr, gestellt werden.

6.2 eine **nicht** in das Wählerverzeichnis **eingetragene** wahlberechtigte Person, wenn

a) sie nachweist, dass sie ohne ihr Verschulden die Antragsfrist auf Aufnahme in das Wählerverzeichnis nach § 15 Abs. 6 Gemeinde- und Landkreiswahlordnung oder die Einspruchsfrist gegen das Wählerverzeichnis nach Art. 12 Abs. 3 Satz 1 Gemeinde- und Landkreiswahlgesetz (vgl. Nrn. 1 und 3) versäumt hat,
b) ihr Wahlrecht erst nach Ablauf der unter a) genannten Antrags- oder Beschwerdefristen entstanden ist,
c) ihr Wahlrecht im Beschwerdeverfahren festgestellt worden ist und sie nicht in ein Wählerverzeichnis eingetragen wurde.

Diese Wahlberechtigten können bei der in Nr. 6.1 bezeichneten Stelle den Antrag auf Erteilung eines Wahlscheins noch bis zum Wahltag, 15 Uhr, schriftlich, elektronisch oder mündlich **(nicht aber telefonisch)** stellen.

7. Wer den Antrag für eine andere Person stellt, muss durch Vorlage einer **schriftlichen Vollmacht** nachweisen, dass sie oder er dazu berechtigt ist. Kann eine wahlberechtigte Person infolge einer Behinderung weder den Wahlschein selbst beantragen noch einem Dritten eine Vollmacht erteilen, darf sie sich der Unterstützung einer Person ihres Vertrauens bedienen. Diese hat unter Angabe ihrer Personalien glaubhaft zu machen, dass die Antragstellung dem Willen der wahlberechtigten Person entspricht.

8. Mit dem Wahlschein erhält die wahlberechtigte Person

a) je einen Stimmzettel für jede oben bezeichnete Wahl,
b) einen Stimmzettelumschlag für alle Stimmzettel,
c) einen roten Wahlbriefumschlag mit der Anschrift, an die der Wahlbrief zu übersenden ist,
d) ein Merkblatt für die Briefwahl.

Wahlschein und Briefwahlunterlagen werden übersandt oder amtlich überbracht. Verlorene Wahlscheine werden nicht ersetzt. Versichert eine wahlberechtigte Person glaubhaft, dass ihr der beantragte Wahlschein nicht zugegangen ist, kann ihr bis zum Tag vor der Wahl, 12 Uhr, ein neuer Wahlschein erteilt werden.

9. Wahlschein und Briefwahlunterlagen können auch durch die Wahlberechtigten persönlich abgeholt werden. An **andere Personen** können diese Unterlagen nur ausgehändigt werden, wenn die Berechtigung zur Empfangnahme durch Vorlage einer schriftlichen **Vollmacht** und einen amtlichen Ausweis nachgewiesen wird und die bevollmächtigte Person nicht mehr als **vier Wahlberechtigte** vertritt; dies hat sie der Gemeinde vor dem Empfang der Unterlagen schriftlich zu versichern. Die bevollmächtigte Person muss bei Abholung der Unterlagen das 16. Lebensjahr vollendet haben; auf Verlangen hat sie sich auszuweisen. Kann eine wahlberechtigte Person infolge einer Behinderung weder die Unterlagen selbst abholen noch einem Dritten eine Vollmacht erteilen, darf sie sich der Hilfe einer Person ihres Vertrauens bedienen. Diese hat unter Angabe ihrer Personalien glaubhaft zu machen, dass sie entsprechend dem Willen der wahlberechtigten Person handelt.

10. Eine wahlberechtigte Person, die des Lesens unkundig oder wegen einer Behinderung an der Abgabe ihrer Stimme gehindert ist, kann sich zur Stimmabgabe der Hilfe einer anderen Person bedienen. Die Hilfsperson muss das 16. Lebensjahr vollendet haben. Die Hilfeleistung ist auf technische Hilfe bei der Kundgabe einer von der stimmberechtigten Person selbst getroffenen und geäußerten Wahlentscheidung beschränkt. **Unzulässig ist eine Hilfeleistung, die unter missbräuchlicher Einflussnahme erfolgt, die selbstbestimmte Willensbildung oder Entscheidung der wahlberechtigten Person ersetzt oder verändert oder wenn ein Interessenkonflikt der Hilfsperson besteht.** Die Hilfsperson ist zur Geheimhaltung der Kenntnisse verpflichtet, die sie bei der Hilfeleistung von der Wahl einer anderen Person erlangt hat.

11. Bei der Briefwahl müssen die Wahlberechtigten dafür sorgen, dass der Wahlbrief, in dem sich der Wahlschein und der verschlossene Stimmzettelumschlag (mit den jeweils zugehörigen Stimmzetteln) befinden, bei der auf dem Wahlbriefumschlag angegebenen Stelle **spätestens** am **Wahltag bis 18 Uhr** eingeht.

Nähere Hinweise darüber, wie die Briefwahl auszuüben ist, ergeben sich aus dem Merkblatt für die Briefwahl.

Datum ______________________ Unterschrift ______________________

Angeschlagen am: ______________________ abgenommen am: ______________________

(Amtsblatt, Zeitung)

Veröffentlicht am: ______________________ im/in ______________________

GLKrWO

Verlorene Wahlscheine werden nicht ersetzt!

Gemeinde
Verwaltungsgemeinschaft
Zutreffendes bitte ankreuzen ☒ oder in Druckschrift ausfüllen

WAHLSCHEIN
für die *)

Stimmabgabevermerk
(nicht von Wählenden auszufüllen)

☐	**Gemeinderatswahl**	☐
☐	**Bürgermeisterwahl**	☐
☐	**Kreistagswahl**	☐
☐	**Landratswahl**	☐

am

Wahlschein Nr.
Wählerverzeichnis Nr.
☐ Wahlschein nach § 22 Abs. 2 GLKrWO

Die/Der obengenannte Wahlberechtigte

wohnhaft in (Straße, Haus-Nr., PLZ, Ort) - **Nur ausfüllen, wenn Versandanschrift nicht mit der Wohnung übereinstimmt -**	geboren am

kann mit diesem Wahlschein an der Wahl teilnehmen

1. gegen Abgabe des Wahlscheins und unter Vorlage des Personalausweises, bei ausländischen Unionsbürgerinnen/Unionsbürgern unter Vorlage eines Identitätsausweises, oder des Reisepasses durch **Stimmabgabe**
   a) bei der **Gemeinderatswahl** und bei der **Bürgermeisterwahl** in jedem **Abstimmungsraum der Gemeinde**
   b) bei der **Kreistagswahl** und bei der **Landratswahl** in jedem **Abstimmungsraum innerhalb des Landkreises; gilt der Wahlschein zugleich für Gemeindewahlen, kann die Stimmabgabe hierfür nur in dieser Gemeinde erfolgen**

   o d e r
2. durch **Briefwahl**.

Datum	(Dienstsiegel)	Unterschrift der/des mit der Erteilung des Wahlscheins beauftragten Bediensteten (kann bei automatischer Erstellung des Wahlscheins entfallen)

Bitte nicht abschneiden, sonst ist der Wahlschein ungültig!

Wichtiger Hinweis für Briefwählerinnen und Briefwähler!

Bitte nachfolgende Erklärung **vollständig ausfüllen und unterschreiben.**
Dann den Wahlschein in den **roten** Wahlbriefumschlag stecken.

Versicherung an Eides statt zur Briefwahl[1]

Ich versichere der mit der Durchführung der Briefwahl betrauten Gemeinde an Eides statt, dass ich die beigefügten Stimmzettel

persönlich gekennzeichnet habe

oder als **Hilfsperson**[2] gemäß dem erklärten Willen der Wählerin/des Wählers gekennzeichnet habe.

X Datum	**X** Datum
X Unterschrift der **wählenden Person** (Vor- und Familienname)	**X** Unterschrift der **Hilfsperson** (Vor- und Familienname)
	Weitere Angaben der Hilfsperson in Blockschrift
	Vor- und Familienname
	Straße, Haus-Nr.
	PLZ, Wohnort

[1] Auf die **Strafbarkeit einer falsch abgegebenen Versicherung an Eides statt nach § 156 Strafgesetzbuch (StGB)** wird hingewiesen.

[2] Wahlberechtigte, die des Lesens unkundig oder wegen einer Behinderung gehindert sind, den Stimmzettel zu kennzeichnen, können sich der Hilfe einer anderen Person bedienen. Die Hilfeleistung ist auf **technische Hilfe** bei der Kundgabe einer von der wahlberechtigten Person **selbst getroffenen und geäußerten Wahlentscheidung beschränkt**. **Unzulässig** ist eine Hilfeleistung, die unter **missbräuchlicher Einflussnahme** erfolgt, die **selbstbestimmte Willensbildung oder Entscheidung der wahlberechtigten Person ersetzt oder verändert oder wenn ein Interessenkonflikt der Hilfsperson besteht.** Die Hilfsperson muss das 16. Lebensjahr vollendet haben. Sie hat die „Versicherung an Eides statt zur Briefwahl" zu unterzeichnen. Außerdem ist die Hilfsperson zur Geheimhaltung der Kenntnisse verpflichtet, die sie durch die Hilfeleistung erlangt hat. Auf die **Strafbarkeit** einer im Rahmen zulässiger Assistenz entgegen der Wahlentscheidung der wahlberechtigten Person oder ohne eine geäußerte Wahlentscheidung der wahlberechtigten Person erfolgten Stimmabgabe wird hingewiesen.

Hinweis für die Herstellung des Wahlscheins:
*) Die Kennzeichnung der betreffenden Wahl mittels Ankreuzen kann durch alleinigen Aufdruck der betreffenden Wahl einschließlich des Kästchens für den Stimmabgabevermerk ersetzt werden.

Stimmzettelmuster für die Wahl des Gemeinderats, *
wenn mehrere gültige Wahlvorschläge vorliegen

Die Farbe ist weiß oder weißlich. Sind Wahlen verbunden, bestimmt das Landratsamt die Farbe.

Jede Wählerin und jeder Wähler hat ______ [1] Stimmen.
Keine Bewerberin und kein Bewerber darf mehr als 3 Stimmen erhalten, auch dann nicht, wenn sie oder er mehrfach aufgeführt sind.[2]

(Aufdruck des Gemeindesiegels)

Stimmzettel
zur Wahl des Gemeinderats in ______________________ [3]
am ______________

○	Wahlvorschlag Nr. 1 [4]	Kennwort [5] ....
	101	**Burghauser Fritz**, Kunstformer, Gemeinderatsmitglied, 1972 [6]
	102	**Schröder Heike**, geb. Haller, selbständige Kauffrau, 1989
	103	**Dr. Müller Georg**, Arzt, Kreisrat
	104	**Storch Renate**, Gastwirtin, Kreisrätin
	105	**Böhm Andreas**, Kaufmann, Stellvertreter des Landrats
	106	**Alexandros Stavros**, Kraftfahrer
	107	**Schenkel Hans**, Vertreter, 1969, Stiersdorf
	108	**Almer Karin**, Dipl.-Verwaltungswirtin (FH), Regierungsamtfrau
	109	**Stangl Josef**, Dipl.-Volkswirt, Versicherungsvertreter
	110	**Moser Franz sen.**, Techniker
	111	**Obermüller Paula**, geb. Meier, Hausfrau, 1987
	112	**Huber Franz**, Bankangestellter, Bezirksrat
	113	**Sauer Hermann**, Installateur

○	Wahlvorschlag Nr. 2	Kennwort ....
	201	**Dr. Straßer Maria**, Professorin, 1965
		Dr. Straßer Maria, Professorin, 1965
		Dr. Straßer Maria, Professorin, 1965
	202	**Wutz Karl**, Bauarbeiter, zweiter Bürgermeister, Kreisrat
		Wutz Karl, Bauarbeiter, zweiter Bürgermeister, Kreisrat
		Wutz Karl, Bauarbeiter, zweiter Bürgermeister, Kreisrat
	203	**Leroux Marie**, geb. Hopf, Innenarchitektin
		Leroux Marie, geb. Hopf, Innenarchitektin
	204	**Brandl Johann jun.**, Schlosser
		Brandl Johann jun., Schlosser
	205	**Palm Ida**, Hausfrau, 1977, Hochberg
	206	**Deimel Charlotte**, Studentin, 2003
	207	**Glotz Georg**, Metzgermeister

○	Wahlvorschlag Nr. 3	Kennwort ....
	301	**Nicklas Isolde**, Buchhändlerin, Mitglied des Landtags
		Nicklas Isolde, Buchhändlerin, Mitglied des Landtags
	302	**Bals Max**, Fabrikant, Kreisrat, 1981
		Bals Max, Fabrikant, Kreisrat, 1981
	303	**Englert Kurt**, Kaufmann
	304	**Lambertozzi Gabriella**, Übersetzerin
	305	**Kettner Wilhelm**, Autohändler
	306	**Schneck Max**, geb. Zapf, Kaufmann
	307	**Vollberg Anna**, Angestellte, 2000
	308	**Veit Hermann**, Rechtsanwalt
	309	**Melchior Georg**, Studienrat, Kreisheimatpfleger
	310	**Jansen Gottfried**, Dipl.-Ingenieur, Bauleiter
	311	**Trautmann Karola**, Angestellte

○	Wahlvorschlag Nr. 5	Kennwort ....
	501	**Lempert Fritz**, Uhrmacher, Gemeinderatsmitglied
		Lempert Fritz, Uhrmacher, Gemeinderatsmitglied
		Lempert Fritz, Uhrmacher, Gemeinderatsmitglied
	502	**Wagner Rosa**, Photographin, 1999
		Wagner Rosa, Photographin, 1999
		Wagner Rosa, Photographin, 1999
	503	**Offner Hans**, Pensionist, Archivpfleger
		Offner Hans, Pensionist, Archivpfleger
		Offner Hans, Pensionist, Archivpfleger
	504	**Gugler Maria**, Bibliothekarin, Kreisrätin, 1975
		Gugler Maria, Bibliothekarin, Kreisrätin, 1975
		Gugler Maria, Bibliothekarin, Kreisrätin, 1975
	505	**Bradfield Mary**, Kürschnerin

Hinweise für die Herstellung der Stimmzettel:

1) Die jeweils maßgebende Stimmenzahl ist einzudrucken.
2) Der Zusatz „auch dann nicht, wenn sie oder er mehrfach aufgeführt sind" kann entfallen, wenn keine sich bewerbende Person mehrfach aufgeführt ist.
3) Anzugeben ist der Name der Gemeinde; bei Kreistagswahlen ist anzugeben, in welchem Landkreis die Wahl stattfindet.
4) Ordnungszahlen der Wahlvorschläge.
5) Für die Auszählung der Stimmen können Strichcodes angebracht werden. Die Stimmzettel müssen im Wahlkreis einheitlich sein. Der Bereich der Strichcodes kann mit einem weißen oder hellen Farbton hinterlegt werden.
6) Angaben zur Person der Bewerberinnen und Bewerber: Familienname, Vorname, Beruf oder Stand; mögliche weitere Angaben: Geburtsname, akademische Grade, kommunale Ehrenämter, sonstige Ämter, Geburtsjahr, amtlicher Name des Gemeindeteils.

* Dieses Stimmzettelmuster ist für die Wahl des Kreistags entsprechend anzuwenden; hierbei ist das Siegel des Landkreises anzubringen. Bei den Angaben zur Person ist zusätzlich der Name der Gemeinde anzugeben.

Stimmzettelmuster für die Wahl des Gemeinderats, *
wenn nur ein gültiger Wahlvorschlag vorliegt

Das Format beträgt mindestens DIN A 4
Die Farbe ist weiß oder weißlich. Sind Wahlen verbunden, bestimmt das Landratsamt die Farbe.

(Aufdruck des Gemeindesiegels)

Jede Wählerin und jeder Wähler hat _____ [1] Stimmen.
Es können auch andere wählbare Personen als die aufgeführten durch handschriftliche Eintragung in die freien Zeilen gewählt werden.
Keine Person darf mehr als 3 Stimmen erhalten.

Stimmzettel
zur Wahl des Gemeinderats

in ________________________________ [2]

am ________________

○	**Kennwort** [3]
	1 Zöllner Gisela, M. A., Angestellte, Kreisheimatpflegerin [4]
	2 Wolf Sebastian, Schreinermeister, Ortssprecher, 1979
	3 Nagel Irene, Hausfrau, ehrenamtliche Richterin am Verwaltungsgericht
	4 Müller Thomas, Zahnarzt, Stellvertreter des Landrats, 1967
	5 Kolb Max, Elektriker, 2001
	6 Kääriälainen Eva, Lehrerin
	7 Prof. Dr. med. Bauer Alex, Arzt für Allgemeinmedizin
	8 Singer Renate, Sekretärin, Jugendschöffin am Amtsgericht
	9 Stadler Michael, Vermessungstechniker
	10 Zenker Hilda, geb. Steiner, Diplombiologin, Kauffrau, 1999
	11 Forstner Wilhelm, Handelsvertreter, 1981
	12 Huber Josef, Zimmerer
	[5] (Familienname, Vorname, soweit bekannt: Gemeindeteil, Beruf oder Stand)
	(Familienname, Vorname, soweit bekannt: Gemeindeteil, Beruf oder Stand)
	(Familienname, Vorname, soweit bekannt: Gemeindeteil, Beruf oder Stand)
	(Familienname, Vorname, soweit bekannt: Gemeindeteil, Beruf oder Stand)

Hinweise für die Herstellung der Stimmzettel:

[1] Die jeweils maßgebende Stimmenzahl ist einzudrucken.
[2] Anzugeben ist der Name der Gemeinde. Bei Kreistagswahlen ist anzugeben, in welchem Landkreis die Wahl stattfindet.
[3] Für die Auszählung der Stimmen können Strichcodes angebracht werden. Die Stimmzettel müssen im Wahlkreis einheitlich sein. Der Bereich der Strichcodes kan mit einem weißen oder hellen Farbton hinterlegt werden.
[4] Angaben zur Person der Bewerberinnen und Bewerber: Familienname, Vorname, Beruf oder Stand; mögliche weitere Angaben: Geburtsname, akademische Grade, kommunale Ehrenämter, sonstige Ämter, Geburtsjahr, amtlicher Name des Gemeindeteils.
[5] Die Zahl der Leerzeilen richtet sich nach der Stimmenzahl.

* Dieses Stimmzettelmuster ist für die Wahl des Kreistags entsprechend anzuwenden; hierbei ist das Siegel des Landkreises anzubringen. Bei den Angaben zur Person ist zusätzlich der Name der Gemeinde anzugeben.

GLKrWO

Stimmzettelmuster für die Wahl des Gemeinderats, *
wenn kein gültiger Wahlvorschlag vorliegt

Das Format beträgt mindestens DIN A 4
Die Farbe ist weiß oder weißlich. Sind Wahlen verbunden, bestimmt das Landratsamt die Farbe.

(Aufdruck des Gemeindesiegels)

Jede Wählerin und jeder Wähler hat _____ [1] Stimmen.
Dementsprechend können bis zu _____ [1] wählbare Personen
auf dem Stimmzettel handschriftlich eingetragen werden.
Keine Person darf mehr als 3 Stimmen erhalten.

Stimmzettel
zur Wahl des Gemeinderats

in ________________________________ [2]

am ________________

Gemeinderatsmitglieder sollen werden:

	[3] (Familienname, Vorname, soweit bekannt: Gemeindeteil, Beruf oder Stand)
	(Familienname, Vorname, soweit bekannt: Gemeindeteil, Beruf oder Stand)
	(Familienname, Vorname, soweit bekannt: Gemeindeteil, Beruf oder Stand)
	(Familienname, Vorname, soweit bekannt: Gemeindeteil, Beruf oder Stand)
	(Familienname, Vorname, soweit bekannt: Gemeindeteil, Beruf oder Stand)
	(Familienname, Vorname, soweit bekannt: Gemeindeteil, Beruf oder Stand)
	(Familienname, Vorname, soweit bekannt: Gemeindeteil, Beruf oder Stand)
	(Familienname, Vorname, soweit bekannt: Gemeindeteil, Beruf oder Stand)
	(Familienname, Vorname, soweit bekannt: Gemeindeteil, Beruf oder Stand)
	(Familienname, Vorname, soweit bekannt: Gemeindeteil, Beruf oder Stand)
	(Familienname, Vorname, soweit bekannt: Gemeindeteil, Beruf oder Stand)
	(Familienname, Vorname, soweit bekannt: Gemeindeteil, Beruf oder Stand)
	(Familienname, Vorname, soweit bekannt: Gemeindeteil, Beruf oder Stand)
	(Familienname, Vorname, soweit bekannt: Gemeindeteil, Beruf oder Stand)

Hinweise für die Herstellung der Stimmzettel:

1) Die jeweils maßgebende Stimmenzahl ist einzudrucken.
2) Anzugeben ist der Name der Gemeinde. Bei Kreistagswahlen ist anzugeben, in welchem Landkreis die Wahl stattfindet.
3) Die Zahl der Leerzeilen richtet sich nach der Stimmenzahl.
* Dieses Stimmzettelmuster ist für die Wahl des Kreistags entsprechend anzuwenden; hierbei ist das Siegel des Landkreises anzubringen.

Stimmzettelmuster für die Wahl der ersten Bürgermeisterin oder des ersten Bürgermeisters, *
wenn mehrere gültige Wahlvorschläge vorliegen

Das Format beträgt mindestens DIN A 4
Die Farbe ist weiß oder weißlich. Sind Wahlen verbunden, bestimmt das Landratsamt die Farbe.

(Aufdruck des Gemeindesiegels)

Auf dem Stimmzettel darf nur
eine Bewerberin oder **ein** Bewerber[1] angekreuzt werden!

Stimmzettel
zur Wahl der ersten Bürgermeisterin
oder des ersten Bürgermeisters[1]

in ______________________________ [2]

am ____________________

Wahlvorschlag Nr. 1 [3] Kennwort [4]	**Huber Josef,** Landwirt, Feldgeschworener, 1968 [5]	◯
Wahlvorschlag Nr. 2 Kennwort	**Zöllner Gisela,** M.A., erste Bürgermeisterin, 1985	◯
Wahlvorschlag Nr. 3 Kennwort	**Wolf Sebastian,** Schreinermeister, Feuerwehrkommandant, 1978, Kleinweiler	◯
Wahlvorschlag Nr. 4 Kennwort	**Dr. Nagel Irene,** geb. Groß, Hausfrau, ehrenamtliche Richterin am Verwaltungsgericht	◯

Hinweise für die Herstellung der Stimmzettel:

1) Falls nur Bewerberinnen oder falls nur Bewerber zur Auswahl stehen, ist der Text anzupassen.
2) Anzugeben ist der Name der Gemeinde. Bei Landratswahlen ist anzugeben, in welchem Landkreis die Wahl stattfindet.
3) Ordnungszahlen der Wahlvorschläge und Kennwort.
4) Für die Auszählung der Stimmen können Strichcodes angebracht werden. Die Stimmzettel müssen im Wahlkreis einheitlich sein. Der Bereich der Strichcodes kann mit einem weißen oder hellen Farbton hinterlegt werden.
5) Angaben zur Person der Bewerberinnen und Bewerber: Familienname, Vorname, Beruf oder Stand; mögliche weitere Angaben: Geburtsname, akademische Grade, kommunale Ehrenämter, sonstige Ämter, Geburtsjahr, amtlicher Name des Gemeindeteils.

* Dieses Stimmzettelmuster ist für die Wahl der Landrätin oder des Landrats entsprechend anzuwenden; hierbei ist das Siegel des Landkreises anzubringen. Be den Angaben zur Person ist zusätzlich der Name der Gemeinde anzugeben.

Stimmzettelmuster für die Wahl der ersten Bürgermeisterin oder des ersten Bürgermeisters,* wenn nur ein gültiger Wahlvorschlag vorliegt

Das Format beträgt mindestens DIN A 4
Die Farbe ist weiß oder weißlich. Sind Wahlen verbunden, bestimmt das Landratsamt die Farbe.

(Aufdruck des Gemeindesiegels)

Stimmzettel
zur Wahl der ersten Bürgermeisterin
oder des ersten Bürgermeisters

in ______________________________ 1)

am ____________________

Sie können

entweder

die vorgeschlagene Bewerberin/den vorgeschlagenen Bewerber2) ankreuzen,

Kennwort3)	**Maier Alois,** Landwirt, 1975, Oed4)	◯

oder

eine andere wählbare Person
nachstehend handschriftlich eintragen.

Erste Bürgermeisterin oder erster Bürgermeister soll werden:	
Familienname	Vorname
soweit bekannt: Gemeinde, Gemeindeteil, Beruf oder Stand	

Hinweise für die Herstellung der Stimmzettel:

1) Anzugeben ist der Name der Gemeinde. Bei Landratswahlen ist anzugeben, in welchem Landkreis die Wahl stattfindet.
2) Nichtzutreffendes streichen oder löschen.
3) Für die Auszählung der Stimmen können Strichcodes angebracht werden. Die Stimmzettel müssen im Wahlkreis einheitlich sein. Der Bereich der Strichcodes kann mit einem weißen oder hellen Farbton hinterlegt werden.
4) Angaben zur Person der Bewerberinnen und Bewerber: Familienname, Vorname, Beruf oder Stand; mögliche weitere Angaben: Geburtsname, akademische Grade, kommunale Ehrenämter, sonstige Ämter, Geburtsjahr, amtlicher Name des Gemeindeteils.

* Dieses Stimmzettelmuster ist für die Wahl der Landrätin oder des Landrats entsprechend anzuwenden; hierbei ist das Siegel des Landkreises anzubringen. Be den Angaben zur Person ist zusätzlich der Name der Gemeinde anzugeben.

Stimmzettelmuster für die Wahl der ersten Bürgermeisterin oder des ersten Bürgermeisters,* wenn kein gültiger Wahlvorschlag vorliegt

Das Format beträgt mindestens DIN A 4
Die Farbe ist weiß oder weißlich. Sind Wahlen verbunden, bestimmt das Landratsamt die Farbe.

(Aufdruck des Gemeindesiegels)

Auf dem Stimmzettel eine wählbare Person handschriftlich eintragen!

Stimmzettel zur Wahl der ersten Bürgermeisterin oder des ersten Bürgermeisters

in ______________________________ 1)

am ________________

Erste Bürgermeisterin oder erster Bürgermeister soll werden:	
Familienname	Vorname
soweit bekannt: Gemeinde, Gemeindeteil, Beruf oder Stand	

Hinweise für die Herstellung der Stimmzettel:

1) Anzugeben ist der Name der Gemeinde; bei Landratswahlen ist anzugeben, in welchem Landkreis die Wahl stattfindet.

* Dieses Stimmzettelmuster ist für die Wahl der Landrätin oder des Landrats entsprechend anzuwenden; hierbei ist das Siegel des Landkreises anzubringen.

Stimmzettelmuster für die Stichwahl *

Das Format beträgt mindestens DIN A 4
Die Farbe ist weiß oder weißlich. Sind Wahlen verbunden, bestimmt das Landratsamt die Farbe. Es wird empfohlen, die Farbe der ersten Wahl erneut zu verwenden (Nr. 37 Satz 2 GLKrWBek).

(Aufdruck des Gemeindesiegels)

Auf dem Stimmzettel darf nur
eine Bewerberin oder **ein** Bewerber[1] angekreuzt werden!

Stimmzettel
zur Stichwahl
der ersten Bürgermeisterin oder des ersten Bürgermeisters[1]

in ______________________________ [2]

am ____________________

Wahlvorschlag Nr. 1 [3] Kennwort [4]	Wahlvorschlag Nr. 4 Kennwort ....
Huber Josef, Landwirt, Feldgeschworener, 1978 [5] ○	**Dr. Nagel Irene**, geb. Groß, Hausfrau, ehrenamtliche Richterin am Verwaltungsgericht ○

Hinweise für die Herstellung der Stimmzettel:

1) Falls nur Bewerberinnen oder falls nur Bewerber zur Auswahl stehen, ist der Text anzupassen.

2) Anzugeben ist der Name der Gemeinde. Bei Landratswahlen ist anzugeben, in welchem Landkreis die Wahl stattfindet.

3) Ordnungszahlen der Wahlvorschläge und Kennwort, soweit zugeteilt.

4) Für die Auszählung der Stimmen können Strichcodes angebracht werden. Die Stimmzettel müssen im Wahlkreis einheitlich sein. Der Bereich der Strichcodes kann mit einem weißen oder hellen Farbton hinterlegt werden.

5) Angaben zur Person der Bewerberinnen und Bewerber: Familienname, Vorname, Beruf oder Stand; mögliche weitere Angaben: Geburtsname, akademische Grade, kommunale Ehrenämter, sonstige Ämter, Geburtsjahr, amtlicher Name des Gemeindeteils.

* Dieses Stimmzettelmuster ist für die Wahl der Landrätin oder des Landrats entsprechend anzuwenden; hierbei ist das Siegel des Landkreises anzubringen. Bei den Angaben zur Person ist zusätzlich der Name der Gemeinde anzugeben.

GLKrWO

Die Wahlleiterin/Der Wahlleiter[1)] der Gemeinde
Zutreffendes ankreuzen ☒ oder in Druckschrift ausfüllen

Bekanntmachung
über die Aufforderung zur Einreichung von Wahlvorschlägen
für die Wahl
☐ des Gemeinderats ☐ der ersten Bürgermeisterin oder des ersten Bürgermeisters *

in der Gemeinde ________________, Landkreis ________________, am ____________

1. Durchzuführende Wahl:

Am Sonntag, dem ______________________, findet die Wahl
☐ von ______ Gemeinderatsmitgliedern
der oder des ☐ ehrenamtlichen ☐ berufsmäßigen ersten Bürgermeisterin oder ersten Bürgermeisters
statt.

2. Wahlvorschlagsträger

Wahlvorschläge dürfen nur von Parteien und von Wählergruppen (Wahlvorschlagsträgern) eingereicht werden. Der Begriff der politischen Partei richtet sich nach dem Gesetz über die politischen Parteien (Parteiengesetz). Wählergruppen sind alle sonstigen Vereinigungen oder Gruppen natürlicher Personen, deren Ziel es ist, sich an Gemeindewahlen zu beteiligen. Parteien und Wählergruppen, die verboten sind, können keine Wahlvorschläge einreichen.

3. Aufforderung zur Einreichung von Wahlvorschlägen

3.1 Die Wahlvorschlagsträger werden zur Einreichung von Wahlvorschlägen aufgefordert. Die Wahlvorschläge können ab Erlass dieser Bekanntmachung, jedoch spätestens am

Donnerstag, dem ____ (59. Tag vor dem Wahltag), 18 Uhr,

der Wahlleiterin/dem Wahlleiter[1)] zugesandt oder während der allgemeinen Dienststunden

(Dienstgebäude)

im ______________________________________, Zimmer Nr. ______________ übergeben werden.

Jeder Wahlvorschlagsträger darf nur einen Wahlvorschlag einreichen.

3.2 Werden mehrere gültige Wahlvorschläge eingereicht, findet die Wahl

a) des Gemeinderats nach den Grundsätzen der Verhältniswahl,

b) der ersten Bürgermeisterin oder des ersten Bürgermeisters nach den Grundsätzen der Mehrheitswahl mit Bindung an die sich bewerbenden Personen

statt.

3.3 Wird kein oder nur ein gültiger Wahlvorschlag eingereicht, findet die Wahl

a) des Gemeinderats nach den Grundsätzen der Mehrheitswahl,

b) der ersten Bürgermeisterin oder des ersten Bürgermeisters nach den Grundsätzen der Mehrheitswahl ohne Bindung an sich bewerbende Personen

statt.

4. Wählbarkeit zum Gemeinderatsmitglied

4.1 Für das Amt eines Gemeinderatsmitglieds ist jede Person wählbar, die am Wahltag

a) Deutsche im Sinn des Art. 116 Abs. 1 des Grundgesetzes oder Staatsangehörige der übrigen Mitgliedstaaten der Europäischen Union ist;

b) das 18. Lebensjahr vollendet hat;

c) seit mindestens drei Monaten in der Gemeinde eine Wohnung hat, die nicht ihre Hauptwohnung sein muss, oder ohne eine Wohnung zu haben sich in der Gemeinde gewöhnlich aufhält. Wer die Wählbarkeit infolge Wegzugs verloren hat, jedoch innerhalb eines Jahres seit dem Wegzug in die Gemeinde zurückkehrt, ist mit dem Zuzug wieder wählbar.

4.2 Von der Wählbarkeit ausgeschlossen ist eine Person, die nach Art. 21 Abs. 2 GLKrWG nicht wählbar ist.

---

1) Nichtzutreffendes streichen oder löschen

* Das Muster gilt für die Wahl des Landrats und des Kreistags entsprechend. Wahlvorschläge zu Landkreiswahlen müssen immer die gemeindlichen Bescheinigungen über die Wählbarkeit und über das Nichtvorliegen von Ausschlussgründen für die Wählbarkeit enthalten (Nrn. 8.8, 8.9).

Zusätzlich erforderlich sind bei Landkreiswahlen gemeindliche Bescheinigungen über das Wahlrecht der Beauftragten und ihrer Stellvertretung sowie der Unterzeichner der Wahlvorschläge.

Findet eine der genannten Wahlen allein statt, sind die Ausführungen zur anderen Wahl zu streichen.

5. Wählbarkeit zur ersten Bürgermeisterin oder zum ersten Bürgermeister

5.1 Für das Amt der ersten Bürgermeisterin oder des ersten Bürgermeisters ist jede Person wählbar, die am Wahltag

a) Deutsche im Sinn des Art. 116 Abs. 1 des Grundgesetzes ist;

b) das 18. Lebensjahr vollendet hat;

c) wenn sie sich für die Wahl zur ehrenamtlichen ersten Bürgermeisterin oder zum ehrenamtlichen ersten Bürgermeister bewirbt, seit mindestens drei Monaten in der Gemeinde eine Wohnung hat, die nicht ihre Hauptwohnung sein muss, oder ohne eine Wohnung zu haben sich in der Gemeinde gewöhnlich aufhält. Wer die Wählbarkeit infolge Wegzugs verloren hat, jedoch innerhalb eines Jahres seit dem Wegzug in die Gemeinde zurückkehrt, ist mit dem Zuzug wieder wählbar. Für die Wahl zur berufsmäßigen ersten Bürgermeisterin oder zum berufsmäßigen ersten Bürgermeister kann auch eine Person gewählt werden, die weder eine Wohnung noch ihren gewöhnlichen Aufenthalt in der Gemeinde hat.

5.2 Von der Wählbarkeit ausgeschlossen ist eine Person, die nach Art. 39 Abs. 2 GLKrWG nicht wählbar ist.

6. Aufstellungsversammlungen

6.1 Alle sich bewerbenden Personen werden von einer Partei oder einer Wählergruppe in einer Versammlung aufgestellt, die zu diesem Zweck für den gesamten Wahlkreis einzuberufen ist.

Diese Aufstellungsversammlung ist

a) eine Versammlung der Anhänger einer Partei oder Wählergruppe,

b) eine besondere Versammlung von Delegierten, die von Mitgliedern einer Partei oder Wählergruppe für die bevorstehende Aufstellung sich bewerbender Personen gewählt wurden, oder

c) eine allgemeine Delegiertenversammlung, die nach der Satzung einer Partei oder einer Wählergruppe allgemein für bevorstehende Wahlen bestellt wurde.

Die Mehrheit der Mitglieder einer allgemeinen Delegiertenversammlung darf nicht früher als zwei Jahre vor dem Monat, in dem der Wahltag liegt, von den Mitgliedern einer Partei oder einer Wählergruppe gewählt worden sein, die im Zeitpunkt der Wahl der Delegierten im Wahlkreis wahlberechtigt waren.

Die Teilnehmerinnen und Teilnehmer der Aufstellungsversammlung müssen im Zeitpunkt ihres Zusammentritts im Wahlkreis wahlberechtigt sein. Die Aufstellungsversammlung darf nicht früher als 15 Monate vor dem Monat stattfinden, in dem der Wahltag liegt.

Die sich bewerbenden Personen werden in geheimer Abstimmung gewählt. Jede an der Aufstellungsversammlung teilnahmeberechtigte und anwesende Person ist hierbei vorschlagsberechtigt. Den sich für die Aufstellung bewerbenden Personen ist Gelegenheit zu geben, sich und ihr Programm der Versammlung in angemessener Zeit vorzustellen.

6.2 Ersatzleute, die für den Fall des Ausscheidens einer sich bewerbenden Person in den Wahlvorschlag nachrücken, sind in gleicher Weise wie sich bewerbende Personen aufzustellen.

6.3 Mehrere Wahlvorschlagsträger können gemeinsame Wahlvorschläge einreichen. Gemeinsame Wahlvorschläge sind in einer gemeinsamen Versammlung aufzustellen (bei der Bürgermeisterwahl siehe auch Nr. 6.5). Die Einzelheiten vereinbaren die Wahlvorschlagsträger.

6.4 Bei Gemeinderatswahlen kann die Versammlung beschließen, dass sich bewerbende Personen zweimal oder dreimal auf dem Stimmzettel aufgeführt werden sollen.

6.5 Besonderheiten bei der Bürgermeisterwahl:

Soll eine Person von mehreren Wahlvorschlagsträgern als sich gemeinsam bewerbende Person aufgestellt werden, sind folgende Verfahrensarten möglich:

6.5.1 Die sich bewerbende Person wird in einer gemeinsamen Aufstellungsversammlung der Parteien und der Wählergruppen aufgestellt, die einen gemeinsamen Wahlvorschlag einreichen.

6.5.2 Die Parteien und die Wählergruppen stellen eine sich bewerbende Person in getrennten Versammlungen auf und reichen getrennte Wahlvorschläge ein. Eine von mehreren Versammlungen aufgestellte Person muss gegenüber der Wahlleiterin/dem Wahlleiter[1] schriftlich erklären, ob sie als sich gemeinsam bewerbende Person auftreten will oder, falls diese Möglichkeit beschlossen wurde, ob sie sich nicht auf allen Wahlvorschlägen bewerben will.

7. Niederschriften über die Versammlung

7.1 Über die Aufstellungsversammlung ist eine Niederschrift zu fertigen. Aus der Niederschrift muss ersichtlich sein:

a) Die ordnungsgemäße Ladung zur Aufstellungsversammlung,

b) Ort und Zeit der Aufstellungsversammlung,

c) die Zahl der teilnehmenden Personen,

d) bei einer allgemeinen Delegiertenversammlung die Erklärung, dass die Mehrheit der Delegierten nicht früher als zwei Jahre vor dem Monat, in dem der Wahltag liegt, von den Mitgliedern einer Partei oder einer Wählergruppe gewählt worden ist, die im Zeitpunkt der Wahl der Delegierten im Wahlkreis wahlberechtigt waren,

e) der Verlauf der Aufstellungsversammlung,

f) das Wahlverfahren, nach dem die sich bewerbenden Personen gewählt wurden,

g) die Ergebnisse der Wahl der sich bewerbenden Personen, ihre Reihenfolge und ihre etwaige mehrfache Aufführung,

h) auf welche Weise ausgeschiedene sich bewerbende Personen ersetzt werden, sofern die Aufstellungsversammlung Ersatzleute aufgestellt hat.

---

[1] Nichtzutreffendes streichen oder löschen

7.2 Die Niederschrift ist von der die Aufstellungsversammlung leitenden Person und zwei Wahlberechtigten, die an der Versammlung teilgenommen haben, zu unterschreiben. Jede wahlberechtigte Person darf nur eine Niederschrift unterzeichnen. Auch sich bewerbende Personen dürfen die Niederschrift unterzeichnen, wenn sie an der Versammlung teilgenommen haben.

7.3 Der Niederschrift muss eine Anwesenheitsliste beigefügt sein, in die sich diejenigen Wahlberechtigten mit Namen, Anschrift und Unterschrift eingetragen haben, die an der Versammlung teilgenommen haben.

7.4 Die Niederschrift mit der Anwesenheitsliste ist dem Wahlvorschlag beizulegen.

8. Inhalt der Wahlvorschläge

8.1 Bei Gemeinderatswahlen darf jeder Wahlvorschlag höchstens so viele sich bewerbende Personen enthalten, wie Gemeinderatsmitglieder zu wählen sind.

(Anzahl)

In unserer Gemeinde darf daher ein Wahlvorschlag höchstens ___________ sich bewerbende Personen enthalten. Wenn sich bewerbende Personen im Wahlvorschlag mehrfach aufgeführt werden, verringert sich die Zahl der sich bewerbenden Personen entsprechend.

Sich bewerbende Personen dürfen bei Wahlen für ein gleichartiges Amt, die am selben Tag stattfinden, nur in einem Wahlkreis aufgestellt werden. Sie dürfen bei einer Wahl nur in einem Wahlvorschlag benannt werden. Bei Bürgermeisterwahlen darf jeder Wahlvorschlag nur eine sich bewerbende Person enthalten.

8.2 Jeder Wahlvorschlag muss den Namen der Partei oder der Wählergruppe als Kennwort tragen. Gemeinsame Wahlvorschläge müssen die Namen sämtlicher daran beteiligter Parteien oder Wählergruppen tragen. Kurzbezeichnungen, bei denen der Name der Partei oder der Wählergruppe nur durch eine Buchstabenfolge oder in anderer Weise ausgedrückt wird, reichen als Kennwort aus. Dem Kennwort ist eine weitere Bezeichnung beizufügen, wenn das zur deutlichen Unterscheidung der Wahlvorschläge erforderlich ist.

Wird ein Wahlvorschlag ohne Kennwort eingereicht, gilt der Name des Wahlvorschlagsträgers als Kennwort, bei einem gemeinsamen Wahlvorschlag gelten die Namen sämtlicher daran beteiligter Parteien oder Wählergruppen in der im Wahlvorschlag genannten Reihenfolge als Kennwort. Enthalten gemeinsame, aber getrennt eingereichte Wahlvorschläge zur Bürgermeisterwahl kein oder kein gemeinsames Kennwort, gelten die Kennworte der Wahlvorschläge in alphabetischer Reihenfolge als gemeinsames Kennwort.

8.3 Organisierte Wählergruppen haben einen Nachweis über die Organisation vorzulegen, wenn sie als organisiert behandelt werden sollen.

8.4 Jeder Wahlvorschlag soll eine beauftragte Person und ihre Stellvertretung bezeichnen, die in der Gemeinde wahlberechtigt sein müssen. Fehlt diese Bezeichnung, gilt die erste unterzeichnende Person als beauftragte Person, die zweite als ihre Stellvertretung. Die beauftragte Person ist berechtigt, verbindliche Erklärungen zum Wahlvorschlag abzugeben und entgegenzunehmen. Im Zweifelsfall gilt die Erklärung der beauftragten Person.

8.5 Jeder Wahlvorschlag muss die Angabe sämtlicher sich bewerbender Personen in erkennbarer Reihenfolge entsprechend der Aufstellung in der Niederschrift über die Aufstellungsversammlung nach Familienname, Vorname, Tag der Geburt, Geschlecht, Beruf oder Stand und Anschrift enthalten.

8.6 Angegeben werden können

a) Geburtsnamen, falls sich die Namensführung innerhalb von 2 Jahren vor dem Wahltag geändert hat,

b) kommunale Ehrenämter und im Grundgesetz und in der Verfassung vorgesehene Ämter, falls diese in den Stimmzettel aufgenommen werden sollen. Es sind dies insbesondere: Ehrenamtliche erste, zweite oder dritte Bürgermeisterin, ehrenamtlicher erster, zweiter oder dritter Bürgermeister, Gemeinderatsmitglied, stellvertretende Landrätin, stellvertretender Landrat, Kreisrätin, Kreisrat, Bezirkstagspräsidentin, Bezirkstagspräsident, stellvertretende Bezirkstagspräsidentin, stellvertretender Bezirkstagspräsident, Bezirksrätin, Bezirksrat, Mitglied des Europäischen Parlaments, des Bundestags, des Landtags.

Dreifach aufzuführende sich bewerbende Personen erscheinen auf dem Stimmzettel vor den zweifach aufzuführenden und diese vor den übrigen sich bewerbenden Personen.

8.7 Die sich bewerbende Person muss erklären, dass sie der Aufnahme ihres Namens in den Wahlvorschlag zustimmt und dass sie bei Wahlen für ein gleichartiges Amt, die am selben Tag stattfinden, nur in einem Wahlkreis aufgestellt wird. Wird eine mehrfache Aufstellung festgestellt, hat die sich bewerbende Person der Wahlleiterin/dem Wahlleiter[1)] nach Aufforderung mitzuteilen, welche Bewerbung gelten soll. Unterlässt sie diese Mitteilung oder widersprechen sich die Mitteilungen, sind die Bewerbungen für ungültig zu erklären.

Die sich bewerbende Person muss außerdem erklären, dass sie nicht von der Wählbarkeit ausgeschlossen ist.

8.8 Ein Wahlvorschlag zur Wahl einer berufsmäßigen ersten Bürgermeisterin oder eines berufsmäßigen ersten Bürgermeisters muss ferner, wenn die sich bewerbende Person im Wahlkreis weder eine Wohnung noch ihren gewöhnlichen Aufenthalt hat, eine Bescheinigung der Gemeinde, in der die sich bewerbende Person ihre Wohnung, die nicht ihre Hauptwohnung sein muss, oder ohne eine Wohnung zu haben ihren gewöhnlichen Aufenthalt hat, über ihre Wählbarkeit enthalten.

Das Gleiche gilt für Ersatzleute.

8.9 Ein Wahlvorschlag zur Wahl des Gemeinderats oder der ersten Bürgermeisterin oder des ersten Bürgermeisters muss, wenn sich die Person nicht in der Gemeinde bewerben will, in der sie ihre alleinige Wohnung oder ihre Hauptwohnung hat, eine Bescheinigung dieser Gemeinde, bei Personen ohne Wohnung der letzten Wohnsitzgemeinde, enthalten, dass sie nicht von der Wählbarkeit ausgeschlossen ist. Die Gemeinde darf diese Bescheinigung nur einmal ausstellen.

Das Gleiche gilt für Ersatzleute.

---

1) Nichtzutreffendes streichen oder löschen

9. Unterzeichnung der Wahlvorschläge

Jeder Wahlvorschlag muss von zehn Wahlberechtigten unterschrieben sein, die am ____________________ (48. Tag vor dem Wahltag) wahlberechtigt sind. Die Unterzeichnung durch sich bewerbende Personen oder Ersatzleute eines Wahlvorschlags ist unzulässig. Die Unterschriften auf dem Wahlvorschlag müssen eigenhändig geleistet werden. Die Unterzeichnenden müssen Familienname, Vorname und Anschrift angeben und in der Gemeinde wahlberechtigt sein. Jeder Wahlberechtigte darf nur einen Wahlvorschlag unterzeichnen. Die Zurückziehung einzelner Unterschriften, der Verlust des Wahlrechts oder der Tod eines Unterzeichnenden des Wahlvorschlags berührt die Gültigkeit des Wahlvorschlags nicht.

10. Unterstützungslisten für Wahlvorschläge

10.1 Wahlvorschläge von neuen Wahlvorschlagsträgern müssen nicht nur von zehn Wahlberechtigten unterschrieben werden,

(Anzahl)

sondern zusätzlich von mindestens ______________ Wahlberechtigten durch Unterschrift in Listen, die bei der Gemeinde oder bei der Verwaltungsgemeinschaft aufliegen, unterstützt werden. Neue Wahlvorschlagsträger sind Parteien und Wählergruppen, die im Gemeinderat seit dessen letzter Wahl nicht auf Grund eines eigenen Wahlvorschlags ununterbrochen bis zum 90. Tag vor dem Wahltag vertreten waren; sie benötigen allerdings dann keine zusätzlichen Unterstützungsunterschriften, wenn sie bei der letzten Landtagswahl oder bei der letzten Europawahl mindestens fünf v.H. der im Land insgesamt abgegebenen gültigen Stimmen oder bei der letzten Bundestagswahl mindestens fünf v.H. der im Land abgegebenen gültigen Zweitstimmen erhalten haben. Maßgeblich sind die vom Landeswahlleiter früher als drei Monate vor dem Wahltag bekannt gemachten Ergebnisse.

Ein gemeinsamer Wahlvorschlag bedarf keiner zusätzlichen Unterstützungsunterschriften, wenn dessen Wahlvorschlagsträger in ihrer Gesamtheit im Gemeinderat seit dessen letzter Wahl auf Grund des gleichen gemeinsamen Wahlvorschlags bis zum 90. Tag vor dem Wahltag vertreten waren oder wenn mindestens einer der beteiligten Wahlvorschlagsträger keine zusätzlichen Unterstützungsunterschriften benötigt.

10.2 In die Unterstützungsliste dürfen sich **nicht** eintragen:

a) die in einem Wahlvorschlag aufgeführten sich bewerbenden Personen und Ersatzleute,

b) Wahlberechtigte, die sich in eine andere Unterstützungsliste eingetragen haben,

c) Wahlberechtigte, die einen Wahlvorschlag unterzeichnet haben.

10.3 Während der Eintragungszeiten ist in dem Gebäude, in dem sich der Eintragungsraum befindet, sowie unmittelbar vor dem Zugang zu dem Gebäude jede Behinderung oder erhebliche Belästigung der sich Eintragenden verboten.

10.4 Die Zurücknahme gültiger Unterschriften ist wirkungslos.

10.5 Die Einzelheiten über die Eintragungsfristen, die Eintragungsräume, die Öffnungszeiten und die Ausstellung von Eintragungsscheinen an kranke Personen oder Menschen mit körperlicher Behinderung werden von der Gemeinde gesondert bekannt gemacht.

11. Zurücknahme von Wahlvorschlägen

Die Zurücknahme der Wahlvorschläge im Ganzen ist nur bis zum ____________________ (59. Tag vor dem Wahltag), 18 Uhr, zulässig. Über die Zurücknahme von Wahlvorschlägen im Ganzen beschließen die Wahlvorschlagsträger in gleicher Weise wie über die Aufstellung der Wahlvorschläge. Die beauftragte Person kann durch die Aufstellungsversammlung verpflichtet werden, unter bestimmten Voraussetzungen den Wahlvorschlag zurückzunehmen.

Datum

____

Unterschrift

____

Angeschlagen am: ______________________	abgenommen am: ______________________
	(Amtsblatt, Zeitung)
Veröffentlicht am: ______________________	im ______________________

Verlorene Eintragungsscheine werden nicht ersetzt!

Gemeinde
Verwaltungsgemeinschaft
Zutreffendes bitte ankreuzen ☒ oder in Druckschrift ausfüllen

EINTRAGUNGSSCHEIN

für kranke Personen und Menschen mit körperlicher Behinderung

zur Eintragung in eine Unterstützungsliste für die[1]

- ☐ **Gemeinderatswahl**
- ☐ **Bürgermeisterwahl**
- ☐ **Kreistagswahl**
- ☐ **Landratswahl**

am ____________________

Eintragungsschein Nr. ____________

Eintragungsschein-Verzeichnis Nr. ____________

Die/Der obengenannte Wahlberechtigte

Wohnung (Straße, Haus-Nr., PLZ, Ort) - **Nur ausfüllen, wenn Versandanschrift nicht mit der Wohnung übereinstimmt**	**geboren am**

kann sich mit diesem Eintragungsschein durch Beauftragung einer Hilfsperson, die den Eintragungsschein abzugeben und ihren Personalausweis, bei ausländischen Unionsbürgerinnen/Unionsbürgern ihren Identitätsausweis, oder ihren Reisepass vorzulegen hat, in einem Eintragungsraum der obengenannten Gemeinde oder Verwaltungsgemeinschaft in die Unterstützungsliste eines Wahlvorschlags eintragen.

Datum

____

(Dienstsiegel)

____

Unterschrift der/des mit der Erteilung des Eintragungsscheins beauftragten Bediensteten; kann bei automatischer Erstellung des Eintragungsscheins entfallen

Beauftragung einer Hilfsperson

Ich unterstütze für die[2]	den Wahlvorschlag (Kennwort oder Name des unterstützten Wahlvorschlags)
☐ Gemeinderatswahl	
☐ Bürgermeisterwahl	
☐ Kreistagswahl	
☐ Landratswahl	

und beauftrage (Vor- und Familienname sowie Anschrift der Hilfsperson)

____

mich gegen Abgabe des Eintragungsscheins und unter Vorlage des Personalausweises, bei ausländischen Unionsbürgern/Unionsbürgerinnen unter Vorlage eines Identitätsausweises, oder des Reisepasses, in einem Eintragungsraum der obengenannten Gemeinde oder Verwaltungsgemeinschaft in die Unterstützungsliste für diesen Wahlvorschlag einzutragen.

Datum ____________________ Unterschrift (Vor- und Familienname) ____________________

Versicherung an Eides statt

Ich versichere der obengenannten Gemeinde oder Verwaltungsgemeinschaft an Eides statt, dass ich wegen **Krankheit** oder **körperlicher Behinderung** nicht oder nur unter unzumutbaren Schwierigkeiten in der Lage bin, einen Eintragungsraum der obengenannten Gemeinde oder Verwaltungsgemeinschaft aufzusuchen. Ich weiß, dass die Abgabe einer falschen Versicherung an Eides statt gemäß § 156 des Strafgesetzbuchs mit Freiheitsstrafe bis zu drei Jahren oder mit Geldstrafe bedroht ist.

Datum ____________________ Unterschrift (Vor- und Familienname) ____________________

[1] Die Kennzeichnung der betreffenden Wahl mittels Ankreuzen kann durch alleinigen Aufdruck der betreffenden Wahl ersetzt werden.

[2] Der Aufdruck ist ggf. anzupassen.

Die Wahlleiterin/Der Wahlleiter[1)] der Gemeinde
Zutreffendes ankreuzen ☒ oder in Druckschrift ausfüllen

Bekanntmachung der eingereichten Wahlvorschläge
für die Wahl des Gemeinderats *
am ____________

☐ Für die Wahl des Gemeinderats wurden folgende Wahlvorschläge bis zum ______________________ (59. Tag vor dem Wahltag), 18 Uhr, eingereicht:

voraussichtliche Ordnungszahl	Name des Wahlvorschlagsträgers (Kennwort)

☐ Für die Wahl des Gemeinderats wurde bis zum ____________________ (59. Tag vor dem Wahltag), 18 Uhr, **kein** Wahlvorschlag eingereicht.

☐ Da kein Wahlvorschlag oder nur ein Wahlvorschlag rechtzeitig eingereicht wurde, können bis zum Donnerstag, dem ____________________ (52. Tag vor dem Wahltag), 18 Uhr, Wahlvorschläge nachgereicht werden. Diese können der Wahlleiterin/dem Wahleiter[1)] zugesandt oder während der allgemeinen Dienststunden

(Dienstgebäude)
im ____, Zimmer Nr. ____________
übergeben werden.

Wenn bis zum Donnerstag, dem ____________________ (52. Tag vor dem Wahltag), 18 Uhr, nur ein Wahlvorschlag eingereicht ist, kann dieser bis zum Montag, dem ____________________ (48. Tag vor dem Wahltag), 18 Uhr, auf doppelt so viele sich bewerbende Personen ergänzt werden, wie ehrenamtliche Gemeinderatsmitglieder zu wählen sind.

Datum

____

Unterschrift

____

Angeschlagen am: ________________________ abgenommen am: ________________________

(Amtsblatt, Zeitung)

1) Nichtzutreffendes streichen oder löschen

* Dieses Muster gilt für die Wahl des Kreistags entsprechend.

Die Wahlleiterin/Der Wahlleiter[1] der Gemeinde
Zutreffendes ankreuzen ☒ oder in Druckschrift ausfüllen

Bekanntmachung der eingereichten Wahlvorschläge für die Wahl der ersten Bürgermeisterin oder des ersten Bürgermeisters[2),*] am ______________

☐ Für die Wahl der ersten Bürgermeisterin oder des ersten Bürgermeisters[2] wurden folgende Wahlvorschläge bis zum ____________________ (59. Tag vor dem Wahltag), 18 Uhr, eingereicht:

voraussichtliche Ordnungszahl	Name des Wahlvorschlagsträgers (Kennwort)	Bewerberin oder Bewerber (Familienname, Vorname, evtl.[3]: Geburtsname und akademische Grade, Beruf oder Stand, evtl.[3]: Geburtsjahr, kommunale Ehrenämter, sonstige Ämter, Gemeindeteil)

☐ Für die Wahl der ersten Bürgermeisterin oder des ersten Bürgermeisters wurde bis zum ____________________ (59. Tag vor dem Wahltag), 18 Uhr, **kein** Wahlvorschlag eingereicht.

☐ Da kein Wahlvorschlag oder nur ein Wahlvorschlag rechtzeitig eingereicht wurde, können bis zum Donnerstag, dem ____________________ (52. Tag vor dem Wahltag), 18 Uhr, Wahlvorschläge nachgereicht werden. Diese können der Wahlleiterin/dem Wahleiter[1] zugesandt oder während der allgemeinen Dienststunden

(Dienstgebäude)

im ____, Zimmer Nr. ______________

übergeben werden.

Datum

____

Unterschrift

____

Angeschlagen am: ____________________	abgenommen am: ____________________
	(Amtsblatt, Zeitung)

1) Nichtzutreffendes streichen oder löschen.

2) Falls nur Bewerberinnen oder falls nur Bewerber zur Auswahl stehen, ist der Text anzupassen.

3) Falls dies auf Wunsch in den Stimmzettel aufgenommen wird.

* Dieses Muster gilt für die Wahl der Landrätin oder des Landrats entsprechend. Bei den Angaben zur Person ist zusätzlich der Name der Gemeinde anzugeben.

Die Wahlleiterin/Der Wahlleiter[1] der Gemeinde
Zutreffendes ankreuzen ☒ oder in Druckschrift ausfüllen

Bekanntmachung der zugelassenen Wahlvorschläge

für die Wahl des Gemeinderats *

am ________________

☐ Der Wahlausschuss hat für die Wahl des Gemeinderats die folgenden Wahlvorschläge zugelassen:

Ordnungs-zahl	Name des Wahlvorschlagsträgers (Kennwort)

Die Angaben zu den sich bewerbenden Personen der einzelnen Wahlvorschläge ergeben sich aus der nachfolgend abgedruckten **Anlage**.

☐ Für die Wahl des Gemeinderats liegt **kein** gültiger Wahlvorschlag vor.

Nähere Einzelheiten über die Stimmabgabe sind der **Wahlbekanntmachung**, die noch ergeht, zu entnehmen.

Datum

____

Unterschrift

____

Angeschlagen am: ____________________	abgenommen am: ____________________ (Amtsblatt, Zeitung)

GLKrWO

1) Nichtzutreffendes streichen oder löschen.

* Dieses Muster gilt für die Wahl des Kreistags entsprechend. Bei den Angaben zur Person ist zusätzlich der Name der Gemeinde anzugeben.

Die Wahlleiterin/Der Wahlleiter[1)] der Gemeinde
Zutreffendes in Druckschrift ausfüllen

Anlage zur
Bekanntmachung der zugelassenen Wahlvorschläge
für die Wahl des Gemeinderats *

am ______________

Für die Wahl des Gemeinderats wurden beim

Wahlvorschlag Nr. ________ Kennwort ______________________________
folgende Bewerberinnen und Bewerber zugelassen:

Lfd.-Nr. **	Familienname, Vorname, evtl.[2)]: Geburtsname und akademische Grade, Beruf oder Stand, evtl.[2)]: kommunale Ehrenämter, sonstige Ämter, Gemeindeteil	Jahr der Geburt

1) Nichtzutreffendes streichen oder löschen.
2) Falls dies auf Wunsch in den Stimmzettel aufgenommen wird.
* Dieses Muster gilt für die Wahl des Kreistags entsprechend.
** entsprechend den amtlichen Stimmzettelmustern (Anlagen 3 und 4 zu §§ 30 bis 32 GLKrWO), z. B. 102, 207, 315

Die Wahlleiterin/Der Wahlleiter[1] der Gemeinde
Zutreffendes ankreuzen ☒ oder in Druckschrift ausfüllen

Bekanntmachung der zugelassenen Wahlvorschläge für die Wahl der ersten Bürgermeisterin oder des ersten Bürgermeisters[2] *

am ________________

☐ Der Wahlausschuss hat für die Wahl der ersten Bürgermeisterin oder des ersten Bürgermeisters[2] die folgenden Wahlvorschläge zugelassen:

Ordnungszahl	Name des Wahlvorschlagsträgers (Kennwort)	Bewerberin oder Bewerber (Familienname, Vorname, evtl.[3]: Geburtsname und akademische Grade, Beruf oder Stand, evtl.[3]: kommunale Ehrenämter, sonstige Ämter, Gemeindeteil)	Jahr der Geburt

☐ Für die Wahl der ersten Bürgermeisterin oder des ersten Bürgermeisters[2] liegt **kein** gültiger Wahlvorschlag vor.

Nähere Einzelheiten über die Stimmabgabe sind der **Wahlbekanntmachung**, die noch ergeht, zu entnehmen.

Datum

____

Unterschrift

____

Angeschlagen am: ____________________	abgenommen am: ____________________
	(Amtsblatt, Zeitung)
Veröffentlicht am: ____________________	im ____________________

1) Nichtzutreffendes streichen oder löschen.

2) Falls nur Bewerberinnen oder falls nur Bewerber zur Auswahl stehen, ist der Text anzupassen.

3) Falls dies auf Wunsch in den Stimmzettel aufgenommen wird.

* Dieses Muster gilt für die Wahl der Landrätin oder des Landrats entsprechend. Bei den Angaben zur Person ist zusätzlich der Name der Gemeinde anzugeben.

Gemeinde
Verwaltungsgemeinschaft
Zutreffendes bitte ankreuzen ☒ oder in Druckschrift ausfüllen

Wahlbekanntmachung

für die Wahl ☐ **des Gemeinderats,** ☐ **der ersten Bürgermeisterin oder des ersten Bürgermeisters,**

☐ **des Kreistags,** ☐ **der Landrätin oder des Landrats**

am ___________

1. Die Abstimmung dauert von 8 Uhr bis 18 Uhr.

2. **Das Stimmrecht kann folgendermaßen ausgeübt werden:**

2.1 **Im Abstimmungsraum:**

2.1.1 Die Gemeinde ist in ___________ (Zahl) allgemeine Stimmbezirke eingeteilt.

In den Wahlbenachrichtigungen, die den Wahlberechtigten bis spätestens ____________________ (21. Tag vor dem Wahltag) übersandt worden sind, sind der Stimmbezirk und der Abstimmungsraum angegeben, in dem die Stimmberechtigten abstimmen können. Sie enthalten einen Hinweis, ob der Abstimmungsraum barrierefrei ist.

2.1.2 Die Gemeinde ist in ___________ (Zahl) Sonderstimmbezirke eingeteilt, und zwar:

____

(Bezeichnung und genaue Anschrift der Sonderstimmbezirke, barrierefrei ja/nein)

2.1.3 Stimmberechtigte können, wenn sie **keinen Wahlschein** besitzen, nur in dem Abstimmungsraum des Stimmbezirks abstimmen, in dessen Wählerverzeichnis sie eingetragen sind.

2.1.4 Wer **einen Wahlschein** besitzt, kann das Stimmrecht ausüben

a) bei Gemeindewahlen durch Stimmabgabe in jedem Abstimmungsraum der Gemeinde, die den Wahlschein ausgestellt hat,

b) bei Landkreiswahlen durch Stimmabgabe in jedem Abstimmungsraum innerhalb des Landkreises; gilt der Wahlschein zugleich für Gemeindewahlen, kann die Stimmabgabe hierfür nur in dieser Gemeinde erfolgen.

2.1.5 Die Abstimmenden haben ihre Wahlbenachrichtigung oder ihren Wahlschein und ihren Personalausweis, ausländische Unionsbürgerinnen/Unionsbürger einen Identitätsausweis, oder ihren Reisepass zur Abstimmung mitzubringen.

2.1.6 Die Stimmzettel werden den Abstimmenden beim Betreten des Abstimmungsraums ausgehändigt. Sie müssen von den Stimmberechtigten allein in einer Wahlkabine des Abstimmungsraums gekennzeichnet werden.

2.1.7 Die Durchführung der Abstimmung und die Feststellung des Abstimmungsergebnisses sind öffentlich. Jedermann hat Zutritt, soweit das ohne Beeinträchtigung der Abstimmung möglich ist.

2.1.8 Die Wahlbenachrichtigung ist bei Bürgermeister- und Landratswahlen aufzubewahren, da sie für eine etwaige Stichwahl benötigt wird.

2.2 **Durch Briefwahl:**

2.2.1 Wer durch Briefwahl wählen will, muss dies bei der Gemeinde (Verwaltungsgemeinschaft) beantragen und erhält dann folgende Unterlagen:

a) Einen Stimmzettel für jede oben bezeichnete Wahl,

b) einen Stimmzettelumschlag für alle Stimmzettel,

c) einen hellroten Wahlbriefumschlag für den Wahlschein und den Stimmzettelumschlag mit der Anschrift der Behörde, an die der Wahlbrief zu übersenden ist,

d) ein Merkblatt für die Briefwahl.

Nähere Hinweise darüber, wie die Briefwahl auszuüben ist, ergeben sich aus dem Merkblatt für die Briefwahl.

2.2.2 Bei der Briefwahl sorgen die Stimmberechtigten dafür, dass der Wahlbrief mit den Stimmzetteln und dem Wahlschein am Wahltag bis zum Ablauf der Abstimmungszeit bei der auf dem Wahlbriefumschlag angegebenen Behörde eingeht.

3. Die Briefwahlvorstände treten zur Ermittlung des Briefwahlergebnisses um ________________________ Uhr in

(Bezeichnung und genaue Anschrift der Auszählräume)

____

____

zusammen.

4. **Grundsätze für die Kennzeichnung der Stimmzettel:**

Gewählt wird mit amtlich hergestellten Stimmzetteln. Sie sind als Muster anschließend an diese Bekanntmachung abgedruckt.[1] Gegebenenfalls aufgedruckte Strichcodes dienen ausschließlich der Erleichterung der Stimmenauszählung.

4.1 **Wahl des Gemeinderats und des Kreistags:**

4.1.1 Sofern die Stimmzettel **mehrere** Wahlvorschläge enthalten, gelten die Grundsätze der **Verhältniswahl.**

Aus den anschließend abgedruckten Stimmzetteln ergibt sich, wie viele Stimmen die Stimmberechtigten haben.[1] Es können nur die auf den amtlichen Stimmzetteln vorgedruckten Bewerberinnen und Bewerber gewählt werden.

Die Stimmberechtigten können einen Wahlvorschlag unverändert annehmen, indem sie in der Kopfleiste den Kreis vor dem Kennwort des Wahlvorschlags kennzeichnen.

Sollen einzelne Bewerberinnen und Bewerber Stimmen erhalten, wird das Viereck vor den Bewerberinnen und Bewerbern gekennzeichnet.

Die Stimmberechtigten können innerhalb der ihnen zustehenden Stimmenzahl einzelnen Bewerberinnen und Bewerbern bis zu drei Stimmen geben, wobei auch mehrfach aufgeführte Bewerberinnen und Bewerber nicht mehr als drei Stimmen erhalten dürfen.

Die Namen vorgedruckter Bewerberinnen und Bewerber können gestrichen werden. Die übrigen Bewerberinnen und Bewerber sind dann gewählt, wenn der Wahlvorschlag in der Kopfleiste gekennzeichnet wurde.

Die Stimmberechtigten können ihre Stimmen innerhalb der ihnen zustehenden Stimmenzahl Bewerberinnen und Bewerbern aus verschiedenen Wahlvorschlägen geben.

4.1.2 Sofern die Stimmzettel **keinen oder nur einen** Wahlvorschlag enthalten, gelten die Grundsätze der **Mehrheitswahl**.

Aus den anschließend abgedruckten Stimmzetteln ergibt sich, wie viele Stimmen die Stimmberechtigten haben. Das sind so viele Stimmen, wie Gemeinderatsmitglieder oder Kreisrätinnen und Kreisräte zu wählen sind. Die Stimmberechtigten können innerhalb der ihnen zustehenden Stimmenzahl einzelnen Bewerberinnen und Bewerbern bis zu drei Stimmen geben, wobei auch mehrfach aufgeführte Bewerberinnen und Bewerber nicht mehr als drei Stimmen erhalten dürfen.

a) Wenn der Stimmzettel nur **einen Wahlvorschlag** enthält, können die Stimmberechtigten die auf dem Stimmzettel vorgedruckten Bewerberinnen und Bewerber dadurch wählen, dass sie den Wahlvorschlag oder den Namen der Bewerberinnen und Bewerber in eindeutig bezeichnender Weise kennzeichnen. Sie können vorgedruckte Bewerberinnen und Bewerber streichen; in diesem Fall sind die übrigen Bewerberinnen und Bewerber dann gewählt, wenn der Wahlvorschlag in der Kopfleiste gekennzeichnet wurde. Die Stimmberechtigten können Stimmen an andere wählbare Personen vergeben, indem sie diese in eindeutig bezeichnender Weise auf dem Stimmzettel handschriftlich hinzufügen.

b) Wenn der Stimmzettel **keinen Wahlvorschlag** enthält, vergeben die Stimmberechtigten ihre Stimmen dadurch, dass sie wählbare Personen in eindeutig bezeichnender Weise auf dem Stimmzettel handschriftlich eintragen.

Gewählt sind die Personen in der Reihenfolge der Stimmenzahlen.

4.2 **Wahl der ersten Bürgermeisterin und des ersten Bürgermeisters sowie der Landrätin und des Landrats:**

Jede stimmberechtigte Person hat eine Stimme. Auf den anschließend abgedruckten Stimmzetteln[1] ist erläutert, wie die Stimmzettel zu kennzeichnen sind.

4.3 Die gekennzeichneten Stimmzettel sind mehrfach so zu falten, dass der Inhalt verdeckt ist.

5. Jede wahlberechtigte Person kann ihr Wahlrecht nur einmal und nur persönlich ausüben. Eine Ausübung des Wahlrechts durch einen Vertreter anstelle der wahlberechtigten Person ist unzulässig (Art. 3 Abs. 4 Satz 2 des Gemeinde- und Landkreiswahlgesetzes). Eine wahlberechtigte Person, der des Lesens unkundig oder wegen einer Behinderung an der Abgabe der Stimme gehindert ist, kann sich hierzu der Hilfe einer anderen Person bedienen. Die Hilfeleistung ist auf technische Hilfe bei der Kundgabe einer von der wahlberechtigten Person selbst getroffenen und geäußerten Wahlentscheidung beschränkt. Unzulässig ist eine Hilfeleistung, die unter missbräuchlicher Einflussnahme erfolgt, die selbstbestimmte Willensbildung oder Entscheidung der wahlberechtigten Person ersetzt oder verändert oder wenn ein Interessenkonflikt der Hilfsperson besteht (Art. 3 Abs. 5 des Gemeinde- und Landkreiswahlgesetzes).

Wer unbefugt wählt oder sonst ein unrichtiges Ergebnis einer Wahl herbeiführt oder das Ergebnis verfälscht, wird mit Freiheitsstrafe bis zu fünf Jahren oder mit Geldstrafe bestraft. Unbefugt wählt auch, wer im Rahmen zulässiger Assistenz entgegen der Wahlentscheidung des Wahlberechtigten oder ohne eine geäußerte Wahlentscheidung des Wahlberechtigten eine Stimme abgibt. Der Versuch ist strafbar (§ 107a Abs. 1 und 3 StGB).

Datum ______________________ Unterschrift ______________________

Angeschlagen am: ______________________ abgenommen am: ______________________

[1] Falls aus Platzgründen nur die Niederlegung der Stimmzettelmuster in der Gemeindeverwaltung erfolgt: Die Stimmzettelmuster liegen während der allgemeinen Dienststunden in der Gemeindeverwaltung zur Einsichtnahme bereit. Aus den Stimmzetteln ergibt sich, wie viele Stimmen die Stimmberechtigten haben.

Die Wahlleiterin/Der Wahlleiter[1)] der Gemeinde
Zutreffendes in Druckschrift ausfüllen

Bekanntmachung des abschließenden Ergebnisses der Wahl des Gemeinderats *

am ______________

Der Wahlausschuss hat in seiner Sitzung am ____________ folgendes abschließendes Ergebnis der Wahl des Gemeinderats festgestellt:

1. Die Zahl der Stimmberechtigten: [ ]

   Die Zahl der Personen, die gewählt haben: [ ]

   Die Zahl der insgesamt abgegebenen gültigen Stimmen: [ ]

   Die Zahl der insgesamt abgegebenen ungültigen Stimmzettel: [ ]

2. Insgesamt sind ________ Gemeinderatssitze zu vergeben.

3. Auf die einzelnen Wahlvorschläge entfallen folgende Stimmenzahlen und Sitze:

Ordnungszahl	Name des Wahlvorschlagsträgers (Kennwort)[2)]	Gesamtzahl der gültigen Stimmen	Anzahl der Sitze

4. Die Namen der Gewählten und der Listennachfolger aus den einzelnen Wahlvorschlägen sowie deren Stimmenzahl sind in der **Anlage** zu dieser Bekanntmachung abgedruckt.

Datum

____

Unterschrift

____

Angeschlagen am: ______________________	abgenommen am: ______________________
	(Amtsblatt, Zeitung)

1) Nichtzutreffendes streichen oder löschen.

2) Im Fall einer unechten Mehrheitswahl ist an Stelle des Namens des Wahlvorschlagsträgers die Spaltenüberschrift „Personen, welche vom Stimmberechtigten ergänzt wurden" zu verwenden.

* Dieses Muster gilt für die Wahl des Kreistags entsprechend.

GLKrWO

Die Wahlleiterin/Der Wahlleiter[1)] der Gemeinde
Zutreffendes in Druckschrift ausfüllen

Anlage zur Bekanntmachung des abschließenden Ergebnisses der Wahl des Gemeinderats *

am ___________

Wahlvorschlag Nr. ____________ Kennwort ____

Der Wahlvorschlag hat ____ Sitze erhalten.

Die nachfolgend unter Nr. ______ bis ______ genannten Personen sind in dieser Reihenfolge Gemeinderatsmitglieder.

Die übrigen Personen unter Nr. ______ bis ______ sind in der angegebenen Reihenfolge Listennachfolger.
Die Reihenfolge bestimmt sich nach den für die jeweilige Person abgegebenen gültigen Stimmen. Bei gleicher Stimmenzahl wurde durch das Los entschieden.

Gewählte:

Nr.	Familienname, Vorname, evtl.[2)]: Geburtsname und akademische Grade, Beruf oder Stand, evtl.[2)]: Geburtsjahr, kommunale Ehrenämter, sonstige Ämter, Gemeindeteil	gültige Stimmen
1		
2		
3		
4		
5		
6		
7		
8		

Listennachfolger:

Nr.	Familienname, Vorname, evtl.[2)]: Geburtsname und akademische Grade, Beruf oder Stand, evtl.[2)]: Geburtsjahr, kommunale Ehrenämter, sonstige Ämter, Gemeindeteil	gültige Stimmen
9		
10		
11		
12		
13		
14		
15		
16		

1) Nichtzutreffendes streichen oder löschen.

2) Falls dies auf Wunsch in den Stimmzettel aufgenommen wurde.

* Dieses Muster gilt für die Wahl des Kreistags entsprechend.

Die Wahlleiterin/Der Wahlleiter[1)] der Gemeinde
Zutreffendes ankreuzen ☒ oder in Druckschrift ausfüllen

Bekanntmachung des abschließenden Ergebnisses der Wahl der ersten Bürgermeisterin/des ersten Bürgermeisters[1)] *

am ________________

Der Wahlausschuss hat in seiner Sitzung am ____________________ folgendes abschließendes Ergebnis der Wahl der ersten Bürgermeisterin/des ersten Bürgermeisters[1)] festgestellt:

1. Die Zahl der Stimmberechtigten: ☐

   Die Zahl der Personen, die gewählt haben: ☐

   Die Zahl der insgesamt abgegebenen gültigen Stimmen: ☐

   Die Zahl der insgesamt abgegebenen ungültigen Stimmzettel: ☐

   Dabei entfielen auf die einzelnen Bewerberinnen und Bewerber:

Ordnungs-zahl	Name des Wahlvorschlagsträgers[2)3)] (Kennwort)	Familienname, Vorname, evtl.[4)]: Geburtsname und akademische Grade, Beruf oder Stand, evtl.[4)]: Geburtsjahr, kommunale Ehrenämter, sonstige Ämter, Gemeindeteil [5)]	Gesamtzahl der gültigen Stimmen

2. Der Wahlausschuss hat festgestellt, dass

   (Familienname, Vorname)

   ☐ ______________________________ mit ____________ gültigen Stimmen mehr als die Hälfte der abgegebenen gültigen Stimmen erhalten hat und damit zur ersten Bürgermeisterin/zum ersten Bürgermeister[1)] gewählt ist.

   Die gewählte Person

   ☐ hat die Wahl wirksam angenommen.

   ☐ kann das Amt nicht antreten, weil ein Amtshindernis vorliegt. Es findet daher eine Neuwahl statt.

   ☐ hat die Wahl wirksam abgelehnt. Es findet daher eine Neuwahl statt.

   ☐ keine Person mehr als die Hälfte der abgegebenen gültigen Stimmen erhalten hat und deshalb am ________________ (zweiter Sonntag nach dem Wahltag) eine Stichwahl stattfindet.

   Die Stichwahl findet zwischen den beiden folgenden Personen statt:

Ordnungs-zahl	Name des Wahlvorschlagsträgers[2)] (Kennwort)	Familienname, Vorname, evtl.[4)]: Geburtsname und akademische Grade, Beruf oder Stand, evtl.[4)]: Geburtsjahr, kommunale Ehrenämter, sonstige Ämter, Gemeindeteil	Gesamtzahl der gültigen Stimmen

   ☐ die Wahl zu wiederholen ist, weil

   ____.

Datum ____________________ Unterschrift ____________________

Angeschlagen am: ____________________ abgenommen am: ____________________

1) Nichtzutreffendes streichen oder löschen.
2) Bei im Rahmen einer Mehrheitswahl handschriftlich ergänzten Personen ist anstelle des Namens des Wahlvorschlagsträgers in dieser Spalte „Person, welche von der Wählerin oder dem Wähler handschriftlich ergänzt wurde“ zu vermerken.
3) Die Stimmen für handschriftlich hinzugefügte Personen, für die jeweils nicht mehr als zehn Stimmen abgegeben worden sind, können ohne namentliche Nennung als „Sonstige“ gesammelt angegeben werden.
4) Falls dies auf Wunsch in den Stimmzettel aufgenommen wurde.
5) Bei Mehrheitswahl Eintragung nur soweit bekannt.
* Dieses Muster gilt für die Wahl der Landrätin oder des Landrats entsprechend.

Vollzug des Gemeinde- und Landkreiswahlgesetzes und der Gemeinde- und Landkreiswahlordnung (Gemeinde- und Landkreiswahlbekanntmachung – GLKrWBek)

Bekanntmachung des Bayerischen Staatsministeriums des Innern, für Sport und Integration vom 24. Oktober 2024 (BayMBl. Nr. 534), die zuletzt durch Bekanntmachung vom 27. Juni 2025 (BayMBl. Nr. 293) geändert worden ist

> Anmerkung:
> Neben den in der amtlichen Fassung enthaltenen Hervorhebungen sind nachfolgend die materiell-rechtlichen Änderungen im Normtext gegenüber der Rechtslage der Gemeinde- und Landkreiswahl 2020 durch Fettdruck kenntlich gemacht. Geschlechtsneutrale Formulierungen und Streichungen von Textpassagen sind nicht gesondert gekennzeichnet.

Zum Vollzug des Gemeinde- und Landkreiswahlgesetzes (GLKrWG) und der Gemeinde- und Landkreiswahlordnung (GLKrWO) werden die folgenden Hinweise gegeben.

(Artikel sind solche des Gemeinde- und Landkreiswahlgesetzes, Paragraphen solche der Gemeinde- und Landkreiswahlordnung.)

Inhaltsübersicht

GLKrWBek

GLKrWBek

GLKrWBek

Abschnitt 1
Begriffsbestimmungen, Wahlrecht, Wählbarkeit

1. Begriffsbestimmungen

[1]Das Gemeinde- und Landkreiswahlgesetz und die Gemeinde- und Landkreiswahlordnung enthalten zum Teil Begriffe, die von denen abweichen, die für andere Wahlen gelten. [2]Die am häufigsten verwendeten Begriffe sind nachstehend zusammengestellt.

1.1 Wahlkreis

ist das Gesamtgebiet der Gebietskörperschaft, deren Organe gewählt werden, also entweder das Gebiet der Gemeinde oder das Gebiet des Landkreises.

1.2 Stimmbezirk

ist das genau abgegrenzte Abstimmungsgebiet innerhalb des Wahlkreises.

1.3 Wahlleiterin oder Wahlleiter

ist die verantwortliche Person für die ordnungsgemäße Durchführung der Wahl innerhalb des Wahlkreises.

1.4 Wahlausschuss

ist das für die Dauer des Wahlverfahrens gebildete Gremium, das für Entscheidungen zuständig ist, die den gesamten Wahlkreis betreffen.

1.5 Wahlvorstand
ist das Gremium für die Durchführung der Wahl im Stimmbezirk.

1.6 Wahlvorsteherin oder Wahlvorsteher
ist die vorsitzende Person im Wahlvorstand.

1.7 Briefwahlvorstand
ist das Gremium zur Ermittlung der durch Briefwahl abgegebenen Stimmen.

1.8 Briefwahlvorsteherin oder Briefwahlvorsteher
ist die vorsitzende Person im Briefwahlvorstand.

1.9 Amtszeit
ist der Zeitraum, für den die erste Bürgermeisterin, der erste Bürgermeister, die Landrätin oder der Landrat gewählt ist.

1.10 Wahlzeit
ist der Zeitraum, für den der Gemeinderat oder der Kreistag gewählt ist.

1.11 Verhältniswahl
ist das Wahlverfahren, bei dem die Sitze im Gemeinderat und im Kreistag nach dem Verhältnis der auf die einzelnen Wahlvorschläge entfallenen Stimmen verteilt werden.

1.12 Mehrheitswahl
ist das Wahlverfahren, bei dem das zu vergebende Amt in der Reihenfolge der auf die einzelnen sich bewerbenden Personen entfallenen Stimmen zugeteilt wird.

1.13 Wahlrecht
ist die Berechtigung, an Gemeinde- und Landkreiswahlen im Wahlkreis teilzunehmen.

1.14 Stimmrecht
ist die Befugnis, das Wahlrecht tatsächlich auszuüben; es entsteht mit dem Abschluss des Wählerverzeichnisses oder sonst mit Zugang eines Wahlscheins.

1.15 Abstimmung
ist die Stimmabgabe während der Abstimmungszeit im Abstimmungsraum bei den Gemeinde- und Landkreiswahlen; bei Art. 10 umfasst der Begriff auch sonstige Abstimmungen, z. B. beim Volksentscheid oder beim Bürgerentscheid.

1.16 Stimmabgabe
ist die Ausübung des Stimmrechts sowohl im Abstimmungsraum als auch bei der Briefwahl.

1.17 Stimmvergabe
ist die Kennzeichnung des Wahlvorschlags oder der Person, der die Stimme gegeben werden soll, auf dem Stimmzettel.

1.18 Besonderes Merkmal
ist ein Kennzeichen, welches das Abstimmungsgeheimnis offensichtlich gefährdet.

1.19 Abstimmungsergebnis
ist das Stimmergebnis im Stimmbezirk.

1.20 Stimmergebnis
ist das Ergebnis, das die Wahlvorstände und die Briefwahlvorstände ermitteln und feststellen.

1.21 Vorläufiges Wahlergebnis
ist das Ergebnis in allen Stimmbezirken und der Briefwahl, das die Wahlleiterin oder der Wahlleiter ermittelt und unter dem Vorbehalt der Feststellung durch den Wahlausschuss für den Wahlkreis verkündet.

1.22 Abschließendes Wahlergebnis
ist das Ergebnis in allen Stimmbezirken und der Briefwahl, das der Wahlausschuss für den Wahlkreis feststellt.

1.23 Tag der Geburt
ist das vollständige Geburtsdatum.

2. Wahlrecht, Aufenthalt, Schwerpunkt der Lebensbeziehungen (Art. 1, 7a, § 1)

2.1 Aufenthalt, Allgemeines

2.1.1 Abweichung vom Melderecht

[1]Durch Art. 1 Abs. 1 Nr. 3, Abs. 3 wird klargestellt, dass das Wahlrecht am Ort des Aufenthalts besteht, der den Schwerpunkt der Lebensbeziehungen darstellt. [2]Das Wahlrecht setzt also nicht den Besitz einer Wohnung voraus; auch Obdachlose sind wahlberechtigt. [3]Im Gegensatz dazu ist eine Anmeldung nach Melderecht nur bei Bezug einer Wohnung möglich (§ 17 Abs. 1 des Bundesmeldegesetzes – BMG).

[4]Die Anmeldung nach Melderecht begründet lediglich eine widerlegbare Vermutung, dass sich die wahlberechtigte Person dort mit dem Schwerpunkt der Lebensbeziehungen aufhält, wo sie gemeldet ist. [5]Der melderechtliche Begriff der Hauptwohnung (§ 21 Abs. 1 und 2 BMG) richtet sich nach dem überwiegenden zeitlichen Aufenthalt, wogegen es kommunalwahlrechtlich auf den als Schwerpunkt der Lebensbeziehungen benutzten Aufenthaltsort ankommt. [6]Dadurch werden wahlrechtlich angemessene Lösungen, z. B. auch bei Pendlern und Studierenden, ermöglicht. [7]Eine streng formalisierte Anknüpfung an den zeitlich überwiegenden Aufenthalt nach Tagen und Stunden, wie es das Melderecht vorsieht, würde der besonderen Verbundenheit einer wahlberechtigten Person mit ihrer Gemeinde oder ihrem Landkreis nicht gerecht werden.

2.1.2 Schwerpunkt der Lebensbeziehungen bei gemeldeten Personen

[1]Für Personen mit **nur einer** gemeldeten **Wohnung** enthält Art. 1 Abs. 3 eine gesetzliche Vermutung, wonach der Aufenthalt mit dem Schwerpunkt der Lebensbeziehungen dort liegt, wo die Person gemeldet ist. [2]Bei Personen mit **mehreren** gemeldeten **Wohnungen** wird der Schwerpunkt der Lebensbeziehungen dort vermutet, wo die Person mit der Hauptwohnung gemeldet ist.

[3]Beide Vermutungen aufgrund der melderechtlichen Situation sind nach folgenden Gesichtspunkten widerlegbar:

[4]Eine vorwiegend benutzte Wohnung liegt auch dann vor, wenn sie nur in größeren Abständen aufgesucht wird (z. B. weil die wahlberechtigte Person als sogenannter Pendler nur alle ein bis zwei Wochen von ihrem Arbeitsort zu ihrer Familie zurückkehrt). [5]Die Wohnung, von der aus eine Person ihrer Erwerbstätigkeit oder ihrer Ausbildung nachgeht, darf nicht nur gelegentlich benutzt werden, um den Schwerpunkt der Lebensbeziehungen zu bilden.

[6]Wenn der Gemeinde Tatsachen bekannt werden, die die Aufenthaltsvermutung widerlegen, hat sie diese von Amts wegen zu berücksichtigen. [7]Zweifel hat sie im Rahmen ihrer Amtsermittlungspflicht zu überprüfen.

[8]In Verdachtsfällen können Anhaltspunkte für Zweifel beispielsweise sein:

- **Meldeadressen mit überdurchschnittlich großen Personenzahlen pro Wohnung,**
- **Meldeadressen mit amtsbekannt häufigen Rücksendungen wegen Unzustellbarkeit,**
- **Meldeadressen in amtsbekannt unbewohnten Gebäuden,**
- **Meldeadressen in amtsbekannten Sammelunterkünften,**

- **laufende kurzzeitige Wohnsitznahmen einer Person mit Zuzügen aus dem Ausland,**
- **Sammelanmeldungen mehrerer Personen gleicher Nationalität (außerhalb des Familienverbands),**
- **Mehrfache Anmeldungen fremdsprachiger Personen unter Hilfestellung durch die gleichen Personen (z. B. Arbeitgebervertreter),**
- **Meldeadressen mit laufenden Zu- und Auszügen.**

9Kommen gemeldete Personen bei begründeten Zweifeln der Auskunftspflicht nach § 25 BMG nicht nach und erfolgt auch nach einer schriftlichen Information durch die Gemeinde keine Reaktion, wird man die Aufenthaltsvermutung als widerlegt ansehen können, zumindest solange, als die Wahlberechtigung nicht nachgewiesen wird.

10Im Übrigen kann die Vermutung auch im Beschwerdeverfahren wegen der Richtigkeit und der Vollständigkeit des Wählerverzeichnisses widerlegt werden.

2.1.3 Schwerpunkt der Lebensbeziehungen bei nicht gemeldeten Personen

1Ist eine wahlberechtigte Person in der Gemeinde nicht gemeldet, wird sie in das Wählerverzeichnis zunächst nicht aufgenommen. 2Sie kann nur auf Antrag oder auf fristgerecht erhobene Beschwerde (Art. 12 Abs. 3, § 15 Abs. 4) in das Wählerverzeichnis aufgenommen werden, sofern sie nachweist, dass sie am Wahltag seit mindestens zwei Monaten ununterbrochen ihren Aufenthalt in der Gemeinde hat.

2.1.4 Kein Wahlrecht in mehreren Gemeinden

1Aus der gesetzlichen Regelung ergibt sich, dass eine Person nur in derjenigen bayerischen Gemeinde wählen darf, in der sie sich seit mindestens zwei Monaten vor dem Wahltag mit dem Schwerpunkt der Lebensbeziehungen aufhält.

2Befinden sich die Räume, die einer Person zum Aufenthalt dienen, auf dem Gebiet zweier Gemeinden, ist sie in der Gemeinde wahlberechtigt, in der ihre Aufenthaltsräume und nicht etwa das Grundstück, auf dem die Aufenthaltsräume errichtet sind, überwiegend gelegen sind.

2.1.5 Wahlrecht bei Landkreiswahlen

1Die Aufenthaltsvermutung dort, wo eine Person bei der Gemeinde gemeldet ist, gilt zugleich für die Landkreiswahlen. 2Einer eigenen Regelung bedarf es insoweit nicht, da über die Zugehörigkeit der Gemeinde zum Landkreis zugleich der Aufenthalt auch im Landkreis bestimmt ist.

2.1.6 Wahlrecht in gemeindefreien Gebieten

[1]Personen, die in gemeindefreien Gebieten wohnen, sind für die Gemeindewahlen nicht wahlberechtigt, da nach Art. 1 das Wahlrecht an den Aufenthalt in einer Gemeinde gebunden ist.

[2]Das Wahlrecht besteht aber bei Landkreiswahlen. [3]Bei der Einteilung der Stimmbezirke für die Landkreiswahlen sind auch die gemeindefreien Gebiete zu berücksichtigen. [4]Die Entscheidung trifft diejenige Gemeinde, die für das gemeindefreie Gebiet als Meldebehörde zuständig ist.

2.2 Sonderfälle

2.2.1 Insassen von Justizvollzugsanstalten

[1]Wahlberechtigte Insassen von Justizvollzugsanstalten, die nicht vom Wahlrecht ausgeschlossen sind, haben ihren wahlrechtlich maßgeblichen Aufenthaltsort nicht am Sitz der Haftanstalt, wenn sie in einer anderen Gemeinde ihren Schwerpunkt der Lebensbeziehungen (z. B. Familienwohnung) haben. [2]Die Aufenthaltsvermutung nach Art. 1 Abs. 3 kann am Ort der Justizvollzugsanstalt nur eintreten, wenn die Leitung der Justizvollzugsanstalt der Meldebehörde die Aufnahme nach § 27 Abs. 4 Satz 2 BMG mitgeteilt hat (vgl. auch Nr. 21.**3**).

[3]Die Inhaftierten müssen sich einen Wahlschein und die Briefwahlunterlagen bei der Gemeinde besorgen, in der sie wahlberechtigt sind.

2.2.2 Soldatinnen und Soldaten

[1]Berufssoldatinnen und Berufssoldaten haben ihren Aufenthalt mit dem Schwerpunkt der Lebensbeziehungen im wahlrechtlichen Sinn am Garnisonsort, wenn sie nicht in einer anderen Gemeinde eine Wohnung (z. B. eine Familienwohnung) innehaben, zu der sie regelmäßig, etwa am Wochenende, zurückkehren. [2]Wehrpflichtige haben dagegen ihren Aufenthalt mit dem Schwerpunkt der Lebensbeziehungen grundsätzlich nicht am Standort, sondern in der Heimatgemeinde.

2.2.3 Studierende

[1]Bei unverheirateten Studierenden mit einer Unterkunft am Studienort ist davon auszugehen, dass sich der Schwerpunkt der Lebensbeziehungen in der elterlichen Wohnung als Familienwohnung befindet. [2]Etwas anderes gilt, wenn sich aus besonderen Umständen ergibt, dass sie sich von ihrer Familienwohnung gelöst haben. [3]Dies ist z. B. dann der Fall, wenn sie den Großteil ihrer persönlichen Habe nicht mehr im Elternhaus haben.

2.2.4 Vertriebene und Spätaussiedelnde

[1]Spätaussiedelnde, ihre Ehegatten und ihre Abkömmlinge sind deutsche Staatsangehörige, wenn sie eine Bescheinigung gemäß § 15 Abs. 1 oder 2 BVFG erhalten haben. [2]Dies gilt nicht bei Ehegatten, die bereits vor dem 1. Januar 2005 in einen Aufnahmebescheid einbezogen worden sind, aber noch keine drei Jahre im Aussiedlungsgebiet verheiratet waren. [3]Dementsprechend wird hier in der Bescheinigung vermerkt, dass sie den Status im Sinne von Art. 116 Abs. 1 GG nicht erworben haben (vgl. § 100b Abs. 1 Satz 2 BVFG).

[4]Spätaussiedelnde sowie deren Ehegatten und Abkömmlinge, die in den Aufnahmebescheid einbezogen sind, besitzen bis zur Erteilung einer Bescheinigung gemäß § 15 Abs. 1 oder 2 BVFG mit Einreise und Aufnahme in der Bundesrepublik Deutschland die Rechtsstellung als Deutsche ohne deutsche Staatsangehörigkeit im Sinne von Art. 116 Abs. 1 GG. [5]Diese begünstigende Behandlung als Deutsche endet, wenn der Aufnahmebescheid oder Einbeziehungsbescheid zurückgenommen oder die Bescheinigung gemäß § 15 BVFG abgelehnt wird. [6]Da in diesen Fällen keine Bescheinigung nach § 15 BVFG vorliegen kann, lässt sich die Deutscheneigenschaft nur durch den Ausweis über die Rechtsstellung als Deutscher (vgl. § 1 Abs. 1 Nr. 6 der Allgemeinen Verwaltungsvorschrift über Urkunden in Staatsangehörigkeitssachen) nachweisen.

[7]Auf die Bestandskraft von Rücknahme- oder Ablehnungsbescheiden kommt es nicht an. [8]Auch wenn gegen die Bescheide das entsprechende Rechtsmittel eingelegt wird, ist eine weitere Behandlung als Deutsche oder Deutscher nicht mehr zulässig. [9]Entsprechendes gilt, wenn die Staatsangehörigkeitsbehörde feststellt, dass es sich nicht um einen Deutschen handelt.

[10]Personen, die vor dem 1. August 1999 den Status nach Art. 116 Abs. 1 GG besaßen, erwarben an diesem Tag nach § 40a des Staatsangehörigkeitsgesetzes die deutsche Staatsangehörigkeit.

2.2.5 Unionsbürgerinnen und Unionsbürger

[1]Es genügt, wenn die Person am Wahltag Unionsbürgerin oder Unionsbürger ist.

[2]Die Unionsbürgerschaft ist bei ausländischen Staatsangehörigen nicht in allen Fällen identisch mit der Staatsangehörigkeit von deren Herkunftsmitgliedstaat. [3]Hinweise auf den Ausschluss der Unionsbürgerschaft können grundsätzlich dem Melderegister entnommen werden. [4]In Zweifelsfällen ist gegebenenfalls durch Rückfrage beim jeweiligen Konsulat zu klären, ob es sich um Unionsbürgerinnen oder Unionsbürger handelt.

3. Ausschluss vom Wahlrecht (Art. 2)

[1]Nach Art. 2 ist vom Wahlrecht ausgeschlossen, wer infolge deutschen Richterspruchs das Wahlrecht nicht besitzt. [2]Die Bestimmung ist dem § 45 des Strafgesetzbuchs (StGB) angepasst. [3]Nach § 45 Abs. 1 StGB verliert, wer wegen eines Verbrechens zu Freiheitsstrafe von mindestens einem Jahr verurteilt wird, kraft Gesetzes für die Dauer von fünf Jahren nur die Fähigkeit, öffentliche Ämter zu bekleiden und Rechte aus öffentlichen Wahlen zu erlangen, nicht aber auch das aktive Wahlrecht. [4]Dazu bedarf es vielmehr eines ausdrücklichen strafgerichtlichen Ausspruchs nach § 45 Abs. 5 StGB.

[5]Verurteilungen durch ausländische Gerichte bleiben insoweit außer Betracht.

[6]Die Mitteilungen in Strafsachen richten sich nach der Bekanntmachung des Bayerischen Staatsministeriums der Justiz über die Anordnung über Mitteilungen in Strafsachen (MiStra).

4. Wählbarkeit (Art. 21, 39)

4.1 Voraussetzungen der Wählbarkeit

[1]Maßgeblich für die Wählbarkeit für das Amt eines Gemeinderatsmitglieds, einer Kreisrätin oder eines Kreisrats und einer ehrenamtlichen Bürgermeisterin oder eines ehrenamtlichen Bürgermeisters ist nicht der Schwerpunkt der Lebensbeziehungen, sondern das Innehaben einer Wohnung nach Melderecht oder, wenn jemand keine Wohnung hat, der gewöhnliche Aufenthalt im Wahlkreis.

[2]Durch das Anknüpfen an die Wohnung und den gewöhnlichen Aufenthalt wird sichergestellt, dass ein Ortsbezug der sich bewerbenden Person zu dem Wahlkreis, in dem sie sich zur Wahl stellt, vorhanden ist.

[3]Der Begriff der „Wohnung" bestimmt sich nach Melderecht. [4]Allerdings muss es sich bei der Wohnung im Wahlkreis nicht um die alleinige Wohnung oder die melderechtliche **Haupt**wohnung der sich bewerbenden Person handeln. [5]Es genügt vielmehr, wenn die sich bewerbende Person eine melderechtliche **Neben**wohnung im Wahlkreis tatsächlich inne hat.

[6]Der Begriff des „gewöhnlichen Aufenthalts" ist an das Landeswahlrecht angelehnt und bezieht sich nur auf diejenigen sich bewerbenden Personen, die in der Bundesrepublik Deutschland mit keiner Wohnung gemeldet sind (z. B. Obdachlose). [7]Ein solcher „gewöhnlicher Aufenthalt" ist der Ort, den jemand auf unbestimmte Zeit als gewollten Mittelpunkt seines Lebens, seiner persönlichen Existenz wählt. [8]Er setzt ein Verweilen von gewisser Dauer und Regelmäßigkeit voraus.

4.2 Allgemeiner Ausschluss von der Wählbarkeit

[1]Soweit die wahlrechtlichen Vorschriften vom „Verlust der Wählbarkeit" sprechen, ist auch der Todesfall umfasst.

[2]Der Verlust der Wählbarkeit tritt ein als gesetzliche Nebenfolge einer Verurteilung eines deutschen Gerichts zu einer Freiheitsstrafe von mindestens einem Jahr wegen eines Verbrechens (§ 45 Abs. 1 StGB) oder wenn das Gericht den Verlust der Wählbarkeit (§ 45 Abs. 2 StGB) besonders ausspricht.

4.3 Wahl zur ersten Bürgermeisterin, zum ersten Bürgermeister, zur Landrätin und zum Landrat

4.3.1 Ausschluss wegen fehlender Gewähr, für die freiheitliche demokratische Grundordnung einzutreten

[1]Der Wahlausschuss muss bei der Prüfung der Frage, ob eine sich bewerbende Person nachweisbar nicht die Gewähr dafür bietet, dass sie jederzeit für die freiheitliche demokratische Grundordnung im Sinne des Grundgesetzes für die Bundesrepublik Deutschland und der Verfassung des Freistaates Bayern eintritt, größte Zurückhaltung üben, da sonst erfolgreiche Wahlanfechtungen zu befürchten sind und eine unrichtige Entscheidung, selbst wenn sie später im Wahlprüfungs- oder Wahlanfechtungsverfahren wieder aufgehoben würde, fortdauernde nachteilige Folgen für die betroffene sich bewerbende Person nach sich ziehen kann. [2]Der Wahlausschuss sollte von folgenden Grundsätzen ausgehen: [3]Dem Sinn des Gesetzes entspricht eine enge Auslegung. [4]In jedem Fall müssen Tatsachen vorliegen, die den Ausschluss von der Wählbarkeit rechtfertigen; Vermutungen und Gerüchte genügen nicht. [5]Für die Tatsachen müssen Beweise vorhanden sein, die einer gerichtlichen Nachprüfung standhalten. [6]In Verdachtsfällen kann sich die Wahlleiterin oder der Wahlleiter an das Landesamt für Verfassungsschutz wenden mit der Bitte um konkrete Informationen zum Extremismusbezug der jeweiligen sich bewerbenden Person (vgl. Art. 25 Abs. **2** Nr. 3 BayVSG). [7]Anonyme und „vertrauliche" Mitteilungen, deren Wahrheitsgehalt nicht nachgeprüft werden kann, dürfen nicht verwertet werden. [8]Die nachgewiesenen Tatsachen müssen objektiv den Schluss rechtfertigen, dass die sich bewerbende Person keine Gewähr dafür bietet, dass sie jederzeit für die freiheitliche demokratische Grundordnung eintritt. [9]Im Zweifel muss der Wahlausschuss zugunsten der sich bewerbenden Person entscheiden.

4.3.2 Ausländische Unionsbürgerinnen und Unionsbürger

[1]Ausländische Unionsbürgerinnen und Unionsbürger können nicht erste Bürgermeisterin, erster Bürgermeister, Landrätin oder Landrat werden.

[2]Sie können nach Art. 35 Abs. 2 GO auch nicht weitere Bürgermeisterinnen und Bürgermeister oder nach Art. 32 Abs. 2 LKrO nicht gewählter Stellvertreterinnen und Stellvertreter der Landrätin oder des Landrats werden. [3]Ebenso können sie nicht mit der weiteren Stellvertretung betraut werden (Art. 39 Abs. 1 Satz 2 GO, Art. 32 Abs. 4 LKrO). [4]Sie sind von diesen Ämtern deshalb ausgeschlossen, weil die Leitungen oder die stellvertretenden Leitungen der Verwaltung staatliche oder vom Staat übertragene Aufgaben erfüllen; dies soll Deutschen im Sinne des Art. 116 Abs. 1 GG vorbehalten sein.

4.4 Dreimonatiger Zeitraum

[1]Die entsprechende Anwendung von Art. 1 Abs. 3 Satz 3 und Abs. 4 bedeutet, dass auch insoweit für die Wählbarkeit auf die melderechtliche Situation abzustellen ist.

[2]Zur berufsmäßigen Bürgermeisterin, zum berufsmäßigen Bürgermeister, zur Landrätin und zum Landrat kann auch gewählt werden, wer seine Wohnung oder seinen gewöhnlichen Aufenthalt nicht im Wahlkreis hat.

4.5 Bewerbung für mehrere Ämter

4.5.1 Bewerbung für verschiedene Ämter

[1]Es kann sich
- eine erste Bürgermeisterin in ihrer und ein erster Bürgermeister in seiner Gemeinde als ehrenamtliches Gemeinderatsmitglied,
- eine Oberbürgermeisterin und ein Oberbürgermeister einer kreisfreien Gemeinde als Kreisrätin oder Kreisrat,
- eine Landrätin und ein Landrat in einer kreisfreien Gemeinde als ehrenamtliches Gemeinderatsmitglied,
- eine Landrätin und ein Landrat als Kreisrätin oder Kreisrat

auch dann bewerben, wenn die Amtszeit nicht mit der Wahlzeit des zu wählenden Gemeinderats oder Kreistags übereinstimmt. [2]Die früher insoweit bestehenden Wählbarkeitshindernisse sind weggefallen. [3]Die gleichzeitige Ausübung der genannten Ämter wird aber durch die Amtshindernisse nach Art. 31 Abs. 3 Satz 1 Nr. 6 und 7 GO und Art. 24 Abs. 3 Satz 1 Nr. 4 und 5 LKrO in Verbindung mit Art. 48 Abs. 1 Satz 1 Nr. 3 ausgeschlossen.

4.5.2 Bewerbung für gleichartige Ämter

[1]Aufgrund der Tatsache, dass eine Nebenwohnung für die Wählbarkeit genügt, wäre es möglich, dass eine Person sich in mehreren Wahlkreisen für ein gleichartiges Amt bewirbt. [2]Deshalb ist in Art. 25 Abs. 3 geregelt, dass eine sich bewerbende Person bei Wahlen für ein gleichartiges Amt, die am

selben Tag stattfinden, nur in einem Wahlkreis aufgestellt werden darf. [3]Im Einzelnen siehe Nr. 47.4.

4.6 Höchstaltersgrenze
Die Höchstaltersgrenze für Wahlen zur berufsmäßigen ersten Bürgermeisterin, zum berufsmäßigen ersten Bürgermeister, zur Landrätin und Landrat **wurde mit dem Gesetz zur Änderung des Gemeinde- und Landkreiswahlgesetzes und weiterer Rechtsvorschriften vom 24. Juli 2023 (GVBl. S. 385) aufgehoben.**

Abschnitt 2
Wahlorgane, Beschwerdeausschuss

5. Wahlorgane (Art. 4 bis 8)
[1]Das in Art. 4 Abs. 3 ausgesprochene Verbot, nach dem niemand die Tätigkeit von mehreren Wahlorganen ausüben oder in mehr als einem Wahlorgan Mitglied sein darf, gilt auch bei verbundenen Gemeinde- und Landkreiswahlen. [2]Eine Person, die Wahlorgan oder Mitglied eines Wahlorgans der Gemeinde ist, darf nicht zugleich Wahlorgan oder Mitglied eines Wahlorgans des Landkreises sein und umgekehrt. [3]Die Wahlleiterin oder der Wahlleiter sollte deshalb der Gemeinde, die Wahlleiterin oder der Wahlleiter für die Landkreiswahlen den betroffenen Gemeinden, mitteilen, welche Personen in den Wahlausschuss berufen wurden, damit eine Mehrfachberufung ausgeschlossen wird.

[4]Nach Art. 4 Abs. 3 dürfen auch zur Stellvertretung berufene Personen nicht die Tätigkeit von mehreren Wahlorganen ausüben oder in mehr als einem Wahlorgan Mitglied sein.

[5]Der Wahlausschuss entscheidet bis zum Beginn der Wahlzeit des Gemeinderats oder des Kreistags sowie bis zum Beginn der Amtszeit der ersten Bürgermeisterin, des ersten Bürgermeisters, der Landrätin oder des Landrats auch über Amtshindernisse und über die Ablehnung der Übernahme des Amts (Art. 4 Abs. 5 und Art. 48 Abs. 3). [6]Nach Beginn der Wahlzeit oder der Amtszeit entscheidet der Gemeinderat oder der Kreistag.

5.1 Rechtsstellung, Aufsicht
[1]Nach Art. 4 Abs. 1 Satz 1 sind die Wahlorgane Organe der Gemeinde oder des Landkreises. [2]Die Wahlorgane sind aber unabhängig von den übrigen Gemeinde- und Landkreisorganen und deshalb nicht an Weisungen z. B. des Gemeinderats oder der ersten Bürgermeisterin oder des ersten Bür-

germeisters gebunden. [3]Da die Durchführung der Gemeinde- und Landkreiswahlen eine Aufgabe des übertragenen Wirkungskreises ist (**Bay**VGH, **Beschluss vom 7. Juni 1985, Az. 4 B 84 A. 3230,** FSt. 1986, RNr. 15), unterliegen aber die Wahlorgane der Fachaufsicht nach den allgemeinen Bestimmungen (Art. 108 ff. GO; Art. 94 ff. LKrO), soweit sich aus den wahlrechtlichen Vorschriften nichts anderes ergibt (vgl. z. B. Art. 32 Abs. 4 Satz 4). [4]Eine Ersatzvornahme kann ohne vorhergehende Weisung und Androhung mit Fristsetzung durchgeführt werden. [5]Voraussetzung ist lediglich, dass die Gemeinde oder der Landkreis vorher unter Setzung einer angemessenen Frist angehört worden ist und die Frist erfolglos verstrichen ist.

[6]In der Regel wird bereits durch eine aufsichtliche Beratung die einheitliche und ordnungsgemäße Durchführung des Wahlverfahrens erreicht werden können.

5.2 Verwaltungsgemeinschaften

[1]Bei Mitgliedsgemeinden von Verwaltungsgemeinschaften sind die Aufgaben, die nach dem Gemeinde- und Landkreiswahlgesetz und nach der Gemeinde- und Landkreiswahlordnung den Gemeinden zugewiesen sind, von den Verwaltungsgemeinschaften zu erledigen (Art. 4 Abs. 1 VGemO). [2]Auf diese Rechtslage wird in dieser Bekanntmachung in wichtigen Fällen besonders hingewiesen.

6. Wahlleiterin, Wahlleiter, Stellvertretung (Art. 4 Abs. 2 Nr. 1, Art. 5 Abs. 1)

6.1 Berufung einer Wahlleiterin oder eines Wahlleiters

6.1.1 Als Wahlleiterin oder Wahlleiter in Betracht kommende Personen

[1]Der für Wahlleiterinnen und Wahlleiter in Betracht kommende Personenkreis wurde auf alle in der Gemeinde Wahlberechtigten erweitert. [2]Somit können nun auch ehemalige erste Bürgermeisterinnen und erste Bürgermeister oder ehemalige Gemeinderatsmitglieder, die nicht nach Art. 5 Abs. 1 Satz 4 ausgeschlossen sind, als Wahlleiterin oder Wahlleiter berufen werden.

[3]Sich bewerbende Personen, beauftragte Personen eines Wahlvorschlags und deren Stellvertretung sowie Personen, die eine Aufstellungsversammlung geleitet haben, können zur Vermeidung von Interessenkollisionen aber nicht Wahlleiterin oder Wahlleiter sein. [4]Auch kann eine Bedienstete oder ein Bediensteter der Verwaltungsgemeinschaft nicht für mehrere Mitgliedsgemeinden Wahlleiterin oder Wahlleiter sein.

[5]Der Gemeinderat entscheidet bei der Auswahl der in Betracht kommenden Personen nach pflichtgemäßem Ermessen. [6]Die Aufzählung im Gesetz stellt dabei keine zwingende Reihenfolge dar.

6.1.2 Verfahren bei der Berufung zur Wahlleiterin oder zum Wahlleiter

[1]Bei der Berufungsberatung und -entscheidung im Gemeinderat und Kreistag gelten die Bestimmungen über den Ausschluss wegen persönlicher Befangenheit nach dem Rechtsgedanken der Art. 49 Abs. 2 Nr. 2 GO nicht, da es nur um interne Organbesetzungen geht. [2]Das bedeutet, dass ein Mitglied des Gemeinderats oder Kreistags bei seiner Bestellung oder bei der Bestellung von Angehörigen zur Wahlleiterin oder zum Wahlleiter mitberaten und abstimmen darf.

6.2 Entsprechende Anwendung auf Wahlleiterinnen und Wahlleiter für Landkreiswahlen

[1]Die oben genannten Grundsätze gelten für Landkreiswahlen entsprechend. [2]Dabei sind Gemeindewahlen und Landkreiswahlen jeweils getrennt für sich zu beurteilen, sodass beispielsweise eine sich bewerbende Person für den Gemeinderat Wahlleiterin oder Wahlleiter für Landkreiswahlen sein kann.

7. Bildung des Wahlausschusses (Art. 4 Abs. 2 Nr. 1, Art. 5 Abs. 2)

[1]Die Bedeutung der Wahlvorschlagsträger bei der Bildung des Wahlausschusses ist auch dann nach der letzten Wahl zu beurteilen, wenn diese für ungültig erklärt wurde. [2]Sich bewerbende Personen, beauftragte Personen eines Wahlvorschlags und deren Stellvertretung sowie Personen, die eine Aufstellungsversammlung geleitet haben, können zur Vermeidung einer Interessenkollision nicht Mitglieder des Wahlausschusses oder deren Stellvertretung sein. [3]Gemeinde- und Landkreiswahlen sind jeweils getrennt für sich zu beurteilen.

[4]Als Schriftführerin oder Schriftführer sollten regelmäßig Bedienstete der Gemeinde, der Verwaltungsgemeinschaft oder des Landratsamts bestellt werden. [5]Sie müssen, soweit sie nicht gleichzeitig Mitglieder des Wahlausschusses sind, nicht wahlberechtigt sein. [6]Zur Schriftführerin oder zum Schriftführer kann aber auch ein Mitglied des Wahlausschusses bestellt werden.

8. Bildung der Wahlvorstände und der Briefwahlvorstände (Art. 4 Abs. 2 Nr. 2 und 3, Art. 6, § 3)

8.1 Wahlvorstände

[1]Die Berufung der Wahlvorstände erfolgt durch die erste Bürgermeisterin oder den ersten Bürgermeister als laufende Angelegenheit der Wahlvorbereitung; sie oder er wird damit regelmäßig die Gemeindeverwaltung beauftragen.

[2]Art. 6 Abs. 2 eröffnet die Möglichkeit, Wahlvorstände auch mit Bediensteten der Gemeinde zu besetzen, die **in der Gemeinde** nicht wahlberechtigt sind. [3]Das empfiehlt sich insbesondere für die Schriftführerinnen und Schriftführer. [4]Dadurch sollen die in der Praxis häufig aufgetretenen Probleme, ausreichend Mitglieder aus dem Kreis der in der Gemeinde Wahlberechtigten zu finden, gelöst werden. [5]Es ist jedoch erforderlich, dass die betreffenden Personen die übrigen Wahlrechtsvoraussetzungen erfüllen und nicht nach Art. 2 vom Wahlrecht ausgeschlossen sind.

[6]Die Schriftführerinnen und Schriftführer sind kraft Gesetzes Mitglieder der Wahlvorstände und der Briefwahlvorstände und damit stimmberechtigt (anders als beim Wahlausschuss).

[7]Sich bewerbende Personen eines Wahlvorschlags sollten nur dann in den Wahlvorstand berufen werden, wenn sonst keine ausreichende Zahl von geeigneten Wahlvorstandsmitgliedern zu gewinnen wäre. [8]Sich bewerbende Personen sollten nicht zu Wahlvorsteherinnen und Wahlvorstehern berufen werden.

[9]Bei der Gewinnung von Mitgliedern der Wahlvorstände und der Briefwahlvorstände sollten die Wahlvorschlagsträger und die Behörden um Benennung von geeigneten Personen gebeten werden.

[10]Die Vorschrift, dass bei der Berufung der Mitglieder der Wahlvorstände und der Briefwahlvorstände die Wahlvorschlagsträger entsprechend ihrer Bedeutung im Wahlkreis nach Möglichkeit zu berücksichtigen sind, erfordert keine Überprüfung der Zugehörigkeit zu einem Wahlvorschlagsträger.

8.2 Briefwahlvorstände

[1]Sowohl bei Gemeindewahlen als auch bei Landkreiswahlen sind die Briefwahlvorstände durch die Gemeinden zu bilden. [2]Die Briefwahlvorstände sind auch für eine nicht verbundene Landkreiswahl zuständig. [3]Neben dem Umstand, dass die Tätigkeit der Briefwahlvorstände umfangreicher ist als die Tätigkeit der Wahlvorstände in den Stimmbezirken, sind bei der Bildung der Briefwahlvorstände insbesondere folgende Gesichtspunkte zu berücksichtigen:

- die Anzahl der voraussichtlich auf den Briefwahlvorstand entfallenden Wahlbriefe,
- die voraussichtliche Arbeitsbelastung,
- die Anzahl der einzuberufenden Beisitzer,
- die Anzahl der auszuzählenden Wahlen.

[4]Da die voraussichtliche Arbeitsbelastung bei isolierten Bürgermeister- oder Landratswahlen geringer ist als bei allgemeinen Gemeinde- und Landkreiswahlen, kann hier im Einzelfall auch eine Zuweisungsgrenze von bis zu 1 500 Wahlbriefen angemessen sein.

[5]In Gemeinden mit mehreren Stimmbezirken ist auch dann ein Briefwahlvorstand zu bilden, wenn feststeht, dass weniger als 50 Wahlbriefe eingehen werden.

[6]Auch in Gemeinden mit nur einem Stimmbezirk wird grundsätzlich ein Briefwahlvorstand gebildet. [7]Der Wahlvorstand übernimmt die Geschäfte des Briefwahlvorstands nur dann, wenn ihm diese von der Gemeinde übertragen wurden.

8.3 Unterrichtung des Wahlvorstands

[1]Die Mitglieder des Wahlvorstands oder des Briefwahlvorstands sollten über ihre Aufgaben im Rahmen einer Einweisungsveranstaltung unterrichtet werden. [2]Ausnahmsweise kann ihre Unterrichtung auch schriftlich erfolgen. [3]Falls nötig, sind sie zur Teilnahme an der Einweisungsveranstaltung zu verpflichten (vgl. Art. 7 Abs. 2 Satz 3 GLKrWG in Verbindung mit Art. 20 Abs. 1 GO). [4]Es empfiehlt sich, zumindest den Wahlvorsteherinnen und Wahlvorstehern eine Anleitung über die Durchführung der Abstimmung und die Ergebnisermittlung zur Verfügung zu stellen. [5]Die Fachverlage geben mit den Vordruckmappen solche Anleitungen heraus.

9. Beweglicher Wahlvorstand (§ 4)

[1]Die Bildung eines beweglichen Wahlvorstands nach § 4 kommt dann in Betracht, wenn die Voraussetzungen für die Bildung eines Sonderstimmbezirks nach § 13 Abs. 2 nicht gegeben sind. [2]Auch in Sonderstimmbezirken können bewegliche Wahlvorstände gebildet werden. [3]Ein beweglicher Wahlvorstand soll nach § 4 Satz 1 bei einem entsprechendem Bedürfnis und soweit möglich gebildet werden. [4]Die Gemeinden können so flexibel und unter Berücksichtigung eines angemessenen Verhältnisses von Aufwand und Nutzen agieren. [5]Soweit keine beweglichen Wahlvorstände gebildet werden, können die stimmberechtigten Insassen und Beschäftigten von der Briefwahl Gebrauch machen.

10. Wahlehrenamt, Entschädigung (Art. 7, § 2)

10.1 Verpflichtung zur Übernahme

10.1.1 Wahlehrenämter

1Die Wahlehrenämter sind Ehrenämter der Gemeinde oder des Landkreises im Sinne von Art. 19 GO und Art. 13 LKrO. 2Die Mitgliedschaft in Wahlvorständen und in Briefwahlvorständen ist auch bei Landkreiswahlen ein Wahlehrenamt der Gemeinde.

3Zur Übernahme eines Wahlehrenamts sind nur Gemeindebürgerinnen und Gemeindebürger sowie Kreisbürgerinnen und Kreisbürger als wahlberechtigte Gemeinde- oder Kreisangehörige (Art. 15 Abs. 2 GO, Art. 11 Abs. 2 LKrO) verpflichtet.

4Das Ehrenamt kann nicht mehr allein unter Hinweis auf die Vollendung des 65. Lebensjahres abgelehnt werden (vgl. § 2 Nr. 3 a.F.). 5Diese Möglichkeit wurde aus Gründen der Altersdiskriminierung abgeschafft.

6Die Verpflichtung zur Übernahme eines Wahlehrenamts trifft die wahlberechtigten Personen unabhängig davon, ob sie in einem Wählerverzeichnis eingetragen sind.

7Auch ausländische Unionsbürgerinnen und Unionsbürger sind unter den Voraussetzungen des Art. 1 wahlberechtigt und damit zur Übernahme von Ehrenämtern als Mitglieder von Wahlorganen (Wahlvorständen, Briefwahlvorständen, Wahlausschuss) verpflichtet, es sei denn, sie sind nach Art. 2 vom Wahlrecht ausgeschlossen.

8Bei Polizeivollzugsbeamtinnen und Polizeivollzugsbeamten sowie Angehörigen des IuK-Betriebspersonals der Polizei liegt in der Regel ein wichtiger Grund für die Ablehnung des Ehrenamts vor. 9Auf die Bekanntmachung des Staatsministerium des Innern, für Sport und Integration über die Übernahme von Ehrenämtern durch Angehörige des öffentlichen Dienstes bei bevorstehenden Wahlen in der jeweils geltenden Fassung wird verwiesen.

10Die Entscheidung, ob ein wichtiger Grund für die Ablehnung des Ehrenamts vorliegt und ob gegebenenfalls ein Ordnungsgeld verhängt wird, wird insbesondere bei den Mitgliedern der Wahlvorstände und der Briefwahlvorstände vor allem in größeren Gemeinden als laufende Angelegenheit in die Zuständigkeit der ersten Bürgermeisterin oder des ersten Bürgermeisters fallen, die oder der damit regelmäßig die Verwaltung beauftragen wird.

10.1.2 Gemeindebedienstete

[1]Die Verpflichtung von Gemeindebediensteten, die in der Gemeinde nicht wahlberechtigt sind, zur Mitarbeit im Wahlvorstand (vgl. Art. 6 Abs. 2) beurteilt sich nach dienst- oder arbeitsrechtlichen Regelungen. [2]Gemeindebedienstete können unter Umständen hauptamtlich oder arbeitsvertraglich zur Mitarbeit im Wahlvorstand verpflichtet sein; für Beamtinnen und Beamte kommt auch die Anordnung einer Nebentätigkeit (Art. 81 Abs. 1 des Bayerischen Beamtengesetzes) in Betracht. [3]Soweit die Gemeindebediensteten dienst- oder arbeitsrechtlich tätig sind, nehmen sie kein Ehrenamt wahr.

[4]Für Gemeindebedienstete ist die dienstliche Verpflichtung bei Wahlen am Dienstort ein wichtiger Grund nach Art. 19 Abs. 1 GO für die Ablehnung des Ehrenamts der Wohnsitzgemeinde. [5]Bei sich widersprechenden Inanspruchnahmen sollten sich die beteiligten Gemeinden jedoch absprechen.

10.2 Entschädigung für ehrenamtlich Tätige

[1]Für die bei der Wahl ehrenamtlich Tätigen kann die Gemeinde bzw. der Landkreis eine angemessene Entschädigung (sogenanntes Erfrischungsgeld) vorsehen. [2]Es ist nicht erforderlich, dass die Festsetzung durch Satzung erfolgt. [3]Die Entscheidung, ob und in welcher Höhe eine Entschädigung gewährt wird, stellt aber in aller Regel keine laufende Angelegenheit dar. [4]Zuständig ist daher der Gemeinderat bzw. der Kreistag oder ein entsprechender Ausschuss.

[5]Bevor eine entsprechende Regelung für die gemeindlichen Wahlorgane getroffen wird, sollten sich die Gemeinden mit dem Landkreis ins Benehmen setzen, weil der Landkreis bei verbundenen Wahlen die Kosten zur Hälfte zu tragen hat (siehe Art. 54 Abs. 3).

[6]Da die in den Wahlorganen tätigen Gemeindebürgerinnen und Gemeindebürger ein Ehrenamt wahrnehmen und auch nur der Anschein vermieden werden muss, dass sie bei ihrer Amtsführung für persönliche Vorteile empfänglich seien (vgl. Art. 7 Abs. 2 Satz 1), dürfen sie von Abstimmenden keine Spenden erbitten oder annehmen, also z. B. keine Spendenkörbchen aufstellen.

11. Einberufung des Wahlausschusses, der Wahlvorstände und der Briefwahlvorstände (Art. 6, § 5)

[1]Die Einberufung sollte gegen Empfangsnachweis geschehen, um Problemen hinsichtlich der ordnungsgemäßen Ladung und der Beschlussfähigkeit vorzubeugen.

[2]Bei der Einberufung des Briefwahlvorstands hat die Gemeinde zu berücksichtigen, dass der Briefwahlvorstand mit dem Zählen und dem Öffnen der Wahlbriefe rechtzeitig vor dem Ende der Abstimmungszeit beginnen muss. [3]Der Zeitpunkt für das Zusammentreten der Briefwahlvorstände, den die Gemeinde sinnvollerweise in der Einberufung festsetzt, sollte sich nach der Anzahl der auszuwertenden Wahlbriefe richten.

[4]Da die Wahlorgane auch für die Stichwahl zuständig sind (§ 78 Abs. 2), kann es sich empfehlen, sie bei der Einberufung auch bereits für eine mögliche Stichwahl einzuberufen. [5]Soweit für die Stichwahl eine geringere Besetzung der Wahlvorstände und der Briefwahlvorstände ausreicht, können einzelne Mitglieder abberufen werden.

12. Tätigkeit der Wahlvorstände und der Briefwahlvorstände (Art. 6 Abs. 2, § 6)

[1]Bei der Zahl der zu berufenden Beisitzer hat die Gemeinde zu berücksichtigen, dass sich die Mitglieder abwechseln können, ohne dass die Mindestbesetzung gefährdet wird. [2]Es empfiehlt sich daher, mehr als die vorgeschriebene Mindestzahl von drei Beisitzern zu berufen. [3]Eine Höchstzahl für die Beisitzer ist nicht vorgeschrieben.

13. Unparteilichkeit und Verschwiegenheit (Art. 7 Abs. 2, § 7)

[1]Die Verpflichtung zur unparteiischen Wahrnehmung der Aufgaben und zur Verschwiegenheit über die bei der Tätigkeit bekannt gewordenen Angelegenheiten trifft in gleicher Weise ehrenamtlich Tätige wie Gemeindebedienstete. [2]Die Hinweise auf diese Verpflichtung gibt die Wahlleiterin oder der Wahlleiter für den Wahlausschuss, die Wahlvorsteherin, der Wahlvorsteher, die Briefwahlvorsteherin oder der Briefwahlvorsteher für die Wahlvorstände oder die Briefwahlvorstände.

[3]Die Mitglieder der Wahlorgane dürfen Erkenntnisse aus dem Wählerverzeichnis nicht über dessen Zweckbindung hinaus verwerten. [4]Es dürfen keine Auskünfte darüber gegeben werden, wer an der Wahl teilgenommen oder nicht teilgenommen hat. [5]Die Aufforderung an Nichtwählerinnen und

Nichtwähler zur Wahlteilnahme wäre ebenso wie die Aufforderung, eine bestimmte Partei oder Wählergruppe zu wählen, ein Verstoß gegen Art. 20 Abs. 3.

[6]Durch die Verweisungen auf Art. 20 GO und Art. 14 LKrO in Art. 7 Abs. 2 Satz 3 wird klargestellt, dass bei Pflichtverstößen ein Ordnungsgeld verhängt werden kann.

14. Hilfskräfte (§ 8)

[1]Bei Bedarf stellt die Gemeinde dem Wahlvorstand die erforderlichen Hilfskräfte zur Verfügung. [2]Da diese nicht dem Wahlvorstand angehören, dürfen sie bei der Ermittlung des Wahlergebnisses nicht mitwirken. [3]Die Bestimmungen über die Entschädigung in Art. 7 Abs. 3 und den Freistellungs- und Erstattungsanspruch in Art. 53 gelten für sie nicht. [4]Arbeits- oder dienstrechtliche Vorschriften bleiben unberührt.

[5]Hilfskräfte im Sinne des § 8 sind z. B. Personen, die ausschließlich für die Ausgabe der Stimmzettel eingeteilt sind. [6]Dazu gehören nicht Gemeindebedienstete, die Aufgaben der Gemeinde erledigen, wie z. B. Beschäftigte des Bauhofs, die für die Ausstattung der Wahlräume mit Wahlkabinen, Tischen und Urnen eingesetzt werden.

15. Beschlüsse des Wahlausschusses und der Wahlvorstände (Art. 17 Abs. 2, § 9)

[1]Die Regelungen über den Ausschluss der Öffentlichkeit entsprechen denen in Art. 52 Abs. 2 und 3 GO und Art. 46 Abs. 2 und 3 LKrO. [2]Auf die Kommentierungen zu diesen Vorschriften kann zurückgegriffen werden.

16. Handhabung der Ordnung, unzulässige Beeinflussung (Art. 20 Abs. 1)

[1]Innerhalb des Abstimmungsraums ist es die Aufgabe des Wahlvorstands, eine unzulässige Beeinflussung der Abstimmenden zu verhindern. [2]Welcher Bereich als „unmittelbar vor dem Zugang des Gebäudes" anzusehen ist, hängt von den örtlichen Gegebenheiten des Einzelfalls ab. [3]Ein Bereich von etwa zehn Metern wird jedoch in der Regel mindestens einzuhalten sein. [4]Der Wahlvorstand kann im Bedarfsfall polizeiliche Unterstützung anfordern.

17. Niederschriften (§ 10)
Für jede Wahl ist eine gesonderte Niederschrift zu fertigen, bei allgemeinen Gemeinde- und Landkreiswahlen sind dies also in der Regel insgesamt vier.

18. Beschwerdeausschuss (Art. 8, § 11)
[1]Der Beschwerdeausschuss kann sowohl bei Gemeinderats- und Kreistagswahlen als auch bei Bürgermeister- und Landratswahlen angerufen werden (Art. 45 Abs. 1 Satz 1).

[2]Die Wahlleiterin oder der Wahlleiter selbst hat nicht die Möglichkeit, den Beschwerdeausschuss anzurufen. [3]Ebenso wenig können Parteien oder Wählergruppen die nach ihrer Meinung rechtswidrige Zulassung eines anderen Wahlvorschlags überprüfen lassen.

[4]Die Bekanntgabe von Ort und Zeit der Sitzungen des Beschwerdeausschusses kann auch in regelmäßig erscheinenden Druckwerken im betroffenen Wahlkreis, z. B. in Zeitungen, erfolgen; § 98 gilt hier nicht.

[5]Eine förmliche Zustellung der Entscheidungen des Beschwerdeausschusses ist nicht erforderlich, da eine Frist nicht in Gang gesetzt wird.

Abschnitt 3
Vorbereitung der Wahl

Stimmbezirke, Wählerverzeichnisse

19. Bildung der allgemeinen Stimmbezirke, Sonderstimmbezirke (Art. 11 Abs. 2 und 3, § 13)

19.1 Allgemeine Stimmbezirke
[1]Die Bildung der Stimmbezirke obliegt der Gemeinde auch dann, wenn verbundene Wahlen (Gemeinde- und Landkreiswahlen) oder auch nur Landkreiswahlen durchzuführen sind. [2]Bei der Ermittlung einer Mindestgröße für die Stimmbezirke sind neben Art. 11 Abs. 3 Satz 2 und § 13 Abs. 1 zur Wahrung des Wahlgeheimnisses die zu erwartende Wahlbeteiligung und der Anteil an Briefwählerinnen und Briefwählern zu berücksichtigen; je nach den örtlichen Verhältnissen kann eine Zahl von mindestens 150 Wahlberechtigten als Orientierung dienen.

[3]Die Bildung der Stimmbezirke stellt eine laufende Angelegenheit im Sinne des Art. 37 Abs. 1 Satz 1 Nr. 1 GO dar, die die erste Bürgermeisterin oder der erste Bürgermeister auf die Verwaltung übertragen kann. [4]Soweit Gemein-

GLKrWBek

den einer Verwaltungsgemeinschaft angehören, bildet die Verwaltungsgemeinschaft die Stimmbezirke für die Mitgliedsgemeinden.

[5]Befinden sich im Stimmbezirk Gemeinschaftsunterkünfte der Bundeswehr, der Bundespolizei oder der Bayerischen Polizei, sollen die Wahlberechtigten nach festen Abgrenzungsmerkmalen (z.B. alphabetisch oder nach Organisationseinheiten) auf mehrere Stimmbezirke verteilt werden, damit aus den Wahlergebnissen nicht auf die politische Einstellung dieser Bevölkerungskreise geschlossen werden kann.

19.2 Sonderstimmbezirke

[1]Ein Sonderstimmbezirk soll nach § 13 Abs. 2 Satz 1 bei einem entsprechenden Bedürfnis gebildet werden. [2]Er sollte zur Wahrung des Wahlgeheimnisses nicht weniger als 70 Wahlberechtigte umfassen. [3]Sind die Voraussetzungen für die Bildung eines Sonderstimmbezirks für die Einrichtung nicht gegeben, hat die Gemeinde zu prüfen, ob bewegliche Wahlvorstände einzurichten sind (vgl. Nr. 9).

20. Anlegung der Wählerverzeichnisse (Art. 12, §§ 14, 15)

20.1 Vorbereitungen zur Anlegung der Wählerverzeichnisse bis zum Stichtag

[1]Wegen des Umfangs der damit verbundenen Arbeiten sollte bereits einige Zeit vor dem Stichtag (§ 15 Abs. 1) mit den Vorbereitungen für die Anlegung der Wählerverzeichnisse begonnen werden. [2]Dabei ist besonders darauf zu achten, dass alle bis zum Stichtag eingetretenen Änderungen (Zuzug neuer Wahlberechtigter, Wegzug oder Tod von Wahlberechtigten, Ausschluss vom Wahlrecht, Wiederaufleben des Wahlrechts, Wegfall von Ausschlussgründen) laufend berücksichtigt werden, damit das Wählerverzeichnis zum Stichtag nach dem neuesten Stand angelegt werden kann. [3]Solche Änderungen bis zum Stichtag sind von der Gemeinde von Amts wegen auch ohne besonderen Antrag zu berücksichtigen.

20.2 Eintragung von Amts wegen

[1]Die gesetzliche Aufenthaltsvermutung des Art. 1 Abs. 3 bezieht sich auch auf den Tag des Ein- oder Auszugs, der bei der Meldebehörde gespeichert ist (§ 3 Abs. 1 Nr. 13 BMG). [2]Das Wahlrecht muss aber nach den Verhältnissen am Wahltag beurteilt werden.

[3]Ist der Gemeinde bekannt, dass eine Person ihren Schwerpunkt der Lebensbeziehungen nicht im Wahlkreis hat, wird diese Person nicht in das Wählerverzeichnis aufgenommen.

[4]Verlegt die wahlberechtigte Person den Schwerpunkt der Lebensbeziehungen vor dem Stichtag, aber innerhalb der letzten zwei Monate vor dem Wahltag in eine andere Gemeinde, gilt

- für die Gemeindewahlen:
  Die Person wird in der Zuzugsgemeinde nicht in das Wählerverzeichnis aufgenommen, da sie das Wahlrecht in der Zuzugsgemeinde noch nicht erworben hat. Die Zuzugsgemeinde hat die Wegzugsgemeinde unverzüglich über den Zuzug zu unterrichten; die Wegzugsgemeinde hat die wahlberechtigte Person in ihrem Wählerverzeichnis nicht mehr aufzunehmen oder zu streichen, da dort kein Wahlrecht mehr besteht.
- für die Landkreiswahlen:
  Zieht die Person in eine andere Gemeinde innerhalb desselben Landkreises, bleibt sie wahlberechtigt. Sie wird in das Wählerverzeichnis der Zuzugsgemeinde von Amts wegen nur für die Landkreiswahlen eingetragen.

20.3 Gemeinsame Wählerverzeichnisse bei verbundenen Wahlen

[1]Bevor eine Person in ein gemeinsames Wählerverzeichnis (§ 14 Abs. 2) eingetragen wird, ist für die Gemeindewahlen einerseits und für die Landkreiswahlen andererseits getrennt zu prüfen, ob sie voraussichtlich am Wahltag die Voraussetzungen des Stimmrechts erfüllen wird oder ob sie vom Stimmrecht ausgeschlossen ist. [2]Besteht das Stimmrecht nur für die Landkreiswahlen, nicht aber für die Gemeindewahlen, sind die entsprechenden Spalten im Wählerverzeichnis für die Vermerke über die Stimmabgabe durchzustreichen; in der Spalte Bemerkungen ist zu vermerken, dass kein Stimmrecht für die Gemeindewahlen besteht.

20.4 Sonderstimmbezirke

[1]Für Sonderstimmbezirke wird kein Wählerverzeichnis angelegt. [2]Die Patientinnen und Patienten oder die Bewohnerinnen und Bewohner und das Personal von Einrichtungen, für die Sonderstimmbezirke gebildet wurden, werden in den Wählerverzeichnissen der allgemeinen Stimmbezirke geführt und erhalten gegebenenfalls auf Antrag einen Wahlschein.

21. Eintragung in das Wählerverzeichnis auf Antrag (Art. 12, § 15)

21.1 Umzug in eine andere Gemeinde desselben Landkreises

[1]Bei Landkreiswahlen verliert eine wahlberechtigte Person ihr Wahlrecht bei einem Umzug in eine andere Gemeinde desselben Landkreises nicht. [2]Art. 19 Abs. 2 Satz 4 ist hier nicht anwendbar, da die Person wegen des nur

kreisinternen Umzuges innerhalb des Wahlkreises bleibt. [3]Verlegt die Person den Schwerpunkt ihrer Lebensbeziehungen vor Beginn der Einsichtsfrist für das Wählerverzeichnis in eine andere Gemeinde, ist sie bei der Zuzugsgemeinde nur auf Antrag einzutragen (vgl. § 15 Abs. 3 Satz 1). [4]Wird sie im Wählerverzeichnis der Zuzugsgemeinde eingetragen, ist sie aus dem Wählerverzeichnis der Wegzugsgemeinde zu streichen (vgl. § 15 Abs. 3 Satz 3), andernfalls bleibt sie dort eingetragen.

21.2 Anträge von nicht gemeldeten Wahlberechtigten
Unter die Bestimmung des § 15 Abs. 4 fallen z. B. Wahlberechtigte, die nicht der Meldepflicht unterliegen, weil sie keine Wohnung bezogen haben, oder die zwar meldepflichtig sind, sich aber nicht gemeldet haben.

21.3 Wahlberechtigte in Justizvollzugsanstalten
Die Regelung über die Eintragung auf Antrag der Wahlberechtigten in Justizvollzugsanstalten oder entsprechenden Einrichtungen betrifft nur solche Insassen, die für keine andere Wohnung gemeldet sind und deren Aufenthalt in der Justizvollzugsanstalt **drei Monate nicht überschreitet** (vgl. auch Nr. 2.2.1 und § 27 Abs. 4 Satz **1** BMG).

21.4 Antragstellung
[1]Der Antrag muss innerhalb der Frist mit den vollständigen Angaben eingereicht werden. [2]Bei Mitgliedsgemeinden einer Verwaltungsgemeinschaft müssen Anträge auf Eintragung in das Wählerverzeichnis rechtzeitig bei der Verwaltungsgemeinschaft eingereicht werden. [3]Nach Ablauf der Antragsfrist besteht noch die Möglichkeit, unter den Voraussetzungen des § 22 Abs. 2 einen Wahlschein zu beantragen.

[4]**Der Antrag bedarf der** Schriftform. **[5]Er muss persönlich gestellt werden** oder in den Fällen des § 15 Abs. 8 durch die Hilfsperson; **eine** Bevollmächtigung ist nicht zulässig. **[6]Die Schriftform gilt auch durch Telefax, E-Mail oder durch sonstige dokumentierbare Übermittlung in elektronischer Form als gewahrt.** [7]Ein persönliches Erscheinen **zur Antragstellung** bei der Gemeinde ist nicht erforderlich. [8]Die Antragstellung zur Niederschrift muss während der Parteiverkehrszeiten, nicht während der allgemeinen Dienststunden, sichergestellt werden.

21.5 Ablehnung von Anträgen
[1]Wird einem Antrag auf Eintragung in das Wählerverzeichnis nicht stattgegeben, ist unverzüglich, spätestens bis zum Ende der Einsichtsfrist, ein förmlicher Ablehnungsbescheid zu erlassen. [2]Dem Ablehnungsbescheid ist eine Rechtsbehelfsbelehrung nach Art. 12 Abs. 3 beizufügen.

22. Benachrichtigung der Wahlberechtigten (§ 16)

[1]**Zur besseren Lesbarkeit empfiehlt sich, anstelle einer Postkarte die Wahlbenachrichtigung als Brief (DIN A4) im verschlossenen Umschlag, aber äußerlich als amtliche Wahlunterlage erkennbar, zu versenden. [2]Der offen lesbare Bereich der** Wahlbenachrichtigung darf das Geburtsdatum der wahlberechtigten Person grundsätzlich nicht enthalten. [3]Damit Personen gleichen Namens (Vor- und Familiennamen) und gleicher Anschrift aber die für sie nach der Nummer des Wählerverzeichnisses zutreffende Wahlbenachrichtigung erhalten, kann bei der Benachrichtigung solcher Personen mit dem Familiennamen die zusätzliche Kennzeichnung „sen." beziehungsweise „jun." oder die Angabe des Geburtsjahres oder des Tages und des Monats der Geburt als Ordnungsbezeichnung **ein**gedruckt werden. **[4]Die Verwendung des kleinen Bayerischen Staatswappens ist möglich (vgl. § 3 Nr. 4 AVWpG, Nr. 2.1.3 NHG-Bek).** [5]Bei einer nachträglichen Eintragung in das Wählerverzeichnis, z. B. aufgrund rechtzeitig eingereichter Anträge oder Beschwerden, denen stattgegeben wird, erhalten diese Wahlberechtigten ebenfalls eine Wahlbenachrichtigung. **[6]Müssen die Wahlberechtigten infolge von Naturkatastrophen oder ähnlichen Ereignissen höherer Gewalt nach Entscheidung der Gemeinde in anderer geeigneter Weise benachrichtigt werden, wird dies je nach den gegebenen Umständen oftmals nicht individuell erfolgen können, sondern nur in allgemeiner Form, z. B. durch gut sichtbare Aushänge an frequentierten Plätzen und Veröffentlichungen in regionalen Tageszeitungen, ergänzt durch Informationen auf der gemeindeeigenen Homepage, in Gemeinde-Apps oder den sozialen Medien. [7]Die betroffenen Gemeinden werden zudem ermächtigt, ergänzende Regelungen zur Anpassung an die besonderen Verhältnisse zu treffen (z. B. Lautsprecherdurchsagen, Informationen über gemeindliche mobile Anlaufstellen zur Erteilung von Wahlscheinen und Möglichkeit zur Briefwahl an Ort und Stelle).**

23. Bekanntmachung über die Einsicht in die Wählerverzeichnisse und die Erteilung von Wahlscheinen (§ 17)

[1]Die Bekanntmachung sollte insbesondere auch im Einwohnermeldeamt angeschlagen werden. [2]Sie ist spätestens am 24. Tag vor dem Wahltag zu erlassen.

24. Einsicht in die Wählerverzeichnisse, Melderegisterauskunft (Art. 12 Abs. 2, § 18)

[1]Die Wählerverzeichnisse werden nicht zur öffentlichen Einsicht ausgelegt. [2]Wie bei Bundes- und Landeswahlen haben die Wahlberechtigten grundsätzlich nur das Recht auf Überprüfung der zu ihrer Person im Wählerverzeichnis gespeicherten Daten. [3]Nur wenn Wahlberechtigte Tatsachen glaubhaft machen, aus denen sich eine Unrichtigkeit oder Unvollständigkeit des Wählerverzeichnisses ergeben kann, dürfen diese auch Daten von anderen Personen überprüfen. [4]Bloße Vermutungen oder Individualinteressen des Einsichtsbegehrenden sind nicht ausreichend. [5]Das Recht auf Überprüfung besteht nicht hinsichtlich der Daten anderer Personen, für die im Melderegister eine Auskunftssperre nach dem **Bundesmeldegesetz** eingetragen ist.

24.1 Ort und Zeit der Einsichtnahme

[1]Allgemeine Dienststunden sind nicht nur die Parteiverkehrszeiten, sondern die Zeiten, in denen die Bediensteten der Gemeinde regelmäßig anwesend sind. [2]An Samstagen, Sonn- und Feiertagen muss die Einsicht nicht ermöglicht werden.

[3]Bei Verwaltungsgemeinschaften sind die Wählerverzeichnisse grundsätzlich bei der Geschäftsstelle der Verwaltungsgemeinschaft zur Einsicht bereitzuhalten. [4]Die Verwaltungsgemeinschaft ist aber nicht gehindert, die Wählerverzeichnisse zusätzlich bei den Mitgliedsgemeinden zur Einsicht bereitzuhalten, wenn sie dort Dienststunden abhält.

24.2 Kopien von Wählerverzeichnissen

Kopien oder Auszüge aus dem Wählerverzeichnis dürfen die Geburtsdaten der Wahlberechtigten nicht enthalten.

24.3 Auskünfte aus dem Melderegister

[1]Nach § 50 Abs. 1 BMG darf die Meldebehörde **Parteien, Wählergruppen und anderen Trägern von Wahlvorschlägen** in Zusammenhang mit Wahlen zu Zwecken der Wahlwerbung in den sechs der Stimmabgabe vorangehenden Monaten Auskunft aus dem Melderegister über Vor- und Familiennamen, Doktorgrade und **derzeitige** Anschriften von Gruppen von Wahlberechtigten erteilen. [2]Für deren Zusammensetzung ist ausschließlich das Lebensalter der Betroffenen bestimmend. [3]Alle anderen Auswahlkriterien für die Zusammensetzung der Gruppe wie etwa Geschlecht oder Staatsangehörigkeit sind nicht zulässig.

25. Beschwerden gegen die Wählerverzeichnisse (Art. 12 Abs. 3, § 19)
[1]Die Beschwerde kann auch durch eine bevollmächtigte Person eingelegt werden. [2]Die Beschwerde ist auch ohne vorherige Einsicht in das Wählerverzeichnis zulässig.

[3]Die in § 19 Abs. 4 erwähnte Beschwerde an die Rechtsaufsichtsbehörde steht nur derjenigen Person zu, die durch die Entscheidung erstmalig beschwert ist, z. B. weil sie aufgrund einer Beschwerde eines anderen im Wählerverzeichnis gestrichen wurde.

26. Berichtigung der Wählerverzeichnisse (§ 20)

26.1 Berichtigungen nach dem Stichtag bis zum Beginn der Einsichtsfrist für die Wählerverzeichnisse

26.1.1 Umzug innerhalb der Gemeinde (§ 15 Abs. 2)
[1]Eine nach dem Stichtag umgezogene wahlberechtigte Person kann im bisherigen Stimmbezirk wählen. [2]Liegen die Voraussetzungen für die Erteilung eines Wahlscheins vor, kann sie von der Briefwahl Gebrauch machen oder mit dem Wahlschein in einem beliebigen Stimmbezirk der Gemeinde wählen. [3]Für die Unterrichtung über diese Regelung bei der **persönlichen** Anmeldung wird die Aushändigung eines Merkblatts empfohlen. **[4]Bei einer elektronischen Wohnsitzanmeldung hat das Verwaltungsportal unter Mitwirkung der zuständigen Behörde sicherzustellen, dass die wahlberechtigte Person entsprechend unterrichtet wird.** [5]Eine Aufnahme in das Wählerverzeichnis des neuen Stimmbezirks ist auch auf Antrag nicht zulässig.

26.1.2 Umzug in eine andere Gemeinde desselben Landkreises (§ 15 Abs. 3)

26.1.2.1 Auswirkungen auf das Wahlrecht bei Gemeindewahlen
[1]Verlegt eine wahlberechtigte Person, die von Amts wegen in das Wählerverzeichnis der Wegzugsgemeinde einzutragen ist, den Schwerpunkt ihrer Lebensbeziehungen nach dem Stichtag in eine andere Gemeinde desselben Landkreises, verliert sie hinsichtlich der Gemeindewahlen das Wahlrecht in der Wegzugsgemeinde und erwirbt das Wahlrecht in der Zuzugsgemeinde wegen des zu kurzen Aufenthalts noch nicht. [2]Die Zuzugsgemeinde hat die Wegzugsgemeinde unverzüglich über den Zuzug zu unterrichten; die Wegzugsgemeinde hat die wahlberechtigte Person in ihrem Wählerverzeichnis nicht mehr aufzunehmen oder zu streichen, da dort kein Wahlrecht mehr besteht.

26.1.2.2 Auswirkungen auf das Wahlrecht bei Landkreiswahlen

[1]Verlegt eine wahlberechtigte Person den Schwerpunkt ihrer Lebensbeziehungen nach dem Stichtag in eine andere Gemeinde desselben Landkreises, bleibt sie für die Landkreiswahlen wahlberechtigt. [2]Art. 19 Abs. 2 Satz 4 ist hier nicht anwendbar, da die Person wegen des nur kreisinternen Umzuges innerhalb des Wahlkreises bleibt. [3]Meldet sie sich nach dem Stichtag und vor Beginn der Einsichtsfrist für das Wählerverzeichnis bei der Meldebehörde der Zuzugsgemeinde an, wird sie in das Wählerverzeichnis der Zuzugsgemeinde für die Landkreiswahlen nur auf Antrag eingetragen. [4]Wird sie im Wählerverzeichnis der Zuzugsgemeinde eingetragen, ist sie aus dem Wählerverzeichnis der Wegzugsgemeinde zu streichen (vgl. § 15 Abs. 3 Satz 3). [5]Für die Unterrichtung über diese Regelung bei der **persönlichen** Anmeldung wird die Aushändigung eines Merkblatts empfohlen. **[6]Bei einer elektronischen Wohnsitzanmeldung hat das Verwaltungsportal unter Mitwirkung der zuständigen Behörde sicherzustellen, dass die wahlberechtigte Person entsprechend unterrichtet wird.**

[7]Teilt die Zuzugsgemeinde der Wegzugsgemeinde lediglich eine Anmeldung mit Angaben über einen Einzug nach dem Stichtag, nicht aber über die Eintragung in das Wählerverzeichnis mit, darf die Person von der Wegzugsgemeinde nur für die Gemeindewahlen, jedoch nicht für die Landkreiswahlen aus dem Wählerverzeichnis gestrichen werden. [8]Eine Streichung für die Landkreiswahlen aus dem Wählerverzeichnis der Wegzugsgemeinde ist erst dann zulässig, wenn die Zuzugsgemeinde der Wegzugsgemeinde die Aufnahme in ihr Wählerverzeichnis mitgeteilt hat.

[9]Verlegt eine Person den Schwerpunkt ihrer Lebensbeziehungen durch den Einzug vor dem Stichtag, meldet sich aber erst nach dem Stichtag an, wird sie in der Zuzugsgemeinde von Amts wegen in das Wählerverzeichnis bezüglich der Landkreiswahlen aufgenommen, da aufgrund der Meldung vermutet wird, dass der Schwerpunkt der Lebensbeziehungen bereits am Stichtag in der Zuzugsgemeinde lag.

[10]Die Regelung in § 15 Abs. 3 gilt sowohl für verbundene als auch für nicht verbundene Landkreiswahlen.

26.2 Berichtigungen ab Beginn der Einsichtsfrist bis zum Abschluss der Wählerverzeichnisse

[1]Wählerverzeichnisse können auch nach Beginn der Einsichtsfrist bis zu ihrem Abschluss ohne besondere Voraussetzungen, also auch ohne Antrag auf Eintragung in das Wählerverzeichnis oder Beschwerde wegen der Richtigkeit oder der Vollständigkeit des Wählerverzeichnisses von Amts wegen berichtigt werden.

[2]Ist eine wahlberechtigte Person in das Wählerverzeichnis der Zuzugsgemeinde aufgenommen worden, die Streichung im Wählerverzeichnis der Wegzugsgemeinde aber bisher unterblieben, kann die Streichung im Wählerverzeichnis nachgeholt werden.

26.3 Berichtigungen nach Abschluss der Wählerverzeichnisse
[1]Nach Abschluss der Wählerverzeichnisse sind Berichtigungen nur noch bei offensichtlicher Unrichtigkeit oder Unvollständigkeit zulässig.

[2]Offensichtlich ist die Unrichtigkeit oder Unvollständigkeit, wenn sie vernünftigerweise nicht angezweifelt werden kann. [2]Hierunter fallen z.B. die falsche Schreibweise von Familiennamen und Vornamen, falsche Adressenangaben, Versagen technischer Übertragungsvorrichtungen (eine wahlberechtigte Person wurde z.B. durch ein technisches Versagen versehentlich nicht in das Wählerverzeichnis aufgenommen oder irrtümlich aufgenommen), zwischenzeitlicher Erwerb oder Verlust der Unionsbürgerschaft (Nachweis durch Staatsangehörigkeitsurkunden), Änderung von Angaben zur Person aufgrund von vorgelegten Personenstandsurkunden und die Streichung von Doppeleintragungen. [3]Hinweise hierfür werden sich auch aus nichtzustellbaren Wahlbenachrichtigungen ergeben. [4]Der urkundlich nachgewiesene Tod einer wahlberechtigten Person oder der Wegfall des Wahlrechts (z.B. gerichtliches Urteil mit Rechtskraftvermerk, Wegzug aus dem Wahlkreis) führt ebenso zur offensichtlichen Unrichtigkeit des Wählerverzeichnisses.

[5]Die Abschlussbeurkundung des Wählerverzeichnisses ist in diesen Fällen entsprechend zu berichtigen. [6]Ist das Wählerverzeichnis bereits dem Wahlvorstand übergeben worden und wird die offensichtliche Unrichtigkeit oder Unvollständigkeit erst am Wahltag bei Erscheinen der abstimmenden Person im Abstimmungsraum bemerkt, muss die Wahlvorsteherin oder der Wahlvorsteher nach Rücksprache mit der Gemeinde und auf deren ausdrückliche Anweisung das Wählerverzeichnis und die Abschlussbeurkundung gegebenenfalls berichtigen.

[7]Hat eine Person, die am Wahltag das Wahlrecht nicht mehr besitzt, weil sie z.B. weggezogen oder verstorben ist, bereits einen Wahlschein und Briefwahlunterlagen erhalten, ist der Wahlschein für ungültig zu erklären und in die Liste der für ungültig erklärten Wahlscheine aufzunehmen; die Person ist zudem im Wählerverzeichnis zu streichen. [8]Eine Stimmabgabe im Abstimmungsraum ist nicht mehr zulässig oder möglich. [9]Da eine durch Briefwahl vor dem Verlust des Wahlrechts abgegebene Stimme nach Art. 19 Abs. 2 Satz 4 aber gültig ist, sind das **Wahlscheinverzeichnis** und die Liste der für ungültig erklärten Wahlscheine mit einem entsprechenden Vermerk

zu versehen (vgl. § 28 Abs. 1 Satz 2). [10]Da ausgenommen in den Todesfällen regelmäßig nicht feststellbar ist, wann das Stimmrecht ausgeübt wurde, ist zugunsten der Briefwählerin oder des Briefwählers zu vermuten, dass die Stimme vor dem Verlust des Wahlrechts abgegeben wurde.

[11]Ist eine wahlberechtigte Person in das Wählerverzeichnis der Zuzugsgemeinde aufgenommen worden, die Streichung im Wählerverzeichnis der Wegzugsgemeinde aber bisher unterblieben, kann die Streichung auch noch nach Abschluss des Wählerverzeichnisses nachgeholt werden.

26.4 Beschwerden (§ 19)
[1]Wird aufgrund einer Beschwerde entschieden, dass eine wahlberechtigte Person in das Wählerverzeichnis einzutragen ist, wird sie nachgetragen. [2]Wird entschieden, dass eine eingetragene Person nicht stimmberechtigt ist, ist sie zu streichen.

[3]Wird einer Beschwerde stattgegeben und ist die beschwerte Person in einer anderen Gemeinde gemeldet, hat die Gemeinde diesen Sachverhalt der anderen Gemeinde mitzuteilen; diese hat gegebenenfalls ihrerseits das Wählerverzeichnis zu berichtigen.

27. Abschluss der Wählerverzeichnisse (§ 21)
[1]Die Wählerverzeichnisse sind zweckmäßigerweise am Freitag vor dem Wahltag um 15 Uhr abzuschließen, da zu diesem Zeitpunkt (von den Ausnahmen in den Fällen des § 23 Abs. 3 abgesehen) die Antragsfrist für die Ausstellung von Wahlscheinen endet. [2]Damit kann die Berichtigung der Wählerverzeichnisse und der Abschlussbeurkundungen weitgehend vermieden werden.

[3]Für die Stichwahl ist das Wählerverzeichnis erneut abzuschließen.

Erteilung der Wahlscheine

28. Voraussetzungen für die Erteilung eines Wahlscheins (§ 22)
Eine wahlberechtigte Person, die in einem Wählerverzeichnis eingetragen ist, erhält auf Antrag einen Wahlschein, ohne begründen und glaubhaft machen zu müssen, dass sie verhindert ist, in diesem Stimmbezirk abzustimmen.

29. Wahlscheinanträge (§ 23)
[1]Der Antrag auf Erteilung eines Wahlscheins muss nicht mit dem auf der Rückseite der Wahlbenachrichtigung übersandten Vordruck gestellt wer-

den. [2]Auch ein einfacher Brief oder eine schriftformersetzende Antragstellung genügen, wenn die in § 23 Abs. 1 Satz 4 genannten Angaben enthalten sind. [3]Bei elektronischer Antragstellung ist eine qualifizierte elektronische Signatur nicht erforderlich.

[4]Ob die Stimmabgabe in einem Stimmbezirk oder durch Briefwahl erfolgen soll, muss sich aus dem Antrag nicht ergeben.

[5]Bei schriftlicher Antragstellung hat der Antragstellende die Portokosten zu tragen. [6]Nicht freigemachte Anträge sind von den Wahlbehörden anzunehmen; sie können die dafür verauslagten Portokosten von den Absendern zurückverlangen.

[7]Die schriftliche Vollmacht, die vorzulegen ist, wenn jemand den Antrag für einen anderen stellt, ist auch bei mündlicher oder elektronischer Antragstellung erforderlich. [8]Die Vollmacht muss für den Einzelfall ausgestellt sein; sie darf keine Sammelvollmacht sein. [9]Jede wahlberechtigte Person muss ihre Vollmacht gesondert erteilen; eine Vollmachterteilung durch mehrere Wahlberechtigte in Form von Unterschriften auf einer Liste genügt nicht als Nachweis der Bevollmächtigung.

[10]Eine schriftliche Vollmacht zur Vertretung in allen behördlichen Angelegenheiten, eine Generalvollmacht oder ein Betreuerausweis mit einem entsprechenden Aufgabenkreis wird in der Regel die Bevollmächtigung zur Stellung eines Antrags auf Erteilung eines Wahlscheins für die vertretene wahlberechtigte Person umfassen.

30. Erteilung von Wahlscheinen (§§ 24, 25)

[1]Wahlscheine für Briefwählerinnen und Briefwähler dürfen erst ab dem 20. Tag vor dem Wahltag erteilt werden.

[2]Dem Wahlschein sind stets Briefwahlunterlagen beizufügen. [3]Eine Ausnahme gilt nur für die Wahl in einem Sonderstimmbezirk oder vor einem beweglichen Wahlvorstand. [4]Wer dort wählen will, erhält allein den Wahlschein.

[5]Bei Mitgliedsgemeinden einer Verwaltungsgemeinschaft stellt die Verwaltungsgemeinschaft die Wahlscheine aus.

[6]Auch bei verbundenen Gemeinde- und Landkreiswahlen erhalten Briefwählerinnen und Briefwähler jeweils nur einen Wahlschein, einen Wahlbriefumschlag, einen Stimmzettelumschlag und ein Merkblatt.

31. Wahlscheinverzeichnis (§ 26)

[1]Das Wahlscheinverzeichnis wird dem Briefwahlvorstand nicht übergeben. [2]Stattdessen erhält er gegebenenfalls ein Verzeichnis der insgesamt oder teilweise für ungültig erklärten Wahlscheine. [3]Entsprechendes gilt für den Wahlvorstand in Gemeinden, die nur einen Stimmbezirk bilden, dessen Wahlvorstand mit der Übernahme der Geschäfte des Briefwahlvorstands beauftragt wurde.

32. Versendung von Wahlscheinen, der Stimmzettel und der Briefwahlunterlagen (§ 27)

[1]Die Gemeinden haben nach eigenen Erfahrungen und nach den örtlichen Gegebenheiten auf eine möglichst kostengünstige **Beförderung der äußerlich erkennbar als amtliche Wahlunterlagen gekennzeichneten Briefwahlunterlagen zu achten. [2]Insbesondere an den letzten Tagen vor der Wahl ist die rechtzeitige Zustellung vorrangig. [3]Werden externe Dienstleister mit der Herstellung der Wahlscheine und dem Versand der Briefwahlunterlagen beauftragt, soll durch entsprechende Vereinbarungen sichergestellt werden, dass rechtzeitig beantragte Wahlscheine vor dem Wahltag zugestellt werden. [4]Im Hinblick auf die Postlaufzeiten für den Versand der Briefwahlunterlagen wird empfohlen, die Wahlberechtigten durch geeignete Öffentlichkeitsarbeit darauf hinzuweisen, ab welchem Zeitpunkt die Erteilung von Wahlscheinen nur noch durch persönliche Abholung oder Abholung durch eine bevollmächtigte Person möglich ist. [5]Die Möglichkeit, Wahlscheine über eine Internetseite zu beantragen, sollte rechtzeitig deaktiviert und mit Hinweisen zur Abholung versehen werden.** [6]Die Übermittlung des Wahlscheins und der für die Briefwahl erforderlichen Unterlagen kann auch durch gemeindliche Arbeitskräfte erfolgen, wenn Missbräuche durch geeignete Maßnahmen der Gemeinde ausgeschlossen werden. [7]Dazu dient insbesondere, dass die Unterlagen nur in verschlossenem Umschlag übermittelt und in den Briefkasten eingeworfen werden und dass es den Arbeitskräften der Gemeinde verboten wird, die von den wählenden Personen ausgefüllten Wahlbriefe wieder mitzunehmen.

[8]Wenn davon auszugehen ist, dass der Wahlbrief aus dem Ausland zurückgesandt werden soll, sind Wahlbriefumschläge nicht freizumachen. [9]Im Übrigen sind unfrei eingesandte Wahlbriefe in jedem Fall von der Gemeinde anzunehmen.

[10]Zur Vermeidung von Nachgebühren für nicht freigemachte Wahlbriefe empfiehlt sich frühzeitig eine entsprechende Vereinbarung mit dem Postdienstleister zur Abrechnung von Wahlbriefen.

[11]In den Fällen des § 27 Abs. 1 Satz 4 ist die Kontrollmitteilung gleichzeitig mit den Briefwahlunterlagen an die Wohnanschrift zu versenden. [12]Im Falle einer missbräuchlichen Beantragung durch eine dritte Person kann die wahlberechtigte Person nach Erhalt dieser Kontrollmitteilung gegenüber der Gemeinde bzw. Verwaltungsgemeinschaft glaubhaft machen, dass ihr der Wahlschein nicht zugegangen ist, woraufhin ihr die Gemeinde bzw. Verwaltungsgemeinschaft gemäß § 28 Abs. 4 Satz 2 einen neuen Wahlschein erteilen kann. [13]Der zuerst ausgestellte Wahlschein ist gemäß § 28 Abs. 4 Satz 3 für ungültig zu erklären.

[14]Die schriftliche Vollmacht zur Aushändigung von Wahlunterlagen muss für den Einzelfall ausgestellt sein; sie darf keine Sammelvollmacht sein. [15]**Auf dem Wahlscheinantrag (vgl. Anlage 2) ist bereits ein entsprechendes Muster aufgedruckt.** [16]Jede wahlberechtigte Person muss ihre Vollmacht gesondert erteilen; eine Vollmachterteilung durch mehrere Wahlberechtigte in Form von Unterschriften auf einer Liste genügt nicht als Nachweis der Bevollmächtigung. [17]Auch wenn die Vollmacht mit dem Antrag auf Erteilung eines Wahlscheins verbunden wird, muss sie gesondert zur Antragstellung unterschrieben werden. [18]**Eine schriftliche Vollmacht zur Vertretung in allen behördlichen Angelegenheiten, eine Generalvollmacht oder ein Betreuerausweis mit einem entsprechenden Aufgabenkreis wird in der Regel die Bevollmächtigung zur Empfangnahme der Wahlunterlagen für die vertretene wahlberechtigte Person umfassen.**

[19]Um Missbräuchen zu begegnen, darf eine bevollmächtigte Person nicht mehr als vier Wahlberechtigte vertreten, was sie vor Aushändigung der Unterlagen schriftlich versichern muss. [20]Für den Fall, dass die Versicherung vor einer Aushändigung nicht mit dem mit der Wahlbenachrichtigung übersandten Vordruck erfolgen kann, sollen diesem Vordruck entsprechende Erklärungsvordrucke bereitgehalten werden.

[21]Darüber hinaus ist die Vorgabe, dass eine Person nicht mehr als vier Wahlberechtigte vertreten darf, durch geeignete Vorkehrungen (z. B. Anlegen von Listen) sicherzustellen.

33. Ungültigkeit und Verlust von Wahlscheinen (§ 28)

[1]Hat eine Person, die am Wahltag das Wahlrecht nicht mehr besitzt, weil sie z. B. weggezogen oder verstorben ist, bereits einen Wahlschein und Briefwahlunterlagen erhalten, ist der Wahlschein für ungültig zu erklären und in die Liste der für ungültig erklärten Wahlscheine aufzunehmen; die Person ist zudem im Wählerverzeichnis zu streichen. [2]Da eine durch Briefwahl vor dem Verlust des Wahlrechts abgegebene Stimme nach Art. 19 Abs. 2 Satz 4

aber gültig ist, sind das **Wahlschein**verzeichnis und die Liste der für ungültig erklärten Wahlscheine mit einem entsprechenden Vermerk zu versehen (vgl. § 28 Abs. 1 Satz 2, Nr. 26.3). [3]Da ausgenommen in den Todesfällen regelmäßig nicht feststellbar ist, wann das Stimmrecht ausgeübt wurde, ist zugunsten der Briefwählerin oder des Briefwählers zu vermuten, dass die Stimme vor dem Verlust des Wahlrechts abgegeben wurde.

[4]Verlegt eine stimmberechtigte Person, die von der Wegzugsgemeinde einen Wahlschein erhalten hat, den Schwerpunkt ihrer Lebensbeziehungen in eine andere Gemeinde innerhalb desselben Landkreises, gilt bei verbundenen Gemeinde- und Landkreiswahlen Folgendes:

[5]Die Person wird im Wählerverzeichnis der Wegzugsgemeinde für die Landkreiswahlen nicht gestrichen; der von der Wegzugsgemeinde erteilte Wahlschein bleibt für die Landkreiswahlen gültig.

[6]Der von der Wegzugsgemeinde erteilte Wahlschein ist nur für die Gemeindewahlen für ungültig zu erklären. [7]Im Verzeichnis der für ungültig erklärten Wahlscheine ist ein Vermerk aufzunehmen, dass die Ungültigerklärung nur die Gemeindewahlen betrifft (vgl. § 28 Abs. 1 Satz 3). [8]Weiter ist zu vermerken, dass die vor dem Umzug durch Briefwahl abgegebene Stimme gültig ist (vgl. Art. 19 Abs. 2 Satz 4).

[9]Die Gemeinde verständigt das Landratsamt, dass der Wahlschein nur hinsichtlich der Gemeindewahlen für ungültig erklärt wurde; das Landratsamt unterrichtet über die Gemeinden alle Wahlvorstände im Landkreis spätestens bis zum Beginn der Abstimmung über die Teilungültigkeit des Wahlscheins. [10]Wählt die Person mit Wahlschein in einem Stimmbezirk, ist sie vom Wahlvorstand hinsichtlich der Gemeindewahlen zurückzuweisen. [11]Hat sie an der Gemeindewahl der Wegzugsgemeinde durch Briefwahl teilgenommen, ist die Stimme nach Art. 19 Abs. 2 Satz 4 gültig (vgl. § 28 Abs. 1 Satz 3).

Stimmzettel, Wahlscheine, Briefwahlunterlagen

34. Äußere Beschaffenheit (Art. 16, § 30)

[1]Soweit möglich, sollte für die Herstellung Umweltschutzpapier verwendet werden.

[2]Zur Wahrung des Wahlgeheimnisses hat die Gemeinde darauf zu achten, dass innerhalb der Gemeinde bei einer Wahl stets durchgehend einheitliche Wahlunterlagen verwendet werden. [3]Insbesondere ist innerhalb einer Farbe auf einen einheitlichen Farbton zu achten.

[4]Die Papierbeschaffenheit ist so zu wählen, dass die Kennzeichnung des Stimmzettels nicht durchscheint. [5]Bei Einsatz von Strichcode-Lesestiften sollte auf eine Papierqualität geachtet werden, bei der die Strichcodes gut gelesen werden können. **[6]Der Bereich der Strichcodes kann mit einem weißen oder hellen Farbton hinterlegt werden, um eine bessere Lesbarkeit bei Verwendung von Strichcode-Lesestiften zu ermöglichen.**

[7]Die Gemeinden sollen Muster der Stimmzettel unverzüglich nach ihrer Fertigstellung den Selbsthilfeorganisationen der blinden Menschen in Bayern, die ihre Bereitschaft erklärt haben, Stimmzettelschablonen zu erstellen, zur Verfügung stellen (vgl. § 30 Satz 5). [8]Dies ergänzt die Regelung, dass sich eine blinde oder sehbehinderte wählende Person bei der Kennzeichnung des Stimmzettels neben oder anstelle einer Hilfsperson auch einer Stimmzettelschablone bedienen kann (vgl. § 62 Abs. 4). [9]Stimmzettelschablonen sind an den konkreten Stimmzettel angepasste Schablonen, die in der Praxis entweder mit zusätzlichen Erläuterungen in Braille-Schrift versehen sind oder in Kombination mit einem erläuternden Audio-Datenträger verwendet werden können. [10]Die Gemeinden sind nicht verpflichtet, entsprechende Schablonen selbst herzustellen, die Richtigkeit der von einem Dritten hergestellten Schablonen zu überprüfen oder die Herstellungskosten zu übernehmen. [11]Ihre Pflicht beschränkt sich darauf, Stimmzettelmuster möglichst bald Selbsthilfeorganisationen für blinde Menschen zur Verfügung zu stellen. [12]Ob sich eine dieser Organisationen, wozu insbesondere auch örtliche Blindenvereine zählen, bereit erklärt und auch in der Lage sieht, solche Schablonen für eine Wahl herzustellen, obliegt allein deren Entscheidung. [13]Zulässig wäre es auch, wenn sich eine Selbsthilfeorganisation beispielsweise auf die leichter herstellbaren Schablonen für eine Bürgermeister- oder Landratswahl beschränkt und auf Schablonen für die Gemeinderats- oder Kreistagswahlen verzichtet.

GLKrWBek

35. Form und Inhalt der Stimmzettel (§ 31)

[1]Die Stimmzettel müssen die sich bewerbenden Personen in einer jeden Zweifel ausschließenden Weise bezeichnen. [2]Darauf ist insbesondere bei Gleichheit von Vorname, Familienname, Beruf oder Stand mehrerer sich bewerbender Personen zu achten; hier kann ein weiteres Unterscheidungsmerkmal hinzugefügt werden, z.B. „jun.“ oder „sen.“. [3]Die Bestimmung, dass die Straße und die Hausnummer der sich bewerbenden Person auf dem Stimmzettel nicht angegeben werden dürfen, schließt nicht aus, dass der amtliche Name eines Gemeindeteils in den Stimmzettel aufzunehmen ist, wenn dieser im Wahlvorschlag aufgeführt ist (§ 43 Satz 1 Nr. 4 Buchst. e);

das gilt nicht für nichtamtliche Gemeindeteilbezeichnungen (z.B. in der Landeshauptstadt München die Namen der Stadtbezirke).

[4]Das Verbot, den Tag der Geburt anzugeben, schließt **nicht** auch aus, das Jahr der Geburt in den Stimmzettel aufzunehmen, **sofern sich aus dem Wahlvorschlag ergibt, dass dies dem Wunsch der sich bewerbenden Person entspricht (vgl. § 43 Satz 1 Nr. 4 Buchst. b).** [5]Die Staatsangehörigkeit darf nicht angegeben werden.

[6]Der Aufdruck des Gemeindesiegels dient nur zur erkennbaren Individualisierung und Zuordnung der Stimmzettel zu einer Gemeinde, Gemeindesiegel sind aber nicht notwendigerweise mit Dienstsiegeln im Sinne der NHGV identisch. [7]Die Rechtssicherheit der Einzeldokumente im Massenverfahren der Stimmzettelerstellung ist nachrangig. [8]Daher ist auch ein aus einem Prägesiegelabdruck hergestellter Aufdruck auf den Stimmzetteln ausreichend. [9]Der Abdruck sollte aber jedenfalls eindeutig erkennbar und lesbar sowie in der richtigen Größe dargestellt sein.

[10]Bei Verwendung von beim Bayerischen Hauptmünzamt erstellten elektronischen Dienstsiegeln obliegt es jeder siegelverwaltenden Stelle selbst, wie sie eine missbräuchliche Verwendung des Dienstsiegels ausschließt, beispielsweise durch Beauftragung eines in diesem Zusammenhang bereits als zuverlässig bekannten Verlags und entsprechende vertragliche Regelungen zur Rückgabe, Weiterverwendung und Löschung, oder durch die eigene Erstellung einer Druckvorlage.

36. Herstellung der Stimmzettel, der Stimmzettelumschläge und der Wahlbriefumschläge (Art. 16, § 32)

[1]Die Stimmzettel sind unverzüglich herzustellen, sobald die Entscheidung über die Zulassung der Wahlvorschläge vom Wahlausschuss oder vom Beschwerdeausschuss nicht mehr geändert werden kann.

[2]Die Verwendung eines bestimmten Größenformats für Stimmzettelumschläge und Wahlbriefumschläge ist nicht vorgeschrieben. [3]Da die Stimmzettel für die Wahl des Gemeinderats und die Stimmzettel für die Wahl des Kreistags erfahrungsgemäß umfangreich sein können und bei Gemeinde- und Landkreiswahlen nur ein Stimmzettelumschlag und ein Wahlbriefumschlag verwendet werden, ist insbesondere bei verbundenen Gemeinde- und Landkreiswahlen das Format von der Gemeinde so zu bestimmen, dass die Briefwählerinnen und Briefwähler sämtliche Stimmzettel und den Wahlschein ohne Schwierigkeiten in die entsprechenden Umschläge einlegen und verschließen können.

[4]Bei der Ausgabe von Wahlbriefumschlägen ist darauf zu achten, dass die vollständige Anschrift der Behörde, an die der Wahlbrief zu übersenden ist, angegeben ist.

37. **Zusammentreffen mehrerer Wahlen und Abstimmungen (Art. 10)**

37.1 Stimmzettel bei verbundenen Gemeinde- und Landkreiswahlen (Art. 10, 16, § 33)

[1]Bei verbundenen Gemeinde- und Landkreiswahlen sollen für die Stimmzettel folgende Farben verwendet werden:
- Bürgermeisterwahl: gelb,
- Gemeinderatswahl: hellgrün,
- Landratswahl: hellblau,
- Kreistagswahl: weiß.

[2]Für eine Stichwahl wird empfohlen, die Farbe der ersten Wahl erneut zu verwenden.

37.2 Zusammenlegung des Termins für Wahlen und Abstimmungen (Art. 10, § 33)

[1]Ist beabsichtigt, isolierte Gemeinde- oder Landkreiswahlen oder sonstige Abstimmungen gleichzeitig mit einer Bezirkswahl, Landtagswahl, Bundestagswahl, Europawahl, einer Abstimmung über einen Volksentscheid oder während der Eintragung für ein Volksbegehren durchzuführen, bedarf es der Zustimmung des Staatsministeriums des Innern, für Sport und Integration.

[2]Unter „sonstigen Abstimmungen" sind neben Bürgerentscheiden und Bürgerbefragungen auch Wahlen zu verstehen, bei denen nach allgemeinen Wahlrechtsgrundsätzen ein Gremium gewählt wird, dessen Aufgabe es mitunter ist, auf die kommunalpolitische Willensbildung einzuwirken (z. B. Migrations- oder Jugendbeiratswahlen, Wahl von Ortsbeauftragten).

[3]Im Antrag auf Zustimmung nach Art. 10 Satz 1 ist darzulegen, dass im Falle einer Zusammenlegung weder Bedenken gegen die Durchführbarkeit bestehen noch eine Beeinflussung einer der Wahlen oder Abstimmungen zu befürchten ist. [4]Zur reibungslosen Durchführung sind regelmäßig zusätzliche organisatorische Maßnahmen erforderlich, insbesondere eine ausreichende Anzahl an Wahlvorständen und Briefwahlvorständen. [5]Eine Beeinflussung ist insbesondere dann anzunehmen, wenn das bzw. ein Thema der weiteren Wahl oder Abstimmung vor Ort so erhebliche Bedeutung hat oder absehbar haben wird, dass es das Abstimmungsverhalten

der Wahl- oder Abstimmungsberechtigten der vorrangig geschützten Wahl oder Abstimmung berühren könnte.

[6]Für eine Zusammenlegung von Bürgerentscheiden mit Gemeinde- und Landkreiswahlen kann eine Zustimmung in der Regel nicht erteilt werden, weil eine Positionierung der Bewerberinnen und Bewerber für ein kommunales Amt im Wahlkampf zu den kommunalpolitischen Themen des Bürgerentscheids nahezu unvermeidlich wäre (vgl. IMS vom 18. September 2019, Az.: B1-1360-3). [7]In Ausnahmefällen kann eine Zusammenlegung eines gemeindlichen Bürgerentscheids mit einer Landkreiswahl aber in Betracht kommen.

[8]Kreisangehörige Gemeinden reichen den formlosen Antrag auf Zustimmung über das Landratsamt und die Regierung beim Staatsministerium des Innern, für Sport und Integration ein, kreisfreie Städte über die Regierung. [9]Dem Antrag soll eine Beschlussniederschrift des zuständigen Gremiums beigefügt werden, aus dem sich der Inhalt einer Abstimmung oder die Art der Wahl sowie die Absicht einer Terminzusammenlegung ergibt.

[10]Im Falle einer Zustimmung legt das Staatsministerium des Innern, für Sport und Integration den Farbton der Wahl- oder Abstimmungsunterlagen fest (z.B. hellgrün). [11]Ferner ist bei den Vorbereitungen eine klare Trennung erforderlich, insbesondere durch getrennte Abstimmungs- oder Wahlbenachrichtigungen und den getrennten Versand der Briefwahl- oder Briefabstimmungsunterlagen.

Abschnitt 4
Wahlvorschläge

38. Wahlvorschlagsträger (Art. 24 Abs. 1 und 2)

38.1 Parteien

[1]Die Frage, ob ein eingereichter Wahlvorschlag einer Partei zuzurechnen ist oder ob es sich um den Wahlvorschlag einer (selbstständigen) Wählergruppe handelt, hat insbesondere Auswirkungen auf die Frage, ob Unterstützungsunterschriften nach Art. 27 erforderlich sind, sowie auf die Ordnungszahl nach Art. 33 Abs. 2.

[2]Bestehen Bedenken gegen die Parteieigenschaft, sind eine Kopie der Niederschrift über die Gründung der Partei und eine Satzungskopie zu verlangen. [3]Der Begriff der Partei setzt vor allem voraus, dass sie ein Zusammenschluss natürlicher Personen ist. [4]Die Mitgliedschaft von Vereinigungen

GLKrWBek

widerspricht diesem Erfordernis. [5]Durch den korporativen Beitritt einer Wählergruppe zu einer Partei kann die Wählergruppe selbst nicht die Stellung einer Partei erlangen; sie wird durch den Beitritt vor allem kein Ortsverband dieser Partei. [6]Ortsverband einer Partei kann nur eine örtliche, organisatorische Untergliederung dieser Partei sein, die aus natürlichen Personen als Einzelmitgliedern der Partei, nicht aber aus einer Wählergruppe besteht. [7]Die Mitgliedschaft parteiloser Wählergruppen bei einem Dachverband bewirkt ferner nicht, dass diese Wählergruppen wie bisher im Gemeinderat oder im Kreistag vertretene Wählergruppen privilegiert sind, selbst dann nicht, wenn dem Dachverband Parteieigenschaft zukommen sollte.

[8]Ist aufgrund gleicher oder ähnlicher Namensführung unklar, ob es sich bei einem Wahlvorschlagsträger um die Untergliederung einer Partei oder um eine in einem Dachverband organisierte selbstständige Wählergruppe handelt, kann regelmäßig anhand der Parteiensatzung nachvollzogen werden, welches Organ wirksam für die Partei Wahlvorschläge für Gemeinde- und Landkreiswahlen aufstellen und einreichen kann. [9]Eine Parteiensatzung kann vorsehen, dass nur ein überregionales Parteiorgan (z. B. eine Vereinigung auf Kreisebene für Gemeindewahlen) Wahlvorschläge aufstellen und einreichen kann. [10]Auf das Bestehen einer Ortsvereinigung oder eines Ortsverbands kommt es nicht an. [11]Sollten sich im Einzelfall Zweifel ergeben, kann die beauftragte Person für den Wahlvorschlag um Mitteilung gebeten werden, ob der Wahlvorschlag von einer Untergliederung einer Partei oder einer Wählergruppe eingereicht wurde. [12]Gegebenenfalls können weitere Unterlagen angefordert werden (Art. 24 Abs. 4).

[13]Politische Vereinigungen, deren Mitglieder oder deren Vorstandsmitglieder in der Mehrheit Ausländer sind oder deren Sitz oder deren Geschäftsleitung sich außerhalb der Bundesrepublik Deutschland befindet, sind keine Parteien im Sinne von § 2 Abs. 3 des Parteiengesetzes.

[14]Eine Partei ist wegen § 6 Abs. 1 Satz 1 des Parteiengesetzes immer ein organisierter Wahlvorschlagsträger.

38.2 Wählergruppen

[1]Eine Organisation der Wählergruppen wie im Landeswahlrecht wird nicht gefordert. [2]Dennoch muss es sich um eigenständige Vereinigungen oder Gruppen handeln, deren Ziel es ist, sich an Gemeinde- oder Landkreiswahlen zu beteiligen, um mit eigenen Vorstellungen im Gemeinderat oder im Kreistag mitzuwirken.

[3]Falls sich eine Wählergruppe organisieren will, erfolgt dies regelmäßig in Form eines Vereins nach bürgerlichem Recht (§§ 21 ff. BGB) und zwar als im Vereinsregister eingetragener und somit rechtsfähiger Verein oder als nichtrechtsfähiger Verein.

[4]Ein Verein ist eine auf Dauer angelegte, körperschaftlich organisierte Verbindung einer Personenmehrheit zur Erreichung eines gemeinsamen Zwecks. [5]Er führt einen eigenen Namen und besteht unabhängig von einem Wechsel der Mitglieder.

[6]Ein organisatorischer Zusammenschluss lässt sich ohne Weiteres feststellen, wenn der Verein im Vereinsregister eingetragen ist (§§ 55 ff. BGB). [7]Fehlt eine Eintragung, muss anhand aller Umstände geprüft werden, ob ein nichtrechtsfähiger Verein vorliegt. [8]Auch ein nichtrechtsfähiger Verein setzt eine Gründungsversammlung von mindestens drei Personen sowie eine schriftlich niedergelegte oder durch langjährige Übung zustande gekommene Satzung voraus, in der die Grundsätze der Vereinsorganisation (Vorstand, Mitgliederversammlung, Rechte und Pflichten der Vereinsmitglieder) festgelegt sind.

[9]Eine Gesellschaft des bürgerlichen Rechts (§§ 705 ff. BGB) kommt als Organisationsform einer Wählergruppe grundsätzlich weniger in Betracht.

[10]Nach § 34g des Einkommensteuergesetzes wird bei Zuwendungen an unabhängige Wählervereinigungen die Tarifermäßigung für Mitgliedsbeiträge und Spenden nur unabhängigen Wählervereinigungen in der Rechtsform eines (eingetragenen oder nichtrechtsfähigen) Vereins gewährt.

38.3 Übereinstimmung von Wählergruppen

[1]In Art. 24 Abs. 2 Satz 1 Nr. 1 ist nur die Übereinstimmung von solchen Wählergruppen geregelt, die sowohl bei der jetzigen als auch bei der vorhergehenden Wahl organisiert waren. [2]Alle übrigen Fälle werden von Art. 24 Abs. 2 Satz 1 Nr. 2 erfasst.

[3]Der in Art. 24 Abs. 2 Satz 1 Nr. 2 Satz 2 genannte Fall, dass mehrere Wählergruppen die in Art. 24 Abs. 2 Satz 1 Nr. 2 Satz 1 genannten Voraussetzungen erfüllen, kann sich dann ergeben, wenn sich eine Wählergruppe aufspaltet und dadurch zwei (oder mehr) Wahlvorschläge sechs übereinstimmende unterzeichnende oder sich bewerbende Personen aufweisen. [4]„Rechtsnachfolger" einer früheren Wählergruppe kann aber nur ein Wahlvorschlagsträger sein. [5]Deshalb wird in solchen Fällen auf die Wählergruppe abgestellt, die die größte Anzahl an übereinstimmenden unterzeichnenden oder sich bewerbenden Personen hat.

[6]Wahlvorschlagsträger, die zwar organisiert sind, aber auf die Vorlage eines Organisationsnachweises verzichten (vgl. Art. 24 Abs. 2 Satz 2), können die Privilegierung des früheren Wahlvorschlagsträgers für sich in Anspruch nehmen, wenn die weiteren Voraussetzungen nach Art. 24 Abs. 2 Satz 1 Nr. 2 gegeben sind.

[7]Die Wahlberechtigung der unterzeichnenden oder der sich bewerbenden Personen ist nur im Hinblick auf die jetzige Wahl zu prüfen.

39. Verbot des Mehrfachauftretens (Art. 24 Abs. 3 und 4)

39.1 Prüfungsmaßstab

[1]Der Bayerische Verfassungsgerichtshof (vgl. **BayVerfGH, Entscheidung vom 28. Januar 1993, Az. Vf.25-VI-92 BayVBl. 1993, 206; BayVerfGH, Entscheidung vom 2. Oktober 1969, Az. Vf.3-VI-69, BayVBl. 1970, 60 ff.**) hat betont, dass die Frage, ob ein unzulässiges Mehrfachauftreten vorliegt, vornehmlich anhand formeller Kriterien zu überprüfen ist. [2]Politische Vorgänge, die außerhalb des Wahlverfahrensrechts liegen, dürfen nicht in Betracht gezogen werden. [3]Dem Wahlausschuss, der Rechtsaufsichtsbehörde und den Gerichten ist es verwehrt, etwa Ermittlungen darüber anzustellen, ob und welcher Partei oder Wählergruppe eine sich bewerbende Person angehört und von welcher Seite sie unterstützt wird. [4]Außer Betracht bleiben muss ferner, ob eine Partei oder eine Wählergruppe die Kandidatur ihrer Mitglieder auf fremden Wahlvorschlägen billigt oder ablehnt oder ob sie Folgerungen aus einer solchen Kandidatur zieht. [5]Ein Wahlvorschlag darf auch nicht daraufhin überprüft werden, ob und wie stark das Programm der ihn tragenden Wählergruppe dem Programm einer anderen Partei oder Wählergruppe ähnelt.

39.2 Anwendungsfälle

39.2.1 Zu Art. 24 Abs. 3 Satz 2 Nr. 1

[1]Vorbehaltlich Art. 24 Abs. 3 Satz 2 Nr. 2 bis 4 ist es z. B. wahlrechtlich zulässig, dass sich Angehörige eines Wahlvorschlagsträgers oder einer seiner Untergliederungen zusammen mit anderen Wahlberechtigten zu einer Wählergruppe zusammenschließen, um einen eigenen Wahlvorschlag einzureichen.

[2]Untergliederungen wie Orts- und Kreisverbände können neben dem Wahlvorschlagsträger keinen eigenen Wahlvorschlag mit dessen Organisationsnamen als Kennwort einreichen. [3]Auch kann der Name der Untergliederung nicht dem Kennwort des Wahlvorschlagsträgers angefügt werden, da dieser Name dem Wahlvorschlagsträger zuzurechnen ist.

[4]Nach Art. 24 Abs. 3 Satz 4 ist eine Organisation keine Untergliederung, wenn man in ihr Mitglied sein kann, ohne zugleich Mitglied des Wahlvorschlagsträgers zu sein. [5]Nach der Entscheidung des Bayerischen Verwaltungsgerichtshofs vom 3. August 2009, Az. 4 ZB 08.3169, genügt es für die Annahme einer Untergliederung insbesondere nicht, wenn nur der Vorstand der Organisation Mitglied des Wahlvorschlagsträgers sein muss.

39.2.2 Zu Art. 24 Abs. 3 Satz 2 Nr. 2

[1]Unzulässig ist es, wenn sich derselbe Wahlvorschlagsträger in Gruppierungen für verschiedene Gebiete des Wahlkreises aufspaltet, um für diese Gebiete eigene Wahlvorschläge einzureichen (z. B. „X-Partei nördlicher Landkreis" und „X-Partei südlicher Landkreis"). [2]Dem Verbot des Mehrfachauftretens steht nicht entgegen, dass sich für verschiedene Teile eines Wahlkreises verschiedene selbstständige Wahlvorschlagsträger bilden, die das im Kennwort zum Ausdruck bringen (z. B. „Wählervereinigung nördlicher Landkreis"). [3]Auch in diesen Fällen müssen die Aufstellungsversammlungen für den gesamten Wahlkreis einberufen werden.

39.2.3 Zu Art. 24 Abs. 3 Satz 2 Nr. 3

[1]Art. 24 Abs. 3 Satz 2 Nr. 3 betrifft zunächst den Fall, dass ein- und dieselbe Aufstellungsversammlung mehrere Wahlvorschläge beschließt. [2]Nichts anderes kann aber dann gelten, wenn zwar eine weitere Versammlung zu einem anderen Zeitpunkt stattfindet, die Mehrheit der dort versammelten Wahlberechtigten aber bereits die Mehrheit der anderen Aufstellungsversammlung gebildet hat. [3]Das lässt sich anhand der Anwesenheitsliste feststellen. [4]Entscheidend für die Eigenständigkeit der Versammlung ist nämlich die durch das Wahlrecht ihrer Teilnehmerinnen und Teilnehmer vermittelte demokratische Legitimation.

[5]Es ist nicht ausgeschlossen, dass Wahlberechtigte an mehreren Aufstellungsversammlungen teilnehmen, wenn Anhänger einer Partei oder einer Wählergruppe mit ihrem Vorschlag bei ihrer Organisation nicht zum Zug kommen oder andere politische Ziele verfolgen als die Kandidatinnen und Kandidaten auf den Wahlvorschlägen „ihrer" Partei oder Wählergruppe (BVerfG, Beschluss vom 17. Oktober 1994, Az. 2 BvR 347/93, BayVBl. 1995, 148). [6]Mit „ihrem Vorschlag bei ihrer Organisation nicht zum Zug gekommen" sind diejenigen Wahlberechtigten, die z. B. mit ihrem Vorschlag in der Aufstellungsversammlung unterlegen sind. [7]Ihnen muss die Möglichkeit eingeräumt werden, an einer anderen Aufstellungsversammlung teilzunehmen. [8]Wahlberechtigte haben es in der Hand, durch neu gebildete Wählergruppen weitere Wahlvorschläge aufzustellen, wenn ihnen das durch Art. 24 Abs. 3 Satz 1 begrenzte personelle Angebot nicht genügt. [9]Anderer-

seits ist grundsätzlich nicht nachweisbar, welche konkrete Person überstimmt worden ist, mit ihren Vorstellungen also „nicht zum Zug gekommen ist", da die Abstimmung in der Aufstellungsversammlung geheim ist. [10]Eine diesbezügliche „Meinungserforschung" wäre auch mit der rein formalen Prüfung von Wahlvorschlägen nicht vereinbar.

[11]Das Verbot, mehrere Wahlvorschläge in derselben Versammlung aufzustellen, gilt nur für dieselbe Wahl. [12]Ein Wahlvorschlagsträger darf in derselben Versammlung selbstverständlich neben dem Wahlvorschlag für die Bürgermeisterwahl einen Wahlvorschlag für die Gemeinderatswahl bzw. neben der Landratswahl einen Wahlvorschlag für die Kreistagswahl aufstellen.

39.2.4 Zu Art. 24 Abs. 3 Satz 2 Nr. 4

[1]Maßgeblich ist, ob Organe eines Wahlvorschlagsträgers oder seiner Untergliederung einen weiteren Wahlvorschlag beherrschend betreiben. [2]Dieses beherrschende Betreiben definiert der Verfassungsgerichtshof (z. B. **BayVerfGH, Urteil vom 18. März 1993, Az. Vf. 41-VI-92,** BayVBl. 1993, 336 ff.) wie folgt:

„Ein beherrschendes Betreiben liegt nicht schon dann vor, wenn Organe einer Partei oder einer Untergliederung die Gründung einer neuen Wählergruppe anregen, befürworten, billigen oder unterstützen. Hinzukommen müsste vielmehr, dass sie den anderen Wahlvorschlag so maßgebend und bestimmend als ihren eigenen organisieren und gestalten, dass ins Gewicht fallende Einflussmöglichkeiten anderer Mitwirkender auszuschließen sind. Es müsste eine Fallgestaltung vorliegen, die für die Teilnehmer der Aufstellungsversammlung keine Zweifel daran ließe, dass die neue Wählergruppe in Wahrheit nur die Zweitliste einer anderen Partei ohne eigenständige Bedeutung sein soll."

39.2.5 Zu Art. 24 Abs. 3 Satz 5

[1]Falls die Wahlleiterin oder der Wahlleiter bei der Prüfung der Wahlvorschläge (Art. 32 Abs. 1 Satz 1) aufgrund der oben genannten Beurteilungsmaßstäbe zur Auffassung gelangt, dass möglicherweise ein unzulässiges Mehrfachauftreten vorliegt, hat sie oder er den Wahlvorschlagsträger (siehe Art. 30 Abs. 2) unverzüglich aufzufordern, sich für den Fall, dass vom Wahlausschuss ein Mehrfachauftreten festgestellt wird, für einen Wahlvorschlag zu entscheiden. [2]Die endgültige Feststellung, ob ein Mehrfachauftreten vorliegt, trifft der Wahlausschuss im Rahmen der Zulassung der Wahlvorschläge (Art. 32 Abs. 2).

[3]Hat der Wahlausschuss die Wahlvorschläge zurückgewiesen, weil er ein unzulässiges Mehrfachauftreten festgestellt hat, kann die Mitteilung des Wahlvorschlagsträgers, für welchen Wahlvorschlag er sich entscheidet (Art. 24 Abs. 3 Satz 5), noch bis zur abschließenden Entscheidung des Wahlausschusses und bis zur Entscheidung des Beschwerdeausschusses erfolgen (§ 47 Abs. 1 Nr. 8). [4]Hierüber ist ein Beschluss in einer Aufstellungsversammlung erforderlich.

[5]Bejaht der Wahlausschuss ein Mehrfachauftreten und liegt eine Erklärung der Wahlvorschlagsträger nicht rechtzeitig vor, sind alle Wahlvorschläge zurückzuweisen, wenn nicht die weiteren Wahlvorschläge bereits wegen sonstiger Mängel ungültig sind (vgl. **BayVGH, Urteil vom 7. November 1979, Az. 4.B-559/79, VGHE 32, 153**).

39.2.6 Untergliederungen von Wahlvorschlagsträgern (Art. 24 Abs. 4)

[1]Die Wahlleiterin oder der Wahlleiter kann Erklärungen und Unterlagen zu Untergliederungen von Wahlvorschlagsträgern anfordern, wenn sie oder er das für erforderlich hält, um begründete Zweifel am Bestehen einer Untergliederung auszuräumen. [2]Wenn keine Mitteilung erfolgt oder keine Unterlagen vorgelegt werden, kann die Anforderung mit den Mitteln des Verwaltungszwangs durchgesetzt werden. [3]Werden Zweifel hinsichtlich des Bestehens einer Untergliederung und eines damit möglichen Mehrfachauftretens nicht ausgeräumt, ist dies im Rahmen der freien Beweiswürdigung bei der Zulassungsentscheidung des Wahlausschusses zu bewerten.

40. Einreichung der Wahlvorschläge und Zurücknahme (Art. 31, §§ 35, 49)

[1]Die Wahlvorschläge eines Wahlvorschlagsträgers für die Gemeinderats- und die Bürgermeisterwahl müssen, auch wenn sie in nur einer Aufstellungsversammlung aufgestellt wurden, auf getrennten, vollständig ausgefüllten Formblättern eingereicht werden. [2]Es sind für jeden dieser Wahlvorschläge gesondert beauftragte Personen und deren Stellvertretung zu bestellen sowie die erforderlichen Unterschriften auf dem Wahlvorschlag zu leisten, wobei die Personen dieselben sein können. [3]Art. 25 Abs. 1 Satz 2 gilt nur für dieselbe Wahl. [4]Das bedeutet, dass jemand z. B. sowohl einen Wahlvorschlag für die Bürgermeisterwahl als auch einen für die Gemeinderatswahl (auch verschiedener Wahlvorschlagsträger) unterzeichnen darf, nicht jedoch Wahlvorschläge verschiedener Wahlvorschlagsträger für die Bürgermeisterwahl. [5]Wurden beide Wahlvorschläge in nur einer Aufstellungsversammlung aufgestellt, genügt es, wenn die Niederschrift und die Anwesenheitsliste nur einmal im Original beigefügt werden. [6]Beide Wahl-

vorschläge sind getrennt zu prüfen und über ihre Zulassung ist getrennt zu entscheiden. [7]Für die Einhaltung der Einreichungsfrist ist der Wahlvorschlagsträger verantwortlich. [8]Es kommt auf den Tag des Eingangs, nicht auf den Tag der Absendung an. [9]Briefkästen am Dienstgebäude der Wahlleiterin oder des Wahlleiters sind am letzten Tag der Einreichungsfrist um 18 Uhr zu leeren.

[10]Für die Wahl der Landrätin oder des Landrats und des Kreistags gilt Entsprechendes.

[11]Für die Verpflichtung der beauftragten Person zur Zurücknahme des Wahlvorschlags nach § 49 Satz 2 ist ebenfalls ein geheimer Beschluss der Aufstellungsversammlung erforderlich (vgl. § 49 Satz 1).

41. Prüfpflicht und Mängelbeseitigung (Art. 32 Abs. 1 und 5, § 47)

41.1 Prüfpflicht

[1]Die Wahlleiterin oder der Wahlleiter und der Wahlausschuss haben das Recht und **beim Auftreten von Zweifeln auch** die Pflicht, zu prüfen, ob die Anforderungen des Gemeinde- und Landkreiswahlgesetzes und der Gemeinde- und Landkreiswahlordnung an die Aufstellung eines Wahlvorschlags erfüllt sind. **[2]Dies umfasst den Wahlvorschlag und alle beizufügenden Unterlagen (Niederschrift und Anwesenheitsliste zur Aufstellungsversammlung, Bescheinigungen der Gemeinde, Erklärungen sich bewerbender Personen). [3]Maßgeblich sind dabei die in § 50 Abs. 1 und 2 aufgeführten Mängel, die zur teilweisen oder vollständigen Ungültigkeit eines Wahlvorschlags führen.** [4]Auch soweit das Gesetz und die Wahlordnung Raum für Festlegungen durch Wahlvorschlagsträger lassen, sind die Grundsätze eines demokratischen Aufstellungsverfahrens zu beachten (§ 39 Abs. 1). [5]Im Übrigen sind Verstöße gegen interne Bestimmungen der Wahlvorschlagsträger allein wahlrechtlich ohne Bedeutung. [6]Formfehler und Vorgänge, die außerhalb des wahlrechtlich geregelten Verfahrens liegen, haben also für die Zulassung eines Wahlvorschlags grundsätzlich außer Betracht zu bleiben (siehe auch BVerfG, **Beschluss vom 20. Oktober 1993, Az. 2 BvC 2/91**).

41.2 Vorprüfung durch die Wahlleiterinnen und Wahlleiter

[1]Die Vorprüfung der Wahlvorschläge nach deren Eingang durch die Wahlleiterinnen und Wahlleiter orientiert sich an dem Rahmen, wie er auch für den Wahlausschuss zur Zulassungsprüfung Anwendung findet. [2]Die Vorprüfung soll vor allem verhindern, dass Wahlvorschläge nur wegen offensichtlicher formaler und an sich leicht behebbarer Mängel scheitern. [3]Sie umfasst daher insbesondere die äußere wie die inhaltliche Vollständig-

GLKrWBek

keit. [4]Die Vorprüfung hat aber nicht den Sinn, die primär beim Wahlvorschlagsträger liegende Verantwortung für die Ordnungsmäßigkeit des Wahlvorschlages auf die Wahlleiterinnen und Wahlleiter zu übertragen. [5]Ebenso wenig gibt sie dem Wahlvorschlagsträger die Gewähr, dass ein nicht beanstandeter Wahlvorschlag auch tatsächlich in jeder Hinsicht mangelfrei ist und durch den Wahlausschuss zugelassen wird.

41.3 Prüfungsumfang

[1]Bei der Vorprüfung kann grundsätzlich von der Richtigkeit der Angaben ausgegangen werden, es muss nicht jede denkbare Möglichkeit eines Mangels in Betracht gezogen werden. [2]Nur bei Zweifeln soll die Wahlleiterin oder der Wahlleiter bei der beauftragten Person nachfragen oder weitere Unterlagen anfordern. [3]Der mögliche Prüfungsumfang hängt auch von verschiedenen tatsächlichen Faktoren ab, insbesondere der Anzahl der eingereichten Wahlvorschläge, dem Zeitpunkt der Einreichung und der Bewerberanzahl.

[4]Die eine Aufstellungsversammlung leitenden Personen und weitere Wahlberechtige haben in der Niederschrift die ordnungsgemäße Durchführung der Versammlung zu versichern. [5]Die Vorprüfung zu den Aufstellungsversammlungen beschränkt sich daher im Regelfall auf Vollständigkeit und die Einhaltung wahlrechtlich relevanter Mindestvoraussetzungen, insbesondere Form und Frist der Ladung, stichprobenartige Prüfung der Teilnahmeberechtigung, vorhandene Angaben zu den Wahlverfahren, plausible Abstimmungsergebnisse. [6]Die Einhaltung interner Regelungen der Wahlvorschlagsträger für Aufstellungsversammlungen bedarf regelmäßig keiner Prüfung.

41.4 Mängelbeseitigung

[1]Die Wahlleiterin oder der Wahlleiter muss die beauftragte Person nur über solche Mängel benachrichtigen und zu deren Beseitigung auffordern, die die Gültigkeit eines Wahlvorschlags berühren und deshalb zur ganzen oder zur teilweisen Zurückweisung führen können. [2]Bei Mängeln, die nicht beseitigt werden können und die den ganzen Wahlvorschlag betreffen, weist die Wahlleiterin oder der Wahlleiter darauf hin, bis 18 Uhr des **48.** Tags vor dem Wahltag einen neuen Wahlvorschlag einzureichen zu können.

[3]Es ist Sache des Wahlvorschlagsträgers, zu entscheiden, ob ihm die Beseitigung des Mangels tatsächlich möglich ist. [4]Es ist auch Sache des Wahlvorschlagsträgers, zu entscheiden, ob er bei Vorliegen der Voraussetzungen des Art. 32 Abs. 1 Satz 3 einen neuen Wahlvorschlag einreicht. [5]Wird ein neuer

Wahlvorschlag eingereicht, so ist dieser nach Art. 32 Abs. 1 von der Wahlleiterin oder vom Wahlleiter zu prüfen.

[6]Behebbare Mängel können noch bis zur Entscheidung des Beschwerdeausschusses beseitigt werden.

[7]Nach § 47 Abs. 1 Nr. 9 sind fehlende Unterschriften auf Wahlvorschlägen und auf Niederschriften bis zur abschließenden Entscheidung des Wahlausschusses und bis zur Entscheidung des Beschwerdeausschusses behebbar.

[8]§ 47 gilt auch für die Ersatzleute.

42. Unterstützung von Wahlvorschlägen (Art. 27, 28, §§ 36, 37, 38)

42.1 Erforderlichkeit von zusätzlichen Unterstützungsunterschriften

[1]Ein Wahlvorschlagsträger ist nur dann im letzten Gemeinderat oder im letzten Kreistag ununterbrochen bis zum 90. Tag vor dem Wahltag vertreten, wenn seine Vertreterinnen und Vertreter aufgrund ihres **eigenen** Wahlvorschlags in den Gemeinderat oder in den Kreistag gewählt worden sind. [2]Selbst dann, wenn z. B. Vertreterinnen und Vertreter eines anderen Wahlvorschlagsträgers dem betroffenen Wahlvorschlagsträger beitreten, dort aber (danach) **alle** aufgrund dieses Wahlvorschlags gewählten Vertreterinnen und Vertreter austreten, ist der betroffene Wahlvorschlagsträger nicht mehr ununterbrochen aufgrund des eigenen Wahlvorschlags vertreten. [3]Er bedarf bei einem erneuten Auftreten der eigenen erforderlichen Unterstützungsunterschriften.

[4]Abzustellen ist jeweils auf die Vertretung in dem Organ, das der Wahl entspricht, also bei Gemeinderatswahlen auf den Gemeinderat und bei Kreistagswahlen auf den Kreistag.

[5]Reicht ein Wahlvorschlagsträger, der zusätzliche Unterstützungsunterschriften benötigt, Wahlvorschläge sowohl für die Gemeinderatswahl als auch für die Bürgermeisterwahl ein, ist für jeden Wahlvorschlag eine gesonderte Unterstützungsliste erforderlich; Entsprechendes gilt bei Landkreiswahlen.

[6]Wahlvorschlagsträger, die aufgrund eines gemeinsamen Wahlvorschlags im Gemeinderat oder im Kreistag seit dessen letzter Wahl bis zum 90. Tag vor dem Wahltag vertreten waren, benötigen nur dann keine zusätzlichen Unterstützungsunterschriften, wenn sie erneut einen gemeinsamen Wahlvorschlag unter Beteiligung derselben Wahlvorschlagsträger einreichen.

42.2 Unterstützungsberechtigte Personen
[1]Bei Landkreiswahlen können sich unterstützungswillige Personen in derjenigen Gemeinde eintragen, in der sie ihr Stimmrecht nach Art. 3 für Landkreiswahlen ausüben dürfen (Art. 28 Abs. 2 Satz 1).

[2]Die Bestimmung des Personenkreises, der sich nicht in die Unterstützungsliste eintragen darf, gilt jeweils nur für dieselbe Wahl. [3]Beispielsweise darf eine sich um das Amt eines Gemeinderatsmitglieds bewerbende Person die Unterstützungsliste für die Bürgermeisterwahl unterzeichnen. [4]Eine Person kann z. B. auch den Wahlvorschlag einer Partei oder einer Wählergruppe für die Gemeinderatswahl und einer anderen oder derselben Partei oder Wählergruppe für die Bürgermeisterwahl unterstützen.

[5]Eintragen dürfen sich diejenigen Wahlberechtigten, die die Niederschrift über die Aufstellung der Bewerberinnen und Bewerber unterzeichnet haben, nicht jedoch Unterzeichner desselben oder eines anderen (vgl. Art. 28 Abs. 2 Satz 1) Wahlvorschlags. [6]Liegt ein Fall des Art. 28 Abs. 2 Satz 1 Halbsatz 2 vor, unterzeichnet also beispielsweise jemand Unterstützungslisten für Wahlvorschläge mehrerer Wahlvorschlagsträger, muss er sich für einen Wahlvorschlag entscheiden; tut er das nicht, wird sein Name in allen Unterstützungslisten gestrichen (Art. 28 Abs. 2 Satz 2 in Verbindung mit Art. 24 Abs. 3 Satz 5).

42.3 Unzulässige Beeinflussung (Art. 28 Abs. 1 Satz 2)
[1]Die entsprechende Anwendbarkeit des Art. 20 hat zur Folge, dass während der Eintragungszeit in dem dort genannten Bereich z. B. Wahlvorschlagsträger nicht mit Info-Tafeln für eine Unterstützung werben dürfen oder Eintragungswillige nicht in das Rathaus begleiten dürfen.

[2]Das Verbot der Veröffentlichung von Befragungen der sich Eintragenden (Art. 20 Abs. 2) schließt nicht aus, dass der beauftragten Person von der Gemeinde Auskünfte über die Zahl der Eintragungen erteilt werden (§ 37 Abs. 5) und sie diese veröffentlicht. [3]Auskünfte über Namen von eingetragenen Personen dürfen jedoch nicht erteilt werden (Art. 20 Abs. 3, § 37 Abs. 5 Satz 1 Halbsatz 2).

[4]Unter Verstoß gegen die Bestimmungen über die unzulässige Beeinflussung geleistete Unterschriften sind unwirksam. [5]Die Gemeinde bringt auf den Unterstützungslisten in der Spalte Bemerkungen und unter Nr. 2 der Bestätigung entsprechende Vermerke an (vgl. Anlage 10). [6]Die Entscheidung über die Unwirksamkeit solcher Unterschriften trifft der Wahlausschuss im Rahmen der Zulassung der Wahlvorschläge.

[7]Nach Feststellung der Wahlberechtigung darf einer eintragungswilligen Person nur die aktuelle Seite der laufenden Liste vorgelegt werden. [8]Um zu verhindern, dass sie dabei die Namen der Personen erfährt, die sich in diese Liste bereits eingetragen haben, ist dieser Teil der Liste abzudecken. [9]Die Eintragungswilligen sind darauf hinzuweisen, dass die Abdeckung aus Datenschutzgründen erfolgt. [10]Gleichzeitig ist sicherzustellen, dass die Eintragungswilligen erkennen können, welchen Wahlvorschlagsträger sie unterstützen.

42.4 Eintragungsräume (§ 36 Abs. 3)
[1]Größere Gemeinden sollten mehrere Eintragungsräume bestimmen. [2]Auch in kleineren Gemeinden sollten für entfernt gelegene, verkehrsmäßig ungünstig angebundene Gemeindeteile Eintragungsmöglichkeiten geschaffen werden. [3]Die Eintragungsräume sollen nach den örtlichen Verhältnissen so ausgewählt und eingerichtet werden, dass Stimmberechtigten mit Behinderungen und anderen Menschen mit Mobilitätsbeeinträchtigungen die Eintragung möglichst erleichtert wird. [4]Ferner ist in der Bekanntmachung über die Eintragungsmöglichkeiten darauf hinzuweisen, ob die Räume barrierefrei sind (§ 34 Abs. 4). [5]Die Gemeinde kann bei starkem Andrang auch mehrere Unterstützungslisten für denselben Wahlvorschlag auflegen.

[6]Es ist unzulässig, dass Gemeindebedienstete Eintragungsberechtigte z. B. persönlich in ihren Wohnungen mit einer Unterstützungsliste aufsuchen.

42.5 Eintragungszeiten (§ 36 Abs. 4)
[1]Der Begriff „allgemeine Dienststunden" ist nicht gleichbedeutend mit den Begriffen „Öffentliche Sprechzeiten" oder „Sprechstunden", sondern umfasst die gesamte Zeit des allgemeinen Dienstbetriebs der Gemeinde. [2]Bei gleitender Arbeitszeit ist die Auflegung während der Kernzeit in der Regel nicht ausreichend; die Unterstützungslisten sind grundsätzlich während der gesamten Regelarbeitszeit aufzulegen. **[3]Dies gilt auch, wenn ein Rathaus an einzelnen Tagen (z. B. an Brückentagen) allgemein geschlossen ist, die nicht dienstfrei im Sinne der Bayerischen Arbeitszeitverordnung sind (24. und 31. Dezember).** [4]Eine Zusammenlegung der abendlichen Eintragungsstunden mit dem „langen Behördentag" ist zweckmäßig.

[5]Die Eintragungsmöglichkeit an einem Wochenende oder an einem Feiertag muss zusätzlich zur Eintragungsmöglichkeit an einem Abend gegeben sein.

42.6 Eintragungsscheine (Art. 28 Abs. 3, § 37 Abs. 2 und 3)
[1]Personen, die wegen Urlaubs, aus beruflichen Gründen oder Ähnlichem verhindert sind, können keinen Eintragungsschein erhalten. [2]Eine Eintragung durch Brief ist nicht möglich; auch im Fall der Erteilung eines Eintra-

gungsscheins muss sich eine Hilfsperson für die kranke oder **körperlich** behinderte Person eintragen.

[3]Für die Beantragung des Eintragungsscheins müssen keine besonderen Antragsvordrucke verwendet werden; bei Bedarf kann die Gemeinde Antragsvordrucke herstellen. [4]Der Eintragungsschein kann bis zum Ende der Auflegungszeit beantragt und erteilt werden.

[5]Die Hilfsperson trägt den Namen der kranken oder körperlich behinderten Person ein und unterschreibt mit eigenem Namen.

[6]Liegen Unterstützungslisten für mehrere Wahlvorschläge vor, ist bei Inhabern von Eintragungsscheinen sorgfältig zu prüfen, für welchen Wahlvorschlag die Beauftragung gilt.

42.7 Vermeidung von Mehrfacheintragungen

[1]Zur Vermeidung von Mehrfacheintragungen wird empfohlen, den Eintragungsvermerk unmittelbar nach jeder Eintragung im Verzeichnis der Eintragungsberechtigten anzubringen. [2]Werden mehrere Eintragungsräume gebildet, sollen für jeden Eintragungsraum vollständige Verzeichnisse erstellt werden. [3]Sofern nicht ein automatischer Abgleich mithilfe eines EDV-Programms erfolgt, kann es sich empfehlen, einen täglichen Abgleich durchzuführen.

42.8 Prüfung der Eintragungen (§ 38)

[1]Damit die Unterstützungslisten unverzüglich abgeschlossen und unverzüglich an die Wahlleiterin oder den Wahlleiter weitergeleitet werden können, sollte die Gültigkeit der Eintragungen noch während der Eintragung geprüft werden. [2]Bei vollständig ausgefüllten Listen sollte der Abschluss bereits vor dem Ablauf der Eintragungsfrist vorbereitet werden.

43. Grundsätze für die Aufstellung der Wahlvorschläge (Art. 29, § 39)

43.1 Allgemeines

[1]Sowohl die Anhänger einer Partei oder Wählergruppe als auch die Delegierten müssen im Zeitpunkt ihres Zusammentritts im Wahlkreis wahlberechtigt sein.

[2]Auch in Wahlkreisen mit nur einem Stimmbezirk ist es möglich, eine Delegiertenversammlung einzuberufen. [3]Die Zweijahresfrist für die Wahl der Delegierten gilt nur für allgemeine Delegiertenversammlungen, da diese Frist bei besonderen Delegiertenversammlungen im Hinblick auf die spezielle Beauftragung der Delegierten entbehrlich erscheint. [4]Bei der Fristbe-

rechnung kommt es nicht auf den Wahltag an, sondern auf den Monat, in dem der Wahltag liegt.

[5]Eine Aufstellungsversammlung kann nicht gleichzeitig mit einer Gründungsversammlung verbunden sein.

43.2 Einberufung der Aufstellungsversammlung

Wird wegen der Aufstellung eines gemeinsamen Wahlvorschlags eine gemeinsame Aufstellungsversammlung einberufen, muss die Ladung durch alle daran beteiligten Wahlvorschlagsträger entweder in einzelnen Ladungen oder in einer gemeinsamen Ladung erfolgen.

43.2.1 Form und Frist

[1]Hinsichtlich Form und Frist der Ladung gehen grundsätzlich die Festlegungen der Wahlvorschlagsträger vor, auch wenn darin z. B. eine kürzere Ladungsfrist als die in § 39 Abs. 3 Satz 2 vorgesehenen drei Tage festgelegt ist. [2]Die Regelung in § 39 Abs. 3 Satz 4 bedeutet, dass ein Ladungsmangel dann nicht zur Ungültigkeit des Wahlvorschlags führt, wenn z. B. die Ladungsfrist nach der Satzung eine Woche beträgt, die Ladung aber tatsächlich erst drei Tage vor dem Tag der Aufstellungsversammlung veröffentlicht wurde oder zugegangen ist.

[3]Ist der Kreis der Anhänger vom Wahlvorschlagsträger nicht eindeutig bestimmt worden, muss zu einer Aufstellungsversammlung öffentlich geladen werden (vgl. VG München, Urteil vom 4. Juni 1997, Az. M 7 K 96.4715, VwRR BY 1997, 394). [4]Eine persönliche Ladung kommt nur in Betracht, wenn nach den Festlegungen einer Partei oder einer Wählergruppe die Teilnahmeberechtigung auf die Mitglieder beschränkt ist (vgl. Nr. 43.2.2).

[5]Aus der Einberufung der Aufstellungsversammlung muss ersichtlich sein, dass die Versammlung zur Aufstellung der sich bewerbenden Personen für eine bestimmte Wahl dient. [6]Werden in einer Aufstellungsversammlung auch mit der Aufstellung nicht zusammenhängende Punkte behandelt, sollte die Aufstellung der Bewerberinnen und Bewerber der wesentliche Inhalt der Aufstellungsversammlung sein. [7]Sie muss nicht öffentlich sein. [8]Die Aufstellung muss auch nicht in einer einzigen Versammlung erfolgen.

[9]Wird eine Aufstellungsversammlung, z. B. wegen fortgeschrittener Zeit, unterbrochen und am nächsten Tag fortgesetzt, ist eine gesonderte Ladung nicht erforderlich; die Niederschrift wird weitergeführt. [10]Liegt ein größerer Zeitraum dazwischen, muss erneut einberufen werden. [11]Für die weitere Versammlung ist eine eigene Niederschrift zu fertigen.

43.2.2 Teilnehmerinnen und Teilnehmer

[1]Das Gesetz spricht in Art. 29 Abs. 1 Satz 2 Nr. 1 bewusst von Anhängern und nicht von Mitgliedern einer Partei oder einer Wählergruppe, um damit den Wahlvorschlagsträgern insbesondere in kleineren Gemeinden die Aufstellung der sich bewerbenden Personen zu erleichtern.

[2]**Parteien und organisierte Wählergruppen** können allgemein oder im Einzelfall selbst entscheiden, wen sie als Anhänger betrachten. [3]**Wurde die Anhängerschaft nicht auf Mitglieder beschränkt, sind alle wahlberechtigten Anhänger im Wahlkreis teilnahmeberechtigt. [4]Eine Entscheidung der Mitglieder der Partei oder organisierten Wählergruppe darüber, wer als Anhänger bei der Aufstellungsversammlung stimmberechtigt sein soll, kann noch unmittelbar vor der eigentlichen Versammlung erfolgen. [5]Auf diese Weise können sie sich vor unerwünschter Unterwanderung schützen (BayVGH, Urteil vom 25. Juni 1997, Az. 4 B 97.740).** [6]Eine Beschränkung auf Mitglieder muss vor der Ladung vom Wahlvorschlagsträger durch Satzung oder durch Beschluss festgelegt werden.

[7]Der Kreis der Teilnahmeberechtigten darf während der Aufstellungsversammlung weder erweitert noch eingeschränkt werden.

[8]An der Wahl der sich bewerbenden Personen können nur gemäß Art. 29 Abs. 2 Satz 1 im Wahlkreis wahlberechtigte Personen teilnehmen, also z. B. keine Personen unter 18 Jahren. [9]Es ist nicht vorgeschrieben, dass die Person, welche die Versammlung leitet, im Wahlkreis wahlberechtigt ist; ist sie nicht wahlberechtigt, kann sie sich an der Wahl der sich bewerbenden Personen nicht beteiligen.

[10]Auch sich bewerbende Personen können die Aufstellungsversammlung leiten und, wenn sie im Zeitpunkt der Aufstellungsversammlung wahlberechtigt sind, an der Wahl der Bewerberinnen und Bewerber mitwirken, Schriftführerin oder Schriftführer sein sowie die Niederschrift unterzeichnen (siehe hierzu § 42 Abs. 1). [11]Im Übrigen reicht es aus, wenn die von der Aufstellungsversammlung gewählten sich bewerbenden Personen am Wahltag wählbar sind.

[12]Es ist zur Wahrung des Abstimmungsgeheimnisses erforderlich, dass sich an der Abstimmung mindestens drei wahlberechtigte Personen beteiligen. [13]Wenn also die leitende Person nicht wahlberechtigt ist, müssen außer ihr mindestens drei wahlberechtigte Personen an der Abstimmung teilnehmen.

43.3 Aufstellung der Delegierten

[1]Die Aufstellung der Delegierten richtet sich nach dem internen Recht des Wahlvorschlagsträgers. [2]Soweit dieses es zulässt, brauchen Delegierte nicht

geheim gewählt zu werden. [3]Es ist wahlrechtlich auch nicht vorgeschrieben, dass über die Wahl der Delegierten eine Niederschrift anzufertigen und mit dem Wahlvorschlag einzureichen ist.

43.4 Aufstellung von Ersatzleuten

[1]Der Wahlvorschlagsträger ist nicht **verpflichtet**, in der Aufstellungsversammlung Ersatzleute aufzustellen. [2]Wenn aber keine Ersatzleute aufgestellt wurden und sich bewerbende Personen ausscheiden, kann die beauftragte Person nicht selbst über die Benennung von Ersatzleuten entscheiden. [3]Wenn die frei gewordenen Plätze nicht unbesetzt bleiben sollen, wird dann eine ergänzende Aufstellungsversammlung erforderlich.

[4]Ersatzleute für ausgeschiedene sich bewerbende Personen können innerhalb der Frist für die Mängelbeseitigung nachbenannt werden (§ 47 Abs. 1 Nr. 5). [5]Wird ein Wahlvorschlag teilweise für ungültig erklärt, weil im Wahlvorschlag sich bewerbende Personen mehrfach aufgeführt sind, obwohl das in der Aufstellungsversammlung nicht beschlossen wurde (§ 50 Abs. 2 Satz 1 Nr. 5), und wird dadurch die höchstmögliche Zahl von sich bewerbenden Personen nicht mehr erreicht, können Ersatzleute im Rahmen der Mängelbeseitigung nach § 47 Abs. 1 Nr. 10 nachrücken. [6]In jedem Fall ist aber deren Aufstellung in einer Aufstellungsversammlung notwendig.

[7]Die Ersatzleute können z. B. entweder den frei gewordenen Platz im Wahlvorschlag einnehmen oder unter gleichzeitigem Aufrücken der übrigen sich bewerbenden Personen den letzten Platz im Wahlvorschlag erhalten.

43.5 Grundsätze zum Wahlverfahren, weitere Abstimmungsarten

[1]Das Wahlverfahren muss in jedem Fall nach demokratischen Grundsätzen erfolgen. [2]Dazu gehört insbesondere, dass jede abstimmende Person gleich viele Stimmen hat und die Mehrheit der Stimmen entscheidet. [3]Den sich für die Aufstellung bewerbenden Personen ist außerdem Gelegenheit zu geben, sich und ihr Programm der Aufstellungsversammlung in angemessener Zeit vorzustellen (BVerfG, Beschluss vom 20. Oktober 1993, Az. 2 BvC 2/91).

[4]Falls die Partei oder die Wählergruppe Festlegungen hinsichtlich des Wahlverfahrens getroffen hat, braucht die Aufstellungsversammlung hierüber nicht mehr zu beschließen. [5]Geschieht das dennoch und wird dabei von den Festlegungen des Wahlvorschlagsträgers abgewichen, ist wahlrechtlich der Beschluss der Aufstellungsversammlung maßgeblich. [6]Im Übrigen handelt es sich um eine interne Angelegenheit des Wahlvorschlagsträgers.

[7]Bestehen keine Festlegungen der Partei oder der Wählergruppe über das Wahlverfahren, gilt Folgendes:

- Bei einer Aufstellungsversammlung für die Gemeinderats- und die Kreistagswahl **muss** die Aufstellungsversammlung ein Wahlverfahren beschließen. Sie kann dabei eines der in § 40 Abs. 1 Satz 2 genannten Verfahren oder ein anderes Wahlverfahren beschließen, das demokratischen Grundsätzen entspricht. Ein Beschluss ist aber in diesem Fall immer notwendig.
- Bei einer Aufstellungsversammlung für die Bürgermeister- oder die Landratswahl sollte die Aufstellungsversammlung ein bestimmtes Wahlverfahren beschließen. Falls sie keinen Beschluss über das Wahlverfahren fasst, ist das in § 41 Abs. 2 genannte Verfahren anzuwenden.

[8]Liegt bei der Aufstellung der sich bewerbenden Personen für die Bürgermeister- oder die Landratswahl nur ein Vorschlag vor, kommt die Verwendung von Stimmzetteln nach dem Muster der Anlage 7 zu §§ 30 bis 32 GLKrWO in Betracht.

44. Aufstellung der Wahlvorschläge zur Wahl des Gemeinderats und des Kreistags (Art. 24 bis 29, §§ 39, 40)

44.1 Abstimmung über die Reihenfolge

[1]Die Wahlvorschlagsträger sind in der Festsetzung der Reihenfolge der sich bewerbenden Personen frei. [2]Es besteht insbesondere keine Bindung an das Stimmenergebnis bei der Wahl der Bewerberinnen und Bewerber. [3]Eine Festlegung für die Reihenfolge ergibt sich aber daraus, dass mehrfach aufgeführte sich bewerbende Personen im Wahlvorschlag vor den übrigen sich bewerbenden Personen, und zwar dreifach aufgeführte vor den zweifach aufgeführten, erscheinen müssen. [4]Unzulässig ist ein Platztausch, der nicht durch die Versammlung, sondern durch Vereinbarung der betreffenden sich bewerbenden Personen vorgenommen wird. [5]Unzulässig ist es ferner, die beauftragte Person zu ermächtigen, sich bewerbende Personen für freigelassene Plätze nach ihrer Auswahl zu benennen. [6]Dagegen ist es zulässig, durch einen späteren Mehrheitsbeschluss der Aufstellungsversammlung die Aufstellung einer bereits aufgestellten sich bewerbenden Person rückgängig zu machen und ihren Listenplatz durch Wahl anderweitig zu besetzen.

GLKrWBek

44.2 Verbindung von Wahl und Abstimmung über die Reihenfolge

Wird in einem Wahlverfahren über eine vorbereitete Liste der Bewerberinnen und Bewerber im Ganzen abgestimmt, ist mit der Wahl gleichzeitig die Reihenfolge festgelegt, wie sie in dem vorbereiteten Stimmzettel enthalten ist.

45. Aufstellung der Wahlvorschläge zur Wahl der ersten Bürgermeisterin, des ersten Bürgermeisters, der Landrätin und des Landrats (Art. 45, § 41)

[1]Die entsprechende Geltung der Bestimmungen, auf die in Art. 45 Abs. 1 Satz 1 verwiesen wird, bedeutet, dass anstelle des Worts „Gemeinderat" die Wörter „erste Bürgermeisterin oder erster Bürgermeister", bei Landkreiswahlen anstelle des Worts „Kreistag" die Wörter „Landrätin oder Landrat" zu lesen sind.

[2]Die entsprechende Anwendung des Art. 24 Abs. 1 Satz **3** bedeutet, dass bei Bürgermeisterwahlen neue Wahlvorschlagsträger diejenigen Parteien und Wählergruppen sind, die den Amtsinhaber nicht aufgrund eines eigenen Wahlvorschlags ununterbrochen bis zum 90. Tag vor dem Wahltag gestellt haben. [3]Ein Wahlvorschlagsträger, auf dessen Wahlvorschlag nur die erste Bürgermeisterin oder der erste Bürgermeister, nicht aber Gemeinderatsmitglieder gewählt wurden, ist folglich dann neuer Wahlvorschlagsträger, wenn der erste Bürgermeister vor dem 90. Tag vor dem Wahltag aus dieser Gruppierung ausgetreten ist. [4]Entsprechendes gilt bei Landkreiswahlen.

[5]Ein neuer Wahlvorschlagsträger im Sinne des Art. 45 Abs. 2 zur Bürgermeisterwahl ist ein Wahlvorschlagsträger, der bisher nicht die erste Bürgermeisterin oder den ersten Bürgermeister gestellt hat (vgl. Art. 24 Abs. 1 Satz **3**) und daher an sich zusätzliche Unterstützungsunterschriften benötigen würde (Art. 27 Abs. 1 Satz 1). [6]Die Regelung in Art. 45 Abs. 2 stellt sicher, dass der Wahlvorschlagsträger diese Unterstützungsunterschriften ausnahmsweise nicht benötigt, wenn er im Gemeinderat seit dessen letzter Wahl aufgrund eines eigenen Wahlvorschlags ununterbrochen bis zum 90. Tag vor dem Wahltag vertreten war. **[7]Entsprechendes gilt bei Landkreiswahlen.**

[8]Wird die sich bewerbende Person in getrennten Versammlungen aufgestellt, wird über jede Aufstellungsversammlung eine Niederschrift gefertigt und es werden entweder getrennte Wahlvorschläge oder es wird ein gemeinsamer Wahlvorschlag eingereicht. **[9]**Bei getrennten Wahlvorschlägen ist die Erklärung der sich bewerbenden Person erforderlich, auf welchen Wahlvorschlägen sie sich bewerben will. **[10]**Die sich bewerbende Person legt diese Erklärung mindestens einem der Wahlvorschläge bei. **[11]**Die Erklärung muss mit den Entscheidungen der Aufstellungsversammlungen übereinstimmen.

[12]Erklärt die sich bewerbende Person, als sich gemeinsam bewerbende Person auftreten zu wollen, erscheint sie nunmehr als sich gemeinsam bewerbende Person auf dem Stimmzettel. **[13]**Aus ursprünglich mehreren getrennten Wahlvorschlägen ist durch die Erklärung rechtlich ein gemeinsamer Wahlvorschlag geworden.

[14]Gibt die sich bewerbende Person keine Erklärung darüber ab, auf welchen Wahlvorschlägen sie als sich gemeinsam bewerbende Person auftreten will, liegt ein unzulässiges Mehrfachauftreten vor. [15]Sie wird deshalb vom Wahlleiter aufgefordert, schriftlich zu erklären, ob sie sich für einen der mehreren sie vorschlagenden Wahlvorschläge entscheidet oder ob sie als sich gemeinsam bewerbende Person auftreten will. [16]Entscheidet sie sich nicht für alle Wahlvorschläge, die sie vorgeschlagen haben, sind die übrigen sie ebenfalls vorschlagenden Wahlvorschläge wegen Fehlens der Zustimmungserklärung der sich bewerbenden Person ungültig und damit zurückzuweisen (§ 50 Abs. 1 Nr. 9).

46. Niederschrift über die Aufstellungsversammlung (Art. 29 Abs. 5, § 42)

[1]Für die Unterzeichner der Niederschrift wird bei Landkreiswahlen eine Bescheinigung des Wahlrechts nicht gefordert. [2]Das Wahlrecht kann von der Landkreiswahlleiterin oder dem Landkreiswahlleiter zusammen mit der Gemeinde in geeigneter Weise geprüft werden, wenn Zweifel bestehen.

[3]Aus der Niederschrift muss ersichtlich sein, dass zur Aufstellungsversammlung ordnungsgemäß geladen wurde. [4]Sollten sich Zweifel an einer ordnungsgemäßen Ladung ergeben, weil z. B. eine nicht organisierte Wählergruppe nicht öffentlich geladen hat, kann sich die Wahlleiterin oder der Wahlleiter Nachweise vorlegen lassen. [5]Das können z. B. der Entwurf eines Einladungsschreibens mit angehängter Liste der Teilnahmeberechtigten, eine Anzeige in einer regelmäßig erscheinenden Zeitung oder in einem Anzeigenblatt oder ein Plakat für Anschläge oder auch ein Beschluss über die Festlegung der Anhängerschaft sein.

[6]Die Anwesenheitsliste dient folgenden Zwecken: [7]Anhand der Anwesenheitsliste kann geprüft werden, ob bei der Aufstellungsversammlung tatsächlich nur Wahlberechtigte nach Art. 29 Abs. 2 Satz 1 teilgenommen haben. [8]Unleserlichkeiten gehen zulasten des Wahlvorschlagsträgers und sollten durch die beauftragte Person für den Wahlvorschlag aufgeklärt werden. [9]Soweit das Wahlrecht nicht eindeutig geklärt werden kann, ist der Wahlvorschlag nur dann zurückzuweisen, wenn Verdunkelungsgefahr besteht. [10]Bei Landkreiswahlen hat die Landkreiswahlleiterin oder der Landkreiswahlleiter das Wahlrecht mit den Gemeinden in geeigneter Weise abzuklären. [11]Förmliche Bescheinigungen der Gemeinden über das Wahlrecht sollten nicht gefordert werden. [12]Unerheblich ist, ob sich alle Teilneh-

merinnen und Teilnehmer einer Aufstellungsversammlung an der Abstimmung beteiligt haben. [13]Andererseits müssen aber in der Anwesenheitsliste mindestens so viele Personen eingetragen sein, wie sich an der Abstimmung beteiligt haben.

[14]Zum Umfang der Prüfpflicht durch die Wahlleiterin oder den Wahlleiter vgl. Nr. 41.3.

47. Inhalt und Form der Wahlvorschläge (Art. 25, § 43)

47.1 Kennwort des Wahlvorschlags

[1]Das Kennwort des Wahlvorschlags ist kraft Gesetzes (Art. 25 Abs. 5 Satz 1) der Name des Wahlvorschlagsträgers (Partei oder Wählergruppe), wobei eine Kurzbezeichnung ausreicht (vgl. § 43 Satz 1 Nr. 1). [2]Das bedeutet, dass *ein* Wahlvorschlagsträger nur einen Namen im Kennwort haben darf. [3]Mehrere Wahlvorschlagsträger, die *einen* gemeinsamen Wahlvorschlag einreichen, führen dagegen mehrere Namen im Kennwort, nämlich die Namen sämtlicher daran beteiligter Wahlvorschlagsträger (Art. 25 Abs. 5 Satz 2). [4]Sonstige Bezeichnungen sowie Zusätze sind, sofern sie nicht zur Unterscheidung von anderen Wahlvorschlägen erforderlich sind (z. B. bei Namensgleichheit; Art. 25 Abs. 5 Satz 3), unzulässig. [5]Auch wenn Personen in den Wahlvorschlag als Bewerberin oder als Bewerber aufgenommen wurden oder an der Aufstellungsversammlung teilgenommen haben, die nicht Mitglieder der Partei oder der Wählergruppe sind, berechtigt das nicht zu Zusätzen zum Namen des Wahlvorschlagsträgers, wie z. B. „(partei-)freie Bürger“ oder „Unabhängige“. [6]Der Wahlvorschlag ist in diesem Fall teilweise ungültig, der unzulässige Zusatz ist vom Wahlausschuss zu streichen (§ 50 Abs. 4 Satz 2). [7]Es kann nicht ausgeschlossen werden, dass durch unzulässige Zusätze das Wahlergebnis beeinflusst wird (vgl. Art. 50). [8]Für die Reihenfolge innerhalb des Kennworts besteht keine Bindung an die Ordnungszahlen. [9]Bei der Entscheidung, welches Kennwort bei einem gemeinsamen Wahlvorschlag an erster Stelle steht, sind die Beteiligten frei. [10]Die Entscheidung trifft die Aufstellungsversammlung.

47.2 Nachweis über die Organisation

[1]Art. 24 Abs. 2 Satz 2 und § 43 Satz 1 Nr. 2 betreffen den Nachweis der „inneren“ Organisation der Wählergruppe. [2]Im Gegensatz dazu bezieht sich Art. 24 Abs. 4 (vgl. Nr. 39.2.6) auf die Frage, ob die – organisierte oder nichtorganisierte – Wählergruppe Untergliederung einer Partei oder einer Wählergruppe ist.

[3]Als Nachweis über die Organisation kommt insbesondere die Vereinssatzung oder ein Auszug aus dem Vereinsregister in Betracht.

[4]Legt eine Wählergruppe, die angibt, organisiert zu sein, bei der Einreichung des Wahlvorschlags keinen Nachweis über die Organisation vor, kann dieser nicht rechtswirksam nachgereicht werden (Art. 24 Abs. 2 Satz 2). [5]Die Übereinstimmung ist dann nach Art. 24 Abs. 2 Satz 1 Nr. 2 zu prüfen.

47.3 Angaben über die sich bewerbenden Personen, Zustimmungserklärung

[1]Bei mehreren Vornamen ist nur der Rufname anzugeben; dieser kann auch abgekürzt werden, wenn die sich bewerbende Person unter diesem Namen besser bekannt ist.

[2]Die Möglichkeit, einen weiteren Namen anzugeben, beschränkt sich auf die zusätzliche Angabe des Geburtsnamens, wenn sich die Namensführung innerhalb der zwei Jahre vor dem Wahltag geändert hat. Nicht erfasst werden Fälle, bei denen sich der Geburtsname selbst ändert oder ein früherer Familienname oder Geburtsname wieder angenommen wird, z.B. nach Scheidung. [3]Damit werden zwar je nach Lebenssituation Unterschiede in Kauf genommen, allerdings ist dies auch in Ausweisdokumenten oder Formularen zur Identifikation einer Person geläufig.

[4]Als Beruf darf bei Berufstätigen grundsätzlich nur der tatsächlich ausgeübte, sonst, z.B. bei Arbeitslosen oder bei nicht mehr Berufstätigen, kann auch der zuletzt ausgeübte angegeben werden. [5]Rentner können den Zusatz „i.R." angeben. [6]Es darf nur ein Beruf angegeben werden; der Zusatz „selbstständig" kann angebracht werden. [7]Die Bezeichnung „Hausfrau" oder „Hausmann" ist eine Berufsangabe, nicht dagegen die Bezeichnung „Mutter" oder „Vater". **[8]Zur Orientierung zu Berufsbezeichnungen kann das Berufs- und Tätigkeitsverzeichnis der Bundesagentur für Arbeit herangezogen werden.**

[9]Ein kommunales Ehrenamt ist durch die unentgeltliche, auf Grundlage einer Beauftragung durch ein Gemeinde- oder Kreisorgan basierende Ausübung von Verwaltungstätigkeiten der Gemeinde oder des Landkreises charakterisiert (BayVGH, Urteil vom 3. Dezember 2014, Az. 4 N 14.2046). [10]Zu den kommunalen Ämtern und den im Grundgesetz oder in der Verfassung vorgesehenen Ämtern gehören z.B. nicht „Vorsitzender des Kreisverbandes der Deutschen Lebensrettungsgesellschaft", „Kreishandwerksmeister", „Kreisbäuerin", „Vertreter des Einzelhandels", „Betriebsratsvorsitzender" und ähnliche Bezeichnungen.

GLKrWBek

[11]Die in § 43 Satz 1 Nr. 4 geforderten Angaben und Unterlagen sind auch für Ersatzleute rechtzeitig und vollständig mit dem Wahlvorschlag vorzulegen.

[12]Der Wahlvorschlag muss bei der Gemeinderats- und der Kreistagswahl Angaben darüber enthalten, welche Personen zweifach oder dreifach auf dem Stimmzettel aufzuführen sind. [13]Sind Personen trotz entsprechender Angaben in der Niederschrift über die Aufstellungsversammlung nur einfach im Wahlvorschlag aufgeführt, führt das, wenn dieser Mangel nicht behoben wird, dazu, dass die Personen nur einfach auf dem Stimmzettel aufgeführt werden. [14]Sind Personen zwei- oder dreifach aufgeführt, führt das zur teilweisen Zurückweisung des Wahlvorschlags insoweit, als aufgrund der Niederschrift oder sonstiger Umstände feststeht, dass die Personen im Wahlvorschlag öfter aufgeführt sind, als es dem Abstimmungsergebnis in der Aufstellungsversammlung entspricht.

[15]Ist die Zustimmungserklärung der sich bewerbenden Person unwirksam, ist der Wahlvorschlag insoweit ungültig und die Eintragung der sich bewerbenden Person zu streichen.

47.4 Bescheinigungen über die Wählbarkeit und über das Nichtvorliegen von Gründen für den Ausschluss von der Wählbarkeit

47.4.1 Allgemeines

[1]Eine sich bewerbende Person kann sich in der Gemeinde bewerben, in der sie ihre alleinige Wohnung oder Hauptwohnung, ihre Nebenwohnung oder ohne eine Wohnung zu haben ihren gewöhnlichen Aufenthalt hat. [2]Bewirbt sie sich in einer Nebenwohnsitzgemeinde, verfügt diese zwar über die Informationen im Zusammenhang mit den Wählbarkeitsvoraussetzungen nach Art. 21 Abs. 1 und Art. 39 Abs. 1, nicht jedoch über die erforderlichen Informationen, was einen Ausschluss von der Wählbarkeit nach Art. 21 Abs. 2 und Art. 39 Abs. 2 Satz 1 Nr. 1 bis 4 betrifft. [3]In welchen Fällen es der Bescheinigung über die Wählbarkeit und der Bescheinigung über das Nichtvorliegen von Ausschlussgründen für die Wählbarkeit bedarf, ist in § 43 Satz 1 Nr. 4 Buchst. h und i geregelt.

[4]Wahlrechtlich von Bedeutung sind nur Bescheinigungen deutscher Gemeinden. [5]Hat die Bewerberin oder der Bewerber (auch) eine Wohnung außerhalb der Bundesrepublik Deutschland, bleibt diese außer Betracht.

[6]Da sich nach Art. 21 Abs. 1 Nr. 3 und Art. 39 Abs. 1 Nr. 3 auch Personen für ein kommunales Mandat bewerben können, die im Wahlkreis lediglich eine Nebenwohnung haben, besteht die Möglichkeit, sich in mehreren Wahlkreisen aufstellen zu lassen.

[7]Um die Ernsthaftigkeit der Bewerbung sicherzustellen, kann man nach Art. 25 Abs. 3 Satz 1 aber nicht für mehrere gleichartige Ämter in verschiedenen Wahlkreisen aufgestellt werden, falls die Wahlen am selben Tag stattfinden.

[8]Die entsprechende Anwendung des Art. 24 Abs. 3 Satz **5** in Art. 25 Abs. 3 Satz 3 bezieht sich auf Art. 25 Abs. 3 Satz 1 und 2 und bedeutet Folgendes: [9]Wird eine mehrfache Aufstellung festgestellt, hat die sich bewerbende Person der Wahlleiterin oder dem Wahlleiter nach Aufforderung mitzuteilen, welche Bewerbung gelten soll. [10]Unterlässt sie diese Mitteilung oder widersprechen sich die Mitteilungen, sind die Bewerbungen für ungültig zu erklären.

[11]Es ist Sache der sich bewerbenden Person, sich die erforderlichen Bescheinigungen zu besorgen. [12]Sofern sie ihr Einverständnis schriftlich gegenüber der Gemeinde erteilt, können die erforderlichen Bescheinigungen auch von der Partei bzw. Wählergruppe eingeholt werden.

[13]Weil die Bescheinigung für eine bestimmte Wahl auszustellen ist, muss bei der Beantragung der Bescheinigung angegeben werden, für welches Amt an welchem Wahltag in welchem Wahlkreis sich die Person bewerben will.

[14]Für die Wählbarkeit der berufsmäßigen ersten Bürgermeisterin, des berufsmäßigen ersten Bürgermeisters, der Landrätin oder des Landrats ist keine Voraussetzung, dass im Wahlkreis seit mindestens drei Monaten eine Wohnung oder ein gewöhnlicher Aufenthalt besteht. [15]Auch Personen mit einem Wohnsitz oder gewöhnlichen Aufenthalt außerhalb Bayerns oder auch außerhalb Deutschlands können durch Wahlvorschlagsträger aufgestellt werden. [16]Angesichts der Bedeutung des Amtes ist eine Überprüfung der sich bewerbenden Personen zu diesen Aspekten in zumutbarem Rahmen erforderlich. [17]Kann eine sich bewerbende Person, die ihren Wohnsitz im Bundesgebiet, aber nicht in Bayern hat, die Bescheinigungen nicht auf eigenen Antrag hin von außerbayerischen Behörden erhalten, sind die Gemeinden und Landkreise verpflichtet, die Bewerberinnen und Bewerber dabei zu unterstützen, die Bescheinigungen im Rahmen der Amtshilfe von der außerbayerischen Wohnsitzbehörde zu erlangen. [18]Ist dies nicht möglich oder hat eine sich bewerbende Person nur einen Wohnsitz im Ausland, muss von den Bewerberinnen und Bewerber glaubhaft gemacht werden, dass Ausschlussgründe im Sinne von Art. 39 Abs. 3 nicht vorliegen. [19]Die Versicherung an Eides statt ist ein zentrales Mittel der Glaubhaftmachung (vgl. § 294 Abs. 1 der Zivilprozessordnung), soweit

nicht die Vorlage von Unterlagen ausreichend ist (z.B. ein Ausweisdokument als Nachweis zu Alter und Staatsangehörigkeit).

47.4.2 Bescheinigung über die Wählbarkeit (§ 43 Satz 1 Nr. 4 Buchst. h)
[1]Bei der Ausstellung von Bescheinigungen der Gemeinden über die voraussichtliche Wählbarkeit ist das Einwohnerverzeichnis der Meldebehörde zum Zeitpunkt der Ausstellung zugrunde zu legen. [2]Die Wahlleiterin oder der Wahlleiter und der Wahlausschuss legen ihren Entscheidungen diese Bescheinigungen zugrunde, solange keine konkreten Anhaltspunkte dafür bestehen, dass die Wählbarkeit (zwischenzeitlich) verloren wurde. [3]Die Bescheinigung kann auch von einer außerbayerischen Gemeinde stammen.

[4]Bei **Gemeindewahlen** ist eine Bescheinigung über die Wählbarkeit nur für eine Bewerbung um das Amt der berufsmäßigen ersten Bürgermeisterin oder des berufsmäßigen ersten Bürgermeisters erforderlich, weil hier für außerhalb des Wahlkreises wohnende Personen weder eine Hauptwohnung noch eine Nebenwohnung noch ein gewöhnlicher Aufenthalt im Wahlkreis erforderlich ist. [5]Die Bescheinigung ist entbehrlich, wenn die sich um das Amt der berufsmäßigen ersten Bürgermeisterin oder des berufsmäßigen ersten Bürgermeisters bewerbende Person ihre Wohnung im Wahlkreis hat, weil die Gemeinde und damit auch die Wahlleiterin oder der Wahlleiter und der Wahlausschuss dann über die für die Beurteilung der Wählbarkeit erforderlichen Informationen selbst verfügen.

[6]Bei sich bewerbenden Personen ohne Wohnung gilt Folgendes: [7]Hat die sich bewerbende Person ihren gewöhnlichen Aufenthalt im Wahlkreis, also in der Gemeinde, ist eine Bescheinigung über die Wählbarkeit nicht vorgesehen; stattdessen prüfen die Wahlleiterin oder der Wahlleiter und der Wahlausschuss die Voraussetzungen der Wählbarkeit im Rahmen der Entscheidung über die Gültigkeit der eingereichten Wahlvorschläge ([Art. 45 Abs. 1 Satz 1 in Verbindung mit] Art. 32 Abs. 1, 2, § 50 Abs. 1 Nr. 7, Abs. 2 Satz 1 Nr. 1). [8]Hat die sich bewerbende Person ihren gewöhnlichen Aufenthalt nicht im Wahlkreis, also außerhalb der Gemeinde, ist eine Bescheinigung der Gemeinde, in der sich der gewöhnliche Aufenthalt befindet, erforderlich. [9]Letzteres kann nur im Fall einer Bewerbung um das Amt der berufsmäßigen ersten Bürgermeisterin oder des berufsmäßigen ersten Bürgermeisters eintreten, da im Übrigen bei sich bewerbenden Personen ohne Wohnung ein gewöhnlicher Aufenthalt im Wahlkreis erforderlich ist. [10]Die sich bewerbende Person hat in diesem Fall die Wählbarkeitsvoraussetzungen nachzuweisen.

[11]Bei **Landkreiswahlen** ist eine Bescheinigung über die Wählbarkeit immer erforderlich, weil der Wahlleiterin oder dem Wahlleiter und dem Wahlaus-

schuss für die Landkreiswahlen diese Informationen nicht vorliegen. [12]Sie kann von einer der beiden Wohnsitzgemeinden ausgestellt werden, wenn eine sich bewerbende Person ihre Hauptwohnung und ihre Nebenwohnung im selben Landkreis hat.

[13]Bei sich bewerbenden Personen ohne Wohnung ist für die Ausstellung der Bescheinigung über die Wählbarkeit die Gemeinde zuständig, in der sich der gewöhnliche Aufenthalt befindet.

47.4.3 Bescheinigung über das Nichtvorliegen von Gründen für den Ausschluss von der Wählbarkeit (§ 43 Satz 1 Nr. 4 Buchst. i)

[1]Bei **Gemeindewahlen** ist die Bescheinigung über das Nichtvorliegen von Gründen für den Ausschluss von der Wählbarkeit immer erforderlich, wenn sich eine Person in einer Gemeinde bewerben will, in der sie nicht ihre alleinige Wohnung oder ihre Hauptwohnung hat; bei **Landkreiswahlen** ist die Bescheinigung immer erforderlich.

[2]Eine Bewerbung für ein gleichartiges Amt in mehreren Wahlkreisen am selben Wahltag muss ausgeschlossen werden (Art. 25 Abs. 3). [3]Durch geeignete Maßnahmen ist dafür zu sorgen, dass keine unzulässige Mehrfachbewerbung erfolgt:

a) **Innerhalb** Bayerns wird das dadurch sichergestellt, dass die Gemeinde, in der die sich bewerbende Person ihre alleinige Wohnung oder ihre Hauptwohnung hat, die Bescheinigung über das Nichtvorliegen von Gründen für den Ausschluss von der Wählbarkeit für Wahlen für ein gleichartiges Amt, die am selben Wahltag stattfinden, **nur einmal** ausstellen darf.
b) Hat die sich bewerbende Person eine Nebenwohnung in Bayern, ihre Hauptwohnung jedoch in einer Gemeinde **außerhalb** Bayerns, kann diese die Bescheinigung zwar erteilen, ist aber wegen des **auf Bayern beschränkten** Geltungsbereichs der Gemeinde- und Landkreiswahlordnung nicht verpflichtet, die Bescheinigung nur einmal auszustellen. In diesem Fall prüft die Wahlkreisgemeinde (= Nebenwohnsitzgemeinde in Bayern), ob die sich bewerbende Person in Bayern eine weitere **Wohnung** hat. Anschließend informiert sie die Gemeinden der weiteren **Wohnungen**, um zu verhindern, dass die sich bewerbende Person dort für ein gleichartiges Amt am selben Wahltag kandidiert. Für die Übermittlung der Daten bestehen keine Formvorgaben.

[4]Für Wahlen für unterschiedliche Ämter am selben Tag oder für gleichartige Ämter an verschiedenen Wahltagen darf die Bescheinigung erteilt werden. [5]Gleichartige Ämter sind solche mit der gleichen Bezeichnung, z. B. Bürgermeisterin oder Bürgermeister; es kommt nicht darauf an, ob es sich um eine

ehrenamtliche oder berufsmäßige erste Bürgermeisterin, einen ehrenamtlichen oder berufsmäßigen ersten Bürgermeister oder um eine Oberbürgermeisterin oder einen Oberbürgermeister handelt. [6]Auch bei Gemeinderatsmitgliedern und Stadtratsmitgliedern handelt es sich um gleichartige Ämter. [7]Gleichartige Ämter sind wegen des sich überschneidenden Aufgabenzuschnitts auch das Amt der Kreisrätin oder des Kreisrats und des Gemeinderatsmitglieds einer kreisfreien Gemeinde.

[8]Hat die sich bewerbende Person keine Wohnung, ist die Bescheinigung von der Gemeinde auszustellen, in der die Person zuletzt eine alleinige Wohnung oder eine Hauptwohnung hatte, weil nur diese Gemeinde nach MiStra über die notwendigen Informationen verfügt.

48. Nachreichen **und Ergänzen** von Wahlvorschlägen (Art. 31 Satz 2 **und 3**, §§ 45, **46**)

[1]Ein Nachreichen von Wahlvorschlägen ist nur möglich, wenn bis zum Stichtag (**59.** Tag vor dem Wahltag) kein oder nur ein Wahlvorschlag eingereicht wurde. [2]Von nur einem Wahlvorschlag ist auch dann auszugehen, wenn zur Bürgermeister- oder zur Landratswahl mehrere Wahlvorschläge von verschiedenen Wahlvorschlagsträgern mit derselben sich bewerbenden Person eingehen und durch entsprechende Erklärung der Person rechtlich ein gemeinsamer Wahlvorschlag geworden sind.

[3]Die Ergänzung eines Wahlvorschlags um weitere sich bewerbende Personen bis zum 48. Tag vor der Wahl setzt voraus, dass diese Personen zuvor in einer Aufstellungsversammlung nominiert wurden. [4]Es ist nicht erforderlich, vor der Ladung oder der Durchführung einer weiteren Aufstellungsversammlung den entsprechenden Hinweis der Wahlleiterin oder des Wahlleiters nach § 46 abzuwarten. [5]Es ist auch möglich, die Ergänzung eines Wahlvorschlags vorsorglich bereits in der ersten Aufstellungsversammlung für den Fall vorzunehmen, dass bis zum Ende der Nachfrist kein weiterer Wahlvorschlag eingereicht wird.

49. Neueinreichung von Wahlvorschlägen (Art. 32 Abs. 1 Satz 3)

[1]Die Einreichung eines neuen Wahlvorschlags im Rahmen des Art. 32 Abs. 1 Satz 3 kommt nur in Betracht, wenn der ursprüngliche Wahlvorschlag unter mindestens einem Mangel leidet, der den ganzen Wahlvorschlag betrifft, und dieser Mangel nicht beseitigt werden kann. [2]Die verfristete Einreichung des ursprünglichen Wahlvorschlags ist kein Mangel im Sinne des Art. 32 Abs. 1 Satz 3.

[3]Für die Neueinreichung ist ein neuer Wahlvorschlag aufzustellen, wobei dieser sich inhaltlich mit dem alten decken kann. [4]Handelt es sich um einen neuen Wahlvorschlagsträger, liegt keine Ausnahme nach Art. 27 vor und weicht der neue Wahlvorschlag inhaltlich vom mangelhaften ab, sind auch Unterstützungslisten für den neuen Wahlvorschlag erneut aufzulegen. [5]Dabei verbleibt es bei der Frist des Art. 28 Abs. 1 Satz 1. [6]Weicht der neue Wahlvorschlag dagegen inhaltlich nicht vom mangelhaften ab, zählen dessen Unterstützungsunterschriften auch für den neuen Wahlvorschlag.

50. Beschlussfassung über die Wahlvorschläge (Art. 32, § 48)

Parteien oder Wählergruppen können gegen die nach ihrer Meinung rechtswidrige Zulassung eines **anderen** Wahlvorschlags keine Einwendungen erheben.

50.1 Endgültigkeit der Beschlüsse

[1]Der Wahlausschuss kann auch einen Beschluss, mit dem er einen Wahlvorschlag zugelassen hat, im Rahmen des Art. 32 Abs. 3 Satz 3 ändern. [2]Das kommt insbesondere dann in Betracht, wenn er die Zulassung als offensichtlich unzulässig erkannt hat oder um einer aufsichtlichen Weisung nachzukommen. [3]Wird bei dieser nochmaligen Entscheidung der Wahlvorschlag ganz oder teilweise für ungültig erklärt, ist das der beauftragten Person entsprechend Art. 32 Abs. 3 Satz 1 mitzuteilen.

50.2 Wahlvorschläge von verbotenen Parteien und von verbotenen Wählergruppen sowie deren Ersatzorganisationen

[1]Wahlvorschläge von Parteien, die das Bundesverfassungsgericht für verfassungswidrig erklärt hat, oder von Wählergruppen, gegen die eine Verbotsverfügung nach dem Vereinsrecht ergangen ist, darf der Wahlausschuss nicht zulassen. [2]Entsprechendes gilt für Ersatzorganisationen solcher Wahlvorschlagsträger, bei denen der Ersatzcharakter festgestellt worden ist. [3]Auskünfte erteilt das Landesamt für Verfassungsschutz.

50.2.1 Wahlvorschläge von verbotenen Parteien

Parteien im Sinne des § 2 des Parteiengesetzes können nur vom Bundesverfassungsgericht für verfassungswidrig erklärt werden (Art. 21 Abs. 2 GG).

50.2.2 Wahlvorschläge von verbotenen Wählergruppen

[1]Politische Vereinigungen, die keine Parteien sind (Wählergruppen), sind grundsätzlich Vereine im Sinne des § 2 Abs. 1 des Vereinsgesetzes. [2]Dies gilt auch dann, wenn sie keine eingetragenen Vereine sind. [3]Ob es sich um

einen Zusammenschluss von Deutschen oder von Ausländern handelt, ist ebenfalls ohne Belang.

[4]Auch Wählergruppen, die nach Ansicht des Wahlausschusses nach ihrem Zweck oder ihrer Tätigkeit den Strafgesetzen zuwiderlaufen oder die sich gegen die verfassungsmäßige Ordnung oder den Gedanken der Völkerverständigung richten (vgl. Art. 9 Abs. 2 GG), können erst dann als verboten behandelt werden, wenn eine Verbotsverfügung nach § 3 Abs. 2 des Vereinsgesetzes bestandskräftig geworden ist.

50.2.3 Wahlvorschläge von Ersatzorganisationen verbotener Parteien und verbotener Wählergruppen

[1]Wahlvorschläge, die von Ersatzorganisationen verbotener Parteien oder verbotener Wählergruppen eingereicht werden, sind vom Wahlausschuss für ungültig zu erklären, wenn der Ersatzcharakter der Partei oder des Vereins von der zuständigen Stelle nach § 33 Abs. 2 und 3 des Parteiengesetzes bzw. § 8 Abs. 2 des Vereinsgesetzes festgestellt worden ist. [2]Unter einer Ersatzorganisation einer Partei ist nach § 33 Abs. 1 des Parteiengesetzes eine Organisation zu verstehen, die verfassungswidrige Bestrebungen einer nach Art. 21 Abs. 2 GG in Verbindung mit § 46 des Bundesverfassungsgerichtsgesetzes verbotenen Partei an deren Stelle weiter verfolgt. [3]Eine vergleichbare Begriffsbestimmung für die Ersatzorganisation eines Vereins im Sinne des Vereinsgesetzes enthält § 8 Abs. 1 des Vereinsgesetzes.

50.2.4 Bericht an das Staatsministerium des Innern, für Sport und Integration

[1]Die Wahlleiterinnen und Wahlleiter haben dem StMI unmittelbar sofort zu berichten, wenn konkrete Anhaltspunkte dafür sprechen, dass ein Wahlvorschlag von einem Wahlvorschlagsträger eingereicht wurde, der nach Art. 21 Abs. 2 GG oder nach Art. 9 Abs. 2 GG verboten ist oder bei dem es sich um eine Ersatzorganisation einer verbotenen Partei oder einer verbotenen Wählergruppe handeln kann. [2]Nur so können rechtzeitig geeignete Maßnahmen (z. B. Verbotsverfügungen) getroffen werden.

50.2.5 Folgen einer unrechtmäßigen Zulassung

[1]Lässt der Wahlausschuss den Wahlvorschlag eines Wahlvorschlagsträgers zu, der verboten ist oder eine Ersatzorganisation einer verbotenen Partei oder einer verbotenen Wählergruppe ist, ist die Entscheidung nach Art. 32 Abs. 3 Satz 3 zu korrigieren. [2]Ist dies nicht mehr möglich, hat die Rechtsaufsichtsbehörde im Wahlprüfungsverfahren die Wahl für ungültig zu erklären und eine Nachwahl anzuordnen, wenn sonst ein anderes Wahlergebnis hätte zustande kommen können.

51. Reihenfolge der Wahlvorschläge, Ordnungszahlen (Art. 33 Abs. 2, § 52)

[1]Zusammen mit der Entscheidung über die Gültigkeit der Wahlvorschläge vergibt der Wahlausschuss auch die Ordnungszahlen der Wahlvorschläge entsprechend der Reihenfolge in Art. 33 und § 52.

[2]§ 52 Satz 3 Halbsatz 2 betrifft nur die nach § 52 Satz 2 vom Landesamt für Statistik bekannt gemachten Ordnungszahlen.

[3]Bei der Festsetzung der Reihenfolge nach Art. 33 Abs. 2 Satz 1 Nr. 2 ist bei einer Gemeinderatswahl nur auf die Zahl der bei der letzten Gemeinderatswahl abgegebenen gültigen Stimmen abzustellen, und zwar auch dann, wenn die Wahl für ungültig erklärt wurde. [4]Das Ergebnis der Kreistagswahl kann für die Reihenfolge bei der Gemeinderatswahl nicht herangezogen werden. [5]Entsprechendes gilt bei Kreistagswahlen.

[6]Bei der alphabetischen Reihenfolge der Kennworte ist bei gleichem Anfangsbuchstaben der Kennworte auf die weiteren Buchstaben abzustellen. [7]Maßgeblich ist die Langform des Kennworts.

[8]Sind Gemeinderats- und Bürgermeisterwahl verbunden und werden von demselben Wahlvorschlagsträger Wahlvorschläge für beide Wahlen zugelassen, erhalten diese Wahlvorschläge nach § 52 Satz 4 Halbsatz 2 dieselbe Ordnungszahl. [9]Wird von dem Wahlvorschlagsträger lediglich ein Wahlvorschlag für die Gemeinderatswahl zugelassen, darf die hierfür vergebene Ordnungszahl bei der Bürgermeisterwahl nicht anderweitig vergeben werden. [10]Wird von dem Wahlvorschlagsträger lediglich ein Wahlvorschlag für die Bürgermeisterwahl zugelassen, erhält dieser Wahlvorschlag die Ordnungszahl, die ein Wahlvorschlag dieses Wahlvorschlagsträgers für die Gemeinderatswahl erhalten hätte; diese Ordnungszahl wird für die Gemeinderatswahl nicht anderweitig vergeben.

[11]Die Ausführungen gelten entsprechend, wenn Kreistags- und Landratswahl verbunden sind.

Abschnitt 5
Durchführung der Abstimmung, Sicherung der Wahlfreiheit, Briefwahl

Bekanntmachung und Ausstattung

52. Wahlbekanntmachung, Abstimmungsräume, Wahl**kabinen**, Ausstattung der Wahlvorstände und Briefwahlvorstände (§§ 53 ff.)

52.1 Wahlbekanntmachung

[1]Von der grundsätzlichen Verpflichtung, der Wahlbekanntmachung die Stimmzettelmuster beizufügen, kann abgesehen werden, wenn die Stimmzettelmuster aufgrund ihrer Größe nicht mehr an den dafür vorgesehenen Stellen angeschlagen werden könnten oder sich aufgrund der Größe bei einem Abdruck im Amtsblatt oder regelmäßig erscheinenden Druckwerk Schwierigkeiten bei der Lesbarkeit ergeben würden. [2]Auf die Publikation der Stimmzettelmuster kann aber auch in diesem Fall nicht vollständig verzichtet werden. [3]Es genügt jedoch dann, die Wahlbekanntmachung ohne die Stimmzettelmuster gemäß § 98 zu veröffentlichen und die Stimmzettelmuster nach § 53 Abs. 1 Satz 4 bis zum Wahltag in der Verwaltung der Gemeinde niederzulegen sowie in der Wahlbekanntmachung auf diese Niederlegung hinzuweisen. [4]Die Stimmzettelmuster sind mindestens während der allgemeinen Dienststunden in der Gemeindeverwaltung aufzulegen. [5]Die Ausführungen unter Nr. 42.5 gelten entsprechend.

[6]Bei verbundenen Wahlen ist auf die jeweilige Wahl abzustellen.

[7]Bekanntmachungen zur Wahl können auch rein digital erfolgen, wenn auch die Bekanntmachung von Satzungen der Gemeinde oder des Landkreises auf diesem Wege erfolgt. [8]Gleichwohl sollten in diesen Fällen für die Einsichtnahme nach § 4 Satz 1 der Bayerischen Verordnung zur Ausführung kommunalrechtlicher Vorschriften Stimmzettelmuster bereit gehalten werden.

52.2 Abstimmungsräume

[1]Für Menschen mit Behinderungen sind barrierefreie Wahlen unerlässlich. [2]Deshalb sollte bereits bei den Planungen zur Ausstattung der Wahlräume berücksichtigt werden, den Interessen von Menschen mit Behinderungen bestmöglich gerecht zu werden. [3]Zur leichteren Erreichbarkeit für Stimmberechtigte mit Behinderungen und andere Menschen mit Mobilitätsbeeinträchtigungen sollte möglichst eine provisorische Rampe für Rollstuhlfahrer angebracht werden, wenn ein Abstimmungsraum nur über Stufen erreichbar ist. [4]Die in § 54 Abs. 2 Satz 2 vorgesehene Mitteilung über die

Barrierefreiheit geschieht dadurch, dass auf der Wahlbenachrichtigung ein entsprechender Vermerk beim Abstimmungsraum eingedruckt wird. [5]Hierfür wird die Verwendung eines entsprechenden Symbols empfohlen. **[6]Der Beauftragte der Bayerischen Staatsregierung für die Belange von Menschen mit Behinderung stellt weitere Hinweise für barrierefreie Wahlen und Verhaltenstipps für Wahlhelferinnen und Wahlhelfer zur Verfügung.**

52.3 Wahl**kabinen**, Ausstattung der Wahlvorstände und Briefwahlvorstände

[1]In jeder Schutzvorrichtung müssen Schreibstifte gleicher Schreibfarbe bereitliegen, die befestigt werden sollten. [2]Bleistifte sollten nicht verwendet werden, weil dann die Kennzeichnungen der Stimmzettel schlechter erkennbar sind und radiert werden können. [3]Filzstifte sollten nicht verwendet werden, da die Kennzeichnungen der Stimmzettel durchscheinen und durchfärben könnten.

[4]Es ist darauf zu achten, dass die Wahl**kabinen** ausreichend belichtet sind.

[5]Bei Einsatz einer Datenverarbeitungsanlage soll der Wahlvorsteherin, dem Wahlvorsteher, der Briefwahlvorsteherin und dem Briefwahlvorsteher im Rahmen der sonstigen erforderlichen Hilfsmittel auch ein Drucker zur Verfügung gestellt werden. [6]Hat eine Wahlvorsteherin, ein Wahlvorsteher, eine Briefwahlvorsteherin oder ein Briefwahlvorsteher keinen Drucker, kann auf die Übermittlung der Unterlagen nach § 58 Abs. 1 Satz 2 nicht verzichtet werden.

Abstimmung

53. Eröffnung der Abstimmung (§ 59)

[1]Die Mitglieder des Wahlvorstands sollten um 7.30 Uhr im **Abstimmungsraum** anwesend sein. [2]Erscheinen bis zum Beginn der Abstimmung nicht wenigstens drei Mitglieder, darunter die Vorsteherin oder der Vorsteher und die Schriftführerin oder der Schriftführer oder ihre Stellvertretung (vgl. § 6 Abs. 2), ergänzt die Wahlvorsteherin oder der Wahlvorsteher den Wahlvorstand aus anwesenden oder herbeigerufenen Wahlberechtigten. [3]In der Wahlniederschrift ist die tatsächliche Zusammensetzung festzuhalten. [4]Es ist nicht zwingend erforderlich, dass alle Beisitzer des Wahlvorstands bei der Eröffnung der Wahlhandlung anwesend sind, wenn die Wahlvorsteherin oder der Wahlvorsteher sicherstellt, dass die später erscheinenden Beisitzer vor Beginn ihrer Tätigkeit die Hinweise zur unparteiischen Wahrnehmung des Amtes und zur Verschwiegenheit erhalten.

54. Stimmabgabe im Abstimmungsraum (§ 60)

[1]Die Möglichkeit, sich bereits bei der Aushändigung der Stimmzettel die Wahlbenachrichtigung vorlegen zu lassen, soll verhindern, dass Stimmberechtigte insbesondere in Gebäuden, in denen mehrere Abstimmungsräume untergebracht sind, den falschen Abstimmungsraum aufsuchen und dort wählen, dann aber zurückgewiesen werden müssten. [2]Bei verbundenen Wahlen oder Abstimmungen kann dadurch außerdem verhindert werden, dass Wählerinnen und Wähler Stimmzettel für Wahlen oder Abstimmungen erhalten, für die sie nicht stimmberechtigt sind.

[3]Die Wahlbenachrichtigung wird nicht einbehalten.

[4]In der Wahl**kabine** darf nicht fotografiert oder gefilmt werden (vgl. § 60 Abs. 2 Satz 2). [5]Hat eine abstimmende Person für den Wahlvorstand erkennbar hiergegen verstoßen, ist sie zurückzuweisen (vgl. § 61 Abs. 1 Nr. 6). [6]Auf Verlangen ist ihr allerdings ein neuer Stimmzettel auszuhändigen (vgl. § 61 Abs. 3).

55. Zurückweisung von Abstimmenden (§ 61)

[1]Stimmberechtigte dürfen nicht deshalb zurückgewiesen werden, weil sie keine Wahlbenachrichtigung vorlegen können. [2]Entscheidend ist die Eintragung im Wählerverzeichnis. [3]Falls Abstimmende in diesen Fällen nicht persönlich bekannt sind, haben sie sich auszuweisen. [4]Es genügt jedes amtliche Dokument, mit dem sich die Identität der wählenden Person einwandfrei nachweisen lässt.

[5]Wenn eine stimmberechtigte Person keinen Wahlschein vorlegen kann, obwohl sich im Wählerverzeichnis ein Wahlscheinvermerk befindet, hat der Wahlvorstand den Widerspruch durch Rückfrage bei der Gemeinde zu klären. [6]Wenn die Gemeinde feststellt, dass im Wahlscheinverzeichnis ein Wahlscheinvermerk eingetragen ist, ist die stimmberechtigte Person zurückzuweisen. [7]Wenn die Gemeinde feststellt, dass der Wahlscheinvermerk im Wählerverzeichnis zu Unrecht angebracht ist, ist die stimmberechtigte Person zur Abstimmung zuzulassen.

[8]Wenn eine Person, die wählen will, nicht im Wählerverzeichnis eingetragen ist und auch keinen Wahlschein besitzt, hat der Wahlvorstand im Zweifelsfall mit der Gemeinde zu klären, ob vielleicht doch ein Wahlrecht vorliegt und noch ein Wahlschein nach § 22 Abs. 2 von der Gemeinde ausgestellt werden kann.

[9]Im Übrigen darf eine Person nicht zur Abstimmung zugelassen werden, auch wenn der Wahlvorstand meint, die Person sei stimmberechtigt.

[10]Wenn dem Wahlvorstand bekannt ist, dass Stimmberechtigte vor dem Wahltag das Stimmrecht verloren haben (z.B. wegen Wegzugs), dürfen sie nicht zur Abstimmung im **Abstimmungs**raum zugelassen werden, auch wenn sie im Wählerverzeichnis eingetragen sind. [11]Solche Personen haben ihr Stimmrecht verloren; der Wahlvorstand fasst hierüber Beschluss. [12]Eine vorherige Rückfrage bei der Gemeinde ist **regelmäßig** empfehlenswert.

[13]Die Wahl**kabine** muss in jedem Fall benutzt werden, selbst bei starkem Wählerandrang. [14]Eine Person, die zurückgewiesen wurde, weil sie den Stimmzettel außerhalb der Wahl**kabine** gekennzeichnet oder gefaltet hat, erhält einen neuen Stimmzettel zur erneuten Abstimmung in der Wahl**kabine**.

56. Stimmabgabe von Stimmberechtigten mit Behinderung (§ 62)

[1]Abgesehen von Fällen der Abstimmungshilfe für stimmberechtigte Personen, die des Lesens unkundig sind oder wegen einer Behinderung einer Hilfe bei der Stimmabgabe bedürfen, darf die Schutzvorrichtung auch nicht von Ehegatten gemeinsam benutzt werden. [2]Allein die Behauptung, sich nicht auszukennen, berechtigt noch nicht dazu, fremde Abstimmungshilfe in Anspruch zu nehmen.

[3]Eine blinde oder sehbehinderte Person kann sich bei der Kennzeichnung des Stimmzettels neben oder anstelle einer Hilfsperson auch einer Stimmzettelschablone bedienen (vgl. § 62 Abs. 4). [4]Siehe dazu bereits Nr. 34.

57. Vermerk über die Stimmabgabe (§ 63)

[1]Der Stimmabgabevermerk darf erst angebracht werden, wenn die Ordnungsmäßigkeit der Stimmabgabe abschließend festgestellt ist. [2]Erst danach dürfen die Stimmzettel in die Wahlurnen gelegt werden.

58. Stimmabgabe mit Wahlschein (§ 64)

[1]Bei abstimmenden Personen mit Wahlschein ist stets die Vorlage eines Ausweises zu verlangen. [2]Es genügt auch hier jedes amtliche Dokument, mit dem sich die Identität der abstimmenden Person einwandfrei nachweisen lässt. [3]Stimmabgabevermerke sind auf dem Wahlschein anzubringen.

[4]Ist ein Wahlschein laut Verzeichnis der für ungültig erklärten Wahlscheine ganz oder teilweise für ungültig erklärt worden, ist darauf zu achten, dass die Person nur insoweit zur Wahl zugelassen wird, als der Wahlschein noch gültig ist.

59. Schluss der Abstimmung (Art. 15, § 65)

[1]Soll eine vorzeitige Beendigung der Abstimmung erfolgen (vgl. Art. 15 Abs. 3), muss sich der Wahlvorstand vorher mit der Gemeinde bzw. Verwaltungsgemeinschaft abstimmen.

[2]Alle nicht benutzten Stimmzettel sind bei Schluss der Abstimmung zu verpacken sowie mit der Aufschrift „Unbenutzte Stimmzettel" zu versehen.

59a. Behandlung der Stimmzettel bei weniger als 50 Abstimmenden (§ 65a)

[1]Wurden in einem Stimmbezirk weniger als 50 Abstimmende zur Urnenwahl zugelassen, könnte das Wahlergebnis dort Rückschlüsse auf das Wahlverhalten Einzelner erlauben. [2]Um auch in diesen Fällen das Wahlgeheimnis zu wahren, sind die dort abgegebenen Stimmen nicht eigens auszuzählen, sondern nur zusammen mit in einem anderen Stimmbezirk abgegebenen Stimmen. [3]Mit welchem anderen Stimmbezirk dies zusammen geschehen soll, entscheidet die Gemeinde und bestimmt den Wahlvorstand, der die Stimmen zusammen auswertet und ein gemeinsames Ergebnis feststellt. **[4]Gibt es nur einen Stimmbezirk, kann dies** auch der Briefwahlvorstand sein.

60. Stimmabgabe in Sonderstimmbezirken (§ 66)

[1]Für einen Sonderstimmbezirk gibt es kein Wählerverzeichnis. [2]Auch das Personal oder zufällig anwesende Besucher können dort wählen, wenn sie einen für den Wahlkreis gültigen Wahlschein besitzen.

61. Stimmabgabe vor beweglichen Wahlvorständen (§ 67)

[1]Die Urne des beweglichen Wahlvorstands bleibt bis zum Ende der Abstimmungszeit verschlossen. [2]Erst dann ist der Inhalt mit dem Inhalt der Urnen des Abstimmungsraums zu vermischen und mit den dort abgegebenen Stimmzetteln auszuwerten. [3]Für verschiedene Einrichtungen kann der bewegliche Wahlvorstand mit verschiedenen Mitgliedern des Wahlvorstands besetzt werden.

Briefwahl

62. Stimmabgabe durch Briefwahl (§ 69)

62.1 Versicherung an Eides statt, Briefwahlvorstände

[1]Zur Unterzeichnung einer Versicherung an Eides statt (Art. 27 BayVwVfG) ist die Vollendung des 16. Lebensjahrs erforderlich (§ 393 ZPO).

[2]Je nach Anzahl der eingegangenen Wahlbriefe sollten die Briefwahlvorstände am frühen Nachmittag des Wahltags einberufen werden.

[3]Beim Landratsamt werden keine Briefwahlvorstände eingerichtet. [4]Sowohl bei Gemeindewahlen als auch bei Landkreiswahlen wird die Briefwahl daher durch die in den Gemeinden zu bildenden Briefwahlvorstände ausgewertet. [5]Dies gilt auch dann, wenn eine Landkreiswahl, insbesondere die Landratswahl, mit einer Landtags-, Bundestags-, Europawahl, einem Volksentscheid oder einer sonstigen Abstimmung zusammentrifft.

62.2 Gemeinschaftsunterkünfte

Gemeinschaftsunterkünfte im Sinne des § 69 Abs. 4 Satz 1 sind z. B. solche der Bundeswehr, der Bundespolizei oder der Bayerischen Polizei.

63. Behandlung der Wahlbriefe (§ 70)

[1]Für den Wahltag ist die **jederzeitige Empfangsbereitschaft** für durch stimmberechtigte oder beauftragte Personen abgegebene Wahlbriefe unter der auf dem Wahlbriefumschlag aufgedruckten Adresse der Gemeinde bzw. Verwaltungsgemeinschaft sicherzustellen. [2]Gegebenenfalls bereitgehaltene **Haus- und Fristenbriefkasten** müssen zum Ende der Wahlzeit um 18 Uhr geleert werden.

[3]Die Gemeinde hat dem Briefwahlvorstand bei seinem Zusammentritt die zu diesem Zeitpunkt vorliegenden Wahlbriefe rechtzeitig zu übergeben. [4]Am Wahltag bis zum Abstimmungsende eingehende Wahlbriefe werden ihm nachgereicht. [5]Das Wahlscheinverzeichnis bleibt bei der Gemeinde (siehe Nr. 31).

[6]Gehen Stimmzettelumschläge ein, die nicht in einem amtlichen Wahlbriefumschlag oder in einem sonstigen Briefumschlag liegen, sind diese von der Gemeinde nicht den Briefwahlvorständen zu übergeben, da es sich nicht um Wahlbriefe handelt. [7]Die Stimmzettelumschläge sind ebenso zu behandeln wie die verspätet eingegangenen Wahlbriefe.

[8]Nach Art. 19 Abs. 2 Satz 4 bleiben Stimmen von Briefwählerinnen und Briefwählern, die am Wahltag z. B. verstorben oder weggezogen sind, gültig und ihre Wahlbriefe sind nicht zurückzuweisen.

64. Zulassung der Wahlbriefe (§ 71)

[1]Um das Wahlgeheimnis nicht zu gefährden, hat der Vermerk, dass das Stimmrecht nur für die Landkreiswahlen gegeben ist, durch ein stets gleichbleibendes Zeichen an stets gleichbleibender Stelle der jeweiligen Stimmzettelumschläge zu erfolgen (etwa durch Stempelaufdruck vorne oben rechts: „Nur Landkreiswahlrecht“ oder „L“).

[2]Ein Stimmabgabevermerk ist **auf dem Wahlschein nicht** anzubringen; **die dafür vorgesehenen Felder sind nur bei der Stimmabgabe mit Wahlschein im Abstimmungsraum zu verwenden (vgl. § 64 Abs. 2 Satz 2).**

[3]Anlass zu Bedenken gegen die Gültigkeit eines Wahlbriefs besteht immer dann, wenn angenommen werden kann, dass einer der in § 71 Abs. 2 genannten Zurückweisungsgründe vorliegt, also auch dann, wenn der Wahlbrief **zweifelsfrei** zurückzuweisen ist. [4]Die Zurückweisung erfolgt stets durch Beschluss, die Zulassung nur dann durch Beschluss, wenn Anlass zu Bedenken bestand.

[5]Ein Fall des § 71 Abs. 2 Nr. 1 liegt dann vor, wenn dem Briefwahlvorstand ein nicht rechtzeitig eingegangener Wahlbrief versehentlich zugegangen ist, obwohl die Gemeinde verspätet eingegangene Wahlbriefe dem Briefwahlvorstand nicht hätte zuleiten dürfen (§ 70 Abs. 3).

[6]Ein Fall des § 71 Abs. 2 Nr. 2 Alternative 2 liegt beispielsweise vor, wenn die wählende Person einen Wahlschein erhalten hat, dieser jedoch nachträglich für ungültig erklärt wurde, weil sich herausgestellt hat, dass sie das Wahlrecht bereits vor Erteilung des Wahlscheins verloren hatte. [7]Kein Fall des § 71 Abs. 2 Nr. 2 Alternative 2 ist es dagegen, wenn eine durch Briefwahl wählende Person ihr Wahlrecht nach Erteilung des Wahlscheins verloren hat und der Wahlschein für ungültig erklärt wurde, jedoch mit der Einschränkung, dass der Wahlbrief nicht zurückgewiesen werden darf, weil die Stimme nach Art. 19 Abs. 2 Satz 4 gültig ist (vgl. Nr. 33). [8]Da ausgenommen in den Todesfällen regelmäßig nicht feststellbar ist, wann das Stimmrecht ausgeübt wurde, ist zugunsten des Briefwählers zu vermuten, dass die Stimme vor dem Verlust des Wahlrechts abgegeben wurde.

[9]Fehlt auf dem Wahlschein bei der Versicherung an Eides statt der Ortsname, das Datum oder der Vorname bei der Unterschrift, ist das kein Grund für die Zurückweisung des Wahlbriefs (vgl. § 71 Abs. 2 Nr. 3).

[10]Wenn nur einer der Umschläge offen ist, darf der Wahlbrief nicht zurückgewiesen werden (§ 71 Abs. 2 Nr. 5).

[11]**Befinden sich im hellroten Wahlbriefumschlag einzelne Stimmzettel außerhalb des verschlossenen Stimmzettelumschlags, führt dies nicht zur**

Zurückweisung des Wahlbriefs. [12]Der Wahlbrief ist beschlussmäßig zu behandeln (§ 71 Abs. 3 Satz 1) und der oder die außerhalb befindlichen Stimmzettel mit einem Vermerk in den hellroten Wahlbriefumschlag zu legen. [13]Bei der Auswertung der Stimmen ist nach § 79b Abs. 4 Satz 2 zu verfahren. [14]Der Wahlbriefumschlag wird später der als erstes abzugebenden Wahlniederschrift (im Regelfall der Wahlniederschrift zur Bürgermeisterwahl) beigefügt.

[15]Wurde der ordnungsgemäße Wahlschein mit dem ordnungsgemäßen Stimmzettelumschlag nicht im amtlichen hellroten Wahlbriefumschlag, sondern in einem privaten Briefumschlag übersandt, ist dies ebenfalls kein Grund für die Zurückweisung des Wahlbriefs.

65. (***nicht besetzt***)

Stimmvergabe bei der Wahl der Gemeinderäte und der Kreistage

66. Stimmvergabe bei Verhältniswahl (§ 75)

[1]Stimmen können nur sich bewerbenden Personen gegeben werden, die auf dem Stimmzettel aufgedruckt sind. [2]Auch Häufeln ist nicht in der Weise möglich, dass bereits gekennzeichnete sich bewerbende Personen noch ein- oder zweimal handschriftlich eingetragen werden.

Stimmvergabe bei der Wahl der ersten Bürgermeisterin, des ersten Bürgermeisters, der Landrätin und des Landrats

67. Stichwahl (Art. 46 Abs. 1 bis 3, § 78)

[1]Eine erneute Benachrichtigung der Wahlberechtigten zur Stichwahl ist nicht erforderlich. [2]Bei der Ausstellung von Wahlscheinen für die erste Wahl sollte ein Vordruck für einen Antrag auf Ausstellung eines Wahlscheins für eine etwaige Stichwahl beigefügt werden, sofern der Wahlschein nicht bereits zusammen mit dem ersten Antrag auch für die Stichwahl beantragt worden ist.

[3]Sind Gemeinde- und Landkreiswahlen verbunden und findet die Landratsstichwahl dann aber allein statt, beschafft die Gemeinde die Wahlscheine und die Briefwahlunterlagen auch für die Landratsstichwahl, da die erste Wahl und die Stichwahl eine Einheit darstellen.

Abschnitt 6
Ermittlung und Feststellung des Wahlergebnisses

Ermittlung des Ergebnisses

68. Ermittlung des Abstimmungsergebnisses (§§ 79, 79a, 79b, 79c, 81, 82)

68.1 Dauer und Ort der Auszählung
[1]Die Stimmenauszählung ist zügig durchzuführen, doch sollte die Auszählung rechtzeitig unterbrochen werden, wenn sie am Wahlabend nicht oder erst sehr spät beendet werden könnte. [2]Die Auszählung sollte am Montagvormittag fortgesetzt werden, wenn durch nachlassende Konzentration die Richtigkeit der Auszählung gefährdet würde. [3]Genauigkeit geht vor Schnelligkeit! [4]Eine ordnungsgemäße Ergebnisermittlung wird erleichtert, wenn am Tag nach der Wahl die Wahlvorstände das Ergebnis möglichst in derselben Besetzung und in denselben Räumen ermitteln und feststellen. [5]Wenn in Schulen Abstimmungsräume eingerichtet sind, auf die auch noch am Montag oder am Dienstag zurückgegriffen werden muss, sind mit den Schulbehörden entsprechende Absprachen zu treffen.

68.2 Reihenfolge
[1]Die in § 79 Abs. 1 Satz 1 bestimmte Reihenfolge der Stimmenauszählung muss eingehalten werden. [2]Neben den Stimmen für die Wahl der ersten Bürgermeisterin, des ersten Bürgermeisters, der Landrätin und des Landrats werden am Wahlsonntag in der Regel noch die Stimmen auf den unverändert angenommenen Stimmzetteln für die Wahl der ehrenamtlichen Gemeinderatsmitglieder ausgezählt und in einer Summe in die dafür vorgesehene Zeile der Zähllisten übertragen bzw. bei Einsatz einer Datenverarbeitungsanlage erfasst.

[3]Ist der Wahlvorstand in Gemeinden mit nur einem Stimmbezirk gleichzeitig als Briefwahlvorstand tätig (Art. 6 Abs. 3), ist auch über diese Tätigkeit eine Niederschrift aufzunehmen; die Angaben können in die allgemeine Niederschrift der betreffenden Wahl aufgenommen werden.

[4]Die Zählung und Prüfung der Stimmzettelumschläge der Briefwahl richtet sich nach § 79b.

[5]§ 79c regelt den Ablauf bei der Auswertung mehrerer Wahlurnen.

68.3 Durch Beschluss behandelte Stimmzettel
[1]Da die durch Beschluss behandelten Stimmzettel der Niederschrift beizufügen sind, sollten die für gültig erklärten Stimmzettel so auf die jeweiligen

Stapel der zweifelsfrei gültigen Stimmzettel der einzelnen Wahlvorschläge gelegt werden, dass sie nach dem Zählen (§ 81 Abs. 4, § 82 Abs. 5) wieder leicht entnommen werden können (§ 81 Abs. 3 Satz 3 und § 82 Abs. 4 Satz 3). [2]Das Gleiche gilt für die für ungültig erklärten Stimmzettel, die zu den nicht gekennzeichneten Stimmzetteln (§ 82 Abs. 4 Satz 3 in Verbindung mit Abs. 3) gelegt wurden.

68.4 Behandlung mehrerer Stimmzettel in einem Stimmzettelumschlag **durch den Briefwahlvorstand**

[1]Stellt sich nach der Entnahme der Stimmzettelumschläge aus der Briefwahlurne nach 18 Uhr beim Öffnen der Stimmzettelumschläge heraus, dass ein mit einem Vermerk „Nur Landkreiswahl" versehener Stimmzettelumschlag Stimmzettel auch für die Gemeindewahl enthält, bleiben diese zusammengefaltet **und werden ausgesondert**. [2]Wer Stimmzettel für die Gemeindewahlen abgegeben hat, ohne hierfür stimmberechtigt zu sein, wird nicht als Wählerin oder Wähler gezählt. [3]Diese Stimmzettel sind deshalb auch nicht als ungültig zu werten oder beschlussmäßig zu behandeln. [4]Die Zahl dieser Stimmzettel wird in den Niederschriften für die Gemeindewahlen vermerkt; die Stimmzettel werden der Niederschrift für die Gemeinderatswahl beigefügt. [5]Die Stimmzettel für die Landkreiswahlen werden dem Stimmzettelumschlag entnommen und in die entsprechenden Urnen gelegt.

68.5 Zähllisten

[1]Von der Gemeinde, bei Landkreiswahlen vom Landratsamt, sollten die Nummer und das Kennwort des jeweiligen Wahlvorschlags, die Nummern und die Namen der sich bewerbenden Personen sowie die Anzahl der Nennungen vorab auf den Zähllisten eingetragen oder eingedruckt werden.

[2]Wegen der Gefahr von Übertragungsfehlern sollten Nebenzähllisten nicht verwendet werden. [3]Wenn abzusehen ist, dass das Feld der Zählliste für eine sich bewerbende Person nicht ausreichen wird, kann ein zusätzliches Feld angelegt werden.

[4]Bei Einsatz einer Datenverarbeitungsanlage erübrigt sich die manuelle Führung von Zähllisten.

68.6 Auszählvermerke auf den Stimmzetteln

[1]Auszählvermerke auf den Stimmzetteln sind insbesondere dann notwendig, wenn Stimmen nicht in vollem Umfang einzelnen sich bewerbenden Personen gegeben wurden, sondern zusätzlich die Kopfleiste gekennzeichnet wurde. [2]Die Zahl der Reststimmen und ihre Vergabe an die dafür in Betracht kommenden sich bewerbenden Personen sind auf dem Stimmzet-

tel und im Rahmen des Auszählvorgangs auf den Zähllisten zu vermerken. [3]Es ist nicht zulässig, die Reststimmen den sich bewerbenden Personen durch Anbringen von Kreuzen oder Zahlen in den Kästchen vor den Namen der Bewerberinnen und Bewerber zuzuordnen. [4]Bei Einsatz einer Datenverarbeitungsanlage erübrigen sich Auszählvermerke auf den Stimmzetteln.

68.7 Gesammelte Stimmenerfassung bei der unechten Mehrheitswahl (Bürgermeister- und Landratswahl)

[1]Die Regelungen des § 81 Abs. 7 können bei Landratswahlen oder Bürgermeisterwahlen insbesondere in größeren Gemeinden, bei denen in großer Zahl mit handschriftlich hinzugefügten Personen zu rechnen ist, die Ermittlung und Darstellung des Abstimmungsergebnisses erleichtern. [2]Danach muss dann nicht für jede einzelne handschriftlich genannte Person eine namentliche Erfassung und gegebenenfalls Wählbarkeitsüberprüfung erfolgen. [3]Es steht grundsätzlich im Ermessen der Wahlleiterin oder des Wahlleiters, eine gesammelte Erfassung handschriftlich hinzugefügter Personen mit jeweils weniger als zehn Stimmen bei der Bürgermeister- und Landratswahl mit nur einem Wahlvorschlag festzulegen. [4]Dies ist gegenüber den Wahlvorständen und Briefwahlvorständen vorab klar zu kommunizieren, z. B. im Rahmen der Wahlschulung.

[5]Von der Möglichkeit der gesammelten Erfassung sollte nur bei einer großen Anzahl stimmberechtigter Personen Gebrauch gemacht werden, und auch nur dann, wenn nach den jeweiligen örtlichen Gegebenheiten mit sehr hoher Wahrscheinlichkeit nicht mit einer Stichwahl zu rechnen ist. [6]Sind im Vorfeld der Wahlen öffentliche Bestrebungen erkennbar, wonach um die Stimmvergabe für eine andere als die vorgeschlagene sich bewerbende Person geworben wird, sollte auf die Möglichkeit der Sammelerfassung verzichtet werden.

[7]Stellt sich heraus, dass die vorgeschlagene sich bewerbende Person nicht eindeutig einen großen Teil der abgegebenen gültigen Stimmen erhält, soll die Wahlleiterin oder der Wahlleiter die Festlegung einer gesammelten Erfassung aufheben und die Dokumentation aller handschriftlich hinzugefügten Personen in der Niederschrift verfügen (§ 90 Abs. 3 Satz 2). [8]Die Wahlvorstände und Briefwahlvorstände sollten im Falle einer gesammelten Erfassung erst aufgelöst werden, wenn aufgrund mehrerer bereits eingegangener Ergebnisse sicher davon ausgegangen werden kann, dass ein knappes Ergebnis nicht zu erwarten ist, denn andernfalls müssten sie noch einmal tätig werden.

[9]Wird von der Möglichkeit der gesammelten Erfassung Gebrauch gemacht, kann dies in den Wahlniederschriften nach den Anlagen 19 und 20 unter

Nr. 4 bei Buchstabe D 02 oder, falls es handschriftlich hinzugefügte Personen mit mindestens zehn Stimmen gibt, nach diesen als „Sonstige" erfolgen. [10]Es ist hierbei unerheblich, ob es sich um eindeutig gültige Stimmzettel handelt, oder ob sie als gültig behandelt wurden, weil sie nicht offensichtlich ungültig sind. [11]Die beschlussmäßig behandelten Stimmzettel sind aber jedenfalls der Wahlniederschrift beizufügen. [12]In der Niederschrift über die Sitzung des Wahlausschusses zur Feststellung des abschließenden Ergebnisses nach Anlage 22 und in der Bekanntmachung des abschließenden Ergebnisses (§ 92 Abs. 3 Satz 2) können die Stimmen für handschriftlich hinzugefügte Personen, für die jeweils nicht mehr als zehn Stimmen abgegeben worden sind, ohne namentliche Nennung als „Sonstige" gesammelt angegeben werden.

69. Zählung der Stimmberechtigten und der Wählerinnen und Wähler **bei der Urnenwahl** (§ 80)

[1]Die Zahl der Stimmberechtigten ist aufzugliedern nach der Zahl ohne Vermerk „W", mit Vermerk „W" und der Zahl insgesamt. [2]Sie ist für jede Wahl gesondert festzustellen.

[3]Wurde das Wählerverzeichnis berichtigt, weil nach Abschluss noch Wahlscheine ausgestellt wurden, ist die Zahl der Stimmberechtigten aufgrund der berichtigten Abschlussbeurkundung in die Niederschrift zu übertragen.

[4]Die Zahl der Personen, die gewählt haben, ist für jede Wahl aufzugliedern nach solchen mit und nach solchen ohne Wahlschein.

Ungültigkeit der Stimmvergabe, Stimmenauswertung

70. Ungültigkeit der Stimmvergabe bei allen Wahlen (§ 83)

70.1 Ungültige Stimmen von nicht wählbaren Personen

[1]Nach Art. 35 Abs. 1 Satz 2 werden Stimmen, die für eine sich bewerbende Person abgegeben worden sind, die nach **Zulassung des Wahlvorschlags** die Wählbarkeit verloren hat, hinsichtlich der Sitzverteilung als gültig gewertet. [2]Die Feststellung, bei welchen Personen diese Voraussetzungen vorliegen, kann nicht von den Wahlvorständen oder den Briefwahlvorständen getroffen werden, weil sie sich damit über die Zulassungsentscheidung des Wahlausschusses hinwegsetzen würden. [3]Vielmehr muss der Wahlausschuss im Rahmen der Feststellung des Wahlergebnisses nach Art. 19 Abs. 3 hierüber entscheiden, weil er auch über die Zulassung entschieden hat. [4]Die Wahlvorstände und die Briefwahlvorstände müssen nach § 83 Abs. 2

GLKrWBek

Nr. 2 bei den auf **dem Stimmzettel vorgedruckten** sich bewerbenden Personen von deren Wählbarkeit ausgehen.

[5]Diese Überlegungen gelten jedoch nicht bei Personen, deren Wählbarkeit nicht Gegenstand der Zulassungsentscheidung des Wahlausschusses war. [6]Das ist der Fall, wenn kein oder nur ein Wahlvorschlag vorlag, hinsichtlich der Wählbarkeit **handschriftlich hinzugefügter** Personen. [7]Auch insoweit können jedoch die Entscheidungen der Wahlvorstände und der Briefwahlvorstände durch den Wahlausschuss überprüft und gegebenenfalls berichtigt werden.

70.2 Behandlung von Stimmzetteln, die Anlass zu Bedenken geben
[1]Beschlüsse des Wahlvorstands oder des Briefwahlvorstands über die Gültigkeit von Stimmzetteln sind nur dann erforderlich, wenn ein Stimmzettel gekennzeichnet ist, aber Anlass zu Bedenken gegen dessen Gültigkeit besteht. [2]Ein solcher Anlass besteht immer dann, wenn anzunehmen ist, dass der Stimmzettel nicht zweifelsfrei gültig ist. [3]Das ist auch dann der Fall, wenn der Stimmzettel eindeutig ungültig ist. [4]Bei gekennzeichneten Stimmzetteln erfolgt die Ungültigerklärung also stets durch Beschluss, die Gültigerklärung nur dann durch Beschluss, wenn Anlass zu Bedenken bestand.

[5]Sammelbeschlüsse für alle gleichartigen Ungültigkeitsgründe sind zulässig.

[6]Das Abstimmungsergebnis muss nicht angegeben werden. [7]Der anzubringende Vermerk über den Beschluss auf der Rückseite der Stimmzettel kann auch durch einen Stempelaufdruck oder einen Aufkleber erfolgen.

70.3 Nicht gekennzeichnete Stimmzettel und Streichungen
[1]Bei nicht gekennzeichneten Stimmzetteln unterbleibt ein Beschluss.

[2]Bei allen Wahlen gilt der Grundsatz, dass eine gültige Stimmvergabe nicht vorliegt, wenn die stimmberechtigte Person den Stimmzettel überhaupt nicht kennzeichnet oder wenn nur Streichungen vorgenommen wurden. [3]Es ist immer eine positive Willensbekundung erforderlich.

[4]Eine Überschreitung der Gesamtstimmenzahl, die nach § 85 Nr. 1 zur Ungültigkeit der Stimmvergabe führt, liegt auch dann vor, wenn Listenkreuze gesetzt sind und lediglich Namen sich bewerbender Personen gestrichen wurden, dabei aber mehr Namen nicht gestrichen bleiben, als Stimmen vergeben werden können.

70.4 Mehrere in einem Stimmzettelumschlag enthaltene gleichartige Stimmzettel

[1]Hat eine abstimmende Person mehrere Stimmzettel beispielsweise für die Gemeinderatswahl abgegeben, werden diese fest miteinander verbunden und gelten als ein Stimmzettel.

[2]Ist nur einer der Stimmzettel gekennzeichnet oder sind sie gleich gekennzeichnet, ist dies allein kein Grund für eine Ungültigkeit der Stimmvergabe. [3]Sind alle Stimmzettel nicht gekennzeichnet, handelt es sich um eine ungültige Stimmvergabe.

70.5 Stimmenüberschreitungen

[1]Eine Überschreitung der **Gesamt**stimmen führt immer zur Ungültigkeit der Stimmvergabe.

[2]Wenn einzelnen Personen mehr Stimmen gegeben wurden, als Stimmen an eine Person vergeben werden können (vgl. Art. 34 Nr. 4, Art. 38 Abs. 1 Satz 1), sind diese Mehrstimmen ungültig (§ 85 Nr. 3 Halbsatz 1 bzw. § 86 Nr. 2 Halbsatz 1). [3]Die Mehrstimmen gelten gleichwohl als vergeben und zählen zur vergebenen Gesamtstimmenzahl. [4]Die Personen erhalten drei Stimmen bzw. eine Stimme, jedoch nur dann, wenn die Gesamtstimmenzahl nicht überschritten wurde; sonst ist die Stimmvergabe insgesamt ungültig (§ 85 Nr. 3 Halbsatz 2 Alternative 2 in Verbindung mit Nr. 2 bzw. § 86 Nr. 2 Halbsatz 2 in Verbindung mit Nr. 1).

71. Ungültigkeit der Stimmvergabe bei Verhältniswahl (§ 85)

[1]Es gilt der Grundsatz, dass **Einzelstimmvergabe vor Listenstimmvergabe** geht. [2]Kreuzt die wählende Person einen **oder mehrere Wahlvorschläge** in der Kopfleiste an, gibt sie aber einzelnen sich bewerbenden Personen Stimmen, wertet der Wahlvorstand zunächst nur die Einzelstimmvergabe aus. [3]Hat die wählende Person durch die Einzelstimmvergabe bereits ihre gesamten Stimmen vergeben, gilt die Kennzeichnung in den Kopfleisten nicht als Vergabe von Stimmen, das heißt Listenkreuze bleiben unbeachtet. [4]Wenn die Gesamtstimmenzahl durch Einzelstimmvergabe nicht voll ausgenutzt wurde, gilt ein Listenkreuz als Vergabe der Reststimmen, die dann den nicht **gekennzeichneten und nicht gestrichenen** sich bewerbenden Personen innerhalb der in der Kopfleiste gekennzeichneten Wahlvorschläge in ihrer Reihenfolge von oben nach unten zugutekommen. [5]Eine Stimmvergabe ist dann ungültig, wenn die wählende Person bereits durch Einzelstimmabgabe oder durch mehrere Listenkreuze **ohne eine entsprechende Anzahl an Streichungen** die ihr zustehende Gesamtstimmenzahl überschritten hat.

72. Stimmenauswertung bei Verhältniswahl – Beispiele – (§§ 75, 85)

[1]In den folgenden Beispielen wird die Anwendung der Vorschriften über die Stimmvergabe bei der Verhältniswahl näher erläutert. [2]Die Beispiele gehen davon aus, dass ein Gemeinderat mit 14 ehrenamtlichen Gemeinderatsmitgliedern im Weg der Verhältniswahl zu wählen ist, dass also jeder wählenden Person 14 Stimmen zustehen. [3]Die Beispiele gelten sinngemäß auch für die Wahl der Kreisrätinnen und Kreisräte.

72.1 Unveränderte Annahme eines Wahlvorschlags (Listenkreuz)

[1]Die wählende Person kennzeichnet lediglich einen Wahlvorschlag in der Kopfleiste, lässt den Stimmzettel im Übrigen aber unverändert.

Wahlvorschlag Nr. 1		
⊗	Kennwort A-Partei	
	101	Burghauser Fritz, Kunstformer, Gemeinderatsmitglied
	102	Schröder Heike, selbstständige Kauffrau
	103	Dr. Müller Georg, Arzt, Kreisrat
	104	Storch Renate, Gastwirtin, Kreisrätin
	105	Böhm Andreas, Kaufmann, Stellvertreter des Landrats
	106	Alexandros Stavros, Kraftfahrer
	107	Schenkel Hans, Vertreter
	108	Almer Karin, Diplom-Verwaltungswirtin (FH), Regierungsamtfrau
	109	Stangl Josef, Diplom-Volkswirt, Versicherungsvertreter
	110	Moser Franz sen., Techniker
	111	Obermüller Paula, Hausfrau
	112	Huber Franz, Bankangestellter, Bezirksrat
	113	Sauer Hermann, Installateur
	114	Gruber Georg, Gerbereibesitzer

Wahlvorschlag Nr. 2		
○	Kennwort B-Partei	
	201	Dr. Straßer Maria, Professorin
		Dr. Straßer Maria, Professorin
		Dr. Straßer Maria, Professorin
	202	Wutz Karl, Bauarbeiter, 2. Bürgermeister, Kreisrat
		Wutz Karl, Bauarbeiter, 2. Bürgermeister, Kreisrat
		Wutz Karl, Bauarbeiter, 2. Bürgermeister, Kreisrat
	203	Leroux Marie, Innenarchitektin
		Leroux Marie, Innenarchitektin
	204	Brandl Johann jun., Schlosser
		Brandl Johann jun., Schlosser
	205	Palm Ida, Hausfrau
	206	Deimel Charlotte, Studentin
	207	Glotz Georg, Metzgermeister
	208	Lehr Isolde, selbst. Apothekerin

[2]Der Stimmzettel ist **gültig**.

[3]Die wählende Person hat den Wahlvorschlag Nr. 1 unverändert angenommen und damit alle ihr zustehenden 14 Stimmen vergeben. [4]Jede der 14 sich bewerbenden Personen erhält eine Stimme.

[5]Hätte die wählende Person den Wahlvorschlag Nr. 2 unverändert angenommen, würden die dreifach aufgeführten sich bewerbenden Personen Dr. Straßer und Wutz jeweils drei, die zweifach aufgeführten sich bewerbenden Personen Leroux und Brandl je zwei und die einfach aufgeführten sich bewerbenden Personen Palm, Deimel, Glotz und Lehr je eine Stimme erhalten.

72.2 Listenkreuz und Streichung einzelner sich bewerbender Personen
[1]Die wählende Person kennzeichnet einen Wahlvorschlag in der Kopfleiste, ohne zugleich Einzelstimmen zu vergeben, streicht aber in diesem Wahlvorschlag die Namen einiger sich bewerbender Personen.

Wahlvorschlag Nr. 1		
⊗	Kennwort A-Partei	
	101	~~Burghauser Fritz, Kunstformer, Gemeinderatsmitglied~~
	102	Schröder Heike, selbstständige Kauffrau
	103	Dr. Müller Georg, Arzt, Kreisrat
	104	Storch Renate, Gastwirtin, Kreisrätin
	105	~~Böhm Andreas, Kaufmann, Stellvertreter des Landrats~~
	106	Alexandros Stavros, Kraftfahrer
	107	Schenkel Hans, Vertreter
	108	Almer Karin, Diplom-Verwaltungswirtin (FH), Regierungsamtfrau
	109	~~Stangl Josef, Diplom-Volkswirt, Versicherungsvertreter~~
	110	~~Moser Franz sen., Techniker~~
	111	Obermüller Paula, Hausfrau
	112	Huber Franz, Bankangestellter, Bezirksrat
	113	Sauer Hermann, Installateur
	114	Gruber Georg, Gerbereibesitzer

Wahlvorschlag Nr. 2		
○	Kennwort B-Partei	
	201	Dr. Straßer Maria, Professorin
		Dr. Straßer Maria, Professorin
		Dr. Straßer Maria, Professorin
	202	Wutz Karl, Bauarbeiter, 2. Bürgermeister, Kreisrat
		Wutz Karl, Bauarbeiter, 2. Bürgermeister, Kreisrat
		Wutz Karl, Bauarbeiter, 2. Bürgermeister, Kreisrat
	203	Leroux Marie, Innenarchitektin
		Leroux Marie, Innenarchitektin
	204	Brandl Johann jun., Schlosser
		Brandl Johann jun., Schlosser
	205	Palm Ida, Hausfrau
	206	Deimel Charlotte, Studentin
	207	Glotz Georg, Metzgermeister
	208	Lehr Isolde, selbst. Apothekerin

[2]Der Stimmzettel ist **gültig**.

[3]Die wählende Person hat den Wahlvorschlag Nr. 1 mit Ausnahme der gestrichenen sich bewerbenden Personen angenommen. [4]Die nicht gestriche-

nen sich bewerbenden Personen dieses Wahlvorschlags erhalten also je eine Stimme. [5]Auf die restlichen vier Stimmen hat die wählende Person verzichtet.

72.3 Verzicht auf Stimmen trotz Listenkreuz

[1]Die wählende Person kennzeichnet einen Wahlvorschlag in der Kopfleiste, der weniger sich bewerbende Personen enthält, als ihr Stimmen zustehen, lässt den Stimmzettel im Übrigen aber unverändert.

Wahlvorschlag Nr. 1		
⊗	Kennwort A-Partei	
	101	Burghauser Fritz, Kunstformer, Gemeinderatsmitglied
	102	Schröder Heike, selbstständige Kauffrau
	103	Dr. Müller Georg, Arzt, Kreisrat
	104	Storch Renate, Gastwirtin, Kreisrätin
	105	Böhm Andreas, Kaufmann, Stellvertreter des Landrats
	106	Alexandros Stavros, Kraftfahrer
	107	Schenkel Hans, Vertreter
	108	Almer Karin, Diplom-Verwaltungs-wirtin (FH), Regierungsamtfrau

Wahlvorschlag Nr. 2		
○	Kennwort B-Partei	
	201	Dr. Straßer Maria, Professorin
		Dr. Straßer Maria, Professorin
		Dr. Straßer Maria, Professorin
	202	Wutz Karl, Bauarbeiter, 2. Bürgermeister, Kreisrat
		Wutz Karl, Bauarbeiter, 2. Bürgermeister, Kreisrat
		Wutz Karl, Bauarbeiter, 2. Bürgermeister, Kreisrat
	203	Leroux Marie, Innenarchitektin
		Leroux Marie, Innenarchitektin
	204	Brandl Johann jun., Schlosser
		Brandl Johann jun., Schlosser
	205	Palm Ida, Hausfrau
	206	Deimel Charlotte, Studentin
	207	Glotz Georg, Metzgermeister
	208	Lehr Isolde, selbst. Apothekerin

[2]Der Stimmzettel ist **gültig**.

[3]Die wählende Person hat den Wahlvorschlag Nr. 1 unverändert angenommen und damit jeder der acht sich bewerbenden Personen eine Stimme gegeben; auf die ihr zustehenden weiteren sechs Stimmen hat sie verzichtet.

[4]Sie hätte aber auch die Möglichkeit gehabt, diese sechs Stimmen durch Häufeln innerhalb des Wahlvorschlags Nr. 1 zu vergeben oder sie den sich bewerbenden Personen des Wahlvorschlags Nr. 2 zukommen zu lassen.

72.4 Kumulieren und Panaschieren ohne Überschreitung der Stimmenzahl

[1]Die wählende Person kennzeichnet keinen Wahlvorschlag in der Kopfleiste, gibt aber einzelnen sich bewerbenden Personen aus einem oder mehreren Wahlvorschlägen weniger Stimmen, als ihr insgesamt zustehen.

Wahlvorschlag Nr. 1		
○		Kennwort A-Partei
3	101	Burghauser Fritz, Kunstformer, Gemeinderatsmitglied
	102	Schröder Heike, selbstständige Kauffrau
	103	Dr. Müller Georg, Arzt, Kreisrat
1	104	Storch Renate, Gastwirtin, Kreisrätin
	105	Böhm Andreas, Kaufmann, Stellvertreter des Landrats
	106	Alexandros Stavros, Kraftfahrer
2	107	Schenkel Hans, Vertreter
	108	Almer Karin, Diplom-Verwaltungswirtin (FH), Regierungsamtfrau
	109	Stangl Josef, Diplom-Volkswirt, Versicherungsvertreter
	110	Moser Franz sen., Techniker
	111	Obermüller Paula, Hausfrau
	112	Huber Franz, Bankangestellter, Bezirksrat
	113	Sauer Hermann, Installateur
	114	Gruber Georg, Gerbereibesitzer

Wahlvorschlag Nr. 2		
○		Kennwort B-Partei
1	201	Dr. Straßer Maria, Professorin
		Dr. Straßer Maria, Professorin
		Dr. Straßer Maria, Professorin
	202	Wutz Karl, Bauarbeiter, 2. Bürgermeister, Kreisrat
		Wutz Karl, Bauarbeiter, 2. Bürgermeister, Kreisrat
		Wutz Karl, Bauarbeiter, 2. Bürgermeister, Kreisrat
	203	Leroux Marie, Innenarchitektin
		Leroux Marie, Innenarchitektin
	204	Brandl Johann jun., Schlosser
		Brandl Johann jun., Schlosser
2	205	Palm Ida, Hausfrau
	206	Deimel Charlotte, Studentin
	207	Glotz Georg, Metzgermeister
	208	Lehr Isolde, selbst. Apothekerin

[2]Der Stimmzettel ist **gültig**.

[3]Die wählende Person hat insgesamt neun Stimmen vergeben, und zwar durch Einzelstimmvergabe mit Häufeln und Panaschieren. [4]Da sie es aber unterlassen hat, einen Wahlvorschlag in der Kopfleiste zu kennzeichnen, nützt sie fünf Stimmen nicht aus.

72.5 Kumulieren, Panaschieren und Listenkreuz ohne Überschreitung der Stimmenzahl

[1]Die wählende Person kennzeichnet einen Wahlvorschlag in der Kopfleiste und gibt außerdem in mehreren Wahlvorschlägen einzelnen sich bewerbenden Personen so viele Stimmen, wie ihr insgesamt zustehen.

Wahlvorschlag Nr. 1		
○	Kennwort A-Partei	
3	101	Burghauser Fritz, Kunstformer, Gemeinderatsmitglied
	102	Schröder Heike, selbstständige Kauffrau
	103	Dr. Müller Georg, Arzt, Kreisrat
1	104	Storch Renate, Gastwirtin, Kreisrätin
	105	Böhm Andreas, Kaufmann, Stellvertreter des Landrats
1	106	Alexandros Stavros, Kraftfahrer
	107	Schenkel Hans, Vertreter
	108	Almer Karin, Diplom-Verwaltungswirtin (FH), Regierungsamtfrau
1	109	Stangl Josef, Diplom-Volkswirt, Versicherungsvertreter
	110	Moser Franz sen., Techniker
1	111	Obermüller Paula, Hausfrau
	112	Huber Franz, Bankangestellter, Bezirksrat
	113	Sauer Hermann, Installateur
	114	Gruber Georg, Gerbereibesitzer

Wahlvorschlag Nr. 2		
⊗	Kennwort B-Partei	
	201	Dr. Straßer Maria, Professorin
		Dr. Straßer Maria, Professorin
		Dr. Straßer Maria, Professorin
3	202	Wutz Karl, Bauarbeiter, 2. Bürgermeister, Kreisrat
		Wutz Karl, Bauarbeiter, 2. Bürgermeister, Kreisrat
		Wutz Karl, Bauarbeiter, 2. Bürgermeister, Kreisrat
	203	Leroux Marie, Innenarchitektin
1		Leroux Marie, Innenarchitektin
	204	Brandl Johann jun., Schlosser
		Brandl Johann jun., Schlosser
	205	Palm Ida, Hausfrau
3	206	Deimel Charlotte, Studentin
	207	Glotz Georg, Metzgermeister
	208	Lehr Isolde, selbst. Apothekerin

[2]Der Stimmzettel ist **gültig**.

[3]Da die wählende Person Einzelstimmen vergeben hat, wertet der Wahlvorstand zuerst die den einzelnen sich bewerbenden Personen gegebenen Stimmen aus. [4]Da die wählende Person hier genauso viele Stimmen vergeben hat, wie ihr zustehen, ihre Gesamtstimmenzahl also voll ausgenutzt hat, gilt das beim Wahlvorschlag Nr. 2 gesetzte Listenkreuz nicht als Vergabe von Stimmen; es hat keine Bedeutung. [5]Das Ergebnis wäre das gleiche, wenn das Listenkreuz beim Wahlvorschlag Nr. 2 fehlen würde oder beim Wahlvorschlag Nr. 1 angebracht wäre.

72.6 Kumulieren, Panaschieren, Listenkreuz und Streichen von sich bewerbenden Personen innerhalb der Stimmenzahl

[1]Die wählende Person kennzeichnet einen Wahlvorschlag in der Kopfleiste und gibt außerdem einzelnen sich bewerbenden Personen Stimmen, jedoch weniger, als ihr zustehen. [2]Ferner streicht sie Namen sich bewerbender Personen.

72.6.1 Erstes Beispiel

Wahlvorschlag Nr. 1			Wahlvorschlag Nr. 2		
⊗	Kennwort A-Partei		○	Kennwort B-Partei	
3	101	Burghauser Fritz, Kunstformer, Gemeinderatsmitglied		201	Dr. Straßer Maria, Professorin
1	102	Schröder Heike, selbstständige Kauffrau			Dr. Straßer Maria, Professorin
	103	Dr. Müller Georg, Arzt, Kreisrat			Dr. Straßer Maria, Professorin
	104	Storch Renate, Gastwirtin, Kreisrätin	2	202	Wutz Karl, Bauarbeiter, 2. Bürgermeister, Kreisrat
	105	Böhm Andreas, ~~Kaufmann, Stellvertreter~~ des Landrats			Wutz Karl, Bauarbeiter, 2. Bürgermeister, Kreisrat
	106	Alexandros Stavros, Kraftfahrer			Wutz Karl, Bauarbeiter, 2. Bürgermeister, Kreisrat
	107	Schenkel Hans, Vertreter		203	Leroux Marie, Innenarchitektin
	108	Almer Karin, Diplom-~~Verwaltungs-wirtin (FH), Regierungs~~amtfrau			Leroux Marie, Innenarchitektin
	109	Stangl Josef, Diplom-Volkswirt, Versicherungsvertreter	1	204	Brandl Johann jun., Schlosser
	110	Moser Franz sen., Techniker			Brandl Johann jun., Schlosser
	111	Obermüller Paula, Hausfrau		205	Palm Ida, Hausfrau
	112	Huber Franz, Bankangestellter, Bezirksrat	1	206	Deimel Charlotte, Studentin
	113	Sauer Hermann, Installateur		207	Glotz Georg, Metzgermeister
	114	Gruber Georg, Gerbereibesitzer		208	Lehr Isolde, selbst. Apothekerin

[1]Der Stimmzettel ist **gültig**.

[2]Da die wählende Person Einzelstimmen vergeben hat, wertet der Wahlvorstand zuerst die den einzelnen sich bewerbenden Personen gegebenen Stimmen aus. [3]Es werden dabei zunächst die den einzelnen sich bewerbenden Personen gegebenen Stimmen zusammengezählt. [4]Die wählende Person hat insoweit nur acht Stimmen vergeben, also ihre Gesamtstimmenzahl nicht voll ausgenutzt. [5]In diesem Fall gilt das Listenkreuz als Vergabe der nicht ausgenutzten Reststimmen. [6]Die sechs Reststimmen kommen den

nicht **gekennzeichneten** sich bewerbenden Personen des in der Kopfleiste gekennzeichneten Wahlvorschlags in ihrer Reihenfolge von oben nach unten mit Ausnahme der gestrichenen sich bewerbenden Personen zugute. [7]Es erhalten also zusätzlich zu den vergebenen Einzelstimmen die sich bewerbenden Personen Dr. Müller, Storch, Alexandros, Schenkel, Stangl und Moser je eine Stimme.

72.6.2 Zweites Beispiel

Wahlvorschlag Nr. 1		
○	Kennwort A-Partei	
	101	Burghauser Fritz, Kunstformer, Gemeinderatsmitglied
	102	Schröder Heike, selbstständige Kauffrau
	103	Dr. Müller Georg, Arzt, Kreisrat
	104	Storch Renate, Gastwirtin, Kreisrätin
3	105	Böhm Andreas, Kaufmann, Stellvertreter des Landrats
	106	Alexandros Stavros, Kraftfahrer
	107	Schenkel Hans, Vertreter
2	108	Almer Karin, Diplom-Verwaltungswirtin (FH), Regierungsamtfrau
	109	Stangl Josef, Diplom-Volkswirt, Versicherungsvertreter
	110	Moser Franz sen., Techniker
2	111	Obermüller Paula, Hausfrau
	112	Huber Franz, Bankangestellter, Bezirksrat
	113	Sauer Hermann, Installateur
	114	Gruber Georg, Gerbereibesitzer

Wahlvorschlag Nr. 2		
⊗	Kennwort B-Partei	
	201	Dr. Straßer Maria, Professorin
		Dr. Straßer Maria, Professorin
		Dr. Straßer Maria, Professorin
2	202	Wutz Karl, Bauarbeiter, 2. Bürgermeister, Kreisrat
		Wutz Karl, Bauarbeiter, 2. Bürgermeister, Kreisrat
		Wutz Karl, Bauarbeiter, 2. Bürgermeister, Kreisrat
	203	Leroux Marie, Innenarchitektin
		Leroux Marie, Innenarchitektin
	204	Brandl Johann jun., Schlosser
		Brandl Johann jun., Schlosser
	205	~~Palm Ida, Hausfrau~~
	206	Deimel Charlotte, Studentin
	207	Glotz Georg, Metzgermeister
	208	Lehr Isolde, selbst. Apothekerin

[1]Der Stimmzettel ist **gültig**.

[2]Es werden zuerst die den einzelnen sich bewerbenden Personen gegebenen Stimmen zusammengezählt. [3]Die wählende Person hat insoweit nur neun Stimmen vergeben. [4]Sie hat allerdings beim Wahlvorschlag Nr. 2 ein Listenkreuz gesetzt. [5]Von den fünf nicht ausgenutzten Reststimmen kommen deshalb der Bewerberin Dr. Straßer drei, dem Bewerber Wutz zu den bereits erhaltenen zwei Stimmen eine weitere Stimme und der Bewerberin Leroux eine Stimme zugute. [6]Die Streichung der Bewerberin Palm ist bedeutungslos.

72.6.3 Drittes Beispiel

Wahlvorschlag Nr. 1		
⊗	Kennwort A-Partei	
	101	Burghauser Fritz, Kunstformer, Gemeinderatsmitglied
	102	Schröder Heike, selbstständige Kauffrau
	103	Dr. Müller Georg, Arzt, Kreisrat
	104	Storch Renate, Gastwirtin, Kreisrätin
	105	Böhm Andreas, Kaufmann, Stellvertreter des Landrats
	106	Alexandros Stavros, Kraftfahrer
	107	Schenkel Hans, Vertreter
	108	Almer Karin, Diplom-Verwaltungswirtin (FH), Regierungsamtfrau
	109	Stangl Josef, Diplom-Volkswirt, Versicherungsvertreter
	110	Moser Franz sen., Techniker
	111	Obermüller Paula, Hausfrau
	112	Huber Franz, Bankangestellter, Bezirksrat
	113	Sauer Hermann, Installateur
	114	Gruber Georg, Gerbereibesitzer

Wahlvorschlag Nr. 2		
⊗	Kennwort B-Partei	
	201	Dr. Straßer Maria, Professorin
		Dr. Straßer Maria, Professorin
		Dr. Straßer Maria, Professorin
	202	Wutz Karl, Bauarbeiter, 2. Bürgermeister, Kreisrat
		Wutz Karl, Bauarbeiter, 2. Bürgermeister, Kreisrat
		Wutz Karl, Bauarbeiter, 2. Bürgermeister, Kreisrat
	203	Leroux Marie, Innenarchitektin
		Leroux Marie, Innenarchitektin
	204	Brandl Johann jun., Schlosser
		Brandl Johann jun., Schlosser
	205	Palm Ida, Hausfrau
	206	Deimel Charlotte, Studentin
	207	Glotz Georg, Metzgermeister
	208	Lehr Isolde, selbst. Apothekerin

[1]Der Stimmzettel ist **gültig.**

[2]Die wählende Person hat 15 Namen gestrichen und zwei Listenkreuze angebracht. [3]13 Namen von sich bewerbenden Personen bleiben übrig. [4]Die nicht gestrichenen Personen erhalten je eine, die jeweils zweifach aufgeführten sich bewerbenden Personen Leroux und Brandl je zwei Stimmen.

[5]Der Stimmzettel wäre auch gültig, wenn nur ein Listenkreuz gesetzt wäre. [6]Die wählende Person hätte dann aber auf Stimmen verzichtet, da die nicht gestrichenen Personen auf dem nicht in der Kopfleiste gekennzeichneten Wahlvorschlag keine Stimmen erhalten würden. **[7]Der Stimmzettel wäre auch gültig, wenn zusätzlich eine Einzelstimmvergabe an sich bewerbende Personen eines weiteren Wahlvorschlags und zugleich eine entsprechende Anzahl an Streichungen innerhalb der gekennzeichneten Wahlvorschläge erfolgt wäre.**

GLKrWBek

[8]Der Stimmzettel wäre **im vorliegenden Fall** jedoch ungültig, wenn weniger als 14 Namen gestrichen worden wären. [9]Er wäre auch dann ungültig, wenn kein Listenkreuz angebracht worden wäre, denn das bloße Streichen von Namen stellt keine gültige Stimmvergabe an die nicht gestrichenen Personen dar. [10]Es ist immer eine positive Willensbekundung erforderlich.

[11]Grundsatz: Streichen allein genügt nicht.

72.7 Listenkreuz und Überschreitung der Stimmenzahl in einem Wahlvorschlag

Die wählende Person kennzeichnet einen Wahlvorschlag in der Kopfleiste und vergibt an sich bewerbende Personen nur dieses Wahlvorschlags mehr Einzelstimmen, als ihr insgesamt zustehen.

72.7.1 Erstes Beispiel

Wahlvorschlag Nr. 1		
⊗		Kennwort A-Partei
3	101	Burghauser Fritz, Kunstformer, Gemeinderatsmitglied
2	102	Schröder Heike, selbstständige Kauffrau
1	103	Dr. Müller Georg, Arzt, Kreisrat
1	104	Storch Renate, Gastwirtin, Kreisrätin
1	105	Böhm Andreas, Kaufmann, Stellvertreter des Landrats
	106	Alexandros Stavros, Kraftfahrer
3	107	Schenkel Hans, Vertreter
	108	Almer Karin, Diplom-Verwaltungswirtin (FH), Regierungsamtfrau
1	109	Stangl Josef, Diplom-Volkswirt, Versicherungsvertreter
	110	Moser Franz sen., Techniker
1	111	Obermüller Paula, Hausfrau
3	112	Huber Franz, Bankangestellter, Bezirksrat
	113	Sauer Hermann, Installateur
	114	Gruber Georg, Gerbereibesitzer

Wahlvorschlag Nr. 2		
○		Kennwort B-Partei
	201	Dr. Straßer Maria, Professorin
		Dr. Straßer Maria, Professorin
		Dr. Straßer Maria, Professorin
	202	Wutz Karl, Bauarbeiter, 2. Bürgermeister, Kreisrat
		Wutz Karl, Bauarbeiter, 2. Bürgermeister, Kreisrat
		Wutz Karl, Bauarbeiter, 2. Bürgermeister, Kreisrat
	203	Leroux Marie, Innenarchitektin
		Leroux Marie, Innenarchitektin
	204	Brandl Johann jun., Schlosser
		Brandl Johann jun., Schlosser
	205	Palm Ida, Hausfrau
	206	Deimel Charlotte, Studentin
	207	Glotz Georg, Metzgermeister
	208	Lehr Isolde, selbst. Apothekerin

[1]Der Stimmzettel ist **ungültig**.

[2]Die wählende Person hat bereits durch die Einzelstimmvergabe ihre Gesamtstimmenzahl überschritten, denn sie hat 16 Stimmen vergeben, obwohl ihr nur 14 zustehen. [3]Eine Heilung ist nicht möglich.

72.7.2 Zweites Beispiel

[1]Die wählende Person kennzeichnet einen Wahlvorschlag in der Kopfleiste und vergibt nur an Personen dieses Wahlvorschlags Einzelstimmen, wobei sie einer Person mehr als drei Stimmen gibt.

Wahlvorschlag Nr. 1		
⊗		Kennwort A-Partei
	101	Burghauser Fritz, Kunstformer, Gemeinderatsmitglied
	102	Schröder Heike, selbstständige Kauffrau
3	103	Dr. Müller Georg, Arzt, Kreisrat
	104	Storch Renate, Gastwirtin, Kreisrätin
	105	Böhm Andreas, Kaufmann, Stellvertreter des Landrats
	106	Alexandros Stavros, Kraftfahrer
2	107	Schenkel Hans, Vertreter
	108	Almer Karin, Diplom-Verwaltungswirtin (FH), Regierungsamtfrau
	109	Stangl Josef, Diplom-Volkswirt, Versicherungsvertreter
5	110	Moser Franz sen., Techniker
	111	Obermüller Paula, Hausfrau
	112	Huber Franz, Bankangestellter, Bezirksrat
	113	Sauer Hermann, Installateur
	114	Gruber Georg, Gerbereibesitzer

Wahlvorschlag Nr. 2		
○		Kennwort B-Partei
	201	Dr. Straßer Maria, Professorin
		Dr. Straßer Maria, Professorin
		Dr. Straßer Maria, Professorin
	202	Wutz Karl, Bauarbeiter, 2. Bürgermeister, Kreisrat
		Wutz Karl, Bauarbeiter, 2. Bürgermeister, Kreisrat
		Wutz Karl, Bauarbeiter, 2. Bürgermeister, Kreisrat
	203	Leroux Marie, Innenarchitektin
		Leroux Marie, Innenarchitektin
	204	Brandl Johann jun., Schlosser
		Brandl Johann jun., Schlosser
	205	Palm Ida, Hausfrau
	206	Deimel Charlotte, Studentin
	207	Glotz Georg, Metzgermeister
	208	Lehr Isolde, selbst. Apothekerin

[2]Der Stimmzettel ist **gültig**.

[3]Die wählende Person hat insgesamt zehn Einzelstimmen vergeben, ihre Gesamtstimmenzahl von 14 Stimmen damit also nicht voll ausgenutzt. [4]Beim Zusammenzählen der Einzelstimmen werden die dem Bewerber Moser über die zulässigen drei Stimmen hinaus gegebenen Stimmen mitgerechnet; sie sind vergeben. [5]Die nicht vergebenen vier Reststimmen kommen den sich bewerbenden Personen Burghauser, Schröder, Storch und

Böhm des in der Kopfleiste gekennzeichneten Wahlvorschlags Nr. 1 zugute. [6]Die dem Bewerber Moser gegebenen über drei hinausgehenden zwei Stimmen sind ungültig. [7]Diese beiden Stimmen sind verbraucht und können dem in der Kopfleiste angekreuzten Wahlvorschlag nicht zugutekommen. [8]Gewählt sind demnach die sich bewerbenden Personen Burghauser, Schröder, Storch und Böhm mit je einer, die Bewerber Dr. Müller und Moser mit drei, der Bewerber Schenkel mit zwei Stimmen. [9]Zwei Stimmen sind ungültig.

[10]Grundsatz: Auch ungültige Stimmen sind vergeben.

72.7.3 Drittes Beispiel

[1]Die wählende Person kennzeichnet einen Wahlvorschlag in der Kopfleiste und vergibt nur an Personen dieses Wahlvorschlags mehr Einzelstimmen als ihr zustehen, wobei sie einer Person mehr als drei Stimmen gibt.

Wahlvorschlag Nr. 1		
⊗	Kennwort A-Partei	
	101	Burghauser Fritz, Kunstformer, Gemeinderatsmitglied
	102	Schröder Heike, selbstständige Kauffrau
3	103	Dr. Müller Georg, Arzt, Kreisrat
	104	Storch Renate, Gastwirtin, Kreisrätin
	105	Böhm Andreas, Kaufmann, Stellvertreter des Landrats
	106	Alexandros Stavros, Kraftfahrer
2	107	Schenkel Hans, Vertreter
	108	Almer Karin, Diplom-Verwaltungswirtin (FH), Regierungsamtfrau
	109	Stangl Josef, Diplom-Volkswirt, Versicherungsvertreter
20	110	Moser Franz sen., Techniker
	111	Obermüller Paula, Hausfrau
	112	Huber Franz, Bankangestellter, Bezirksrat
	113	Sauer Hermann, Installateur
	114	Gruber Georg, Gerbereibesitzer

Wahlvorschlag Nr. 2		
○	Kennwort B-Partei	
	201	Dr. Straßer Maria, Professorin
		Dr. Straßer Maria, Professorin
		Dr. Straßer Maria, Professorin
	202	Wutz Karl, Bauarbeiter, 2. Bürgermeister, Kreisrat
		Wutz Karl, Bauarbeiter, 2. Bürgermeister, Kreisrat
		Wutz Karl, Bauarbeiter, 2. Bürgermeister, Kreisrat
	203	Leroux Marie, Innenarchitektin
		Leroux Marie, Innenarchitektin
	204	Brandl Johann jun., Schlosser
		Brandl Johann jun., Schlosser
	205	Palm Ida, Hausfrau
	206	Deimel Charlotte, Studentin
	207	Glotz Georg, Metzgermeister
	208	Lehr Isolde, selbst. Apothekerin

[2]Der Stimmzettel ist **ungültig**.

[3]Die wählende Person hat insgesamt 25 Einzelstimmen vergeben und damit die ihr zustehende Gesamtstimmenzahl von 14 Stimmen überschritten.

[4]Unerheblich ist dabei, dass beim Bewerber Moser „ohnehin" 17 Stimmen ungültig sind (§ 85 Nr. 3), denn diese sind vergeben worden und damit ist die Gesamtstimmenzahl überschritten (§ 85 Nr. 2; siehe auch § 85 Nr. 3 Halbsatz 2).

[5]Das Ergebnis wäre das gleiche, wenn die wählende Person kein Listenkreuz gemacht hätte.

72.8 Listenkreuz, Kumulieren und Panaschieren bei Überschreitung der Stimmenzahl

[1]Die wählende Person kennzeichnet einen Wahlvorschlag in der Kopfleiste und vergibt an sich bewerbende Personen in mehreren Wahlvorschlägen mehr Einzelstimmen als ihr insgesamt zustehen.

Wahlvorschlag Nr. 1		
○	Kennwort A-Partei	
	101	Burghauser Fritz, Kunstformer, Gemeinderatsmitglied
3	102	Schröder Heike, selbstständige Kauffrau
	103	Dr. Müller Georg, Arzt, Kreisrat
	104	Storch Renate, Gastwirtin, Kreisrätin
3	105	Böhm Andreas, Kaufmann, Stellvertreter des Landrats
	106	Alexandros Stavros, Kraftfahrer
	107	Schenkel Hans, Vertreter
	108	Almer Karin, Diplom-Verwaltungswirtin (FH), Regierungsamtfrau
1	109	Stangl Josef, Diplom-Volkswirt, Versicherungsvertreter
	110	Moser Franz sen., Techniker
	111	Obermüller Paula, Hausfrau
3	112	Huber Franz, Bankangestellter, Bezirksrat
	113	Sauer Hermann, Installateur
	114	Gruber Georg, Gerbereibesitzer

Wahlvorschlag Nr. 2		
⊗	Kennwort B-Partei	
2	201	Dr. Straßer Maria, Professorin
		Dr. Straßer Maria, Professorin
		Dr. Straßer Maria, Professorin
3	202	Wutz Karl, Bauarbeiter, 2. Bürgermeister, Kreisrat
		Wutz Karl, Bauarbeiter, 2. Bürgermeister, Kreisrat
		Wutz Karl, Bauarbeiter, 2. Bürgermeister, Kreisrat
	203	Leroux Marie, Innenarchitektin
		Leroux Marie, Innenarchitektin
2	204	Brandl Johann jun., Schlosser
		Brandl Johann jun., Schlosser
3	205	Palm Ida, Hausfrau
	206	Deimel Charlotte, Studentin
	207	Glotz Georg, Metzgermeister
	208	Lehr Isolde, selbst. Apothekerin

[2]Der Stimmzettel ist **ungültig**.

[3]Die wählende Person hat bereits durch Einzelstimmvergabe ihre Gesamtstimmenzahl überschritten, denn sie hat 20 Stimmen vergeben, obwohl ihr nur 14 zustehen.

[4]Das Gleiche gilt, wenn die wählende Person bei sonst gleicher Verfahrensweise kein Listenkreuz setzt.

72.9 Zwei Listenkreuze ohne Einzelstimmvergabe

[1]Die wählende Person kennzeichnet lediglich zwei Wahlvorschläge in der Kopfleiste, lässt den Stimmzettel im Übrigen aber unverändert.

Wahlvorschlag Nr. 1		
⊗	Kennwort A-Partei	
	101	Burghauser Fritz, Kunstformer, Gemeinderatsmitglied
	102	Schröder Heike, selbstständige Kauffrau
	103	Dr. Müller Georg, Arzt, Kreisrat
	104	Storch Renate, Gastwirtin, Kreisrätin
	105	Böhm Andreas, Kaufmann, Stellvertreter des Landrats
	106	Alexandros Stavros, Kraftfahrer
	107	Schenkel Hans, Vertreter
	108	Almer Karin, Diplom-Verwaltungswirtin (FH), Regierungsamtfrau
	109	Stangl Josef, Diplom-Volkswirt, Versicherungsvertreter
	110	Moser Franz sen., Techniker
	111	Obermüller Paula, Hausfrau
	112	Huber Franz, Bankangestellter, Bezirksrat
	113	Sauer Hermann, Installateur
	114	Gruber Georg, Gerbereibesitzer

Wahlvorschlag Nr. 2		
⊗	Kennwort B-Partei	
	201	Dr. Straßer Maria, Professorin
		Dr. Straßer Maria, Professorin
		Dr. Straßer Maria, Professorin
	202	Wutz Karl, Bauarbeiter, 2. Bürgermeister, Kreisrat
		Wutz Karl, Bauarbeiter, 2. Bürgermeister, Kreisrat
		Wutz Karl, Bauarbeiter, 2. Bürgermeister, Kreisrat
	203	Leroux Marie, Innenarchitektin
		Leroux Marie, Innenarchitektin
	204	Brandl Johann jun., Schlosser
		Brandl Johann jun., Schlosser
	205	Palm Ida, Hausfrau
	206	Deimel Charlotte, Studentin
	207	Glotz Georg, Metzgermeister
	208	Lehr Isolde, selbst. Apothekerin

[2]Der Stimmzettel ist **ungültig**.

[3]Durch die unveränderte Annahme zweier Wahlvorschläge hat die wählende Person nicht nur 14, sondern 28 Stimmen vergeben und damit die Gesamtstimmenzahl überschritten. [4]Der Stimmzettel lässt nicht erkennen,

welchen sich bewerbenden Personen die der wählenden Person zustehenden 14 Stimmen zukommen sollen. [5]Das führt zur Ungültigkeit der Stimmvergabe.

72.10 Unveränderte Annahme von zwei Wahlvorschlägen (Listenkreuze) ohne Einzelstimmvergabe

[1]Die wählende Person kennzeichnet zwei Wahlvorschläge in der Kopfleiste, die zusammen weniger sich bewerbende Personen enthalten, als ihr Stimmen zustehen, lässt den Stimmzettel im Übrigen aber unverändert.

Wahlvorschlag Nr. 1		
⊗	Kennwort A-Partei	
	101	Burghauser Fritz, Kunstformer, Gemeinderatsmitglied
	102	Schröder Heike, selbstständige Kauffrau
	103	Dr. Müller Georg, Arzt, Kreisrat
	104	Storch Renate, Gastwirtin, Kreisrätin
	105	Böhm Andreas, Kaufmann, Stellvertreter des Landrats
	106	Alexandros Stavros, Kraftfahrer
	107	Schenkel Hans, Vertreter

Wahlvorschlag Nr. 2		
⊗	Kennwort B-Partei	
	201	Dr. Straßer Maria, Professorin
		Dr. Straßer Maria, Professorin
		Dr. Straßer Maria, Professorin
	202	Wutz Karl, Bauarbeiter, 2. Bürgermeister, Kreisrat
		Wutz Karl, Bauarbeiter, 2. Bürgermeister, Kreisrat
		Wutz Karl, Bauarbeiter, 2. Bürgermeister, Kreisrat

[2]Der Stimmzettel ist **gültig**.

[3]Da die Gesamtstimmenzahl trotz der zwei Listenkreuze nicht überschritten ist, erhalten die Bewerberin Dr. Straßer und der Bewerber Wutz je drei Stimmen, die übrigen je eine Stimme. [4]Auf die restliche Stimme wurde verzichtet.

[5]**Mehrere** Listenkreuze können nur gültig sein, wenn alle angekreuzten Wahlvorschläge **zusammen** nicht mehr Namen sich bewerbender Personen haben, als die Gesamtstimmenzahl beträgt.

72.11 Zwei Listenkreuze und Kumulieren ohne Überschreitung der Stimmenzahl in einem Wahlvorschlag

[1]Die wählende Person kennzeichnet zwei Wahlvorschläge in der Kopfleiste und **kennzeichnet** in einem dieser Wahlvorschläge unter voller Ausnutzung der ihr zustehenden Stimmenzahl einzelne sich bewerbende Personen.

Wahlvorschlag Nr. 1		
⊗	Kennwort A-Partei	
	101	Burghauser Fritz, Kunstformer, Gemeinderatsmitglied
	102	Schröder Heike, selbstständige Kauffrau
	103	Dr. Müller Georg, Arzt, Kreisrat
	104	Storch Renate, Gastwirtin, Kreisrätin
	105	Böhm Andreas, Kaufmann, Stellvertreter des Landrats
	106	Alexandros Stavros, Kraftfahrer
	107	Schenkel Hans, Vertreter
	108	Almer Karin, Diplom-Verwaltungswirtin (FH), Regierungsamtfrau
	109	Stangl Josef, Diplom-Volkswirt, Versicherungsvertreter
	110	Moser Franz sen., Techniker
	111	Obermüller Paula, Hausfrau
	112	Huber Franz, Bankangestellter, Bezirksrat
	113	Sauer Hermann, Installateur
	114	Gruber Georg, Gerbereibesitzer

Wahlvorschlag Nr. 2		
⊗	Kennwort B-Partei	
X	201	Dr. Straßer Maria, Professorin
X		Dr. Straßer Maria, Professorin
X		Dr. Straßer Maria, Professorin
3	202	Wutz Karl, Bauarbeiter, 2. Bürgermeister, Kreisrat
		Wutz Karl, Bauarbeiter, 2. Bürgermeister, Kreisrat
		Wutz Karl, Bauarbeiter, 2. Bürgermeister, Kreisrat
3	203	Leroux Marie, Innenarchitektin
		Leroux Marie, Innenarchitektin
3	204	Brandl Johann jun., Schlosser
		Brandl Johann jun., Schlosser
X	205	Palm Ida, Hausfrau
X	206	Deimel Charlotte, Studentin
	207	Glotz Georg, Metzgermeister
	208	Lehr Isolde, selbst. Apothekerin

[2]Der Stimmzettel ist **gültig**.

[3]Nach dem Grundsatz „Einzelstimmvergabe vor Listenkreuz“ sind die gesetzten Listenkreuze unbeachtlich, da die wählende Person durch die Einzelstimmvergabe ihre Gesamtstimmenzahl voll ausgenutzt hat. [4]Die beiden Listenkreuze machen die Stimmvergabe nicht insgesamt ungültig; sie bleiben ohne Bedeutung.

[5]Nur wenn in dem dargestellten Fall zwei Listenkreuze gesetzt werden, ohne dass Einzelstimmen vergeben werden, ist die Stimmvergabe insgesamt ungültig.

72.12 Zwei Listenkreuze, Kumulieren und Panaschieren in mehreren Wahlvorschlägen ohne Überschreitung der Stimmenzahl

[1]Die wählende Person kennzeichnet zwei Wahlvorschläge in der Kopfleiste und **vergibt** ferner in mehreren Wahlvorschlägen weniger **Stimmen an** sich bewerbende Personen als ihr zustehen.

Wahlvorschlag Nr. 1		
⊗		Kennwort A-Partei
3	101	Burghauser Fritz, Kunstformer, Gemeinderatsmitglied
	102	Schröder Heike, selbstständige Kauffrau
	103	Dr. Müller Georg, Arzt, Kreisrat
1	104	Storch Renate, Gastwirtin, Kreisrätin
	105	Böhm Andreas, Kaufmann, Stellvertreter des Landrats
	106	Alexandros Stavros, Kraftfahrer
2	107	Schenkel Hans, Vertreter
	108	Almer Karin, Diplom-Verwaltungswirtin (FH), Regierungsamtfrau
	109	Stangl Josef, Diplom-Volkswirt, Versicherungsvertreter
	110	Moser Franz sen., Techniker
	111	Obermüller Paula, Hausfrau
	112	Huber Franz, Bankangestellter, Bezirksrat
	113	Sauer Hermann, Installateur
	114	Gruber Georg, Gerbereibesitzer

Wahlvorschlag Nr. 2		
⊗		Kennwort B-Partei
	201	Dr. Straßer Maria, Professorin
		Dr. Straßer Maria, Professorin
		Dr. Straßer Maria, Professorin
1	202	Wutz Karl, Bauarbeiter, 2. Bürgermeister, Kreisrat
		Wutz Karl, Bauarbeiter, 2. Bürgermeister, Kreisrat
		Wutz Karl, Bauarbeiter, 2. Bürgermeister, Kreisrat
1	203	Leroux Marie, Innenarchitektin
		Leroux Marie, Innenarchitektin
	204	Brandl Johann jun., Schlosser
		Brandl Johann jun., Schlosser
1	205	Palm Ida, Hausfrau
	206	Deimel Charlotte, Studentin
	207	Glotz Georg, Metzgermeister
	208	Lehr Isolde, selbst. Apothekerin

[2]Der Stimmzettel ist **gültig**.

[3]Nach dem Grundsatz des Vorrangs der Einzelstimmvergabe interessieren die Listenkreuze **zunächst** nicht.

[4]Durch Einzelstimmvergabe hat die wählende Person nur neun gültige Stimmen vergeben, ihre Gesamtstimmenzahl von 14 also nicht voll ausgenutzt. [5]Die nicht ausgenutzten fünf Reststimmen können aber nicht gerettet werden, weil bei zwei Listenkreuzen nicht erkennbar ist, welchem Wahlvorschlag die Reststimmen zufallen sollen.

72.13 Ein Listenkreuz, Kumulieren und Panaschieren ohne Überschreitung der Stimmenzahl, aber mehr als drei Stimmen für einzelne sich bewerbende Personen

[1]Die wählende Person kennzeichnet einen Wahlvorschlag in der Kopfleiste und vergibt zugleich unter Nichtausnützung ihrer Gesamtstimmenzahl in zwei Wahlvorschlägen Einzelstimmen; dabei gibt sie einer sich bewerbenden Person mehr als drei Stimmen.

Wahlvorschlag Nr. 1		
⊗	Kennwort A-Partei	
1	101	Burghauser Fritz, Kunstformer, Gemeinderatsmitglied
	102	Schröder Heike, selbstständige Kauffrau
	103	Dr. Müller Georg, Arzt, Kreisrat
	104	Storch Renate, Gastwirtin, Kreisrätin
	105	Böhm Andreas, Kaufmann, Stellvertreter des Landrats
	106	Alexandros Stavros, Kraftfahrer
	107	Schenkel Hans, Vertreter
	108	Almer Karin, Diplom-Verwaltungswirtin (FH), Regierungsamtfrau
	109	Stangl Josef, Diplom-Volkswirt, Versicherungsvertreter
2	110	Moser Franz sen., Techniker
	111	Obermüller Paula, Hausfrau
	112	Huber Franz, Bankangestellter, Bezirksrat
	113	Sauer Hermann, Installateur
	114	Gruber Georg, Gerbereibesitzer

Wahlvorschlag Nr. 2		
○	Kennwort B-Partei	
5	201	Dr. Straßer Maria, Professorin
		Dr. Straßer Maria, Professorin
		Dr. Straßer Maria, Professorin
	202	Wutz Karl, Bauarbeiter, 2. Bürgermeister, Kreisrat
		Wutz Karl, Bauarbeiter, 2. Bürgermeister, Kreisrat
		Wutz Karl, Bauarbeiter, 2. Bürgermeister, Kreisrat
	203	Leroux Marie, Innenarchitektin
		Leroux Marie, Innenarchitektin
	204	Brandl Johann jun., Schlosser
		Brandl Johann jun., Schlosser
	205	Palm Ida, Hausfrau
	206	Deimel Charlotte, Studentin
	207	Glotz Georg, Metzgermeister
	208	Lehr Isolde, selbst. Apothekerin

[2]Der Stimmzettel ist **gültig**.

[3]Das gesetzte Listenkreuz bleibt **zunächst** unberücksichtigt, da Einzelstimmen vergeben wurden. [4]Die wählende Person hat insgesamt acht Einzelstimmen vergeben, ihre Gesamtstimmenzahl von 14 Stimmen also nicht voll ausgenutzt. [5]Beim Zusammenzählen der Einzelstimmen werden die der Bewerberin Dr. Straßer über die zulässigen drei Stimmen hinaus gegebenen Stimmen mitgerechnet; sie wurden vergeben. [6]Die nicht vergebenen sechs Reststimmen kommen den sich bewerbenden Personen Schröder, Dr. Müller, Storch, Böhm, Alexandros und Schenkel des in der Kopfleiste

gekennzeichneten Wahlvorschlags zugute. [7]Die der Bewerberin Dr. Straßer gegebenen über drei hinausgehenden zwei Stimmen sind ungültig. [8]Diese beiden Stimmen sind verbraucht und können dem in der Kopfleiste angekreuzten Wahlvorschlag nicht zugutekommen. [9]Gewählt sind demnach die sich bewerbenden Personen Burghauser, Schröder, Dr. Müller, Storch, Böhm, Alexandros und Schenkel mit je einer, der Bewerber Moser mit zwei und die Bewerberin Dr. Straßer mit drei Stimmen. [10]Zwei Stimmen sind ungültig.

73. Stimmenauswertung bei unechter Mehrheitswahl – Beispiele – (§§ 76, 86)

[1]In den folgenden Beispielen wird die Stimmvergabe bei unechter Mehrheitswahl näher erläutert. [2]Sie gehen davon aus, dass ein Gemeinderat mit acht ehrenamtlichen Gemeinderatsmitgliedern im Weg der unechten Mehrheitswahl (wenn nur ein Wahlvorschlag zugelassen wurde) zu wählen ist und dass von der Möglichkeit der Erhöhung der Zahl der Bewerberinnen und Bewerber nach Art. 25 Abs. 2 Satz 2 insoweit Gebrauch gemacht wurde, als ein Wahlvorschlag mit zwölf sich bewerbenden Personen vorliegt. [3]Jeder wählenden Person stehen nach Art. 38 Abs. 1 Satz 2 insgesamt **acht** Stimmen zu.

[4]Wegen der Übersichtlichkeit wurde auf die erforderliche Zahl der Leerzeilen verzichtet (siehe hierzu Fußnote 5 der Anlage 4 zu §§ 30 bis 32 GLKrWO). [5]Die Beispiele gelten sinngemäß auch für die Wahl der Kreisrätinnen und Kreisräte.

73.1 Listenkreuz und Hinzufügung wählbarer Personen

73.1.1 Erstes Beispiel

[1]Die wählende Person kennzeichnet den Wahlvorschlag in der Kopfleiste neben dem Kennwort.

⊗	Kennwort A-Partei
	1 Zöllner Gisela, M. A., Angestellte, Kreisheimatpflegerin
	2 Wolf Sebastian, Schreinermeister, Ortssprecher
	3 Nagel Irene, Hausfrau, ehrenamtliche Richterin am Verwaltungsgericht
	4 Müller Thomas, Zahnarzt, Stellvertreter des Landrats
	5 Kolb Max, Elektriker

▷

	6	Kääriälainen Eva, Lehrerin
	7	Dr. Bauer Alex, Arzt für Allgemeinmedizin
	8	Singer Renate, Sekretärin, Jugendschöffin am Amtsgericht
	9	Stadler Michael, Vermessungstechniker
	10	Zenker Hilda, Diplom-Biologin, Kauffrau
	11	Forstner Wilhelm, Handelsvertreter
	12	Huber Josef, Zimmerer
		(Familienname, Vorname, Beruf oder Stand)
		(Familienname, Vorname, Beruf oder Stand)
		(Familienname, Vorname, Beruf oder Stand)

[2]Der Stimmzettel ist gültig.

[3]Die ersten acht sich bewerbenden Personen des Wahlvorschlags erhalten je eine Stimme.

73.1.**2** **Zweites** Beispiel

[1]Die wählende Person kennzeichnet den Wahlvorschlag in der Kopfleiste neben dem Kennwort, fügt handschriftlich Namen wählbarer Personen hinzu **und vergibt an eine Person drei Stimmen**.

⊗	Kennwort A-Partei	
	1	Zöllner Gisela, M. A., Angestellte, Kreisheimatpflegerin
	2	Wolf Sebastian, Schreinermeister, Ortssprecher
	3	Nagel Irene, Hausfrau, ehrenamtliche Richterin am Verwaltungsgericht
	4	Müller Thomas, Zahnarzt, Stellvertreter des Landrats
	5	Kolb Max, Elektriker
	6	Kääriälainen Eva, Lehrerin
	7	Dr. Bauer Alex, Arzt für Allgemeinmedizin
	8	Singer Renate, Sekretärin, Jugendschöffin am Amtsgericht
	9	Stadler Michael, Vermessungstechniker

▷

	10 Zenker Hilda, Diplom-Biologin, Kauffrau
	11 Forstner Wilhelm, Handelsvertreter
	12 Huber Josef, Zimmerer
	Strobl Franziska ... (Familienname, Vorname, Beruf oder Stand)
	Furtner Willi ... (Familienname, Vorname, Beruf oder Stand)
3	*Forst Pauline ...* (Familienname, Vorname, Beruf oder Stand)
	Hammer Klemens ... (Familienname, Vorname, Beruf oder Stand)
	Kagerer Katharina ... (Familienname, Vorname, Beruf oder Stand)
	(Familienname, Vorname, Beruf oder Stand)

[2]Der Stimmzettel ist **gültig**.

[3]Die wählende Person konnte, da sie nicht an die vorgeschlagenen sich bewerbenden Personen gebunden war, **zur Stimmvergabe** die Namen weiterer wählbarer Gemeindebürgerinnen und Gemeindebürger handschriftlich hinzufügen **und grundsätzlich auch bis zu drei Stimmen pro Person vergeben**. [4]Nach dem Grundsatz des Vorrangs der Einzelstimmvergabe wertet der Wahlvorstand zuerst diese einzelnen Personen gegebenen Stimmen aus; das Listenkreuz interessiert zunächst nicht.

[5]Durch Einzelstimmvergabe hat die wählende Person nur **sieben** gültige Stimmen vergeben, ihre Gesamtstimmenzahl von **acht** also nicht voll ausgenutzt. [6]Daher gilt die Kennzeichnung in der Kopfleiste als Vergabe der noch nicht ausgenutzten Reststimme. [7]Diese kommt den sich bewerbenden Personen in ihrer Reihenfolge von oben nach unten zugute. [8]Somit erhält neben den Personen Strobl, Furtner, Hammer **und** Kagerer die **Bewerberin** Zöllner **ebenfalls** eine Stimme. **[9]Die Bewerberin Forst erhält drei Stimmen.**

[10]Hätte die wahlberechtigte Person durch die Einzelstimmvergabe ihre Gesamtstimmenzahl bereits voll ausgenutzt, würde die Kennzeichnung in der Kopfleiste nicht als Vergabe von Stimmen gelten. [11]Hätte sie ihre Gesamtstimmenzahl durch die Einzelstimmvergabe bereits überschritten, wäre die Stimmvergabe insgesamt **ungültig** – unabhängig davon, ob zusätzlich ein Listenkreuz gesetzt wurde.

73.2 Listenkreuz, Kennzeichnung sich bewerbender Personen und Hinzufügung wählbarer Personen

73.2.1 Erstes Beispiel

[1]Die wählende Person kennzeichnet Namen sich bewerbender Personen, fügt handschriftlich Namen wählbarer Personen hinzu und kennzeichnet zudem den Wahlvorschlag in der Kopfleiste.

⊗	Kennwort A-Partei
	1 Zöllner Gisela, M. A., Angestellte, Kreisheimatpflegerin
	2 Wolf Sebastian, Schreinermeister, Ortssprecher
	3 Nagel Irene, Hausfrau, ehrenamtliche Richterin am Verwaltungsgericht
✗	4 Müller Thomas, Zahnarzt, Stellvertreter des Landrats
	5 Kolb Max, Elektriker
	6 Kääriälainen Eva, Lehrerin
	7 Dr. Bauer Alex, Arzt für Allgemeinmedizin
✗	8 Singer Renate, Sekretärin, Jugendschöffin am Amtsgericht
	9 Stadler Michael, Vermessungstechniker
	10 Zenker Hilda, Diplom-Biologin, Kauffrau
	11 Forstner Wilhelm, Handelsvertreter
	12 Huber Josef, Zimmerer
	Strobl Franziska ...
	(Familienname, Vorname, Beruf oder Stand) *Furtner Willi ...*
	(Familienname, Vorname, Beruf oder Stand) *Forst Pauline ...*
	(Familienname, Vorname, Beruf oder Stand) *Hammer Klemens ...*
	(Familienname, Vorname, Beruf oder Stand)
	(Familienname, Vorname, Beruf oder Stand)

[2]Der Stimmzettel ist **gültig**.

[3]Die wählende Person hat **sechs** Einzelstimmen vergeben, indem sie die Namen von **zwei** sich bewerbenden Personen gekennzeichnet und handschriftlich **vier** Namen wählbarer Personen hinzugefügt hat. [4]Da die wählende Person ihre Gesamtstimmenzahl damit noch nicht voll ausgenutzt

und den Kreis neben dem Kennwort gekennzeichnet hat, kommen ihre **zwei** Reststimmen den sich bewerbenden Personen **Zöllner und Wolf** zugute.

73.2.2 Zweites Beispiel

[1]Die wählende Person vergibt alle ihr zustehenden Stimmen durch Einzelstimmvergabe und kennzeichnet zudem den Wahlvorschlag in der Kopfleiste.

⊗	Kennwort A-Partei
✗	1 Zöllner Gisela, M. A., Angestellte, Kreisheimatpflegerin
✗	2 Wolf Sebastian, Schreinermeister, Ortssprecher
	3 Nagel Irene, Hausfrau, ehrenamtliche Richterin am Verwaltungsgericht
✗	4 Müller Thomas, Zahnarzt, Stellvertreter des Landrats
✗	5 Kolb Max, Elektriker
✗	6 Kääriälainen Eva, Lehrerin
	7 Dr. Bauer Alex, Arzt für Allgemeinmedizin
	8 Singer Renate, Sekretärin, Jugendschöffin am Amtsgericht
	9 Stadler Michael, Vermessungstechniker
	10 Zenker Hilda, Diplom-Biologin, Kauffrau
	11 Forstner Wilhelm, Handelsvertreter
	12 Huber Josef, Zimmerer
	Strobl Franziska ...
	(Familienname, Vorname, Beruf oder Stand) *Furtner Willi ...*
	(Familienname, Vorname, Beruf oder Stand) *Forst Pauline ...*
	(Familienname, Vorname, Beruf oder Stand)
	(Familienname, Vorname, Beruf oder Stand)

[2]Der Stimmzettel ist **gültig**.

[3]Nach dem Grundsatz „Einzelstimmvergabe vor Listenkreuz“ ist das gesetzte Listenkreuz unbeachtlich, da die wählende Person durch die Einzelstimmvergabe ihre Gesamtstimmenzahl voll ausgenutzt hat. [4]Das Listenkreuz macht die Stimmvergabe nicht insgesamt ungültig; es bleibt ohne Bedeutung.

[5]Hätte die wählende Person ihre Gesamtstimmenzahl durch die Einzelstimmvergabe bereits überschritten, wäre die Stimmvergabe insgesamt **ungültig**.

73.3 Listenkreuz, Kennzeichnung sich bewerbender Personen, Hinzufügung wählbarer Personen und Streichung vorgedruckter Personen

[1]Die wählende Person kennzeichnet Namen sich bewerbender Personen, fügt handschriftlich Namen wählbarer Personen hinzu, kennzeichnet den Wahlvorschlag in der Kopfleiste und streicht Namen sich bewerbender Personen.

⊗	Kennwort A-Partei
	1 ~~Zöllner Gisela, M. A., Angestellte, Kreisheimatpflegerin~~
✗	2 Wolf Sebastian, Schreinermeister, Ortssprecher
	3 ~~Nagel Irene, Hausfrau, ehrenamtliche Richterin am Verwaltungsgericht~~
	4 Müller Thomas, Zahnarzt, Stellvertreter des Landrats
	5 Kolb Max, Elektriker
✗	6 Kääriälainen Eva, Lehrerin
✗	7 Dr. Bauer Alex, Arzt für Allgemeinmedizin
	8 Singer Renate, Sekretärin, Jugendschöffin am Amtsgericht
	9 Stadler Michael, Vermessungstechniker
	10 Zenker Hilda, Diplom-Biologin, Kauffrau
	11 ~~Forstner Wilhelm, Handelsvertreter~~
	12 Huber Josef, Zimmerer
	Strobl Franziska ... (Familienname, Vorname, Beruf oder Stand)
	Furtner Willi ... (Familienname, Vorname, Beruf oder Stand)
	Forst Pauline ... (Familienname, Vorname, Beruf oder Stand)
	(Familienname, Vorname, Beruf oder Stand)
	(Familienname, Vorname, Beruf oder Stand)

[2]Der Stimmzettel ist **gültig**.

[3]Da die wählende Person Einzelstimmen vergeben hat, wertet der Wahlvorstand zuerst die den einzelnen Personen gegebenen Stimmen aus. [4]Dem-

nach erhalten die **sechs** Personen Wolf, **Kääriälainen**, Dr. Bauer, Strobl, Furtner **und** Forst je eine Stimme. [5]Da die wählende Person ihre Gesamtstimmenzahl damit noch nicht voll ausgenutzt hat, gilt das Listenkreuz als Vergabe der nicht ausgenutzten Reststimmen. [6]Die **zwei** Reststimmen kommen den nicht gekennzeichneten sich bewerbenden Personen des Wahlvorschlags in ihrer Reihenfolge von oben nach unten mit Ausnahme der gestrichenen sich bewerbenden Personen zugute. [7]So erhalten die sich bewerbenden Personen **Müller und** Kolb ebenfalls je eine Stimme. [8]Die Streichung des Bewerbers Forstner ist für das Ergebnis bedeutungslos.

73.4 Listenkreuz, Hinzufügung wählbarer Personen und Streichung vorgedruckter Personen

[1]Die wählende Person fügt handschriftlich Namen wählbarer Personen hinzu, kennzeichnet den Wahlvorschlag in der Kopfleiste, streicht Namen sich bewerbender Personen und verzichtet auf Stimmen.

⊗	Kennwort A-Partei
	1 Zöllner Gisela, M. A., Angestellte, Kreisheimatpflegerin
	2 Wolf Sebastian, Schreinermeister, Ortssprecher
	3 Nagel Irene, Hausfrau, ehrenamtliche Richterin am Verwaltungsgericht
	4 Müller Thomas, Zahnarzt, Stellvertreter des Landrats
	5 Kolb Max, Elektriker
	6 Kääriälainen Eva, Lehrerin
	7 Dr. Bauer Alex, Arzt für Allgemeinmedizin
	8 Singer Renate, Sekretärin, Jugendschöffin am Amtsgericht
	9 Stadler Michael, Vermessungstechniker
	10 Zenker Hilda, Diplom-Biologin, Kauffrau
	11 Forstner Wilhelm, Handelsvertreter
	12 Huber Josef, Zimmerer
2	*Strobl Franziska ...*
	(Familienname, Vorname, Beruf oder Stand) *Furtner Willi ...*
	(Familienname, Vorname, Beruf oder Stand) *Forst Pauline ...*
	(Familienname, Vorname, Beruf oder Stand)
	(Familienname, Vorname, Beruf oder Stand)

[2]Der Stimmzettel ist **gültig**.

[3]Durch Einzelstimmvergabe hat die wählende Person nur **vier** gültige Stimmen vergeben. [4]Sie hat jedoch zudem den Wahlvorschlag in der Kopfleiste gekennzeichnet, weshalb weitere Stimmen den sich bewerbenden Personen des Wahlvorschlags in ihrer Reihenfolge von oben nach unten mit Ausnahme der gestrichenen sich bewerbenden Personen zugutekommen. [5]Die Personen Wolf, Nagel **und** Kääriälainen erhalten je eine der Reststimmen.

[6]Somit hat die wählende Person insgesamt **sieben** Stimmen vergeben. [7]Auf die restliche Stimme hat sie verzichtet.

[8]Hätte die wählende Person den Kreis neben dem Kennwort nicht gekennzeichnet und auch keine Namen wählbarer Personen handschriftlich hinzugefügt, sondern den Stimmzettel unverändert abgegeben oder nur Namen sich bewerbender Personen gestrichen, wäre die Stimmvergabe **ungültig**.

[9]Grundsätze: Leere Stimmzettel sind immer ungültig! [10]Streichungen allein sind keine gültige Stimmvergabe.

73.5 Kennzeichnung sich bewerbender Personen und Hinzufügung wählbarer Personen bei Über- oder Unterschreitung der Stimmenzahl

73.5.1 Erstes Beispiel

[1]Die wählende Person kennzeichnet Namen sich bewerbender Personen, fügt handschriftlich Namen wählbarer Personen hinzu und vergibt mehr Einzelstimmen als ihr insgesamt zustehen.

◯	Kennwort A-Partei
✘	1 Zöllner Gisela, M. A., Angestellte, Kreisheimatpflegerin
✘	2 Wolf Sebastian, Schreinermeister, Ortssprecher
✘	3 Nagel Irene, Hausfrau, ehrenamtliche Richterin am Verwaltungsgericht
	4 Müller Thomas, Zahnarzt, Stellvertreter des Landrats
✘	5 Kolb Max, Elektriker
✘	6 Kääriälainen Eva, Lehrerin
✘	7 Dr. Bauer Alex, Arzt für Allgemeinmedizin
	8 Singer Renate, Sekretärin, Jugendschöffin am Amtsgericht

▷

	9 Stadler Michael, Vermessungstechniker
	10 Zenker Hilda, Diplom-Biologin, Kauffrau
	11 Forstner Wilhelm, Handelsvertreter
	12 Huber Josef, Zimmerer
	Strobl Franziska ...
	(Familienname, Vorname, Beruf oder Stand) *Furtner Willi ...*
	(Familienname, Vorname, Beruf oder Stand) *Forst Pauline ...*
	(Familienname, Vorname, Beruf oder Stand)
	(Familienname, Vorname, Beruf oder Stand)

[2]Der Stimmzettel ist **ungültig**.

[3]Die wählende Person hat durch die Einzelstimmvergabe ihre Gesamtstimmenzahl überschritten, denn sie hat **neun** Stimmen vergeben, obwohl ihr nur **acht** zustehen.

73.5.2 Zweites Beispiel

[1]Die wählende Person kennzeichnet Namen sich bewerbender Personen, fügt handschriftlich Namen wählbarer Personen hinzu und verzichtet auf Stimmen.

◯	Kennwort A-Partei
	1 Zöllner Gisela, M. A., Angestellte, Kreisheimatpflegerin
	2 Wolf Sebastian, Schreinermeister, Ortssprecher
	3 Nagel Irene, Hausfrau, ehrenamtliche Richterin am Verwaltungsgericht
✘	4 Müller Thomas, Zahnarzt, Stellvertreter des Landrats
✘	5 Kolb Max, Elektriker
	6 Kääriälainen Eva, Lehrerin
	7 Dr. Bauer Alex, Arzt für Allgemeinmedizin
✘	8 Singer Renate, Sekretärin, Jugendschöffin am Amtsgericht
	9 Stadler Michael, Vermessungstechniker

▷

GLKrWBek

	10 Zenker Hilda, Diplom-Biologin, Kauffrau
	11 Forstner Wilhelm, Handelsvertreter
	12 Huber Josef, Zimmerer
	Strobl Franziska ...
	(Familienname, Vorname, Beruf oder Stand) *Furtner Willi ...*
	(Familienname, Vorname, Beruf oder Stand) *Forst Pauline ...*
	(Familienname, Vorname, Beruf oder Stand)
	(Familienname, Vorname, Beruf oder Stand)

[2]Der Stimmzettel ist **gültig**.

[3]Die wählende Person hat sechs Einzelstimmen vergeben. [4]Auf die restlichen **zwei** Stimmen hat sie verzichtet.

73.6 Kennzeichnung sich bewerbender Personen, Hinzufügung wählbarer Personen und Streichung vorgedruckter Personen

[1]Die wählende Person kennzeichnet Namen sich bewerbender Personen, fügt handschriftlich Namen wählbarer Personen hinzu und streicht Namen sich bewerbender Personen.

○	Kennwort A-Partei
	1 Zöllner Gisela, M. A., Angestellte, Kreisheimatpflegerin
	2 Wolf Sebastian, Schreinermeister, Ortssprecher
	3 Nagel Irene, Hausfrau, ehrenamtliche Richterin am Verwaltungsgericht
	4 Müller Thomas, Zahnarzt, Stellvertreter des Landrats
	5 Kolb Max, Elektriker
	~~6 Kääriälainen Eva, Lehrerin~~
	7 Dr. Bauer Alex, Arzt für Allgemeinmedizin
5	8 Singer Renate, Sekretärin, Jugendschöffin am Amtsgericht
	~~9 Stadler Michael, Vermessungstechniker~~
	10 Zenker Hilda, Diplom-Biologin, Kauffrau

▷

GLKrWBek

	11 Forstner Wilhelm, Handelsvertreter
	12 Huber Josef, Zimmerer
	Strobl Franziska ...
	(Familienname, Vorname, Beruf oder Stand)
	(Familienname, Vorname, Beruf oder Stand)

[2]Der Stimmzettel ist **gültig.**

[3]Die wählende Person hat insgesamt **sechs** Einzelstimmen vergeben, ihre Gesamtstimmenzahl von **acht** Stimmen damit also nicht voll ausgenutzt. [4]Beim Zusammenzählen der Einzelstimmen werden die der sich bewerbenden Person Singer über die zulässigen **drei** Stimmen hinaus gegebenen Stimmen mitgerechnet; diese **zwei** Stimmen sind ungültig, aber vergeben.

[5]Grundsatz: Auch ungültige Stimmen sind vergeben.

[6]Die Personen **Zöllner und** Wolf erhalten keine Stimme, denn die wählende Person hat kein Listenkreuz gesetzt. [7]Das bloße Streichen von Namen stellt keine gültige Stimmvergabe an die nicht gestrichenen Personen dar.

[8]Grundsatz: Streichen allein genügt nicht; es muss immer eine positive Willensbekundung dazukommen!

[9]Die wählende Person hätte auch die Möglichkeit gehabt, zusätzlich ein Listenkreuz zu setzen. [10]In diesem Fall wären die nicht vergebenen **zwei** Reststimmen den sich bewerbenden Personen **Zöllner und** Wolf zugutegekommen. [11]Die **der** sich bewerbenden **Person** Singer **über die zulässigen drei Stimmen hinaus ungültig gegebenen zwei** Stimmen wären verbraucht und könnten dem in der Kopfleiste angekreuzten Wahlvorschlag nicht zugutekommen.

[12]Wäre die Gesamtstimmenzahl durch die Einzelstimmen, wobei auch die ungültig vergebenen Stimmen eingerechnet werden, überschritten, wäre die Stimmvergabe insgesamt **ungültig**.

[13]Hätte die wählende Person den Namen einer nicht wählbaren Person handschriftlich hinzugefügt, wäre die Stimmvergabe insoweit ungültig und die Stimme bzw. die Stimmen wären ebenfalls vergeben. [14]Auch die handschriftliche Ergänzung einer nicht wählbaren Person kann dazu führen, dass die Stimmvergabe insgesamt **ungültig** ist, wenn die zur Verfügung stehende Gesamtstimmenzahl überschritten wurde, oder dazu führen, dass die Kennzeichnung in der Kopfleiste nicht als Vergabe von Stimmen gilt, wenn die Gesamtstimmenzahl voll ausgenutzt wurde.

74. Stimmenauswertung bei der Bürgermeisterwahl – Beispiele – (§§ 77, 84)

74.1 Erstes Beispiel – mehrere vorgedruckte sich bewerbende Personen

[1]Die wählende Person streicht zwei Namen sich bewerbender Personen, ohne den Namen der nicht gestrichenen Person zu kennzeichnen.

Wahlvorschlag Nr. 1 Kennwort A-Partei	Huber Josef, Landwirt, Feldgeschworener	○
Wahlvorschlag Nr. 2 Kennwort B-Partei	~~Zöllner Gisela, M. A., Angestellte, Kreisheimatpflegerin~~	○
Wahlvorschlag Nr. 3 Kennwort C-Partei	~~Wolf Sebastian, Schreinermeister, Feuerwehrkommandant~~	○

[2]Der Stimmzettel ist **ungültig.**

[3]Die wählende Person hat zwar zu erkennen gegeben, dass sie die Bewerberin Zöllner und den Bewerber Wolf nicht wählen will. [4]Sie hat aber nicht positiv klargemacht, dass sie den Bewerber Huber wählen will. [5]Dies kann ihr auch nicht unterstellt werden.

[6]Grundsatz: Streichen allein genügt nicht; es muss immer eine positive Willensbekundung dazukommen!

74.2 Zweites Beispiel – mehrere vorgedruckte sich bewerbende Personen

[1]Die wählende Person „häufelt“ bei einer sich bewerbenden Person.

Wahlvorschlag Nr. 1 Kennwort A-Partei	Huber Josef, Landwirt, Feldgeschworener	③
Wahlvorschlag Nr. 2 Kennwort B-Partei	Zöllner Gisela, M. A., erste Bürgermeisterin	○
Wahlvorschlag Nr. 3 Kennwort C-Partei	Wolf Sebastian, Schreinermeister, Feuerwehrkommandant	○

[2]Der Stimmzettel ist **gültig.**

[3]§ 77 Abs. 1 Satz 2 verlangt nur, dass die sich bewerbende Person in eindeutig bezeichnender Weise zu kennzeichnen ist. [4]Es ist dabei nicht zwingend das Setzen eines Kreuzes erforderlich. [5]Die wählende Person hat eindeutig zu erkennen gegeben, dass sie den Bewerber Huber wählen will.

74.3 Drittes Beispiel – eine vorgedruckte sich bewerbende Person
[1]Die wählende Person trägt handschriftlich den Namen einer anderen wählbaren Person unter Angabe ihrer Personalien ein, ohne den Namen der vorgedruckten sich bewerbenden Person zu streichen.

Kennwort A-Partei	Maier Alois, Landwirt	◯

Erster Bürgermeister soll werden:	
Familienname *Benz*	Vorname *Albert*
Beruf oder Stand *Bauer*	

[2]Der Stimmzettel ist **gültig**.

[3]Er ist nicht etwa ungültig, weil er nicht erkennen ließe, welcher Person die Stimme gegeben wurde. [4]Die wählende Person hat eindeutig den vorgedruckten Bewerber Maier nicht gewählt, denn sie hätte diesen nur dadurch wählen können, dass sie ein Kreuz in den Kreis hinter dem Bewerbernamen gesetzt oder den Wahlvorschlag sonst in einer jeden Zweifel ausschließenden Weise gekennzeichnet hätte. [5]Die wählende Person hat den handschriftlich hinzugefügten Benz gewählt. [6]Durch Eintragen eines anderen Namens gibt die wählende Person als positive Willensbekundung zu erkennen, dass sie nicht die vorgedruckte sich bewerbende Person, sondern die handschriftlich benannte Person wählen will, zumal sie nur eine Stimme hat. [7]Es wird von ihr nicht verlangt, in diesem Fall den vorgedruckten Namen der sich bewerbenden Person zu streichen.

[8]Hätte dagegen die wählende Person den vorgedruckten Namen Maier angekreuzt und gleichzeitig handschriftlich den Namen einer anderen Person hinzugefügt, wäre die Stimmabgabe ungültig.

74.4 Viertes Beispiel – eine vorgedruckte sich bewerbende Person
[1]Der Stimmzettel wurde unverändert (leer) abgegeben.

Kennwort A-Partei	Maier Alois, Landwirt	◯

Erster Bürgermeister soll werden:	
Familienname	Vorname
Beruf oder Stand	

[2]Der Stimmzettel ist **ungültig**.

[3]Auch wenn nur ein gültiger Wahlvorschlag vorliegt, muss sich die wählende Person ausdrücklich für eine Person entscheiden.

[4]Grundsatz: Leere Stimmzettel sind immer ungültig!

Feststellung des Ergebnisses

75. Feststellung des Abstimmungsergebnisses (§ 87)

Bei der Wahl des Gemeinderats und des Kreistags ist die Zahl der auf die einzelnen Wahlvorschläge entfallenden Stimmen durch Zusammenzählen der Stimmen der Bewerberinnen und Bewerber für die einzelnen Wahlvorschläge zu ermitteln.

76. Schnellmeldungen (§ 88)

Von den Bestimmungen über die Schnellmeldung bleiben die statistischen Meldungen an das Landesamt für Statistik unberührt; diese sind in einer gesonderten Bekanntmachung geregelt.

77. Übersendung der Unterlagen (§ 89)

[1]Unter Einsatz einer Datenverarbeitungsanlage im Abstimmungsraum erstellte Bestandteile der Niederschrift bleiben dieser beigefügt.

[2]Die in § 89 Abs. 1 Satz 3 genannten Unterlagen werden im dort bezeichneten Fall zusätzlich zu den Unterlagen nach § 89 Abs. 1 Satz 1 übersandt.

[3]Zu den übrigen in § 89 Abs. 3 genannten Wahlunterlagen und Ausstattungsgegenständen zählt alles, was nicht zusammen mit der Niederschrift zu übersenden ist, insbesondere
- das Wählerverzeichnis,
- die bei der Urnenwahl eingenommenen Wahlscheine,
- ein eventuelles Verzeichnis der für ungültig erklärten Wahlscheine und ein eventuelles Verzeichnis der nachträglich ausgestellten Wahlscheine,
- die nicht beschlussmäßig behandelten Stimmzettel, die nach den in § 81 Abs. 1 Satz 1 und § 82 Abs. 2 Satz 1 genannten Stapeln verpackt und versiegelt werden sollten; das Verpacken der gültigen Stimmzettel in Stapeln entfällt, wenn für die Auszählung eine Datenverarbeitungsanlage eingesetzt wurde,
- die Empfangsbestätigungen nach § 65a Satz 2,
- die nicht beschlussmäßig behandelten Wahlscheine der zugelassenen Wahlbriefe,

GLKrWBek

- die Mitteilungen und die Empfangsbestätigungen nach § 72 Abs. 2,
- die unbenutzten Stimmzettel,
- alle sonstigen von der Gemeinde zur Verfügung gestellten Unterlagen und Ausstattungsgegenstände.

4Bei Landkreiswahlen prüft die Gemeinde vor der Weiterleitung an die Wahlleiterin oder den Wahlleiter für die Landkreiswahlen auch, ob die Niederschriften vollständig ausgefüllt und unterschrieben sind.

78. Vorbereitung der Feststellung und Verkündung des vorläufigen Wahlergebnisses (Art. 19 Abs. 3, § 90)

1Art. 19 Abs. 3 Satz 1 verpflichtet die Wahlleiterin oder den Wahlleiter, das ermittelte vorläufige Wahlergebnis für den Wahlkreis in geeigneter Form zu verkünden und dies zu dokumentieren. 2Die Verkündung ist an keine bestimmte Form gebunden; § 98 ist nicht anwendbar. 3Eine öffentliche Verkündung kann bei Gemeindewahlen etwa durch einen Aushang im Rathaus oder bei Landkreiswahlen im Landratsamt **erfolgen. 4Um dem Informationsbedürfnis gerecht zu werden, empfiehlt sich, die Verkündung** durch das Einstellen auf der jeweiligen Homepage, auch in Form einer Pressemitteilung, **vorzunehmen.** 5Die Übersendung des vorläufigen Ergebnisses an regionale oder überregionale Presse- oder andere Redaktionen genügt dagegen nicht, weil dies nicht sicherstellt, dass das Ergebnis von diesen auch veröffentlicht wird und jedermann Kenntnis nehmen kann. 6Auch die Veröffentlichung in einem Amtsblatt genügt regelmäßig nicht, da dies in der Regel erst in einem gewissen zeitlichen Abstand zur Wahl erscheint. 7Denn das vorläufige Ergebnis soll möglichst bald verkündet werden, nachdem der Wahlleiterin oder dem Wahlleiter die Ergebnisse der Stimmbezirke und Briefwahlvorstände vorliegen.

8Damit Bewerberinnen, Bewerber und Wahlberechtigte im Voraus wissen, wo sie sich über das vorläufige Wahlergebnis informieren können, muss die Wahlleiterin oder der Wahlleiter vor dem Wahltag bekanntmachen, in welcher Form er das vorläufige Ergebnis gegenüber der Öffentlichkeit verkünden wird und, falls er mehrere Arten nutzen will, welche Verkündung für den Beginn der Frist nach Art. 47 Abs. 1 Satz 1 entscheidend ist (vgl. § 90 Abs. 6 Satz 2).

9Um das vorläufige Wahlergebnis zu ermitteln, können bei Gemeinderats- und Kreistagswahlen die Nrn. **2** bis **4** und **6**.1 der Anlage 21 Abschnitt II sowie bei Bürgermeister- und Landratswahlen die Nrn. 2 bis 4 der Anlage 22 Abschnitt II entsprechend herangezogen werden. 10Die Anlagen 21 und 22 stellen zwar unmittelbar auf die Ermittlung des abschließenden

Wahlergebnisses durch den Wahlausschuss ab. [11]Die dazu notwendigen, in den Anlagen 21 und 22 genannten Schritte entsprechen aber den zur Ermittlung des vorläufigen Ergebnisses notwendigen Schritten.

79. Feststellung, Verkündung und Bekanntmachung des abschließenden Wahlergebnisses (Art. 19 Abs. 3, § 92)

[1]Im Fall des § 90 Abs. 5 Satz 2 ist der ursprüngliche Wahlvorstand oder Briefwahlvorstand von der Gemeinde einzuberufen und gegebenenfalls durch die Gemeinde oder nach § 6 Abs. 2 durch die Wahlvorsteherin, den Wahlvorsteher, die Briefwahlvorsteherin oder den Briefwahlvorsteher zu ergänzen. [2]Die Bestimmungen über die Wahlvorstände und die Briefwahlvorstände gelten auch für das erneute Zusammentreten.

[3]Der Wahlausschuss stellt das Wahlergebnis erst fest, wenn die Wahlleiterin oder der Wahlleiter unter anderem ermittelt hat, wer die Wahl annimmt bzw. wessen Wahl als angenommen gilt und ob Amtshindernisse nach Art. 48 vorliegen. **[4]Für den Fall einer Stichwahl soll der Wahlausschuss noch am Wahltag oder am Tag darauf zur Feststellung des abschließenden Wahlergebnisses für die Bürgermeister- oder Landratswahl einberufen werden, damit schnellstmöglich die Bekanntmachung nach Anlage 18 zu §§ 78 und 92 GLKrWO erlassen und der Stimmzetteldruck in Auftrag gegeben werden kann.**

[5]Wurden von den Wahlvorständen und von den Briefwahlvorständen Stimmzettel nicht richtig beurteilt oder sonst falsche Entscheidungen getroffen, muss der Wahlausschuss alle Entscheidungen der Wahlvorstände und der Briefwahlvorstände einschließlich der Auswertung der Stimmzettel berichtigen; ein Ermessen steht ihm insoweit nicht zu. [6]Entscheidungen des Beschwerdeausschusses über die Wählbarkeit dürfen vom Wahlausschuss nach der Wahl nicht berichtigt werden.

[7]Hat die Rechtsaufsichtsbehörde das Wahlergebnis berichtigt, macht die Wahlleiterin oder der Wahlleiter die im Bescheid ausgesprochenen Berichtigungen bekannt.

Verteilung und Zuweisung der Sitze

80. Verteilung der Sitze auf die Wahlvorschläge bei Verhältniswahl (Art. 35, § 83 Abs. 2 Nr. 2)

80.1 Stimmen bei Verlust der Wählbarkeit vor der Zulassung der Wahlvorschläge

War die Wählbarkeit einer sich bewerbenden Person bereits vor der Zulassung nicht gegeben, ist weder die Person gewählt, noch kommen diese Stimmen dem Wahlvorschlag zugute, unabhängig davon, ob dem Wahlausschuss die nicht vorhandene Wählbarkeit bei der Zulassung bekannt war.

80.2 Stimmen bei Verlust der Wählbarkeit nach der Zulassung der Wahlvorschläge bis zum Ablauf des Wahltags

[1]Hat eine sich bewerbende Person die Wählbarkeit (Art. 21) nach Zulassung des Wahlvorschlags verloren, sind die abgegebenen Stimmen für sie ungültig (§ 83 Abs. 2 Nr. 2); die Person ist nicht gewählt. [2]Diese Stimmen zählen zu der Gesamtzahl der gültigen Stimmen für den Wahlvorschlag (Art. 35 Abs. 1 Satz 2).

80.3 Stimmen bei Verlust der Wählbarkeit nach dem Wahltag

[1]Verliert eine Person die Wählbarkeit nach dem Wahltag, ist sie zwar gewählt, kann ihr Amt aber wegen eines Amtshindernisses nach Art. 48 Abs. 1 Satz 1 Nr. 1 nicht antreten. [2]Bei der Wahl des Gemeinderats oder des Kreistags rückt der Listennachfolger nach. [3]Ergänzend wird darauf hingewiesen, dass bei der Wahl der ersten Bürgermeisterin, des ersten Bürgermeisters, der Landrätin oder des Landrats eine Neuwahl stattfindet.

81. Berechnungsverfahren für die Sitzverteilung bei Verhältniswahl (Art. 35 Abs. 2)

81.1 Berechnung der Sitze

[1]Zur Berechnung der Sitzverteilung wird das Verfahren nach Sainte-Laguë/Schepers eingesetzt.

[2]Bei diesem Höchstzahlverfahren (auch als ungerades d'Hondt-Verfahren bezeichnet) werden die Stimmenzahlen durch ungerade Zahlen in aufsteigender Reihenfolge, beginnend mit der Zahl eins, geteilt und die Sitze dann in der Reihenfolge der größten sich ergebenden Höchstzahlen zugeordnet.

[3]Anschließend wird jedem Wahlvorschlag der Reihe nach so oft ein Sitz zugeteilt, wie er jeweils die höchste Teilungszahl aufweist. [4]Bei gleichem Anspruch mehrerer Wahlvorschläge auf einen Sitz fällt dieser dem Wahl-

vorschlag zu, dessen in Betracht kommende sich bewerbende Person die größte Stimmenzahl aufweist, sonst entscheidet das Los.

81.2 Beispiel
[1]Das folgende Beispiel geht von der Annahme aus, dass in einer Gemeinde mit 7 000 Einwohnern, für die 20 Gemeinderatssitze zu vergeben sind, Wahlvorschläge von fünf Parteien oder Wählergruppen vorliegen und insgesamt 47 502 gültige Stimmen abgegeben worden sind, wobei 20 554 Stimmen auf die A-Partei, 8 712 Stimmen auf die B-Partei, 8 270 Stimmen auf die C-Partei, 9 177 Stimmen auf die D-Wählergruppe und 789 Stimmen auf die E-Wählergruppe entfallen.

[2]Die Sitze werden wie folgt verteilt:

Teiler	**A-Partei**	**B-Partei**	**C-Partei**	**D-Wählergruppe**	**E-Wählergruppe**
Gesamtanzahl der Stimmen für die Wahlvorschläge	20554	8712	8270	9177	789
: 1	20554 1	8712 3	8270 4	9177 2	789
: 3	6851,33 5	2904,00 9	2756,67 10	3059,00 7	
: 5	4110,80 6	1742,40 14	1654,00 15	1835,40 13	
: 7	2936,29 8	1244,57 19	1181,43	1311,00 18	
: 9	2283,78 11	968,00		1019,67	
:11	1868,55 12				
:13	1581,08 16				
:15	1370,27 17				
:17	1 209,06 20				
: 19	1081,79				
Sitze im Gemeinderat (gesamt: 20)	9	4	3	4	0

GLKrWBek

[3]Somit erhält die A-Partei neun, die B-Partei vier, die C-Partei drei und die D-Wählergruppe vier Sitze; auf die E-Wählergruppe entfällt kein Sitz. [4]Würden sich bei der Berechnung, z. B. für die Verteilung des letzten Sitzes, zwei oder drei gleiche Teilungszahlen ergeben, würde der Wahlvorschlagsträger den Sitz erhalten, dessen in Betracht kommende Person die größere Stimmenzahl erhalten hat; bei Stimmengleichheit entscheidet das Los.

[5]Das Berechnungsbeispiel beschränkt sich aus Vereinfachungs- und Darstellungsgründen auf zwei Nachkommastellen. [6]Die Zahl der Nachkommastellen ist aber nicht beschränkt und im Bedarfsfall zur Feststellung der höheren Teilungszahl zu erweitern.

82. Losentscheid bei Stimmengleichheit (§ 91)

82.1 Losverfahren

[1]Erhalten mehrere Personen gleiche Stimmenzahlen, hat der Wahlausschuss zwischen diesen Personen einen Losentscheid durchzuführen. [2]Folgende Fälle kommen in Betracht:

82.1.1 Bei der Gemeinderatswahl oder der Kreistagswahl

- bei gleichem Anspruch mehrerer Wahlvorschläge auf einen Sitz und gleicher Stimmenzahl (Art. 35 Abs. 2 Satz 3),
- bei zwei Gewählten oder zwei sich bewerbenden Personen, von denen eine als gewählte, die andere als nicht gewählte und somit als Listennachfolger in Betracht kommt (Art. 36 Satz 2, Art. 38 Abs. 2 Satz 2),
- bei mehreren Listennachfolgern mit gleicher Stimmenzahl (Art. 37 Abs. 1).

82.1.2 Bei der Bürgermeisterwahl oder der Landratswahl

- bei mehreren Personen mit der gleichen zweithöchsten Stimmenzahl, wer als Stichwahlteilnehmerin oder Stichwahlteilnehmer in die Stichwahl kommt (Art. 46 Abs. 1 Satz 4),
- bei zwei Personen mit der gleichen Stimmenzahl in der Stichwahl, wer gewählt ist (Art. 46 Abs. 3 Satz 3).

82.2 Folgen eines unterbliebenen Losentscheids

[1]Ist ein Losentscheid unterblieben, kann er nach Abschluss des Wahlverfahrens nicht mehr nachgeholt werden. [2]Der Losentscheid ist Bestandteil der Feststellung des Wahlergebnisses. [3]Teile des Wahlverfahrens dürfen nach Verkündung nur im Wahlanfechtungs- oder Wahlprüfungsverfahren nachgeholt oder wiederholt werden.

Abschnitt 7
Annahme und Ablehnung der Wahl

83. Annahme oder Ablehnung der Wahl, Ausscheiden (Art. 47 bis 49, § 95)

83.1 Grundsatz: Verständigung nicht konstitutiv

[1]Die Wahlleiterin oder der Wahlleiter ist zur Verständigung der Gewählten nicht verpflichtet. [2]Die Frist zur Ablehnung der Wahl beginnt mit der Verkündung des vorläufigen Wahlergebnisses zu laufen. [3]Auf eine Verständigung der Gewählten, deren Einsichtsfähigkeit oder sonstige der Verständigung entgegenstehende Gründe kommt es nicht mehr an.

[4]Eine ausdrückliche Annahmeerklärung ist nicht erforderlich. [5]Es gilt vielmehr eine einheitliche Annahmefiktion für Gemeinderats- und Kreistagswahlen und Bürgermeister- und Landratswahlen. [6]Die Wahl gilt als angenommen, wenn die gewählte Person sie nicht wirksam abgelehnt hat.

[7]Nicht ausdrücklich geregelt, aber trotzdem zulässig ist die ausdrückliche fristgemäße Erklärung der gewählten Person, dass sie die Wahl annimmt.

[8]In den Fällen, in denen das Wahlergebnis nachträglich berichtigt wird und eine andere Person als gewählt gilt, kann diese die Wahl nach Art. 47 Abs. 1 Satz 2 und 3 ebenfalls binnen einer Woche ablehnen. [9]Die Frist beginnt in diesen Fällen mit Verkündung der Änderung des Wahlergebnisses. [10]Eine solche Änderung kann durch eine Berichtigung des Wahlausschusses, im Rahmen einer von Amts wegen durchzuführenden Wahlprüfung der Rechtsaufsichtsbehörde, in einem Wahlanfechtungsverfahren oder aufgrund einer verwaltungsgerichtlichen Entscheidung erfolgen.

83.2 Ausnahme für nicht aufgrund eines Wahlvorschlags Gewählte (Art. 47 Abs. 2)

[1]Die Wahlleiterin oder der Wahlleiter ist verpflichtet, die nicht aufgrund eines Wahlvorschlags (Mehrheitswahl) gewählten Personen unverzüglich nach der Ermittlung des vorläufigen Wahlergebnisses schriftlich von ihrer Wahl zu verständigen. [2]Sie oder er kann die gewählte Person in deren Beisein auch mündlich verständigen; hierüber ist eine Niederschrift aufzunehmen.

[3]Mit der Verständigung fordert die Wahlleiterin oder der Wahlleiter die gewählten Personen auf, binnen zwei Wochen, bei einer Stichwahl binnen einer Woche, nach Verkündung des vorläufigen Wahlergebnisses schriftlich oder zur Niederschrift zu erklären, ob sie die Wahl annehmen. [4]Die zwei- bzw. einwöchige Annahmefrist knüpft im Interesse der Rechtssicherheit

ebenfalls nicht an den Zeitpunkt an, ab dem die gewählte Person tatsächlich verständigt werden konnte, sondern an die Verkündung des vorläufigen Wahlergebnisses durch die Wahlleiterin oder den Wahlleiter.

[5]Für nicht aufgrund eines Wahlvorschlags Gewählte gilt die Wahl als abgelehnt, wenn sie nicht wirksam angenommen wurde.

[6]Der Wahlleiter soll bei der Verständigung darauf hinweisen,
– dass es als Ablehnung der Wahl gilt, wenn sie nicht wirksam angenommen wurde,
– dass die Wahl nur vorbehaltlos angenommen werden kann,
– dass die Verweigerung der Eidesleistung oder des Ablegens des Gelöbnisses zum Amtsverlust führt.

83.3 Ablehnungs- und Annahmeerklärungen

[1]Weder für die Ablehnung der Wahl noch für die Ablehnung der Übernahme des Amts oder dessen Niederlegung bedarf es eines wichtigen Grundes. [2]Über Ablehnungserklärungen entscheidet der Wahlausschuss. [3]Hält er eine Ablehnung der Wahl für wirksam, hat er das auszusprechen.

[4]Eine Erklärung, die Wahl anzunehmen, ist dann wirksam, wenn sie schriftlich oder zur Niederschrift und fristgerecht erfolgt. [5]Hält der Wahlausschuss eine Annahme der Wahl für unwirksam, hat er das auszusprechen und festzustellen, dass die Wahl als abgelehnt gilt.

83.4 Beamtenverhältnis bei ersten Bürgermeisterinnen, ersten Bürgermeistern, Landrätinnen und Landräten

[1]Die Begründung des Beamtenverhältnisses einer ersten Bürgermeisterin, eines ersten Bürgermeisters, einer Landrätin oder eines Landrats richtet sich nach Art. 9 KWBG. [2]Für die Auswirkungen auf das Beamtenverhältnis bei der Ungültigerklärung der Wahl gilt Art. 11 Abs. 1 KWBG. [3]Die Entlassung einer ersten Bürgermeisterin, eines ersten Bürgermeisters, einer Landrätin oder eines Landrats bei Verweigerung des Diensteids oder des Gelöbnisses ist in § 23 Abs. 1 Satz 1 Nr. 1 BeamtStG geregelt.

84. Amtshindernisse, Nachrücken der Listennachfolger (Art. 37 Abs. **1 und** 2, Art. 47 Abs. 4, Art. 48, § 95)

84.1 Gleichzeitige Wahl zum Gemeinderatsmitglied und zur ersten Bürgermeisterin oder zum ersten Bürgermeister oder zur Kreisrätin oder zum Kreisrat und zur Landrätin oder zum Landrat

[1]Wurde eine sich bewerbende Person zur ersten Bürgermeisterin oder zum ersten Bürgermeister und gleichzeitig zum Gemeinderatsmitglied gewählt

und nimmt sie das Amt der ersten Bürgermeisterin oder des ersten Bürgermeisters an, kann sie das Amt eines Gemeinderatsmitglieds nicht antreten. [2]Die gewählte erste Bürgermeisterin oder der gewählte erste Bürgermeister wird Listennachfolger. [3]Das gilt auch, wenn ein amtierendes Gemeinderatsmitglied oder ein Listennachfolger außerhalb der allgemeinen Gemeinde- und Landkreiswahlen zur ersten Bürgermeisterin oder zum ersten Bürgermeister gewählt wird. [4]Entsprechendes gilt bei Landkreiswahlen.

84.2 Wahl eines Gemeinderatsmitglieds zur ersten Bürgermeisterin oder zum ersten Bürgermeister
[1]Ein zur ersten Bürgermeisterin oder zum ersten Bürgermeister gewähltes Gemeinderatsmitglied verliert das bisherige Amt mit dem Amtsantritt als erste Bürgermeisterin oder erster Bürgermeister. [2]Entsprechendes gilt, wenn eine Kreisrätin oder ein Kreisrat zur Landrätin oder zum Landrat gewählt wird.

84.3 Entscheidung durch Wahlorgane
[1]Wahlorgane werden jeweils für bestimmte Wahlen berufen. [2]Auch bei Bürgermeister- und Landratswahlen, die außerhalb der allgemeinen Gemeinde- und Landkreiswahlen stattfinden, stellt der Wahlausschuss ein Amtshindernis oder die Ablehnung der Übernahme des Amts fest, obwohl die Wahlzeit des Gemeinderats oder des Kreistags bereits begonnen hat.

84.4 Nachrücken nur bei Erfüllung der Wählbarkeitsvoraussetzungen
[1]Ein Listennachfolger kann nur nachrücken, wenn er zu dem Zeitpunkt, zu dem er zum Nachrücken berufen ist, die Wählbarkeitsvoraussetzungen noch oder wieder erfüllt. [2]Zum Nachrücken berufen ist der Listennachfolger in dem Zeitpunkt, in dem er nach der Entscheidung des Wahlausschusses, des Gemeinderats oder des Kreistags (Art. 48 Abs. 3) verständigt worden ist (Art. 47 Abs. 2). [3]Wenn ein Listennachfolger wegzieht und innerhalb eines Jahres zurückkehrt, kann er wieder nachrücken (Art. 21 Abs. 1 Nr. 3 in Verbindung mit Art. 1 Abs. 4). [4]War er mehr als ein Jahr weggezogen, muss er zu dem Zeitpunkt, zu dem er zum Nachrücken berufen ist, wieder seit mindestens drei Monaten eine Wohnung oder ohne eine Wohnung zu haben seinen gewöhnlichen Aufenthalt im Wahlkreis haben. **[5]Art. 37 ist auf Personen, die bei der Mehrheitswahl handschriftlich hinzugefügt wurden, entsprechend anwendbar. [6]Auch sie sind Listennachfolger.**

GLKrWBek

84.5 Listennachfolger bei Wechsel der Partei oder der Wählergruppe
[1]Es rückt immer ein Listennachfolger aus dem Wahlvorschlag nach, auf welchem das ausgeschiedene Gemeinderatsmitglied oder der Kreisrat ge-

wählt war. [2]Der Listennachfolger rückt auch dann nach, wenn er nach der Wahl die Partei oder die Wählergruppe, auf deren Wahlvorschlag er gewählt wurde, verlässt, oder wenn er sich nicht mehr zu dieser Partei oder Wählergruppe bekennt; sein Nachrücken hängt nur davon ab, ob er die Wählbarkeitsvoraussetzungen noch oder wieder erfüllt.

85. Neuwahl, Nachholungswahl, Wiederholungswahl, Nachwahl (Art. 44, 46, 52, § 31 Abs. 2, § 96)

85.1 Besondere Wahlen

85.1.1 Neuwahl

[1]Eine Neuwahl findet statt, wenn die Amtszeit einer ersten Bürgermeisterin, eines ersten Bürgermeisters, einer Landrätin oder eines Landrats nicht mit der Wahlzeit des Gemeinderats oder des Kreistags endet (Art. 44 Abs. 1 und 3) oder wenn nach einer Ungültigerklärung keine Nachwahl mehr stattfinden kann (Art. 52); es ist immer ein völlig neues Wahlverfahren durchzuführen. [2]Eine Neuwahl ist auch in den Fällen des Art. 47 Abs. 4 Satz 3 sowie des Art. 114 Abs. 3 GO und des Art. 100 Abs. 3 LKrO durchzuführen.

85.1.2 Nachholungswahl

[1]Die Nachholungswahl (Art. 44 Abs. 2) findet statt, wenn eine sich um das Amt der ersten Bürgermeisterin, des ersten Bürgermeisters, der Landrätin oder des Landrats bewerbende Person die Wählbarkeit bis zum Ablauf des Wahltags verloren hat. [2]Das bisherige Wahlverfahren bleibt wirksam und kann fortgeführt werden, jedoch ist nicht nur dem Wahlvorschlagsträger, dessen sich bewerbende Person ausgeschieden ist, sondern auch anderen Parteien und Wählergruppen die Möglichkeit zu geben, neue Wahlvorschläge einzureichen. [3]Hierfür gelten die allgemeinen Fristen.

85.1.3 Wiederholungswahl

Die Wiederholungswahl (Art. 46) findet statt, wenn
- mehr als zwei Personen die höchste Stimmenzahl erhalten haben,
- eine Stichwahlteilnehmerin oder ein Stichwahlteilnehmer nach der ersten Wahl die Wählbarkeit verliert,
- eine Stichwahlteilnehmerin oder ein Stichwahlteilnehmer vor der Stichwahl wirksam zurückgetreten ist,
- die Mehrheit der abgegebenen Stimmen bei der ersten Wahl oder bei der Stichwahl ungültig ist.

GLKrWBek

85.1.4 Nachwahl

[1]Eine Nachwahl (Art. 52, § 96) findet statt, wenn eine Wahl für ungültig erklärt wurde und zwischen dem Tag dieser Wahl und dem neuen Wahltermin nicht mehr als ein Jahr liegt.

a) Die Rechtsaufsichtsbehörde kann den Termin grundsätzlich erst festsetzen, wenn die in Art. 52 Abs. 6 genannten Fristen abgelaufen sind oder die Entscheidung des Wahlausschusses getroffen ist. Ergibt sich aber bereits vor Ablauf dieser Fristen, dass es nicht möglich ist, die für die Durchführung einer Nachwahl vorgegebene Jahresfrist einzuhalten, kann ohne Abwarten der in Art. 52 Abs. 6 genannten Fristen und der Entscheidung des Wahlausschusses eine Neuwahl angeordnet werden.
b) Durch die Regelung in Art. 52 Abs. 2 Satz 1, wonach Verstöße der Wahlleiterin oder des Wahlleiters gegen ihre oder seine Prüf- und Benachrichtigungspflicht aus Art. 32 Abs. 1 bei der Bestimmung des Zeitpunkts, ab dem das Wahlverfahren zu wiederholen ist, außer Betracht bleiben, verbleibt die Verantwortung für die Ordnungsmäßigkeit des Wahlvorschlags beim Wahlvorschlagsträger selbst.
c) Die Nachwahl kann auf die Briefwahl **oder** einzelne Briefwahlvorstände beschränkt werden.

[2]Ob eine Nachwahl auf Stimmbezirke oder auf die Briefwahl **oder einzelne Briefwahlvorstände** beschränkt wird, liegt im Ermessen der Rechtsaufsichtsbehörde. [3]Dabei können neben dem Verwaltungsaufwand und den entstehenden Kosten auch Fragen der Praktikabilität bei der Durchführung berücksichtigt werden. [4]Einer Beschränkung der Nachwahl steht es nicht entgegen, wenn eine sich bewerbende Person am Tag der Nachwahl die Wählbarkeit nicht mehr besitzt oder wirksam von der Bewerbung zurückgetreten ist.

[5]Wird die Nachwahl auf einzelne Stimmbezirke beschränkt, sind grundsätzlich nur diejenigen Personen wahlberechtigt, die im Wählerverzeichnis für die betreffenden Stimmbezirke eingetragen sind. [6]Da das Ergebnis der Briefwahl aus der für ungültig erklärten Wahl in diesem Fall in das Ergebnis der Nachwahl wieder mit einfließt, dürfen Wahlberechtigte, die einen Wahlschein erhalten hatten und ihre Stimme nicht mit Wahlschein in einem Abstimmungsraum eines dieser Stimmbezirke abgegeben haben, wegen Art. 3 Abs. 4 Satz 1 in diesen Stimmbezirken bei der Nachwahl nicht mehr wählen. [7]Auch Wahlberechtigte, die aus einem Stimmbezirk, in dem keine Nachwahl stattfindet, in einen Stimmbezirk ziehen, in dem die Nachwahl stattfindet, sind bei der Nachwahl nicht stimmberechtigt und dürfen nicht in das auf den neuesten Stand gebrachte Wählerverzeichnis aufgenommen werden, da ihre Stimme von der Ungültigerklärung nicht betroffen ist.

[8]Wird die Nachwahl auf die Briefwahl **oder einzelne Briefwahlvorstände** beschränkt, müssen die dafür Wahlberechtigten einen erneuten Antrag auf Erteilung eines Wahlscheins stellen. [9]Der frühere Antrag, der sich auf den ersten Wahltermin bezog, hat sich durch Zeitablauf erledigt.

[10]Für die Wahlberechtigten, die keinen Antrag stellen, muss die Möglichkeit der Urnenwahl gewährleistet werden (§ 96 Abs. 3). [11]Zur Wahrung des Wahlgeheimnisses kann es erforderlich sein (vgl. Art. 11 Abs. 3 Satz 2 und Nr. 19.1), für den Wahlkreis nur einen Stimmbezirk zu bilden. [12]In diesem Fall kann der Wahlvorstand des Stimmbezirks mit der Übernahme der Geschäfte des Briefwahlvorstands beauftragt werden (Art. 6 Abs. 3, § 73 und § 79b). [13]Ein solcher Fall ist bei der Entscheidung, ob die Nachwahl auf die Briefwahl **oder einzelne Briefwahlvorstände** beschränkt wird, zu bedenken.

85.2 Wahltermin
Bei der Festlegung des Termins für eine besondere Wahl durch die Rechtsaufsichtsbehörde sollte darauf geachtet werden, dass auch der Termin einer möglichen Stichwahl auf einen geeigneten Sonntag fällt (keine Ferienzeit oder Feiertag). **[2]Die Rechtsaufsichtsbehörde meldet den Wahltermin an das Landesamt für Statistik (vgl. Bekanntmachung über die Statistische Bearbeitung von Wahlen außerhalb der allgemeinen Gemeinde- und Landkreiswahlen vom 7. Juli 2022, BayMBl. Nr. 432).**

85.3 Wahlorgane
[1]Eine Nachholungswahl, eine Wiederholungswahl oder eine Nachwahl wird von den bisherigen Wahlorganen durchgeführt (Art. 44 Abs. 2 Satz 6, Art. 46 Abs. 5, Art. 52 Abs. 7 Satz 1). [2]Sind einzelne Personen aus den Wahlorganen ausgeschieden, weil sie z. B. wegen Wegzugs das Wahlrecht verloren haben, rücken die berufenen Stellvertreter nach; sind solche nicht mehr vorhanden, sind die Wahlorgane nachzubesetzen.

85.4 Änderungen im Stimmzettel (§ 31 Abs. 2)
[1]Die Bestimmung betrifft nur Fälle, bei denen die bisherigen Wahlvorschläge Grundlage für den Inhalt der Stimmzettel bleiben. [2]Zu den Angaben, die bei den sich bewerbenden Personen von der Wahlleiterin oder dem Wahlleiter geändert werden können, zählen insbesondere Namensänderungen, Veränderungen bei den Angaben zum Beruf oder zu den kommunalen Ehrenämtern, Umzüge in andere Gemeindeteile oder bei der Kreistagswahl in eine andere Gemeinde des Landkreises.

[3]Müssen die Wahlvorschläge neu aufgestellt werden, entscheidet der Wahlausschuss bei der Zulassung der Wahlvorschläge auch über die Angaben zu den sich bewerbenden Personen.

86. Beginn und Verlängerung der Amtszeit, beauftragte Person (Art. 42, 43)

[1]Beginnt die Amtszeit der neu gewählten ersten Bürgermeisterin, des neu gewählten ersten Bürgermeisters, der neu gewählten Landrätin oder des neu gewählten Landrats am 1. Mai des zweiten Jahres vor den nächsten allgemeinen Gemeinde- und Landkreiswahlen oder später, liegt der Beginn der Amtszeit innerhalb der in Art. 43 Abs. 2 genannten letzten zwei Jahre der Wahlzeit des Gemeinderats oder des Kreistags. [2]Die Amtszeit der neu gewählten ersten Bürgermeisterin, des neu gewählten ersten Bürgermeisters, der neu gewählten Landrätin oder des neu gewählten Landrats verlängert sich dann bis zum 30. April des Jahres, in dem die übernächsten allgemeinen Gemeinde- und Landkreiswahlen stattfinden.

[3]Aufgabe der in Art. 43 Abs. 3 erwähnten beauftragten Person, die die Geschäfte einer ersten Bürgermeisterin, eines ersten Bürgermeisters, einer Landrätin oder eines Landrats wahrnimmt, ist es insbesondere, den Gemeinderat oder den Kreistag zu der ersten Sitzung einzuberufen, in der die zweite Bürgermeisterin oder der zweite Bürgermeister oder die Stellvertretung der Landrätin oder des Landrats gewählt wird. [4]Es empfiehlt sich daher, die Bestellung der beauftragten Person bis zur Wahl der zweiten Bürgermeisterin oder des zweiten Bürgermeisters oder der Stellvertretung der Landrätin oder des Landrats zu befristen. [5]Im Übrigen wird die Bestellung der beauftragten Person mit dem Amtsantritt der ersten Bürgermeisterin, des ersten Bürgermeisters, der Landrätin oder des Landrats gegenstandslos.

Überprüfung der Wahl

87. Wahlprüfung durch die Rechtsaufsichtsbehörde (Art. 50, § 93)

[1]Die Wahlprüfung ist unabhängig von etwaigen Wahlanfechtungen und im Hinblick auf die Viermonatsfrist mit größtmöglicher Beschleunigung durchzuführen. [2]Nach Ablauf der Viermonatsfrist kann grundsätzlich nur noch der Gemeinderat oder der Kreistag den Verlust des Amts feststellen. [3]Die Viermonatsfrist kann unter den in Art. 50 Abs. 5 genannten Voraussetzungen ausnahmsweise verlängert werden. [4]Für eine Fristverlängerung müssen hinreichend konkrete tatsächliche Anhaltspunkte dafür sprechen, dass es zu einer Berichtigung oder zu einer Ungültigerklärung kommen wird. [5]Eine

Vermutung oder ein bloßer Verdacht reichen nicht aus. [6]Arbeitsüberlastung ist kein Grund für eine Fristverlängerung. [7]Die Entscheidung und die Gründe hierfür sind aktenkundig zu machen.

[8]Die Wahlprüfung erstreckt sich insbesondere darauf, ob die Bekanntmachungen der Wahlleiterin oder des Wahlleiters und der Gemeinde bzw. des Landratsamts vollständig und rechtzeitig ergangen sind, ob die Wahlvorschläge vollständig und rechtzeitig eingereicht worden sind, ob die Niederschriften der Wahlorgane ordnungsgemäß geführt worden sind und ob das Wahlergebnis (§ 90 Abs. 2 bis 4 und § 92 Abs. 1) richtig ermittelt worden ist.

87.1 Prüfungsmaßstab bei formellen Mängeln

[1]Die Regelung in Art. 50 Abs. 4 Satz 1 ermöglicht, dass im Rahmen der amtlichen Wahlprüfung nach Durchführung der Wahl die Verletzung von Formvorschriften, die dem Nachweis dienen, dass Vorschriften des materiellen Wahlrechts eingehalten werden, außer Betracht bleibt, wenn der Nachweis auf andere Weise erbracht wird. [2]Dadurch soll vermieden werden, dass die Verletzung dieser dem Nachweis des materiellen Wahlrechts dienenden Formvorschriften regelmäßig eine Wiederholung der Wahl zur Folge hat. [3]Dadurch, dass nach Art. 50 Abs. 4 Satz 2 auch Verstöße der Wahlleiterin oder des Wahlleiters gegen Art. 32 Abs. 1 insoweit außer Betracht bleiben, wird erreicht, dass Berichtigung und Ungültigerklärung im Rahmen der Wahlprüfung bzw. über Art. 51 Satz 2 auch im Rahmen von Wahlanfechtungen nicht allein mit einem Verstoß der Wahlleiterin oder des Wahlleiters gegen seine Prüf- und Benachrichtigungspflicht begründet werden können. [4]Dies trägt der beim jeweiligen Wahlvorschlagsträger liegenden Verantwortung für die Ordnungsmäßigkeit des Wahlvorschlags Rechnung.

[5]Ein Anwendungsfall von Art. 50 Abs. 4 Satz 1 ist zum Beispiel, dass in einer Aufstellungsversammlung zwar die materiell-rechtliche Anforderung der geheimen Abstimmung eingehalten wurde, jedoch vergessen wurde, dies in der Niederschrift festzuhalten. [6]Dasselbe gilt, wenn Unterschriften auf der Niederschrift über die Aufstellungsversammlung vergessen wurden. [7]Der anderweitige Nachweis der Einhaltung der Vorschriften des materiellen Wahlrechts könnte in diesen Fällen beispielsweise durch Erklärungen (evtl. an Eides statt) bzw. Aussagen von Teilnehmerinnen und Teilnehmern der Aufstellungsversammlung gegenüber der Rechtsaufsichtsbehörde erbracht werden. [8]Gelingt dieser Nachweis, ist die Wahl nicht für ungültig zu erklären. [9]Ein weiteres Beispiel für einen formellen Wahlrechtsverstoß im obigen Sinne sind Mängel der Niederschrift (z. B. Unvollständigkeit) hinsichtlich der Ladung zur Aufstellungsversammlung.

[10]Art. 50 Abs. 4 Satz 2 stellt im Hinblick auf Art. 32 Abs. 1 Satz 3 klar, dass es allein auf Verstöße der Wahlleiterin oder des Wahlleiters ankommt. [11]So wird beispielsweise eine unzutreffende Auslegung des Art. 32 Abs. 1 durch den Wahlausschuss im Rahmen der Beschlussfassung über die Gültigkeit der eingereichten Wahlvorschläge nicht von Satz 2 erfasst und kann daher zur Ungültigerklärung der Wahl führen (z. B. wenn ein neuer Wahlvorschlag unter Berufung auf Art. 32 Abs. 1 Satz 3 eingereicht wurde, aber dessen Voraussetzungen nicht vorlagen und der Wahlausschuss den Wahlvorschlag dennoch zuließ). [12]Dies trägt dem Gedanken Rechnung, dass Berichtigung und Ungültigerklärung einer Wahl sowie deren Änderung oder Aufhebung nur zeitlich begrenzt zulässig sind (vgl. Art. 50 Abs. 5 Satz 1).

[13]Durch die Prüfung der Nachwahl kann nicht das Ergebnis der Prüfung der für ungültig erklärten Wahl infrage gestellt werden. [14]Es bleiben daher Wahlrechtsverstöße außer Betracht, die bereits bei der für ungültig erklärten Wahl vorlagen, auch wenn sie weiterwirken, unabhängig davon, ob diese im Rahmen der Prüfung der für ungültig erklärten Wahl bekannt waren. [15]Entscheidend ist, ob der konkrete Wahlrechtsverstoß bereits seit der für ungültig erklärten Wahl vorliegt. [16]Dies ist bei lediglich gleichgelagerten, aber bei der Nachwahl erneut auftretenden Wahlrechtsverstößen nicht der Fall.

[17]Resultiert beispielsweise aus der Einrichtung eines für die Nachwahl bereitgestellten **Abstimmungsraums** ein Wahlrechtsverstoß (z. B. Verletzung des Abstimmungsgeheimnisses oder der Abstimmungsfreiheit), so liegt bei der Nachwahl ein neuer und somit beachtlicher Wahlrechtsverstoß vor, auch wenn der **Abstimmungsraum** bei der für ungültig erklärten Wahl in gleicher Weise Verwendung fand. [18]Denn die Abstimmung ist bei der Nachwahl neu durchzuführen, sodass solche Wahlrechtsverstöße, die sich allein auf die Abstimmung beziehen, dementsprechend ausschließlich die Nachwahl und damit nicht die für ungültig erklärte Wahl betreffen.

[19]Wurde hingegen beispielsweise ein Wahlvorschlag zu Unrecht zugelassen, die Wahl jedoch nicht wegen dieses Wahlrechtsverstoßes (z. B. weil er nicht bemerkt wurde), sondern wegen Wahlrechtsverstößen bei der Stimmabgabe für ungültig erklärt, so ist die Nachwahl, welche ebenfalls mit diesem ungültigen Wahlvorschlag durchgeführt wird, nicht für ungültig zu erklären, weil der Wahlrechtsverstoß der unberechtigten Zulassung bereits bei der ersten Wahl erfolgte und das Wahlverfahren insoweit nicht wiederholt wird.

[20]Gleiches gilt, wenn die Wahl wegen eines anderen zu Unrecht zugelassenen Wahlvorschlags für ungültig erklärt wurde. [21]Denn auch hier erfolgte

der Wahlrechtsverstoß bereits bei der für ungültig erklärten Wahl; die Entscheidung des Wahlausschusses über die Gültigkeit des Wahlvorschlags wird nur hinsichtlich des Wahlvorschlags wiederholt, wegen dessen unberechtigter Zulassung die Wahl für ungültig erklärt wurde, hingegen nicht bezüglich der Wahlvorschläge, deren Zulassung nicht Grund für die Ungültigerklärung war.

[22]Auch Wahlrechtsverstöße, die bereits bei der für ungültig erklärten Wahl vorlagen, sich danach aber nicht auf die Sitz- oder Ämterverteilung auswirken konnten, sondern die erst bei der Nachwahl mögliche Auswirkungen haben können, führen demzufolge nicht zu einer Ungültigerklärung der Nachwahl.

87.2 Berichtigung des Wahlergebnisses

[1]Unter **Wahlergebnis** ist das Zahlenwerk, wie es nach den §§ 90 und 92 ermittelt und festgestellt wird, und die sich daraus ergebende Sitzverteilung, Ämterverteilung oder Listennachfolge zu verstehen. [2]Stimmt das im Wege der Wahlprüfung oder aufgrund einer Wahlanfechtung von der Rechtsaufsichtsbehörde festgestellte Ergebnis nicht mit dem vom Wahlausschuss festgestellten Ergebnis überein, ist eine Berichtigung nur dann zwingend durchzuführen, wenn es durch die Verletzung von Wahlvorschriften zu einer unrichtigen Sitzverteilung, Ämterverteilung oder Listennachfolge gekommen ist. [3]Wären lediglich andere Stimmenzahlen festzustellen, liegt es im Ermessen der Rechtsaufsichtsbehörde, ob sie das Wahlergebnis berichtigt.

87.2.1 Rechnerische Berichtigung (Art. 50 Abs. 2)

[1]Im Rahmen der rechnerischen Berichtigung des Wahlergebnisses ist jede Richtigstellung des Wahlergebnisses aufgrund unveränderter zahlenmäßiger Einzelergebnisse und die Richtigstellung der aus den vorhandenen Unterlagen unrichtig gezogenen Schlüsse möglich. [2]Die Berichtigung umfasst insbesondere Rechenfehler beim Zusammenzählen der Stimmen, Überspringen einer Seite der Zählliste, Fehler bei der Übertragung der Stimmenzahlen aus der Zählliste in die Niederschrift, falsche Schlussfolgerungen aus einer an sich richtigen Stimmenauszählung und sonstige offensichtliche Fehler.

87.2.2 Inhaltliche Berichtigung (Art. 50 Abs. 2)

[1]Die Rechtsaufsichtsbehörde kann auch überprüfen, ob die Stimmzettel richtig ausgewertet wurden. [2]Eine Nachzählung sämtlicher Stimmzettel eines oder mehrerer Stimmbezirke im Rahmen der Wahlprüfung wird nur ausnahmsweise erforderlich sein. [3]Sie kommt vor allem dann in Betracht,

wenn hinreichend konkrete Anhaltspunkte bestehen, dass die Auswertung in einem oder mehreren Stimmbezirken durchgängig und nicht nur in Einzelfällen fehlerhaft ist.

[4]Waren Personen nicht wählbar, ist das Wahlergebnis nach Art. 50 Abs. 2 in Verbindung mit Art. 35 Abs. 1 Satz 2 zu berichtigen (vgl. Nrn. 80 und 81).

87.2.3 Berichtigungsentscheidungen

Im Rahmen der Anhörung Betroffener hat die Rechtsaufsichtsbehörde auch zu ermitteln, ob Personen, die nach dem berichtigten Wahlergebnis ein Amt erhalten würden, dieses annehmen und ob Amtshindernisse vorliegen.

87.3 Ungültigerklärung der Wahl

[1]Eine Wahl ist nur dann für ungültig zu erklären, wenn eine Berichtigung nicht zu einer richtigen Sitzverteilung oder Ämterverteilung führen würde. [2]Das ist z. B. dann der Fall, wenn wegen unzulässiger Wahlbeeinflussung oder wegen eines Verstoßes gegen die Bestimmungen über die Erteilung von Wahlscheinen eine Verdunkelungsgefahr besteht. [3]Wären lediglich andere Stimmenzahlen festzustellen, kann eine Ungültigerklärung nicht ausgesprochen werden.

[4]Aus der Ungültigerklärung muss sich ergeben,
- worin die Verletzung von Wahlvorschriften besteht,
- dass es wegen deren Verletzung möglicherweise zu einer unrichtigen Sitzverteilung oder Ämterverteilung gekommen ist,
- warum eine Berichtigung nicht zu einer richtigen Sitzverteilung oder Ämterverteilung führen würde und
- ab welchem Verfahrensschritt das Wahlverfahren bei der Nachwahl zu wiederholen ist und ob die Nachwahl auf die Abstimmung in allen oder in einzelnen Stimmbezirken oder auf die Briefwahl **oder einzelne Briefwahlvorstände** als solche beschränkt wird, weil sich die zur Ungültigerklärung führenden Wahlrechtsverstöße nur insoweit ausgewirkt haben können.

87.4 Sofortige Vollziehbarkeit

[1]Eine sofortige Vollziehbarkeit der Berichtigung oder der Ungültigerklärung einer Gemeinderats- oder Kreistagswahl anzuordnen, kommt grundsätzlich nur in Ausnahmefällen in Betracht (vgl. BayVGH, Beschluss vom 12. Juli 1984, Az. 4 CS 84 A. 1341, BayVBl. 1984, 723). [2]Die Anordnung einer sofortigen Vollziehbarkeit der Berichtigung oder der Ungültigerklärung der Wahl einer ersten Bürgermeisterin, eines ersten Bürgermeisters, einer Landrätin oder eines Landrats ist im Hinblick auf Art. 11 Abs. 5 KWBG nicht möglich.

[3]Die Anordnung einer Nachwahl setzt in jedem Fall eine bestandskräftige Ungültigerklärung der Wahl voraus.

[4]Die Entscheidung der Rechtsaufsichtsbehörde ist mit einer Rechtsbehelfsbelehrung zu versehen. [5]In ihr ist darauf hinzuweisen, dass Klage erhoben werden kann. [6]Das Vorverfahren nach § 68 VwGO entfällt (Art. 15 Abs. 2 AGVwGO).

88. Wahlanfechtung (Art. 51)

88.1 Anfechtungsbefugnis
Die anfechtende Person muss im Wahlkreis wahlberechtigt oder **eine in einem zugelassenen Wahlvorschlag aufgeführte sich bewerbende Person sein.**

88.2 Frist für Anfechtung, Begründung
[1]Bei Wahlanfechtungen ist zu beachten, dass die Anfechtungsfrist von 14 Tagen eine Ausschlussfrist ist; bei Fristversäumnis findet eine Wiedereinsetzung in den vorigen Stand nicht statt (Art. 55 Abs. 2 Satz 2). [2]Die Anfechtungsfrist ist von der mündlichen Verkündung des abschließenden Wahlergebnisses nach Art. 19 Abs. 3 Satz 5 an zu rechnen, nicht etwa von der Verkündung des vorläufigen Ergebnisses nach Art. 19 Abs. 3 Satz 1 oder der späteren Bekanntmachung nach § 92 Abs. 2 Satz 2.

[3]Sämtliche Tatsachen, auf die eine Wahlanfechtung gestützt wird, müssen bereits innerhalb der Anfechtungsfrist substantiiert dargelegt werden. [4]Nicht belegte Vermutungen, bloße Andeutungen einer Möglichkeit von Wahlfehlern oder ein knappes Wahlergebnis reichen hierfür nicht aus. [5]Nach Ablauf der Anfechtungsfrist vorgebrachte Tatsachen kann weder die Rechtsaufsichtsbehörde noch das Verwaltungsgericht der Entscheidung zugrunde legen. [6]Eine Wahlanfechtung ist deshalb auch dann als unbegründet zurückzuweisen, wenn die Wahl nicht aufgrund ihrer Begründung, sondern aufgrund anderer Wahlanfechtungen oder im Weg der Wahlprüfung für ungültig erklärt wird. [7]Die Rechtsaufsichtsbehörde kann aber verspätet eingegangene Begründungen bei der Wahlprüfung verwerten.

88.3 Entscheidung der Rechtsaufsichtsbehörde
[1]Wahlanfechtungsverfahren sind mit besonderer Beschleunigung zu bearbeiten. [2]Gegebenenfalls kann die Person, die die Wahl angefochten hat, Untätigkeitsklage erheben (§ 75 VwGO).

88a. Rechtsweg (Art. 51a)

[1]Art. 51a regelt die Klagebefugnis für die gerichtliche Wahlanfechtung. [2]Die ebenfalls enthaltene Zuweisung des Rechtswegs zu den Verwaltungsgerichten ist lediglich deklaratorisch, weil es sich bei kommunalwahlrechtlichen Streitigkeiten um öffentlich-rechtliche Streitigkeiten nichtverfassungsrechtlicher Art im Sinne von § 40 Abs. 1 Satz 1 VwGO handelt.

[3]Die Regelung sieht vor, dass Personen, die nicht geltend machen können, dass sie durch die Entscheidung der Rechtsaufsichtsbehörde über die Stattgabe oder Zurückweisung der Wahlanfechtung oder durch deren Unterlassung in ihren Rechten verletzt sind, mindestens fünf im Wahlkreis wahlberechtigte Personen benötigen, die ihr beitreten. [4]Der Beitritt vermittelt dem Anfechtenden landesrechtlich die Klagebefugnis für das verwaltungsgerichtliche Verfahren, ohne dass die Beitretenden selbst Kläger werden. [5]Die beitretenden Personen müssen im jeweiligen Wahlkreis wahlberechtigt sein. [6]Für nicht im Wahlkreis wahlberechtigte Personen, die in einem zugelassenen Wahlvorschlag als sich bewerbende Personen aufgeführt sind, scheidet ein Beitritt hingegen aus. [7]Auf diese Weise ist sichergestellt, dass eine gerichtliche Wahlanfechtung in den Fällen, in denen die anfechtende Person keine Verletzung in ihren Rechten im Sinne von § 42 Abs. 2 VwGO geltend machen kann, nur dann möglich ist, wenn im jeweiligen Wahlkreis vor Ort ein durch den Beitritt von mindestens fünf dort wahlberechtigten Personen manifestiertes Bedürfnis hierfür besteht.

Abschnitt 8
Kostenerstattung, Bekanntmachungen, Abstimmungsunterlagen, Statistik

89. Freistellungs- und Erstattungsanspruch, Kosten des Wahlverfahrens (Art. 53, 54)

[1]Der Freistellungs- und Erstattungsanspruch nach Art. 53 Abs. 1 besteht, soweit die Mitwirkung im Wahlverfahren erforderlich ist. [2]Der Begriff des Wahlverfahrens ist weit auszulegen, dazu zählen beispielsweise auch die Feststellung und Entscheidung nach Art. 48 Abs. 3 Satz 1. [3]Die Erforderlichkeit bezieht sich nicht nur auf die Mitwirkungshandlung selbst, sondern auch auf deren Erbringung während der Arbeitszeit.

[4]Durch Art. 54 Abs. 4 wird berücksichtigt, dass nach Art. 4 Abs. 1 Satz 1 VGemO die Verwaltungsgemeinschaft alle Angelegenheiten des übertragenen Wirkungskreises ihrer Mitgliedsgemeinden wahrnimmt, wozu auch die

Durchführung der Gemeindewahlen gehört. [5]Sie trägt deshalb auch die dabei anfallenden Kosten. [6]Die Zuständigkeit von Wahlorganen der Gemeinde bleibt unberührt.

90. Kostenerstattung durch den Landkreis (Art. 54, § 97)

90.1 Allgemeines

[1]Soweit den Gemeinden und den Verwaltungsgemeinschaften für die Durchführung der Landkreiswahlen Kosten zu erstatten sind, können die Landkreise nach tatsächlich entstandenen Kosten abrechnen. [2]Sie haben aber auch die Möglichkeit, die Kostenerstattung zu pauschalieren.

[3]Bei pauschalierter Kostenerstattung empfiehlt sich eine vorherige Absprache zwischen dem Landkreis und den Gemeinden.

[4]Ähnlich wie bei den übrigen Wahlen sollten für die Berechnung der Pauschale mehrere repräsentative Gemeinden verschiedener Größen ausgewählt werden. [5]Von den Gemeinden sollten nur Kosten erfragt werden, die das Landratsamt nicht selbst ermitteln kann. [6]Da beim Landratsamt die Wahlberechtigten, die Wählerinnen und Wähler, die Briefwählerinnen und Briefwähler, die Anzahl der Wahlvorstände oder der Briefwahlvorstände jeder Gemeinde bekannt sind, sind Erhebungen hierzu nicht erforderlich.

[7]Der Katalog in § 97 Abs. 1 ist nicht abschließend. [8]Berücksichtigt werden können insbesondere noch zusätzliche, das heißt außerhalb der laufenden Verwaltung entstandene Sach- und Personalkosten (z. B. notwendige Mieten für **Abstimmungsräume**, die nicht der Gemeinde gehören; Beförderungsentgelte für die Berufung oder die Einladung und die Unterrichtung der Mitglieder der Wahlvorstände und der Briefwahlvorstände).

90.2 Einzelheiten

[1]Kosten für die Ausstattung der Wahlräume mit Wahl**kabinen**, Tischen und Urnen einschließlich der hierfür anfallenden Personalkosten können nicht erstattet werden, da es sich um Aufgaben handelt, die die Gemeinden zu erledigen haben (siehe Art. 54 Abs. 2 Satz 2).

[2]Zu den Kosten für die Anlegung der Wählerverzeichnisse nach § 97 Abs. 1 Satz 2 Nr. 1 Buchst. d gehören auch die Kosten der Fortführung bis zur Auslegung und die Kosten der Berichtigungen.

[3]Die Kosten für Beschaffung bzw. Herstellung und Porto der Kontrollmitteilung zählen zu den erstattungsfähigen Kosten nach § 97 Abs. 1 Satz 2 Nr. 1 Buchst. g.

[4]§ 97 Abs. 1 Satz 2 Nr. 1 Buchst. i betrifft vor allem Wahlbriefe, die von der Gemeinde nicht freigemacht worden sind und von den wählenden Personen unfrei zurückgesandt werden (Nachentgelt), ferner solche, die von der ausgebenden Wahlbehörde nicht freigemacht werden können.

[5]Die Landratsämter haben bei der Ermittlung der Pauschale die kostengünstigste Beförderungsart zugrunde zu legen. [6]Die Beförderungsentgelte für Wahlbriefe lassen sich beim Landratsamt feststellen, wobei lediglich die Anzahl der beförderten Wahlbriefe von der Gemeinde zu ermitteln ist.

91. Bekanntmachungen (§ 98), Bekanntgabe

[1]Nach § 98 Nr. 1 hat die Bekanntmachung durch öffentlichen Anschlag **am Landratsamt,** am Rathaus und bei einer Gemeinde, die einer Verwaltungsgemeinschaft angehört, zusätzlich an der Geschäftsstelle der Verwaltungsgemeinschaft zu erfolgen. [2]Wenn alternativ eine Bekanntmachung entsprechend den Vorschriften für die Bekanntmachung von Satzungen gewählt wird, sind bei Gemeindewahlen die einschlägigen Vorschriften **des Bayerischen Digitalgesetzes (Art. 17 Abs. 3),** der Gemeindeordnung (Art. 26 Abs. 2) und **die Regelungen zu Bekanntmachungen der Bayerischen Verordnung zur Ausführung kommunalrechtlicher Vorschriften**, bei Landkreiswahlen die Vorschriften **des Bayerischen Digitalgesetzes (Art. 17 Abs. 3) und** der Landkreisordnung (Art. 20 Abs. 2) anzuwenden. [3]Es ist zulässig, wenn auch nicht vorgeschrieben, zusätzlich zu der gewählten Bekanntmachungsart auch noch auf andere Weise zu veröffentlichen (z. B. bei Bekanntmachung nach Satzungsrecht zusätzlich einen öffentlichen Anschlag). [4]**Bekanntmachungen** sind so lange zu belassen, wie deren Inhalt von Bedeutung ist.

[5]Von der förmlichen Bekanntmachung ist die Bekanntgabe zu unterscheiden, die lediglich den Charakter einer informierenden Mitteilung hat; § 98 ist insoweit – anders als bei Bekanntmachungen – nicht verbindlich. [6]Ist bei Landkreiswahlen eine zusätzliche Bekanntgabe in der Gemeinde vorgeschrieben (z. B. bei der Bekanntgabe der vom Landkreiswahlausschuss zugelassenen Wahlvorschläge nach § 51 Abs. 1 Satz 2), entscheidet die Gemeinde über die Art der Veröffentlichung (z. B. öffentlichen Anschlag).

92. Sicherung und Vernichtung der Wahlunterlagen (§§ 99, 100)

[1]Zu den in § 99 **Abs. 1** genannten Wahlunterlagen gehören insbesondere

- die Wählerverzeichnisse,
- die Wahlscheinanträge,
- die Vollmachten für die Beantragung und die Abholung von Wahlscheinen,

- die Wahlscheinverzeichnisse,
- die eingenommenen Wahlscheine,
- ein eventuelles Verzeichnis der für ungültig erklärten Wahlscheine,
- die nicht beschlussmäßig behandelten gültigen Stimmzettel,
- die nicht gekennzeichneten Stimmzettel,
- die Wahlvorschläge samt deren Beilagen,
- die Unterstützungslisten für Wahlvorschläge einschließlich etwaiger Eintragungsscheine,
- die Bekanntmachungen der Gemeinde und der Wahlleiterin oder des Wahlleiters,
- die Niederschriften der Wahlvorstände und der Briefwahlvorstände mit den dazugehörenden Unterlagen (z.B. beschlussmäßig behandelte Stimmzettel, Zähllisten, zurückgewiesene Wahlbriefe) sowie
- die Niederschriften des Wahlausschusses mit den Zusammenstellungen der Ergebnisse.

[2]Die Vernichtung von Wahlunterlagen setzt keinen Antrag der Gemeinde voraus. [3]Die Rechtsaufsichtsbehörden können von sich aus die Vernichtung zulassen. [4]Im Rahmen der Vernichtung von Wahlunterlagen mit personenbezogenem Inhalt muss eine Kenntnisnahme durch Unbefugte zu jeder Zeit ausgeschlossen werden.

93. Wahlstatistik (Art. 56)

[1]Eine repräsentative Statistik nach Art. 56 Abs. 2 ist nur bei Gemeindewahlen zulässig.

[2]Sollen nach Geschlecht und Altersgruppen gegliederte Statistiken der Wahlberechtigten und der wählenden Personen erstellt werden, sind in den dafür ausgewählten Stimmbezirken die Stimmzettel mit besonderen Unterscheidungsmerkmalen zu versehen. [3]Die Statistik darf nur in solchen Stimmbezirken durchgeführt werden, in denen jede Geschlechts- und Altersgruppe wenigstens so viele Wahlberechtigte aufweist, dass das Abstimmungsgeheimnis mit Sicherheit gewahrt bleibt. [4]Die Kriterien hierfür sind im Einvernehmen mit dem Landesamt für Statistik vor der Bestimmung der Auswahlbezirke festzulegen.

[5]Im Abstimmungsraum ist ein gut sichtbarer Hinweis auf die Durchführung einer repräsentativen Wahlstatistik anzubringen.

[6]Die statistische Auswertung der Stimmzettel darf erst nach Ermittlung und Feststellung des Wahlergebnisses im Stimmbezirk vorgenommen werden. [7]Die statistische Auswertung der Stimmzettel ist nicht durch den Wahlvorstand oder den Briefwahlvorstand, sondern durch die für die Durchführung

der Statistik zuständige Stelle im Sinne des Art. 56 Abs. 2 Satz 1 vorzunehmen. [8]Die Stimmzettel dürfen den mit der statistischen Auszählung beauftragten Personen nur so lange zur Verfügung gestellt werden, wie es die Aufbereitung der Daten erfordert.

[9]Untersuchungen, bei denen Angaben über die Wahlbeteiligung oder die Stimmabgabe aus verschiedenen Wahlen einzelfall- und personenbezogen zusammengeführt werden, gefährden das Wahlgeheimnis und sind daher unzulässig.

Abschnitt 9
Schlussbestimmungen

94. Anlagen

[1]Die Verwendung der Anlagen zu dieser Bekanntmachung wird empfohlen. [2]Abweichungen stellen für sich allein keinen Verstoß gegen wahlrechtliche Vorschriften dar.

95. Allgemeine Aufgaben der Aufsichtsbehörden bei der Vorbereitung und Durchführung der Wahlen

[1]Die Landratsämter und die Regierungen haben dafür zu sorgen, dass die Gemeinde- und Landkreiswahlen durch die Gemeinden und die Landkreise ordnungsgemäß vorbereitet und durchgeführt werden. [2]Es ist besonders darauf zu achten, dass die Wahlvorstände sachgemäß und rechtzeitig in ihre Aufgaben eingewiesen werden, damit eine fehlerfreie Durchführung der Wahl ermöglicht wird.

96. Inkrafttreten, Außerkrafttreten

[1]Diese Bekanntmachung tritt am **15. November 2024** in Kraft. [2]Mit Ablauf des **14. November 2024** tritt die Gemeinde- und Landkreiswahlbekanntmachung (GLKrWBek) vom **7. Mai 2019 (BayMBl. Nr. 188)** außer Kraft.

[3]Diese Bekanntmachung ist erstmals für die allgemeinen Gemeinde- und Landkreiswahlen im Jahr **2026** anzuwenden. [4]Für vorher stattfindende Gemeinde- und Landkreiswahlen ist die Bekanntmachung vom **7. Mai 2019** weiterhin anzuwenden.

[5]Diese Bekanntmachung tritt mit Ablauf des **14. November 2034** außer Kraft.

Amtliche Wahlbenachrichtigung

für die Wahl[1)]

☐ **des Gemeinderats,** ☐ **der ersten Bürgermeisterin oder des ersten Bürgermeisters,**

☐ **des Kreistags,** ☐ **der Landrätin oder des Landrats**

Gemeinde/VGem[2)]
Wahlamt
Straße
PLZ, Ort
Telefon
Telefax
E-Mail

Absender Wahlamt Gemeinde/VGem 12345 Musterort

Vorname(n), Familienname
Anschrift der/des Wahlberechtigten

Sprechzeiten/Öffnungszeiten[2)]

Wahltag: Sonntag, ...[3)]
Wahlzeit: 08.00 Uhr bis 18.00 Uhr

Abstimmungsraum:

...........................[3)]
....
....

Ihr Abstimmungsraum ist barrierefrei/nicht barrierefrei[2)]	alternativ: Symbol oder Piktogramm
Stimmbezirk	Wählerverzeichnis-Nr.
.....	.....

Sie sind im Wählerverzeichnis eingetragen und können im nebenstehend angegebenen **Abstimmungsraum** wählen. **Bringen Sie dazu bitte diese Wahlbenachrichtigung mit und halten Sie Ihren Personalausweis – ausländische Unionsbürgerinnen/Unionsbürger: Ihren Identitätsausweis – oder Reisepass bereit.** Sie dürfen Ihr Wahlrecht nur einmal und nur persönlich ausüben. Eine Ausübung des Wahlrechts durch eine Vertretung anstelle der wahlberechtigten Person ist unzulässig.

Wenn Sie durch **Briefwahl** oder in einem **anderen Abstimmungsraum** in Ihrem Wahlkreis wählen wollen, müssen Sie einen **Wahlschein beantragen**. Dafür haben Sie folgende Möglichkeiten:

- **Mit umseitigem Vordruck**: Den Antrag können Sie mit dem Vordruck auf der Rückseite dieses Schreibens stellen.
- **Ohne Vordruck:** Der Antrag kann auch ohne Vordruck schriftlich, elektronisch oder mündlich (**nicht** telefonisch) gestellt werden. Dabei sind Familienname, Vorname, Geburtsdatum und Wohnanschrift (Straße, Hausnr., Postleitzahl, Ort) anzugeben; bitte geben Sie auch dann die rechts abgedruckte Wählerverzeichnis-Nr. an.
  Der Antrag kann beim Wahlamt der Gemeinde/VGem[2)] (Anschrift siehe rechts oben) abgegeben oder in einem ausreichend frankierten Umschlag übersandt werden. Die Briefwahlunterlagen kommen per Post zu Ihnen.
- **Online**: Verwenden Sie den Antrag unter www.......de[3)] oder nutzen Sie den rechts stehenden QR-Code. Der Online-Antrag ist bis ....[3)] möglich. Die Briefwahlunterlagen kommen per Post zu Ihnen.
- **Persönliche Vorsprache**: Ab ....[4)] können Sie zum Wahlamt (Anschrift siehe rechts oben) gehen und dort Ihren Wahlschein mit Briefwahlunterlagen abholen oder gleich vor Ort wählen.

Wichtige Hinweise:

1. Wahlscheine (mit Briefwahlunterlagen) werden ab ....[4)] erteilt.
2. Wahlscheinanträge werden von der Gemeinde/VGem[2)] nur bis zum **.........[5)], 15 Uhr,** bei nachgewiesener plötzlicher Erkrankung auch noch bis zum Wahltag, 15 Uhr, entgegengenommen.
3. Wer für einen anderen einen Wahlschein beantragt oder abholt, muss eine schriftliche Vollmacht der/des Wahlberechtigten vorlegen.
4. Falls Sie Briefwahlunterlagen beantragt haben und Ihnen diese nicht rechtzeitig zugehen, haben Sie noch die Möglichkeit, bis spätestens **.........[6)], 12 Uhr** einen neuen Wahlschein mit Briefwahlunterlagen zu beantragen. **Ohne Wahlschein können Sie weder im Abstimmungsraum noch per Briefwahl wählen.**

Mit freundlichen Grüßen
Ihr Wahlamt

Bitte bewahren Sie die Wahlbenachrichtigung für eine eventuelle Stichwahl auf.[7)]

Weitere Informationen zu barrierefreien Abstimmungsräumen und Hilfsmitteln erhalten Sie telefonisch unter ....[3)] oder im Internet unter ......[3)]

Mit diesem QR-Code kommen Sie direkt zur Beantragung der Briefwahlunterlagen: QR-Code

Ein Heft und weitere Informationen in Leichter Sprache gibt es im Internet unter www.behindertenbeauftragter.bayern.de

Hinweise:
Etwaige Unrichtigkeiten in Ihrer Anschrift teilen Sie bitte der Gemeinde/VGem[2)] mit.

---

1) Zutreffendes ankreuzen oder Nichtzutreffendes streichen oder weglassen.
2) Nichtzutreffendes streichen oder weglassen.
3) Ausfüllen.
4) 20. Tag vor dem Wahltag.
5) Zweiter Tag vor dem Wahltag.
6) Erster Tag vor dem Wahltag.
7) Kommt wegen der Art der durchzuführenden Wahl eine Stichwahl nicht in Betracht, ist dieser Satz wegzulassen oder zu streichen.

Auf der Wahlbenachrichtigung können für den Abgleich mit dem Wählerverzeichnis Strichcodes angebracht werden, die die dafür notwendigen Angaben über die wahlberechtigte Person, die Nummer im Wählerverzeichnis und die Stimmberechtigung enthalten.

Nur ausfüllen, unterschreiben und absenden, **wenn** Sie durch Briefwahl oder **nicht** in Ihrem Abstimmungsraum, sondern in einem anderen Abstimmungsraum Ihres Wahlkreises wählen wollen. Bei Wahl in einem Abstimmungsraum müssen Sie dann den Wahlschein vorlegen.	Wahlscheinantrag bitte bei der Gemeinde/Verwaltungsgemeinschaft[2] (Wahlamt) abgeben oder bei Postversand **in einem ausreichend frankierten Umschlag** absenden (Anschrift siehe links unten).

Antrag auf Erteilung eines Wahlscheins mit Briefwahlunterlagen

für die Wahl[1] ☐ **des Gemeinderats,** ☐ **der ersten Bürgermeisterin oder des ersten Bürgermeisters,**

☐ **des Kreistags,** ☐ **der Landrätin oder des Landrats**

Zutreffendes bitte ankreuzen ☒ oder **in Druckschrift** ausfüllen.

Ich beantrage die Erteilung eines Wahlscheins mit Briefwahlunterlagen		☐ **als Vertreter/in für nebenstehend genannte Person**
Familienname, Vorname(n)		Wer den Antrag für eine andere Person stellt, muss durch Vorlage einer **schriftlichen** Vollmacht die Berechtigung hierfür nachweisen.
Geburtsdatum	Telefon-Nr. / E-Mail-Adresse für evtl. Rückfragen **(freiwillig)**	
Anschrift: Straße, Hausnummer, Postleitzahl, Ort		Eine schriftliche Vollmacht zum Nachweis meiner Berechtigung zur Antragstellung füge ich diesem Antrag bei.

☐ Sollte am zweiten Sonntag nach dem Wahltag eine **Stichwahl** stattfinden, beantrage ich auch hierfür die Erteilung eines Wahlscheins

Der Wahlschein mit den Briefwahlunterlagen soll

☐ an meine **oben genannte Anschrift** geschickt werden.

☐ (ggf. ab dem - Datum ______________) an folgende **andere Anschrift** geschickt werden:

Straße, Hausnummer, Postleitzahl, Ort, bei Versand ins Ausland: auch Staat

☐ wird von einer Person mit Vollmacht abgeholt. (Bitte in diesem Fall **zusätzlich nachfolgende Vollmacht** ausfüllen!)

Datum	**Unterschrift** der/des Wahlberechtigten oder – bei Vertretung – der/des Bevollmächtigten
X	**X**

Vollmacht der/des Wahlberechtigten (**nur** bei **Abholung** durch eine andere Person auszufüllen!)	
Ich bevollmächtige zur Entgegennahme des Wahlscheins mit Briefwahlunterlagen	
Frau/Herrn (Vor- und Familienname, Straße, Hausnummer, Postleitzahl, Ort)	
Mir ist bekannt, dass der Wahlschein mit den Briefwahlunterlagen durch die von mir benannte Person nur abgeholt werden darf, wenn eine schriftliche Vollmacht vorliegt (hierfür können Sie das vorliegende Formular verwenden) und von der bevollmächtigten Person nicht mehr als vier Wahlberechtigte vertreten werden.	
Datum X	Unterschrift der/des Wahlberechtigten (bitte in diesen Fällen unbedingt auch den **Antrag oben** unterschreiben!) X
Erklärung der/des Bevollmächtigten (**nicht** von der/dem Wahlberechtigten auszufüllen)	
Hiermit bestätige ich	Vor- und Familienname
den Erhalt der Unterlagen und versichere gegenüber der Gemeinde, dass ich nicht mehr als vier Wahlberechtigte bei der Empfangnahme der Briefwahlunterlagen vertrete.	
Datum	Unterschrift der/des Bevollmächtigten (bitte Ausweis vorlegen)

Gemeinde/VGem[2]
Wahlamt
……………………
……………………[3]

Nur für amtliche Vermerke:	
Eingegangen am	
Sperrvermerk „W" eingetragen	
Nr. des Wahlscheins	
Unterlagen ausgehändigt/abgesandt am	

[1] Zutreffendes ankreuzen oder Nichtzutreffendes streichen oder weglassen.
[2] Nichtzutreffendes streichen oder weglassen.
[3] Ausfüllen.

Gemeinde
Stimmbezirk
Zutreffendes ankreuzen ☒ oder in Druckschrift ausfüllen

Beurkundung des Abschlusses des Wählerverzeichnisses

für die Wahl[1) ☐ des Gemeinderats, ☐ der ersten Bürgermeisterin oder des ersten Bürgermeisters,

☐ des Kreistags, ☐ der Landrätin oder des Landrats

am ____________________

Die im Wählerverzeichnis aufgeführten Personen sind für die oben gekennzeichnete Wahl nach den Vorschriften des Gemeinde- und Landkreiswahlgesetzes und der Gemeinde- und Landkreiswahlordnung eingetragen worden.

Das Wählerverzeichnis wurde nach Bekanntmachung vom ________________ in der Zeit vom ________________ (20. Tag vor dem Wahltag) bis zum ________________ (16. Tag vor dem Wahltag) für die Wahlberechtigten zur Einsichtnahme bereitgehalten.

Das Wählerverzeichnis umfasst ________ Blätter.

Kennbuchstabe		Gemeinde (Verwaltungsgemeinschaft)				Wahlvorsteherin / Wahlvorsteher			
		Abschluss gemäß § 21 GLKrWO		Berichtigt nach Abschluss gemäß § 20 Abs. 1 GLKrWO[2)		Berichtigt gemäß § 59 Abs. 2 Satz 2 GLKrWO[3)		Berichtigt gemäß § 59 Abs. 2 Satz 3 GLKrWO[4)	
		Gemeinderatswahl Bürgermeisterwahl[4)	Kreistagswahl Landratswahl[5)	Gemeinderatswahl Bürgermeisterwahl[5)	Kreistagswahl Landratswahl[5)	Gemeinderatswahl Bürgermeisterwahl[5)	Kreistagswahl Landratswahl[5)	Gemeinderatswahl Bürgermeisterwahl[5)	Kreistagswahl Landratswahl[5)
A1	Wahlberechtigte laut Wählerverzeichnis **ohne** Sperrvermerk „W" (Wahlschein)								
A2	Wahlberechtigte laut Wählerverzeichnis **mit** Sperrvermerk „W" (Wahlschein)								
A1+A2	Wahlberechtigte im Wählerverzeichnis **insgesamt**								
	(Dienstsiegel)	Datum, Uhrzeit ________ Unterschrift der mit der Beurkundung beauftragten Person ________		Datum, Uhrzeit ________ Unterschrift der mit der Beurkundung beauftragten Person ________		Datum, Uhrzeit ________ Unterschrift der Wahlvorsteherin / des Wahlvorstehers ________		Datum, Uhrzeit ________ Unterschrift der Wahlvorsteherin / des Wahlvorstehers ________	

1) Zutreffendes ankreuzen oder Nichtzutreffendes streichen oder weglassen.
2) Nur ausfüllen, wenn nach Abschluss des Wählerverzeichnisses offensichtliche Unrichtigkeiten oder Unvollständigkeiten behoben werden, z. B. bei Verlust des Wahlrechts wegen Wegzugs.
3) Nur ausfüllen (und zwar vor Beginn der Abstimmung), wenn ein Verzeichnis über nachträglich ausgestellte Wahlscheine vorliegt. Im Wählerverzeichnis ist dann bei den entsprechenden Wahlberechtigten in der für den Vermerk der Stimmabgabe vorgesehenen Spalte der Vermerk „W" (Wahlschein) einzutragen.
4) Nur ausfüllen, wenn am Wahltag für erkrankte (eingetragene) Wahlberechtigte noch Wahlscheine ausgestellt worden sind.
5) Gegebenenfalls Nichtzutreffendes streichen. In der Spalte ist bei den Kennbuchstaben jeweils nur eine Zahl einzutragen.

Vorderseite des Stimmzettelumschlags für die Briefwahl

Das Format ist abhängig von Anzahl und Größe der Stimmzettel. Die Briefwählerinnen und Briefwähler müssen alle Stimmzettel ohne Schwierigkeiten einlegen können.

Die Farbe ist weiß oder weißlich. Treffen Gemeinde- oder Landkreiswahlen mit einer anderen Wahl oder einer Abstimmung zusammen, kann das Staatsministerium des Innern, für Sport und Integration die Farbe bestimmen.

Stimmzettelumschlag
für die Briefwahl

Rückseite des Stimmzettelumschlags für die Briefwahl

Nur Stimmzettel einlegen,
nicht den **Wahlschein,**
und
den **Stimmzettel**umschlag
zukleben.

Dann

- diesen verschlossenen **Stimmzettel**umschlag und
- den Wahlschein mit der unterschriebenen Versicherung an Eides statt zur Briefwahl

in den **hellroten** Wahlbriefumschlag einlegen.

Vorderseite des Wahlbriefumschlags für die Briefwahl

Das Format ist abhängig von Anzahl und Größe der Stimmzettel. Die Briefwählerinnen und Briefwähler müssen den Stimmzettelumschlag und den Wahlschein ohne Schwierigkeiten einlegen können.

Die Farbe ist hellrot. Treffen Gemeinde- oder Landkreiswahlen mit einer anderen Wahl oder einer Abstimmung zusammen, kann das Staatsministerium des Innern, für Sport und Integration die Farbe bestimmen.

Ausgabestelle: ....[1)]
(Gemeinde/Verwaltungsgemeinschaft, Ort)

Wahlschein Nr.: ....[1), 2)]

Stimmbezirk: ....[1), 2)]

[4)]

Wahlbrief

An[3)]

....

....

....

Rückseite des Wahlbriefumschlags für die Briefwahl

In diesen Wahlbriefumschlag müssen Sie einlegen:

1. den **verschlossenen weißen[5)] Stimmzettelumschlag** mit den darin befindlichen Stimmzetteln
und
2. den **Wahlschein** mit der unterschriebenen Versicherung an Eides statt.

Dann den Wahlbriefumschlag zukleben.

---

1) Die Angaben dürfen nicht in die Lesezone mit der Empfängerangabe hineinragen.

2) Die Wahlschein-Nr. ist von der Ausgabestelle anzugeben. Auf die Angabe des Stimmbezirks kann verzichtet werden, wenn keine Vorsortierung vorgenommen werden soll.

3) **Vollständige** Anschrift der Gemeinde/Verwaltungsgemeinschaft, bei der der Wahlbrief eingehen muss. Die Anschrift ist von der Ausgabestelle **maschinenlesbar** einzusetzen.

4) Die Vorgaben des Versanddienstleisters (z. B. Freimachungsvermerk und Maschinenlesbarkeit) sind zu beachten. Die allgemeinen Hinweise des Staatsministeriums des Innern, für Sport und Integration für Wahlbriefe anlässlich von Bundes- und Landeswahlen können sinngemäß herangezogen werden.

5) Treffen Gemeinde- oder Landkreiswahlen mit anderen Wahlen oder Abstimmungen zusammen, kann das Staatsministerium des Innern, für Sport und Integration die Farbe bestimmen.

Merkblatt für die Briefwahl
bei Gemeinde- und Landkreiswahlen

Sehr geehrte Wählerin!
Sehr geehrter Wähler!

Beiliegend erhalten Sie die Briefwahlunterlagen und zwar:

1. den Wahlschein, auf dem die Wahl bezeichnet ist, zu der Sie wahlberechtigt sind,
2. die Stimmzettel für die im Wahlschein bezeichneten Wahlen,
3. einen amtlichen weißen*) Stimmzettelumschlag,
4. einen hellroten*) Wahlbriefumschlag.

Sie können an der Wahl teilnehmen

1. gegen Abgabe des Wahlscheins und unter Vorlage des Personalausweises, bei ausländischen Unionsbürgerinnen und Unionsbürgern unter Vorlage eines Identitätsausweises, oder des Reisepasses durch **Stimmabgabe**
   - bei der **Gemeinderatswahl** und bei der **Bürgermeisterwahl** in jedem **Abstimmungsraum der Gemeinde**
   - bei der **Kreistagswahl** und bei der **Landratswahl** in jedem **Abstimmungsraum innerhalb des Landkreises; gilt der Wahlschein zugleich für Gemeindewahlen, kann die Stimmabgabe hierfür nur in dieser Gemeinde erfolgen**

   o d e r
2. durch **Briefwahl.**

Nach Art. 3 Abs. 4 des Gemeinde- und Landkreiswahlgesetzes darf jede stimmberechtigte Person ihr Stimmrecht nur einmal und nur persönlich ausüben. Wer unbefugt wählt oder sonst ein unrichtiges Ergebnis einer Wahl herbeiführt oder das Ergebnis verfälscht oder eine solche Tat versucht, wird nach § 107a Abs. 1 und 3 des Strafgesetzbuchs mit Freiheitsstrafe bis zu fünf Jahren oder mit Geldstrafe bestraft.

Wichtige Hinweise für Briefwählerinnen und Briefwähler

1. Die Stimmabgabe bei der Briefwahl ist nur gültig, wenn auf dem Wahlschein die **„Versicherung an Eides statt zur Briefwahl"** unterschrieben ist.
2. Legen Sie bitte den **Wahlschein** nicht in den weißen*) Stimmzettelumschlag, sondern zusammen mit dem weißen*) Stimmzettelumschlag **in den hellroten*) Wahlbriefumschlag**. Sonst ist die Stimmabgabe **ungültig.**
3. Wahlberechtigte, die des Lesens unkundig oder wegen einer Behinderung nicht in der Lage sind, den Stimmzettel zu kennzeichnen, können sich der Hilfe einer anderen Person bedienen. Die Hilfsperson muss das 16. Lebensjahr vollendet haben. Sie hat die „Versicherung an Eides statt zur Briefwahl" zu unterzeichnen. Die Hilfeleistung ist auf technische Hilfe bei der Kundgabe einer vom Wahlberechtigten selbst getroffenen und geäußerten Wahlentscheidung beschränkt. Unzulässig ist eine Hilfeleistung, die unter missbräuchlicher Einflussnahme erfolgt, die selbstbestimmte Willensbildung der Entscheidung des Wahlberechtigten ersetzt oder verändert oder wenn ein Interessenkonflikt der Hilfsperson besteht. Die Hilfsperson ist zur Geheimhaltung der Kenntnisse verpflichtet, die sie bei der Hilfeleistung von der Wahl einer anderen Person erlangt hat.
4. Versenden Sie den Wahlbrief bitte so rechtzeitig, dass er spätestens am Wahltag bis 18.00 Uhr bei dem auf dem Wahlbrief angegebenen Empfänger eingeht!

   Bei Versendung **innerhalb der Bundesrepublik Deutschland**[1] ist der Wahlbrief nicht freizumachen. Wünschen Sie eine besondere Beförderungsform, z. B. Expressbrief oder Einschreiben, müssen Sie das dafür fällige zusätzliche Leistungsentgelt selbst tragen.

   Bei Rücksendung aus dem **Ausland** muss für den Wahlbrief das im Einlieferungsland zu entrichtende Entgelt bezahlt werden.

   Der Wahlbrief kann auch bei der auf dem Wahlbriefumschlag angegebenen Behörde bis zum Ablauf der Abstimmungszeit abgegeben werden.

   Wahlbriefe, die am Wahltag nach Ablauf der Abstimmungszeit bei der zuständigen Behörde eingehen, werden nicht mehr berücksichtigt.

Hinweis für eine mögliche Stichwahl

Sollte am zweiten Sonntag nach dem Wahltag eine Stichwahl stattfinden, erhalten Sie keine erneute Wahlbenachrichtigung. Sie können dennoch an der Stichwahl teilnehmen. Dazu sollten Sie einen Ausweis mitbringen.

Sie können für die Stichwahl auch einen Wahlschein und Briefwahlunterlagen erhalten, wenn die Voraussetzungen hierfür vorliegen; dazu ist ein schriftlicher oder mündlicher (nicht telefonischer) Antrag notwendig.

---

*) Treffen Gemeinde- oder Landkreiswahlen mit anderen Wahlen oder Abstimmungen zusammen, kann das Staatsministerium des Innern, für Sport und Integration die Farbe bestimmen.

[1] Hier kann der von der Gemeinde gewählte Postdienstleister ergänzt werden: „durch die …". Wird ein bestimmter Postdienstleister angegeben, empfiehlt sich, diesem Absatz folgenden Satz 3 anzufügen: „Auch bei Beförderung durch einen anderen Postdienstleister ist das dafür fällige Leistungsentgelt in voller Höhe zu entrichten, ansonsten kann eine ordnungsgemäße Beförderung nicht gewährleistet werden."

Wegweiser für die Briefwahl

1. Alle Stimmzettel persönlich ausfüllen;
die Zahl der zu vergebenden Stimmen ist auf den Stimmzetteln vermerkt.

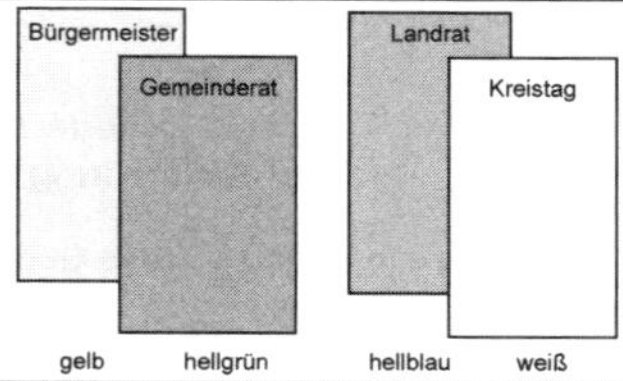

2. Jeden Stimmzettel für sich gefaltet einzeln in den **amtlichen weißen***) Stimmzettelumschlag stecken und zukleben.

Den **Wahlschein nicht** in den weißen*) Stimmzettelumschlag stecken.

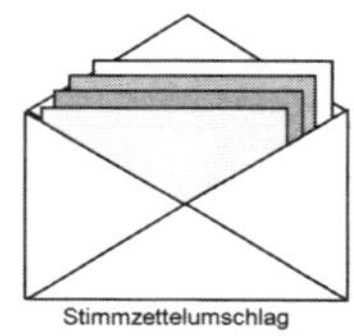

3. **„Versicherung an Eides statt zur Briefwahl"** auf dem Wahlschein mit Datum und Unterschrift versehen (Wahlschein nicht teilen oder zerschneiden).

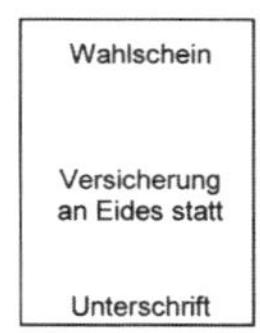

4. Folgende Unterlagen in den **hellroten***) Wahlbriefumschlag stecken:
- den **verschlossenen weißen***) Stimmzettelumschlag mit den darin befindlichen Stimmzetteln
  und
- den **Wahlschein.** Der Wahlschein darf sich **nicht** im weißen Stimmzettelumschlag befinden.

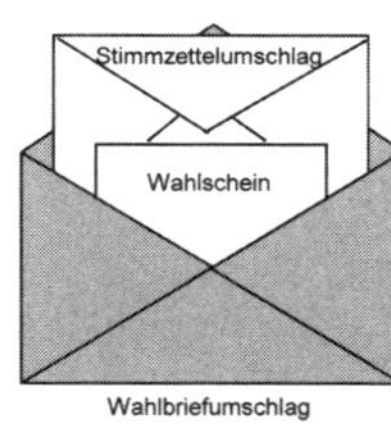

5. **Hellroten***) Wahlbriefumschlag zukleben, unfrankiert (im Ausland: frankiert) versenden oder bei der darauf angegebenen Behörde abgeben.

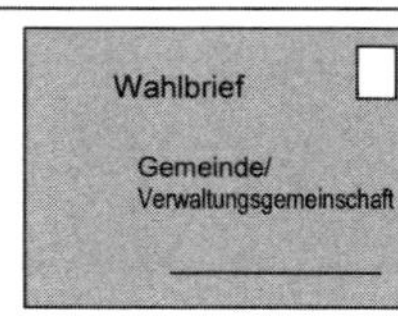

Beachten Sie bitte, dass die Stimmzettel **unbeobachtet auszufüllen** und in den Stimmzettelumschlag zu stecken sind!

*) Treffen Gemeinde- oder Landkreiswahlen mit anderen Wahlen oder Abstimmungen zusammen, kann das Staatsministerium des Innern, für Sport und Integration die Farbe bestimmen.

Partei oder Wählergruppe
Zutreffendes ankreuzen ☒ oder in Druckschrift ausfüllen

Datum

Niederschrift über die Versammlung zur Aufstellung der Bewerberinnen und der Bewerber

für die Wahl ☐ des Gemeinderats[1] ☐ der ersten Bürgermeisterin oder des ersten Bürgermeisters[1]

am ____________ **in der Gemeinde[1]** ____________

Partei oder Wählergruppe	Kurzbezeichnung

und – bei einem gemeinsamen Wahlvorschlag –

Partei oder Wählergruppe	Kurzbezeichnung
Partei oder Wählergruppe	Kurzbezeichnung

I. Ladung und Beschlussfähigkeit

1. Das vertretungsberechtigte Organ der

Partei oder Wählergruppe	
hat am (Datum)	durch (Form der Einladung)

und – bei einem gemeinsamen Wahlvorschlag –
das vertretungsberechtigte Organ der

Partei oder Wählergruppe	
hat am (Datum)	durch (Form der Einladung)
Partei oder Wählergruppe	
hat am (Datum)	durch (Form der Einladung)

☐ eine Versammlung von Anhängern / Mitgliedern[2] der Partei oder der Wählergruppe

☐ eine besondere Versammlung von Delegierten, die von Mitgliedern einer Partei oder Wählergruppe für die bevorstehende Aufstellung sich bewerbender Personen gewählt wurden

☐ eine allgemeine Delegiertenversammlung, die nach der Satzung einer Partei oder einer Wählergruppe allgemein für bevorstehende Wahlen bestellt wurde

auf den (Datum)	(Uhrzeit)
nach (Anschrift des Versammlungsraums mit Straße, Hausnummer, PLZ, Ort)	

zum Zweck der Aufstellung eines Wahlvorschlags einberufen.

2. [Zahl] wahlberechtigte Teilnehmer waren erschienen.

Ihre Vor- und Familiennamen sowie Anschriften ergeben sich aus der Anwesenheitsliste, die dieser Niederschrift beigelegt wird.

1) Für die Kreistagswahl und die Landratswahl ist das Muster anzupassen.
2) Nichtzutreffendes streichen oder weglassen.

3. Die Versammlung wurde geleitet von

Familienname, Vorname

4. Die Versammlungsleiterin / der Versammlungsleiter stellte fest,

4.1 dass die Wahlberechtigung aller Erschienenen, die Anspruch auf Teilnahme an der Abstimmung erhoben haben, festgestellt worden ist,

4.2 bei einer allgemeinen Delegiertenversammlung, dass die Mehrheit der Delegierten nicht früher als zwei Jahre vor dem Monat, in dem der Wahltag liegt, gewählt worden ist,

4.3 dass geheim abzustimmen ist und dass die Namen der gewünschten sich bewerbenden Personen auf dem Stimmzettel unbeobachtet zu vermerken oder zu kennzeichnen sind,

4.4 dass jede an der Aufstellungsversammlung teilnahmeberechtigte Person vorschlagsberechtigt ist,

4.5 dass die sich für die Aufstellung bewerbenden Personen Gelegenheit hatten, sich und ihr Programm der Versammlung in angemessener Zeit vorzustellen.

II. Wahl der sich bewerbenden Personen für das Amt eines Gemeinderatsmitglieds[3)]

1. Wahlverfahren

Die Versammlungsleiterin / der Versammlungsleiter stellte fest, dass

1.1 ☐ nach den Festlegungen der Partei oder der Wählergruppe als sich bewerbende Person gewählt ist, wer

Art des Wahlverfahrens

1.2 ☐ über das Verfahren für die Wahl der sich bewerbenden Personen keine Festlegungen der Partei oder der Wählergruppe bestehen und dass die Aufstellungsversammlung deshalb beschließen muss, nach welchem Wahlverfahren die sich bewerbenden Personen gewählt werden sollen.

Die **Aufstellungsversammlung beschloss**, die sich bewerbenden Personen nach folgendem **Wahlverfahren** zu wählen:

☐ Für die Bewerbungen auf den Listenplätzen ☐ bis ☐ :
Es wird über jede vorgeschlagene Person einzeln mit „ja" oder „nein" geheim abgestimmt.

☐ Für die Bewerbungen auf den Listenplätzen ☐ bis ☐ :
Es werden auf einem vorbereiteten Stimmzettel Stimmen an die dort aufgeführten Personen geheim vergeben. Jeder Versammlungsteilnehmer hat so viele Stimmen, wie sich bewerbende Personen zu wählen sind, wobei jede Person bis zu drei Stimmen erhalten kann.

☐ Für die Bewerbungen auf den Listenplätzen ☐ bis ☐ :
Es wird über eine vorbereitete Liste oder über Teile einer solchen Liste von vorgeschlagenen Personen im Ganzen in einem Wahlgang (Blockwahl) mit „ja" oder „nein" geheim abgestimmt. Änderungsanträge zu einzelnen Blöcken werden zugelassen; über sie wird vorweg geheim abgestimmt. Streichungen von Namen sind zulässig.

Streichungen gelten für die betroffenen Personen als ☐ Nein-Stimmen ☐ Enthaltungen.

☐

Art des Wahlverfahrens

Abstimmungsergebnis: ☐ zu ☐

3) Für die Kreistagswahl ist das Muster anzupassen.

GLKrWBek

2. Wahl der sich bewerbenden Personen

2.1 Die Wahl der vorgeschlagenen Personen ergab folgendes Ergebnis:

Reihen-folge	Familienname, Vorname	Anschrift	Stimmen oder Stimmenverhältnis

2.2 Festlegung der **Reihenfolge**

☐ Bei der Wahl der sich bewerbenden Personen wurde gleichzeitig über die Reihenfolge abgestimmt.

☐ Die Versammlung legte in geheimer Abstimmung fest, dass sich die Reihenfolge der gewählten Personen nach den erreichten Höchststimmenzahlen richtet.

☐ Die Versammlung stimmte über die Reihenfolge der sich bewerbenden Personen

Nr(n). ______ einzeln

Nr(n). ______ gemeinsam

geheim ab.

2.3 Die Reihenfolge der sich bewerbenden Personen wurde unter Nr. 2.1 in der ersten Spalte eingetragen.

2.4 **Mehrfache Aufführung** im Wahlvorschlag

Die Versammlung entschied in geheimer Abstimmung, folgende sich bewerbende Personen mehrfach aufzuführen und zwar

2.4.1 dreifach:

Familienname, Vorname	Stimmen oder Stimmenverhältnis

2.4.2 zweifach:

Familienname, Vorname	Stimmen oder Stimmenverhältnis

3. Wahl von Ersatzleuten

3.1 Die Wahl der vorgeschlagenen Personen ergab folgendes Ergebnis:

Reihen-folge	Familienname, Vorname	Anschrift	Stimmen oder Stimmenverhältnis

3.2 Festlegung der **Reihenfolge**

☐ Bei der Wahl der Ersatzleute wurde gleichzeitig über die Reihenfolge abgestimmt.

☐ Die Versammlung legte in geheimer Abstimmung fest, dass sich die Reihenfolge der gewählten Personen nach den erreichten Höchststimmenzahlen richtet.

☐ Die Versammlung stimmte über die Reihenfolge der Ersatzleute

Nr(n). ☐ einzeln

Nr(n). ☐ gemeinsam

geheim ab.

3.3 Die Reihenfolge der Ersatzleute wurde unter Nr. 3.1 in der ersten Spalte eingetragen.

3.4 Die Versammlung entschied, dass die **Ersatzleute** nach folgendem Verfahren **nachrücken**:

☐ Die in der Reihenfolge nach den Ausgeschiedenen aufgeführten sich bewerbenden Personen rücken um eine entsprechende Anzahl von Plätzen nach vorne. Die Ersatzleute rücken in der in Nr. 3.1 aufgeführten Reihenfolge in die Bewerberliste nach.

☐ Die Ersatzleute nehmen in der in Nr. 3.1 aufgeführten Reihenfolge die Plätze der Ausgeschiedenen ein.

☐ Die nachgerückten Ersatzleute werden so oft aufgeführt wie die Ausgeschiedenen.

☐ Die Versammlung beschloss, als Ersatz für Ausgeschiedene die im Wahlvorschlag bereits benannten sich bewerbenden Personen von oben nach unten so lange zweifach / dreifach[4)] aufzuführen, bis die zulässige Bewerberhöchstzahl wieder erreicht ist.

Abstimmungsergebnis: ☐ zu ☐

GLKrWBek

[4)] Nichtzutreffendes streichen.

4. Beauftragte Personen

Die Versammlung bestellte durch Beschluss als beauftragte Person für den Wahlvorschlag:

4.1 Beauftragte Person:

Familienname, Vorname
Anschrift

Abstimmungsergebnis: ______ zu ______

4.2 Stellvertretung:

Familienname, Vorname
Anschrift

Abstimmungsergebnis: ______ zu ______

5. Mehrheitswahl

Wird zur Wahl des Gemeinderats[5] bis ....,[6] 18 Uhr, insgesamt nur ein Wahlvorschlag eingereicht, kann dieser bis ....[7], 18 Uhr, auf doppelt so viele sich bewerbende Personen ergänzt werden, wie ehrenamtliche Gemeinderatsmitglieder[5] zu wählen sind.

☐ Die Versammlung entschied für den Fall, dass bis ....,[6] 18 Uhr, nur ein Wahlvorschlag eingereicht wird, dass die Ersatzleute in der in Nr. 3.1 aufgeführten Reihenfolge im Anschluss an die Bewerberliste in Nr. 2.1 als weitere sich bewerbende Personen ergänzt werden, bis die maximal zulässige Bewerberzahl erreicht wird.

☐ Die Versammlung hat für den Fall, dass bis ....,[6] 18 Uhr, nur ein Wahlvorschlag eingereicht wird, die zusätzlichen sich bewerbenden Personen und ggf. die Ersatzleute in einem weiteren Wahlverfahren entsprechend Nr. II.1, II.2 und II.3 ermittelt (siehe Beiblatt).

6. Kennwort bei einem gemeinsamen Wahlvorschlag

Bei einem gemeinsamen Wahlvorschlag sollen die Kennwörter in folgender Reihenfolge aufgeführt werden:

1.	Partei oder Wählergruppe	Kurzbezeichnung
2.	Partei oder Wählergruppe	Kurzbezeichnung

GLKrWBek

[5] Für die Kreistagswahl ist das Muster anzupassen.
[6] Datum (52. Tag vor dem Wahltag) einfügen.
[7] Datum (48. Tag vor dem Wahltag) einfügen.

III. Wahl der sich bewerbenden Personen für das Amt der ersten Bürgermeisterin oder des ersten Bürgermeisters[8)]

1. Wahlverfahren

Der Versammlungsleiter / die Versammlungsleiterin stellte fest, dass

☐ nach den Festlegungen der Partei oder der Wählergruppe als sich bewerbende Person gewählt ist, wer

Art des Wahlverfahrens

☐ über das Verfahren für die Wahl der sich bewerbenden Person keine besonderen Regelungen bestehen; als sich bewerbende Person ist somit gewählt, wer mehr als die Hälfte der abgegebenen gültigen Stimmen erhält.

2. Wahl der sich bewerbenden Personen

2.1 Die Wahl der vorgeschlagenen Personen ergab folgendes Ergebnis:

Familienname, Vorname	Anschrift	Stimmen oder Stimmenverhältnis
	Stimmenthaltungen	
	Ungültige Stimmen	
	zusammen	

Hiernach erhielt die erforderliche Mehrheit:

☐

Familienname, Vorname

☐ keine der vorgeschlagenen Personen.

☐ Es fand eine Stichwahl zwischen den beiden Personen mit den höchsten Stimmenzahlen statt (Nr. 2.2).

☐ Da mehr als zwei Personen die höchste Stimmenzahl erhalten haben, war der erste Wahlgang zu wiederholen (Nr. 2.1).

☐ Da Stimmengleichheit hinsichtlich der Personen mit der zweithöchsten Stimmenzahl vorlag, musste durch Losentscheid ermittelt werden, wer von ihnen neben der Person mit der höchsten Stimmenzahl an der Stichwahl teilnahm.

2.2 In einer **Stichwahl** wurde zwischen folgenden Personen mit nachstehendem Ergebnis abgestimmt:

Familienname, Vorname	Stimmen oder Stimmenverhältnis
Stimmenthaltungen	
Ungültige Stimmen	
zusammen	

8) Für die Landratswahl ist das Muster anzupassen.

GLKrWBek

Hiernach

☐ wurde als sich bewerbende Person gewählt:

Familienname, Vorname

☐ erhielt keine der vorgeschlagenen Personen die erforderliche Stimmenmehrheit, da sich Stimmengleichheit ergab; es musste **das Los entscheiden**. Danach ist sich bewerbende Person:

Familienname, Vorname

3. Wahl von Ersatzleuten

3.1 Entweder:

3.1.1 ☐ Die Wahl der vorgeschlagenen Personen ergab folgendes Ergebnis:

Familienname, Vorname	Anschrift	Stimmen oder Stimmenverhältnis
	Stimmenthaltungen	
	Ungültige Stimmen	
	zusammen	

Hiernach erhielt die erforderliche Mehrheit:

☐

Familienname, Vorname

☐ keine der vorgeschlagenen Personen.

☐ Es fand eine Stichwahl zwischen den beiden Personen mit den höchsten Stimmenzahlen statt (Nr. 3.1.2).

☐ Da mehr als zwei Personen die höchste Stimmenzahl erhalten haben, war der erste Wahlgang zu wiederholen (Nr. 3.1.1).

☐ Da Stimmengleichheit hinsichtlich der Personen mit der zweithöchsten Stimmenzahl vorlag, musste durch Losentscheid ermittelt werden, wer von ihnen neben der Person mit der höchsten Stimmenzahl an der Stichwahl teilnahm.

3.1.2 In einer **Stichwahl** wurde zwischen folgenden Ersatzleuten mit nachstehendem Ergebnis abgestimmt:

Familienname, Vorname	Stimmen oder Stimmenverhältnis
Stimmenthaltungen	
Ungültige Stimmen	
zusammen	

Hiernach

☐ wurde als ersatzweise sich bewerbende Person gewählt:

Familienname, Vorname

☐ erhielt keine der vorgeschlagenen Personen die erforderliche Stimmenmehrheit, da sich Stimmengleichheit ergab; es musste **das Los entscheiden**. Danach ist ersatzweise sich bewerbende Person:

Familienname, Vorname

GLKrWBek

3.2 Oder:

☐ Für den Fall, dass die sich bewerbende Person ausscheiden sollte, beschloss die Versammlung in geheimer Abstimmung, dass als ersatzweise sich bewerbende Person die Person mit der zweithöchsten Stimmenzahl oder, falls eine Stichwahl stattgefunden hat, die in der Stichwahl nicht gewählte Person den Platz der ausgeschiedenen sich bewerbenden Person einnimmt.

Abstimmungsergebnis: ☐ zu ☐

4. Gemeinsamer Wahlvorschlag bei getrennter Aufstellungsversammlung

Die Versammlung fasste folgenden Beschluss:

☐ Es soll mit **keinem** weiteren Wahlvorschlagsträger ein gemeinsamer Wahlvorschlag eingereicht werden.

☐ Es besteht damit Einverständnis, dass die sich bewerbende Person für folgende Parteien oder Wählergruppen als gemeinsame Bewerberin / gemeinsamer Bewerber auftritt:

Partei oder Wählergruppe	Kurzbezeichnung(en)
Partei oder Wählergruppe	Kurzbezeichnung(en)
Partei oder Wählergruppe	Kurzbezeichnung(en)

Abstimmungsergebnis: ☐ zu ☐

☐ Für den Fall, dass ein gemeinsamer Wahlvorschlag nicht zustande kommt, besteht damit Einverständnis, dass die sich bewerbende Person nur als Bewerber der die vorliegende Aufstellungsversammlung durchführenden Partei oder Wählergruppe auftritt.

Abstimmungsergebnis: ☐ zu ☐

5. Beauftragte Personen

5.1 Die Versammlung bestellte durch Beschluss als beauftragte Person für den Wahlvorschlag:

Beauftragte Person:

Familienname, Vorname
Anschrift

Abstimmungsergebnis: ☐ zu ☐

5.2 Stellvertretung:

Familienname, Vorname
Anschrift

Abstimmungsergebnis: ☐ zu ☐

6. Kennwort bei einem gemeinsamen Wahlvorschlag

Bei einem gemeinsamen Wahlvorschlag sollen die Kennwörter in folgender Reihenfolge aufgeführt werden:

1.	Partei oder Wählergruppe	Kurzbezeichnung
2.	Partei oder Wählergruppe	Kurzbezeichnung

IV. Zurücknahme des Wahlvorschlags

Die beauftragte Person wird verpflichtet, den Wahlvorschlag zur Wahl

☐ des Gemeinderats[9] ☐ der ersten Bürgermeisterin oder des ersten Bürgermeisters[9]

unter folgenden Voraussetzungen zurückzunehmen:

Abstimmungsergebnis: ______ zu ______

V. Unterschriften

Die Unterzeichnenden versichern, dass diese Niederschrift dem Verlauf der Aufstellungsversammlung entspricht und dass insbesondere

- **die Vorschriften über die Ladung zur Aufstellungsversammlung und zur Beschlussfähigkeit beachtet wurden,**
- **über die Aufstellung der sich bewerbenden Personen und Ersatzleute geheim abgestimmt wurde,**
- **über die Reihenfolge der sich bewerbenden Personen geheim abgestimmt wurde,**
- **über eine etwaige mehrfache Aufführung sich bewerbender Personen geheim abgestimmt wurde,**
- **jede wahlberechtigte Teilnehmerin / jeder wahlberechtigte Teilnehmer der Aufstellungsversammlung vorschlagsberechtigt war und**
- **den sich für die Aufstellung bewerbenden Personen Gelegenheit gegeben wurde, sich und ihr Programm der Versammlung in angemessener Zeit vorzustellen.**

Der Leiter / die Leiterin der Versammlung:

Familienname, Vorname und Anschrift in Druckschrift **und** Unterschrift

Zwei weitere wahlberechtigte Teilnehmende:

1.	2.
Familienname, Vorname und Anschrift in Druckschrift **und** Unterschrift	Familienname, Vorname und Anschrift in Druckschrift **und** Unterschrift

Anlage(n): Anwesenheitsliste

☐ ggf. Beiblatt zu Nr. II.5

[9] Für die Kreistagswahl und die Landratswahl ist das Muster anzupassen.

Partei oder Wählergruppe
Zutreffendes ankreuzen ☒ oder in Druckschrift ausfüllen

Datum

An
die Wahlleiterin oder den Wahlleiter der Gemeinde*)

____

____

_______ ___________________________

Eingangsstempel

Voraussichtliche Ordnungszahl: _______

(Nur von der Wahlleiterin oder dem Wahlleiter auszufüllen)

☐ **Wahlvorschlag** ☐ **Gemeinsamer Wahlvorschlag**

für die Wahl des Gemeinderats*)

am ________________ in der Gemeinde*) ________________________________

Name(n) der Partei(en) oder der Wählergruppe(n)	Die Wählergruppe ist
	☐ organisiert ☐ nicht organisiert
	☐ organisiert ☐ nicht organisiert
	☐ organisiert ☐ nicht organisiert

Anlagen:
___ Nachweis der Organisation[1]
___ Niederschrift über die Aufstellungsversammlung mit Anwesenheitsliste[2]
___ Zustimmungserklärungen der sich bewerbenden Personen und der Ersatzleute[3]
___ Erklärung der sich bewerbenden Person, dass sie bei Wahlen für ein gleichartiges Amt, die am selben Tag stattfinden, nur in einem Wahlkreis aufgestellt wird[3]
___ Erklärung der sich bewerbenden Person, dass sie nicht von der Wählbarkeit ausgeschlossen ist[3]
___ gemeindliche Bescheinigung über die Wählbarkeit (bei Landkreiswahlen)[4]
___ ggf. gemeindliche Bescheinigung über das Nichtvorliegen von Ausschlussgründen für die Wählbarkeit[4]

Kennwort des Wahlvorschlags:

	Kurzbezeichnung(en)

Beauftragte Person für den Wahlvorschlag:

Familienname, Vorname	Telefon
Anschrift	E-Mail

Stellvertretende beauftragte Person für den Wahlvorschlag:

Familienname, Vorname	Telefon
Anschrift	E-Mail

*) Für die Kreistagswahl ist das Muster anzupassen.
[1] Wird kein Nachweis über die Organisation erbracht, gilt die Wählergruppe als nicht organisiert.
[2] = Anlage 7
[3] = Anlage 11a
[4] = Anlage 12

GLKrWBek

Sich bewerbende Personen:

Wichtige Hinweise:

1. Angaben zum **Geburtsnamen** sind nur dann aufzunehmen, wenn die Angabe auf dem Stimmzettel von der Bewerberin oder dem Bewerber ausdrücklich gewünscht wird und die Namensänderung am Wahltag nicht länger als zwei Jahre zurückliegt.
2. Die Verwendung des **Geburtsjahres** ist nur dann mit „ja" anzugeben, wenn die Angabe auf dem Stimmzettel von der Bewerberin oder dem Bewerber ausdrücklich gewünscht wird.

<table>
<tr><td>Lfd. Nr.</td><td colspan="2">Familienname</td><td>ggf. Geburtsname[5] (falls erwünscht)</td><td colspan="2">Vorname</td><td colspan="2">akademische Grade</td></tr>
<tr><td rowspan="2">___</td><td>Tag der Geburt</td><td>Geburtsjahr erwünscht?[6]
☐ ja ☐ nein</td><td>Geschlecht[7]
☐ M ☐ W ☐ D</td><td colspan="2">Beruf oder Stand[8]</td><td colspan="2">ggf. kommunale Ehrenämter, sonstige Ämter[9]</td></tr>
<tr><td colspan="4">Anschrift</td><td colspan="2">ggf. Gemeindeteil[10]</td><td>Mehrfachaufführung
________-fach</td></tr>
<tr><td>Lfd. Nr.</td><td colspan="2">Familienname</td><td>ggf. Geburtsname[5] (falls erwünscht)</td><td colspan="2">Vorname</td><td colspan="2">akademische Grade</td></tr>
<tr><td rowspan="2">___</td><td>Tag der Geburt</td><td>Geburtsjahr erwünscht?[6]
☐ ja ☐ nein</td><td>Geschlecht[7]
☐ M ☐ W ☐ D</td><td colspan="2">Beruf oder Stand[8]</td><td colspan="2">ggf. kommunale Ehrenämter, sonstige Ämter[9]</td></tr>
<tr><td colspan="4">Anschrift</td><td colspan="2">ggf. Gemeindeteil[10]</td><td>Mehrfachaufführung
________-fach</td></tr>
<tr><td>Lfd. Nr.</td><td colspan="2">Familienname</td><td>ggf. Geburtsname[5] (falls erwünscht)</td><td colspan="2">Vorname</td><td colspan="2">akademische Grade</td></tr>
<tr><td rowspan="2">___</td><td>Tag der Geburt</td><td>Geburtsjahr erwünscht?[6]
☐ ja ☐ nein</td><td>Geschlecht[7]
☐ M ☐ W ☐ D</td><td colspan="2">Beruf oder Stand[8]</td><td colspan="2">ggf. kommunale Ehrenämter, sonstige Ämter[9]</td></tr>
<tr><td colspan="4">Anschrift</td><td colspan="2">ggf. Gemeindeteil[10]</td><td>Mehrfachaufführung
________-fach</td></tr>
<tr><td>Lfd. Nr.</td><td colspan="2">Familienname</td><td>ggf. Geburtsname[5] (falls erwünscht)</td><td colspan="2">Vorname</td><td colspan="2">akademische Grade</td></tr>
<tr><td rowspan="2">___</td><td>Tag der Geburt</td><td>Geburtsjahr erwünscht?[6]
☐ ja ☐ nein</td><td>Geschlecht[7]
☐ M ☐ W ☐ D</td><td colspan="2">Beruf oder Stand[8]</td><td colspan="2">ggf. kommunale Ehrenämter, sonstige Ämter[9]</td></tr>
<tr><td colspan="4">Anschrift</td><td colspan="2">ggf. Gemeindeteil[10]</td><td>Mehrfachaufführung
________-fach</td></tr>
</table>

Ersatzleute:

<table>
<tr><td>Lfd. Nr.</td><td colspan="2">Familienname</td><td>ggf. Geburtsname[5] (falls erwünscht)</td><td colspan="2">Vorname</td><td colspan="2">akademische Grade</td></tr>
<tr><td rowspan="2">___</td><td>Tag der Geburt</td><td>Geburtsjahr erwünscht?[6]
☐ ja ☐ nein</td><td>Geschlecht[7]
☐ M ☐ W ☐ D</td><td colspan="2">Beruf oder Stand[8]</td><td colspan="2">ggf. kommunale Ehrenämter, sonstige Ämter[9]</td></tr>
<tr><td colspan="4">Anschrift</td><td colspan="2">ggf. Gemeindeteil[10]</td><td>Mehrfachaufführung
________-fach</td></tr>
<tr><td>Lfd. Nr.</td><td colspan="2">Familienname</td><td>ggf. Geburtsname[5] (falls erwünscht)</td><td colspan="2">Vorname</td><td colspan="2">akademische Grade</td></tr>
<tr><td rowspan="2">___</td><td>Tag der Geburt</td><td>Geburtsjahr erwünscht?[6]
☐ ja ☐ nein</td><td>Geschlecht[7]
☐ M ☐ W ☐ D</td><td colspan="2">Beruf oder Stand[8]</td><td colspan="2">ggf. kommunale Ehrenämter, sonstige Ämter[9]</td></tr>
<tr><td colspan="4">Anschrift</td><td colspan="2">ggf. Gemeindeteil[10]</td><td>Mehrfachaufführung
________-fach</td></tr>
<tr><td>Lfd. Nr.</td><td colspan="2">Familienname</td><td>ggf. Geburtsname[5] (falls erwünscht)</td><td colspan="2">Vorname</td><td colspan="2">akademische Grade</td></tr>
<tr><td rowspan="2">___</td><td>Tag der Geburt</td><td>Geburtsjahr erwünscht?[6]
☐ ja ☐ nein</td><td>Geschlecht[7]
☐ M ☐ W ☐ D</td><td colspan="2">Beruf oder Stand[8]</td><td colspan="2">ggf. kommunale Ehrenämter, sonstige Ämter[9]</td></tr>
<tr><td colspan="4">Anschrift</td><td colspan="2">ggf. Gemeindeteil[10]</td><td>Mehrfachaufführung
________-fach</td></tr>
</table>

---

5) Falls dies auf Wunsch der sich bewerbenden Person in den Stimmzettel aufgenommen werden soll. Dies ist nur möglich, wenn sich die Namensführung innerhalb von zwei Jahren vor dem Wahltag geändert hat.
6) Falls dies auf ausdrücklichen Wunsch der sich bewerbenden Person in den Stimmzettel aufgenommen werden soll.
7) Für wahlstatistische Zwecke erforderlich.
8) Es ist nur eine Angabe möglich.
9) Das Amt muss aktuell ausgeübt werden. Kommunale Ehrenämter sind unentgeltliche, mit Beauftragung durch ein Gemeinde- oder Kreisorgan ausgeübte Verwaltungstätigkeiten der Gemeinde oder des Landkreises. Sonstige Ämter sind nur die im Grundgesetz und in der Verfassung vorgesehenen Ämter.
10) Der amtliche Name des Gemeindeteils kann angegeben werden, wenn er in den Stimmzettel aufgenommen werden soll.

Unterschriften der Unterzeichnenden des Wahlvorschlags:[11)]

Lfd. Nr.	Familienname, Vorname	Anschrift	Unterschrift
1			
2			
3			
4			
5			
6			
7			
8			
9			
10			
11			
12			

Unterschrift des/der Vertretungsberechtigten der Partei(en) oder der Wählergruppe(n)

11) Der Wahlvorschlag muss von mindestens zehn Wahlberechtigten unterzeichnet sein, die am 48. Tag vor dem Wahltag wahlberechtigt sind.

Partei oder Wählergruppe
Zutreffendes ankreuzen ☒ oder in Druckschrift ausfüllen

Datum

An
die Wahlleiterin oder den Wahlleiter der Gemeinde*)

____

____

_____ ____________________

Eingangsstempel

Voraussichtliche Ordnungszahl: _______
(Nur von der Wahlleiterin oder dem Wahlleiter auszufüllen)

☐ **Wahlvorschlag** ☐ **Gemeinsamer Wahlvorschlag**

für die Wahl der ersten Bürgermeisterin oder des ersten Bürgermeisters*)

am ______________ in der Gemeinde*) ______________________________

Name(n) der Partei(en) oder der Wählergruppe(n)	Die Wählergruppe ist
	☐ organisiert ☐ nicht organisiert
	☐ organisiert ☐ nicht organisiert
	☐ organisiert ☐ nicht organisiert

Anlagen:
- ___ Nachweis der Organisation[1)]
- ___ Niederschrift über die Aufstellungsversammlung mit Anwesenheitsliste[2)]
- ___ Zustimmungserklärungen der sich bewerbenden Person ggf. mit der Erklärung über eine gemeinsame Bewerbung[3)]
- ___ Erklärung der sich bewerbenden Person, dass sie bei Wahlen für ein gleichartiges Amt, die am selben Tag stattfinden, nur in einem Wahlkreis aufgestellt wird[3)]
- ___ Erklärung der sich bewerbenden Person, dass sie nicht von der Wählbarkeit ausgeschlossen ist[3)]
- ___ gemeindliche Bescheinigung über die Wählbarkeit[4)]
- ___ gemeindliche Bescheinigung über das Nichtvorliegen von Ausschlussgründen für die Wählbarkeit[4)]

Kennwort des Wahlvorschlags:

	Kurzbezeichnung(en)

Beauftragte Person für den Wahlvorschlag:

Familienname, Vorname	Telefon
Anschrift	E-Mail

Stellvertretende beauftragte Person für den Wahlvorschlag:

Familienname, Vorname	Telefon
Anschrift	E-Mail

*) Für die Landratswahl ist das Muster anzupassen.
1) Wird kein Nachweis über die Organisation erbracht, gilt die Wählergruppe als nicht organisiert.
2) = Anlage 7
3) = Anlage 11a
4) = Anlage 12

Sich bewerbende Person:

Wichtige Hinweise:

1. Angaben zum **Geburtsnamen** sind nur dann aufzunehmen, wenn die Angabe auf dem Stimmzettel von der Bewerberin oder dem Bewerber ausdrücklich gewünscht wird und die Namensänderung am Wahltag nicht länger als zwei Jahre zurückliegt.
2. Die Verwendung des **Geburtsjahres** ist nur dann mit „ja" anzugeben, wenn die Angabe auf dem Stimmzettel von der Bewerberin oder dem Bewerber ausdrücklich gewünscht wird.

Familienname	ggf. Geburtsname[5] (falls erwünscht)		Vorname	akademische Grade
Tag der Geburt	Geburtsjahr erwünscht?[6] ☐ ja ☐ nein	Geschlecht[7] ☐ M ☐ W ☐ D	Beruf oder Stand[8]	ggf. kommunale Ehrenämter, sonstige Ämter[9]
Anschrift				ggf. Gemeindeteil[10]

Ersatzweise sich bewerbende Person:

Familienname	ggf. Geburtsname[5] (falls erwünscht)		Vorname	akademische Grade
Tag der Geburt	Geburtsjahr erwünscht?[6] ☐ ja ☐ nein	Geschlecht[7] ☐ M ☐ W ☐ D	Beruf oder Stand[8]	ggf. kommunale Ehrenämter, sonstige Ämter[9]
Anschrift				ggf. Gemeindeteil[10]

Unterschriften der Unterzeichnenden des Wahlvorschlags:[11]

Lfd. Nr.	Familienname, Vorname	Anschrift	Unterschrift
1			
2			
3			
4			
5			
6			
7			
8			
9			
10			
11			
12			

Unterschrift des/der Vertretungsberechtigten der Partei(en) oder der Wählergruppe(n)

[5] Falls dies auf Wunsch der sich bewerbenden Person in den Stimmzettel aufgenommen werden soll. Dies ist nur möglich, wenn sich die Namensführung innerhalb von zwei Jahren vor dem Wahltag geändert hat.

[6] Falls dies auf ausdrücklichen Wunsch der sich bewerbenden Person in den Stimmzettel aufgenommen werden soll.

[7] Für wahlstatistische Zwecke erforderlich.

[8] Es ist nur eine Angabe möglich.

[9] Das Amt muss aktuell ausgeübt werden. Kommunale Ehrenämter sind unentgeltliche, mit Beauftragung durch ein Gemeinde- oder Kreisorgan ausgeübte Verwaltungstätigkeiten der Gemeinde oder des Landkreises. Sonstige Ämter sind nur die im Grundgesetz und in der Verfassung vorgesehenen Ämter.

[10] Der amtliche Name des Gemeindeteils kann angegeben werden, wenn er in den Stimmzettel aufgenommen werden soll.

[11] Der Wahlvorschlag muss von mindestens zehn Wahlberechtigten unterzeichnet sein, die am 48. Tag vor dem Wahltag wahlberechtigt sind.

Gemeinde
Verwaltungsgemeinschaft
Zutreffendes in Druckschrift ausfüllen

Eintragungsraum
Nr. der Unterstützungsliste

Unterstützungsliste
für den Wahlvorschlag der

Partei oder Wählergruppe ______________________ Kurzbezeichnung ____________

für die Wahl der/des ______________________ [1] **am** ____________

in der Gemeinde / im Landkreis[2] ______________________

Die nachstehenden in der Gemeinde Wahlberechtigten[3] unterstützen mit ihrer Unterschrift den oben genannten Wahlvorschlag:

Lfd. Nr.	Familienname, Vorname	Anschrift	Unterschrift (ggf. der Hilfsperson)	Bemerkungen der Behörde
1				
2				
3				
4				
5				
6				
7				
8				
9				
10				
11 usw.	*(Die Spaltenüberschriften und die wichtigen Hinweise für Wahlberechtigte sind auf jeder Seite zu wiederholen)*			

Lfd. Nr.	Familienname, Vorname	Anschrift	Unterschrift (ggf. der Hilfsperson)	Bemerkungen der Behörde

Unterstützungsliste für den Wahlvorschlag der ____________
Kurzbezeichnung

Wichtige Hinweise für Wahlberechtigte

1. Bitte alle Angaben **vollständig** und **leserlich** eintragen!
2. Aus Datenschutzgründen werden bereits geleistete Eintragungen abgedeckt!
3. Jede/Jeder Wahlberechtigte kann nur einmal und nur persönlich unterschreiben.
4. Wer unbefugt unterschreibt oder sonst ein unrichtiges Ergebnis herbeiführt oder das Ergebnis verfälscht, wird mit Freiheitsstrafe bis zu fünf Jahren oder mit Geldstrafe bestraft; der Versuch ist strafbar (§ 107a Abs. 1 und 3 des Strafgesetzbuchs – StGB – in Verbindung mit § 108d StGB).

Seite __ von __ Seiten

12				
13				
14				
15				
16 usw.	*(Die Spaltenüberschriften und die wichtigen Hinweise für Wahlberechtigte sind auf jeder Seite zu wiederholen)*			
⬆	⬆	⬆	⬆	⬆
Lfd. Nr.	Familienname, Vorname	Anschrift	Unterschrift (ggf. der Hilfsperson)	Bemerkungen der Behörde

Unterstützungsliste für den Wahlvorschlag der ______________________
Kurzbezeichnung

Wichtige Hinweise für Wahlberechtigte

1. Bitte alle Angaben **vollständig** und **leserlich** eintragen!
2. Aus Datenschutzgründen werden bereits geleistete Eintragungen abgedeckt!
3. Jede/Jeder Wahlberechtigte kann nur einmal und nur persönlich unterschreiben.
4. Wer unbefugt unterschreibt oder sonst ein unrichtiges Ergebnis herbeiführt oder das Ergebnis verfälscht, wird mit Freiheitsstrafe bis zu fünf Jahren oder mit Geldstrafe bestraft; der Versuch ist strafbar (§ 107a Abs. 1 und 3 des Strafgesetzbuchs – StGB – in Verbindung mit § 108d StGB).

Bestätigung der Gemeinde (Verwaltungsgemeinschaft)

1. ________ Eintragungen wurden in vorstehender Unterstützungsliste insgesamt geleistet.
   Zahl

2. ________ Eintragungen, und zwar die lfd. Nrn. ______________________________
   Zahl
   werden für ungültig erachtet. Die Gründe ergeben sich jeweils aus der Spalte „Bemerkungen der Gemeinde".

3. ________ gültige Eintragungen wurden insgesamt geleistet.
   Zahl

Datum

____

(Dienstsiegel)

____
Unterschrift der/des mit der Bestätigung beauftragten Bediensteten

GLKrWBek

[1] Für jede Wahl (Gemeinderatswahl, Bürgermeisterwahl, Kreistagswahl, Landratswahl) ist eine eigene Liste aufzulegen.
[2] Nichtzutreffendes streichen oder weglassen.
[3] Die Wahlberechtigung muss spätestens am 48. Tag vor dem Wahltag gegeben sein.

Gemeinde
Verwaltungsgemeinschaft
Zutreffendes bitte ankreuzen ☒ oder in Druckschrift ausfüllen

Bekanntmachung

über die Eintragungsmöglichkeiten in Unterstützungslisten

für die Wahl[1)] ☐ **des Gemeinderats,** ☐ **der ersten Bürgermeisterin oder des ersten Bürgermeisters,**

☐ **des Kreistags,** ☐ **der Landrätin oder des Landrats**

1. Falls Wahlvorschläge zusätzliche Unterstützungsunterschriften benötigen, können sich die Wahlberechtigten ab dem Tag der Einreichung / ab dem Tag nach der Einreichung[1)] des Wahlvorschlags, jedoch spätestens

   bis Montag, den ______________________ (48. Tag vor dem Wahltag), 12 Uhr, mit Familienname, Vorname und Anschrift in eine Unterstützungsliste eintragen.

2. Es bestehen folgende Eintragungsmöglichkeiten:

Nr. des Eintragungsraums	Anschrift des Eintragungsraums	Eintragungszeiten	barrierefrei ja / nein

3. Wenn mehrere Eintragungsräume eingerichtet sind, können sich die Wahlberechtigten in jedem Eintragungsraum in der Gemeinde oder am Sitz der Verwaltungsgemeinschaft eintragen.

4. Die Unterschrift muss eigenhändig geleistet werden. Wer glaubhaft macht, wegen Krankheit oder körperlicher Behinderung nicht oder nur unter unzumutbaren Schwierigkeiten in der Lage zu sein, einen Eintragungsraum aufzusuchen, erhält auf Antrag einen Eintragungsschein. Auf dem Eintragungsschein ist an Eides statt zu versichern, dass diese Voraussetzungen für die Erteilung vorliegen. Die Eintragung kann in diesem Fall dadurch bewirkt werden, dass die wahlberechtigte Person auf dem Eintragungsschein ihre Unterstützung eines bestimmten Wahlvorschlags erklärt und eine Hilfsperson beauftragt, die Eintragung im Eintragungsraum für sie vorzunehmen. Der Eintragungsschein ist bei der Eintragung abzugeben. Eintragungsscheine können unter Angabe von Familienname, Vorname und Wohnanschrift schriftlich (auch per E-Mail) oder mündlich (nicht telefonisch) bei der Gemeinde oder der Verwaltungsgemeinschaft beantragt werden. Die Eintragung kann nicht brieflich erklärt werden.

5. Personen, die sich eintragen wollen, müssen ihren Personalausweis, ausländische Unionsbürgerinnen und Unionsbürger ihren Identitätsausweis, oder ihren Reisepass vorlegen.

Datum

____

Unterschrift

____

Angeschlagen am: ______________________ abgenommen am: ______________________

Veröffentlicht am: ______________________ im ______________________ (Amtsblatt, Zeitung)

[1)] Die Wahlleiterin oder der Wahlleiter hat in Abstimmung mit der Gemeinde nach Art. 28 Abs. 1 Satz 1 GLKrWG zu entscheiden, ob Unterstützungslisten bereits am Tag der Einreichung eines Wahlvorschlags auslegt werden.

Zutreffendes bitte ankreuzen ☒ oder in Druckschrift ausfüllen

Erklärungen für Bewerberinnen und Bewerber

für die ☐ **Gemeinderatswahl** ☐ **Bürgermeisterwahl**

☐ **Kreistagswahl** ☐ **Landratswahl**

in der Gemeinde / im Landkreis ______________________ am ______________

Wichtige Hinweise:

1. Angaben zum **Geburtsnamen** sind nur dann aufzunehmen, wenn die Angabe im Wahlvorschlag, in dem Stimmzettel und in den Bekanntmachungen gewünscht wird und die Namensänderung am Wahltag nicht länger als zwei Jahre zurückliegt.
2. Die Verwendung des **Geburtsjahres** ist nur dann mit „ja" anzugeben, wenn die Angabe im Wahlvorschlag, in dem Stimmzettel und in den Bekanntmachungen gewünscht wird.

Familienname	ggf. Geburtsname[1] (falls erwünscht) und Datum der Namensänderung	Vorname	akademische Grade[2]
Tag der Geburt	Geburtsjahr erwünscht?[2] ☐ ja ☐ nein	Beruf oder Stand	kommunale Ehrenämter, sonstige Ämter[2]
Anschrift, Straße, Hausnummer, PLZ, Ort			Gemeindeteil[2]

Zustimmung zur Aufnahme in den Wahlvorschlag eines Wahlvorschlagsträgers

Meiner Aufnahme als Bewerberin / Bewerber in den Wahlvorschlag folgender Partei oder Wählergruppe stimme ich zu:

Name der Partei oder Wählergruppe	Kurzbezeichnung

Zustimmung zur Aufnahme in den Wahlvorschlag mehrerer Wahlvorschlagsträger

Wahl des Gemeinderats bzw. Kreistags: Meiner Aufnahme als Bewerberin/Bewerber in den gemeinsamen Wahlvorschlag folgender Parteien oder Wählergruppen stimme ich zu:

Namen der Parteien oder Wählergruppen	Kurzbezeichnungen

Wahl der ersten Bürgermeisterin oder des ersten Bürgermeisters bzw. der Landrätin oder des Landrats:

Ich will als gemeinsame/r Bewerberin/Bewerber auf den Wahlvorschlägen folgender Parteien oder Wählergruppen auftreten:

Name der Partei oder Wählergruppe	Kurzbezeichnung
Name der Partei oder Wählergruppe	Kurzbezeichnung

Auf folgendem Wahlvorschlag will ich **nicht** als gemeinsame Bewerberin / gemeinsamer Bewerber auftreten:

Name der Partei oder Wählergruppe	Kurzbezeichnung

Erklärung zur Bewerbung

Ich erkläre, dass ich bei Wahlen für ein gleichartiges Amt, die am selben Tag stattfinden, nur in einem Wahlkreis aufgestellt werde.

Hinweis: Sofern Sie lediglich eine Nebenwohnung in Bayern, Ihre Hauptwohnung jedoch außerhalb Bayerns haben, prüft die Wahlkreisgemeinde, ob Sie einen weiteren Nebenwohnsitz in Bayern haben und sich dort für ein gleichartiges Amt am selben Wahltag bewerben.

Erklärung über das Nichtvorliegen von Ausschlussgründen für die Wählbarkeit

Ich versichere der Wahlleiterin oder dem Wahlleiter und dem Wahlausschuss, dass ich als Bewerberin oder als Bewerber für das Amt

☐ eines Gemeinderatsmitglieds ☐ einer Kreisrätin oder eines Kreisrats

am Wahltag nicht nach Art. 21 Abs. 2 GLKrWG von der Wählbarkeit ausgeschlossen bin.

☐ der ersten Bürgermeisterin oder des ersten Bürgermeisters ☐ der Landrätin oder des Landrats

am Wahltag nicht nach Art. 39 Abs. 2 GLKrWG von der Wählbarkeit ausgeschlossen bin.

Datum	Unterschrift

Hinweise:

Der Stimmzettel enthält folgende Mindestangaben: Familienname, Vorname, Beruf oder Stand.

Weitere Angaben (akademische Grade, Geburtsjahr, kommunale Ehrenämter, in der Verfassung vorgesehene Ämter, Gemeindeteil, in Einzelfällen auch Geburtsnamen) sind möglich, setzen aber voraus, dass sich dies aus dem zugelassenen Wahlvorschlag ergibt. Nur die beauftragte Person für den Wahlvorschlag oder deren Stellvertretung ist berechtigt, verbindliche Erklärungen zum Wahlvorschlag abzugeben. Setzen Sie sich gegebenenfalls rechtzeitig mit der beauftragten Person für den Wahlvorschlag in Verbindung. Die Gemeinden/Verwaltungsgemeinschaften/Landkreise sind an die Angaben in den zugelassenen Wahlvorschlägen gebunden; nachträgliche Änderungen sind nicht mehr möglich.

---

[1] Falls sich die Namensführung innerhalb der zwei Jahre vor dem Wahltag geändert hat und dies in den Wahlvorschlag, in den Stimmzettel sowie in die Bekanntmachungen aufgenommen werden soll.

[2] Falls dies in den Wahlvorschlag, in den Stimmzettel sowie in die Bekanntmachungen (Bekanntmachung der eingereichten und zugelassenen Wahlvorschläge für die Wahl der ersten Bürgermeisterin oder des ersten Bürgermeisters, Bekanntmachung über die zugelassenen Wahlvorschläge für die Wahl des Gemeinderats und Bekanntmachung des abschließenden Ergebnisses) aufgenommen werden soll.

Gemeinde
Verwaltungsgemeinschaft
Zutreffendes ankreuzen ☒ oder in Druckschrift ausfüllen

Bescheinigung über

☐ **die Wählbarkeit**

☐ **das Nichtvorliegen von Ausschlussgründen für die Wählbarkeit**

für die Wahl ☐ **der ersten Bürgermeisterin oder des ersten Bürgermeisters**

☐ **der Landrätin oder des Landrats**

☐ **des Gemeinderats oder des Kreistags**

in der Gemeinde / im Landkreis ______________________ **am** ____________

Von der Bewerberin oder dem Bewerber oder ggf. von der beauftragten Person der Partei oder Wählergruppe auszufüllen.

Familienname	Vorname	Tag der Geburt
Anschrift		

☐ ist am Wahltag nach den heutigen Erkenntnissen **wählbar**

☐ nach Art. 21 Abs. 1 GLKrWG als **Kreisrätin oder Kreisrat**

☐ nach Art. 39 Abs. 1 GLKrWG als **berufsmäßige/r erste/r Bürgermeister/in** oder als **Landrätin oder Landrat**

☐ ist am Wahltag nach den heutigen Erkenntnissen **nicht von der Wählbarkeit ausgeschlossen**

☐ nach Art. 21 Abs. 2 Nr. 1 bis 3 GLKrWG als **Gemeinderatsmitglied** oder als **Kreisrätin oder Kreisrat**

☐ nach Art. 39 Abs. 2 Nr. 1 bis 6 GLKrWG als **erste/r Bürgermeister/in** oder als **Landrätin oder Landrat**

Datum

______________________ (Dienstsiegel)

____

Unterschrift der/des mit der Bescheinigung beauftragten Bediensteten

Ggf. von der Bewerberin oder dem Bewerber auszufüllen.

Ich bin damit einverstanden, dass die Partei bzw. Wählergruppe ____________ (Kurzbezeichnung) für mich diese Bescheinigung einholt.

Datum

______________ ______________________

Unterschrift der Bewerberin/des Bewerbers

Hinweise:

1. **Bescheinigung über die Wählbarkeit**
   a) Zuständig zur Ausstellung ist jede Gemeinde, in der die sich bewerbende Person eine Wohnung, die nicht Hauptwohnung sein muss, oder ohne eine Wohnung zu haben ihren gewöhnlichen Aufenthalt hat (§ 43 Satz 1 Nr. 4 Buchst. h GLKrWO).
   b) Eine Bescheinigung für Gemeindewahlen ist nur für das Amt der berufsmäßigen ersten Bürgermeisterin oder des berufsmäßigen ersten Bürgermeisters erforderlich, und auch nur dann, wenn die sich bewerbende Person keine Wohnung und keinen gewöhnlichen Aufenthalt in der Gemeinde hat.
   c) Für Landkreiswahlen ist die Bescheinigung immer erforderlich.
2. **Bescheinigung über das Nichtvorliegen von Ausschlussgründen für die Wählbarkeit**
   a) Zuständig ist die Gemeinde, in der die sich bewerbende Person ihre alleinige Wohnung oder Hauptwohnung hat, bei Personen ohne Wohnung die letzte Wohnsitzgemeinde.
   b) Die Bescheinigung darf für Wahlen für ein gleichartiges Amt, die am selben Tag stattfinden, nur einmal ausgestellt werden (§ 43 Satz 1 Nr. 4 Buchst. i GLKrWO).
   c) Eine Bescheinigung für Gemeindewahlen ist nur erforderlich, wenn sich die Bewerberin/der Bewerber in einer Gemeinde bewerben will, in der sie nicht ihre alleinige Wohnung oder ihre Hauptwohnung hat.
   d) Für Landkreiswahlen ist die Bescheinigung immer erforderlich.

Beide Bescheinigungen können zusammen auf einem Formularblatt durch die Gemeinde erteilt werden, in der die sich bewerbende Person ihre alleinige Wohnung oder ihren Hauptwohnsitz hat.

Der Wahlausschuss der Gemeinde
Zutreffendes ankreuzen ☒ oder in Druckschrift ausfüllen

Datum

Niederschrift
über die Sitzung des Wahlausschusses
zur Entscheidung über die Zulassung der Wahlvorschläge
für die Wahl des Gemeinderats*)

am ____________________

I. Zusammentritt des Wahlausschusses

Zur Prüfung der eingereichten Wahlvorschläge für die Wahl des Gemeinderats*) und zur Entscheidung über ihre Gültigkeit trat heute, am __________________ (47. Tag vor dem Wahltag), der Wahlausschuss zusammen. Zu dieser Sitzung wurden die Mitglieder des Wahlausschusses ordnungsgemäß geladen.

Ort und Zeit der Sitzung wurden bekannt gemacht. Die Sitzung war öffentlich, soweit nicht Rücksichten auf das Wohl der Allgemeinheit oder auf berechtigte Ansprüche Einzelner entgegenstanden.

Zur Sitzung waren folgende Mitglieder des Wahlausschusses erschienen:

	Familienname	Vorname	Funktion
1.			Wahlleiterin/Wahlleiter
2.			Beisitzer
3.			Beisitzer
4.			Beisitzer
5.			Beisitzer

Der Wahlausschuss ist ohne Rücksicht auf die Zahl der erschienenen Beisitzer beschlussfähig.

Die Wahlleiterin/der Wahlleiter bestellte als Schriftführerin/Schriftführer:

Familienname	Vorname

Als Hilfskräfte wurden beigezogen:

	Familienname	Vorname	Aufgabe
1.			
2.			

*) Dieses Muster gilt für die Zulassung der Wahlvorschläge für die Kreistagswahl entsprechend.

II. Eingereichte Wahlvorschläge

Die Wahlleiterin/der Wahlleiter legte dem Wahlausschuss folgende Wahlvorschläge vor:

Name des Wahlvorschlagsträgers (Kennwort)	Kurzbezeichnung	eingereicht am

III. Prüfung der Wahlvorschläge

1. Anhand der auf den Wahlvorschlägen angebrachten Eingangsvermerke wurde festgestellt, dass

1.1 ☐ alle Wahlvorschläge rechtzeitig eingereicht wurden.

1.2 ☐ folgende Wahlvorschläge verspätet eingereicht wurden:

Name des Wahlvorschlagsträgers (Kennwort)	Kurzbezeichnung	eingereicht am

Die verspätet eingereichten Wahlvorschläge wurden vom Wahlausschuss durch Beschluss für ungültig erklärt.

2. Bei den rechtzeitig eingereichten Wahlvorschlägen wurde überprüft, ob sie den Bestimmungen des Gemeinde- und Landkreiswahlgesetzes (GLKrWG) und der Gemeinde- und Landkreiswahlordnung (GLKrWO) entsprechen.

IV. Beschluss über die Zulassung der Wahlvorschläge

Der Wahlausschuss beschloss:

1. Folgende Wahlvorschläge werden für gültig erklärt und erhalten folgende Ordnungszahlen:

Ordnungs-zahl	Name des Wahlvorschlagsträgers (Kennwort)	Kurzbezeichnung

GLKrWBek

Aufgrund der festgestellten Mängel wurden bei nachstehenden Wahlvorschlägen die folgenden ungültigen Eintragungen gestrichen. Die Streichungen wurden im Wahlvorschlag beurkundet.

Name des Wahlvorschlagsträgers (Kennwort)	Art und Grund der Streichung

2. Aufgrund der festgestellten Mängel werden folgende Wahlvorschläge im Ganzen für ungültig erklärt:

Name des Wahlvorschlagsträgers (Kennwort)	Art der Mängel

V. Beschlussfassung und Bekanntgabe

☐ Alle Beschlüsse des Wahlausschusses wurden einstimmig gefasst.

☐ Die Beschlüsse des Wahlausschusses wurden einstimmig gefasst mit Ausnahme folgender Beschlüsse:

Beschluss zu Nr. _____ mit folgendem Stimmenverhältnis: __________ zu __________.

Beschluss zu Nr. _____ mit folgendem Stimmenverhältnis: __________ zu __________.

Beschluss zu Nr. _____ mit folgendem Stimmenverhältnis: __________ zu __________.

Trotz Stimmengleichheit ergab sich aufgrund der Stimme des vorsitzenden Mitglieds beim

Beschluss zu Nr. _____ ☐ Zustimmung ☐ Ablehnung.

Die Entscheidungen des Wahlausschusses wurden in der Sitzung bekannt gegeben.

Wahlleiterin/Wahlleiter: ______________________

Schriftführerin/Schriftführer: ______________________

Der Wahlausschuss der Gemeinde
Zutreffendes ankreuzen ☒ oder in Druckschrift ausfüllen

Datum

Niederschrift
über die Sitzung des Wahlausschusses
zur Entscheidung über die Zulassung der Wahlvorschläge
für die Wahl der ersten Bürgermeisterin oder des ersten Bürgermeisters*)

am ____________________

I. Zusammentritt des Wahlausschusses

Zur Prüfung der eingereichten Wahlvorschläge für die Wahl der ersten Bürgermeisterin oder des ersten Bürgermeisters*) und zur Entscheidung über ihre Gültigkeit trat heute, am ____________ (47. Tag vor dem Wahltag), der Wahlausschuss zusammen. Zu dieser Sitzung wurden die Mitglieder des Wahlausschusses ordnungsgemäß geladen.

Ort und Zeit der Sitzung wurden bekannt gemacht. Die Sitzung war öffentlich, soweit nicht Rücksichten auf das Wohl der Allgemeinheit oder auf berechtigte Ansprüche Einzelner entgegenstanden.

Zur Sitzung waren folgende Mitglieder des Wahlausschusses erschienen:

	Familienname	Vorname	Funktion
1.			Wahlleiterin/Wahlleiter
2.			Beisitzer
3.			Beisitzer
4.			Beisitzer
5.			Beisitzer

Der Wahlausschuss ist ohne Rücksicht auf die Zahl der erschienenen Beisitzer beschlussfähig.

Die Wahlleiterin/der Wahlleiter bestellte als Schriftführerin/Schriftführer:

Familienname	Vorname

Als Hilfskräfte wurden beigezogen:

	Familienname	Vorname	Aufgabe
1.			
2.			

*) Dieses Muster gilt für die Zulassung der Wahlvorschläge für die Landratswahl entsprechend.

II. Eingereichte Wahlvorschläge

Die Wahlleiterin/der Wahlleiter legte dem Wahlausschuss folgende Wahlvorschläge vor:

Name des Wahlvorschlagsträgers (Kennwort)	Kurzbezeichnung	Bewerberin oder Bewerber (Familienname, Vorname, evtl.: Geburtsname und akademische Grade, Beruf oder Stand, evtl.: Geburtsjahr, kommunale Ehrenämter, sonstige Ämter, Gemeindeteil)	eingereicht am

III. Prüfung der Wahlvorschläge

1. Anhand der auf den Wahlvorschlägen angebrachten Eingangsvermerke wurde festgestellt, dass

1.1 ☐ alle Wahlvorschläge rechtzeitig eingereicht wurden.

1.2 ☐ folgende Wahlvorschläge verspätet eingereicht wurden:

Name des Wahlvorschlagsträgers (Kennwort)	Kurzbezeichnung	Bewerberin oder Bewerber (Familienname, Vorname, evtl.: Geburtsname und akademische Grade, Beruf oder Stand, evtl.: Geburtsjahr, kommunale Ehrenämter, sonstige Ämter, Gemeindeteil)	eingereicht am

Die verspätet eingereichten Wahlvorschläge wurden vom Wahlausschuss durch Beschluss für ungültig erklärt.

2. Bei den rechtzeitig eingereichten Wahlvorschlägen wurde überprüft, ob sie den Bestimmungen des Gemeinde- und Landkreiswahlgesetzes (GLKrWG) und der Gemeinde- und Landkreiswahlordnung (GLKrWO) entsprechen.

3. Folgende sich bewerbende Personen wurden von mehreren Wahlvorschlagsträgern in getrennten Aufstellungsversammlungen aufgestellt. Sie haben erklärt, auf folgenden Wahlvorschlägen gemeinsam auftreten zu wollen:

Bewerberin oder Bewerber (Familienname, Vorname)	Kennworte der Wahlvorschlagsträger, von der die Person aufgestellt wurde	Kennworte der Wahlvorschlagsträger, für die sich die Person bewerben will

Im Umfang der Erklärungen ist daraus jeweils ein gemeinsamer Wahlvorschlag geworden. Die Wahlvorschläge, mit denen die sich bewerbende Person nicht gemeinsam auftreten wollte, wurden zurückgewiesen (Abschnitt IV Nr. 2).

IV. Beschluss über die Zulassung der Wahlvorschläge

Der Wahlausschuss beschloss:

1. Folgende Wahlvorschläge werden für gültig erklärt und erhalten folgende Ordnungszahlen:

Ordnungs-zahl	Name des Wahlvorschlagsträgers (Kennwort)	Kurzbezeichnung	Bewerberin oder Bewerber (Familienname, Vorname, evtl.: Geburtsname und akademische Grade, Beruf oder Stand, evtl.: Geburtsjahr, kommunale Ehrenämter, sonstige Ämter, Gemeindeteil)

Aufgrund der festgestellten Mängel wurden bei nachstehenden Wahlvorschlägen die folgenden ungültigen Eintragungen gestrichen. Die Streichungen wurden im Wahlvorschlag beurkundet.

Name des Wahlvorschlagsträgers (Kennwort)	Bewerberin oder Bewerber (Familienname, Vorname)	Art und Grund der Streichung

2. Aufgrund der festgestellten Mängel werden folgende Wahlvorschläge im Ganzen für ungültig erklärt:

Name des Wahlvorschlagsträgers (Kennwort)	Bewerberin oder Bewerber (Familienname, Vorname)	Art des Mangels

V. Beschlussfassung und Bekanntgabe

☐ Alle Beschlüsse des Wahlausschusses wurden einstimmig gefasst.

☐ Die Beschlüsse des Wahlausschusses wurden einstimmig gefasst mit Ausnahme folgender Beschlüsse:

Beschluss zu Nr. _____ mit folgendem Stimmenverhältnis: __________ zu __________.

Beschluss zu Nr. _____ mit folgendem Stimmenverhältnis: __________ zu __________.

Beschluss zu Nr. _____ mit folgendem Stimmenverhältnis: __________ zu __________.

Trotz Stimmengleichheit ergab sich aufgrund der Stimme des vorsitzenden Mitglieds beim

Beschluss zu Nr. _____ ☐ Zustimmung ☐ Ablehnung.

Die Entscheidungen des Wahlausschusses wurden in der Sitzung bekannt gegeben.

Wahlleiterin/Wahlleiter: ______________________

Schriftführerin/Schriftführer: ______________________

GLKrWBek

Gemeinde*)	**Zählliste**1)	Wahlvorschlag Nr.2)
Stimmbezirk	für die Gemeinderatswahl am ____________	Kennwort

Nr. und Name der sich bewerbenden Person	Nr. und Name der sich bewerbenden Person	Nr. und Name der sich bewerbenden Person	Nr. und Name der sich bewerbenden Person	Nr. und Name der sich bewerbenden Person

1. Stimmen aus unverändert gekennzeichnetem Wahlvorschlag (nur Listenkreuz): Diese Stimmen **nicht abstreichen!**

Anzahl der Stimmzettel	Anzahl der Nennungen	Stimmen	Anzahl der Stimmzettel	Anzahl der Nennungen	Stimmen	Anzahl der Stimmzettel	Anzahl der Nennungen	Stimmen	Anzahl der Stimmzettel	Anzahl der Nennungen	Stimmen	Anzahl der Stimmzettel	Anzahl der Nennungen	Stimmen
	x	=		**x**	=		**x**	=		**x**	=		**x**	=

2. Stimmen aus Einzelstimmvergaben (Kumulieren, Panaschieren): Diese Stimmen **abstreichen!**

1	2	3	4	5	6	7	8	9	10
11	12	13	14	15	16	17	18	19	20
21	22	23	24	25	26	27	28	29	30
31	32	33	34	35	36	37	38	39	40
41	42	43	44	45	46	47	48	49	50
51	52	53	54	55	56	57	58	59	60
61	62	63	64	65	66	67	68	69	70
71	72	73	74	75	76	77	78	79	80
81	82	83	84	85	86	87	88	89	90
91	92	93	94	95	96	97	98	99	100
101	102	103	104	105	106	107	108	109	110
111	112	113	114	115	116	117	118	119	120
121	122	123	124	125	126	127	128	129	130
131	132	133	134	135	136	137	138	139	140
141	142	143	144	145	146	147	148	149	150
151	152	153	154	155	156	157	158	159	160
161	162	163	164	165	166	167	168	169	170
171	172	173	174	175	176	177	178	179	180
181	182	183	184	185	186	187	188	189	190
191	192	193	194	195	196	197	198	199	200
201	202	203	204	205	206	207	208	209	210
211	212	213	214	215	216	217	218	219	220
221	222	223	224	225	226	227	228	229	230
231	232	233	234	235	236	237	238	239	240
241	242	243	244	245	246	247	248	249	250
251	252	253	254	255	256	257	258	259	260
261	262	263	264	265	266	267	268	269	270
271	272	273	274	275	276	277	278	279	280
281	282	283	284	285	286	287	288	289	290
291	292	293	294	295	296	297	298	299	300
301	302	303	304	305	306	307	308	309	310
311	312	313	314	315	316	317	318	319	320
321	322	323	324	325	326	327	328	329	330
331	332	333	334	335	336	337	338	339	340
341	342	343	344	345	346	347	348	349	350
351	352	353	354	355	356	357	358	359	360
361	362	363	364	365	366	367	368	369	370
371	372	373	374	375	376	377	378	379	380
381	382	383	384	385	386	387	388	389	390
391	392	393	394	395	396	397	398	399	400
401	402	403	404	405	406	407	408	409	410
411	412	413	414	415	416	417	418	419	420
421	422	423	424	425	426	427	428	429	430
431	432	433	434	435	436	437	438	439	440
441	442	443	444	445	446	447	448	449	450
451	452	453	454	455	456	457	458	459	460
461	462	463	464	465	466	467	468	469	470
471	472	473	474	475	476	477	478	479	480
481	482	483	484	485	486	487	488	489	490
491	492	493	494	495	496	497	498	499	500

Anzahl der abgestrichenen Stimmen: =

1	2	3	4	5	6	7	8	9	10
11	12	13	14	15	16	17	18	19	20
21	22	23	24	25	26	27	28	29	30
31	32	33	34	35	36	37	38	39	40
41	42	43	44	45	46	47	48	49	50
51	52	53	54	55	56	57	58	59	60
61	62	63	64	65	66	67	68	69	70
71	72	73	74	75	76	77	78	79	80
81	82	83	84	85	86	87	88	89	90
91	92	93	94	95	96	97	98	99	100
101	102	103	104	105	106	107	108	109	110
111	112	113	114	115	116	117	118	119	120
121	122	123	124	125	126	127	128	129	130
131	132	133	134	135	136	137	138	139	140
141	142	143	144	145	146	147	148	149	150
151	152	153	154	155	156	157	158	159	160
161	162	163	164	165	166	167	168	169	170
171	172	173	174	175	176	177	178	179	180
181	182	183	184	185	186	187	188	189	190
191	192	193	194	195	196	197	198	199	200
201	202	203	204	205	206	207	208	209	210
211	212	213	214	215	216	217	218	219	220
221	222	223	224	225	226	227	228	229	230
231	232	233	234	235	236	237	238	239	240
241	242	243	244	245	246	247	248	249	250
251	252	253	254	255	256	257	258	259	260
261	262	263	264	265	266	267	268	269	270
271	272	273	274	275	276	277	278	279	280
281	282	283	284	285	286	287	288	289	290
291	292	293	294	295	296	297	298	299	300
301	302	303	304	305	306	307	308	309	310
311	312	313	314	315	316	317	318	319	320
321	322	323	324	325	326	327	328	329	330
331	332	333	334	335	336	337	338	339	340
341	342	343	344	345	346	347	348	349	350
351	352	353	354	355	356	357	358	359	360
361	362	363	364	365	366	367	368	369	370
371	372	373	374	375	376	377	378	379	380
381	382	383	384	385	386	387	388	389	390
391	392	393	394	395	396	397	398	399	400
401	402	403	404	405	406	407	408	409	410
411	412	413	414	415	416	417	418	419	420
421	422	423	424	425	426	427	428	429	430
431	432	433	434	435	436	437	438	439	440
441	442	443	444	445	446	447	448	449	450
451	452	453	454	455	456	457	458	459	460
461	462	463	464	465	466	467	468	469	470
471	472	473	474	475	476	477	478	479	480
481	482	483	484	485	486	487	488	489	490
491	492	493	494	495	496	497	498	499	500

Anzahl der abgestrichenen Stimmen: =

1	2	3	4	5	6	7	8	9	10
11	12	13	14	15	16	17	18	19	20
21	22	23	24	25	26	27	28	29	30
31	32	33	34	35	36	37	38	39	40
41	42	43	44	45	46	47	48	49	50
51	52	53	54	55	56	57	58	59	60
61	62	63	64	65	66	67	68	69	70
71	72	73	74	75	76	77	78	79	80
81	82	83	84	85	86	87	88	89	90
91	92	93	94	95	96	97	98	99	100
101	102	103	104	105	106	107	108	109	110
111	112	113	114	115	116	117	118	119	120
121	122	123	124	125	126	127	128	129	130
131	132	133	134	135	136	137	138	139	140
141	142	143	144	145	146	147	148	149	150
151	152	153	154	155	156	157	158	159	160
161	162	163	164	165	166	167	168	169	170
171	172	173	174	175	176	177	178	179	180
181	182	183	184	185	186	187	188	189	190
191	192	193	194	195	196	197	198	199	200
201	202	203	204	205	206	207	208	209	210
211	212	213	214	215	216	217	218	219	220
221	222	223	224	225	226	227	228	229	230
231	232	233	234	235	236	237	238	239	240
241	242	243	244	245	246	247	248	249	250
251	252	253	254	255	256	257	258	259	260
261	262	263	264	265	266	267	268	269	270
271	272	273	274	275	276	277	278	279	280
281	282	283	284	285	286	287	288	289	290
291	292	293	294	295	296	297	298	299	300
301	302	303	304	305	306	307	308	309	310
311	312	313	314	315	316	317	318	319	320
321	322	323	324	325	326	327	328	329	330
331	332	333	334	335	336	337	338	339	340
341	342	343	344	345	346	347	348	349	350
351	352	353	354	355	356	357	358	359	360
361	362	363	364	365	366	367	368	369	370
371	372	373	374	375	376	377	378	379	380
381	382	383	384	385	386	387	388	389	390
391	392	393	394	395	396	397	398	399	400
401	402	403	404	405	406	407	408	409	410
411	412	413	414	415	416	417	418	419	420
421	422	423	424	425	426	427	428	429	430
431	432	433	434	435	436	437	438	439	440
441	442	443	444	445	446	447	448	449	450
451	452	453	454	455	456	457	458	459	460
461	462	463	464	465	466	467	468	469	470
471	472	473	474	475	476	477	478	479	480
481	482	483	484	485	486	487	488	489	490
491	492	493	494	495	496	497	498	499	500

Anzahl der abgestrichenen Stimmen: =

1	2	3	4	5	6	7	8	9	10
11	12	13	14	15	16	17	18	19	20
21	22	23	24	25	26	27	28	29	30
31	32	33	34	35	36	37	38	39	40
41	42	43	44	45	46	47	48	49	50
51	52	53	54	55	56	57	58	59	60
61	62	63	64	65	66	67	68	69	70
71	72	73	74	75	76	77	78	79	80
81	82	83	84	85	86	87	88	89	90
91	92	93	94	95	96	97	98	99	100
101	102	103	104	105	106	107	108	109	110
111	112	113	114	115	116	117	118	119	120
121	122	123	124	125	126	127	128	129	130
131	132	133	134	135	136	137	138	139	140
141	142	143	144	145	146	147	148	149	150
151	152	153	154	155	156	157	158	159	160
161	162	163	164	165	166	167	168	169	170
171	172	173	174	175	176	177	178	179	180
181	182	183	184	185	186	187	188	189	190
191	192	193	194	195	196	197	198	199	200
201	202	203	204	205	206	207	208	209	210
211	212	213	214	215	216	217	218	219	220
221	222	223	224	225	226	227	228	229	230
231	232	233	234	235	236	237	238	239	240
241	242	243	244	245	246	247	248	249	250
251	252	253	254	255	256	257	258	259	260
261	262	263	264	265	266	267	268	269	270
271	272	273	274	275	276	277	278	279	280
281	282	283	284	285	286	287	288	289	290
291	292	293	294	295	296	297	298	299	300
301	302	303	304	305	306	307	308	309	310
311	312	313	314	315	316	317	318	319	320
321	322	323	324	325	326	327	328	329	330
331	332	333	334	335	336	337	338	339	340
341	342	343	344	345	346	347	348	349	350
351	352	353	354	355	356	357	358	359	360
361	362	363	364	365	366	367	368	369	370
371	372	373	374	375	376	377	378	379	380
381	382	383	384	385	386	387	388	389	390
391	392	393	394	395	396	397	398	399	400
401	402	403	404	405	406	407	408	409	410
411	412	413	414	415	416	417	418	419	420
421	422	423	424	425	426	427	428	429	430
431	432	433	434	435	436	437	438	439	440
441	442	443	444	445	446	447	448	449	450
451	452	453	454	455	456	457	458	459	460
461	462	463	464	465	466	467	468	469	470
471	472	473	474	475	476	477	478	479	480
481	482	483	484	485	486	487	488	489	490
491	492	493	494	495	496	497	498	499	500

Anzahl der abgestrichenen Stimmen: =

1	2	3	4	5	6	7	8	9	10
11	12	13	14	15	16	17	18	19	20
21	22	23	24	25	26	27	28	29	30
31	32	33	34	35	36	37	38	39	40
41	42	43	44	45	46	47	48	49	50
51	52	53	54	55	56	57	58	59	60
61	62	63	64	65	66	67	68	69	70
71	72	73	74	75	76	77	78	79	80
81	82	83	84	85	86	87	88	89	90
91	92	93	94	95	96	97	98	99	100
101	102	103	104	105	106	107	108	109	110
111	112	113	114	115	116	117	118	119	120
121	122	123	124	125	126	127	128	129	130
131	132	133	134	135	136	137	138	139	140
141	142	143	144	145	146	147	148	149	150
151	152	153	154	155	156	157	158	159	160
161	162	163	164	165	166	167	168	169	170
171	172	173	174	175	176	177	178	179	180
181	182	183	184	185	186	187	188	189	190
191	192	193	194	195	196	197	198	199	200
201	202	203	204	205	206	207	208	209	210
211	212	213	214	215	216	217	218	219	220
221	222	223	224	225	226	227	228	229	230
231	232	233	234	235	236	237	238	239	240
241	242	243	244	245	246	247	248	249	250
251	252	253	254	255	256	257	258	259	260
261	262	263	264	265	266	267	268	269	270
271	272	273	274	275	276	277	278	279	280
281	282	283	284	285	286	287	288	289	290
291	292	293	294	295	296	297	298	299	300
301	302	303	304	305	306	307	308	309	310
311	312	313	314	315	316	317	318	319	320
321	322	323	324	325	326	327	328	329	330
331	332	333	334	335	336	337	338	339	340
341	342	343	344	345	346	347	348	349	350
351	352	353	354	355	356	357	358	359	360
361	362	363	364	365	366	367	368	369	370
371	372	373	374	375	376	377	378	379	380
381	382	383	384	385	386	387	388	389	390
391	392	393	394	395	396	397	398	399	400
401	402	403	404	405	406	407	408	409	410
411	412	413	414	415	416	417	418	419	420
421	422	423	424	425	426	427	428	429	430
431	432	433	434	435	436	437	438	439	440
441	442	443	444	445	446	447	448	449	450
451	452	453	454	455	456	457	458	459	460
461	462	463	464	465	466	467	468	469	470
471	472	473	474	475	476	477	478	479	480
481	482	483	484	485	486	487	488	489	490
491	492	493	494	495	496	497	498	499	500

Anzahl der abgestrichenen Stimmen: =

3. Gesamtsumme der Stimmen:

Summe der Stimmen aus **Nr. 1 + Nr. 2:**	=	Summe der Stimmen aus **Nr. 1 + Nr. 2:**	=	Summe der Stimmen aus **Nr. 1 + Nr. 2:**	=	Summe der Stimmen aus **Nr. 1 + Nr. 2:**	=	Summe der Stimmen aus **Nr. 1 + Nr. 2:**	=

Wahlvorsteher/in, Briefwahlvorsteher/in ________________ erfassende Person ________________

*) Dieses Muster gilt für die Wahl des Kreistags entsprechend.

1) Für die Eintragung der abgegebenen Stimmen von Hand.

2) Die Wahlvorschlagsnummer, das Kennwort, die Nummern und die Namen der sich bewerbenden Personen sowie die Anzahl der Nennungen auf dem Stimmzettel sollten von der Gemeinde vorher eingetragen oder eingedruckt werden.

Gemeinde*)	digitale **Zählliste**	Wahlvorschlag Nr.[1]
Stimmbezirk	für die Gemeinderatswahl am ___________	Kennwort

Sich bewerbende Person		**1.** Stimmen aus unverändert gekennzeichnetem Wahlvorschlag (nur Listenkreuz)			**2.** Stimmen aus Einzelstimmvergaben	**3.** Gesamtsumme der Stimmen
Nr.	Name	Anzahl der Stimmzettel	Anzahl der Nennungen	Stimmen	Anzahl der abgestrichenen Stimmen	Summe aus Nr. **1** + Nr. **2**

Wahlvorsteherin / Wahlvorsteher /
Briefwahlvorsteherin / Briefwahlvorsteher ______________________ erfassende Person ______________________

*) Dieses Muster gilt für die Wahl des Kreistags entsprechend.

[1] Die Wahlvorschlagsnummer, das Kennwort, die Nummern und die Namen der sich bewerbenden Personen sowie die Anzahl der Nennungen auf dem Stimmzettel sollten von der Gemeinde vorher eingetragen oder eingedruckt werden.

Gemeinde
Stimmbezirk (Name oder Nummer)
Zutreffendes ankreuzen ☒ oder in Druckbuchstaben ausfüllen

Datum

WAHLNIEDERSCHRIFT / Urnenwahl

zur Wahl des Gemeinderats*)

Diese Wahlniederschrift ist unter Nr. 5.4.1 von allen anwesenden Mitgliedern des Wahlvorstands zu unterschreiben.

am ______________________________

1. Wahlvorstand

Zur Wahl des Gemeinderats waren vom Wahlvorstand erschienen:

	Familienname	Vorname	Funktion
1.			als Wahlvorsteherin/Wahlvorsteher
2.			als Stellvertretung der Wahlvorsteherin oder des Wahlvorstehers
3.			als Schriftführerin/Schriftführer
4.			als Stellvertretung der Schriftführerin oder des Schriftführers
5.			als Beisitzer
6.			als Beisitzer
7.			als Beisitzer
8.			als Beisitzer
9.			als Beisitzer

Anstelle der nicht erschienenen oder ausgefallenen Mitglieder des Wahlvorstands ernannte die Wahlvorsteherin oder der Wahlvorsteher folgende wahlberechtigte Personen zu Mitgliedern des Wahlvorstands:

	Familienname	Vorname	Funktion	Uhrzeit
1.				
2.				
3.				

Als Hilfskräfte wurden beigezogen:

	Familienname	Vorname	Aufgabe
1.			
2.			
3.			

*) Dieses Muster gilt für die Wahl des Kreistags entsprechend.

2. Abstimmungshandlung

2.1 Hinweis auf Verpflichtung des Wahlvorstands – Auflegung der Wahlvorschriften – Anschlag der Wahlbekanntmachung und der Stimmzettelmuster

Die Wahlvorsteherin oder der Wahlvorsteher wies die übrigen Mitglieder des Wahlvorstands auf ihre Verpflichtung zur unparteiischen Wahrnehmung ihrer Aufgaben und zur Verschwiegenheit über die ihnen bei ihrer Tätigkeit bekannt gewordenen Angelegenheiten hin. Sie oder er belehrte sie über ihre Aufgaben.

Textausgaben des Gemeinde- und Landkreiswahlgesetzes und der Gemeinde- und Landkreiswahlordnung waren im Abstimmungsraum vorhanden.

Außerdem waren im Eingangsbereich des Abstimmungsraums angeschlagen:
- die Wahlbekanntmachung,
- ein Stimmzettelmuster.

2.2 Wahlurne

Der Wahlvorstand stellte fest, dass sich die neben dem Tisch des Wahlvorstands stehende Wahlurne in ordnungsgemäßem Zustand befand und leer war. Sie wurde dann verschlossen und bis zur Entnahme der Stimmzettel nach Schluss der Abstimmung nicht mehr geöffnet. Die Wahlvorsteherin oder der Wahlvorsteher nahm den Schlüssel in Verwahrung.

2.3 Abstimmungsschutzvorrichtungen

Damit die abstimmenden Personen die Stimmzettel unbeobachtet kennzeichnen konnten, waren im Abstimmungsraum Wahlkabinen oder Tische mit Sichtblenden oder Nebenräume, die nur vom Abstimmungsraum aus betretbar waren, hergerichtet. Vom Tisch des Wahlvorstands aus konnten die Wahlkabinen (die Sichtblenden/der Eingang zu den Nebenräumen) überblickt werden.

2.4 Berichtigung des Wählerverzeichnisses

2.4.1 ☐ Ein Verzeichnis über nachträglich ausgestellte Wahlscheine lag nicht vor. Das Wählerverzeichnis war nicht zu berichtigen.

2.4.2 ☐ Vor Beginn der Abstimmung berichtigte die Wahlvorsteherin oder der Wahlvorsteher das Wählerverzeichnis nach dem Verzeichnis der nachträglich ausgestellten Wahlscheine, indem sie oder er bei den in diesem Verzeichnis aufgeführten Stimmberechtigten in den Spalten für die Stimmabgabevermerke „Wahlschein“ oder „W“ eintrug.
Die Wahlvorsteherin oder der Wahlvorsteher berichtigte auch die Zahlen der Abschlussbeurkundung der Gemeinde; diese Berichtigung wurde von ihm an der vorgesehenen Stelle bescheinigt.

2.4.3 ☐ Am Wahltag wurden von der Gemeinde noch Wahlscheine an erkrankte Wahlberechtigte erteilt. Die Wahlvorsteherin oder der Wahlvorsteher berichtigte das Wählerverzeichnis und die dazugehörige Abschlussbeurkundung entsprechend Nr. 2.4.2.

2.5 Beweglicher Wahlvorstand

2.5.1 Allgemeiner Stimmbezirk

☐ Im Stimmbezirk war kein beweglicher Wahlvorstand tätig.

☐ Im Stimmbezirk befinden sich folgende Einrichtungen, für die die Gemeinde die Stimmabgabe vor einem beweglichen Wahlvorstand angeordnet hatte:

☐ Krankenhäuser (Bezeichnung)

____

☐ Alten- oder Pflegeheime (Bezeichnung)

____

☐ Klöster (Bezeichnung)

____

Der bewegliche Wahlvorstand begab sich zu der vereinbarten Zeit mit einer verschlossenen Wahlurne und mit Stimmzetteln in die Einrichtung und übergab dort den Abstimmenden die Stimmzettel. Er wies die Abstimmenden auf die Möglichkeit hin, sich bei der Stimmabgabe einer Person ihres Vertrauens als Hilfsperson zu bedienen. Die Abstimmenden konnten die Stimmzettel unbeobachtet kennzeichnen.

Nachdem die Wahlvorsteherin oder der Wahlvorsteher die Wahlscheine geprüft hatte, legten die Abstimmenden die mehrfach gefalteten Stimmzettel in die Wahlurne. Soweit Abstimmende es wünschten, legte die Wahlvorsteherin oder der Wahlvorsteher die Stimmzettel ungeöffnet in die Wahlurne. Der bewegliche Wahlvorstand nahm die Wahlscheine ein. Bei verbundenen Gemeinde- und Landkreiswahlen wurde darauf geachtet, ob der Wahlschein für beide Wahlen galt.[1] Auf dem Wahlschein wurde jeweils ein Stimmabgabevermerk in dem dafür vorgesehenen Feld angebracht.

---
[1] Entfällt bei der Stadtratswahl in einer kreisfreien Stadt.

Nach Schluss der Stimmabgabe brachte der bewegliche Wahlvorstand die verschlossene Wahlurne und die Wahlscheine unverzüglich in den Abstimmungsraum zurück. Hier blieb die verschlossene Wahlurne bis zum Schluss der Abstimmung unter ständiger Aufsicht des Wahlvorstands. Anschließend wurde ihr Inhalt mit dem der allgemeinen Wahlurne vermengt und zusammen mit den übrigen Stimmzetteln ausgezählt.

2.5.2 Sonderstimmbezirk

☐ Im Sonderstimmbezirk war kein beweglicher Wahlvorstand tätig.

☐ Ein beweglicher Wahlvorstand begab sich in die Krankenzimmer und verfuhr wie unter Nr. 2.5.1 beschrieben.

2.5.3 Personelle Zusammensetzung des beweglichen Wahlvorstands

☐ Der bewegliche Wahlvorstand setzte sich aus folgenden Mitgliedern des Wahlvorstands zusammen:

Name der Wahlvorsteherin oder des Wahlvorstehers bzw. der Stellvertretung: ______________________________

Name des ersten Beisitzers: ______________________________

Name des zweiten Beisitzers: ______________________________

☐ Die personelle Zusammensetzung der beweglichen Wahlvorstände für die einzelnen Einrichtungen ist aus der dieser Niederschrift beigefügten Anlage Nr. ☐ ersichtlich.

2.6 Schluss der Abstimmung

Um 18 Uhr gab die Wahlvorsteherin oder der Wahlvorsteher den Ablauf der Abstimmungszeit bekannt. Danach wurden nur noch die im Abstimmungsraum anwesenden oder aus Platzgründen davor wartenden Abstimmenden zur Stimmabgabe zugelassen.

Der Zutritt zum Abstimmungsraum wurde für nachträglich erschienene Stimmberechtigte solange gesperrt, bis die rechtzeitig anwesenden abstimmenden Personen abgestimmt hatten. Dann erklärte die Wahlvorsteherin oder der Wahlvorsteher die Abstimmung für geschlossen. Alle nicht benutzten Stimmzettel wurden entfernt. Der Abstimmungsraum wurde danach sofort wieder geöffnet.

2.7 ☐ In der **Gemeinde wurde nur ein Stimmbezirk** gebildet und der Wahlvorstand mit der Übernahme der Geschäfte des Briefwahlvorstands beauftragt. Der Wahlvorstand entschied während der Abstimmung – ohne deren Ablauf zu behindern – über die Zulassung der von der Gemeinde übergebenen Wahlbriefe. Das Ergebnis ist in einer Anlage zu dieser Niederschrift vermerkt.[2)]

2.8 ☐ Von einem **Briefwahlvorstand** wurden **weniger als 50 Wahlbriefe** zugelassen und die Wahlurne wurde daher an diesen Wahlvorstand übergeben.

2.9 ☐ In einem **anderen** Stimmbezirk (Urnenwahl) nahmen **weniger als 50 Wählerinnen und Wähler an der Abstimmung** teil und die Wahlurne jenes anderen Stimmbezirks wurde an diesen Wahlvorstand übergeben.

2.10 ☐ In **diesem** Stimmbezirk nahmen **weniger als 50 Wählerinnen und Wähler an der Abstimmung** teil.

Das Ergebnis wurde von dem von der Gemeinde bestimmten Wahlvorstand Nr. ☐ / Briefwahlvorstand Nr. ☐ ermittelt.

(Hinweis: Die Angabe der Nummer ist erforderlich, sofern der Wahlvorstand bzw. Briefwahlvorstand mit einer Nummer versehen wurde.)

Zahl der

- Stimmberechtigten ohne Vermerk „W“ (Wahlschein) lt. Abschlussbeurkundung des Wählerverzeichnisses: __________
- Stimmberechtigten mit Vermerk „W“ (Wahlschein) lt. Abschlussbeurkundung des Wählerverzeichnisses: __________
- Wählerinnen und Wähler nach den Stimmabgabevermerken im Wählerverzeichnis: __________
- Wählerinnen und Wähler nach den Stimmabgabevermerken auf den eingenommenen Wahlscheinen: __________

Die verschlossene Wahlurne mit den in sie eingelegten Stimmzetteln, das Wählerverzeichnis mit den Stimmabgabevermerken, die eingenommenen Wahlscheine und Wahlbenachrichtigungen sowie die Niederschrift wurden diesem Wahlvorstand bzw. Briefwahlvorstand gegen Empfangsbestätigung übergeben.

Die Nrn. 3 und 4 wurden gestrichen. Für den abgebenden Wahlvorstand ist entsprechend den Nrn. 5.1 bis 5.4 zu verfahren.

---

2) Die Anlage kann entsprechend den Nrn. 2.2 bis 2.6 der Niederschrift über die Gemeinderats-Briefwahl gestaltet werden.

3. Ermittlung und Feststellung des Abstimmungsergebnisses

3.1 Behandlung der Briefwahlurne (Nrn. 2.7, 2.8)

Hinweis: Nr. 3.1 ist nur anzuwenden, wenn von einem Briefwahlvorstand weniger als 50 Wahlbriefe zugelassen (Nr. 2.8) und dem Wahlvorstand übergeben wurden, sowie bei Gemeinden mit nur einem Stimmbezirk, sofern der Wahlvorstand mit der Übernahme der Geschäfte des Briefwahlvorstands beauftragt worden ist (Nr. 2.7). Andernfalls weiter bei Nr. 3.2.

3.1.1 Der Wahlvorstand des Stimmbezirks öffnete nach 18 Uhr zunächst die Briefwahlurne, bevor er die Wahlurne des Abstimmungsraums zur Stimmenzählung öffnete. Er überzeugte sich, dass der Briefwahlurne alle Stimmzettelumschläge entnommen wurden.

Die Stimmzettelumschläge wurden ungeöffnet gezählt.

Die Zählung ergab:

a) Stimmzettelumschläge ohne Vermerk „Nur Landkreiswahl"	
b) Stimmzettelumschläge mit Vermerk „Nur Landkreiswahl"	
c) Stimmzettelumschläge insgesamt	

Kontrolle

Die Anzahl der Stimmzettelumschläge insgesamt stimmte mit der auf der Mitteilung der Briefwahlvorsteherin oder des Briefwahlvorstehers angegebenen Anzahl bzw. in Gemeinden mit nur einem Stimmbezirk mit der Anzahl gültiger Wahlscheine

☐ überein.

☐ aus folgenden Gründen nicht überein: ______________________________

____

3.1.2 Die Stimmzettelumschläge ohne Vermerk „Nur Landkreiswahl" wurden geöffnet und die Stimmzettel für die Gemeinderatswahl entnommen. Enthielt ein Stimmzettelumschlag mehrere Stimmzettel für die Gemeinderatswahl, wurden diese Stimmzettel fest miteinander verbunden.

3.1.3 ☐ Stimmzettelumschläge enthielten keinen Stimmzettel für die Gemeinderatswahl, was auf dem Stimmzettelumschlag vermerkt wurde. Diese Umschläge wurden zusammen mit den nicht gekennzeichneten Stimmzetteln ausgewertet.

3.1.4 Die Anzahl der Stimmzettel für die Gemeinderatswahl aus der Briefwahlurne betrug: ☐
Die Stimmzettel wurden ungeöffnet in die Wahlurne des Abstimmungsraums für die Gemeinderatswahl gelegt, mit den im Abstimmungsraum abgegebenen Stimmzetteln vermischt und anschließend zusammen mit diesen ausgezählt.

3.1.5 ☐ Stimmzettelumschläge enthielten Stimmzettel für die Gemeinderatswahl, für die laut Vermerk „Nur Landkreiswahl" das Stimmrecht nicht gegeben war. Diese Stimmzettel wurden ausgesondert.[3)]

3.2 Ermittlung der Zahl der Stimmberechtigten

Die Schriftführerin oder der Schriftführer übertrug aus der – ggf. berichtigten – Abschlussbeurkundung des Wählerverzeichnisses bzw. im Fall der Nr. 2.9 der beiden Wählerverzeichnisse die Zahl der Stimmberechtigten ohne bzw. mit Vermerk „W" (Wahlschein) in Nr. 4.1 Kennbuchstaben [A 1], [A 2] und [A 1 + A 2].

GLKrWBek

3) Nr. 3.1.5 entfällt bei der Kreistagswahl.

3.3 Ermittlung der Zahl der Wählerinnen und Wähler

3.3.1 Die Schriftführerin oder der Schriftführer ermittelte die Zahl der Wählerinnen und Wähler **der eigenen Wahlurne und in den Fällen von Nr. 2.7 und Nr. 2.8** nach den

a) Stimmabgabevermerken im Wählerverzeichnis für die Gemeinderatswahl[4]			= B 1.
b) Stimmabgabevermerken auf den eingenommenen Wahlscheinen für die Gemeinderatswahl			
c) Stimmzettelumschlägen aus der Briefwahl ohne Vermerk „Nur Landkreiswahl“ (Nr. 3.1.1 Buchst. a)[5]	+	=	= B 2.
d) Wählerinnen und Wähler zusammen (Buchst. a + b + c)			= B.

Sofern dem Wahlvorstand die Wahlurne eines anderen Briefwahlvorstands übergeben wurde, wurde die Anzahl der Stimmzettelumschläge aus der Mitteilung des anderen Wahlvorstands bei Buchst. c übertragen.

Die Stimmzettel wurden der Wahlurne entnommen und ungeöffnet gezählt.

Die Zahl der Stimmzettel (plus Stimmzettelumschläge nach Nr. 3.1.3) betrug: ☐

Kontrolle

Die Zahl der Wählerinnen und Wähler (Buchst. d) stimmte mit der vorstehenden Zahl der Stimmzettel

☐ überein.

☐ aus folgenden Gründen nicht überein: ______________________________

____

3.3.2 Sofern die Wahlurne eines anderen Stimmbezirks übergeben wurde **(Nr. 2.9)**:

Die Schriftführerin oder der Schriftführer ermittelte die Zahl der Wählerinnen und Wähler des anderen Stimmbezirks nach den:

a) Stimmabgabevermerken im Wählerverzeichnis für die Gemeinderatswahl[6]	
b) Stimmabgabevermerken auf den eingenommenen Wahlscheinen für die Gemeinderatswahl	
c) Wählerinnen und Wähler zusammen (a + b)	

Sodann öffnete der Wahlvorstand des Stimmbezirks die übergebene Wahlurne für die Gemeinderatswahl. Er überzeugte sich, dass der Wahlurne alle Stimmzettel entnommen wurden.

Die Stimmzettel wurden ungeöffnet gezählt.

Die Zahl der Stimmzettel betrug: ☐

Kontrolle

Die Zahl der Wählerinnen und Wähler (Buchst. c) stimmte mit der Zahl der Stimmzettel

☐ überein.

☐ aus folgenden Gründen nicht überein: ______________________________

____

Die Zahl der Wählerinnen und Wähler aus Nr. 3.3.1 und Nr. 3.3.2 wurde zusammengerechnet.

Die Stimmzettel der übergebenen Wahlurne für die Gemeinderatswahl wurden ungeöffnet mit den Stimmzetteln der eigenen Wahlurne vermischt und anschließend zusammen mit diesen ausgezählt.

3.3.3 Die Schriftführerin oder der Schriftführer übertrug die Zahl der Wählerinnen und Wähler in Nr. 4.2 Kennbuchstaben B 1, B 2 und B.
Die Zahl der Stimmzettel einschließlich etwaiger leerer Stimmzettelumschläge nach Nr. 3.1.3 wurde in Nr. 4.3 Kennbuchstabe E übertragen.

[4] Gilt nicht bei Sonderstimmbezirken; dort sind nur die Kennbuchstaben B 2 und B auszufüllen.
[5] bei Kreistagswahlen: „Stimmzettelumschlägen aus der Briefwahl insgesamt (Nr. 3.1.1 Buchst. c)“
[6] Gilt nicht bei Sonderstimmbezirken; dort sind nur die Buchstaben b und c auszufüllen.

3.4 Sortieren der Stimmzettel

Die Stimmzettel wurden auf ihre Gültigkeit geprüft und in folgenden Stapeln getrennt gelegt:

a) zweifelsfrei gültige Stimmzettel, auf denen nur ein Wahlvorschlag unverändert gekennzeichnet wurde (nur Kopfleistenkreuze), geordnet nach Wahlvorschlägen,

b) zweifelsfrei gültige Stimmzettel, die innerhalb nur eines Wahlvorschlags verändert gekennzeichnet wurden (Einzelstimmvergabe mit und ohne Kopfleistenkreuz), geordnet nach Wahlvorschlägen,

c) zweifelsfrei gültige Stimmzettel, auf denen verschiedene Wahlvorschläge verändert gekennzeichnet wurden (Einzelstimmvergabe mit und ohne Kopfleistenkreuz),

d) nicht gekennzeichnete Stimmzettel und (im Fall von Nr. 3.1.3) Stimmzettelumschläge, die keinen Stimmzettel für die Gemeinderatswahl enthielten,

e) gekennzeichnete Stimmzettel und (im Fall von Nr. 3.1) Stimmzettelumschläge, die Anlass zu Bedenken gaben (auch Stimmzettelumschläge, die mehrere Stimmzettel für die Gemeinderatswahl enthielten), und über die später vom Wahlvorstand Beschluss zu fassen war.

Bei Einsatz einer Datenverarbeitungsanlage wurde auf die Bildung von Stapeln verzichtet.

3.5 Bildung von Arbeitsgruppen

Es wurden von der Wahlvorsteherin oder vom Wahlvorsteher Arbeitsgruppen nach Wahlvorschlägen gebildet und zwar:

3.5.1 eine Arbeitsgruppe für die Wahlvorschläge ______________________________

3.5.2 eine Arbeitsgruppe für die Wahlvorschläge ______________________________

3.5.3 eine Arbeitsgruppe für die Wahlvorschläge ______________________________

3.6 Behandlung der nicht gekennzeichneten Stimmzettel und (im Fall von Nr. 3.1.3) der Stimmzettelumschläge, die keinen Stimmzettel für die Gemeinderatswahl enthielten (Stapel gemäß Nr. 3.4 Buchst. d)

Die Wahlvorsteherin oder der Wahlvorsteher prüfte zuerst den Stapel mit den nicht gekennzeichneten Stimmzetteln und (im Fall von Nr. 3.1.3) die Stimmzettelumschläge, die keinen Stimmzettel für die Gemeinderatswahl enthielten. Sie oder er sagte jeweils an, dass die Stimmvergabe ungültig ist.

3.7 Behandlung der Stimmzettel, die Anlass zu Bedenken gaben (Stapel gemäß Nr. 3.4 Buchst. e)

3.7.1 Die Wahlvorsteherin oder der Wahlvorsteher zeigte jeden einzelnen Stimmzettel den Mitgliedern des Wahlvorstands und ließ über die Gültigkeit Beschluss fassen. Die Wahlvorsteherin oder der Wahlvorsteher vermerkte auf der Rückseite der Stimmzettel mit Unterschrift, warum eine Stimmvergabe für ungültig oder für gültig erklärt wurde. Bei Einsatz einer Datenverarbeitungsanlage wurde anstelle des Vermerks auf der Rückseite des Stimmzettels ein Ausdruck darüber erstellt, warum der Stimmzettel für gültig oder für ungültig erklärt wurde, und von der Wahlvorsteherin oder vom Wahlvorsteher unterzeichnet.

3.7.2 Die für **gültig** erklärten Stimmzettel wurden gesondert zu den Stapeln mit den gültigen Stimmzetteln (siehe Stapel gemäß Nr. 3.4 Buchst. a, b oder c) gelegt.

3.7.3 Die für **ungültig** erklärten Stimmzettel wurden gesondert zum Stapel mit den nicht gekennzeichneten Stimmzetteln (siehe Stapel gemäß Nr. 3.4 Buchst. d) gelegt.

3.8 Ermittlung der Zahl der ungültigen Stimmzettel

Zwei Mitglieder des Wahlvorstands zählten unabhängig voneinander die nicht gekennzeichneten Stimmzettel, die Stimmzettelumschläge nach Nr. 3.1.3 und die durch Beschluss für ungültig erklärten Stimmzettel. Bei Einsatz einer Datenverarbeitungsanlage wurden diese Stimmzettel mit deren Hilfe erfasst.

Die Zahl der ungültigen Stimmzettel (einschließlich der Stimmzettelumschläge nach Nr. 3.1.3) wurde in Nr. 4.3 bei Kennbuchstabe [C] in Spalte 6 eingetragen.

Die durch Beschluss für ungültig erklärten Stimmzettel (Nr. 3.7.3) wurden einem Beisitzer zur gesonderten Verwahrung übergeben.

3.9 Behandlung der Stimmzettel, auf denen nur ein Wahlvorschlag unverändert gekennzeichnet wurde (Stapel gemäß Nr. 3.4 Buchst. a)

Zwei Mitglieder des Wahlvorstands zählten unabhängig voneinander die Stimmzettel. Stimmte das Ergebnis der beiden Zählvorgänge nicht überein, wurde die Zählung wiederholt. Bei allen Zählungen wurde darauf geachtet, dass die Stimmzettel nach den Wahlvorschlägen richtig sortiert waren. Das Ergebnis wurde für jeden Wahlvorschlag in Nr. 4.3 bei Kennbuchstabe [D 01] usw. jeweils in Spalte 4 eingetragen. Außerdem wurde dieses Ergebnis in der Zählliste für den jeweiligen Wahlvorschlag bei Nr. 1 bei den unverändert gekennzeichneten Wahlvorschlägen eingetragen und mit der Anzahl der Nennungen multipliziert. Bei Einsatz einer Datenverarbeitungsanlage wurden diese Stimmzettel mit deren Hilfe erfasst.

Die durch Beschluss für gültig erklärten Stimmzettel (Nr. 3.7.2) wurden einem Beisitzer zur gesonderten Verwahrung übergeben.

3.10 Behandlung der Stimmzettel, die innerhalb nur eines Wahlvorschlags verändert gekennzeichnet wurden (Stapel gemäß Nr. 3.4 Buchst. b)

Zwei Mitglieder der für die Wahlvorschläge jeweils zuständigen Arbeitsgruppe zählten unabhängig voneinander die Stimmzettel des der Arbeitsgruppe zugeteilten Wahlvorschlags. Stimmte das Ergebnis der beiden Zählvorgänge nicht überein, wurde die Zählung wiederholt. Bei allen Zählungen wurde darauf geachtet, dass die Stimmzettel nach den Wahlvorschlägen richtig sortiert waren. Das Ergebnis wurde für jeden Wahlvorschlag in Nr. 4.3 bei Kennbuchstabe [D 01] usw. jeweils in Spalte 5 eingetragen. Bei Einsatz einer Datenverarbeitungsanlage wurden diese Stimmzettel mit deren Hilfe erfasst.

Anschließend wurden die Stimmen für die einzelnen sich bewerbenden Personen durch einen Beisitzer der Arbeitsgruppe einzeln verlesen und von dem anderen Beisitzer sofort bei Verlesung in Nr. 2 der Zählliste abgestrichen, wobei dieser die Stimmenzahl wiederholte. Bei Einsatz einer Datenverarbeitungsanlage wurden diese Stimmzettel mit deren Hilfe erfasst.
Die Wahlvorsteherin oder der Wahlvorsteher und deren Stellvertretung überwachten die ordnungsgemäße Führung der Zähllisten oder bei Einsatz einer Datenverarbeitungsanlage die ordnungsgemäße Erfassung der Stimmzettel.

Die durch Beschluss für gültig erklärten Stimmzettel (Nr. 3.7.2) wurden einem Beisitzer zur gesonderten Verwahrung übergeben.

3.11 Behandlung der Stimmzettel, auf denen verschiedene Wahlvorschläge verändert gekennzeichnet wurden (Stapel gemäß Nr. 3.4 Buchst. c)

Die Stimmen für die einzelnen sich bewerbenden Personen wurden in der Arbeitsgruppe durch einen Beisitzer einzeln verlesen und von dem anderen Beisitzer sofort bei Verlesung in Nr. 2 der Zählliste abgestrichen, wobei dieser die Stimmenzahl wiederholte. Bei Einsatz einer Datenverarbeitungsanlage wurden diese Stimmzettel mit deren Hilfe erfasst.

Die Wahlvorsteherin oder der Wahlvorsteher und deren Stellvertretung überwachten die ordnungsgemäße Führung der Zähllisten oder bei Einsatz einer Datenverarbeitungsanlage die ordnungsgemäße Erfassung der Stimmzettel.

Auf dem Stimmzettel wurde außerhalb der für die Stimmabgabe vorgesehenen Umrandung vermerkt, für welchen Wahlvorschlag er ausgewertet wurde. Dann wurde er an die nächste Arbeitsgruppe weitergeleitet.

Die durch Beschluss für gültig erklärten Stimmzettel (Nr. 3.7.2) wurden einem Beisitzer zur gesonderten Verwahrung übergeben.

3.12 Bildung der Gesamtsumme aller Stimmen

In den Zähllisten wurde für jede einzelne sich bewerbende Person bei Nr. 2 die Anzahl der abgestrichenen Stimmen eingetragen. Anschließend wurde bei Nr. 3 für jede sich bewerbende Person die Gesamtzahl der abgegebenen Stimmen aus den Nrn. 1 und 2 ermittelt. Diese Ergebnisse wurden in Nr. 4.3 bei Kennbuchstabe [F] bei den einzelnen sich bewerbenden Personen der jeweiligen Wahlvorschläge eingetragen. Anschließend wurde die Gesamtstimmenzahl der auf die einzelnen Wahlvorschläge insgesamt entfallenen gültigen Stimmen durch Zusammenzählen der für die einzelnen Personen abgegebenen gültigen Stimmen ermittelt. Die so ermittelte Gesamtzahl wurde in Nr. 4.3 bei Kennbuchstabe [D 01] usw. in Spalte 6 eingetragen.

In den Spalten 4 und 5 wurden die Summen gebildet. Außerdem wurde die Summe [D] in Spalte 6 gebildet.

Ohne Einsatz einer Datenverarbeitungsanlage geführte Zähllisten wurden von der Wahlvorsteherin oder vom Wahlvorsteher bzw. deren Stellvertretung und von der erfassenden Person unterzeichnet.

Bei Einsatz einer Datenverarbeitungsanlage wurde die Gesamtsumme aller Stimmen in Nr. 4 der Niederschrift mit deren Hilfe gebildet. Die Niederschrift oder Teile davon und die Zähllisten wurden ausgedruckt.

3.13 Feststellung des Abstimmungsergebnisses

Das in Nr. 4 enthaltene Abstimmungsergebnis wurde vom Wahlvorstand als das Abstimmungsergebnis im Stimmbezirk festgestellt und von der Wahlvorsteherin oder vom Wahlvorsteher verkündet.

4. Abstimmungsergebnis

Kennbuchstabe	Bezeichnung	Anzahl
	4.1 STIMMBERECHTIGTE (siehe Nr. 3.2)	
A 1	Stimmberechtigte **ohne** Vermerk „W" (Wahlschein) lt. Wählerverzeichnis	
A 2	Stimmberechtigte **mit** Vermerk „W" (Wahlschein) lt. Wählerverzeichnis	
A 1 + A 2	Stimmberechtigte **zusammen**	
	4.2 WÄHLERINNEN UND WÄHLER (siehe Nr. 3.3)	
B 1	Wählerinnen und Wähler laut Stimmabgabevermerken im Wählerverzeichnis	
B 2	Wählerinnen und Wähler mit Wahlschein (laut Stimmabgabevermerken auf den Wahlscheinen)	
B	Wählerinnen und Wähler **zusammen** (B1 + B2)	

4.3 STIMMEN (siehe Nrn. 3.4 bis 3.12)

	Ordnungszahl	Name des Wahlvorschlagsträgers (Kennwort)	Gültige Stimm**zettel**: Wahlvorschlag **unverändert** gekennzeichnet	Gültige Stimm**zettel**: **innerhalb** eines Wahlvorschlags **verändert**	gültige **Stimmen insgesamt**
1	2	3	4	5	6
D 01					
D 02					
D 03					
D 04					
D 05					
D 06					
D 07					
D 08					
D 09					
D 10					
	Summen in den Spalten 4 und 5				☒
D	**Gültige** Stimmen insgesamt (D 01 + D 02 usw.)				

C	**Ungültige** Stimm**zettel (einschließlich der Stimmzettelumschläge nach Nr. 3.1.3)**	

E	Abgegebene Stimm**zettel zusammen**	

F **Ergebnis der auf die einzelnen sich bewerbenden Personen entfallenen gültigen Stimmen (siehe Nr. 3.12)**

Wahlvorschlag Nr.	1	**Kennwort**	

Lfd. Nr.	Familienname, Vorname	Stimmen	Lfd. Nr.	Familienname, Vorname	Stimmen
101			113		
102			114		
103			115		
104			116		
105			117		
106			118		
107			119		
108			120		
109			121		
110			122		
111			123		
112			124		
	Summe			Summe	
				Gesamtstimmenzahl	

Die Gesamtstimmenzahl wurde in Nr. 4.3 Kennbuchstabe D 01 in Spalte 6 übertragen.

Wahlvorschlag Nr.	2	**Kennwort**	

Lfd. Nr.	Familienname, Vorname	Stimmen	Lfd. Nr.	Familienname, Vorname	Stimmen
201			213		
202			214		
203			215		
204			216		
205			217		
206			218		
207			219		
208			220		
209			221		
210			222		
211			223		
212			224		
	Summe			Summe	
				Gesamtstimmenzahl	

Die Gesamtstimmenzahl wurde in Nr. 4.3 Kennbuchstabe D 02 in Spalte 6 übertragen.

5. Abschluss der Feststellung des Abstimmungsergebnisses

5.1 Besondere Vorfälle

☐ Es ereigneten sich keine besonderen Vorfälle.

☐ Es ereigneten sich folgende besonderen Vorfälle (z. B. Zurückweisung von Wählerinnen und Wählern, Verletzungen des Wahlgeheimnisses, Störungen der Ruhe und Ordnung im Wahlraum, Polizeieinsätze, Unfälle, längere Warteschlangen/Wartezeiten vor Wahllokal/Wahlkabinen, Unterbrechungen der Wahlhandlung, unerlaubte Wahlwerbung in unmittelbarer Umgebung des Wahllokals):

____

____

____

☐ Die Ermittlung und die Feststellung des Abstimmungsergebnisses mussten am __________, ______ Uhr unterbrochen werden. Sie wurden am __________, ______ Uhr fortgesetzt.
In der Zwischenzeit wurden die Wahlunterlagen samt den Stimmzetteln sicher verwahrt.

☐ Das Abstimmungsergebnis wurde in einem von der Gemeinde bestimmten anderen Raum ermittelt und festgestellt. Die gesicherten Wahlunterlagen samt den Stimmzetteln wurden von zwei Mitgliedern des Wahlvorstands, darunter der Wahlvorsteherin, dem Wahlvorsteher oder deren Stellvertretung, dorthin gebracht.

☐ Die Wahlvorsteherin oder der Wahlvorsteher gab die Zeit und den Ort der Fortsetzung des Zählvorgangs bekannt. Im Eingangsbereich des Abstimmungsraums wurde ein entsprechender Hinweis angebracht.

5.2 Anwesenheit des Wahlvorstands

Während der Abstimmung sowie während der Ermittlung und der Feststellung des Wahlergebnisses waren immer die Wahlvorsteherin oder der Wahlvorsteher und die Schriftführerin oder der Schriftführer oder deren Stellvertretung sowie mindestens ein Beisitzer anwesend.

5.3 Öffentlichkeit der Abstimmungshandlung

Die Abstimmung sowie die Ermittlung und die Feststellung des Abstimmungsergebnisses waren öffentlich.

5.4 Unterschriften der Mitglieder des Wahlvorstands

5.4.1 Diese Niederschrift wurde von der Schriftführerin oder vom Schriftführer vorgelesen und von allen anwesenden Mitgliedern des Wahlvorstands durch ihre Unterschrift genehmigt.

Wahlvorsteherin/Wahlvorsteher ____________________

Stellvertretung der Wahlvorsteherin/des Wahlvorstehers ____________________

Schriftführerin/Schriftführer ____________________

Stellvertretung der Schriftführerin/des Schriftführers ____________________

Beisitzer ____________________

Beisitzer ____________________

Beisitzer ____________________

Beisitzer ____________________

Beisitzer ____________________

5.4.2 Folgende Mitglieder des Wahlvorstands verweigerten aus nachstehenden Gründen die Unterschrift:

Name ____________________ Grund ______________________________

Name ____________________ Grund ______________________________

Name ____________________ Grund ______________________________

GLKrWBek

5.5 Ordnen und Verpacken der Wahlunterlagen

Nach Feststellung des Abstimmungsergebnisses wurden alle Stimmzettel und Wahlscheine wie folgt geordnet und verpackt:

5.5.1 ☐ ein Paket mit den nicht beschlussmäßig behandelten gültigen Stimmzetteln. Falls keine Datenverarbeitungsanlage eingesetzt wurde, wurden die Stimmzettel wie folgt aufgeteilt:

Stapel gemäß Nr. 3.4 Buchst. a, geordnet nach den einzelnen Wahlvorschlägen,

Stapel gemäß Nr. 3.4 Buchst. b, geordnet nach den einzelnen Wahlvorschlägen,

Stapel gemäß Nr. 3.4 Buchst. c,

5.5.2 ☐ ein Paket mit den nicht gekennzeichneten Stimmzetteln vom Stapel gemäß Nr. 3.4 Buchst. d,

5.5.3 ☐ ein Paket mit den Stimmzettelumschlägen nach Nr. 3.1.3, soweit diese nicht bei verbundenen Wahlen für die Auswertung einer anschließenden Wahl benötigt werden, was ______________ Stimmzettelumschläge betrifft,[7)]

5.5.4 ☐ ein Paket mit den bei der Urnenwahl eingenommenen Wahlscheinen,[8)]

5.5.5 ☐ im Fall der Nr. 2.7 ein Paket mit den Wahlscheinen der ohne Beschluss zugelassenen Wahlbriefe,[8)]

5.5.6 ☐ ein Verzeichnis der für ungültig erklärten Wahlscheine,[8)]

5.5.7 ☐ ein Verzeichnis der nachträglich ausgestellten Wahlscheine,[8)]

5.5.8 ein Paket mit den unbenutzten Stimmzetteln,

5.5.9 ☐ ein Paket mit den Wahlbenachrichtigungen, soweit diese einbehalten wurden (obgleich dies nicht hätte erfolgen dürfen),

5.5.10 ☐ im Fall der Nr. 2.8 oder 2.9 die Niederschrift des abgebenden Wahlvorstands.

Die Pakete Nr(n). 5.5.1 bis 5.5.5 wurden versiegelt. Jedes Paket wurde mit der Nummer des Wahlvorstands und mit der Inhaltsangabe versehen.

[7)] Der zweite und der dritte Halbsatz entfallen bei der Kreistagswahl und der Stadtratswahl in einer kreisfreien Stadt.
[8)] Entfällt, falls bereits mit einer zuvor ausgezählten Wahl abgegeben.

5.6 Übergabe der Wahlunterlagen

5.6.1 Der beauftragten Person der Wahlleiterin oder des Wahlleiters[9] wurden am ________________, _________ Uhr, in der Versandtasche (nicht versiegelt) übergeben:

- diese Niederschrift,
- ☐ die beschlussmäßig behandelten Stimmzettel,
- ☐ Zähllisten für alle Wahlvorschläge,
- in Gemeinden mit nur einem Stimmbezirk, sofern der Wahlvorstand mit der Übernahme der Geschäfte des Briefwahlvorstands beauftragt worden ist
  - ☐ die zurückgewiesenen Wahlbriefe samt Inhalt,[10]
  - ☐ die Wahlbriefe mit Stimmzetteln, die sich außerhalb des Stimmzettelumschlags befunden haben,[10]
  - ☐ im Fall von Nr. 3.1.5 die wegen fehlenden Stimmrechts ausgesonderten Stimmzettel,[11]
  - ☐ die Wahlscheine, über die beschlossen wurde, ohne dass die Wahlbriefe zurückgewiesen wurden.[10]

5.6.2 Der beauftragten Person der Gemeinde wurden am ________________, _________ Uhr, übergeben:

- die Pakete, Verzeichnisse und Unterlagen nach Nr. 5.5,
- das Wählerverzeichnis, sofern bei verbundenen Wahlen nicht bereits mit den Unterlagen einer anderen Wahl abgegeben,
- ___ Wahlurne(n) mit Schloss und Schlüssel sowie
- alle sonstigen dem Wahlvorstand von der Gemeinde zur Verfügung gestellten Gegenstände und Unterlagen.

Wahlvorsteherin / Wahlvorsteher

____

Bei verbundenen Gemeinde- und Landkreiswahlen folgt nun die Auszählung der Stimmen für die Wahl des Kreistags.[12]

[9] Bei der Kreistagswahl: der Gemeinde.
[10] Entfällt, falls bereits mit einer zuvor ausgezählten Wahl abgegeben.
[11] Entfällt bei der verbundenen Kreistagswahl.
[12] Entfällt bei der Kreistagswahl und der Stadtratswahl in einer kreisfreien Stadt.

Gemeinde
Briefwahlvorstand Nr.
Zutreffendes ankreuzen ☒ oder in Druckbuchstaben ausfüllen

Datum

WAHLNIEDERSCHRIFT / Briefwahl

zur Wahl des Gemeinderats*)

Diese Wahlniederschrift ist unter Nr. 5.4.1 von allen anwesenden Mitgliedern des Briefwahlvorstands zu unterschreiben.

am ____________________

1. Briefwahlvorstand

Zur Wahl des Gemeinderats waren vom Briefwahlvorstand erschienen:

	Familienname	Vorname	Funktion
1.			als Briefwahlvorsteherin/Briefwahlvorsteher
2.			als Stellvertretung der Briefwahlvorsteherin oder des Briefwahlvorstehers
3.			als Schriftführerin/Schriftführer
4.			als Stellvertretung der Schriftführerin oder des Schriftführers
5.			als Beisitzer
6.			als Beisitzer
7.			als Beisitzer
8.			als Beisitzer
9.			als Beisitzer

Anstelle der nicht erschienenen oder ausgefallenen Mitglieder des Briefwahlvorstands ernannte die Briefwahlvorsteherin oder der Briefwahlvorsteher folgende wahlberechtigte Personen zu Mitgliedern des Briefwahlvorstands:

	Familienname	Vorname	Funktion	Uhrzeit
1.				
2.				
3.				

Als Hilfskräfte wurden beigezogen:

	Familienname	Vorname	Aufgabe
1.			
2.			
3.			

*) Dieses Muster gilt für die Wahl des Kreistags entsprechend.

2. Zulassung der Wahlbriefe

2.1 Hinweis auf Verpflichtung des Briefwahlvorstands – Auflegung der Wahlvorschriften

Der Briefwahlvorstand trat um ______________ Uhr zusammen.

Die Briefwahlvorsteherin oder der Briefwahlvorsteher wies die übrigen Mitglieder des Briefwahlvorstands auf ihre Verpflichtung zur unparteiischen Wahrnehmung ihrer Aufgaben und zur Verschwiegenheit über die ihnen bei ihrer Tätigkeit bekannt gewordenen Angelegenheiten hin. Sie oder er belehrte sie über ihre Aufgaben.

Textausgaben des Gemeinde- und Landkreiswahlgesetzes und der Gemeinde- und Landkreiswahlordnung waren im Auszählungsraum vorhanden.

2.2 Wahlurnen

Der Briefwahlvorstand stellte fest, dass sich die Wahlurnen in ordnungsgemäßem Zustand befanden und leer waren. Sie wurden dann verschlossen und bis zur Entnahme der Stimmzettelumschläge und der Stimmzettel nach Schluss der Abstimmungszeit nicht mehr geöffnet. Die Briefwahlvorsteherin oder der Briefwahlvorsteher nahm die Schlüssel in Verwahrung.

2.3 Wahlbriefe und Verzeichnis der für ungültig erklärten Wahlscheine

Der Briefwahlvorstand stellte weiter fest, dass ihm von der Gemeinde ☐ Wahlbriefe,

☐ Verzeichnis(se) der für ungültig erklärten Wahlscheine,

☐ Nachtrag/Nachträge zu diesem/n Verzeichnis(sen)

übergeben worden waren.

2.4 Öffnen und Prüfen der Wahlbriefe

2.4.1 Ein Beisitzer öffnete die Wahlbriefe einzeln und nacheinander, entnahm ihnen Wahlschein und Stimmzettelumschlag. Wenn der Wahlschein in einem Verzeichnis für ungültig erklärter Wahlscheine nicht oder mit dem Hinweis, dass die Stimme für die Briefwahl gültig ist, aufgeführt war, der Wahlschein und der Stimmzettelumschlag eindeutig gültig waren und auch keinen Anlass zu Bedenken gaben, wurde

2.4.1.1 bei jedem Wahlschein darauf geachtet, ob er für die Gemeinde- und die Landkreiswahl galt. Galt er nur für die Landkreiswahl, wurde auf dem Stimmzettelumschlag an jeweils der gleichen Stelle vermerkt: „Nur Landkreiswahl" oder „L".

Insgesamt wurden ☐ Stimmzettelumschläge mit dem Vermerk „Nur Landkreiswahl" oder „L" versehen.

2.4.1.2 der Stimmzettelumschlag ungeöffnet in die Briefwahlurne gelegt und der Wahlschein von einem Beisitzer gesammelt.

Der nächste Wahlbrief wurde immer erst dann geöffnet, wenn der Briefwahlvorstand den vorhergehenden abschließend behandelt hatte.

2.4.2 ☐ Es wurden keine weiteren Wahlbriefe überbracht.

☐ Eine beauftragte Person der Gemeinde überbrachte bis 18 Uhr weitere ☐ Wahlbriefe.
Sie wurden entsprechend Nr. 2.4.1 behandelt.

2.4.3 Die Gesamtzahl der zur Auswertung vorgelegten Wahlbriefe betrug ☐ Wahlbriefe.

2.5 Zurückweisung von Wahlbriefen

2.5.1 ☐ Es wurden gegen keinen Wahlbrief Bedenken erhoben.

☐ Es wurden gegen insgesamt ☐ Wahlbriefe Bedenken erhoben.

2.5.1.1 Davon wurden durch Beschluss des Briefwahlvorstands **zurückgewiesen**

☐	Wahlbriefe, weil dem Wahlbriefumschlag kein oder kein gültiger Wahlschein beigefügt war, (Hinweis: Ist im Verzeichnis der für ungültig erklärten Wahlscheine vermerkt, dass der Wahlbrief nicht zurückgewiesen werden darf, handelt es sich **nicht** um einen Fall von Alternative 2!)	Nr.	☐	bis	☐
☐	Wahlbriefe, weil die Versicherung an Eides statt nicht unterschrieben war,	Nr.	☐	bis	☐
☐	Wahlbriefe, weil dem Wahlbriefumschlag kein Stimmzettelumschlag beigefügt war,	Nr.	☐	bis	☐
☐	Wahlbriefe, weil weder der Wahlbriefumschlag noch der Stimmzettelumschlag verschlossen waren,	Nr.	☐	bis	☐
☐	Wahlbriefe, weil der Wahlbriefumschlag mehrere Stimmzettelumschläge, aber nicht eine gleiche Anzahl gültiger und mit der vorgeschriebenen Versicherung an Eides statt versehener Wahlscheine enthielt,	Nr.	☐	bis	☐
☐	Wahlbriefe, weil kein amtlicher Stimmzettelumschlag benutzt worden war,	Nr.	☐	bis	☐
☐	Wahlbriefe, weil ein Stimmzettelumschlag benutzt worden war, der ein besonderes Merkmal aufwies oder einen deutlich fühlbaren Gegenstand enthielt,	Nr.	☐	bis	☐
☐	Wahlbriefe insgesamt.				

2.5.1.2 Davon wurden durch Beschluss des Briefwahlvorstands ☐ Wahlbriefe **zugelassen** und entsprechend Nr. 3 behandelt. War Anlass der Beschlussfassung der Wahlschein, wurde der Wahlschein nummeriert und der Niederschrift beigefügt.

2.5.1.3 Weitere ☐ Wahlbriefe wurden beschlussmäßig behandelt und **zugelassen**, weil sich Stimmzettel außerhalb des Stimmzettelumschlags befanden. Die Stimmzettel wurden mit einem Vermerk versehen, in den Wahlbriefumschlag gelegt, von einem Beisitzer in Verwahrung genommen und später der Niederschrift beigefügt. Die Stimmzettelumschläge wurden entsprechend Nr. 3 behandelt.

2.5.2 Die **zurückgewiesenen** Wahlbriefe nach Nr. 2.5.1.1 wurden
samt Inhalt ausgesondert,
mit einem Vermerk über den Zurückweisungsgrund versehen,
wieder verschlossen,
fortlaufend nummeriert,
von einem Beisitzer in Verwahrung genommen und später der Niederschrift beigefügt.

2.5.3 Die Einsender zurückgewiesener Wahlbriefe wurden nicht als Wählerinnen und Wähler gezählt; ihre Stimmen gelten als nicht abgegeben.

2.6 Bevor mit der eigentlichen Auszählung begonnen wurde, wurde noch die Übergabe der Wahlbriefe abgewartet, die am Wahltag noch bis 18 Uhr bei der Gemeinde eingegangen waren. Diese Wahlbriefe wurden gemäß Nr. 2.4 behandelt.

2.7 ☐ Der Briefwahlvorstand hat mindestens 50 Wahlbriefe zugelassen.
Das Ergebnis wurde nach den Nrn. 3 und 4 ermittelt.

2.8 ☐ Der Briefwahlvorstand hat weniger als 50 Wahlbriefe zugelassen.
Das Ergebnis wurde von dem von der Gemeinde bestimmten Wahlvorstand Nr. ☐ ermittelt.
(Hinweis: Die Angabe der Nummer ist erforderlich, sofern der Wahlvorstand bzw. Briefwahlvorstand mit einer Nummer versehen wurde.)

Die Zahl der in die Briefwahlurne gelegten Stimmzettelumschläge wurde in eine Mitteilung eingetragen und die verschlossene Briefwahlurne mit den in sie eingelegten Stimmzettelumschlägen, die Wahlscheine mit den Stimmabgabevermerken (siehe Nr. 2.4.1.1), die zurückgewiesenen Wahlbriefe und die Niederschrift wurden diesem Wahlvorstand bzw. Briefwahlvorstand gegen Empfangsbestätigung übergeben.

Die Nrn. 3 und 4 wurden gestrichen. Für den abgebenden Wahlvorstand ist entsprechend den Nrn. 5.1 bis 5.4 zu verfahren.

2.9 ☐ In einem **anderen** Stimmbezirk (Urnenwahl) nahmen **weniger als 50 Wählerinnen und Wähler an der Abstimmung** teil und die Wahlurne, das Wählerverzeichnis und die eingenommenen Wahlscheine jenes anderen Stimmbezirks wurden an diesen Briefwahlvorstand übergeben.

2.10 ☐ Von einem **anderen** Briefwahlvorstand wurden **weniger als 50 Wahlbriefe zugelassen** und die Wahlurne wurde daher an diesen Briefwahlvorstand übergeben.

3. Ermittlung und Feststellung des Briefwahlergebnisses

3.1 Behandlung der übergebenen Briefwahlurne (Nr. 2.10)

Hinweis: Nr. 3.1 ist nur anzuwenden, wenn von einem anderen Briefwahlvorstand weniger als 50 Wahlbriefe zugelassen und übergeben wurden. Andernfalls weiter bei Nr. 3.2.

3.1.1 Der Briefwahlvorstand öffnete nach 18 Uhr zunächst die übergebene Briefwahlurne. Er überzeugte sich, dass der Briefwahlurne alle Stimmzettelumschläge entnommen wurden.

Die Stimmzettelumschläge wurden ungeöffnet gezählt.

Die Zählung ergab:

a) Stimmzettelumschläge ohne Vermerk „Nur Landkreiswahl"	
b) Stimmzettelumschläge mit Vermerk „Nur Landkreiswahl"	
c) Stimmzettelumschläge insgesamt	

Kontrolle

Die Anzahl der Stimmzettelumschläge insgesamt stimmte mit der auf der Mitteilung der Briefwahlvorsteherin oder des Briefwahlvorstehers angegebenen Anzahl bzw. in Gemeinden mit nur einem Stimmbezirk mit der Anzahl gültiger Wahlscheine

☐ überein.

☐ aus folgenden Gründen nicht überein: ____________________

____

3.1.2 Die Stimmzettelumschläge ohne Vermerk „Nur Landkreiswahl" wurden geöffnet und die Stimmzettel für die Gemeinderatswahl entnommen. Enthielt ein Stimmzettelumschlag mehrere Stimmzettel für die Gemeinderatswahl, wurden diese Stimmzettel fest miteinander verbunden.

3.1.3 [ ] Stimmzettelumschläge enthielten keinen Stimmzettel für die Gemeinderatswahl, was auf dem Stimmzettelumschlag vermerkt wurde. Diese Umschläge wurden zusammen mit den nicht gekennzeichneten Stimmzetteln ausgewertet.

3.1.4 Die Anzahl der Stimmzettel für die Gemeinderatswahl aus der Briefwahlurne betrug:
Die Stimmzettel wurden ungeöffnet mit den Stimmzetteln der eigenen Wahlurne vermischt und anschließend zusammen mit diesen ausgezählt.

3.1.5 [ ] Stimmzettelumschläge enthielten Stimmzettel für die Gemeinderatswahl, für die laut Vermerk „Nur Landkreiswahl" das Stimmrecht nicht gegeben war. Diese Stimmzettel wurden ausgesondert.

3.2 Ermittlung der Zahl der Wählerinnen und Wähler

3.2.1 Nachdem alle rechtzeitig eingegangenen und nicht zurückgewiesenen Stimmzettelumschläge in die Briefwahlurne gelegt worden waren, öffnete die Briefwahlvorsteherin oder der Briefwahlvorsteher nach 18 Uhr die Briefwahlurne und entnahm daraus die Stimmzettelumschläge. Sie oder er überzeugte sich, dass der Briefwahlurne alle Stimmzettelumschläge entnommen wurden.

3.2.2 Die Stimmzettelumschläge wurden ungeöffnet gezählt.

Die Zählung ergab [ ] Stimmzettelumschläge ohne Vermerk „Nur Landkreiswahl".

3.2.3 Danach wurden die Wahlscheine der zugelassenen Wahlbriefe gezählt.

Die Zählung ergab [ ] gültige Wahlscheine für die Wahl des Gemeinderats.

3.2.4 Kontrolle

Die Zahl der Wählerinnen und Wähler (Anzahl der Stimmzettelumschläge nach Nr. 3.2.2) stimmte mit der Anzahl der gültigen Wahlscheine (Nr. 3.2.3)

☐ überein.

☐ aus folgenden Gründen nicht überein: ____________________

____

3.2.5 Sofern die Wahlurne eines anderen Urnenwahlstimmbezirks übergeben wurde **(Nr. 2.9)**:

Die Schriftführerin oder der Schriftführer ermittelte die Zahl der Wählerinnen und Wähler des anderen Stimmbezirks nach den:

a)	Stimmabgabevermerken im Wählerverzeichnis für die Gemeinderatswahl[1)]	
b)	Stimmabgabevermerken auf den eingenommenen Wahlscheinen für die Gemeinderatswahl	
c)	Wählerinnen und Wähler zusammen (a + b)	

Sodann öffnete der Briefwahlvorstand die übergebene Wahlurne für die Gemeinderatswahl. Er überzeugte sich, dass der Wahlurne alle Stimmzettel entnommen wurden.

Die Stimmzettel wurden ungeöffnet gezählt.

Die Zahl der Stimmzettel betrug: ☐

Kontrolle

Die Zahl der Wählerinnen und Wähler (Buchst. c) stimmte mit der Zahl der Stimmzettel

☐ überein.

☐ aus folgenden Gründen nicht überein: ______________________________

____

Die Zahl der Wählerinnen und Wähler des anderen Stimmbezirks, die Zahl der Wählerinnen und Wähler nach Nr. 3.1.4 und die Zahl der Wählerinnen und Wähler nach Nr. 3.2.3 wurden zusammengerechnet.

3.2.6 **Die Stimmzettel der übergebenen Wahlurne für die Gemeinderatswahl wurden ungeöffnet mit den Stimmzetteln der eigenen Wahlurne vermischt und anschließend zusammen mit diesen ausgezählt.**

3.2.7 Die Schriftführerin oder der Schriftführer übertrug die Zahl der Wählerinnen und Wähler in Nr. 4.1 Kennbuchstabe [B].

3.3 Öffnen der Stimmzettelumschläge der Briefwahlurne, Entnahme der Stimmzettel

3.3.1 Die Stimmzettelumschläge wurden geöffnet und die Stimmzettel für die Gemeinderatswahl entnommen. Enthielt ein Stimmzettelumschlag mehrere Stimmzettel für die Gemeinderatswahl, wurden diese Stimmzettel fest miteinander verbunden.
(Hinweis zu den so verbundenen Stimmzetteln: Diese Stimmzettel gelten – auch beim Zählen der Stimmzettel – als **ein** Stimmzettel. Sind beide **nicht** gekennzeichnet, erfolgt die Zuordnung zum Stapel gemäß Nr. 3.4 Buchst. d. Im Übrigen erfolgt die Zuordnung zum Stapel gemäß Nr. 3.4 Buchst. e. Ist nur einer der Stimmzettel gekennzeichnet oder sind sie beide gleich gekennzeichnet, ist dies allein kein Grund für eine Ungültigkeit der Stimmvergabe.)

3.3.2 ☐ Stimmzettelumschläge enthielten keinen Stimmzettel für die Gemeinderatswahl, was auf dem Stimmzettelumschlag vermerkt wurde. Diese fehlenden Stimmzettel wurden als ungültige Stimmzettel für die Gemeinderatswahl gewertet.

3.3.3 ☐ Stimmzettelumschläge enthielten Stimmzettel für die Gemeinderatswahl, obwohl laut Vermerk „Nur Landkreiswahl" das Stimmrecht hierfür nicht gegeben war. Diese Stimmzettel wurden ausgesondert.[2)]

3.3.4 Die Zahl der Stimmzettel einschließlich etwaiger leerer Stimmzettelumschläge nach Nr. 3.3.2 wurde in Nr. 4.2 Kennbuchstabe [E] übertragen. Dabei wurde auch die Zahl der Stimmzettel nach Nr. 3.2.5 hinzugerechnet.

3.3.5 Sofern die Wahlurne eines anderen Stimmbezirks übergeben wurde (Nrn. 2.9 und 2.10):
Die Stimmzettel der übergebenen Wahlurne wurden ungeöffnet mit den Stimmzetteln der eigenen Wahlurne vermischt. Im Anschluss erfolgte eine gemeinsame Auszählung.

---

1) Gilt nicht bei Sonderstimmbezirken; dort sind nur die Buchstaben b und c auszufüllen.

2) Bei der Kreistagswahl erhält Nr. 3.3.3 folgende Fassung: „Die Urne mit den Stimmzetteln für die Kreistagswahl wurde geöffnet und die Stimmzettel entnommen. Die Briefwahlvorsteherin oder der Briefwahlvorsteher überzeugte sich davon, dass der Urne alle Stimmzettel entnommen wurden."

GLKrWBek

3.4 Sortieren der Stimmzettel

Die Stimmzettel wurden auf ihre Gültigkeit geprüft und in folgenden Stapeln getrennt gelegt:

a) zweifelsfrei gültige Stimmzettel, auf denen nur ein Wahlvorschlag unverändert gekennzeichnet wurde (nur Kopfleistenkreuze), geordnet nach Wahlvorschlägen,

b) zweifelsfrei gültige Stimmzettel, die innerhalb nur eines Wahlvorschlags verändert gekennzeichnet wurden (Einzelstimmvergabe mit und ohne Kopfleistenkreuz), geordnet nach Wahlvorschlägen,

c) zweifelsfrei gültige Stimmzettel, auf denen verschiedene Wahlvorschläge verändert gekennzeichnet wurden (Einzelstimmvergabe mit und ohne Kopfleistenkreuz),

d) nicht gekennzeichnete Stimmzettel und Stimmzettelumschläge nach Nr. 3.3.2,

e) gekennzeichnete Stimmzettel, die Anlass zu Bedenken gaben und über die später vom Briefwahlvorstand Beschluss zu fassen war.

Bei Einsatz einer Datenverarbeitungsanlage wurde auf die Bildung von Stapeln verzichtet.

3.5 Bildung von Arbeitsgruppen

Es wurden von der Briefwahlvorsteherin oder vom Briefwahlvorsteher Arbeitsgruppen nach Wahlvorschlägen gebildet und zwar:

3.5.1 eine Arbeitsgruppe für die Wahlvorschläge ____________________

3.5.2 eine Arbeitsgruppe für die Wahlvorschläge ____________________

3.5.3 eine Arbeitsgruppe für die Wahlvorschläge ____________________

3.6 Behandlung der nicht gekennzeichneten Stimmzettel und der Stimmzettelumschläge nach Nr. 3.3.2 (Stapel gemäß Nr. 3.4 Buchst. d)

Die Briefwahlvorsteherin oder der Briefwahlvorsteher prüfte zuerst den Stapel mit den nicht gekennzeichneten Stimmzetteln und den Stimmzettelumschlägen nach Nr. 3.3.2. Sie oder er sagte jeweils an, dass die Stimmvergabe ungültig ist.

3.7 Behandlung der Stimmzettel, die Anlass zu Bedenken gaben (Stapel gemäß Nr. 3.4 Buchst. e)

3.7.1 Die Briefwahlvorsteherin oder der Briefwahlvorsteher zeigte jeden einzelnen Stimmzettel den Mitgliedern des Briefwahlvorstands und ließ über die Gültigkeit Beschluss fassen. Sie oder er vermerkte auf der Rückseite der Stimmzettel mit Unterschrift, warum eine Stimmvergabe für ungültig oder für gültig erklärt wurde. Bei Einsatz einer Datenverarbeitungsanlage wurde anstelle des Vermerks auf der Rückseite des Stimmzettels ein Ausdruck darüber erstellt, warum der Stimmzettel für gültig oder für ungültig erklärt wurde, und von der Briefwahlvorsteherin oder vom Briefwahlvorsteher unterzeichnet.

3.7.2 Die für **gültig** erklärten Stimmzettel wurden gesondert zu den Stapeln mit den gültigen Stimmzetteln (siehe Stapel gemäß Nr. 3.4 Buchst. a, b oder c) gelegt.

3.7.3 Die für **ungültig** erklärten Stimmzettel wurden gesondert zum Stapel mit den nicht gekennzeichneten Stimmzetteln (siehe Stapel gemäß Nr. 3.4 Buchst. d) gelegt.

3.8 Ermittlung der Zahl der ungültigen Stimmzettel

Zwei Mitglieder des Briefwahlvorstands zählten unabhängig voneinander die nicht gekennzeichneten Stimmzettel, die Stimmzettelumschläge nach Nr. 3.3.2 und die durch Beschluss für ungültig erklärten Stimmzettel.
Bei Einsatz einer Datenverarbeitungsanlage wurden diese Stimmzettel mit deren Hilfe erfasst.

Die Zahl der ungültigen Stimmzettel (einschließlich der Stimmzettelumschläge nach Nr. 3.3.2) wurde in Nr. 4.2 bei Kennbuchstabe [C] in Spalte 6 eingetragen.

Die durch Beschluss für ungültig erklärten Stimmzettel (Nr. 3.7.3) wurden einem Beisitzer zur gesonderten Verwahrung übergeben.

3.9 Behandlung der Stimmzettel, auf denen nur ein Wahlvorschlag unverändert gekennzeichnet wurde (Stapel gemäß Nr. 3.4 Buchst. a)

Zwei Mitglieder des Briefwahlvorstands zählten unabhängig voneinander die Stimmzettel. Stimmte das Ergebnis der beiden Zählvorgänge nicht überein, wurde die Zählung wiederholt. Bei allen Zählungen wurde darauf geachtet, dass die Stimmzettel nach den Wahlvorschlägen richtig sortiert waren. Das Ergebnis wurde für jeden Wahlvorschlag in Nr. 4.2 bei Kennbuchstabe [D 01] usw. jeweils in Spalte 4 eingetragen. Außerdem wurde dieses Ergebnis in der Zählliste für den jeweiligen Wahlvorschlag bei Nr. 1 bei den unverändert gekennzeichneten Wahlvorschlägen eingetragen und mit der Anzahl der Nennungen multipliziert. Bei Einsatz einer Datenverarbeitungsanlage wurden diese Stimmzettel mit deren Hilfe erfasst.

Die durch Beschluss für gültig erklärten Stimmzettel (Nr. 3.7.2) wurden einem Beisitzer zur gesonderten Verwahrung übergeben.

3.10 Behandlung der Stimmzettel, die innerhalb nur eines Wahlvorschlags verändert gekennzeichnet wurden (Stapel gemäß Nr. 3.4 Buchst. b)

Zwei Mitglieder der für die Wahlvorschläge jeweils zuständigen Arbeitsgruppe zählten unabhängig voneinander die Stimmzettel des der Arbeitsgruppe zugeteilten Wahlvorschlags. Stimmte das Ergebnis der beiden Zählvorgänge nicht überein, wurde die Zählung wiederholt. Bei allen Zählungen wurde darauf geachtet, dass die Stimmzettel nach den Wahlvorschlägen richtig sortiert waren. Das Ergebnis wurde für jeden Wahlvorschlag in Nr. 4.2 bei Kennbuchstabe D 01 usw. jeweils in Spalte 5 eingetragen. Bei Einsatz einer Datenverarbeitungsanlage wurden diese Stimmzettel mit deren Hilfe erfasst.

Anschließend wurden die Stimmen für die einzelnen sich bewerbenden Personen durch einen Beisitzer der Arbeitsgruppe einzeln verlesen und von dem anderen Beisitzer sofort bei Verlesung in Nr. 2 der Zählliste abgestrichen, wobei dieser die Stimmenzahl wiederholte. Bei Einsatz einer Datenverarbeitungsanlage wurden diese Stimmzettel mit deren Hilfe erfasst.
Die Briefwahlvorsteherin oder der Briefwahlvorsteher und deren Stellvertretung überwachten die ordnungsgemäße Führung der Zähllisten oder bei Einsatz einer Datenverarbeitungsanlage die ordnungsgemäße Erfassung der Stimmzettel.

Die durch Beschluss für gültig erklärten Stimmzettel (Nr. 3.7.2) wurden einem Beisitzer zur gesonderten Verwahrung übergeben.

3.11 Behandlung der Stimmzettel, auf denen verschiedene Wahlvorschläge verändert gekennzeichnet wurden (Stapel gemäß Nr. 3.4 Buchst. c)

Die Stimmen für die einzelnen sich bewerbenden Personen wurden in der Arbeitsgruppe durch einen Beisitzer einzeln verlesen und von dem anderen Beisitzer sofort bei Verlesung in Nr. 2 der Zählliste abgestrichen, wobei dieser die Stimmenzahl wiederholte. Bei Einsatz einer Datenverarbeitungsanlage wurden diese Stimmzettel mit deren Hilfe erfasst.

Die Briefwahlvorsteherin oder der Briefwahlvorsteher und deren Stellvertretung überwachten die ordnungsgemäße Führung der Zähllisten oder bei Einsatz einer Datenverarbeitungsanlage die ordnungsgemäße Erfassung der Stimmzettel.

Auf dem Stimmzettel wurde außerhalb der für die Stimmabgabe vorgesehenen Umrandung vermerkt, für welchen Wahlvorschlag er ausgewertet wurde. Dann wurde er an die nächste Arbeitsgruppe weitergeleitet.

Die durch Beschluss für gültig erklärten Stimmzettel (Nr. 3.7.2) wurden einem Beisitzer zur gesonderten Verwahrung übergeben.

3.12 Bildung der Gesamtsumme aller Stimmen

In den Zähllisten wurde für jede einzelne sich bewerbende Person bei Nr. 2 die Anzahl der abgestrichenen Stimmen eingetragen. Anschließend wurde bei Nr. 3 für jede sich bewerbende Person die Gesamtzahl der abgegebenen Stimmen aus den Nrn. 1 und 2 ermittelt. Diese Ergebnisse wurden in Nr. 4.2 bei Kennbuchstabe F bei den einzelnen sich bewerbenden Personen der jeweiligen Wahlvorschläge eingetragen. Anschließend wurde die Gesamtstimmenzahl der auf die einzelnen Wahlvorschläge insgesamt entfallenen gültigen Stimmen durch Zusammenzählen der für die einzelnen Personen abgegebenen gültigen Stimmen ermittelt. Die so ermittelte Gesamtzahl wurde in Nr. 4.2 bei Kennbuchstabe D 01 usw. in Spalte 6 eingetragen.

In den Spalten 4 und 5 wurden die Summen gebildet. Außerdem wurde die Summe D in Spalte 6 gebildet.

Ohne Einsatz einer Datenverarbeitungsanlage geführte Zähllisten wurden von der Briefwahlvorsteherin, vom Briefwahlvorsteher bzw. deren Stellvertretung und von der erfassenden Person unterzeichnet.

Bei Einsatz einer Datenverarbeitungsanlage wurden die unter dieser Nummer genannten Eintragungen der Niederschrift mit deren Hilfe gebildet. Die Niederschrift oder Teile davon wurden ausgedruckt.

3.13 Feststellung des Ergebnisses der Briefwahl

Das in Nr. 4 enthaltene Ergebnis wurde vom Briefwahlvorstand als das Ergebnis der Briefwahl festgestellt und von der Briefwahlvorsteherin oder vom Briefwahlvorsteher verkündet.

4. Ergebnis der Briefwahl

Kennbuchstabe	Bezeichnung	Anzahl

4.1 WÄHLERINNEN UND WÄHLER (siehe Nr. 3.2)

B	Wählerinnen und Wähler	

4.2 STIMMEN (siehe Nrn. 3.3 bis 3.12)

	Ord-nungs-zahl	Name des Wahlvorschlagsträgers (Kennwort)	Gültige Stimm**zettel**		gültige **Stimmen insgesamt**
			Wahlvorschlag **unverändert** gekennzeichnet	**innerhalb** eines Wahlvorschlags **verändert**	
1	2	3	4	5	6
D 01					
D 02					
D 03					
D 04					
D 05					
D 06					
D 07					
D 08					
D 09					
D 10					
	Summen in den Spalten 4 und 5				
D	**Gültige** Stimmen insgesamt (D 01 + D 02 usw.)				

C	**Ungültige** Stimm**zettel (einschließlich der Stimmzettelumschläge nach Nr. 3.3.2)**	

E	Abgegebene Stimm**zettel zusammen**	

GLKrWBek

F **Ergebnis der auf die einzelnen sich bewerbenden Personen entfallenen gültigen Stimmen (siehe Nr. 3.12)**

Wahlvorschlag Nr.	**1**	**Kennwort**	

Lfd. Nr.	Familienname, Vorname	Stimmen	Lfd. Nr.	Familienname, Vorname	Stimmen
101			113		
102			114		
103			115		
104			116		
105			117		
106			118		
107			119		
108			120		
109			121		
110			122		
111			123		
112			124		
	Summe			Summe	
				Gesamtstimmenzahl	

Die Gesamtstimmenzahl wurde in Nr. 4.2 Kennbuchstabe D 01 in Spalte 6 übertragen.

Wahlvorschlag Nr.	**2**	**Kennwort**	

Lfd. Nr.	Familienname, Vorname	Stimmen	Lfd. Nr.	Familienname, Vorname	Stimmen
201			213		
202			214		
203			215		
204			216		
205			217		
206			218		
207			219		
208			220		
209			221		
210			222		
211			223		
212			224		
	Summe			Summe	
				Gesamtstimmenzahl	

Die Gesamtstimmenzahl wurde in Nr. 4.2 Kennbuchstabe D 02 in Spalte 6 übertragen.

5. Abschluss der Feststellung des Briefwahlergebnisses

5.1 Besondere Vorfälle

☐ Während der Wahlhandlung ereigneten sich keine besonderen Vorfälle.

☐ Es ereigneten sich folgende besonderen Vorfälle:

____

____

____

☐ Die Ermittlung und die Feststellung des Briefwahlergebnisses mussten am _______________, ______ Uhr unterbrochen werden. Sie wurden am _______________, ______ Uhr fortgesetzt.
In der Zwischenzeit wurden die Wahlunterlagen samt den Stimmzetteln sicher verwahrt.

☐ Das Briefwahlergebnis wurde in einem von der Gemeinde bestimmten anderen Raum ermittelt und festgestellt. Die gesicherten Wahlunterlagen samt den Stimmzetteln wurden von zwei Mitgliedern des Briefwahlvorstands, darunter die Briefwahlvorsteherin, der Briefwahlvorsteher oder deren Stellvertretung, dorthin gebracht.

☐ Die Briefwahlvorsteherin oder der Briefwahlvorsteher gab die Zeit und den Ort der Fortsetzung des Zählvorgangs bekannt. Im Eingangsbereich des Abstimmungsraums wurde ein entsprechender Hinweis angebracht.

5.2 Anwesenheit des Briefwahlvorstands

Während der Zulassung oder der Zurückweisung der Wahlbriefe sowie während der Ermittlung und der Feststellung des Briefwahlergebnisses waren immer die Briefwahlvorsteherin oder der Briefwahlvorsteher und die Schriftführerin oder der Schriftführer oder deren Stellvertretung sowie mindestens ein Beisitzer anwesend.

5.3 Öffentlichkeit

Die Prüfung (Zulassung oder Zurückweisung) der Wahlbriefe sowie die Ermittlung und die Feststellung des Briefwahlergebnisses waren öffentlich.

5.4 Unterschriften der Mitglieder des Briefwahlvorstands

5.4.1 Diese Niederschrift wurde von der Schriftführerin oder vom Schriftführer vorgelesen und von allen anwesenden Mitgliedern des Briefwahlvorstands durch ihre Unterschrift genehmigt.

Briefwahlvorsteherin/Briefwahlvorsteher	______________________
Stellvertretung der Briefwahlvorsteherin/des Briefwahlvorstehers	______________________
Schriftführerin/Schriftführer	______________________
Stellvertretung der Schriftführerin/des Schriftführers	______________________
Beisitzer	______________________
Beisitzer	______________________
Beisitzer	______________________
Beisitzer	______________________
Beisitzer	______________________

5.4.2 Folgende Mitglieder des Briefwahlvorstands verweigerten aus nachstehenden Gründen die Unterschrift:

Name	____________________	Grund	______________________________________
Name	____________________	Grund	______________________________________
Name	____________________	Grund	______________________________________

GLKrWBek

5.5 Ordnen und Verpacken der Wahlunterlagen

Nach Feststellung des Ergebnisses der Briefwahl wurden alle Stimmzettel und Wahlscheine wie folgt geordnet und verpackt:

5.5.1 ☐ ein Paket mit den nicht beschlussmäßig behandelten gültigen Stimmzetteln. Falls keine Datenverarbeitungsanlage eingesetzt wurde, wurden die Stimmzettel wie folgt aufgeteilt:

Stapel gemäß Nr. 3.4 Buchst. a, geordnet nach den einzelnen Wahlvorschlägen,

Stapel gemäß Nr. 3.4 Buchst. b, geordnet nach den einzelnen Wahlvorschlägen,

Stapel gemäß Nr. 3.4 Buchst. c,

5.5.2 ☐ ein Paket mit den nicht gekennzeichneten Stimmzetteln vom Stapel gemäß Nr. 3.4 Buchst. d,

5.5.3 ☐ ein Paket mit den Stimmzettelumschlägen nach Nr. 3.3.2, soweit diese nicht bei verbundenen Wahlen für die Auswertung einer anschließenden Wahl benötigt werden, was ____________ Stimmzettelumschläge betrifft,[3)]

5.5.4 ☐ ein Paket mit den Wahlscheinen der ohne Beschluss zugelassenen Wahlbriefe,[4)]

5.5.5 ☐ ein Verzeichnis der für ungültig erklärten Wahlscheine,[4)]

5.5.6 ☐ im Fall der Nrn. 2.9 und 2.10 die Niederschrift des abgebenden Wahlvorstands.

Die Pakete Nr(n). 5.5.1 bis 5.5.4 wurden versiegelt und mit der Nummer des Briefwahlvorstands und mit der Inhaltsangabe versehen.

5.6 Übergabe der Wahlunterlagen

5.6.1 Der beauftragten Person der Wahlleiterin oder des Wahlleiters[5)] wurden am ________________, __________ Uhr, in der Versandtasche (nicht versiegelt) übergeben:

- diese Niederschrift,
- ☐ die zurückgewiesenen Wahlbriefe mit Inhalt,[4)]
- ☐ die im Falle von Nr. 2.5.1.3 ausgesonderten Wahlbriefumschläge mit Stimmzetteln, die sich außerhalb des Stimmzettelumschlags befunden haben,[4)]
- ☐ die beschlussmäßig behandelten Wahlscheine zugelassener Wahlbriefe,[4)]
- ☐ die beschlussmäßig behandelten Stimmzettel,
- ☐ Zähllisten für alle Wahlvorschläge,
- ☐ die wegen fehlenden Stimmrechts ausgesonderten Stimmzettel.[6)]

5.6.2 Der beauftragten Person der Gemeinde wurden am __________________, __________ Uhr, übergeben:

- die Pakete, das Verzeichnis und die Unterlagen nach Nr. 5.5,
- ___ Wahlurne(n) mit Schloss und Schlüssel sowie
- alle sonstigen dem Briefwahlvorstand von der Gemeinde zur Verfügung gestellten Gegenstände und Unterlagen.

Briefwahlvorsteherin/Briefwahlvorsteher

____

Bei verbundenen Gemeinde- und Landkreiswahlen folgt nun die Auszählung der Stimmen für die Wahl des Kreistags.[7)]

3) Der zweite und der dritte Halbsatz entfallen bei der Kreistagswahl und der Stadtratswahl in einer kreisfreien Stadt.
4) Entfällt, falls bereits mit einer zuvor ausgezählten Wahl abgegeben.
5) Bei der Kreistagswahl: der Gemeinde.
6) Entfällt bei der verbundenen Kreistagswahl.
7) Entfällt bei der Kreistagswahl und der Stadtratswahl in einer kreisfreien Stadt.

Gemeinde
Stimmbezirk (Name oder Nummer)
Zutreffendes ankreuzen ☒ oder in Druckbuchstaben ausfüllen

Datum

WAHLNIEDERSCHRIFT / Urnenwahl

zur Wahl der ersten Bürgermeisterin oder des ersten Bürgermeisters*)

Diese Wahlniederschrift ist unter Nr. 5.4.1 von allen anwesenden Mitgliedern des Wahlvorstands zu unterschreiben.

am ______________________

1. Wahlvorstand

Zur Wahl der ersten Bürgermeisterin oder des ersten Bürgermeisters waren vom Wahlvorstand erschienen:

	Familienname	Vorname	Funktion
1.			als Wahlvorsteherin/Wahlvorsteher
2.			als Stellvertretung der Wahlvorsteherin/ des Wahlvorstehers
3.			als Schriftführerin/Schriftführer
4.			als Stellvertretung der Schriftführerin/ des Schriftführers
5.			als Beisitzer
6.			als Beisitzer
7.			als Beisitzer
8.			als Beisitzer
9.			als Beisitzer

Anstelle der nicht erschienenen oder ausgefallenen Mitglieder des Wahlvorstands ernannte die Wahlvorsteherin oder der Wahlvorsteher folgende wahlberechtigte Personen zu Mitgliedern des Wahlvorstands:

	Familienname	Vorname	Funktion	Uhrzeit
1.				
2.				
3.				

Als Hilfskräfte wurden beigezogen:

	Familienname	Vorname	Aufgabe
1.			
2.			
3.			

*) Dieses Muster gilt für die Wahl des Landrats entsprechend.

2. Abstimmungshandlung

2.1 Hinweis auf Verpflichtung des Wahlvorstands – Auflegung der Wahlvorschriften – Anschlag der Wahlbekanntmachung und der Stimmzettelmuster

Die Wahlvorsteherin oder der Wahlvorsteher wies die übrigen Mitglieder des Wahlvorstands auf ihre Verpflichtung zur unparteiischen Wahrnehmung ihrer Aufgaben und zur Verschwiegenheit über die ihnen bei ihrer Tätigkeit bekannt gewordenen Angelegenheiten hin. Sie oder er belehrte sie über ihre Aufgaben.

Textausgaben des Gemeinde- und Landkreiswahlgesetzes und der Gemeinde- und Landkreiswahlordnung waren im Abstimmungsraum vorhanden.

Außerdem waren im Eingangsbereich des Abstimmungsraums angeschlagen:
- die Wahlbekanntmachung,
- ein Stimmzettelmuster.

2.2 Wahlurne

Der Wahlvorstand stellte fest, dass sich die neben dem Tisch des Wahlvorstands stehende Wahlurne in ordnungsgemäßem Zustand befand und leer war. Sie wurde dann verschlossen und bis zur Entnahme der Stimmzettel nach Schluss der Abstimmung nicht mehr geöffnet. Die Wahlvorsteherin oder der Wahlvorsteher nahm den Schlüssel in Verwahrung.

2.3 Abstimmungsschutzvorrichtungen

Damit die abstimmenden Personen die Stimmzettel unbeobachtet kennzeichnen konnten, waren im Abstimmungsraum Wahlkabinen oder Tische mit Sichtblenden oder Nebenräume, die nur vom Abstimmungsraum aus betretbar waren, hergerichtet. Vom Tisch des Wahlvorstands aus konnten die Wahlkabinen (die Sichtblenden/der Eingang zu den Nebenräumen) überblickt werden.

2.4 Berichtigung des Wählerverzeichnisses

2.4.1 ☐ Ein Verzeichnis über nachträglich ausgestellte Wahlscheine lag nicht vor. Das Wählerverzeichnis war nicht zu berichtigen.

2.4.2 ☐ Vor Beginn der Abstimmung berichtigte die Wahlvorsteherin oder der Wahlvorsteher das Wählerverzeichnis nach dem Verzeichnis der nachträglich ausgestellten Wahlscheine, indem sie oder er bei den in diesem Verzeichnis aufgeführten Wahlberechtigten in den Spalten für die Stimmabgabevermerke „Wahlschein" oder „W" eintrug.
Die Wahlvorsteherin oder der Wahlvorsteher berichtigte auch die Zahlen der Abschlussbeurkundung der Gemeinde; diese Berichtigung wurde von ihm an der vorgesehenen Stelle bescheinigt.

2.4.3 ☐ Am Wahltag wurden von der Gemeinde noch Wahlscheine an erkrankte Wahlberechtigte erteilt. Die Wahlvorsteherin oder der Wahlvorsteher berichtigte das Wählerverzeichnis und die dazugehörige Abschlussbeurkundung entsprechend Nr. 2.4.2.

2.5 Beweglicher Wahlvorstand

2.5.1 Allgemeiner Stimmbezirk

☐ Im Stimmbezirk war kein beweglicher Wahlvorstand tätig.

☐ Im Stimmbezirk befinden sich folgende Einrichtungen, für die die Gemeinde die Stimmabgabe vor einem beweglichen Wahlvorstand angeordnet hatte:

☐ Krankenhäuser (Bezeichnung)

____

☐ Alten- oder Pflegeheime (Bezeichnung)

____

☐ Klöster (Bezeichnung)

____

Der bewegliche Wahlvorstand begab sich zu der vereinbarten Zeit mit einer verschlossenen Wahlurne und mit Stimmzetteln in die Einrichtung und übergab dort den Abstimmenden die Stimmzettel. Er wies die Abstimmenden auf die Möglichkeit hin, sich bei der Stimmabgabe einer Person ihres Vertrauens als Hilfsperson zu bedienen. Die Abstimmenden konnten die Stimmzettel unbeobachtet kennzeichnen.

Nachdem die Wahlvorsteherin oder der Wahlvorsteher die Wahlscheine geprüft hatte, legten die Abstimmenden die mehrfach gefalteten Stimmzettel in die Wahlurne. Soweit Abstimmende es wünschten, legte die Wahlvorsteherin oder der Wahlvorsteher die Stimmzettel ungeöffnet in die Wahlurne. Der bewegliche Wahlvorstand nahm die Wahlscheine ein. Bei verbundenen Gemeinde- und Landkreiswahlen wurde darauf geachtet, ob der Wahlschein für beide Wahlen galt.[1] Auf dem Wahlschein wurde jeweils ein Stimmabgabevermerk in dem dafür vorgesehenen Feld angebracht.

[1] Entfällt bei der Bürgermeisterwahl in einer kreisfreien Stadt.

Nach Schluss der Stimmabgabe brachte der bewegliche Wahlvorstand die verschlossene Wahlurne und die Wahlscheine unverzüglich in den Abstimmungsraum zurück. Hier blieb die verschlossene Wahlurne bis zum Schluss der Abstimmung unter ständiger Aufsicht des Wahlvorstands. Anschließend wurde ihr Inhalt mit dem der allgemeinen Wahlurne vermengt und zusammen mit den übrigen Stimmzetteln ausgezählt.

2.5.2 Sonderstimmbezirk

☐ Im Sonderstimmbezirk war kein beweglicher Wahlvorstand tätig.

☐ Ein beweglicher Wahlvorstand begab sich in die Krankenzimmer und verfuhr wie unter Nr. 2.5.1 beschrieben.

2.5.3 Personelle Zusammensetzung des beweglichen Wahlvorstands

☐ Der bewegliche Wahlvorstand setzte sich aus folgenden Mitgliedern des Wahlvorstands zusammen:

Name der Wahlvorsteherin oder des Wahlvorstehers bzw. der Stellvertretung: ____________________

Name des ersten Beisitzers: ____________________

Name des zweiten Beisitzers: ____________________

☐ Die personelle Zusammensetzung der beweglichen Wahlvorstände für die einzelnen Einrichtungen ist aus der dieser Niederschrift beigefügten Anlage Nr. ☐ ersichtlich.

2.6 Schluss der Abstimmung

☐ Um 18 Uhr gab die Wahlvorsteherin oder der Wahlvorsteher den Ablauf der Abstimmungszeit bekannt. Danach wurden nur noch die im Abstimmungsraum anwesenden oder aus Platzgründen davor wartenden Abstimmenden zur Stimmabgabe zugelassen.

Der Zutritt zum Abstimmungsraum wurde für nachträglich erschienene Stimmberechtigte solange gesperrt, bis die rechtzeitig anwesenden abstimmenden Personen abgestimmt hatten. Dann erklärte die Wahlvorsteherin oder der Wahlvorsteher die Abstimmung für geschlossen. Alle nicht benutzten Stimmzettel wurden entfernt. Der Abstimmungsraum wurde danach sofort wieder geöffnet.

2.7 ☐ In der **Gemeinde wurde nur ein Stimmbezirk** gebildet und der Wahlvorstand mit der Übernahme der Geschäfte des Briefwahlvorstands beauftragt.
Der Wahlvorstand entschied während der Abstimmung – ohne deren Ablauf zu behindern – über die Zulassung der von der Gemeinde übergebenen Wahlbriefe. Das Ergebnis ist in einer Anlage zu dieser Niederschrift vermerkt.[2)]

2.8 ☐ Von einem **Briefwahlvorstand** wurden **weniger als 50 Wahlbriefe** zugelassen und die Wahlurne wurde daher an diesen Wahlvorstand übergeben.

2.9 ☐ In einem **anderen** Stimmbezirk (Urnenwahl) nahmen **weniger als 50 Wählerinnen und Wähler an der Abstimmung** teil und die Wahlurne jenes anderen Stimmbezirks wurde an diesen Wahlvorstand übergeben.

2.10 ☐ In **diesem** Stimmbezirk nahmen **weniger als 50 Wählerinnen und Wähler an der Abstimmung** teil.

Das Ergebnis wurde von dem von der Gemeinde bestimmten Wahlvorstand Nr. ☐ / Briefwahlvorstand Nr. ☐ ermittelt.

(Hinweis: Die Angabe der Nummer ist erforderlich, sofern der Wahlvorstand bzw. Briefwahlvorstand mit einer Nummer versehen wurde.)

Zahl der

- Stimmberechtigten ohne Vermerk „W“ (Wahlschein) lt. Abschlussbeurkundung des Wählerverzeichnisses: __________
- Stimmberechtigten mit Vermerk „W“ (Wahlschein) lt. Abschlussbeurkundung des Wählerverzeichnisses: __________
- Wählerinnen und Wähler nach den Stimmabgabevermerken im Wählerverzeichnis: __________
- Wählerinnen und Wähler nach den Stimmabgabevermerken auf den eingenommenen Wahlscheinen: __________

Die verschlossene Wahlurne mit den in sie eingelegten Stimmzetteln, das Wählerverzeichnis mit den Stimmabgabevermerken, die eigenommenen Wahlscheine und Wahlbenachrichtigungen sowie die Niederschrift wurden diesem Wahlvorstand bzw. Briefwahlvorstand gegen Empfangsbestätigung übergeben.

Die Nrn. 3 und 4 wurden gestrichen. Für den abgebenden Wahlvorstand ist entsprechend den Nrn. 5.1 bis 5.4 zu verfahren.

2) Die Anlage kann entsprechend den Nrn. 2.2 bis 2.6 der Niederschrift über die Briefwahl zur Wahl der ersten Bürgermeisterin oder des ersten Bürgermeisters gestaltet werden.

GLKrWBek

3. Ermittlung und Feststellung des Abstimmungsergebnisses

3.1 Behandlung der in die Briefwahlurne gelegten Stimmzettelumschläge (Nrn. 2.7, 2.8)

Hinweis: Nr. 3.1 ist nur anzuwenden, wenn von einem Briefwahlvorstand weniger als 50 Wahlbriefe zugelassen und dem Wahlvorstand übergeben wurden, sowie bei Gemeinden mit nur einem Stimmbezirk, sofern der Wahlvorstand mit der Übernahme der Geschäfte des Briefwahlvorstands beauftragt worden ist. Andernfalls weiter bei Nr. 3.2.

3.1.1 Der Wahlvorstand des Stimmbezirks öffnete nach 18 Uhr zunächst die Briefwahlurne, bevor er die Wahlurne des Abstimmungsraums zur Stimmenzählung öffnete. Er überzeugte sich, dass der Briefwahlurne alle Stimmzettelumschläge entnommen wurden.

Die Stimmzettelumschläge wurden ungeöffnet gezählt.

Die Zählung ergab:

a) Stimmzettelumschläge ohne Vermerk „Nur Landkreiswahl"	
b) Stimmzettelumschläge mit Vermerk „Nur Landkreiswahl"	
c) Stimmzettelumschläge insgesamt	

Kontrolle

Die Anzahl der Stimmzettelumschläge insgesamt stimmte mit der auf der Mitteilung der Briefwahlvorsteherin oder des Briefwahlvorstehers angegebenen Anzahl bzw. in Gemeinden mit nur einem Stimmbezirk mit der Anzahl gültiger Wahlscheinen

☐ überein.

☐ aus folgenden Gründen nicht überein: ____________________

____

3.1.2 Die Stimmzettelumschläge ohne Vermerk „Nur Landkreiswahl" wurden geöffnet und die Stimmzettel für die Bürgermeisterwahl entnommen. Waren in einem Stimmzettelumschlag mehrere Stimmzettel für die Bürgermeisterwahl, wurden diese Stimmzettel fest miteinander verbunden.
(Hinweis zu den so verbundenen Stimmzetteln: Diese Stimmzettel gelten – auch beim Zählen der Stimmzettel – als **ein** Stimmzettel. Sind beide **nicht** gekennzeichnet, erfolgt die Zuordnung **nach Öffnung der Wahlurne, in die die Stimmzettel zunächst ungeöffnet zu legen sind (siehe Nr. 3.1.4)**, zum Stapel gemäß Nr. 3.4 Buchst. b. Im Übrigen erfolgt die Zuordnung zum Stapel gemäß Nr. 3.4 Buchst. c. Ist nur einer der Stimmzettel gekennzeichnet oder sind sie beide gleich gekennzeichnet, ist dies allein kein Grund für eine Ungültigkeit der Stimmvergabe.)

3.1.3 [ ] Stimmzettelumschläge enthielten keinen Stimmzettel für die Bürgermeisterwahl, was auf dem Stimmzettelumschlag vermerkt wurde. Diese Umschläge wurden zusammen mit den nicht gekennzeichneten Stimmzetteln ausgewertet.

3.1.4 Die Anzahl der Stimmzettel für die Bürgermeisterwahl aus der Briefwahlurne betrug: [ ]
Die Stimmzettel wurden ungeöffnet in die Wahlurne des Abstimmungsraums für die Bürgermeisterwahl gelegt, mit den im Abstimmungsraum abgegebenen Stimmzetteln vermischt und anschließend zusammen mit diesen ausgezählt.

3.1.5 [ ] Stimmzettelumschläge enthielten Stimmzettel für die Bürgermeisterwahl, für die laut Vermerk „Nur Landkreiswahl" das Stimmrecht nicht gegeben war. Diese Stimmzettel wurden ausgesondert.[3)]

3.2 Ermittlung der Zahl der Stimmberechtigten

Die Schriftführerin oder der Schriftführer übertrug aus der – ggf. berichtigten – Abschlussbeurkundung des Wählerverzeichnisses bzw. im Fall der Nr. 2.9 der Wählerverzeichnisse die Zahl der Stimmberechtigten ohne bzw. mit Vermerk „W" (Wahlschein) in Nr. 4.1 Kennbuchstaben [A 1], [A 2]. und [A 1 + A 2].

[3)] Entfällt bei der Landratswahl.

3.3 Ermittlung der Zahl der Wählerinnen und Wähler

3.3.1 Die Schriftführerin oder der Schriftführer ermittelte die Zahl der Wählerinnen und Wähler **der eigenen Wahlurne und in den Fällen von Nr. 2.7 und Nr. 2.8** nach den

a)	Stimmabgabevermerken im Wählerverzeichnis für die Bürgermeisterwahl[4]			= B 1.
b)	Stimmabgabevermerken auf den eingenommenen Wahlscheinen für die Bürgermeisterwahl			
c)	Stimmzettelumschlägen aus der Briefwahl ohne Vermerk „Nur Landkreiswahl" (Nr. 3.1.1 Buchst. a)[5]	+	=	= B 2.
d)	Wählerinnen und Wähler zusammen (Buchst. a + b + c)			= B.

Sofern dem Wahlvorstand die Wahlurne eines anderen Briefwahlvorstands übergeben wurde, wurde die Anzahl der Stimmzettelumschläge aus der Mitteilung des anderen Wahlvorstands bei Buchst. c übertragen.

Die Stimmzettel wurden der Wahlurne entnommen und ungeöffnet gezählt.

Die Zahl der Stimmzettel (plus Stimmzettelumschläge nach Nr. 3.1.3) betrug: ☐

Kontrolle

Die Zahl der Wählerinnen und Wähler (Buchst. d) stimmte mit der vorstehenden Zahl der Stimmzettel

☐ überein.

☐ aus folgenden Gründen nicht überein: ____________________

____

3.3.2 Sofern die Wahlurne eines anderen Stimmbezirks übergeben wurde **(Nr. 2.9)**:

Die Schriftführerin oder der Schriftführer ermittelte die Zahl der Wählerinnen und Wähler des anderen Stimmbezirks nach den:

a)	Stimmabgabevermerken im Wählerverzeichnis für die Bürgermeisterwahl[6]	
b)	Stimmabgabevermerken auf den eingenommenen Wahlscheinen für die Bürgermeisterwahl	
c)	Wählerinnen und Wähler zusammen (a + b)	

Sodann öffnete der Wahlvorstand des Stimmbezirks die übergebene Wahlurne für die Bürgermeisterwahl. Er überzeugte sich, dass der Wahlurne alle Stimmzettel entnommen wurden.

Die Stimmzettel wurden ungeöffnet gezählt.

Die Zahl der Stimmzettel betrug: ☐

Kontrolle

Die Zahl der Wählerinnen und Wähler (Buchst. c) stimmte mit der Zahl der Stimmzettel

☐ überein.

☐ aus folgenden Gründen nicht überein: ____________________

____

Die Zahl der Wählerinnen und Wähler aus Nr. 3.3.1 und Nr. 3.3.2 wurde zusammengerechnet.

Die Stimmzettel der übergebenen Wahlurne für die Bürgermeisterwahl wurden ungeöffnet mit den Stimmzetteln der eigenen Wahlurne vermischt und anschließend zusammen mit diesen ausgezählt.

3.3.3 Die Schriftführerin oder der Schriftführer übertrug die Zahl der Wählerinnen und Wähler in Nr. 4.2 Kennbuchstaben B 1, B 2 und B.

---

[4] Gilt nicht bei Sonderstimmbezirken; dort sind nur die Kennbuchstaben B 2 und B auszufüllen.

[5] Bei der Landratswahl: „Stimmzettelumschlägen aus der Briefwahl insgesamt (Nr. 3.1.1 Buchst. c)".

[6] Gilt nicht bei Sonderstimmbezirken; dort sind nur die Buchstaben b und c auszufüllen.

GLKrWBek

3.4 Sortieren der Stimmzettel

Die Stimmzettel wurden auf ihre Gültigkeit geprüft und in folgenden Stapeln getrennt gelegt:

a) zweifelsfrei gültige Stimmzettel, geordnet nach sich bewerbenden Personen,

b) nicht gekennzeichnete Stimmzettel und Stimmzettelumschläge der Nr. 3.1.3,

c) gekennzeichnete Stimmzettel, die Anlass zu Bedenken gaben und über die später vom Wahlvorstand Beschluss zu fassen war.

Bei Einsatz einer Datenverarbeitungsanlage wurde auf die Bildung von Stapeln verzichtet.

3.5 Behandlung der nicht gekennzeichneten Stimmzettel und (im Fall von Nr. 3.1.3) der Stimmzettelumschläge, die keinen Stimmzettel für die Bürgermeisterwahl enthielten (Stapel gemäß Nr. 3.4 Buchst. b)

Die Wahlvorsteherin oder der Wahlvorsteher prüfte zuerst den Stapel mit den nicht gekennzeichneten Stimmzetteln und den Stimmzettelumschlägen nach Nr. 3.1.3. Sie oder er sagte jeweils an, dass die Stimmvergabe ungültig ist.

3.6 Behandlung der Stimmzettel, die Anlass zu Bedenken gaben (Stapel gemäß Nr. 3.4 Buchst. c)

3.6.1 Die Wahlvorsteherin oder der Wahlvorsteher zeigte jeden einzelnen Stimmzettel den Mitgliedern des Wahlvorstands und ließ über die Gültigkeit Beschluss fassen. Die Wahlvorsteherin oder der Wahlvorsteher vermerkte auf der Rückseite der Stimmzettel mit Unterschrift, warum eine Stimmvergabe für ungültig oder für gültig erklärt wurde. Bei Einsatz einer Datenverarbeitungsanlage wurde anstelle des Vermerks auf der Rückseite des Stimmzettels ein Ausdruck darüber erstellt, warum der Stimmzettel für gültig oder für ungültig erklärt wurde, und von der Wahlvorsteherin oder vom Wahlvorsteher unterzeichnet.

3.6.2 Die für **gültig** erklärten Stimmzettel wurden gesondert zu den Stapeln mit den gültigen Stimmzetteln (siehe Stapel gemäß Nr. 3.4 Buchst. a) für die einzelnen sich bewerbenden Personen gelegt.

3.6.3 Die für **ungültig** erklärten Stimmzettel wurden gesondert zum Stapel mit den nicht gekennzeichneten Stimmzetteln (siehe Stapel gemäß Nr. 3.4 Buchst. b) gelegt.

3.7 Ermittlung der Zahl der ungültigen Stimmzettel

Zwei Mitglieder des Wahlvorstands zählten unabhängig voneinander die nicht gekennzeichneten Stimmzettel, die Stimmzettelumschläge nach Nr. 3.1.3 und die durch Beschluss für ungültig erklärten Stimmzettel. Bei Einsatz einer Datenverarbeitungsanlage wurden diese Stimmzettel mit deren Hilfe erfasst.

Die Zahl der ungültigen Stimmzettel (einschließlich der Stimmzettelumschläge nach Nr. 3.1.3) wurde in Nr. 4.3 bei Kennbuchstabe [C] in Spalte 5 eingetragen.

Die durch Beschluss für ungültig erklärten Stimmzettel (Nr. 3.6.3) wurden einem Beisitzer zur gesonderten Verwahrung übergeben.

3.8 Ermittlung der Zahl der gültigen Stimmzettel (Stapel gemäß Nr. 3.4 Buchst. a)

Zwei Mitglieder des Wahlvorstands zählten unabhängig voneinander die gültigen Stimmzettel. Stimmte das Ergebnis der beiden Zählvorgänge nicht überein, wurde die Zählung wiederholt. Bei allen Zählungen wurde darauf geachtet, dass die Stimmzettel nach den sich bewerbenden Personen richtig sortiert waren. Das Ergebnis wurde für jede sich bewerbende Person in Nr. 4.3 bei Kennbuchstabe [D 01] usw. jeweils in Spalte 5 eingetragen. Bei Einsatz einer Datenverarbeitungsanlage wurden diese Stimmzettel mit deren Hilfe erfasst.

Die durch Beschluss für gültig erklärten Stimmzettel (Nr. 3.6.2) wurden einem Beisitzer zur gesonderten Verwahrung übergeben.

3.9 Bildung der Gesamtsumme aller Stimmen

In Nr. 4.3 wurden die Summen [D] und [E] in Spalte 5 gebildet.

Bei Einsatz einer Datenverarbeitungsanlage wurden diese Gesamtsummen in Nr. 4 der Niederschrift mit deren Hilfe gebildet. Die Niederschrift oder Teile davon wurden ausgedruckt.

3.10 Feststellung des Abstimmungsergebnisses

Das in Nr. 4 enthaltene Ergebnis wurde vom Wahlvorstand als das Abstimmungsergebnis im Stimmbezirk festgestellt und von der Wahlvorsteherin oder vom Wahlvorsteher verkündet.

3.11 Schnellmeldung

Für die Schnellmeldung wurden die Ergebnisse aus Nr. 4 in den hierfür vorgesehenen Vordruck übertragen und sofort der Gemeinde gemeldet.

4. Abstimmungsergebnis

Kennbuchstabe	Bezeichnung	Anzahl
	4.1 STIMMBERECHTIGTE (siehe Nr. 3.2)	
A 1	Stimmberechtigte **ohne** Vermerk „W" (Wahlschein) lt. Wählerverzeichnis	
A 2	Stimmberechtigte **mit** Vermerk „W" (Wahlschein) lt. Wählerverzeichnis	
A 1 + A 2	Stimmberechtigte **zusammen**	
	4.2 WÄHLERINNEN UND WÄHLER (siehe Nr. 3.3)	
B 1	Wählerinnen und Wähler laut Stimmabgabevermerken im Wählerverzeichnis	
B 2	Wählerinnen und Wähler mit Wahlschein (laut Stimmabgabevermerken auf den Wahlscheinen)	
B	Wählerinnen und Wähler **zusammen** (B1 + B2)	

4.3 STIMMEN (siehe Nrn. 3.4 bis 3.9)

	Ordnungszahl	Bewerberin oder Bewerber[7] (Familienname, Vorname)	Name des Wahlvorschlagsträgers (Kennwort)	gültige Stimmen
1	2	3	4	5
D 01				
D 02				
D 03				
D 04				
D 05				
D 06				
D 07				
D 08				
D 09				
D 10				
D	**Gültige** Stimmen insgesamt (D 01 + D 02 usw.)			

C	**Ungültige** Stimm**zettel (einschließlich der Stimmzettelumschläge nach Nr. 3.1.3)**	

E	Abgegebene Stimm**zettel zusammen** (D + C)	

[7] Hat bei einer Mehrheitswahl mit nur einem Wahlvorschlag die Wahlleiterin oder der Wahlleiter die gesammelte Erfassung handschriftlich hinzugefügter Personen mit jeweils weniger als zehn Stimmen festgelegt, können diese Personen als „Sonstige" erfasst werden.

5. Abschluss der Feststellung des Abstimmungsergebnisses

5.1 Besondere Vorfälle

☐ Es ereigneten sich keine besonderen Vorfälle.

☐ Es ereigneten sich folgende besonderen Vorfälle (z. B. Zurückweisung von Wählerinnen und Wählern, Verletzungen des Wahlgeheimnisses, Störungen der Ruhe und Ordnung im Wahlraum, Polizeieinsätze, Unfälle, längere Warteschlangen/Wartezeiten vor Wahllokal/Wahlkabinen, Unterbrechungen der Wahlhandlung, unerlaubte Wahlwerbung in unmittelbarer Umgebung des Wahllokals):

____

____

____

☐ Die Ermittlung und die Feststellung des Abstimmungsergebnisses mussten am ___________, ______ Uhr unterbrochen werden. Sie wurden am ___________, ______ Uhr fortgesetzt.
In der Zwischenzeit wurden die Wahlunterlagen samt den Stimmzetteln sicher verwahrt.

☐ Das Abstimmungsergebnis wurde in einem von der Gemeinde bestimmten anderen Raum ermittelt und festgestellt. Die gesicherten Wahlunterlagen samt den Stimmzetteln wurden von zwei Mitgliedern des Wahlvorstands, darunter die Wahlvorsteherin, der Wahlvorsteher oder deren Stellvertretung, dorthin gebracht.

☐ Die Wahlvorsteherin oder der Wahlvorsteher gab die Zeit und den Ort der Fortsetzung des Zählvorgangs bekannt. Im Eingangsbereich des Abstimmungsraums wurde ein entsprechender Hinweis angebracht.

5.2 Anwesenheit des Wahlvorstands

Während der Abstimmung sowie während der Ermittlung und der Feststellung des Wahlergebnisses waren immer die Wahlvorsteherin oder der Wahlvorsteher und die Schriftführerin oder der Schriftführer oder deren Stellvertretung sowie mindestens ein Beisitzer anwesend.

5.3 Öffentlichkeit der Abstimmungshandlung

Die Abstimmung sowie die Ermittlung und die Feststellung des Abstimmungsergebnisses waren öffentlich.

5.4 Unterschriften der Mitglieder des Wahlvorstands

5.4.1 Diese Niederschrift wurde von der Schriftführerin oder vom Schriftführer vorgelesen und von allen anwesenden Mitgliedern des Wahlvorstands durch ihre Unterschrift genehmigt.

Wahlvorsteherin/Wahlvorsteher ____________________

Stellvertretung der Wahlvorsteherin/des Wahlvorstehers ____________________

Schriftführerin/Schriftführer ____________________

Stellvertretung der Schriftführerin/des Schriftführers ____________________

Beisitzer ____________________

Beisitzer ____________________

Beisitzer ____________________

Beisitzer ____________________

Beisitzer ____________________

5.4.2 Folgende Mitglieder des Wahlvorstands verweigerten aus nachstehenden Gründen die Unterschrift:

Name ____________________ Grund ______________________________

Name ____________________ Grund ______________________________

Name ____________________ Grund ______________________________

GLKrWBek

5.5 Ordnen und Verpacken der Wahlunterlagen

Nach Feststellung des Abstimmungsergebnisses wurden alle Stimmzettel und Wahlscheine wie folgt geordnet und verpackt:

5.5.1 ☐ ein Paket mit den nicht beschlussmäßig behandelten gültigen Stimmzetteln. Falls keine Datenverarbeitungsanlage eingesetzt wurde, wurden die Stimmzettel nach den sich bewerbenden Personen (Stapel gemäß Nr. 3.4 Buchst. a) aufgeteilt,

5.5.2 ☐ ein Paket mit den nicht gekennzeichneten Stimmzetteln vom Stapel gemäß Nr. 3.4 Buchst. b,

5.5.3 ☐ ein Paket mit den Stimmzettelumschlägen nach Nr. 3.1.3, soweit diese nicht bei verbundenen Wahlen für die Auswertung einer anschließenden Wahl benötigt werden, was ______________ Stimmzettelumschläge betrifft,

5.5.4 ☐ ein Paket mit den bei der Urnenwahl eingenommenen Wahlscheinen,[8)]

5.5.5 ☐ im Fall der Nr. 2.7 ein Paket mit den Wahlscheinen der ohne Beschluss zugelassenen Wahlbriefe,[8)]

5.5.6 ☐ ein Verzeichnis der für ungültig erklärten Wahlscheine,[8)]

5.5.7 ☐ ein Verzeichnis der nachträglich ausgestellten Wahlscheine,[8)]

5.5.8 ein Paket mit den unbenutzten Stimmzetteln,

5.5.9 ☐ ein Paket mit Wahlbenachrichtigungen, soweit diese einbehalten wurden (obgleich dies nicht hätte erfolgen dürfen),

5.5.10 ☐ im Fall der Nrn. 2.8 oder 2.9 die Niederschrift des abgebenden Wahlvorstands.

Die anzufertigenden Pakete Nr(n). 5.5.1 bis 5.5.5 wurden versiegelt. Jedes Paket wurde mit der Nummer des Wahlvorstands und mit der Inhaltsangabe versehen.

5.6 Übergabe der Wahlunterlagen

5.6.1 Der beauftragten Person der Wahlleiterin oder des Wahlleiters[9)] wurden am ____________________, __________ Uhr, in der Versandtasche (nicht versiegelt) übergeben:

- diese Niederschrift,
- ☐ die beschlussmäßig behandelten Stimmzettel,
- in Gemeinden mit nur einem Stimmbezirk, sofern der Wahlvorstand mit der Übernahme der Geschäfte des Briefwahlvorstands beauftragt worden ist
  - ☐ die zurückgewiesenen Wahlbriefe samt Inhalt[8)],
  - ☐ die Wahlbriefe mit Stimmzetteln, die sich außerhalb des Stimmzettelumschlags befunden haben.[8)]
  - ☐ im Fall von Nr. 3.1.5 die wegen fehlenden Stimmrechts ausgesonderten Stimmzettel.[10)]
  - ☐ die Wahlscheine, über die beschlossen wurde, ohne dass die Wahlbriefe zurückgewiesen wurden.[8)]

5.6.2 Der beauftragten Person der Gemeinde wurden am ____________________, __________ Uhr, übergeben:

- die Pakete, Verzeichnisse und die Unterlagen nach Nr. 5.5,
- das Wählerverzeichnis, sofern bei verbundenen Wahlen nicht bereits mit den Unterlagen einer anderen Wahl abgegeben,
- ___ Wahlurne(n) mit Schloss und Schlüssel sowie
- alle sonstigen dem Wahlvorstand von der Gemeinde zur Verfügung gestellten Gegenstände und Unterlagen.

Wahlvorsteherin/Wahlvorsteher

____

Bei verbundenen Gemeinde- und Landkreiswahlen folgt nun die Auszählung der Stimmen für die Wahl der Landrätin oder des Landrats.[11)]

---

8) Entfällt bei der verbundenen Landratswahl, falls bereits mit einer zuvor ausgezählten Wahl abgegeben.
9) Bei der Landratswahl: der Gemeinde.
10) Entfällt bei der verbundenen Landratswahl.
11) Entfällt bei der Landratswahl und der Bürgermeisterwahl in einer kreisfreien Stadt.

Gemeinde
Briefwahlvorstand Nr.
Zutreffendes ankreuzen ☒ oder in Druckbuchstaben ausfüllen

Datum

WAHLNIEDERSCHRIFT / Briefwahl

zur Wahl der ersten Bürgermeisterin oder des ersten Bürgermeisters*)

am ____________________

Diese Wahlniederschrift ist unter Nr. 5.4.1 von allen anwesenden Mitgliedern des Briefwahlvorstands zu unterschreiben.

1. Briefwahlvorstand

Zur Wahl der ersten Bürgermeisterin oder des ersten Bürgermeisters waren vom Briefwahlvorstand erschienen:

	Familienname	Vorname	Funktion
1.			als Briefwahlvorsteherin/Briefwahlvorsteher
2.			als Stellvertretung der Briefwahlvorsteherin/ des Briefwahlvorstehers
3.			als Schriftführerin/Schriftführer
4.			als Stellvertretung der Schriftführerin/ des Schriftführers
5.			als Beisitzer
6.			als Beisitzer
7.			als Beisitzer
8.			als Beisitzer
9.			als Beisitzer

Anstelle der nicht erschienenen oder ausgefallenen Mitglieder des Briefwahlvorstands ernannte die Briefwahlvorsteherin oder der Briefwahlvorsteher folgende wahlberechtigte Personen zu Mitgliedern des Briefwahlvorstands:

	Familienname	Vorname	Funktion	Uhrzeit
1.				
2.				
3.				

Als Hilfskräfte wurden beigezogen:

	Familienname	Vorname	Aufgabe
1.			
2.			
3.			

*) Dieses Muster gilt für die Wahl der Landrätin oder des Landrats entsprechend.

2. Zulassung der Wahlbriefe

2.1 Hinweis auf Verpflichtung des Briefwahlvorstands – Auflegung der Wahlvorschriften

Der Briefwahlvorstand trat um ______________ Uhr zusammen.

Die Briefwahlvorsteherin oder der Briefwahlvorsteher wies die übrigen Mitglieder des Briefwahlvorstands auf ihre Verpflichtung zur unparteiischen Wahrnehmung ihrer Aufgaben und zur Verschwiegenheit über die ihnen bei ihrer Tätigkeit bekannt gewordenen Angelegenheiten hin. Sie oder er belehrte sie über ihre Aufgaben.

Textausgaben des Gemeinde- und Landkreiswahlgesetzes und der Gemeinde- und Landkreiswahlordnung waren im Auszählungsraum vorhanden.

2.2 Wahlurnen

Der Briefwahlvorstand stellte fest, dass sich die Wahlurnen in ordnungsgemäßem Zustand befanden und leer waren. Sie wurden dann verschlossen und bis zur Entnahme der Stimmzettelumschläge und der Stimmzettel nach Schluss der Abstimmungszeit nicht mehr geöffnet. Die Briefwahlvorsteherin oder der Briefwahlvorsteher nahm die Schlüssel in Verwahrung.

2.3 Wahlbriefe und Verzeichnis der für ungültig erklärten Wahlscheine

Der Briefwahlvorstand stellte weiter fest, dass ihm von der Gemeinde [ ] Wahlbriefe,

[ ] Verzeichnis(se) der für ungültig erklärten Wahlscheine,

[ ] Nachtrag/Nachträge zu diesem/n Verzeichnis(sen)

übergeben worden waren.

2.4 Öffnen und Prüfen der Wahlbriefe

2.4.1 Ein Beisitzer öffnete die Wahlbriefe einzeln und nacheinander und entnahm ihnen Wahlschein und Stimmzettelumschlag. Wenn der Wahlschein in einem Verzeichnis für ungültig erklärter Wahlscheine nicht oder mit dem Hinweis, dass die Stimme für die Briefwahl gültig ist, aufgeführt war, der Wahlschein und der Stimmzettelumschlag eindeutig gültig waren und auch keinen Anlass zu Bedenken gaben, wurde

2.4.1.1 bei jedem Wahlschein darauf geachtet, ob er für die Gemeinde- und die Landkreiswahl galt. Galt er nur für die Landkreiswahl, wurde auf dem Stimmzettelumschlag an jeweils der gleichen Stelle vermerkt: „Nur Landkreiswahl“ oder „L“.

Insgesamt wurden [ ] Stimmzettelumschläge mit dem Vermerk „Nur Landkreiswahl“ oder „L“ versehen.

2.4.1.2 der Stimmzettelumschlag ungeöffnet in die Briefwahlurne gelegt und der Wahlschein von einem Beisitzer gesammelt.

Der nächste Wahlbrief wurde immer erst dann geöffnet, wenn der Briefwahlvorstand den vorhergehenden abschließend behandelt hatte.

2.4.2 ☐ Es wurden keine weiteren Wahlbriefe überbracht.

☐ Eine beauftragte Person der Gemeinde überbrachte bis 18 Uhr weitere [ ] Wahlbriefe.
Sie wurden entsprechend Nr. 2.4.1 behandelt.

2.4.3 Die Gesamtzahl der zur Auswertung vorgelegten Wahlbriefe betrug [ ] Wahlbriefe.

2.5 Zurückweisung und Zulassung von Wahlbriefen

2.5.1 ☐ Es wurden gegen keinen Wahlbrief Bedenken erhoben.

☐ Es wurden gegen insgesamt [ ] Wahlbriefe Bedenken erhoben.

2.5.1.1 Davon wurden durch Beschluss des Briefwahlvorstands **zurückgewiesen**

☐	Wahlbriefe, weil dem Wahlbriefumschlag kein oder kein gültiger Wahlschein beigefügt war, (Hinweis: Ist im Verzeichnis der für ungültig erklärten Wahlscheine vermerkt, dass der Wahlbrief nicht zurückgewiesen werden darf, handelt es sich **nicht** um einen Fall von Alternative 2!)	Nr. ☐	bis ☐
☐	Wahlbriefe, weil die Versicherung an Eides statt nicht unterschrieben war,	Nr. ☐	bis ☐
☐	Wahlbriefe, weil dem Wahlbriefumschlag kein Stimmzettelumschlag beigefügt war,	Nr. ☐	bis ☐
☐	Wahlbriefe, weil weder der Wahlbriefumschlag noch der Stimmzettelumschlag verschlossen waren,	Nr. ☐	bis ☐
☐	Wahlbriefe, weil der Wahlbriefumschlag mehrere Stimmzettelumschläge, aber nicht eine gleiche Anzahl gültiger und mit der vorgeschriebenen Versicherung an Eides statt versehener Wahlscheine enthielt,	Nr. ☐	bis ☐
☐	Wahlbriefe, weil kein amtlicher Stimmzettelumschlag benutzt worden war,	Nr. ☐	bis ☐
☐	Wahlbriefe, weil ein Stimmzettelumschlag benutzt worden war, der ein besonderes Merkmal aufwies oder einen deutlich fühlbaren Gegenstand enthielt,	Nr. ☐	bis ☐
☐	Wahlbriefe insgesamt.		

2.5.1.2 Davon wurden durch Beschluss des Briefwahlvorstands ☐ Wahlbriefe **zugelassen** und entsprechend Nr. 3 behandelt. War Anlass der Beschlussfassung der Wahlschein, wurde der Wahlschein nummeriert und der Niederschrift beigefügt.

2.5.1.3 Weitere ☐ Wahlbriefe wurden beschlussmäßig behandelt und **zugelassen**, weil sich Stimmzettel außerhalb des Stimmzettelumschlags befanden. Die Stimmzettel wurden mit einem Vermerk versehen, in den Wahlbriefumschlag gelegt, von einem Beisitzer in Verwahrung genommen und später der Niederschrift beigefügt. Die Stimmzettelumschläge wurden entsprechend Nr. 3 behandelt.

2.5.2 Die **zurückgewiesenen** Wahlbriefe nach Nr. 2.5.1.1 wurden
samt Inhalt ausgesondert,
mit einem Vermerk über den Zurückweisungsgrund versehen,
wieder verschlossen,
fortlaufend nummeriert,
von einem Beisitzer in Verwahrung genommen und später der Niederschrift, bei verbundenen Wahlen der Niederschrift zur Wahl des Gemeinderats, beigefügt.

2.5.3 Die Einsender zurückgewiesener Wahlbriefe wurden nicht als Wählerinnen und Wähler gezählt; ihre Stimmen gelten als nicht abgegeben.

2.6 Bevor mit der eigentlichen Auszählung begonnen wurde, wurde noch die Übergabe der Wahlbriefe abgewartet, die am Wahltag noch bis 18 Uhr bei der Gemeinde eingegangen waren. Diese Wahlbriefe wurden gemäß Nr. 2.4 behandelt.

2.7 ☐ Der Briefwahlvorstand hat mindestens 50 Wahlbriefe zugelassen.
Das Ergebnis wurde nach den Nrn. 3 und 4 ermittelt.

2.8 ☐ Der Briefwahlvorstand hat weniger als 50 Wahlbriefe zugelassen.
Das Ergebnis wurde von dem von der Gemeinde bestimmten Wahlvorstand Nr. ☐ ermittelt.
(Hinweis: Die Angabe einer Wahlvorstands-Nr. ist erforderlich, sofern der Wahlvorstand mit einer Nummer versehen wurde.)

Die Zahl der in die Briefwahlurne gelegten Stimmzettelumschläge wurde in eine Mitteilung eingetragen und die verschlossene Briefwahlurne mit den in sie eingelegten Stimmzettelumschlägen, die Wahlscheine (siehe Nr. 2.4.1.1), die zurückgewiesenen Wahlbriefe und die Niederschrift wurde diesem Wahlvorstand bzw. Briefwahlvorstand gegen Empfangsbestätigung übergeben.

Die Nrn. 3 und 4 wurden gestrichen. Für den abgebenden Wahlvorstand ist entsprechend den Nrn. 5.1 bis 5.4 zu verfahren.

2.9 ☐ In einem **anderen** Stimmbezirk (Urnenwahl) nahmen **weniger als 50 Wählerinnen und Wähler an der Abstimmung** teil und die Wahlurne, das Wählerverzeichnis und die eingenommenen Wahlscheine jenes anderen Stimmbezirks wurden an diesen Briefwahlvorstand übergeben.

2.10 ☐ Von einem **anderen** Briefwahlvorstand wurden **weniger als 50 Wahlbriefe zugelassen** und die Wahlurne wurde daher an diesen Briefwahlvorstand übergeben.

3. Ermittlung und Feststellung des Briefwahlergebnisses

3.1 Behandlung der übergebenen Briefwahlurne (Nr. 2.10)

Hinweis: Nr. 3.1 ist nur anzuwenden, wenn von einem anderen Briefwahlvorstand weniger als 50 Wahlbriefe zugelassen und übergeben wurden. Andernfalls weiter bei Nr. 3.2.

3.1.1 Der Briefwahlvorstand öffnete nach 18 Uhr zunächst die übergebene Briefwahlurne. Er überzeugte sich, dass der Briefwahlurne alle Stimmzettelumschläge entnommen wurden.

Die Stimmzettelumschläge wurden ungeöffnet gezählt.

Die Zählung ergab:

a)	Stimmzettelumschläge ohne Vermerk „Nur Landkreiswahl“	
b)	Stimmzettelumschläge mit Vermerk „Nur Landkreiswahl“	
c)	Stimmzettelumschläge insgesamt	

Kontrolle

Die Anzahl der Stimmzettelumschläge insgesamt stimmte mit der auf der Mitteilung der Briefwahlvorsteherin oder des Briefwahlvorstehers angegebenen Anzahl bzw. in Gemeinden mit nur einem Stimmbezirk mit der Anzahl gültiger Wahlscheine

☐ überein.

☐ aus folgenden Gründen nicht überein: ______________________________

____

3.1.2 Die Stimmzettelumschläge ohne Vermerk „Nur Landkreiswahl“ wurden geöffnet und die Stimmzettel für die Bürgermeisterwahl entnommen. Waren in einem Stimmzettelumschlag mehrere Stimmzettel für die Bürgermeisterwahl, wurden diese Stimmzettel fest miteinander verbunden.
(Hinweis zu den so verbundenen Stimmzetteln: Diese Stimmzettel gelten – auch beim Zählen der Stimmzettel – als **ein** Stimmzettel. Sind beide **nicht** gekennzeichnet, erfolgt die Zuordnung **nach Öffnung der Wahlurne, in die die Stimmzettel zunächst ungeöffnet zu legen sind (siehe Nr. 3.1.4)**, zum Stapel gemäß Nr. 3.4 Buchst. b. Im Übrigen erfolgt die Zuordnung zum Stapel gemäß Nr. 3.4 Buchst. c. Ist nur einer der Stimmzettel gekennzeichnet oder sind sie beide gleich gekennzeichnet, ist dies allein kein Grund für eine Ungültigkeit der Stimmvergabe.)

3.1.3 ☐ Stimmzettelumschläge enthielten keinen Stimmzettel für die Bürgermeisterwahl, was auf dem Stimmzettelumschlag vermerkt wurde. Diese Umschläge wurden zusammen mit den nicht gekennzeichneten Stimmzetteln ausgewertet.

3.1.4 Die Anzahl der Stimmzettel für die Bürgermeisterwahl aus der Briefwahlurne betrug: ☐
Die Stimmzettel wurden ungeöffnet mit den Stimmzetteln der eigenen Wahlurne vermischt und anschließend zusammen mit diesen ausgezählt.

3.1.5 ☐ Stimmzettelumschläge enthielten Stimmzettel für die Bürgermeisterwahl, für die laut Vermerk „Nur Landkreiswahl“ das Stimmrecht nicht gegeben war. Diese Stimmzettel wurden ausgesondert.

3.2 Ermittlung der Zahl der Wählerinnen und Wähler

3.2.1 Nachdem alle rechtzeitig eingegangenen und nicht zurückgewiesenen Stimmzettelumschläge in die Briefwahlurne gelegt worden waren, öffnete die Briefwahlvorsteherin oder der Briefwahlvorsteher nach 18 Uhr die Briefwahlurne und entnahm daraus die Stimmzettelumschläge. Sie oder er überzeugte sich, dass der Briefwahlurne alle Stimmzettelumschläge entnommen wurden.

3.2.2 Die Stimmzettelumschläge wurden ungeöffnet gezählt.

Die Zählung ergab ☐ Stimmzettelumschläge ohne Vermerk „Nur Landkreiswahl“.

3.2.3 Danach wurden die Wahlscheine der zugelassenen Wahlbriefe gezählt.

Die Zählung ergab ☐ gültige Wahlscheine für die Bürgermeisterwahl.

3.2.4 Kontrolle

Die Zahl der Wählerinnen und Wähler (Anzahl der Stimmzettelumschläge nach Nr. 3.2.2) stimmte mit der Anzahl der gültigen Wahlscheine (Nr. 3.2.3)

☐ überein.

☐ aus folgenden Gründen nicht überein: ______________________________

____

3.2.5 Sofern die Wahlurne eines anderen Urnenwahlstimmbezirks übergeben wurde **(Nr. 2.9)**:

Die Schriftführerin oder der Schriftführer ermittelte die Zahl der Wählerinnen und Wähler des anderen Stimmbezirks nach:

a)	den Stimmabgabevermerken im Wählerverzeichnis für die Bürgermeisterwahl[1]	
b)	der Anzahl gültiger Wahlscheine für die Bürgermeisterwahl	
c)	Wählerinnen und Wähler zusammen (a + b)	

Sodann öffnete der Briefwahlvorstand die übergebene Wahlurne für die Bürgermeisterwahl. Er überzeugte sich, dass der Wahlurne alle Stimmzettel entnommen wurden.

Die Stimmzettel wurden ungeöffnet gezählt. Die Zahl der Stimmzettel betrug: ☐

Kontrolle

Die Zahl der Wählerinnen und Wähler (Buchst. c) stimmte mit der Zahl der Stimmzettel

☐ überein.

☐ aus folgenden Gründen nicht überein: ______________________________

____

Die Zahl der Wählerinnen und Wähler des anderen Stimmbezirks, die Zahl der Wählerinnen und Wähler nach Nr. 3.1.4 und die Zahl der Wählerinnen und Wähler nach Nr. 3.2.3 wurden zusammengerechnet.

3.2.6 **Die Stimmzettel der übergebenen Wahlurne für die Bürgermeisterwahl wurden ungeöffnet mit den Stimmzetteln der eigenen Wahlurne vermischt und anschließend zusammen mit diesen ausgezählt.**

3.2.7 Die Schriftführerin oder der Schriftführer übertrug die Zahl der Wählerinnen und Wähler in Nr. 4.1 Kennbuchstabe [B].

3.3 Öffnen der Stimmzettelumschläge der Briefwahlurne, Entnahme der Stimmzettel

3.3.1 Die Stimmzettelumschläge wurden geöffnet und die Stimmzettel für die Bürgermeisterwahl entnommen. Enthielt ein Stimmzettelumschlag mehrere Stimmzettel für die Bürgermeisterwahl, wurden diese Stimmzettel fest miteinander verbunden. Bei einer verbundenen Wahl wurden die übrigen Stimmzettel in die dafür vorgesehenen Urnen gelegt.
(Hinweis zu den so verbundenen Stimmzetteln: Diese Stimmzettel gelten – auch beim Zählen der Stimmzettel – als **ein** Stimmzettel. Sind beide **nicht** gekennzeichnet, erfolgt die Zuordnung zum Stapel gemäß Nr. 3.4 Buchst. b. Im Übrigen erfolgt die Zuordnung zum Stapel gemäß Nr. 3.4 Buchst. c. Ist nur einer der Stimmzettel gekennzeichnet oder sind sie beide gleich gekennzeichnet, ist dies allein kein Grund für eine Ungültigkeit der Stimmvergabe.)

3.3.2 ☐ Stimmzettelumschläge enthielten keinen Stimmzettel für die Bürgermeisterwahl, was auf dem Stimmzettelumschlag vermerkt wurde. Diese fehlenden Stimmzettel wurden als ungültige Stimmvergabe für die Bürgermeisterwahl gewertet.

3.3.3 ☐ Stimmzettelumschläge enthielten Stimmzettel für die Bürgermeisterwahl, obwohl laut Vermerk Landkreiswahl" das Stimmrecht hierfür nicht gegeben war. Diese Stimmzettel wurden ausgesondert.[2]

3.3.4 Die Zahl der Stimmzettel einschließlich etwaiger leerer Stimmzettelumschläge nach Nr. 3.3.2 wurde in Nr. 4.2 Kennbuchstabe [E] übertragen. Dabei wurde auch die Zahl der Stimmzettel nach Nr. 3.2.5 hinzugerechnet.

3.3.5 Sofern die Wahlurne eines anderen Stimmbezirks übergeben wurde (Nrn. 2.9 und 2.10):
Die Stimmzettel der übergebenen Wahlurne für die Bürgermeisterwahl wurden ungeöffnet mit den Stimmzetteln der eigenen Wahlurne vermischt. Im Anschluss erfolgte eine gemeinsame Auszählung.

[1] Gilt nicht bei Sonderstimmbezirken; dort sind nur die Buchstaben b und c auszufüllen.
[2] Bei der Landratswahl erhält Nr. 3.3.3 folgende Fassung:
„Die Urne mit den Stimmzetteln für die Landratswahl wurde geöffnet und die Stimmzettel entnommen. Die Briefwahlvorsteherin oder der Briefwahlvorsteher überzeugte sich davon, dass der Urne alle Stimmzettel entnommen wurden."

3.4 Sortieren der Stimmzettel

Die Stimmzettel wurden auf ihre Gültigkeit geprüft und in folgenden Stapeln getrennt gelegt:

a) zweifelsfrei gültige Stimmzettel, geordnet nach sich bewerbenden Personen,

b) nicht gekennzeichnete Stimmzettel und Stimmzettelumschläge nach Nr. 3.3.2,

c) gekennzeichnete Stimmzettel, die Anlass zu Bedenken gaben und über die später vom Briefwahlvorstand Beschluss zu fassen war.

Bei Einsatz einer Datenverarbeitungsanlage wurde auf die Bildung von Stapeln verzichtet.

3.5 Behandlung der nicht gekennzeichneten Stimmzettel und der Stimmzettelumschläge, die keinen Stimmzettel für die Bürgermeisterwahl enthielten (Stapel gemäß Nr. 3.4 Buchst. b)

Die Briefwahlvorsteherin oder der Briefwahlvorsteher prüfte zuerst den Stapel mit den nicht gekennzeichneten Stimmzetteln und die Stimmzettelumschläge, die keinen Stimmzettel für die Bürgermeisterwahl enthielten. Sie oder er sagte jeweils an, dass die Stimmvergabe ungültig ist.

3.6 Behandlung der Stimmzettel, die Anlass zu Bedenken gaben (Stapel gemäß Nr. 3.4 Buchst. c)

3.6.1 Die Briefwahlvorsteherin oder der Briefwahlvorsteher zeigte jeden einzelnen Stimmzettel den Mitgliedern des Briefwahlvorstands und ließ über die Gültigkeit Beschluss fassen. Sie oder er vermerkte auf der Rückseite der Stimmzettel mit Unterschrift, warum eine Stimmvergabe für ungültig oder für gültig erklärt wurde. Bei Einsatz einer Datenverarbeitungsanlage wurde anstelle des Vermerks auf der Rückseite des Stimmzettels ein Ausdruck darüber erstellt, warum der Stimmzettel für gültig oder für ungültig erklärt wurde, und von der Briefwahlvorsteherin oder vom Briefwahlvorsteher unterzeichnet.

3.6.2 Die für **gültig** erklärten Stimmzettel wurden gesondert zu den Stapeln mit den gültigen Stimmzetteln (siehe Stapel gemäß Nr. 3.4 Buchst. a) für die einzelnen sich bewerbenden Personen gelegt.

3.6.3 Die für **ungültig** erklärten Stimmzettel wurden gesondert zum Stapel mit den nicht gekennzeichneten Stimmzetteln (siehe Stapel gemäß Nr. 3.4 Buchst. b) gelegt.

3.7 Ermittlung der Zahl der ungültigen Stimmzettel

Zwei Mitglieder des Briefwahlvorstands zählten unabhängig voneinander die nicht gekennzeichneten Stimmzettel, die leeren Stimmzettelumschläge und die durch Beschluss für ungültig erklärten Stimmzettel.
Bei Einsatz einer Datenverarbeitungsanlage wurden diese Stimmzettel mit deren Hilfe erfasst.

Die Zahl der ungültigen Stimmzettel (einschließlich der Stimmzettelumschläge nach Nr. 3.3.2) wurde in Nr. 4.2 bei Kennbuchstabe [C] in Spalte 5 eingetragen.

Die durch Beschluss für ungültig erklärten Stimmzettel (Nr. 3.6.3) wurden einem Beisitzer zur gesonderten Verwahrung übergeben.

3.8 Ermittlung der Zahl der gültigen Stimmzettel (Stapel gemäß Nr. 3.4 Buchst. a)

Zwei Mitglieder des Briefwahlvorstands zählten unabhängig voneinander die gültigen Stimmzettel. Stimmte das Ergebnis der beiden Zählvorgänge nicht überein, wurde die Zählung wiederholt. Bei allen Zählungen wurde darauf geachtet, dass die Stimmzettel nach den sich bewerbenden Personen richtig sortiert waren. Das Ergebnis wurde für jede sich bewerbende Person in Nr. 4.2 bei Kennbuchstabe [D 01] usw. jeweils in Spalte 5 eingetragen. Bei Einsatz einer Datenverarbeitungsanlage wurden diese Stimmzettel mit deren Hilfe erfasst.

Die durch Beschluss für gültig erklärten Stimmzettel (Nr. 3.6.2) wurden einem Beisitzer zur gesonderten Verwahrung übergeben.

3.9 Bildung der Gesamtsumme aller Stimmen

In Nr. 4.2 wurden die Summen [D] und [E] in Spalte 5 gebildet.

Bei Einsatz einer Datenverarbeitungsanlage wurden die Gesamtsummen in Nr. 4 der Niederschrift mit deren Hilfe gebildet. Die Niederschrift oder Teile davon wurden ausgedruckt.

3.10 Feststellung des Ergebnisses der Briefwahl

Das in Nr. 4 enthaltene Ergebnis wurde vom Briefwahlvorstand als das Ergebnis der Briefwahl festgestellt und von der Briefwahlvorsteherin oder vom Briefwahlvorsteher verkündet.

3.11 Schnellmeldung

Für die Schnellmeldung wurden die Ergebnisse aus Nr. 4 in den hierfür vorgesehenen Vordruck übertragen und sofort der Gemeinde gemeldet.

4. Ergebnis der Briefwahl

Kennbuchstabe	Bezeichnung	Anzahl

4.1 WÄHLERINNEN UND WÄHLER (siehe Nr. 3.2)

B	Wählerinnen und Wähler	

4.2 STIMMEN (siehe Nrn. 3.3 bis 3.9)

	Ordnungszahl	Bewerberin oder Bewerber[3] (Familienname, Vorname)	Name des Wahlvorschlagsträgers (Kennwort)	gültige Stimmen
1	2	3	4	5
D 01				
D 02				
D 03				
D 04				
D 05				
D 06				
D 07				
D 08				
D 09				
D 10				
D	**Gültige** Stimmen insgesamt (D 01 + D 02 usw.)			

C	**Ungültige** Stimm**zettel (einschließlich der Stimmzettelumschläge nach Nr. 3.3.2)**	

E	Abgegebene Stimm**zettel zusammen** (D + C)	

GLKrWBek

[3] Hat bei einer Mehrheitswahl mit nur einem Wahlvorschlag die Wahlleiterin oder der Wahlleiter die gesammelte Erfassung handschriftlich hinzugefügter Personen mit jeweils weniger als zehn Stimmen festgelegt, können diese Personen als „Sonstige" erfasst werden.

5. Abschluss der Feststellung des Briefwahlergebnisses

5.1 Besondere Vorfälle

☐ Es ereigneten sich keine besonderen Vorfälle.

☐ Es ereigneten sich folgende besonderen Vorfälle:

____

____

____

☐ Die Ermittlung und die Feststellung des Briefwahlergebnisses mussten am ______________, ______ Uhr unterbrochen werden. Sie wurden am ______________, ______ Uhr fortgesetzt.
In der Zwischenzeit wurden die Wahlunterlagen samt den Stimmzetteln sicher verwahrt.

☐ Das Briefwahlergebnis wurde in einem von der Gemeinde bestimmten anderen Raum ermittelt und festgestellt. Die gesicherten Wahlunterlagen samt den Stimmzetteln wurden von zwei Mitgliedern des Briefwahlvorstands, darunter die Briefwahlvorsteherin, der Briefwahlvorsteher oder deren Stellvertretung, dorthin gebracht.

☐ Die Briefwahlvorsteherin oder der Briefwahlvorsteher gab die Zeit und den Ort der Fortsetzung des Zählvorgangs bekannt. Im Eingangsbereich des Abstimmungsraums wurde ein entsprechender Hinweis angebracht.

5.2 Anwesenheit des Briefwahlvorstands

Während der Zulassung oder der Zurückweisung der Wahlbriefe sowie während der Ermittlung und der Feststellung des Briefwahlergebnisses waren immer die Briefwahlvorsteherin oder der Briefwahlvorsteher und die Schriftführerin oder der Schriftführer oder deren Stellvertretung sowie mindestens ein Beisitzer anwesend.

5.3 Öffentlichkeit der Wahlhandlung

Die Prüfung (Zulassung oder Zurückweisung) der Wahlbriefe sowie die Ermittlung und die Feststellung des Briefwahlergebnisses waren öffentlich.

5.4 Unterschriften der Mitglieder des Briefwahlvorstands

5.4.1 Diese Niederschrift wurde von der Schriftführerin oder vom Schriftführer vorgelesen und von allen anwesenden Mitgliedern des Briefwahlvorstands durch ihre Unterschrift genehmigt.

Briefwahlvorsteherin/Briefwahlvorsteher	____________________
Stellvertretung der Briefwahlvorsteherin/des Briefwahlvorstehers	____________________
Schriftführerin/Schriftführer	____________________
Stellvertretung der Schriftführerin/des Schriftführers	____________________
Beisitzer	____________________
Beisitzer	____________________
Beisitzer	____________________
Beisitzer	____________________
Beisitzer	____________________

5.4.2 Folgende Mitglieder des Briefwahlvorstands verweigerten aus nachstehenden Gründen die Unterschrift:

Name ____________________ Grund ______________________________

Name ____________________ Grund ______________________________

Name ____________________ Grund ______________________________

GLKrWBek

5.5 Ordnen und Verpacken der Wahlunterlagen

Nach Feststellung des Ergebnisses der Briefwahl wurden alle Stimmzettel und Wahlscheine wie folgt geordnet und verpackt:

5.5.1 ☐ ein Paket mit den nicht beschlussmäßig behandelten gültigen Stimmzetteln. Falls keine Datenverarbeitungsanlage eingesetzt wurde, wurden die Stimmzettel nach den sich bewerbenden Personen (Stapel gemäß Nr. 3.4 Buchst. a) aufgeteilt,

5.5.2 ☐ ein Paket mit den nicht gekennzeichneten Stimmzetteln von Stapel gemäß Nr. 3.4 Buchst. b,

5.5.3 ☐ ein Paket mit den Stimmzettelumschlägen nach Nr. 3.3.2, soweit diese nicht bei verbundenen Wahlen für die Auswertung einer anschließenden Wahl benötigt werden, was ______________ Stimmzettelumschläge betrifft.

5.5.4 ☐ ein Paket mit den Wahlscheinen der ohne Beschluss zugelassenen Wahlbriefe,[4]

5.5.5 ☐ ein Verzeichnis der für ungültig erklärten Wahlscheine.[4]

5.5.6 ☐ im Fall der Nrn. 2.9 und 2.10 die Niederschrift des abgebenden Wahlvorstands.

Die anzufertigenden Pakete Nr(n). 5.5.1 bis 5.5.4 wurden versiegelt und mit der Nummer des Briefwahlvorstands und mit der Inhaltsangabe versehen.

5.6 Übergabe der Wahlunterlagen

5.6.1 Der beauftragten Person der Wahlleiterin oder des Wahlleiters[5] wurden am ______________, ________ Uhr, in der Versandtasche (nicht versiegelt) übergeben:

- diese Niederschrift,
- ☐ die zurückgewiesenen Wahlbriefe mit Inhalt,[4]
- ☐ die im Falle von Nr. 2.5.1.3 ausgesonderten Wahlbriefumschläge mit Stimmzetteln, die sich außerhalb des Stimmzettelumschlags befunden haben,[4]
- ☐ die beschlussmäßig behandelten Wahlscheine zugelassener Wahlbriefe,[4]
- ☐ die beschlussmäßig behandelten Stimmzettel,
- ☐ die wegen fehlenden Stimmrechts ausgesonderten Stimmzettel.[6]

5.6.2 Der beauftragten Person der Gemeinde wurden am ______________, ________ Uhr, übergeben:

- die Pakete, das Verzeichnis und die Unterlagen nach Nr. 5.5,
- ___ Wahlurne(n) mit Schloss und Schlüssel sowie
- alle sonstigen dem Briefwahlvorstand von der Gemeinde zur Verfügung gestellten Gegenstände und Unterlagen.

Briefwahlvorsteherin/Briefwahlvorsteher

____

Bei verbundenen Gemeinde- und Landkreiswahlen folgt nun die Auszählung der Stimmen für die Wahl des Landrats.[7]

[4] Entfällt bei der verbundenen Landratswahl, falls bereits mit einer zuvor ausgezählten Wahl abgegeben.
[5] Bei der Landratswahl: der Gemeinde.
[6] Entfällt bei der verbundenen Landratswahl.
[7] Entfällt bei der Landratswahl und der Bürgermeisterwahl in einer kreisfreien Stadt.

Der Wahlausschuss der Gemeinde
Zutreffendes ankreuzen ☒ oder in Druckschrift ausfüllen

Datum

Niederschrift über die Sitzung des Wahlausschusses zur Feststellung des abschließenden Ergebnisses der Wahl des Gemeinderats*)

am ________________

I. Zusammentritt des Wahlausschusses

Zur Feststellung des abschließenden Ergebnisses der Wahl des Gemeinderats trat heute, am ________________, der Wahlausschuss zusammen. Zu dieser Sitzung wurden die Mitglieder des Wahlausschusses ordnungsgemäß geladen.

Die Sitzung wurde öffentlich bekannt gemacht. Sie war öffentlich, soweit nicht Rücksichten auf das Wohl der Allgemeinheit oder auf berechtigte Ansprüche Einzelner entgegenstanden.

Zur Sitzung waren folgende Mitglieder des Wahlausschusses erschienen:

	Familienname	Vorname	Funktion
1.			Wahlleiterin/Wahlleiter
2.			Beisitzer
3.			Beisitzer
4.			Beisitzer
5.			Beisitzer

Der Wahlausschuss ist ohne Rücksicht auf die Zahl der erschienenen Beisitzer beschlussfähig.

Die Wahlleiterin/der Wahlleiter bestellte als Schriftführerin/Schriftführer:

Familienname	Vorname

Als Hilfskräfte wurden beigezogen:

	Familienname	Vorname	Aufgabe
1.			
2.			
3.			

GLKrWBek

*) Dieses Muster gilt für die Feststellung des Ergebnisses der Kreistagswahl entsprechend.

II. Feststellung des Ergebnisses der Wahl der Gemeinderatsmitglieder

1. Dem Wahlausschuss lagen die insgesamt ________| (Zahl) Wahlniederschriften der Wahlvorstände für

insgesamt ________| (Zahl) Stimmbezirke

(davon ________| (Zahl) Wahlvorstände für ________| (Zahl) allgemeine Stimmbezirke,

________| (Zahl) Wahlvorstände für ________| (Zahl) Sonderstimmbezirke)

und insgesamt ________| (Zahl) Briefwahlvorstände

und die als Anlage beigefügte Zusammenstellung der Wahlleiterin/des Wahlleiters zur Einsichtnahme vor.

1.1 Der Wahlausschuss ermittelte, dass die Beschlüsse der Wahlvorstände zu

☐ keinen

☐ folgenden

Beanstandungen oder Bedenken Anlass gaben.

____

____

____

Der Wahlausschuss traf dazu folgende Entscheidungen:

____

____

____

1.2 Der Wahlausschuss nahm rechnerische Berichtigungen in der Wahlniederschrift des

☐ Wahlvorstands ______________________________
(nähere Bezeichnung)

☐ Briefwahlvorstands ______________________________
(nähere Bezeichnung)

vor und vermerkte dies auf der (den) betreffenden Wahlniederschrift(en).

1.3 Der Wahlausschuss beschloss über die Gültigkeit von Stimmen abweichend von den Entscheidungen des

☐ Wahlvorstands ______________________________
(nähere Bezeichnung)

☐ Briefwahlvorstands ______________________________
(nähere Bezeichnung)

und vermerkte dies auf der (den) betreffenden Wahlniederschrift(en) sowie auf der Rückseite der betreffenden Stimmzettel.
Nicht aufgeklärt werden konnten folgende Bedenken:

____

____

2. Der Wahlausschuss stellte anhand der von der Wahlleiterin/vom Wahlleiter vorbereiteten beiliegenden Zusammenstellung Folgendes fest:

2.1 die Zahl der Stimmberechtigten: ______

die Zahl der Personen, die gewählt haben: ______

die Zahl der insgesamt abgegebenen gültigen Stimmen: ______

die Zahl der insgesamt abgegebenen ungültigen Stimmzettel: ______

2.2 Anschließend stellte er die Zahl der gültigen Stimmen fest, die für jede einzelne sich bewerbende Person in allen Stimmbezirken und bei allen Briefwahlvorständen des Wahlkreises insgesamt abgegeben wurden.

2.3 Dann stellte er fest, wie viele gültige Stimmen auf die einzelnen Wahlvorschläge in allen Stimmbezirken und bei allen Briefwahlvorständen des Wahlkreises insgesamt abgegeben wurden.

3. Die einzelnen Wahlvorschläge haben insgesamt folgende Stimmenzahlen erreicht:

Ordnungszahl	Name des Wahlvorschlagsträgers (Kennwort)[1]	Gesamtzahl der gültigen Stimmen

4. Insgesamt sind ______ Gemeinderatssitze zu vergeben.[2]

Diese Sitze wurden auf die einzelnen Wahlvorschläge nach dem Verfahren nach Sainte-Laguë/Schepers folgendermaßen verteilt:

4.1 Zunächst werden die Stimmenzahlen durch ungerade Zahlen in aufsteigender Reihenfolge, beginnend mit der Zahl eins, geteilt und die Sitze dann in der Reihenfolge der größten sich ergebenden Höchstzahlen zugeordnet. Anschließend wird jedem Wahlvorschlag der Reihe nach so oft ein Sitz zugeteilt, wie er jeweils die höchste Teilungszahl aufweist. Bei gleichem Anspruch mehrerer Wahlvorschläge auf einen Sitz fällt dieser dem Wahlvorschlag zu, dessen in Betracht kommende sich bewerbende Person die größte Stimmenzahl aufweist, sonst entscheidet das Los.

Name des Wahlvorschlagsträgers	Name 1	Name 2	Name 3	Name 4	Name 5
Gesamtanzahl der Stimmen für den Wahlvorschlagsträger	______	______	______	______	______
: 1 Zuordnungszahl(en)	______ ______	______ ______	______ ______	______ ______	______ ______
: 3 Zuordnungszahl(en)	______ ______	______ ______	______ ______	______ ______	______ ______
: 5 Zuordnungszahl(en)	______ ______	______ ______	______ ______	______ ______	______ ______
: 7 Zuordnungszahl(en)	______ ______	______ ______	______ ______	______ ______	______ ______
: 9 Zuordnungszahl(en)	______ ______	______ ______	______ ______	______ ______	______ ______
Sitze im Gemeinderat: (gesamt: ______) Sitze (Summe)	______	______	______	______	______

[1] Bei im Rahmen einer Mehrheitswahl handschriftlich ergänzten Personen sind anstelle des Namens des Wahlvorschlagsträgers in dieser Spalte Familienname, Vorname, soweit bekannt akademischer Grad und ggf. ein weiteres Unterscheidungsmerkmal einzutragen.
[2] Bei Mehrheitswahl entfällt Nr. 4 im Übrigen.

4.2 Die Sitze verteilen sich auf die einzelnen Wahlvorschläge wie folgt:

Ordnungszahl	Name des Wahlvorschlagsträgers (Kennwort)	Sitze

4.3 Wegen gleicher Teilungszahl kommen für den letzten Sitz die Wahlvorschläge

Nr. ________ Kennwort ____________________ und Nr. ________ Kennwort ______________________

in Betracht.

Der Wahlausschuss stellt fest, dass dieser Sitz dem Wahlvorschlag

Nr. ________ Kennwort ____________________

zufällt, da

☐ dessen in Betracht kommende sich bewerbende Person die größere Stimmenzahl aufweist.

☐ der Sitz bei gleicher Stimmenzahl der in Betracht kommenden sich bewerbenden Personen durch Los ermittelt wurde.

5. Annahme oder Ablehnung der Wahl, Amtshindernisse

Der Wahlausschuss stellte fest:

5.1 Annahme der Wahl

☐ Die gewählten Personen mit Ausnahme der in Nr. 5.2 genannten Personen haben die Wahl wirksam angenommen oder sie nicht form- und fristgerecht abgelehnt.

Die Wahl gilt damit als angenommen.

5.2 Ablehnung der Wahl

☐ Folgende Personen haben die Wahl nicht wirksam angenommen oder wirksam abgelehnt, weil ihre Erklärung form- und fristgerecht war:

Nr.	Familienname, Vorname	

Für sie rücken die Listennachfolger nach.

GLKrWBek

5.3 Amtshindernisse

☐ Amtshindernisse liegen nicht vor. Die gewählten Personen erhalten damit ihr Amt.

☐ Bei folgenden Personen wurden Amtshindernisse festgestellt:

Nr.	Familienname, Vorname	Grund

Für sie rücken die Listennachfolger nach.

5.4 Sonstige Feststellungen
(z. B. Verlust der Wählbarkeit nach der Zulassung der Wahlvorschläge)

____

____

6. Verteilung der Sitze

Der Wahlausschuss stellte daraufhin fest:

6.1 Wahlvorschlag Nr. ________ Kennwort ________________

Der Wahlvorschlag hat ____ Sitze erhalten.

Die nachfolgend unter Nrn. ___ bis ___ genannten Personen werden in dieser Reihenfolge Gemeinderatsmitglieder.
Die übrigen Personen unter Nrn. ___ bis ___ werden in der angegebenen Reihenfolge Listennachfolger.
Die Reihenfolge bestimmt sich nach den für die jeweilige Person abgegebenen gültigen Stimmen. Bei gleicher Stimmenzahl wurde durch Los entschieden.

Gewählte:

Nr.	Familienname, Vorname, akademische Grade, Beruf oder Stand	gültige Stimmen

Listennachfolger:

Nr.	Familienname, Vorname, akademische Grade, Beruf oder Stand	gültige Stimmen

6.2 Wahlvorschlag Nr. ________ Kennwort ________________

Der Wahlvorschlag hat ____ Sitze erhalten.

Die nachfolgend unter Nrn. ___ bis ___ genannten Personen werden in dieser Reihenfolge Gemeinderatsmitglieder.
Die übrigen Personen unter Nrn. ___ bis ___ werden in der angegebenen Reihenfolge Listennachfolger.
Die Reihenfolge bestimmt sich nach den für die jeweilige Person abgegebenen gültigen Stimmen. Bei gleicher Stimmenzahl wurde durch Los entschieden.

Gewählte:

Nr.	Familienname, Vorname, akademische Grade, Beruf oder Stand	gültige Stimmen

Listennachfolger:

Nr.	Familienname, Vorname, akademische Grade, Beruf oder Stand	gültige Stimmen

GLKrWBek

III. Beschlussfassung

☐ Alle Beschlüsse des Wahlausschusses wurden einstimmig gefasst.

☐ Die Beschlüsse des Wahlausschusses wurden einstimmig gefasst mit Ausnahme folgender Beschlüsse:

Beschluss zu Nr. _____ mit folgendem Stimmenverhältnis: __________ zu __________.

Beschluss zu Nr. _____ mit folgendem Stimmenverhältnis: __________ zu __________.

Beschluss zu Nr. _____ mit folgendem Stimmenverhältnis: __________ zu __________.

Trotz Stimmengleichheit ergab sich aufgrund der Stimme des vorsitzenden Mitglieds beim

Beschluss zu Nr. _____ ☐ Zustimmung ☐ Ablehnung.

IV. Verkündung des Wahlergebnisses

Die Wahlleiterin/der Wahlleiter verkündete das vorstehende Wahlergebnis am ____________ um __________ Uhr.

Wahlleiterin/Wahlleiter:

____

Schriftführerin/Schriftführer:

____

Anlagen: ____ Zusammenstellung(en)

Der Wahlausschuss der Gemeinde
Zutreffendes ankreuzen ☒ oder in Druckschrift ausfüllen

Datum

Niederschrift über die Sitzung des Wahlausschusses zur Feststellung des abschließenden Ergebnisses der Wahl der ersten Bürgermeisterin oder des ersten Bürgermeisters*)

am ____________________________

I. Zusammentritt des Wahlausschusses

Zur Feststellung des abschließenden Ergebnisses der Wahl der ersten Bürgermeisterin oder des ersten Bürgermeisters trat heute, am ____________________, der Wahlausschuss zusammen. Zu dieser Sitzung wurden die Mitglieder des Wahlausschusses ordnungsgemäß geladen.

Die Sitzung wurde öffentlich bekannt gemacht. Sie war öffentlich, soweit nicht Rücksichten auf das Wohl der Allgemeinheit oder auf berechtigte Ansprüche Einzelner entgegenstanden.

Zur Sitzung waren folgende Mitglieder des Wahlausschusses erschienen:

	Familienname	Vorname	Funktion
1.			Wahlleiterin/Wahlleiter
2.			Beisitzer
3.			Beisitzer
4.			Beisitzer
5.			Beisitzer

Der Wahlausschuss ist ohne Rücksicht auf die Zahl der erschienenen Beisitzer beschlussfähig.

Die Wahlleiterin/Der Wahlleiter bestellte als Schriftführerin/Schriftführer:

Familienname	Vorname

Als Hilfskräfte wurden beigezogen:

	Familienname	Vorname	Aufgabe
1.			
2.			
3.			

*) Dieses Muster gilt für die Feststellung des Ergebnisses der Landratswahl entsprechend.

II. Feststellung des Ergebnisses der Wahl der ersten Bürgermeisterin oder des ersten Bürgermeisters

1. Dem Wahlausschuss lagen die insgesamt ________ (Zahl) Wahlniederschriften der Wahlvorstände für

insgesamt ________ (Zahl) Stimmbezirke

(davon ________ (Zahl) Wahlvorstände für ________ (Zahl) allgemeine Stimmbezirke,

________ (Zahl) Wahlvorstände für ________ (Zahl) Sonderstimmbezirke)

und insgesamt ________ (Zahl) Briefwahlvorstände

und die als Anlage beigefügte Zusammenstellung der Wahlleiterin/des Wahlleiters zur Einsichtnahme vor.

1.1 Der Wahlausschuss ermittelte, dass die Beschlüsse der Wahlvorstände zu

☐ keinen

☐ folgenden

Beanstandungen oder Bedenken Anlass gaben.

____

____

____

Der Wahlausschuss traf dazu folgende Entscheidungen:

____

____

____

1.2 Der Wahlausschuss nahm rechnerische Berichtigungen in der Wahlniederschrift des

☐ Wahlvorstands ____
(nähere Bezeichnung)

☐ Briefwahlvorstands ____
(nähere Bezeichnung)

vor und vermerkte dies auf der (den) betreffenden Wahlniederschrift(en).

1.3 Der Wahlausschuss beschloss über die Gültigkeit von Stimmen abweichend von den Entscheidungen des

☐ Wahlvorstands ____
(nähere Bezeichnung)

☐ Briefwahlvorstands ____
(nähere Bezeichnung)

und vermerkte dies auf der (den) betreffenden Wahlniederschrift(en) sowie auf der Rückseite der betreffenden Stimmzettel.
Nicht aufgeklärt werden konnten folgende Bedenken:

____

____

2. Der Wahlausschuss stellte zunächst anhand der von der Wahlleiterin/vom Wahlleiter vorbereiteten beiliegenden Zusammenstellung Folgendes fest:

2.1 die Zahl der Stimmberechtigten: ☐

die Zahl der Personen, die gewählt haben: ☐

die Zahl der insgesamt abgegebenen gültigen Stimmen: ☐

die Zahl der insgesamt abgegebenen ungültigen Stimmzettel: ☐

2.2 Anschließend stellte er fest, wie viele gültige Stimmen auf die einzelnen Wahlvorschläge in allen Stimmbezirken und bei allen Briefwahlvorständen des Wahlkreises insgesamt abgegeben wurden.

Die einzelnen sich bewerbenden Personen haben danach folgende Stimmenzahlen erreicht:

Ordnungszahl	Name des Wahlvorschlagsträgers (Kennwort)[1), 2)]	Familienname, Vorname, akademische Grade, Beruf oder Stand[3)]	Gesamtzahl der gültigen Stimmen

3. Der Wahlausschuss stellte fest, dass

(Familienname, Vorname)

3.1 ☐ ______________________________ mit __________ gültigen Stimmen mehr als die Hälfte der abgegebenen gültigen Stimmen erhalten hat und damit zur ersten Bürgermeisterin oder zum ersten Bürgermeister gewählt ist.

Die gewählte Person

☐ hat die Wahl wirksam angenommen oder nicht form- und fristgerecht abgelehnt. Sie gilt damit als gewählt.

☐ hat die Wahl wirksam abgelehnt. Es findet daher eine Neuwahl statt.

☐ Ein Amtshindernis liegt nicht vor. Die gewählte Person erhält damit das Amt der ersten Bürgermeisterin oder des ersten Bürgermeisters.

☐ Folgendes Amtshindernis liegt vor: ______________________________

______________________________.

Sie kann das Amt deshalb nicht antreten.
Es findet daher eine Neuwahl statt.

3.2 ☐ keine Person mehr als die Hälfte der abgegebenen gültigen Stimmen erhalten hat und deshalb eine Stichwahl zwischen den beiden folgenden Personen stattfindet:

Ordnungszahl	Name des Wahlvorschlagsträgers[1)] (Kennwort)	Familienname, Vorname, akademische Grade, Beruf oder Stand[3)]	Gesamtzahl der gültigen Stimmen

☐ Da zwischen den Personen mit der zweithöchsten Stimmenzahl Stimmengleichheit bestand, wurde die zweite oben genannte Person durch Losentscheid ermittelt.

1) Bei im Rahmen einer Mehrheitswahl handschriftlich ergänzten Personen ist anstelle des Namens des Wahlvorschlagsträgers in dieser Spalte „Person, welche von der Wählerin oder dem Wähler handschriftlich ergänzt wurde“ zu vermerken.
2) Die Stimmen für handschriftlich hinzugefügte Personen, für die jeweils nicht mehr als zehn Stimmen abgegeben worden sind, können ohne namentliche Nennung als „Sonstige“ gesammelt angegeben werden.
3) Bei Mehrheitswahl Eintragung nur soweit bekannt.

3.3 ☐ die Wahl zu wiederholen ist, weil

☐ mehr als zwei Personen die höchste Stimmenzahl erhalten haben.

☐ einer der Stichwahlteilnehmer die Wählbarkeit verloren hat.

☐ bei der Wahl kein oder nur ein Wahlvorschlag zugelassen worden ist und ein nicht im Wahlvorschlag vorgeschlagener Stichwahlteilnehmer vor der Stichwahl zurückgetreten ist.

4. Sonstige Feststellungen

____

____

____

III. Beschlussfassung

☐ Alle Beschlüsse des Wahlausschusses wurden einstimmig gefasst.

☐ Die Beschlüsse des Wahlausschusses wurden einstimmig gefasst mit Ausnahme folgender Beschlüsse:

Beschluss zu Nr. _____ mit folgendem Stimmenverhältnis: __________ zu __________.

Beschluss zu Nr. _____ mit folgendem Stimmenverhältnis: __________ zu __________.

Beschluss zu Nr. _____ mit folgendem Stimmenverhältnis: __________ zu __________.

Trotz Stimmengleichheit ergab sich aufgrund der Stimme des vorsitzenden Mitglieds beim

Beschluss zu Nr. _____ ☐ Zustimmung ☐ Ablehnung.

IV. Verkündung des Wahlergebnisses

Die Wahlleiterin/der Wahlleiter verkündete das vorstehende Wahlergebnis am ______________ um __________ Uhr.

Wahlleiterin/Wahlleiter: Schriftführerin/Schriftführer:

______________________________ ______________________________

Anlagen: ___ Zusammenstellung(en)

Bekanntmachung des Bayerischen Landesamts für Statistik nach § 36 Abs. 1 GLKrWO

Bekanntmachung des Bayerischen Landesamts für Statistik vom 18. Juli 2024 (Az. 14-1367.1-1/28-1)*

Mit Bekanntmachung vom 3. Juli 2024, erschienen im Bayerischen Staatsanzeiger Nr. 28/2024 am 12. Juli 2024, hat der Landeswahlleiter das Ergebnis der Wahl der Abgeordneten des 10. Europäischen Parlaments aus der Bundesrepublik Deutschland im Freistaat Bayern bekanntgemacht. Nach § 36 Abs. 1 Gemeinde- und Landkreiswahlordnung (GLKrWO) ist durch das Bayerische Landesamt für Statistik folgendes bekannt zu machen:

Die nachstehenden Wahlvorschlagsträger haben bei der letzten Landtagswahl oder bei der letzten Europawahl mindestens fünf vom Hundert der im Land insgesamt abgegebenen gültigen Stimmen oder bei der letzten Bundestagswahl mindestens fünf vom Hundert der im Land abgegebenen gültigen Zweitstimmen erhalten.

Alternative für Deutschland	AfD
BÜNDNIS 90/DIE GRÜNEN	GRÜNE
Christlich Soziale Union in Bayern e. V.	CSU
Freie Demokratische Partei	FDP
FREIE WÄHLER	FREIE WÄHLER
Sozialdemokratische Partei Deutschlands	SPD

* Die Bekanntmachung ist auf der Homepage des LfStat unter der Rubrik Wahlen, Kommunalwahlen, abrufbar (www.statistik.bayern.de/wahlen/kommunalwahlen/index.html).
Die aufgrund der Bundestagswahl am 23.2.2025 erforderliche Neubekanntmachung stand zum Zeitpunkt der Drucklegung noch aus. Nach dem Ergebnis dieser Wahl hat die FDP bei keiner der relevanten Wahlen die erforderliche Anzahl der Stimmen erhalten und ist durch die Partei Die Linke zu ersetzen.

Bekanntmachung des Bayerischen Landesamts für Statistik nach § 52 Satz 2 GLKrWO

Bekanntmachung des Bayerischen Landesamts für Statistik vom 13. November 2023 (14-1367.1-1/27-214-1367.1-1/27-2)*

Mit Bekanntmachung vom 24. Oktober 2023, erschienen im Bayerischen Staatsanzeiger Nr. 45/2023 am 10. November 2023, hat der Landeswahlleiter das Ergebnis der Wahl zum 19. Bayerischen Landtag bekanntgemacht. Nach § 52 Satz 2 Gemeinde- und Landkreiswahlordnung (GLKrWO) ist durch das Bayerische Landesamt für Statistik folgendes bekannt zu machen:

Die Wahlvorschlagsträger, die bei der letzten Landtagswahl mindestens einen Sitz erhalten haben, erhalten folgende Ordnungszahlen:

01	Christlich Soziale Union in Bayern e. V.	CSU
02	FREIE WÄHLER	FREIE WÄHLER
03	Alternative für Deutschland	AfD
04	BÜNDNIS 90/DIE GRÜNEN	GRÜNE
05	Sozialdemokratische Partei Deutschlands	SPD

Bek LfStat

* Die Bekanntmachung ist auf der Homepage des LfStat unter der Rubrik Wahlen, Kommunalwahlen, abrufbar (www.statistik.bayern.de/wahlen/kommunalwahlen/index.html).

Veröffentlichung des Bayerischen Landesamts für Statistik zu den Einwohnerzahlen nach Art. 55 Abs. 1 GLKrWG

Wahl der Gemeinderäte, der Bürgermeisterinnen und Bürgermeister, der Kreistage und der Landrätinnen und Landräte

Einwohnerzahlen nach Art. 55 Abs. 1 GLKrWG für die allgemeinen Gemeinde- und Landkreiswahlen am 8. März 2026

Soweit nach dem Gemeinde- und Landkreiswahlgesetz (GLKrWG) die Einwohnerzahl in Betracht kommt, ist der letzte fortgeschriebene Stand der Bevölkerung, der vom Landesamt für Statistik früher als sechs Monate vor dem Wahltag veröffentlicht wurde, zugrunde zu legen (Art. 55 Abs. 1 GLKrWG).

Am 4. Juli 2025 wurden die maßgeblichen Zahlen (Stand 31. März 2025) „Bevölkerung: Gemeinden, amtliche Einwohnerzahl aktuell (jährlich, vierteljährlich)" – Tabellennummer 12411-000 – veröffentlicht. Die entsprechenden Tabellen können in der Datenbank GENESIS-Online des Landesamts für Statistik unter

https://www.statistikdaten.bayern.de/genesis/online?operation=result&code=12411-000&regionalmerkmal=GEMEIN

kostenfrei eingesehen werden. Eine Veröffentlichung weiterer fortgeschriebener Stände früher als sechs Monate vor dem Wahltag ist nicht vorgesehen.

Stichwortverzeichnis

Hinweis: Die Stichworte beziehen sich auf die Kapitel B. Erläuterungen und C. 240 Fragen und Antworten zur Kommunalwahl in Bayern.